LES SECRETS
DE LA GUERRE DU LIBAN

DU MÊME AUTEUR

Les Larmes de la colère
Presses de la Renaissance, 1991

Alain Ménargues

LES SECRETS DE LA GUERRE DU LIBAN

Du coup d'État de Bachir Gémayel aux massacres des camps palestiniens

Albin Michel

À Aymeric, Katia, Léna, Maëlle,
Nathalie, Peter, Tara, Tracy

« L'Histoire est le produit le plus dangereux que la chimie de l'intellect ait élaboré. Ses propriétés sont bien connues. Il fait rêver, il enivre les peuples, leur engendre de faux souvenirs, exagère leurs réflexes, entretient leurs vieilles plaies, les tourmente dans leur repos, les conduit au délire des grandeurs ou à celui de la persécution et rend les nations amères, superbes, insupportables et vaines. »

Paul VALÉRY.

Avant-propos

Jusqu'à la fin des années 60, le Liban était considéré comme la Suisse du Moyen-Orient où tous les grands du monde arabe venaient passer l'été. À la fraîcheur des montagnes verdoyantes et à l'hospitalité légendaire du pays, s'ajoutaient – ce qui n'était pas pour déplaire – un farouche secret bancaire, le plus grand casino de la région, une activité nocturne aussi débridée que discrète et la possibilité de profiter des plaisirs de la vie, à commencer par l'alcool, décriés par la rigueur de l'islam environnant. Une réelle liberté d'expression en avait également fait le refuge sanctuarisé de toutes les oppositions politiques des capitales voisines. Beyrouth était de surcroît l'épicentre occulte de la finance arabe et de trafics en tout genre.

Mais cette fastueuse façade libanaise était rendue extrêmement fragile par un manque de fondations. Le pays était, avant tout, une mosaïque de communautés spirituelles[1]. Être libanais, c'était – et c'est toujours d'ailleurs – s'identifier confessionnellement à l'une d'elles, être d'une région du pays, et appartenir à une « famille ». Le nationalisme vient très loin ensuite.

Après quatre cents ans de domination ottomane et une vingtaine d'années de mandat français, le Liban était parvenu à un équilibre politique interne fragile. Toutes ces communautés se sont donné des leaders qui, par une succession de compromis, se sont partagé le pouvoir et ses honneurs. Un équilibre instable qui a tenu près de cinquante ans.

En septembre 1970, après plusieurs attentats fomentés par les

1. Treize chrétiennes et quatre musulmanes.

Palestiniens contre le roi Hussein de Jordanie qui s'opposait à leurs actions contre Israël, la Légion bédouine chassa du royaume, dans un bain de sang, les milices armées et les mouvements politiques qui composaient l'Organisation de libération de la Palestine (OLP). Depuis la guerre du Kippour, les pays arabes et notamment ceux du champ de bataille craignaient politiquement la Centrale palestinienne qui leur reprochait leur manque de vigueur dans la lutte contre Israël. Aucun n'en voulait sur son territoire. Pour éviter d'avoir à dire « non » à Yasser Arafat, un sommet des chefs d'État arabes, réuni au Caire en 1969, prit la décision, longtemps restée secrète, d'imposer au Liban non seulement le soin de recevoir les Palestiniens sur son sol, mais de plus de leur fournir des bases opérationnelles pour combattre « les sionistes ». L'OLP s'installa avec armes, bagages et familles, au Sud Liban et dans des camps à la périphérie de Beyrouth, aux côtés des réfugiés arrivés en 1948 après avoir été chassés de Palestine par les troupes juives lors de l' « opération Dalet », comme le racontent Walid Khalidi dans « The Master Plan for the Conquest of Palestine [1] », et plus récemment Elias Sanbar dans *Palestine 1948. L'expulsion* [2]. Le fragile équilibre politique libanais s'effondra comme un château de cartes.

Très vite, les différentes composantes de l'OLP créèrent de véritables baronnies dans le pays. Chaque organisation palestinienne entendait faire respecter son autonomie, d'abord face à la Centrale dirigée par Yasser Arafat, puis face au pouvoir libanais. Les fedayins multiplièrent les attaques contre l'État hébreu. L'aviation israélienne y répondit par des raids meurtriers occasionnant d'importants dégâts collatéraux dans la population civile.

Une opposition libanaise à la présence palestinienne se forma avec la droite chrétienne maronite structurée en trois puissants clans familiaux : les Frangié au nord, les Chamoun dans les montagnes du Chouf au sud de Beyrouth [3] et les Gémayel dans le Metn

1. In *Middle East Forum*, novembre 1961, republié avec un nouveau commentaire par le *Journal of Palestine Studies*, Beyrouth, vol. XVIII, 1988.

2. Elias Sanbar, *Palestine 1948. L'expulsion*, les livres de la *Revue d'études palestiniennes*, Paris, 1984.

3. Camille Chamoun et Soleiman Frangié seront président de la République grâce à une Constitution qui réserve cette fonction à un maronite, la présidence du Conseil des ministres étant attribuée à un sunnite et la présidence du Parlement à un chiite.

au nord de la capitale. Ces derniers avaient regroupé leurs partisans en un parti phalangiste doté d'une milice fortement armée.

L'OLP trouva un soutien efficace auprès des partis arabes de gauche (souvent dirigés par des chrétiens) au nom de la lutte des peuples et des liens avec les pays arabes satellites de Moscou, ainsi qu'auprès des organisations musulmanes libanaises au nom du panarabisme. Les tensions dégénérèrent très rapidement en une série de cycles de violences. Le premier commença le dimanche 13 avril 1975. Des miliciens phalangistes chrétiens tuèrent 31 fedayins en mitraillant un autobus qui reliait deux camps de réfugiés, en représailles aux tirs de Palestiniens sur la foule qui assistait à l'inauguration d'une église du quartier de Aïn Remmaneh, dans la banlieue de Beyrouth.

Il y eut ensuite, successivement, la bataille du centre ville, celle des hôtels, des camps palestiniens, de la montagne. La Syrie voisine, qui avait toujours refusé que le Liban soit indépendant de son pouvoir[1], entra très vite dans le jeu. L'armée libanaise, minée par les dissensions confessionnelles, éclata : se trouvèrent face à face l'« armée arabe », pro-syrienne, l'« armée du Liban Sud », pro-israélienne, l'« armée de la légalité », restée fidèle au pouvoir. Le pays se divisa et se figea en cantons à connotation confessionnelle séparés par de véritables lignes de démarcation.

Avec le temps, les deux camps libanais évoluèrent différemment. Ceux qui soutenaient l'OLP, souvent parrainés par un pays arabe – principalement la Syrie –, confrontés aux divergences internes palestiniennes et aux rivalités politiques entre l'OLP et Damas, se contentèrent d'« être aux côtés » des Palestiniens qui pour beaucoup subvenaient à leurs besoins.

Côté chrétien, le blocage de la situation politique poussa les jeunes à contester l'efficacité des anciens. Des affrontements opposèrent les trois grandes familles pour un leadership chrétien unique. Bachir, le cadet de la famille Gémayel, à la tête d'un groupe de jeunes universitaires, « unifia le fusil chrétien » dans le sang le 7 juillet 1980 afin d'être le seul interlocuteur des Israéliens. Il avait demandé l'aide de Tel-Aviv pour combattre les Palestiniens. L'État hébreu lui avait répondu d'autant plus favorablement que le Premier ministre Menahem Begin et son ministre de la Défense, Ariel Sharon, cherchaient depuis de longues années

1. Il n'y a jamais eu de représentation diplomatique syrienne à Beyrouth et vice versa.

à éradiquer l'OLP. Les États-Unis donnèrent leur feu vert. Ils voyaient là non seulement une occasion de contrer la présence de l'Union soviétique dans la région, mais également la possibilité pour Israël de signer un second traité de paix après celui avec l'Égypte. C'est la conjonction de tous ces éléments qui allait provoquer l'invasion du Liban le 6 juin 1982.

Durant les guerres que j'ai couvertes, j'ai toujours eu ce sentiment extrêmement frustrant de ne voir qu'une faible partie du puzzle qui se déroulait devant moi, de ne connaître qu'une partie infime des événements. Ce fut particulièrement vrai lors de ce conflit du Liban alors que, paradoxalement, il m'était possible d'en rencontrer toutes les parties en présence.

Un soir, lors d'un dîner, l'un des principaux acteurs de la guerre échangea des souvenirs avec ses compagnons de combat. Des dizaines de pièces du puzzle se mirent alors à tournoyer, à s'emboîter, entraînant d'autres interrogations, découvrant d'autres perspectives, mettant en exergue d'autres vérités...

Et puis j'ai eu brusquement accès à des centaines d'archives. Plus d'une tonne de papiers, de minutes de réunions, de légendes, de comptes rendus, de notes d'étude, d'évaluations, de plans militaires ou politiques, de factures, des dizaines de photos, cartes, films vidéo, enregistrements. Sèches, brutes, en anglais, en arabe, en hébreu ou en français, ces pages passionnantes étaient de véritables feux d'artifice de détails qui enfin comblaient mes trous de l'histoire.

J'ai ensuite pu rencontrer les acteurs de la guerre, des principaux rôles aux figurants, soldats ou généraux, libanais, israéliens, palestiniens, syriens, chrétiens, druzes, sunnites, chiites, juifs. Cent soixante-six entretiens effectués au Liban, en Israël, en Tunisie, en Irak, en France et aux États-Unis. Beaucoup, presque tous, m'ont ouvert leurs mémoires et leurs carnets. Qu'ils en soient remerciés ! D'autres ont préféré se taire. Durant cinq années d'enquêtes et de vérifications, j'ai cherché à comprendre, à recouper afin de décrire par le menu.

Décrire cette période historique, entre le 26 septembre 1980 – date à laquelle Bachir Gémayel décide de prendre le pouvoir avec l'aide des Israéliens ou par un coup d'État –, et le 26 février 1984, jour où Amine Gémayel, devenu président après la mort de son frère, se pose sur l'aéroport de Damas en Syrie.

Décrire ces combattants, devenus vieux d'avoir tué trop jeunes, restés naïfs parce que trop jeunes face à des politiques retors et des maîtres de la manipulation, bouffis d'ambitions personnelles.

Décrire les morts absurdes, les dessous des cartes, les aveuglements, les bassesses, la connerie qui ont coûté tant de vies humaines.

Ce récit inachevé est resté silencieux pendant des années dans un tiroir. Trop de révélations, trop de noms et de détails. Il ne s'agissait pas du silence de la tombe, mais de celui des archives. Ces événements ont eu lieu il y a vingt ans.

C'était hier, et aujourd'hui le mode opératoire de la guerre est toujours le même.

Alain Ménargues

1

Seize hommes pour un coup d'État

Samedi 27 septembre 1980. Sitôt franchi le portail du parc du couvent de Saydet el-Bir sur les hauteurs de Zouk, les bouffées de senteurs de résine caractéristiques des pins parasols et les stridences des grillons envahirent la voiture par la fenêtre ouverte. Il n'était que huit heures et demie du matin et il faisait déjà chaud et humide : 31 degrés centigrades malgré un ciel couvert. En saharienne de toile bleu ciel, tenue qu'il affectionnait particulièrement, Bachir Gémayel, au volant de sa Honda grise, un garde du corps assis à ses côtés, roulait vite dans l'allée du parc. Il avait convoqué ses fidèles à une réunion secrète pour déterminer la stratégie à adopter après l'« unification » des milices chrétiennes réalisée deux mois auparavant.

« Au cinquième jour de la guerre Iran-Irak, de violents combats se déroulent tout le long du Chatt el-Arab. D'intenses bombardements ont touché les villes iraniennes d'Abadan et de Khorramcharh... » Bachir éteignit la radio en coupant le contact. Il monta rapidement les quelques marches qui marquaient l'entrée du bâtiment de béton blanc. Dans la grande salle du rez-de-chaussée, une quinzaine d'hommes l'attendaient. Il avait choisi le couvent des sœurs de la Croix de Saydet el-Bir [1], au-dessus de Jal el-Dib, pour d'évidentes raisons de discrétion. Mais également parce que sa sœur Arzé était religieuse dans cet établissement. La légende de la famille voulait qu'en 1970, devant le lit d'hôpital où gisait son père, Pierre Gémayel, grièvement blessé sur un chantier par un

1. La Dame du puits.

camion, elle ait fait le vœu de prendre le voile s'il échappait à la mort. Cette légende n'avait jamais été confirmée.

Tout naturellement, Bachir s'installa à la place d'honneur des tables disposées en U. Désignant la chaise placée à sa droite, il demanda avec déférence au plus âgé, Charles Malek, de présider la séance. Grec orthodoxe de la région de Koura au Nord Liban, célèbre pour ses oliviers, Malek, diplômé de philosophie de Harvard, avait été plusieurs fois ministre, notamment des Affaires étrangères. Il avait participé à l'élaboration de la Charte des Nations unies qu'il avait signée d'ailleurs au nom de son pays en 1945. Il avait présidé par la suite l'Assemblée générale de l'ONU. La silhouette imposante, le visage prolongé par un nez proéminent, Charles Malek était toujours vêtu de costumes coupés à la mode américaine d'antan. La voix rauque, mélangeant dans tous ses propos l'arabe et l'anglais, il était, à 70 ans passés, la conscience et la référence internationale du jeune leader chrétien.

Bachir Gémayel avait autour de lui le comité d'études stratégiques qu'il avait créé en marge de la milice chrétienne qu'il commandait et du parti Kataëb fondé par son père. C'était un véritable brain trust à composition variable, formé d'inconditionnels venus de tous les horizons, convoqués selon leurs compétences et les besoins du moment. Certains d'entre eux, exerçant des fonctions officielles, se dissimulaient derrière des noms de code. C'était le cas d'Anwar et de Michel Saint André.

Anwar, était le pseudonyme de Zahi Boustani, commissaire à la Sûreté générale libanaise. En 1975, chargé par la Sûreté de « suivre » le dossier Bachir Gémayel, il avait été d'abord étonné puis séduit par ses thèses. Il avait fini par le rejoindre secrètement et depuis il lui vouait une amitié indéfectible. Boustani avait très discrètement conseillé techniquement Bachir lors de la création des services de sécurité et de renseignement de la milice. Originaire de Deïr el-Kamar, la ville chrétienne du Chouf druze, Anwar était insondable et développait à l'excès le concept du « confidentiel ». Il refusait avec autant de fermeté d'adhérer au parti Kataëb et d'être pris en photo. N'apparaissant que très rarement dans les réunions publiques, il protégeait comme des secrets d'État les informations qu'il détenait, même les plus anodines. Il était l'image même de l'éminence grise.

Derrière le nom de code de Michel Saint André se dissimulait Sélim Jahel, le président de la cour d'appel de Beyrouth. Grec catholique, également originaire de Deïr el-Kamar, la cinquantaine bien portante, chauve, la voix grave, le débit rapide et intarissable, Michel Saint André était francophone et francophile convaincu. Il se hérissait chaque fois que quelqu'un s'exprimait en anglais devant lui et exigeait une traduction avec une certaine impatience. En 1976, alors qu'il était professeur de droit à l'université Saint-Joseph des jésuites, deux de ses étudiants chrétiens furent tués dans des combats au centre ville. Il décida alors de s'engager personnellement et téléphona à Bachir. Il posa cependant une condition : que des mesures soient prises pour préserver son anonymat. Il choisit comme pseudonyme les prénoms de ses deux fils, André et Michel, qu'il avait reliés par le mot « saint » pour avoir une consonance « révolution de 1792 ». Il intégra l'équipe des conseillers et eut la surprise d'y retrouver son cousin par alliance Zahi Boustani.

Bachir Gémayel avait demandé au Comité des études stratégiques de réfléchir sur les possibilités de développer son action politique. Une première réunion secrète s'était tenue le 6 août 1980 dans un appartement du complexe balnéaire de béton gris, le Holiday-Beach, à l'embouchure du Nahr el-Kelb au nord de Beyrouth. Les discussions, ce jour-là, avaient mis en évidence l'impossibilité de toute action en dehors des limites imposées par la « Formule de 43 [1] ». Elles avaient souligné « les compromis et compromissions » institutionnalisés dans l'exercice politique du pouvoir. La conséquence, pour le comité, en était la négation de l'idée même de citoyenneté puisque le citoyen était réduit à exister au travers de son identité religieuse. Il en avait conclu qu'il n'y avait qu'une solution : faire la révolution pour changer les règles. Bachir avait décidé, ce jour-là, de « passer à l'assaut » de l'État, au plus tard en 1982, année des prochaines élections présidentielles. Restait cependant à savoir comment.

Bachir avait chargé deux membres du Comité d'études stratégiques, Neptune, un professeur de philosophie, et Gébrayel, un militaire de carrière, d'étudier dans le plus grand secret toutes les possibilités permettant d'arriver au pouvoir.

Pendant cinquante jours, les deux hommes avaient passé tous

1. Pacte non écrit, complémentaire à la Constitution libanaise, instaurant une répartition des charges institutionnelles entre les différentes communautés religieuses. Le président de la République doit être maronite, le Premier ministre sunnite, le président du Parlement chiite et les postes des hauts fonctionnaires sont attribués par quotas confessionnels.

leurs après-midi et leurs soirées enfermés chez Neptune. À grand renfort de café et de cigarettes, ils avaient dressé les grandes lignes puis les détails d'un rapport intitulé « Étude de la prise du pouvoir par Bachir[1] ».

Neptune, Antoine Najm de son vrai nom, avait été un des tout premiers membres du parti Kataëb. Responsable de l'idéologie, il en avait rédigé la doctrine. Originaire de Tripoli, au Nord Liban, sa jeunesse fut celle des maronites vivant dans un fort environnement sunnite. Elle fut marquée, comme au fer rouge, du « syndrome de l'islam ». Farouchement adepte du « chacun chez soi », Antoine Najm était à l'origine du slogan « *Lan naïche Dhimiyine*[2] » (Nous ne vivrons pas sous la protection de l'islam). Il avait d'ailleurs inspiré le personnage du chrétien vivant dans la crainte permanente des « Mahmoud » et des « Mohamad » qui l'entourent de tous côtés décrit par le fils de la chanteuse Feyrouz, Ziad Rahbani, dans sa pièce *Long métrage américain*. En 1975, Antoine Najm avait quitté le parti Kataëb en claquant la porte. Il reprochait au patriarche Pierre Gémayel, le père de Bachir, non seulement d'être un « dictateur » mais également d'être trop attaché à la coexistence avec les musulmans formulée dans le pacte de 1943. Il prônait, pour le Liban, un système fédéral séparant nettement musulmans et chrétiens. Najm avait rejoint Bachir pour créer un courant révolutionnaire et militait ardemment pour un rapprochement avec l'État hébreu dont la méthode de création était à ses yeux un exemple. Bachir l'avait surnommé Neptune parce qu'il était tombé à la mer lors d'un rendez-vous secret sur une vedette israélienne au large de Jounieh, une nuit de mars 1977.

Gébrayel, le coauteur du rapport, n'était autre que le lieutenant-colonel Michel Aoun. Bachir avait été impressionné par l'efficacité de la résistance, en 1973, de l'unité que commandait Aoun lors d'une attaque palestinienne à Khaldé. Aussi, il l'avait accueilli à bras ouverts deux ans plus tard, lorsque Aoun l'avait contacté au moment de l'éclatement de l'armée. L'officier était très discret dans ses rapports avec Bachir. Leur homme de liaison était Antoine Najm, avec qui Gébrayel avait noué une solide amitié malgré leur désaccord profond sur la création d'une entité chré-

1. Voir document intégral en Annexe 1, p. 000.
2. *Dhimiyine de zimma* (arabe). Signifie conscience mais aussi taxe payée par les chrétiens vivant en pays d'Islam parce qu'ils ne participaient pas à la guerre et vivaient sous la protection des musulmans.

tienne. Tous deux avaient été les premiers membres du Comité d'études stratégiques.

Les seize hommes s'étaient réunis le 27 septembre 1980 pour discuter de leur rapport, écrit à la main, en un seul exemplaire pour éviter toute fuite.

Bien que d'origines et de générations très différentes, tous se connaissaient et se retrouvaient dans leur amitié pour Bachir Gémayel. Il y avait d'un côté de la table sept « jeunes loups » qui, depuis 1975, suivaient de très près « Bach[1] ». Ils constituaient son premier cercle militaire. Tous avaient combattu dans les ruelles du centre ville ou sur les fronts de l'enclave chrétienne et, peu à peu, avaient pris des responsabilités dans la milice. Fady Frem, (Horse), en était le sous-chef d'état-major, l'adjoint de Bach ; Fouad Abou Nader, le patron du B 3 (opérations), était accompagné de Assaad Saïd (Happy) et Élie Zayek ; Élie Hobeïka (HK) dirigeait les services de renseignement ; Samir Geagea, Hakim, avait le commandement du front nord et Boutros Khawand était le patron des permanences régionales du conseil de sécurité Kataëb.

De l'autre côté de la table avaient pris place les « anciens » : Joseph Aboukhalil, que Bachir appelait affectueusement *Ammo* (oncle), compte tenu de ses relations très amicales avec la famille Gémayel. C'était l'homme de confiance du patriarche. Bachir l'avait intégré à son équipe pour rassurer son père. Ammo devait représenter « la garantie de fidélité » au parti Kataëb. Mais très rapidement, Aboukhalil avait reporté sur le fils l'admiration qu'il avait pour le père et était devenu un « jusqu'au-boutiste » forcené du jeune leader. À côté de lui avait pris place Jean Nader (Gino), la cinquantaine bien assise, le cheveu blanc argenté, gros fumeur, la lèvre supérieure agitée d'un tic nerveux. Responsable de la permanence Kataëb d'Achrafieh, c'était lui qui avait inscrit Bachir au parti et qui avait parrainé ses premiers pas en politique. Il adorait Bach qu'il considérait comme le fils qu'il n'avait jamais eu. Jean Nader était intervenu à maintes reprises pour calmer les fureurs du père ou du parti contre son protégé. Le dernier de la rangée était Georges Freiha, célèbre pour sa peur panique des bombardements. Professeur de biologie tropicale à l'Université américaine de Beyrouth, marié à la cousine de Bachir, il était le conseiller écouté pour les affaires sociales. Il avait d'ailleurs créé et dirigeait des comités populaires et les coopératives de la milice.

1. Surnom donné à Bachir Gémayel par les combattants chrétiens.

Antoine Najm commença la lecture du rapport. Après une description de la conjoncture politique et militaire libanaise, il détailla les deux options possibles pour prendre le pouvoir : organiser un coup d'État en utilisant la force ou jouer le jeu constitutionnel pour arriver à la magistrature suprême. D'emblée, le groupe réserva le coup d'État. C'était une alternative qui présentait trop d'inconnues. Il fallait auparavant s'être assuré de l'appui très hypothétique d'un pays ayant un droit de veto aux Nations unies, ou de celui d'Israël. L'État hébreu exigerait la promesse de la signature d'un accord de paix incluant une reconnaissance et un pacte de défense commun. Cette condition entraînerait immanquablement la création d'un État chrétien cerné par le monde islamique. Dans tous les cas, le coup de force risquerait de conduire le Liban à une partition. Cette première option ne fut cependant que réservée. Elle restait l'ultime recours au cas où...

Restait le moyen constitutionnel. Dans cette hypothèse, le projet envisageait deux schémas : avec ou sans l'appui et le soutien du président de la République en exercice. Ce point, le neuvième point du rapport Najm-Aoun intitulé la « Prise du pouvoir en coopération et en alliance avec le président Élias Sarkis », fut longuement débattu. Il y avait, depuis quelques mois déjà, une réelle convergence d'idées entre Bachir Gémayel et Élias Sarkis. Les deux hommes refusaient avec une même vigueur d'entendre parler d'une implantation palestinienne définitive au Liban[1]. Ils étaient également tombés d'accord sur « l'inefficacité et le manque de sérieux » des pays arabes dans la recherche de solutions au problème libanais. Cependant, des divergences d'analyse, et non des moindres, subsistaient entre les deux hommes. La plus importante était leur total désaccord sur le Pacte national de 43. Élias Sarkis, économiste, ancien gouverneur de la Banque centrale, était de ceux qui prônaient le compromis et la coexistence entre les communautés religieuses. Pour Bachir Gémayel, le Liban ne pouvait être qu'à dominante chrétienne ; à défaut, il revendiquait la création d'un canton chrétien au sein d'une fédération ou d'une confédération.

« Le président Sarkis fera ce que font tous les présidents dans

1. Il y avait, au Liban, début 1975, 14 camps de réfugiés palestiniens ouverts entre 1948 et 1971. Selon l'UNWRA qui en avait la charge, ils étaient officiellement habités par 360 000 personnes recensées. En réalité, plus de 450 000 Palestiniens vivaient au Liban.

les six derniers mois de leur mandat », avait souri Bach. Il avait souvent répété que les présidents maronites, les premières années de leur investiture, adoptaient systématiquement une politique promusulmane et n'hésitaient pas à prendre des positions « antichrétiennes » pour se concilier les bonnes grâces du « camp d'en face ». Mais, les six derniers mois de leur mandat étaient toujours marqués par des attitudes « super-chrétiennes », parce qu'ils devaient réintégrer leurs rangs. Élias Sarkis n'avait pas respecté le calendrier de ses prédécesseurs, il avait pris contact avec Bachir plus de deux ans avant les élections.

Les seize hommes approuvèrent la nécessité de profiter des bonnes dispositions du président de la République pour avancer des « pions » qui leur seraient favorables. L'un d'eux suggéra de faire nommer des officiers proches de Bachir aux postes clés de l'armée. L'idée fut retenue.

— La prise du pouvoir n'est pas seulement la mainmise sur la présidence, mais aussi le contrôle graduel des administrations de l'État, fit remarquer Joseph Aboukhalil. Je ne vois pas d'autre alternative que de travailler, au début du moins, en collaboration avec les druzes ou les chiites. La prise du pouvoir n'est pas possible sans un bouleversement de l'équilibre des forces. Nous devons créer une équipe qui doit être chargée de cela.

— Pourquoi sembles-tu écarter la possibilité d'un recours à Israël ? s'enquit Georges Freiha, un rien agressif.

— Je ne l'écarte pas, c'est un moyen comme un autre.

Élie Hobeïka, pour la première fois depuis le début de la réunion, leva les yeux de la feuille de papier sur laquelle il traçait des dessins géométriques.

— Si nous prenons le pouvoir, la guerre est inévitable ! annonça-t-il. Les druzes et les chiites se rallieront à toute personne qui parviendra à la présidence. 1982 doit être, pour nous, une phase décisive. Nous avons deux ans pour nous préparer. Nous devons affaiblir toutes les autres parties. Il nous faut discuter de la libération militaire du pays et prévoir des alliances internes et externes.

Bachir Gémayel saisit la balle au bond :

— Justement, faut-il libérer le pays des occupations syrienne et palestinienne avant la prise du pouvoir ou prendre d'abord le pouvoir et ensuite libérer le pays ?

— Le pouvoir légal tel qu'il est actuellement, même entre les mains de Bachir Gémayel, restera isolé et encerclé, fit remarquer

Michel Aoun. Aujourd'hui, Sarkis n'exerce qu'un pouvoir purement formel. La libération du pays ne peut avoir lieu qu'en rompant l'équilibre des forces sur le terrain. Tant que cet équilibre durera, aucun gouvernant ne pourra libérer le pays, car il sera neutralisé.

Bach approuva de la tête. Mais pour ce faire, un appui venant de l'étranger était, aux yeux de tous, indispensable. La conjoncture internationale semblait s'y prêter.

Une nouvelle situation se profilait aux États-Unis. Les sondages précédant les présidentielles donnaient Ronald Reagan vainqueur face au démocrate sortant Jimmy Carter. Si, comme tout le laissait croire, les républicains l'emportaient, le phénomène du *revolving doors* [1] écarterait, au mois de janvier, toutes les têtes politiques de l'administration américaine, et Bachir et son équipe étaient convaincus que l'affaire des 52 otages de l'ambassade américaine à Téhéran allait susciter dans la nouvelle équipe pour le moins une méfiance envers tout ce qui était islamique. Les chrétiens libanais ne pouvaient donc que trouver des amis parmi eux. Il suffisait d'être patient et d'attendre. La victoire électorale de la droite israélienne sous la férule de Menahem Begin quelques mois plus tôt s'était déjà ressentie dans la qualité des contacts que la milice chrétienne avait avec le Mossad. Un autre élément international retenait leur attention : le conflit irako-iranien qui, depuis le début de la semaine, embrasait le Chatt el-Arab. C'était la première fois depuis 1948 qu'une guerre au Moyen-Orient n'impliquait pas l'État hébreu. La confrontation israélo-arabe avait même tendance à passer au second plan des préoccupations des pays arabes. De plus, si, lors des démêlés militaires israélo-arabes, les États-Unis et l'URSS intervenaient dans les premières heures de la bataille pour soutenir leurs protégés, là, Irakiens et Iraniens étaient livrés à eux-mêmes. Aucun d'eux n'avait le patronage officiel d'une superpuissance. L'Irak bénéficiait d'un soutien militaire extérieur suffisant pour ne pas perdre mais pas assez conséquent pour gagner. Depuis cinq jours, le canon tonnait 24 heures sur 24, et personne ne bougeait. Rien ne permettait de dire que quelqu'un allait le faire.

Les seize hommes se prononcèrent pour une série de mesures

---

1. Littéralement, « porte à tambour ». Expression utilisée pour définir les changements du personnel politique à tous les échelons de l'administration après une élection présidentielle aux États-Unis.

immédiates destinées à jeter les bases de leur plan d'accession au pouvoir. Tout d'abord, pour leur liberté d'action, ils décidèrent d'exercer des « pressions » sur les responsables de l'État afin de les « convaincre » de ne pas leur mettre des bâtons dans les roues durant la période préélectorale. Ils projetèrent, si cela se révélait nécessaire, de paralyser l'armée en jouant sur la fidélité des officiers qui leur étaient acquis et la neutralisation de ceux qui seraient susceptibles de poser des problèmes, « en les menaçant directement » si besoin était. Il leur fallait tout d'abord « préparer l'environnement ».

En sortant de leur séminaire, ils apprirent qu'une explosion dans un autobus venait de faire deux morts, un Égyptien et une fillette de 11 ans, et 22 blessés au carrefour populeux de Dora. La charge avait été dissimulée dans un sac à main de femme placé sous l'un des sièges du véhicule. Bachir Gémayel se précipita à La Voix du Liban, la radio du parti Kataëb, et menaça au micro : « ... Le Palestinien réfugié doit savoir qu'il sera tenu pour responsable de la vie de chaque Libanais qui meurt du fait de ses crimes et un jour devra rendre compte de tout ce qui a été perpétré contre chaque Libanais pacifique. »

Au mois d'août 1980, sur l'ensemble du territoire libanais, 49 attentats à l'explosif avaient coûté la vie à plus de 100 personnes. Un mois « nettement moins meurtrier » que le mois de juillet précédent durant lequel les services de police avaient comptabilisé 363 morts et 64 explosions. Bachir ignorait qu'il serait lui-même tué de cette manière 717 jours plus tard.

2

Le voisin syrien

Bien qu'il en fût à peine question lors de la réunion au couvent de Saydet el-Bir, les membres du Comité d'études stratégiques étaient conscients qu'un obstacle majeur allait se dresser devant leur projet : la Syrie. Plus précisément, celui qui la dirigeait d'une main de fer : le général d'aviation Hafez el-Assad. Plus de 20 000 hommes de son armée occupaient près de la moitié du Liban et Damas ne cachait pas son ambition de contrôler le pouvoir politique libanais. Assad tenait déjà entre ses mains plusieurs partis ou mouvements politiques. Sa capitale était devenue le point de passage obligé de tous les politiques libanais quelque peu ambitieux.

Hafez el-Assad se caractérisait par « un front énorme de mathématicien sans cesse occupé à faire et à défaire un flot d'équations politiques [1] ». Toutes ses photos ornant magasins, administrations et contrôles routiers le présentaient comme un homme élégant mais sans recherche, dénué de tout sourire sans pour autant être fermé, la coupe de cheveux rappelant son passé militaire, le regard porté au loin comme il sied aux dirigeants. Ceux qui l'avaient approché le disaient vif, parfois matois et rusé comme pouvaient l'être des hommes de la terre dont il était issu. Sans être recluse, sa famille — il était marié et avait cinq enfants [2] — ne paraissait nulle part. Sa personne et tout ce qui s'y rapportait étaient choses

1. Jean-Paul Mari, dans *Le Nouvel Observateur*, 30 mai 1996.
2. Épouse : Aniseh, et ses enfants Bushra, Bassel (décédé dans un accident en janvier 1994), Bashar (qui lui a succédé à la tête de l'État en juin 2000), Majd, Maher.

sacrées. Toute faute ou erreur en Syrie — comme au Liban — était à la limite pardonnable, hormis l'injure au président. Elle seule était un péché mortel, impardonnable et toujours puni.

Né sous le mandat français le 6 octobre 1928, à Kardaha, un petit village de montagne à une trentaine de kilomètres de Lattaquié, Hafez el-Assad fit ses premiers pas dans une petite maison de pierre nue, de deux pièces, donnant sur une cour de terre battue entourée d'oliviers, de vigne et de figuiers. Son père Ali Sleiman el-Assad était l'un des notables de la tribu alaouite des Kalbiyé.

Les alaouites étaient des adeptes d'une secte ésotérique fondée près de Bagdad par le Mésopotamien Mohamed Ibn Noçaïr à la suite d'un schisme avec l'islam chiite. Les « Nouçaïri » (ceux qui suivent Noçaïr, les alaouites) étaient pour l'islam sunnite orthodoxe « plus infidèles que les juifs et les chrétiens, plus infidèles que bien des idolâtres [1] ». Dans le langage courant le terme de « Nouçaïri » était, et est toujours dans certaines régions, synonyme de paria. Tout au long de leur histoire, les alaouites furent durement pourchassés par les composantes islamiques chiite et sunnite, elles-mêmes d'ailleurs opposées l'une à l'autre. Au fil des années, ils émigrèrent vers l'ouest, s'établirent à Alep. Puis s'installèrent durablement dans les replis montagneux bordant la Méditerranée au nord du Liban.

Peu expansif, Hafez el-Assad fut discrètement approché à l'âge de 16 ans par un de ses camarades de collège, membre du tout nouveau parti de la Renaissance arabe, le Ba'ath, créé par le grec orthodoxe Michel Aflak et le sunnite Salah Bitar. Ce mouvement prônait une intégration de tous les Arabes dans un système égalitaire et laïque. L'idée ne pouvait que séduire le jeune Assad marqué par l'atavisme du minoritaire. Il y adhéra. Le Ba'ath ne comptait alors qu'un demi-millier de membres actifs, principalement des étudiants, organisés en cellules secrètes. C'est lors de l'une de ces réunions qu'Hafez el-Assad rencontra et se lia avec celui qui deviendra son ministre des Affaires étrangères Abdel Halim Khaddam.

Le 14 mai 1948, quelques heures après que David Ben Gourion eut proclamé l'indépendance d'Israël, Hafez el-Assad se précipita à Damas pour se porter volontaire afin de combattre les « sionistes ». Il fut sèchement renvoyé à ses études. Il rentra chez lui, la rage au cœur. Il se lança alors dans l'action politique et présida

1. Ibn Taïmiya, théologien sunnite du XVIe siècle.

en 1951 le congrès des étudiants syriens. L'année suivante, il s'engagea dans « les troupes spéciales du Levant ». Les jeunes Syriens, surtout issus de communautés minoritaires, n'avaient alors que l'armée comme avenir possible. Assad entra à l'école militaire de Homs et devint un excellent pilote de chasse. Il remporta même un championnat de voltige aérienne. En 1955, promu lieutenant et deux ans plus tard nommé chef d'escadrille, il continua néanmoins à fréquenter clandestinement les cellules du Ba'ath. Cette discrétion, indispensable dans son environnement militaire, lui démontra la puissance de la dissimulation et lui donna le goût du secret qu'il érigea par la suite en vertu politique cardinale.

Après onze mois en Union soviétique passés en stages de perfectionnement de pilotage et d'adaptation aux Mig qui équipaient l'aviation syrienne, Hafez el-Assad revint à Damas. Il repartit presque aussitôt en poste au Caire dans le cadre des échanges militaires prévus par l'union de l'Égypte et de la Syrie dans la République arabe unie signée le 1er février 1958. Lorsque cette union tourna court en 1961, Assad fut emprisonné pendant les deux mois qui furent nécessaires à aplanir les difficultés nées de la rupture entre les deux pays. Il revint à Damas avec un profond ressentiment anti-égyptien. Il fut nommé directeur du transport maritime au ministère des Transports et reprit son activité politique toujours avec la même discrétion. Assad participa à un coup d'État militaire en mars 1962. Ce fut un échec cuisant. Pour échapper aux rafles, il trouva refuge au Liban auprès de Sleiman Frangié, le leader maronite du Nord.

Les deux hommes s'étaient connus en 1957, près de Lattaquié, où Frangié avait été obligé d'« émigrer » après avoir dirigé, pistolet au poing, une action de représailles contre un clan rival lors d'un office religieux dans l'église de Meziara. Malgré l'exil, Assad resta en contact étroit avec des officiers comme Salah Jédid, Moustapha Tlass ou Hikmat Chéhabi et participa l'année suivante, le 8 mai 1963, à un second coup d'État (le 21e depuis la fin du mandat français) qui porta Salah Jédid au pouvoir. Assad put revenir en Syrie et réintégrer l'armée. En décembre 1964, il fut nommé général de division et devint le patron des forces aériennes syriennes. Deux ans plus tard, il devint ministre de la Défense tout en conservant le commandement de l'aviation.

Dès lors, il n'eut de cesse de profiter de la moindre opportunité pour écarter ses rivaux réels ou potentiels et faire nommer ses partisans alaouites aux postes clés de l'armée et du Ba'ath. Il fut largement aidé par les circonstances. En septembre 1966, le colonel druze Sélim Hatoum, commandant des unités des commandos parachutistes, invita à un grand déjeuner le chef de l'État, les membres du gouvernement, le chef d'état-major à 150 km de Damas ainsi que tous les officiers supérieurs en poste dans la région. Hafez el- Assad fut pratiquement le seul à ne pas s'y rendre. Il avait en horreur ce genre de réunion mondaine. Durant le repas, le colonel Hatoum fit cerner ses convives par des parachutistes et exigea la formation d'un nouveau gouvernement autour de sa personne en échange de leur libération. Immédiatement prévenu, Assad fit décoller des chasseurs-bombardiers et les envoya, en signe d'avertissement, survoler en rase-mottes le lieu du repas. Le message fut compris par l'officier druze qui s'enfuit au Liban. Il fut repris et exécuté. L'autorité d'Assad s'en trouva brusquement renforcée. Il en profita pour procéder, au nom de la sécurité, à une vaste série de mutations et de nominations dans l'armée qui conforta considérablement son emprise sur l'appareil militaire. De nombreux alaouites s'installèrent à des postes opérationnels.

La guerre des Six-Jours avec Israël en 1967 ne dura pour Hafez el-Assad que le temps d'assister, impuissant, à la destruction de son aviation, clouée au sol dans les premières minutes du conflit. L'après-guerre fut pour lui l'occasion de peaufiner sa mainmise sur les organes de sécurité intérieure. En 1968, il contrôlait complètement les formations paramilitaires ; en 1969, les services de sécurité étaient rattachés à son ministère alors que, parallèlement, son frère Assad levait les « panthères roses », une véritable milice, surnommée ainsi à cause de la dominante rose-rouge des treillis que portaient ses membres ; en 1970, les organisations palestiniennes présentes en Syrie dont le poids ne pouvait être négligé étaient bridées. Il n'était pas question pour Hafez el-Assad de laisser se développer dans son pays un État dans l'État comme l'avaient fait les Palestiniens en Jordanie. « Aucune autre armée que la syrienne n'a le droit de cité en territoire syrien », lança le général Hikmat Chéhabi, le nouveau chef d'état-major, dévoué à son ministre, en rejetant le projet de Yasser Arafat de créer trois brigades du Fatah en Syrie. Parallèlement, Damas incitait l'OLP à s'implanter au Liban en expliquant que cela représentait un avantage indéniable pour les fedayin. D'une part, la configuration géographique du Sud Liban offrait un terrain favorable à la guérilla anti-israélienne et, d'autre part, la faiblesse militaire du pays des Cèdres ne pouvait, avec l'aide des États arabes, que faciliter une militarisation des unités palestiniennes. Les Syriens étayaient leur raisonnement en faisant abondamment référence à l'accord du Caire.

Signé le 3 novembre 1969, cet accord, dont le contenu resta longtemps secret, accordait aux Palestiniens « le droit d'opérer contre Israël à partir de certains points du territoire libanais ainsi que le droit de police à l'intérieur des camps de réfugiés ». Il stipulait également que « la souveraineté de l'État libanais [devait] être toujours maintenue et respectée et que les actions palestiniennes [devaient] être coordonnées avec les autorités du pays ». Malgré cette précaution de pure forme, l'accord du Caire, explicitement, limitait la souveraineté libanaise. En effet, la renonciation à assurer la police dans les camps de réfugiés et les autorisations données, dans des conditions indéterminées, à des opérations contre Israël à partir du territoire libanais aboutissaient à une abdication pure et simple de l'État sur une parcelle de son territoire et à un partage concerté de son autorité avec des tiers. Si la première erreur du Liban fut de signer ce texte, la seconde fut de croire qu'il pouvait être appliqué. Hafez el-Assad, lui, dès le début, fut parfaitement conscient des conséquences qu'il entraînerait.

Les dirigeants syriens étaient partagés sur l'aide à apporter aux Palestiniens. Il y avait ceux, à l'instar du président Salah Jédid, qui prônaient une aide armée à la résistance au nom de la cause arabe et ceux qui, comme Hafez el-Assad, préféraient garder une neutralité attentive. Cette divergence dépassa le stade des simples discussions en septembre 1970 lorsque éclatèrent les affrontements entre le régime jordanien et les organisations armées palestiniennes. Salah Jédid envoya des unités blindées à le rescousse de l'OLP. Israël se mit en état d'alerte et menaça d'intervenir si le trône hachémite était menacé. Washington fit savoir à Damas que les Israéliens n'hésiteraient pas à mettre leurs menaces à exécution. Le ministre de la Défense, Hafez el-Assad, fidèle à ses convictions, refusa de faire décoller ses avions pour assurer une couverture aérienne des troupes envoyées par Salah Jédid. Les blindés syriens furent durement repoussés par la Légion bédouine du roi de Jordanie. Les organisations armées palestiniennes furent chassées du royaume. Cela provoqua une cassure profonde au sein même du pouvoir syrien.

Le mois suivant se tint le congrès du parti Ba'ath. Il amplifia ces divergences. Hafez el-Assad, qualifié de traître à la cause, fut mis en accusation par une partie importante des congressistes. Le 1er novembre, la mort du président égyptien Gamal Abdel Nasser, le « père du panarabisme » contre Israël, fut annoncée en pleine assemblée générale du congrès. L'émotion fut grande. Le monde arabe prit le deuil. L'effervescence autour du grand homme disparu et de ses idées portées au pinacle était partout d'autant plus grande que les plus menacés par elles savaient que le romantisme émotionnel moyen-oriental se dissoudrait avec le temps. Mais Hafez el-Assad était pressé. Le congrès se terminait. Il était conscient d'être en minorité et que l'émoi ambiant ne lui permettait plus de renverser la situation en sa faveur. À l'aube du 16 novembre 1970, aidé par son chef d'état-major le général Moustapha Tlass, il fit cerner la présidence, les bâtiments officiels et la salle où se tenait le congrès par les unités qui lui étaient le plus fidèles. En quelques heures, il s'empara du pouvoir sans faire couler une goutte de sang. Salah Jédid fut arrêté et emprisonné [1]. Assad baptisa ce coup de force « mouvement correctif ».

C'était la première fois qu'un alaouite accédait à la présidence. Il s'empressa de donner un gage aux sunnites en islamisant le serment présidentiel et en introduisant dans la Constitution une clause selon laquelle l'islam devait être la religion du chef de l'État. Les premiers collaborateurs choisis furent des sunnites acceptant de cautionner un régime alaouite en échange d'honneurs et de privilèges. Moustapha Tlass fut nommé ministre de la Défense pour rassurer totalement l'armée. Abdel Halim Khaddam, son vieux compagnon au sein du parti, se vit attribuer les Affaires étrangères. Postes que tous deux ne quitteront plus.

Petit de taille, l'allure sportive, les yeux bleus, Abdel Halim Khaddam était l'un des rares dirigeants syriens à ne pas porter de moustache. Avocat de profession, il était plus âgé que ne le laissait supposer son apparence de jeune cadre dynamique élégant. Sunnite pratiquant, il avait horreur de perdre son temps. Il consacrait ses loisirs à sa famille, à la chasse et à son magnétoscope. Ayant échappé à plusieurs attentats, il portait toujours une arme sur lui. Adepte d'une diplomatie « ferme », il se conduisait comme les généraux sur les champs de bataille et utilisait une dialectique teintée d'idéologie ba'athiste, de raisonnements de guerre froide

1. Il sera libéré vingt-quatre ans plus tard. Malade, il décédera six mois après.

et de rapports de force. Intrépide, la réplique facile, insolent parfois, le nouveau ministre des Affaires étrangères syrien avait un parler direct et tranchant qui détonnait dans le monde politique arabe.

Hafez el-Assad consolida ensuite son pouvoir en confiant les leviers essentiels de l'État à des alaouites et tout d'abord à sa famille. Deux de ses frères et deux de ses beaux-frères, le colonel Adnan Makhlouf et le général Chafik Fayad, furent nommés à des postes clés dans l'armée, les renseignements, l'administration et le parti. Tout sunnite ayant des fonctions de responsabilité fut « doublé » d'un adjoint alaouite. Le chef d'état-major, le général Hikmat Chéhabi, pourtant fidèle parmi les fidèles, se vit attribuer comme second le général Ali Aslan. Les 20 000 « panthères roses » à majorité alaouite regroupées par Rifaat furent officialisées en Brigades de défense. Elles constituèrent le noyau dur de la sécurité intérieure.

Le système mis en place par le nouveau président pour garantir la survie de son régime fut bâti sur deux piliers : le parti Ba'ath et sa communauté. La combinaison des deux donna un outil d'une grande efficacité. Le parti était ouvertement proche de l'idéologie des partis socialistes marxistes d'où étaient tirés une grande part des principes du Ba'ath ainsi que le style pyramidal de sa hiérarchie avec des tendances à une haute sécurité interne et une discipline très stricte. Le parti avait son mot à dire dans tous les aspects de la vie et ses dirigeants étaient des proches du président.

La communauté alaouite, forte de 1 500 000 membres[1], traditionnellement méprisée par la majorité sunnite, était une combinaison de familles concentrées dans une seule région du pays, avec le sens certain de l'unité qui anime toutes les minorités. Les officiers qui en étaient issus professaient une loyauté à toute épreuve à Hafez el-Assad.

À cela s'ajoutait la « méthode Assad ». Il excellait dans l'alternance de bouffées de libéralisme et de foudroyantes répressions quand cela se révélait nécessaire. Le couperet tombait souvent dans l'enceinte du sérail. Dès qu'un officier ou un dignitaire du régime pensait être indispensable, il était envoyé en « visite d'amitié » dans un pays complaisant, avec prière « aux frères cubains (ou tchécoslovaques) » de l'y garder courtoisement quelques semaines, voire quelques mois, le temps d'apprendre à tenir sa

1. 12 % de la population.

place. Même le frère du président, Rifaat, tout privilégié qu'il fut, eut à subir cette technique de l'exil provisoire. Une fois la « punition » terminée, ou dès lors que l'officier ou le dignitaire ne représentait plus de danger, il était habilement réemployé dans la mesure des besoins.

Mais le secret de la réussite intérieure d'Hafez el-Assad résidait surtout dans une diplomatie irréprochable aux yeux de la composante communautaire majoritaire du pays. Il brandissait avec constance le flambeau de la lutte pour l'unité arabe, pour la réunification de « la Syrie » contre « l'ennemi sioniste ».

L'exemple le plus explicite fut les négociations qu'il mena en mai 1974 avec le Secrétaire d'État américain Henry Kissinger pour l'instauration d'une zone démilitarisée sur le Golan occupé par Israël depuis 1967.

Assad (le « lion » en arabe) reçut Kissinger au Palais des hôtes, dans une immense salle froide, meublée d'imposants fauteuils beiges. Elle était dépouillée de tout accessoire inutile, pas de table, pas de papier pour prendre des notes. Il obligeait ceux qui venaient le voir à travailler de mémoire. La sienne était phénoménale. Il se révéla être un dialecticien redoutable, usant ses interlocuteurs par des heures de discussions durant lesquelles, toujours courtois, n'élevant jamais la voix, il exposait les difficultés en les replaçant dans le contexte d'une Histoire qui était sienne. Kissinger fut subjugué. L'Américain entra dans les discussions comme on relève un défi. Assad l'écouta patiemment, le laissa s'enferrer dans des digressions qu'il suscitait habilement, portant l'estocade ou au contraire séduisant, utilisant le mensonge avec un aplomb déconcertant. « Ce fut un redoutable négociateur », écrira plus tard le Secrétaire d'État dans ses *Mémoires* en exaltant le « goût du secret », « l'utilisation de la ruse » et « la part importante laissée à la réflexion avant toute prise de décision » de son interlocuteur.

Assad limita le résultat de ces négociations à l'instauration d'une simple zone démilitarisée entre la Syrie et Israël, conscient qu'il n'appartenait pas à un minoritaire arabe d'aller au-delà et d'avancer sur le chemin de la paix avec l'État hébreu. Le contraire aurait fait voler en éclats sa fragile légitimité. De plus, pour compenser l'arrêt des hostilités sur le Golan, il provoqua une avalanche de déclarations belliqueuses et soutint ouvertement la guérilla anti-israélienne au Sud Liban.

Dès son arrivée au pouvoir, il s'était présenté comme le défenseur acharné de la cause palestinienne. Cette position de façade dissimulait à peine son objectif principal : être un facteur prédominant dans toute solution de paix au Proche-Orient. Il était convaincu que la Syrie était l'ultime défense de la « nation arabe » et que tout règlement qui interviendrait sans la participation et l'accord de Damas se ferait au détriment de cette « nation ». Féru d'histoire, il ne pouvait oublier que du temps de la Sublime Porte, c'est-à-dire jusqu'en 1919, Libanais, Palestiniens, Jordaniens et Syriens formaient « le peuple de la Syrie historique dans ses frontières naturelles du Taurus jusqu'au Sinaï et de la steppe irakienne à la Méditerranée ». Assad estimait avoir un droit de tutelle sur ces entités et il n'était pas question que Libanais, Palestiniens ou Jordaniens puissent acquérir une stature internationalement suffisante pour devenir des interlocuteurs valables sans passer par lui.

Parallèlement, il cherchait à démontrer aux Américains qu'il pouvait, s'il le voulait, être l'élément stabilisateur dans la région. Imitant Gamal Abdel Nasser, souvent avec plus de bonheur, il s'évertuait à se présenter en permanence « comme étant récupérable » par Washington, sans toutefois jamais en fixer la contrepartie avec précision, laissant les États-Unis avancer vers lui, donc lui faire des concessions.

Dans le même temps, il « travaillait au corps » la Jordanie, contre laquelle il ne pouvait pas grand-chose, les Palestiniens, dont il voulait contrôler les centres de décision politique, et le Liban, qui était devenu une obsession pour son régime.

Hafez el-Assad considérait que ce petit pays était le ventre mou de la Syrie. Sur un plan stratégique, il y avait la considérable trouée de la vallée de la Békaa qui, venant du nord d'Israël, longeait toute sa frontière ouest et les hauteurs des monts Barouk et Sannine d'où l'on voyait la capitale syrienne à l'œil nu. Sur un plan politique, le Liban était le refuge-repaire de tous les opposants syriens. Chaque coup d'État en Syrie avait provoqué l'arrivée brutale d'un flot de fuyards dans la capitale libanaise, distante de seulement 60 km, c'est-à-dire assez loin pour ne pas être « jugé » et assez près pour persister à vouloir jouer un rôle politique. De 1949 à 1970, tous les changements brutaux de régime avaient été fomentés du Liban. Assad en savait quelque chose puisque cela avait été son cas. « La Syrie et le Liban, au cours de l'histoire, forment un seul pays et un seul peuple [...] ceci implique une réelle sécurité commune », avait-il lui-même affirmé sans toutefois préciser qu'il s'agissait avant tout de « sécurité commune intérieure ».

Beyrouth avait toujours refusé d'extrader les opposants syriens réfugiés sur son sol et bon nombre d'entre eux y avaient été assassinés [1] ou enlevés [2].

Il y avait un autre sujet de discorde entre Damas et Beyrouth, la liberté de la presse. L'information de tout le Moyen-Orient se faisait dans la plus commerçante des artères de l'ouest de Beyrouth, rue Hamra, et dans les rues perpendiculaires : 37 agences de presse, 448 titres de presse écrite, dont 102 politiques y étaient installés. Chaque régime arabe et son opposition y finançaient un journal. Hafez el-Assad y avait lui-même créé en 1977 son quotidien *el-Charq (L'Orient)*. Damas savait que les démarches entreprises auprès de l'État libanais pour faire taire les critiques à son encontre étaient sans effet. Beyrouth ne disposait d'aucun moyen coercitif contre les médias. Aussi tous les journalistes qui « molestaient la Syrie mettant en danger sa sécurité et son armée », affirmait déjà, en juin 1973, le commandant en chef de l'armée syrienne, le général Hikmat Chéhabi, étaient, dans un premier temps, aimablement invités à boire une tasse de café et il leur était « recommandé » de modérer leurs propos. En cas de récidive, il n'y avait guère de second avertissement.

Le Liban devait donc être « tenu ». Dès qu'il fut libéré de la pression militaire israélienne directe par l'accord de démilitarisation du Golan, Hafez el-Assad se consacra au Liban. Les tensions entre les milices et les opérations militaires palestiniennes contre Israël lui facilitèrent les choses. Le président syrien commença par s'y « implanter politiquement ». Il favorisa tout d'abord ouvertement la relance du Parti populaire syrien libanais (PPS). Fondé à Beyrouth en 1932, sous le mandat français, par un grec orthodoxe, Antoun Saadé, le PPS avait milité activement pour la création d'une Grande Syrie englobant le Liban. L'indépendance l'avait par la suite marginalisé. L'aide du n° 1 syrien le tira du quasi-oubli dans lequel il végétait petitement. Le PPS changea de nom pour devenir le Parti syrien national social (PSNS). Imitant le Ba'ath en Syrie, le PSNS recruta dans les minorités alaouite, kurde et grecque orthodoxe et disposa rapidement d'une base pluricon-

1. Sami Hennaoui, ancien président de la République (1950), Ghassan Gédid, député (1957), Mohamed Omran, colonel alaouite (1972).

2. L'écrivain Zouhair Chalak (1970) et l'ancien officier de renseignement Khalil Brayez (1976).

fessionnelle solide. Mais au fil des mois, et sous l'influence de Damas, il se présenta de plus en plus comme le porte-parole des chrétiens vivant hors des régions sous contrôle phalangiste. Hafez el-Assad avait marqué un premier point : créer une autre représentation politique chrétienne en jouant sur le clivage confessionnel entre maronites et grecs orthodoxes.

Puis, le 17 janvier 1975, Hafez el-Assad passa officiellement pour la première fois — et la dernière — la frontière syro-libanaise pour rencontrer le président Sleiman Frangié à l'hôtel du parc de Chtaura. Durant un long tête-à-tête, il déconseilla avec insistance à son homologue libanais de faire appel au Conseil de sécurité des Nations unies concernant le Sud Liban où les affrontements entre Palestiniens et Israéliens dégénéraient en véritable guerre. Assad évoqua la cause arabe, insistant sur le fait que Beyrouth ne devait pas s'attaquer aux Palestiniens en tant que tels, mais combattre leurs abus. Il affirma que la Syrie était prête à l'aider à maîtriser leurs excès. Le président syrien ne voulait en aucun cas de l'internationalisation de la situation qui, *ipso facto*, limiterait son rôle potentiel. Il évoqua au passage les conséquences que pouvait avoir une telle décision prise par un chrétien minoritaire dans un monde musulman en mettant en avant sa propre situation. Assad en profita pour aborder Frangié en « vrai ami », rappelant l'accueil dont il avait bénéficié en Syrie lorsqu'il avait été obligé de s'y réfugier, jouant habilement sur la fibre, minoritaire, maronite de son interlocuteur qu'il supposait être analogue à celle des alaouites. Il lui proposa ni plus ni moins qu'un démembrement du Liban pour rattacher la partie chrétienne à la Syrie.

Sleiman Frangié accepta du bout des lèvres de ne pas avoir recours au Conseil de sécurité et resta très fuyant sur le second point.

Assad se tourna alors vers les Palestiniens. Le 8 mars 1975, lors d'un discours retentissant, il lança un appel solennel à l'unité de commandement politique et militaire entre Palestiniens et Syriens. Un silence froid lui répondit. La signature par Damas de l'accord de désengagement militaire du Golan avait fortement terni son image de marque auprès de l'OLP.

Un mois plus tard, le 13 avril, alors qu'ils sortaient d'une messe de consécration d'une église dans le quartier de Aïn Remmaneh dans la banlieue de Beyrouth, les leaders chrétiens furent mitraillés à partir d'une voiture. Un des gardes du corps de Pierre Gémayel fut tué sur le coup. Moins d'une heure plus tard, un autobus fut pris sous le feu croisé d'armes automatiques à quelques centaine de mètres de l'église. Il ramenait au camp de Tall el-Zaatar des Palestiniens qui venaient de participer aux cérémonies commémorant le martyre des fedayin tués quarante jours plus tôt dans l'opération « Khalsa » à Kyriat Shmon en Israël. Il y eut 31 morts et 5 blessés graves. Les Palestiniens, en armes, sortirent des camps et prirent possession des rues de Beyrouth. Les phalangistes répliquèrent. La guerre du Liban commençait.

Les partis de gauche et les communautés musulmanes libanaises avaient pris fait et cause pour les Palestiniens au nom de la solidarité arabe contre les milices et partis chrétiens arc-boutés officiellement à la défense de l'État mais également aux prérogatives et aux privilèges qui étaient les leurs. S'inspirant des méthodes soviétiques de déstabilisation, Damas entra immédiatement dans le conflit en s'engageant résolument du côté des « islamo-progressistes ». La Syrie utilisa une pléiade de groupes armés libanais dont les intérêts convergeaient avec les siens. Certains furent même créés pour l'occasion, comme la Brigade Assad, petite milice d'un parti ba'athiste prosyrien dirigée par un ingénieur chiite du Hermel, Assem Kanso. Durant de longs mois, ces groupes armés eurent pour rôle essentiel d'entretenir le « réchauffement » de la ligne de démarcation qui coupait Beyrouth en deux depuis le mitraillage du car. Hafez el-Assad suivait de très près et dans le détail l'évolution de la situation grâce à ses cinq services de renseignement. « Il savait très bien ce qu'il voulait et comment y parvenir avec ce qu'il faut d'adresse, de sens du secret, d'hypocrisie et d'ambition. C'était un mélange de bon sens, d'honnêteté, de fidélité à ses amis, d'équilibriste, d'habileté à manier les antagonismes [...] mais en même temps de duplicité et de dureté ; la trique était toujours là », devait affirmer plus tard le leader druze Kamal Joumblatt, dans un livre-souvenir[1].

L'OLP et ses alliés réussirent même à créer une dissidence au sein de l'armée libanaise : l'Armée du Liban arabe, commandée par le lieutenant Ahmad Khatib. Le quartier des banques qui abritait plus de 150 établissements florissants — Beyrouth était la « Suisse du Moyen-Orient » — fut occupé tour à tour par les protagonistes qui réalisèrent le plus gros casse du siècle jamais égalé. Tous les coffres-forts furent forcés à l'explosif. Les souks du centre ville furent pillés et incendiés. Les pompiers libanais durent

1. Kamal Joumblatt et Philippe Lapousterle, *Pour le Liban*, Stock, 1978.

faire appel à leurs homologues de Damas pour maîtriser les sinistres. Tous les leaders chrétiens se mobilisèrent. À l'issue d'une réunion, le 6 janvier 1976, le ministre de l'Intérieur Camille Chamoun, le patron des Kataëb Pierre Gémayel, le président de la République Sleiman Frangié, et le supérieur des moines maronites Charbel Kassis évoquèrent une partition du pays pour protéger leur communauté et contrer la pression des Palestiniens et de leurs alliés libanais. La réaction syrienne ne se fit pas attendre. Dès le lendemain matin, le ministre des Affaires étrangères, Abdel Halim Khaddam, affirmait qu'« en cas d'éclatement du [pays des Cèdres], la Syrie n'hésiterait pas à annexer le Liban qui n'est qu'une partie d'elle même ».

Quelques jours auparavant, les services de renseignement syriens avaient fourni à Hafez el-Assad la preuve irréfutable d'une présence active et de contacts réguliers [1] du Mossad auprès des chrétiens. Un contournement israélien par l'ouest, c'est-à-dire par le Liban, de longue date redouté par Damas, se précisait. Il lui fallait donc absolument limiter la montée en puissance des maronites et notamment des Kataëb. Par contrecoup, il lui était également indispensable de limiter, dans un premier temps du moins, la puissance des Palestiniens. Ce fut ce qu'il s'employa à faire sur le terrain.

Le front qui coupait la capitale en deux s'était stabilisé. Beyrouth Ouest était aux mains des « islamo-progressistes » et les quartiers chrétiens, situés à l'est de la capitale, étaient entourés de camps retranchés palestiniens fortement armés. En 1950, les autorités libanaises avaient délibérément autorisé leur création aux portes de l'agglomération pour permettre aux réfugiés de trouver plus facilement du travail et ne pas les isoler. Autour de Beyrouth se montèrent ainsi, d'abord en toile, puis très vite en dur, sept véritables villes-quartiers ayant pour nom Mar Elias, Sabra, Chatila, Bourj el-Brajneh, Jisr el-Bacha, Tall el-Zaatar et la Quarantaine.

Tall el-Zaatar, construit sur la « colline du thym », surplombait le quartier d'Achrafieh, cœur du Beyrouth chrétien, et le littoral résidentiel du Metn Nord où passaient les routes reliant Beyrouth à la montagne chrétienne. En sept ans, la surface de Tall el-Zaatar était passée de 2 à 10 km². Équipé d'installations militaires souterraines capables de soutenir un siège, le camp était devenu une forteresse redoutable.

Les milices chrétiennes, décidées à se libérer de l'étau que

1. Voir chapitre 5 : « L'ami israélien ».

constituaient les camps palestiniens, passèrent à l'assaut de celui de la Quarantaine — construit à l'origine autour d'un hôpital près du port de Beyrouth dans lequel, à la fin du XIXe siècle, devaient séjourner pendant quarante jours les passagers arrivant au Liban pour enrayer les épidémies sévissant alors en Turquie.

Les combats autour du camp furent acharnés et les miliciens chrétiens progressaient militairement. Hafez el-Assad relata lui-même la suite des événements et le rôle que joua la Syrie. « Malgré nos efforts politiques, malgré nos efforts militaires concernant les fournitures en grandes quantités et variétés d'armes et de munitions, le mouvement des “partis nationaux” [libanais] s'est effondré tout comme celui de la résistance palestinienne. [...] Ils ne pouvaient se tenir sur leurs jambes. Ils nous lancèrent des appels à l'aide pour que nous fournissions un effort complémentaire à celui que nous leur donnions déjà. [...] Vers la mi-janvier [...] ils prièrent le ministre des Affaires étrangères [Abdel Halim Khaddam] de me demander d'intervenir auprès du président Sleiman Frangié pour que ce dernier arrête les combats, car la situation était très mauvaise. J'ai répondu que je ne le ferais pas, qu'ils devaient résister [...]. Je m'étonnai de leurs démarches car je savais, et nous le savions par la nature des choses, que la résistance et les partis nationaux possédaient plus d'armes et de munitions que l'armée libanaise qui du reste ne participait pas aux combats [1]. »

Cette version des faits fut pour le moins fortement nuancée par le leader druze Kamal Joumblatt qui présidait alors le Mouvement national [2] opposé aux milices chrétiennes. « Quant à l'aide militaire, nous ne reçûmes presque rien, je le dis franchement. Nos armes, nous les avons achetées nous-mêmes. Elles ne faisaient que

1. Dans un discours à Damas, le 20 juillet 1976.

2. Il existait sous diverses formes depuis 1964 et regroupait 15 organisations et groupes politiques de gauche : le Parti socialiste progressiste (K. Joumblatt) ; le Parti communiste libanais (G. Haoui) ; l'Organisation de l'action communiste au Liban (M. Ibrahim) ; le Parti syrien national social (I. Raad) ; le parti Ba'ath pro-irakien (A. el-Rafihi) ; le Mouvement des nassériens indépendants (I. Koleilat) ; le parti Ba'ath prosyrien (A. Kanso) ; le Mouvement démocratique libanais (S. Chatila) ; l'Union socialiste arabe (A. Mrad) ; l'Organisation populaire nassérienne (M. Saad) ; l'Union socialiste arabe — Organisation nassérienne (M. Sayad) ; l'Union socialiste arabe — Les Vagues arabes (K. Chéhab) ; l'Union des forces du peuple travailleur — Forces de Nasser (I. Arab) ; l'Organisation du parti démocratique kurde — tendance gauche (M. Joumaa) ; le Parti de l'Action socialiste arabe (H. Hamdane) ; le Front des chrétiens patriotes (S. Leiman).

transiter par la Syrie. [...] En fait, les dirigeants syriens freinaient l'arrivée des armes et des munitions stockées pour notre compte en Syrie. C'était une façon de nous contraindre indirectement, de nous diriger. Ils semblaient vouloir traîner, faire durer la guerre. [...] Les Syriens semblaient déterminés à maintenir un équilibre entre les forces antagonistes du Liban. »

Le 16 janvier 1976, le camp de la Quarantaine tomba. Les habitants furent expulsés par les miliciens chrétiens dans le secteur ouest de la ville. « Je contactais immédiatement [le président] Sleiman Frangié, raconta Hafez el-Assad, sans autre résultat que l'escalade des combats. L'effort politique autant que les fournitures d'armes s'étaient révélés inopérants. [...] Les chefs des partis nationaux [libanais] n'eurent rien de mieux à faire que de prendre le chemin de Damas à la recherche de secours. Joumblatt était visiblement démoralisé. Je les rassurais tous. Il ne nous restait plus qu'à intervenir directement. Si nous n'intervenions pas, la résistance s'écroulait, si nous intervenions, nous la sauvions mais au risque d'une guerre avec Israël. La difficulté fut contournée en agissant sous l'uniforme de l'Armée de libération de la Palestine [1]. [...] Nous avons fait rentrer l'ALP ainsi que d'autres forces au Liban sans que personne, absolument personne, le sache. »

Les « autres forces » évoquées par Hafez el-Assad n'étaient autres que la brigade Yarmouk, élément de l'Armée de libération de la Palestine, stationnée en Syrie et totalement inféodée au régime syrien et 8 000 soldats syriens camouflés sous l'uniforme de la Saïka [2]. Après avoir passé la frontière, ces forces se dirigèrent vers trois villes chrétiennes : Damour, au sud de Beyrouth, Zahlé dans la Békaa et Zghorta au Nord Liban, ainsi que vers le camp de réfugiés de Tall el-Zaatar. Damour fut prise et rasée par les « Palestiniens » le 20 janvier après des combats acharnés qui firent près de 900 morts, en majorité parmi la population civile. Sur le panneau routier qui marquait l'entrée de l'agglomération, une main rageuse avait écrit : « Al Moudammara » (la détruite). Zahlé, assiégée, résista malgré les bombardements et Zghorta, fief de Sleiman Frangié, grâce aux Marada, la milice du président, fit de même.

Les partis de gauche libanais exigeaient une redistribution du

1. ALP : brigade palestinienne créée par la Ligue arabe en 1964 et placée sous le commandement respectif des pays hôtes.

2. « La Foudre », unité palestinienne d'obédience ba'athiste commandée par Zouhair Mohsen, créée en 1967 par Damas pour pénétrer politiquement l'OLP.

pouvoir en leur faveur et une plus grande représentativité des musulmans. « Quelles que soient mes qualités, celles de mon fils, ou celles de mes petits-enfants, nous ne pourrons jamais accéder à la présidence tout simplement parce que nous sommes druzes », dénonçait régulièrement Kamal Joumblatt en vitupérant « la mainmise sur le pouvoir par les maronites », seuls à pouvoir accéder à la magistrature suprême selon le Pacte de 1943. En février 1976, Hafez el-Assad, relayant ces demandes, suggéra avec insistance à Sleiman Frangié de modifier la Constitution libanaise dans ce sens. Le président libanais refusa. Ulcéré, Kamal Joumblatt décida de créer l'Armée de Fakheddine[1] et de passer à l'offensive. Il rencontra le président syrien le 27 mars pour le lui annoncer : « Cette armée réunira tous les musulmans et les forces de gauche et se lancera dans une guerre totale et irréversible contre les forces chrétiennes », expliqua-t-il. Assad repoussa le projet. Il considéra qu'il s'agissait d'« une folie » qui provoquerait inévitablement une intervention israélienne aux côtés des chrétiens et qui mettrait en péril la Syrie. Les deux hommes eurent sept heures d'entretiens parfois très houleux.

— Pourquoi vous lancer dans une escalade de la guerre ? le document constitutionnel que vous exigez vous donne 90 % de ce que vous demandez, argumenta Assad.

— Je veux balayer les chrétiens qui nous dominent depuis cent quarante ans, lui répondit le leader druze.

Hafez el-Assad savait que Kamal Joumblatt était depuis longtemps ami des Palestiniens, qu'il avait des contacts directs et cordiaux à haut niveau avec Moscou et que depuis le début des années 60 il entretenait des relations étroites avec les Arabes nationalistes. Il lui était donc possible de trouver aide et soutien. Assad changea alors son fusil d'épaule et se posa en médiateur. Il amorça un dialogue avec les dirigeants chrétiens sans pour autant chercher à mettre un terme aux affrontements qui se poursuivirent notamment autour du camp de Tall el-Zaatar. Peu à peu, la Syrie persuada discrètement les chrétiens qu'ils étaient en danger et se présenta en recours. Dans un discours prononcé à l'université de Damas, le 12 avril 1976, Assad, déclara publiquement être disponible pour venir en aide aux chrétiens : « La Syrie est prête à faire mouvement vers le Liban pour y défendre tous les opprimés sans distinction de confession. »

---

1. Héros druze du XVIIe siècle.

La surprise passée, les chrétiens hésitèrent. Camille Chamoun affirma être plus favorable à l'intervention d'un contingent militaire arabo-occidental. Pierre Gémayel fut plus ouvert envers la Syrie : « Je n'ai pas d'objection à ce que les forces syriennes soient chargées d'assurer la sécurité au Liban, pour une période limitée, à la condition qu'elles soient épaulées par des forces arabes et amies. » Cette phrase fut présentée par la suite comme un appel lancé à Damas.

La veille de la proposition de Hafez el-Assad, le 11 avril, l'ambassadeur israélien en Angleterre, Guédéon Raphaël, avait été secrètement reçu par le roi Hussein de Jordanie qui faisait escale à Londres. Le souverain hachémite, jouant les bons offices entre Damas et Tel-Aviv, informa le diplomate de l'intention syrienne d'« entrer militairement au Liban ». Le monarque « promit » à son interlocuteur « au nom du président Assad, que l'armée syrienne ne se déploierait pas au Sud Liban et ne s'approcherait pas de la frontière de l'État hébreu ». Le roi donna également aux Israéliens « l'assurance que l'opération syrienne serait tournée uniquement contre l'OLP, et que non seulement l'armée syrienne ne pénétrerait pas dans les régions à majorité chrétienne mais qu'elle se retirerait dès le retour au calme ».

Yitzhak Rabin, Premier ministre israélien à l'époque, donna le feu vert à une intervention syrienne dans un message écrit remis le 28 avril à Londres à Hussein de Jordanie par Guédéon Raphaël[1].

Onze jours plus tard, Hafez el-Assad favorisa l'élection du gouverneur de la Banque centrale du Liban, Élias Sarkis, 52 ans, à la présidence de la République : 66 des 69 députés réunis le 8 mai à l'hôtel Carlton à Beyrouth se prononcèrent sur son nom ; 28 parlementaires chrétiens avaient boycotté le scrutin. Dès l'annonce des résultats, l'établissement fut pris sous un déluge d'obus et Sarkis passa ses premières heures de président élu dans une cave-abri. C'était un homme débonnaire, profondément honnête, animé des meilleures intentions du monde, mais peu au fait des réalités politiques. Il se plaça au-dessus de la mêlée et lança le soir même un appel à l'arrêt immédiat des combats. En vain. Il ne lui restait plus qu'à attendre son investiture, prévue cinq mois plus tard, le 23 septembre 1976.

Hafez el-Assad s'évertuait à convaincre Kamal Joumblatt de

1. Guédéon Raphaël, révélations faites au *Haaretz*.

modérer ses projets contre les chrétiens. Il le reçut très longuement au milieu du mois de mai 1976 :

— Écoutez, lui expliqua le président syrien, j'ai une occasion historique d'orienter les maronites vers la Syrie, de gagner leur confiance et de leur faire réaliser que leur protection n'est plus la France ni l'Occident. Il faut les aider à ne plus aller quémander l'aide de l'étranger. Je ne saurais admettre que vous soyez vainqueur du camp chrétien au Liban : cela créerait chez eux un sentiment de dépit.

— Mais ce n'est pas du camp chrétien qu'il s'agit, lui rétorqua Joumblatt. N'oubliez pas, monsieur le président, que les grecs orthodoxes, les arméniens, les trois quarts des grecs catholiques et le tiers des maronites eux-mêmes sont hostiles à l'attitude des ultras du maronitisme isolationniste. Cela fait plus des deux tiers des chrétiens du Liban. Il faut les sauver du joug fasciste. Tous ces isolationnistes ne représentent pas plus de 25 % des chrétiens.

— Quand bien même, je ne peux vous permettre de battre les isolationnistes, je ne voudrais pas qu'ils aient le sentiment d'être vaincus.

Kobeyat et Andakat, deux villages chrétiens noyés dans un environnement musulman, étaient encerclés et bombardés depuis le mois de janvier 1976 par une unité de l'Armée du Liban arabe. Le 29 mai suivant, le député chrétien de la région, Mikhaël Daher, téléphona à Hafez el-Assad pour lui demander d'intervenir afin de faire cesser l'effusion de sang. Un mystérieux « rassemblement des habitants de Kobeyat » envoya le jour même un message identique à Damas « pressant le président Assad et le peuple syrien frère de les secourir ».

À l'aube du 9 juin, l'armée syrienne entra, très officiellement et en force, au Liban ; 6 000 soldats et 260 blindés traversèrent la frontière « afin de dégager les villages assiégés de Kobeyat et d'Andakat, et occuper la vallée de la Békaa, pour prêter main-forte aux milices chrétiennes face aux partis de gauche et aux Palestiniens ». En quelques jours, les soldats de Damas se portèrent au secours de Zghorta et de Zahlé alors que Radio Damas diffusait des appels « de centaines de gens qui aspiraient à la paix provenant de ces deux villes ».

Sleiman Frangié, toujours président en titre et en fonction, envoya immédiatement un message aux chefs d'État arabes pour justifier l'intervention syrienne. Yasser Arafat dénonça « le plan de liquidation du peuple et de la résistance palestinienne » et demanda la réunion d'un sommet des chefs d'État arabes. Demande qui fut appuyée par Damas. Lors de ce sommet qui se tint à Riyad en octobre 1976, le nouveau président libanais, Élias Sarkis, demanda lui-même que les troupes syriennes présentes au Liban, mises sous le commandement des autorités libanaises, soient dotées d'un mandat de la Ligue arabe, pensant ainsi pouvoir les contrôler. La Syrie appuya sa proposition et les forces syriennes devinrent Force arabe de dissuasion (FAD). Le général libanais Sami Khatib fut officiellement nommé à la tête de la FAD. En fait, composée uniquement de soldats syriens, elle n'obéira qu'à Damas. Toute l'astuce d'Hafez el-Assad avait été d'occuper le Liban sans lui avoir déclaré la guerre et en démontrant qu'il lui rendait service.

Galvanisées, les milices chrétiennes concentrèrent leurs actions sur le camp palestinien de Tall el-Zaatar qui résista durant cinquante-deux jours à 70 assauts, avant de tomber le 13 août 1976 dans un véritable bain de sang. Quelques jours avant sa chute, les milices firent secrètement sortir du camp les éléments syriens de la Saïka et leur permirent de rejoindre avec armes et bagages la Békaa, contrôlée par l'armée syrienne. Les 12 000 habitants du camp qui sortirent vivants des ruines furent évacués par la Croix-Rouge vers Beyrouth Ouest. L'étau qui enserrait les quartiers chrétiens de Beyrouth était levé.

Hafez el-Assad avait laissé faire. Sachant pertinemment qu'il lui était impossible d'annexer le Liban, en grande partie parce que ses habitants y étaient hostiles, il devait y encourager la mise en place d'un régime qui lui était favorable, ou au moins amical. Damas savait également qu'il lui suffisait d'obtenir l'adhésion des chrétiens pour y parvenir. Les autres communautés lui étaient acquises par définition ; à défaut, la mise au pas des récalcitrants ne provoquerait aucun écho dans un Occident uniquement préoccupé du devenir des chrétiens. La Syrie était prête à leur garantir ce qui leur importait le plus : la continuité des institutions avec un léger rééquilibrage de pure forme en faveur des musulmans, une économie libre, le maintien d'une ouverture politique avec l'Ouest — Damas n'avait d'ailleurs jamais demandé à Beyrouth de s'aligner sur le bloc soviétique, estimant que le Liban pouvait être un tremplin pour un dialogue avec les Américains.

Mais ce montage de relation amicale bascula brusquement le 17 février 1978. Au cours de manœuvres dans un champ situé en face de l'académie militaire de Fayadiyeh, dans la grande banlieue de Beyrouth, une section de jeunes recrues libanaises fut violemment interpellée par des soldats syriens. L'incident tourna très vite à l'affrontement armé avec l'arrivée de renforts de Damas qui assiégèrent les bâtiments de l'école. Les miliciens chrétiens, prenant fait et cause pour leur armée, ouvrirent le feu sur les assaillants. Le bilan fut lourd : plus de 30 morts, en majorité syriens. Le lendemain, les combats s'étendirent à tout le secteur chrétien de la capitale. Hafez el-Assad téléphona à Élias Sarkis et exigea l'arrestation immédiate des officiers libanais responsables de la mort de ses hommes et leur condamnation à la peine capitale. Cherchant à atténuer le courroux du président syrien, Sarkis somma Pierre Gémayel et Camille Chamoun de publier un communiqué affirmant « leur confiance en la politique syrienne ». Il leur demanda ensuite de se rendre à Damas pour accentuer leur démarche. Ce ne fut pas suffisant pour Assad qui maintint son exigence de voir fusiller les officiers libanais impliqués dans les affrontements. Sarkis accepta la formation d'un tribunal d'exception libano-syrien pour juger les coupables. La situation devint alors explosive. L'étincelle se produisit lorsque, fin juillet, Bachir fut arrêté à un barrage syrien à Achrafieh et retenu pendant quelques heures. Le point de non-retour avait été atteint. Les Kataëb décrétèrent une mobilisation générale et, sitôt Bachir libéré, tous les postes syriens en zone chrétienne furent attaqués. La riposte fut immédiate : le quartier d'Achrafieh fut encerclé et bombardé pendant cent jours durant l'été 1978. La rupture était consommée : la Syrie ne serait pas l'alliée des maronites libanais.

3

Opération « Altalena »

La décision de prendre le pouvoir prise par Bachir Gémayel au couvent de Saydet el-Bir le 27 septembre 1980 ne fut possible que parce que toute concurrence avait auparavant été éliminée dans le monde chrétien libanais. Quatre mois plus tôt, un tel objectif aurait été du domaine du rêve tant ce monde était divisé.

Le jour du déclenchement de la guerre, le 15 avril 1975, le rapport des forces « militaires » chrétiennes était à la fois simple et complexe. Simple, car pratiquement tous les groupes politiques possédaient leur propre milice. Complexe, car ces milices se chevauchaient sur le terrain et leurs dirigeants s'alliaient ou se boudaient au gré des événements du moment, avec toutes les répercussions que cela pouvait entraîner. Il y avait trois milices importantes. Les Marada, au nord du Liban, commandés par Tony, le fils du président Sleiman Frangié. Les Ahrâr, nés dans le Chouf mais repliés dans l'enclave chrétienne, dirigés par Dany, le fils cadet de l'ancien président Camille Chamoun. Ils étaient le bras armé de son parti politique, le Parti national libéral (PNL). Les forces du conseil de guerre Kataëb, partout dans la zone chrétienne. Milice du parti phalangiste, aux ordres de William Hawi mais en fait sous l'autorité de Pierre Gémayel.

Les tensions politiques et les premiers combats au Liban avaient fait éclore une bonne dizaine d'autres groupes armés chrétiens. Ils s'étaient greffés dans les rares espaces laissés libres ou s'étaient développés dans un quartier voire une rue en suivant un *zaïm*[1]. C'était le cas des Gardiens du Cèdre qu'Étienne Sakr, Abou Arz

1. *Zaïm* : chef.

de son nom de code, avait créés pour défendre des thèses prônant un rapprochement total et immédiat avec Israël face « au péril arabe » ; ou du Tanzim[1] à l'idéologie nationaliste, fondé à la fin des années 60 par le docteur Fouad Chémali, très bien implanté parmi les officiers chrétiens de l'armée libanaise.

La milice Kataëb était subdivisée en directoires régionaux. Les jeunes adhéraient à la section de leur village et formaient des unités territoriales, commandées localement et devant défendre leur zone. Deux sections d'élites, les BG[2] junior et senior, composées chacune d'une trentaine de jeunes ayant une solide expérience des combats, étaient sous les ordres de Sami Khoueiry. Elles relevaient directement du commandement central du parti et avaient pour mission d'intervenir en renfort partout où cela était nécessaire.

Bachir Gémayel était, début 1975, inexistant ou presque, tant sur le plan politique que militaire. Il avait un nom, mais pas encore de prénom. Bien que ne faisant partie ni des grands propriétaires terriens ni des grands clans familiaux *(Zuama)* constituant la noblesse féodale de la société maronite, les hommes de la famille Gémayel portaient le titre héréditaire de Cheikh[3]. Il avait été octroyé au grand-père de Pierre Gémayel pour « services rendus », vers 1855, par l'émir Bachir Ahmad Abillama alors prince régnant. Exemple type de famille de la bourgeoisie rejetée par les féodaux parce qu'ils représentaient la classe moyenne, tenus pour épiphénomène par les politiciens traditionalistes car sans grande fortune et sans clientèle familiale, les Gémayel s'étaient repliés sur eux-mêmes et faisaient face en affichant une grande cohésion interne.

De taille moyenne, généralement vêtu d'un pantalon de toile et d'une chemise à manches courtes, Bachir avait le visage rond, des yeux noisette surmontés de gros sourcils, une barbe dure qui bleuissait ses joues dès la fin de la matinée. En 1975, à 27 ans (il était né en novembre 1947), malgré une apparence naïve et la faculté de sembler s'émerveiller de tout ce qui se disait, il traînait une réputation bien établie de bagarreur, de voyou, de tête brûlée

1. *Tanzim* : organisation.
2. BG initiales de Boutros (Pierre) Gémayel.
3. « Sage ». Titre attribué aux chefs spirituels sunnites. Sous l'Empire ottoman, il s'appliquait également aux médiateurs chrétiens ou druzes qui, dans les villages, réglaient les différends entre les habitants.

et de coureur de jupons. Des études secondaires chaotiques et une licence de droit difficile à l'université Saint-Joseph l'avaient conduit au barreau. Un stage de quelques mois qu'il venait d'effectuer dans un cabinet d'avocats à Dallas aux États-Unis avait à peine atténué les rumeurs de ses frasques estudiantines. Inscrit — tradition familiale oblige — à la section des étudiants Kataëb, Bachir s'était colleté avec les étudiants de gauche, mais aussi avec les policiers ou les FSI[1]. Il affichait une véritable haine envers les Palestiniens depuis qu'il avait été enlevé, en 1969, conduit dans le camp de Tall el-Zatar et passé à tabac. Il avait fallu l'intervention personnelle de Kamal Joumblatt, alors ministre de l'Intérieur, auprès de Yasser Arafat, pour le faire libérer.

Bien que détenteur d'une carte du parti Kataëb depuis l'âge de 12 ans, Bachir était conscient qu'en son sein un éventuel parcours politique serait long. Son père souhaitait lui voir emprunter un cheminement classique, passant par la députation, pour gravir les échelons de la formation politique. Selon la tradition, son frère, Amine, de sept ans son aîné, avait et aurait toujours priorité sur lui. Amine avait été élu en 1970 député dans le Metn (à la place de son oncle Maurice décédé), puis réélu en 1972.

Jugeant le monde politique chrétien — et son frère — trop enclin au compromis, Bachir désirait une plus grande liberté d'action pour agir à sa guise. Mais il ne pouvait en aucun cas constituer un groupe structuré en dehors du parti, son père ne l'aurait pas admis. Il utilisa une méthode simple pour y parvenir : être à la fois dans le courant traditionnel et en dehors de celui-ci. Tout en étant membre du parti Kataëb[2], dirigé d'une main de fer par son père — il ne pouvait d'ailleurs faire autrement —, il avait, en 1975, au tout début de la guerre, rassemblé de manière informelle un groupe de jeunes autour de lui qui s'étaient donné le nom d'Amis des Kataëb. Tous partageaient son refus du compromis, son nationalisme exacerbé et rejetaient très souvent les prises de position du parti de son père.

Grâce à l'amicale complicité du chef de la section Kataëb d'Achrafieh, Jean Nader, le cadet des Gémayel fit de ce quartier

1. FSI : Forces de sécurité intérieure, gendarmerie libanaise.
2. Pluriel du mot arabe *katiba* (compagnie). Phalange. Nom du mouvement de jeunesse fondé par Pierre Gémayel en 1936, au retour des jeux Olympiques de Berlin. Il avait été impressionné par l'ordre et le patriotisme qui régnaient alors en Allemagne. Les phalangistes espagnols, par le biais de jésuites espagnols, l'avaient aidé pour la théorie.

de Beyrouth son domaine, et de la permanence Kataëb qui s'y trouvait son poste de commandement. Il squatta deux pièces dans le bâtiment pour y abriter son groupe. De là, il se lança dans des combats de rues contre ceux qu'il considérait comme antilibanais ou étrangers, principalement les militants de gauche et les Palestiniens.

Les Amis des Kataëb lui donnèrent une marge de manœuvre importante et surtout lui procurèrent la possibilité d'agir en dehors du contrôle du parti, au grand dam des traditionalistes. Dans son action, Bachir bénéficia très vite de l'appui des moines maronites de Kaslik. Deux de leurs responsables, les pères Charbel Kassis et Boulos Naaman, s'étant prononcés pour « un espace vital chrétien » et pour l'expulsion « des étrangers et des éléments hostiles à la patrie », ne pouvaient que s'entendre avec lui.

Le Mossad, qui était entré en contact avec les chrétiens libanais[1], cherchait des informations sur l'OLP. À l'époque, Bachir était incapable de répondre à leurs questions. Il considérait alors les Palestiniens, en bloc, comme ses ennemis et peu lui importait qui étaient, où habitaient et ce que faisaient Abou Jihad, Abou Zaïm et même Yasser Arafat. Devant l'insistance des agents du Mossad, il décida de se renseigner et confia le soin de récolter des informations à un des Amis des Kataëb, Michel Yared. Très vite, un embryon d'équipe se constitua. Jean Nader leur fournit un bureau et un téléphone relié au central Kataëb, dont le numéro d'appel était le 08, ce qui leur valut le nom de code 08. Peu de temps après, le commissaire de la Sûreté générale, Zahi Boustani, intrigué professionnellement par l'activité intense des Amis des Kataëb, contacta Bachir et le rencontra. Séduit par son action et ses idées, le commissaire lui « suggéra » quelques idées afin de rendre plus efficace 08, l'embryon de service de renseignement que pilotait Michel Yared. Il finit par le coiffer très discrètement.

Sans prévenir les instances supérieures du parti, Jean Nader prit officiellement Bachir comme adjoint en 1975. Bon nombre de cadres des Kataëb hurlèrent au scandale en évoquant le non-respect des procédures. Furieux, Pierre Gémayel reprocha à son fils d'utiliser son « lien de parenté avec le chef du parti » pour s'imposer. Il menaça de casser la décision, de « prendre des mesures disciplinaires » et refusa de voir son fils. Le gendre du patriarche, Georges Freiha, intervint en faveur de son cousin par alliance. Il

1. Voir chapitre 5 : « L'ami israélien ».

lui fallut de longues heures de discussions pour faire accepter le choix de Jean Nader par le Raïs[1]. Ce fut la première victoire de Bachir face au parti et surtout face à son père.

La « guerre contre les Palestiniens », en mars-avril 1976, commença par la perte du secteur 4 à Beyrouth, le quartier des grands hôtels, qui, stratégiquement, permettait le contrôle du centre ville. Bachir s'était installé au plus près des combats, dans les locaux d'une agence maritime située dans l'immeuble Socomex, à deux pâtés d'immeubles du PC des BG. Il fréquenta les combattants de ces unités qui opéraient dans les souks et noua de solides amitiés avec bon nombre d'entre eux. À cette époque, des divergences d'appréciation les opposaient à leur chef, Sami Khoueiry. Une douzaine d'entre eux, devenus inséparables dans l'odeur de cordite et la fureur des combats du centre ville, se regroupèrent sous l'appellation de Dirty Dozen[2]. Leurs noms, Fady Frem, Fouad Abou Nader, Antoine Bridi, Élie Zayek ou Élie Hobeïka, jalonneront par la suite toute l'histoire de la guerre libanaise.

De taille moyenne, la chevelure ondulée avec une nette tendance à s'éclaircir, une musculature bien marquée que le sport préservait de l'embonpoint, à l'origine de son surnom, Horse[3], Fady Frem était fils de commerçant. Il semblait être le moins impulsif de ses compagnons. Timide en apparence, il prenait toujours le temps de réfléchir avant d'agir. Parlant à voix basse, sans jamais hausser le ton, il était plus écouté qu'obéi. Lors de la formation de la Dirty Dozen, il venait de suivre un stage de génie militaire (démolition et destruction).

Élie Hobeïka, lui, était originaire de Baskinta, dans le Haut Metn. Fils de routier, il poursuivait des études commerciales au collège du Sacré-Cœur de Gemmeyzé lorsqu'en 1973 un défilé des jeunes Kataëb l'avait attiré vers le parti. Il en suivit activement les différentes formations paramilitaires et lorsque la guerre éclata deux ans plus tard, il intégra les BG où il fut affublé du surnom de HK parce qu'il était un des rares à posséder le dernier modèle de l'imposant fusil d'assaut Heckler und Koch, calibre 7/62 NATO, de fabrication allemande.

Les Dirty Dozen, tout en restant des spécialistes des combats dans les points chauds, prirent peu à peu leurs distances avec les

1. Chef, président.
2. Dénomination inspirée du film *Les Douze Salopards*.
3. Cheval (anglais).

BG et se rapprochèrent de Bachir Gémayel au point de constituer très rapidement son équipe d'intervention. Dans les semaines qui suivirent la fin des affrontements au centre ville, faisant valoir les résultats qu'il avait obtenus sur le terrain grâce, notamment à la Dirty Dozen, et jouant sur les courants qui s'opposaient au sein du parti, Bachir parvint à se faire nommer adjoint de William Hawi, le chef de la milice Kataëb. Il s'entoura immédiatement de tous les membres de la Dirty Dozen et de ceux qui lui étaient le plus proches, tant parmi les Amis des Kataëb que parmi les groupuscules satellites. Il demanda à tous, avec insistance, d'adhérer au parti pour faire bloc avec lui et entreprit rapidement de noyauter le conseil de guerre Kataëb, c'est-à-dire le commandement de la milice. Lorsque, en juin 1976, William Hawi fut tué par un franc-tireur palestinien, à la fin du siège de Tall el-Zaatar, Bachir lui succéda tout naturellement.

Il commença par tirer les leçons des deux années de guerre. De nombreux combattants chrétiens avaient été tués du fait de la multiplicité des centres de commandement, de l'ignorance mutuelle de leurs actions et de la rivalité entre les groupes. Ces dysfonctionnements dans la défense chrétienne avaient été à l'origine de difficultés et de revers militaires importants. Le siège de Tall el-Zaatar avait été caractéristique sur ce plan. Il y avait trois commandements distincts autour du camp palestinien : les Ahrâr de Dany Chamoun, les miliciens Kataëb du Metn aux ordres d'Amine Gémayel, qui ne suivait pas forcement les directives du conseil de guerre, et les unités dirigées par William Hawi puis par Bachir, sans parler des groupes comme les Gardiens du Cèdre ou le Tanzim, peut-être numériquement moins nombreux mais qui participèrent très activement aux combats. Tous étaient allés à la bataille en ordre dispersé, se partageant des portions du front, les uns attaquant alors que les autres ne le voulaient pas, rivalisant d'opérations parfois plus spectaculaires qu'efficaces mais toujours meurtrières, chacun étant animé du souci de se positionner avantageusement par rapport à ses voisins. Bachir Gémayel décida donc de mettre en place une action coordonnée pour le futur. Les premiers obstacles furent politiques. Dany Chamoun considérait que la guerre « contre le Palestinien » était terminée et que cette coordination était inutile. Bachir, lui, voulait maintenir la pression politique, donc militaire. Le PNL finit par accepter le principe d'une coordination tout en étant persuadé qu'elle n'aboutirait pas. Les autres milices suivirent par la force des choses. Le 31 août

1976, une structure de commandement unifié vit le jour : les Forces libanaises. Elle était composée d'un conseil de commandement dans lequel siégeaient deux représentants de chaque milice, Bachir Gémayel en étant le chef.

En moins de six mois, il coiffa une double casquette : celle de commandant du conseil de guerre Kataëb et celle de commandant de la coordination opérationnelle de toutes les autres milices chrétiennes. Dans un premier temps, pour bien séparer les deux fonctions, il installa le bureau balbutiant des Forces libanaises dans l'immeuble Electrolux à Sioufi, où se trouvait son étude d'avocat, alors que le conseil de guerre Kataëb était installé dans un ancien hôpital à la Quarantaine, dans une partie du port de Beyrouth.

Pendant deux ans, Bachir Gémayel va organiser, structurer et s'imposer au conseil de guerre Kataëb, avec opiniâtreté, détermination et sans aucun scrupule, laissant les Forces vivoter. L'état-major de coordination ne comprenait qu'un seul permanent, Élie Hobeïka (HK), qui assumait les fonctions de chef des opérations, ersatz de 3e Bureau, modèle réduit. Bachir manquait de personnel pour cette nouvelle structure. Il ne pouvait puiser dans la milice Kataëb dont les effectifs avaient fondu avec la fin des combats. La réouverture des universités et des écoles avait notablement éclairci les rangs. La plupart des *chabeb*[1] avaient troqué leurs Kalachnikov contre des livres. Samir Geagea, l'un des chefs des unités du Nord Liban, était, avant la guerre, en quatrième année de médecine à l'Université américaine, située dans la partie ouest de Beyrouth, contrôlée par les Palestiniens et les organisations libanaises de gauche. Il dut faire transférer son dossier à l'université Saint-Joseph, dans le secteur est de la capitale, pour d'évidentes questions de sécurité. Aucune équivalence n'existant entre les deux établissements, il fut donc obligé de repasser les examens des trois premières années pour pouvoir continuer ses études chez les jésuites. Devenu pour tous le « Hakim[2] », Samir Geagea, comme les autres, passait de temps en temps à la Quarantaine et consacrait ses vacances à l'entraînement militaire.

Même s'il avait voulu retenir des combattants autour de lui, Bachir ne le pouvait pas : ses caisses étaient vides. Durant la guerre de deux ans, le besoin d'argent avait poussé les *chabeb*, dans les permanences locales, à « solliciter » des aides financières

1. Jeunes gens. Terme générique désignant les miliciens.
2. Médecin.

auprès de leurs voisins, les commerçants du coin de la rue. Ces « sollicitations » devinrent très vite un véritable racket « au nom de la cause » opéré par des bandes armées. L'anarchie et les abus provoquèrent de vifs mécontentements et parfois même des incidents avec la population. Le Front libanais [1], la plus haute autorité politique chrétienne, avait dû intervenir pour réglementer l'« impôt de guerre ». Son produit était ensuite partagé entre les Kataëb et le PNL, charge à chacun d'eux de financer tel ou tel petit parti chrétien. Ces « contributions » obligatoires furent ponctionnées dans toutes les régions chrétiennes : péages aux points d'entrée dans la zone, prélèvement de 4 % sur les recettes des restaurants, des commerçants et des stations-service. Les cinémas devaient reverser 25 % du prix des billets. Vinrent ensuite les services que l'État était incapable d'assurer, souvent d'ailleurs à cause de la présence des milices. Des lignes d'autobus, un ramassage d'ordures, une police municipale, un service postal furent mis en place ; le tout, bien sûr, accompagné de « taxes ». Une dîme fut même imposée sur les transactions immobilières. Le parti Kataëb reversait une part de ce qu'il percevait au conseil de guerre. Non seulement Bachir estimait que les sommes ainsi obtenues étaient insuffisantes, mais, de surcroît, ce mode de financement le rendait complètement dépendant du parti et donc limitait sa liberté d'action. Il s'en affranchit en ouvrant, uniquement pour ses caisses, un port clandestin, « le 5e bassin », situé derrière son quartier général de la Quarantaine, à l'entrée du port de Beyrouth. Échappant à la douane — par ailleurs pratiquement inexistante — et surtout aux pillards (souvent des miliciens) qui régnaient en maîtres sur les débarcadères libanais, les navires venaient y décharger illégalement mais en toute sécurité leurs marchandises contre un « droit » forfaitaire de 3 000 dollars par conteneur. Quelques semaines plus tard, il fit de même au port de Jounieh. Au bout d'un an, les budgets avoués du Front libanais et de la milice Kataëb étaient de quelque 100 millions de dollars. Les banquiers de la place l'évaluaient, eux, à 300 millions.

Avec cette manne, Bachir Gémayel lança la restructuration de la milice Kataëb. Il commença par acheter des armes. Celles que

---

1. Coalition de personnalités chrétiennes de droite : Charbel Kassis (puis Boulos Naaman), Pierre Gémayel, Camille Chamoun, Sleiman Frangié (jusqu'en 1976), Charles Malek, Édouard Honein, Fouad Ephrem Boustani.

lui fournissait gratuitement l'État hébreu [1] étaient de vieux modèles. Il créa des casernes et étoffa les unités existantes en recrutant des permanents, souvent même en dehors des rangs du parti. Il envoya ses hommes en stages de formation ou de perfectionnement en Israël. Élie Wazzan, dit Abbas, fut nommé commandant de la première unité d'élite composée intégralement de miliciens professionnels et s'installa dans une usine désaffectée d'Adonis. Antoine Bridi, surnommé Toto (son code radio lors des combats du centre ville), sitôt terminées ses études d'économie à l'université Saint-Joseph et bien que n'étant pas membre du parti, prit en charge l'artillerie. Joseph Élias assura le commandement de l'unité blindée constituée de vieux Super Sherman [2] fournis gracieusement par Tel-Aviv. Des défilés militaires furent organisés pour galvaniser les jeunes. Au fil des mois, la milice prit de plus en plus l'aspect d'une petite armée. Au début de l'été 1978, elle comptait plus de 3 000 hommes entièrement équipés.

Cette période de restructuration fut marquée par deux événements sanglants qui propulsèrent le cadet des Gémayel à la tête de la « résistance chrétienne ».

Le premier eut pour décor les collines du Nord Liban. La montée en puissance de la milice Kataëb, qui avait des *marakiz* [3] dans cette région, déplaisait fortement à Sleiman Frangié, l'ancien président de la République, dont c'était le fief. Il fit parvenir des messages d'avertissement à Bachir et ordonna à sa milice, les Marada, de prendre des mesures pour la contrer. Bachir s'obstina. Il estimait qu'aucune partie du Liban chrétien ne pouvait lui être interdite. Très vite, dans cette région de vendetta, les armes eurent la parole. Les enlèvements, les contre-enlèvements, les représailles et les assassinats se multiplièrent. Début juin 1978, un employé de banque, Jude el-Bayeh, maire du village de Kfirdlakousse et chef Kataëb local, fut abattu par les Marada. Ce fut la goutte qui fit déborder le vase.

Bachir ordonna à Samir Geagea de détruire le palais d'été des Frangié à Ehden. Bachir appréciait les qualités de chef militaire de l'étudiant en médecine, mais son indépendance d'esprit l'agaçait au point de susciter sa méfiance. Fils d'un musicien de la

1. Voir le chapitre 5 : « L'ami israélien ».
2. Chars de fabrication américaine, qui avaient eu leurs jours de gloire dans l'armée israélienne durant la guerre des Six-Jours.
3. *Marakiz*, pluriel de *markaz* : permanence, bureau.

fanfare de l'armée et d'une ouvrière de la régie des tabacs, Geagea était originaire de Bcharré, un village de montagne qui surplombait la vallée de la Kadicha[1]. Grand, mince et osseux, le teint pâle, le visage anguleux et austère souligné par une fine moustache, un large front très dégarni, le cheveu court et clairsemé formant une sorte de tonsure quasi monacale, ne portant jamais de montre ni de bijoux, Samir Geagea avait l'aspect ascétique propre aux mystiques. Profondément religieux, pétri d'histoire du maronitisme, il s'identifiait aux moines soldats agriculteurs qui furent à l'origine de la communauté. C'était un lecteur assidu d'Emmanuel Mounier et de Hegel. Il n'avait jamais caché l'aversion méprisante qu'il vouait à toutes les « grandes familles » libanaises, y compris aux Gémayel. Bachir à ses yeux était simplement sorti du lot mais restait fondamentalement un membre du clan Gémayel.

En donnant ses ordres à Samir Geagea, Bachir avait insisté sur la nécessité absolue d'agir en l'absence de Sleiman Frangié et de son fils Tony. L'opération fut ajournée une première fois, cette condition n'étant pas remplie. Le responsable Kataëb de Zghorta avait assuré, lors de la préparation de l'action, que la population d'Ehden était prête à se soulever contre les Frangié si les Kataëb investissaient la ville. Geagea, fort de ce renseignement, modifia ses objectifs. Il dressa des plans non plus pour la seule destruction de la résidence, mais également pour prendre le bourg et ne s'en retirer qu'en échange des assassins de Jude el-Bayeh. Le jour de l'opération, retenus chez eux par une panne de voiture, Tony Frangié, sa femme et sa fillette de trois ans furent assassinés au cours du raid. Des miliciens des Marada venus de Zghorta au secours de leur chef furent tués dans une embuscade dressée sur la route par des renforts commandés par Élie Hobeïka. Samir Geagea fut sérieusement blessé à la main. Bachir, choqué en apprenant la mort des Frangié, resta cependant solidaire de ses hommes. La tête de Geagea fut mise à prix par Sleiman Frangié. Il se cacha durant quelques jours à l'hôpital de l'hôtel-Dieu de France à Achrafieh, où il était interne. Il fut ensuite discrètement évacué d'abord vers un établissement hospitalier de Nancy, en France, puis par la suite en Israël. Il lui restait un an d'études pour obtenir son diplôme, il ne put jamais les terminer. Il n'en conserva que

1. Vallée très encaissée dans laquelle se réfugièrent les premiers maronites pourchassés par les musulmans. Considérée comme le cœur historique de cette communauté.

son surnom : Hakim. La mort de Tony Frangié scinda définitivement la communauté maronite libanaise.

Pierre Gémayel accusa le coup et s'évertua à mettre la disparition de Tony Frangié sur le compte de la fatalité. Ses relations avec son fils cadet, refroidies par le meurtre, s'améliorèrent peu à peu, pour revêtir une forme de complicité préservant la liberté d'action du jeune homme, vis-à-vis de son aîné, Amine, comme vis-à-vis du parti Kataëb. Bachir tenait régulièrement informé son père de ses activités et de ses objectifs. Il se rendait à son domicile et, de manière informelle, autour d'une tasse de café, évoquait les sujets du jour. Bachir retirait de ces discussions « familiales » un accord moral tacite pour agir. Lorsque le fils pressentait un refus, ou simplement le risque de se voir imposer des conditions, il faisait en sorte de mettre son père devant le fait accompli. Puis il s'empressait, avec un soin tout particulier, d'aller voir le Raïs pour lui présenter les choses à sa manière.

Le second événement sanglant qui poussa Bachir Gémayel au premier rang de la résistance chrétienne fut la bataille d'Achrafieh durant l'été 1978[1]. Pendant les cent jours que durèrent le siège et les bombardements syriens, Bachir réitéra ce qui lui avait si bien réussi durant la guerre de deux ans : être toujours présent partout. Il dirigeait les opérations militaires en passant sans cesse d'un point à l'autre du front, galvanisant les combattants, soutenant la population. Lorsque les troupes syriennes durent se retirer pour céder la place à des unités saoudiennes chargées de ramener le calme, Bachir remporta une victoire militaire. Pour les habitants, comme pour les combattants, il avait fait plier la Syrie. Cette victoire fit de lui le champion de la résistance chrétienne. Son portrait en treillis, lunettes Ray Ban sur le nez et fusil d'assaut américain M 16 à la main orna, dès lors les murs d'Achrafieh. Ce surcroît de popularité ne fut pas du goût des traditionalistes du parti Kataëb, ni surtout de son frère Amine qui, durant les combats, était resté loin des théâtres d'opération, dans son fief du Metn. Pour préserver la tranquillité et le calme de sa circonscription, l'aîné des Gémayel avait négocié et signé un accord avec le colonel syrien Ibrahim Houeijy, responsable militaire du Mont-Liban, dont le nom avait été lié à l'assassinat de Kamal Joumblatt seize mois plus tôt[2]. Aux termes de cette convention, les soldats de

1. Voir le chapitre 2 : « Le voisin syrien ».
2. Voir le chapitre 2 : « Le voisin syrien ».

Damas s'engageaient à rester neutres au Metn, à condition qu'il ne leur soit pas porté atteinte.

Conscient de la puissance que venait d'acquérir son cadet et du danger que sa popularité pouvait représenter pour lui, Amine Gémayel décida de contrer son frère en s'appuyant sur le parti. Plusieurs voix Kataëb, proches du jeune député, s'élevèrent pour souligner « qu'Amine avait réussi par des moyens politiques ce que Bachir avait obtenu au prix de la destruction de près de 4 000 immeubles et de toute l'infrastructure administrative... ». La mise au jour de leurs divergences, bien que pudiquement voilées, ne faisait que commencer. Pierre Gémayel, intermédiaire obligé des désaccords, joua à la fois le juge arbitre et le médiateur entre les deux.

Amine était l'exemple type de l'aîné oriental. Obéissant et studieux, il avait terminé brillamment des études de droit et embrassé tout naturellement la profession d'avocat. Hautement conscient de son rôle d'héritier, il avait depuis son adolescence cette attitude condescendante des « premiers de la classe » qui lui donnait l'apparence d'être imbu de lui-même. D'un courage physique reconnu par tous (il avait fait le coup de feu au côté de ses hommes), il se présentait surtout comme un négociateur bien dans la tradition libanaise qui pensait qu'un mauvais compromis valait toujours mieux qu'une bonne guerre. Il s'était totalement identifié aux idées politiques de son père. Sitôt élu, en 1970, il s'était employé à fortifier sa position dans sa circonscription. Il commença par contrôler le directoire régional du Metn, le commandement local de la milice Kataëb, en y faisant nommer des gens à lui par le parti. Ce fut ainsi que Sami Khoueiry, l'ancien chef des BG, en devint le commandant. Amine avait tenté, sans succès, d'attirer à lui certains cadres de la milice comme Fady Frem. Peu à peu, cette unité territoriale, dépendant théoriquement du conseil de guerre Kataëb, donc de Bachir, afficha son indépendance. Pour subvenir à ses besoins financiers, Amine créa ses propres structures dont l'ASU, sorte de société qui se faisait « rémunérer » services et protections par les commerçants. Elle fut très vite surnommée Amine Special Unit.

Mais la rivalité chrétienne la plus sérieuse qu'eut à affronter Bachir Gémayel vint des Ahrâr, la milice commandée par Dany Chamoun. Durant les six premiers mois de 1980, l'omniprésence des miliciens Kataëb provoqua des frictions avec les troupes du PNL. Il y eut d'abord des difficultés dans la répartition des armes venues d'Israël. Il avait été convenu, dans le cadre des Forces libanaises, que le matériel militaire offert par Tel-Aviv serait également partagé entre les deux milices. Des problèmes éclatèrent lorsque les pièces arrivées par bateau furent en nombre impair. Bachir fut accusé de favoriser ses hommes au détriment des Ahrâr. Les miliciens Kataëb accusaient à leur tour les hommes de Chamoun de vendre une partie de leur armement aux alliés libanais des Palestiniens. Le sentiment de puissance des Kataëb, après la victoire d'Achrafieh, ne fit que compliquer les choses. Les tensions, de plus en plus fréquentes, se transformèrent en « incidents ». Les Ahrâr, dans leurs zones d'influence, n'hésitaient pas à investir les locaux Kataëb et à les dynamiter après en avoir expulsé le personnel. La riposte ne se faisait guère attendre. Les deux patriarches, Pierre Gémayel et Camille Chamoun, s'évertuaient, en vain, à mettre fin à un cycle de violence quasi permanent.

Inconsciemment ou non, les Israéliens jetèrent de l'huile sur le feu. Menahem Begin chargea le Mossad de convoquer à Jérusalem Bachir Gémayel et Dany Chamoun. Il leur demanda de s'unir ; « sinon il sera très difficile à Israël de continuer à vous aider », avait menacé le Premier ministre. Une semaine plus tard, le 22 février 1980, les deux hommes retournèrent à Jérusalem présenter aux Israéliens un plan d'action commun. Leurs interlocuteurs s'aperçurent très vite qu'ils ne s'étaient même pas consultés entre eux pour le rédiger.

Leur retour à Beyrouth se fit par la mer. Le lendemain matin, Bachir, malade (il ne supportait ni l'avion ni le bateau), ne put accompagner sa fille, Maya, âgée de 20 mois, chez sa grand-mère comme il le faisait tous les samedis. Il demanda à la gouvernante et à ses gardes de prendre sa voiture et de conduire l'enfant. À moins d'un kilomètre de chez lui, un attentat à l'explosif monté par les Palestiniens pulvérisa le véhicule, tuant sur le coup Maya, la gouvernante et les gardes du corps.

« Nous sommes un mouvement de résistants et non un simple réseau de renseignement », lança Bachir, un jour de mai 1980, à son entourage en évoquant les liens qui s'étaient développés entre Tel-Aviv et certaines organisations chrétiennes. Les Israéliens avaient maintenu et multiplié leurs contacts avec tous les groupes chrétiens et ces derniers essayaient d'en tirer le maximum. Ainsi, l'ancien inspecteur de la Sûreté générale Étienne Sakr (Abou Arz) qui commandait les Gardiens du Cèdre avait négocié la prise en charge par Tel-Aviv des salaires de son service de sécurité. Sakr était originaire d'Aïn Ebel au Sud Liban. Il faisait remonter l'amitié qu'il prônait entre les chrétiens du Liban et les juifs à l'époque des Cananéens [1]. « Cousines, ces deux communautés doivent s'aider et se soutenir », affirmait-il souvent pour justifier les subsides qu'il recevait. Pour Bachir Gémayel, donner des renseignements aux Israéliens allait de soi, mais à la condition d'en contrôler le flux et d'obtenir en échange une compensation politique. La coopération qu'il souhaitait voir s'instaurer avec Tel-Aviv ne pouvait s'inscrire, à ses yeux, que dans le cadre d'une assistance mutuelle : renseignements contre armes. Pour imposer son point de vue, il ne voyait à terme qu'une solution : devenir le seul interlocuteur chrétien des Israéliens. Solution impossible du fait de l'existence du PNL.

Les relations Ahrâr-Kataëb se dégradèrent considérablement dans la seconde moitié du mois de juin 1980. Des accrochages eurent lieu pratiquement tous les jours. Camille Chamoun et Pierre Gémayel essayèrent de trouver des « arrangements ». Ils devenaient obsolètes quelques minutes après avoir été annoncés. La situation devint rapidement incontrôlable. L'imbrication des milices sur le terrain constituait par endroits un maillage trop dense pour parvenir à calmer les esprits. Bachir décida d'agir. Dans le plus grand secret, il se prépara à frapper.

Deux mois et demi avant la réunion au couvent Saydet el-Bir, le dimanche 6 juillet, dans l'après-midi, les deux patriarches s'étaient à nouveau réunis sur le balcon ombragé de la résidence du Raïs des Kataëb à Bikfaya. À bout de ressources, ils proposèrent la fusion de leurs deux partis, espérant ainsi ramener la paix en faisant disparaître la dualité. Bachir frappa le lendemain matin à l'aube. Sur l'ensemble de l'enclave chrétienne, il lança simultanément toutes ses unités à l'assaut des permanences et des casernes du PNL, avec ordre de les détruire par la force et sans hésitation à la moindre résistance. Mais il exigea le respect absolu d'un impératif : sauvegarder la vie de Camille Chamoun, de son fils Dany et de leur famille. Le spectre de Tony Frangié le hantait. Le départ de Dany quittant son domicile de Safra pour visiter le chantier d'un complexe touristique qu'il faisait construire fut le

1. Habitants du pays de Canaan (Sud Liban, à l'est de Tyr). Ils furent vaincus par les Hébreux (XIe siècle avant J.-C.) qui adoptèrent une part de leur culture.

signal. Comme à son habitude, dans ce genre d'action, Bachir s'isola et refusa tout contact, même avec son père, durant tout le déroulement de l'opération. En moins d'une journée, il y eut près de 70 morts et une centaine de blessés. En fin d'après-midi, une fois maître de la situation, il convoqua les dirigeants Kataëb et chamounistes à une réunion. Pierre Gémayel passa prendre l'ancien président à son domicile pour le conduire au lieu de rendez-vous, l'église Saint-Antoine, situé en face du bureau central du PNL, dans le quartier de Sodéco. Leur voiture traversa les rues désertes d'Achrafieh. Il y régnait une véritable ambiance de coup d'État : miliciens Kataëb en position aux carrefours, véhicules en feu, débris de verre jonchant le sol. Bachir Gémayel demanda à Camille Chamoun de présider la réunion à laquelle n'assistèrent ni Dany, ni Amine. Il proposa d'unifier « le fusil chrétien » en fusionnant les deux milices au sein des Forces libanaises (FL), structure restée jusqu'alors lettre morte ou presque. Il n'eut pas besoin de préciser qu'il en prenait le commandement, tous l'avaient compris. Dany Chamoun s'exila le lendemain. L'opération « Altalena[1] » avait réussi.

C'était en lisant l'ouvrage de Dominique Lapierre et Larry Collins, *Ô Jérusalem*, racontant l'histoire de la naissance d'Israël, qu'il avait trouvé le nom d'*Altalena*. Il avait été frappé par la volonté qu'avait eue Menahem Begin, alors chef de l'Irgoun, de s'opposer au cessez-le-feu accepté en juin 1948 par Ben Gourion pour mettre fin à la guerre opposant le jeune État hébreu aux pays arabes. Une volonté qui avait poussé Begin à envisager de renverser le premier gouvernement israélien en investissant militairement Tel-Aviv. Le 20 juin 1948, Ben Gourion avait ordonné le pilonnage d'un bateau transportant des armes, l'*Altalena*, attendu par Begin pour passer à l'action et envoya sa jeune armée contre les positions de l'Irgoun. Cette seule et unique guerre civile israélienne avait duré 24 heures et avait fait 83 victimes.

En 1981, lors d'une entrevue avec Menahem Begin, en Israël, Bachir lui raconta les détails de l'opération du 7 juillet 1980 et avec un grand sourire, lui dévoila le nom de l'opération, en précisant :

— Vous aussi vous avez eu votre « Altalena » !

1. Altalena, nom de plume de Zeev Jabotinsky, activiste sioniste dont l'idéologie sera reprise par le Bétar.

Le jeune leader chrétien n'avait pas réalisé qu'en 1948 son interlocuteur avait été défait. Begin en était resté bouche bée.

Devenu le maître incontesté de la résistance chrétienne, Bachir incorpora la milice Kataëb aux Forces libanaises. Il demanda aux autres milices de se fondre également dans la nouvelle organisation et transféra les bureaux des FL de l'immeuble Electrolux à la Quarantaine. Il conserva, « pour la forme », le conseil de commandement des Forces qui comprenait deux représentants de chaque milice, qu'il présidait avec Charles Ghostine (PNL) comme adjoint. Mais le vrai pouvoir militaire était dans le nouvel état-major dont il prit également le commandement. Fady Frem, qui venait de terminer ses études aux États-Unis, en fut nommé le n° 2 ; un chamouniste, Joseph Chaoul, issu des Ahrâr, fut désigné pour diriger le B 1 (effectifs et entraînements). Le B 3 (opérations) fut confié à Fouad Abou Nader, Kataëb ; la direction du B 5 (propagande et information) à Fady Hayek, du Tanzim ; le secrétariat de l'état-major à Kaïrouz Barakat, l'un des responsables des Gardiens du Cèdre[1].

Mais ce coup de force ne fut pas accepté par tout le monde. Amine refusa d'intégrer ses troupes dans les FL. Pierre Gémayel dut intervenir avec vigueur pour lui imposer la mise en place d'une coordination — à défaut d'une fusion — entre ses forces et celles commandées par son frère. Il fallut plusieurs semaines de discussions entre Bachir et son père pour que celui-ci ordonne aux « différents bureaux régionaux du parti » — en fait à ceux dépendant d'Amine — de remettre les armes lourdes aux Forces libanaises. L'antagonisme entre les deux frères était tel que la moindre discussion entre eux devenait, par projection, l'affaire du parti. Officiellement, rien ne transpirait ; il fallait sauver les apparences d'un clan uni. Bachir ne s'ouvrait de ces problèmes qu'à une poignée de proches et refusait systématiquement toute tentative de conciliation en répondant au médiateur du moment :

— Tu ne connais pas mon frère, moi je le connais !

De nombreux Ahrâr avaient rendu leurs armes et étaient rentrés chez eux. D'autres, une fois le choc passé, s'étaient secrètement réorganisés pour s'opposer par tous les moyens à « l'hégémonie des Gémayel ». La première alerte eut lieu un mois avant la réunion au couvent de Saydet el-Bir. Des miliciens du PNL avaient tiré sur l'ambassadeur des États-Unis pour décrédibiliser les For-

1. Tué au combat en septembre 1983.

ces libanaises[1]. Le 10 novembre, le fief personnel de Bachir Gémayel, Achrafieh, fut secoué par l'explosion de deux voitures piégées à quelques minutes d'intervalle. Elles firent 10 morts et 62 blessés. Dix jours plus tard, le commandant des FL lançait ses unités d'élites sur Aïn Remmaneh.

Ce quartier sud du Beyrouth chrétien, jouxtant la ligne de démarcation, avait toujours été profondément chamouniste. C'était l'une des places fortes des Ahrâr et ceux qui refusaient le diktat du cadet des Gémayel y avaient trouvé refuge. Ils avaient à leur tête Élias Hannouche, surnommé Hannache. Les FL durent batailler pendant quarante-huit heures pour investir définitivement ce quartier. Hannache et bon nombre de ses hommes s'esquivèrent en traversant la ligne de démarcation et en se mettant sous la protection syrienne à Beyrouth Ouest.

À l'issue de ces combats, considérant que « le fusil chrétien » était réellement réunifié, Bachir Gémayel ordonna à toutes les composantes des Forces libanaises de retirer les badges de leurs milices d'origine et de coudre au-dessus des poches gauches des vestes de treillis une bande de tissu sur laquelle étaient écrits, en lettres d'or, les mots « *Al Kouwat Al Loubnanieh*[2] ». Devant le mécontentement des miliciens Kataëb, il dut faire le tour des casernes pour expliquer que « le temps des milices » était révolu mais il eut du mal à convaincre les *chabeb* tant l'allégeance au parti, qui s'était raffermie avec l'opération « Altalena », était forte. Certains, comme Élie Zayek, superposèrent les deux insignes pendant près de deux ans.

Amine, lui, s'opposa catégoriquement à cette mesure. Pour affirmer ouvertement son indépendance, il organisa à Jdeideh un défilé de quelque 3 000 hommes, arborant tous, sur des treillis neufs, l'insigne Kataëb. Officiellement, Bachir fit semblant d'ignorer l'événement pour ne pas avoir à réagir. Il l'aurait vraisemblablement fait s'il n'y avait eu la présence de leur père. Pourtant, il rageait intérieurement. Un mois plus tard, le 14 décembre 1980, rendant visite à sa belle-sœur, Joyce, l'épouse d'Amine, qui venait d'accoucher, il croisa par hasard le colonel Ibrahim Tannons, un proche de son frère, dans les couloirs de l'hôpital de Jeitawi. Bachir le salua et le prenant par le coude, l'entraîna à l'écart :

1. Voir chapitre 5 : « L'ami israélien ».
2. Les Forces libanaises.

— Tu devrais cesser d'organiser la milice d'Amine, lui dit-il avec une douceur de ton qui ne pouvait prêter à confusion. Je ne pourrais plus tolérer un nouvel effritement du « fusil chrétien ». Comment as-tu trouvé l'opération contre Aïn Remmaneh ?

Bachir tourna les talons sans attendre la réponse de l'officier. À dater de ce jour, Amine s'inclina. Faisant d'une nécessité vertu, il devint le « penseur » de la famille. Il créa un quotidien en langue française, *Le Réveil*, tout dévoué à sa personne. Il fonda un Institut d'études stratégiques et un Centre de recherche et de documentation dont l'équipement informatique était l'un des plus sophistiqués du Moyen-Orient. Il réunit le tout dans un édifice qu'il baptisa la Maison du Futur.

Le commandant en chef des Forces libanaises pensait en avoir fini avec les divergences interchrétiennes. C'était compter sans Élias Hannouche. Le 20 décembre 1980, en début de matinée, fort de la protection que lui accordaient les Syriens, il s'installa de force à Zahlé, la ville chrétienne de la vallée de la Békaa. À la tête d'une quarantaine d'hommes, il investit l'ancienne permanence du PNL et s'y barricada. Durant une heure et demie, les miliciens locaux des FL tentèrent, en vain, de les déloger. Les soldats syriens s'interposèrent. Un des hommes des Forces libanaises fut froidement abattu. Ses compagnons ouvrirent alors le feu sur les soldats de Damas. Les combats, à la roquette, à la mitrailleuse lourde et au mortier, gagnèrent très vite tout le centre ville. Les affrontements cessèrent vers 23 heures avec le retrait des soldats syriens et des hommes de Hannouche. La greffe prosyrienne n'avait pas pris, mais Zahlé allait faire la « une » de la presse, y compris internationale, pendant de longs mois.

4
Le pouvoir légal

« Le Premier ministre Sélim Hoss accepte de continuer à expédier les affaires courantes », titrait sur cinq colonnes le quotidien *L'Orient-Le Jour* daté du 27 septembre 1980. La crise ministérielle était à quelques jours de battre un record de durée. Sélim Hoss avait présenté sa démission en mars 1980.

En 1976, après avoir été élu pour mener à bien d'indispensables réformes, le nouveau président libanais Élias Sarkis avait désigné un gouvernement apolitique de techniciens dirigé par Sélim Hoss, 51 ans. Fils de pharmacien, après de solides études d'économie à l'Université américaine de Beyrouth puis à l'université d'Indiana, Hoss avait commencé par être comptable d'une grande entreprise locale avant de devenir conseiller financier du Fonds koweïtien pour le développement arabe. Élias Sarkis, alors gouverneur de la Banque centrale du Liban, avait fait sa connaissance quelques années plus tard alors que Hoss assumait les fonctions de président de la commission des banques. Il avait apprécié en lui le technocrate froid, efficace, avec ce léger embonpoint qui caractérise les financiers dans le monde arabe, affichant en permanence le visage triste que se plaisent à porter les économistes. Son sérieux, son intégrité, ses compétences et surtout son non-engagement politique faisaient de lui l'homme idéal pour les objectifs politiques que Sarkis entendait lui confier. Paradoxalement, en deux ans, Sélim Hoss gagna l'appui de l'OLP — elle-même à la recherche de soutiens politiques —, joua parfaitement le jeu de la Syrie — qui souhaitait un contrepoids à la présidence — et bloqua les institutions en confessionnalisant le dossier de l'armée. Il s'opposa à ce que des sanctions soient prises à l'encontre d'officiers musulmans ayant fait sécession pour appuyer l'OLP, en exigeant de « chasser autant d'officiers chrétiens suspectés d'avoir aidé Bachir Gémayel », au nom du maintien de l'équilibre confessionnel.

— Nous ne pouvons pas comparer les Libanais qui ont défendu leur terre et leur dignité à ceux qui se sont battus aux côtés des Palestiniens contre la République[1], refusa Sarkis.

Ce fut leur première divergence importante. Elle ne fut pas la seule. Pour permettre à l'armée libanaise de faire face à la présence palestinienne, Sarkis proposa un projet de loi pour la moderniser et la restructurer. Hoss en profita pour tenter, par des amendements, de réduire les prérogatives du commandant en chef, traditionnellement maronite. Le projet fut abandonné. Par la suite, tous les projets de l'un furent bloqués par l'autre et le Premier ministre dut démissionner. Depuis, Élias Sarkis ne parvenait pas à lui trouver un successeur convenant à Damas. « La légalité devra attendre le retour d'Abdel Halim Khaddam, vice-président du Conseil et ministre des Affaires étrangères de Syrie, actuellement à New York pour participer aux travaux de l'Assemblée générale des Nations unies », précisait *L'Orient-Le Jour* du 27 septembre 1980.

« Légalité » était le terme générique employé pour désigner l'autorité présidentielle par opposition aux pouvoirs parfois plus importants détenus en dehors du cadre institutionnel par les différentes factions politiques et leurs milices. De fait, le président Élias Sarkis, légalement élu, ne régnait que sur son palais. L'administration de l'État, écartelée par les divergences confessionnelles, n'était là que pour mémoire. L'armée, que le président tentait vainement de réorganiser, ne valait guère mieux. Le Conseil des ministres évacuait les affaires courantes, l'État était absent. L'ouverture politique de Sarkis vers les chrétiens, évoquée par les seize hommes réunis au couvent de Saydet el-Bir, avait été précédée par une véritable guerre des tranchées entre la « légalité » qui tentait d'imposer son autorité et le pouvoir de fait de Bachir Gémayel.

Élias Sarkis avait été un candidat présidentiel fortement soutenu par Damas. À l'époque, Bachir était persuadé que l'ancien gouverneur de la Banque centrale n'était qu'un cheval de Troie syrien qui permettrait à Damas d'obtenir politiquement ce que l'alliance partis de gauche libanais-Palestiniens n'avait pu acquérir par les armes depuis 1973. À l'époque, en 1976, le tout nouveau

1. Karim Pakradouni, *La Paix manquée*, éd. FMA, 1984.

commandant du conseil de guerre Kataëb avait déjà envisagé très sérieusement d'organiser un coup d'État pour empêcher les élections présidentielles. Avant même le scrutin, les relations entre les deux hommes étaient conflictuelles. Pour le futur président, la milice Kataëb était la négation même de l'État qu'il entendait incarner. Il la considérait comme l'obstacle le plus important à la réconciliation islamo-chrétienne dont il avait fait l'un des objectifs de son mandat. De surcroît, Bachir Gémayel représentait, aux yeux de Sarkis, ce qu'il exécrait le plus : la violence.

Le nouveau président prêta serment le 23 septembre 1976. Le 10 novembre suivant, en application d'un accord interarabe conclu à sa demande à Riyad, les troupes syriennes, baptisées pour l'occasion Forces arabes de dissuasion (FAD), pénétrèrent dans Beyrouth « pour forcer les Palestiniens à respecter l'accord du Caire [1] » et investirent les zones chrétiennes afin de les « protéger ». Sarkis voulut s'inspirer des méthodes du général Fouad Chéhab [2] qu'il avait fidèlement servi pendant six ans et qui avait très profondément imprégné sa pensée politique. « L'État doit être fort », avait coutume de dire Fouad Chéhab. Sarkis estimait que cette force devait, entre autres, s'appuyer sur un service de sécurité solide et efficace. Fouad Chéhab avait institué un 2e Bureau [3] et une police, les Brigades 16, qui avaient fini par être craints de tous au point que ses successeurs leur retirèrent toute prérogative dès que ce fut possible. Élias Sarkis entendit leur redonner leur puissance d'antan. Il confia le 2e Bureau à un lieutenant-colonel de l'armée qui avait pratiquement fait toute sa carrière dans les renseignements : Johny Abdo.

Les miliciens Kataëb le connaissaient bien. Il s'était, discrètement mais efficacement, engagé dans la guerre du centre ville en créant pour les combattants chrétiens un embryon de service de renseignement militaire dont le siège était situé dans l'immeuble Socomex où était installé Bachir. Après sa nomination au B 2, il joua fidèlement le jeu de la légalité et devint très vite l'un des

1. À l'initiative du président égyptien Gamal Abdel Nasser, l'OLP et le Liban ont signé un accord, dont les termes sont restés longtemps secrets, qui réglementait la présence palestinienne au Liban.

2. Président de la République de 1958 à 1964. Successeur de Camille Chamoun et prédécesseur de Charles Hélou.

3. Service de renseignement militaire dont les fonctions ont été étendues pour couvrir également celles de la DST et des Renseignement généraux, compétent dans les domaines civils et militaires.

hommes de confiance du président. « Libanais d'origine palestinienne », selon ses détracteurs, Johny Abdo était né en 1940 dans le petit village d'Ibl el-Kameh à 12 km au sud de la ville de Métoulla. En 1916, les accords Sykes-Picot avaient placé Ibl el-Kameh sur le territoire syrien sous mandat français. Un déplacement de frontière de quelques kilomètres vers le nord, demandé par l'Agence juive en 1922 et accepté par la France, mit Ibl el-Kameh en Palestine sous mandat anglais. En 1948, lors de la création de l'État d'Israël, la famille Abdo quitta son village pour aller s'installer à Beyrouth.

Johny Abdo connaissait parfaitement l'écheveau politique libanais. Dans les mois qui suivirent sa nomination, il créa l'unité militaire des Moukafaha[1] dépendant directement de lui et lui donna comme mission officielle de protéger le ministère de la Défense. En fait, il venait de constituer sa propre unité d'intervention.

Élias Sarkis essaya de consolider les institutions étatiques. Le conflit avec la milice Kataëb était inévitable. Le président, excédé par les attaques verbales du cadet des Gémayel contre sa personne et la fonction qu'il occupait, intervint dans un premier temps auprès de son père. Pierre Gémayel promit de ramener son fils à la raison. En vain. La légalité décida alors de sévir. Refusant que ses propres fonctionnaires contribuent au développement de la milice, Élias Sarkis demanda, en décembre 1977, au directeur de la Sûreté générale, l'émir Farouk Abillama, d'« exiler » pour l'exemple le commissaire Zahi Boustani dont le rôle auprès de Bachir commençait à être connu malgré les précautions qu'il prenait. Boustani s'expatria en France où il avait fait l'école des commissaires de police à Lyon-Saint-Cyr-au-Mont-Dore en 1972-1973. Le coup porta. L'ire de Bachir redoubla. Le patron du 2e Bureau qui craignait terriblement les réactions du chef de la milice, s'enferma dans son bureau domicile au ministère de la Défense à Yarzé.

Durant l'année 1978, deux événements eurent des conséquences directes sur les rapports entre le président Sarkis et Bachir Gémayel. Le premier fut l'affaire de Fayadiyeh et le second fut, fin juillet, l'arrestation de Bachir par les Syriens et la bataille d'Achrafieh qui suivit[2]. L'impuissance du président à endiguer

1. En arabe : « répression ».
2. Voir chapitre 2 : « Le voisin syrien ».

l'action des Syriens conforta Bachir dans sa conviction qu'Élias Sarkis n'était absolument pas l'homme de la situation. Il le critiqua vertement, l'accusant de tous les maux. Le président de la République s'isola dans l'une des caves du palais de Baabda où il avait fait transférer son bureau et son lit pour se protéger des bombardements tant syriens que chrétiens. Damas voulait à tout prix que Sarkis justifie son intervention et les chrétiens lui reprochaient son « inexistence ». Privé d'eau, d'électricité, pratiquement sans téléphone, ni visiteur — la route du palais était trop dangereuse —, le président refusa d'abandonner son poste et passait son temps libre à jouer au poker ou au billard avec son entourage.

Le calme revenu, le conflit Sarkis-Bachir atteignit son paroxysme lorsque Johny Abdo fit arrêter par les Moukafaha Élie Hobeïka, accusé d'avoir fait tirer sur l'hélicoptère de l'ambassadeur saoudien lors d'un déplacement dans les montagnes du Kesrouan. Afin d'éviter toute intervention armée de la milice pour le libérer, Hobeïka fut transféré en hélicoptère au quartier général de l'armée à Yarzé. En réaction, Bachir ordonna à ses hommes d'enlever une centaine d'officiers de l'armée dont il proposa la libération contre celle de Hobeïka. L'échange eut lieu trois semaines plus tard.

En mars 1979, les Saoudiens annoncèrent qu'ils allaient quitter la FAD et qu'ils remettraient leurs positions à l'armée libanaise. La confrontation entre les miliciens de Bachir Gémayel et l'armée allait être inévitable. Johny Abdo décida de mettre un terme au conflit ouvert qui les opposait. Il téléphona à Bachir Gémayel à propos d'un homme « vraisemblablement » détenu par la milice :

— Je vous envoie une note par porteur à ce sujet, annonça le chef du B 2 avant de raccrocher. Une heure plus tard, Bachir reçut une note qu'Abdo avait rédigée à la main, en français : « La situation a nettement évolué. La concertation entre nous deux est devenue nécessaire. Ne pouvant nous déplacer librement, pouvez-vous désigner un intermédiaire. »

Johny Abdo, bien placé pour savoir que les lignes téléphoniques de la milice avaient été mises sur écoute par les Syriens, avait inventé une histoire d'enlèvement, chose courante à l'époque. Bachir ne s'en formalisa pas. Voulant tester la volonté d'ouverture du chef du B 2, il renvoya le message à son expéditeur avec un seul mot : « Zahi ». Le message fut compris et Zahi Boustani put revenir de son exil parisien où il s'était marié avec « la » commissaire Hiam Saad.

Un courant de sympathie passa entre Abdo et Boustani dès leur première rencontre. Il se répercuta inévitablement sur les relations Bachir Gémayel-Élias Sarkis. Le 4 juin 1980, à la mi-journée, les deux hommes eurent une discrète entrevue. Le président, courtois et accueillant, murmura, en arabe, à son hôte :

— Moi aussi je résiste, à ma façon, autant que toi [1]. La différence est que tu peux te permettre de te défouler, de dire ou de faire ce que tu veux, alors que cela m'est impossible. Tu as le beau rôle.

Bachir répondit par un sourire. Puis il lui demanda d'intervenir en sa faveur auprès des dirigeants américains. La presse d'outre-Atlantique l'avait surnommé le « Carlos non clandestin », ce qui l'avait profondément affecté et surtout ce qui lui avait interdit toute discussion directe ou indirecte avec Washington. Sarkis promit de « faire ce qu'il pourrait ». Une fois son visiteur parti, le président se tourna vers Johny Abdo et lui confia,

— Je ne demanderai pas à Bachir de changer de position, parce qu'il ne le veut pas, ne le peut pas et peut-être même ne le doit pas.

Un mois plus tard, l'opération « Altalena », du 7 juillet 1980, donna à Bachir une envergure politique dont Élias Sarkis ne put que tenir compte. Leurs liens se renforcèrent ensuite d'autant plus rapidement que le président de la République libanaise découvrait amèrement au fil des jours quelques-unes des « vérités premières » de la tragédie libanaise : la duplicité d'une diplomatie américaine, largement pro-israélienne, équivoque au point d'en être incohérente, l'ingérence syrienne de plus en plus marquée dans le jeu politique libanais, le refus de l'OLP de respecter les accords du Caire et le désintérêt des pays arabes, méfiants vis-à-vis d'un Liban suspecté de se joindre au processus égypto-américain des accords de Camp David. De plus, l'échéance présidentielle de 1982 approchait. Sarkis voulait laisser son pays « dans de bonnes mains ». Et, par-dessus tout, le président assistait, impuissant, à la désintégration totale de l'État et de ses composantes.

Ignorant la réunion du couvent de Saydet el-Bir, Élias Sarkis demanda, début octobre 1980, à Johny Abdo de sonder les intentions des dirigeants des Forces concernant les présidentielles. Zahi

1. Le vouvoiement n'existe pas en arabe.

Boustani l'informa « qu'ils seraient présents, et bien présents à expiration du mandat d'Élias Sarkis ». Bachir Gémayel cherchait à concrétiser l'amélioration de ses relations avec la « légalité ». L'occasion se présenta avec la formation d'un nouveau gouvernement.

Décidé à régler la crise ministérielle qui bloquait les institutions depuis des mois, Sarkis fit savoir aux Syriens qu'il envisageait de choisir Takieddine el-Solh, membre d'une grande famille sunnite, pour assumer la charge de Premier ministre. Damas y opposa un veto catégorique, le jugeant « pas assez ouvert aux relations d'amitiés libano-syriennes » et « suggéra » trois noms au président dont Sélim Hoss. Le 25 octobre, Élias Sarkis passa outre les « recommandations » damascènes. Ne pouvant retenir el-Solh, déjà rejeté, sans paraître faire de la provocation, il créa la surprise en annonçant la nomination de Chafic Wazzan. Le cheveu ondulé, fils d'un commerçant sunnite de Beyrouth, ancien avocat, Wazzan avait été élu pour la première fois à la députation en 1968. Il avait été, l'année suivante, un éphémère ministre de la Justice entre deux crises politiques. Il était surtout connu pour son sens du dialogue. Pour la première fois depuis son investiture, le président avait refusé de tenir compte des « conseils » du voisin syrien. De plus, sur proposition du tandem Abdo-Boustani, il proposa à Sélim Jahel, le Michel Saint André de la réunion du couvent de Saydet el-Bir, le portefeuille de l'Habitat et des Coopératives. Amine l'apprit par son père. Il intervint fermement auprès d'Élias Sarkis pour que « son courant » soit également représenté au sein du gouvernement et proposa le nom d'un de ses proches, Samy Maroun. Consulté, Bachir eut une réaction drastique : « L'un ou l'autre mais pas les deux, avec, bien sûr, les conséquences que cela peut entraîner. » Sarkis n'hésita pas une seconde. Sélim Jahel fut nommé et Amine un peu plus marginalisé politiquement.

Juriste, professeur de droit, Sélim Jahel rédigeait le courrier et les discours en français les plus importants pour Bachir. Il avait organisé, avec l'appui de la princesse Françoise de Lobkowicz, épouse de l'ambassadeur de l'ordre de Malte à Beyrouth, une entrevue secrète avec Raymond Barre, alors Premier ministre, le 19 janvier 1978. Après être entré à Matignon par une porte dérobée, le cadet des Gémayel avait décrit avec fougue la situation des chrétiens libanais. Raymond Barre était resté très froid et distant. Les rapports qu'il avait demandés aux services de renseignement français avant l'entretien avaient dépeint les Kataëb comme une bande de voyous. Réputation qui fut reprise publiquement par le ministre français des Affaires étrangères, Louis de Guiringaud l'été suivant, lors du siège d'Achrafieh. Ce dernier imputa la responsabilité des combats et des bombardements aux milices chrétiennes. L'affaire provoqua un tel tollé que Louis de Guiringaud fut obligé de démissionner quelques semaines plus tard.

La nomination de Sélim Jahel scella une alliance tacite aussi solide que discrète entre Bachir et Sarkis. Le commandant des Forces en profita pour avancer un autre pion. Depuis longtemps il cherchait à instaurer une collaboration plus étroite entre sa milice et l'armée libanaise afin de faciliter l'accès de ses unités au front en évitant les frictions avec le commandement militaire. Johny Abdo proposa à Zahi Boustani de nommer un officier proche des FL au commandement de tout le secteur comprenant la ligne de démarcation qui coupait Beyrouth en deux, c'est-à-dire du port à Kfarchima. Zahi Boustani accepta avec enthousiasme, mais insista pour que cet officier détienne réellement toutes les prérogatives et surtout tous les moyens nécessaires « pour réaliser les objectifs de la résistance libanaise », en d'autres termes pour exécuter les décisions de Bachir. Abdo acquiesça. Le soir même, le lieutenant-colonel Michel Aoun (Gébrayel), qui avait assisté à la réunion du couvent de Saydet el-Bir, se rendit chez Antoine Najm en compagnie d'Élie Hobeïka le tout nouveau chef du Jihaz el-Aman, le service de renseignement des Forces. Les trois hommes dressèrent la liste des officiers qui devaient seconder le lieutenant-colonel dans la mesure où il serait désigné. Ils écartèrent d'emblée ceux qui leur paraissaient peu fiables.

Le 9 décembre, Zahi Boustani proposa le nom de Aoun à Johny Abdo.

— Michel Aoun ! Avez-vous bien réfléchi ? lui demanda Johny Abdo. C'est à vos risques et périls ! Il est complètement incompétent.

Si Zahi Boustani doutait encore de l'antipathie qui existait entre les deux officiers, il ne pouvait maintenant qu'en être certain :

— La nomination officielle ne se fera pas avant la mi-janvier, annonça le chef du 2e Bureau d'un ton irrité. Il faut attendre le retour de Victor Khoury.

Le commandant en chef de l'armée effectuait un voyage à l'étranger et sa signature était indispensable. Changeant de sujet, Johny Abdo suggéra que la stratégie de Bachir soit explicitée dans un document confidentiel qui serait remis à Élias Sarkis :

— Le président pourrait s'en inspirer dans les discussions qu'il doit avoir prochainement avec Hafez el-Assad, ajouta-t-il.

Bachir demanda aussitôt à Karim Pakradouni de rédiger un avant-projet. C'était la première fois qu'il faisait appel à cet avocat arménien, pendant longtemps son ennemi juré au sein du parti Kataëb.

Conseiller personnel d'Élias Sarkis pour tout ce qui concernait la Syrie, Pakradouni n'avait jamais combattu. Ancien président des Étudiants Kataëb à l'université Saint-Joseph, il siégeait au bureau politique du parti Kataëb au sein duquel il représentait la tendance prosyrienne qu'il justifiait par une très solide connaissance des dossiers palestinien et syrien et par de bonnes relations avec leurs dirigeants. Jusqu'en 1976, il fut l'un des proches d'Amine Gémayel. Deux motifs suffisant pour s'attirer les foudres de Bachir qui refusait de lui adresser la parole. Leurs rapports s'étaient profondément détériorés en mai 1977 à la suite de l'affaire du village chrétien de Deir Billa au Nord Liban. Des incidents entre des Syriens et des miliciens commandés par Samir Geagea, secondés par des renforts envoyés par Bachir, avaient coûté la vie à une vingtaine de soldats de Damas. Le parti Kataëb avait alors très mal réagi. Karim Pakradouni qui prônait la sauvegarde des chrétiens dans une relation privilégiée avec la Syrie, avait pris la tête d'une opposition anti-Bachir. À titre d'avertissement, le jeune leader fit piéger sa voiture et mit ostensiblement son téléphone sur écoute.

Tout en le considérant comme un « animal politique » intelligent et travailleur, Bachir se méfiait de ce qu'il appelait son « allégeance » à Damas. L'amélioration des relations entre Bachir et Élias Sarkis n'avait pas échappé à l'avocat arménien. L'entrée de Sélim Jahel au gouvernement lui avait confirmé que les choses changeaient. Peu de temps après, Karim Pakradouni décrocha son téléphone et appela directement le commandant en chef des Forces pour solliciter une entrevue. Elle eut lieu le jour même. L'avocat parla longuement, son interlocuteur répondant par monosyllabes. À la fin de la discussion, Bachir demanda à son adjoint Fady Frem, le chef d'état-major des FL, de venir dans son bureau. Sans tenir compte de la présence de Pakradouni, il lui ordonna :

— L'ordre de supprimer Karim doit être immédiatement annulé.

Le conseiller du président resta sans voix. Quelques semaines plus tard, Bachir annonça à son équipe qu'il envisageait d'associer

Karim Pakradouni au groupe. Ce fut un tollé général. La vieille garde — Sélim Jahel, Antoine Najm, Jean Nader et Georges Freiha — protesta énergiquement,

— Mais comment peux-tu nous proposer ça ? lui lança Sélim Jahel, c'est un magouilleur politique prosyrien.

Puis, en se penchant vers Élie Hobeïka, le nouveau ministre glissa à l'oreille du chef du Jihaz el-Aman :

— Tu ne peux pas lui faire un sort et qu'on n'en parle plus [1] ?

Avec patience et persuasion, Bachir, qui tenait à bénéficier de ses connaissances du dossier syrien, parvint à imposer Karim Pakradouni. La note confidentielle que lui demanda Bachir fut son premier travail au sein des Forces. Antoine Najm y apporta quelques modifications mineures [2].

Ce texte partait d'une constatation : « La présence palestinienne représente et représentera un pôle d'attraction pour toutes les ingérences étrangères régionales et internationales. La présence palestinienne est ainsi un prétexte aux opérations militaires israéliennes et à l'entrée syrienne au Liban. » Karim Pakradouni proposait d'abord une multiconfessionnalisation de la résistance « en y faisant adhérer des éléments non chrétiens ou par une alliance profonde avec eux », objectif qui « entrait à l'évidence dans le rôle historique de la légalité [...] seule capable d'adopter la résistance chrétienne et de la transformer en résistance libanaise », ce qui nécessitait « l'introduction d'un esprit révolutionnaire dans la légalité ».

Partant de là, la stratégie proposée consistait « à trouver une nouvelle formule pour un Liban fédéral remplaçant la Constitution de 1926, à libérer le pays de l'occupation syrienne, [puis] à museler les organisations palestiniennes dans une première étape et à les liquider dans une seconde ». Cette stratégie, selon le texte de l'avocat arménien, devant « être appliquée sur initiative de la légalité avec l'appui de la résistance, ou l'inverse ».

Pour réaliser ces objectifs, le document qui fut remis au président préconisait « un coup d'État militaire » avec la participation de l'armée libanaise afin de proclamer une formule fédérale. « Pour que ce coup d'État réussisse, suggérait-il, il faudrait que la légalité se soit assurée de la coopération d'un groupe d'officiers musulmans, de la nomination d'un nouveau commandant en chef de l'armée favorable à un tel plan et d'officiers acquis à la cause dans les postes clés, ainsi

1. Sélim Jahel à Alain Ménargues, novembre 1982.
2. Voir texte intégral en Annexe 2, p. 506.

que de la couverture américaine et arabe. » Le tout devant être exécuté avant les élections présidentielles de 1982.

Le dixième et dernier point du texte comportait un avertissement on ne peut plus net : « Dans le cas où la légalité s'abstiendrait pour n'importe quelle raison, de coopérer dans le contexte de cette stratégie pour sortir le Liban de sa crise, la résistance serait contrainte de poursuivre le chemin toute seule, avec une stratégie appropriée, quelles que soient les conséquences. La légalité devant assumer la responsabilité qui en résulterait. »

Le 12 décembre 1980, après avoir fait parvenir le document à Élias Sarkis, Bachir monta au palais de Baabda pour en discuter. Il fut conduit dans le bureau présidentiel par Johny Abdo qui assista à l'entretien. Comme à son habitude, les salutations furent très brèves, il entra directement dans le vif du sujet :

— Estimez-vous que la Formule de 43 est encore viable ? demanda-t-il au président.

— Impensable, répondit, catégorique, Élias Sarkis.

Rassuré, Bachir proposa immédiatement la formation d'un groupe de travail chargé d'étudier ce point avant de questionner son interlocuteur sur le plan qui lui avait été remis. Maniant gentiment l'ironie, le président répondit :

— En bref, vous me proposez cette alternative : ou vous organisez un coup d'État avec mon assentiment ou je déclenche un coup de force politique avec votre soutien.

Il cessa de sourire pour ajouter :

— Votre proposition n'est ni simple ni aisée, laissez-moi le temps d'y réfléchir.

— Un peu de raison de votre part, monsieur le président, un peu de folie de la mienne, et cela devrait marcher.

— C'est l'inverse qu'il faudrait dire, cheikh Bachir, intervint Johny Abdo. Un peu de folie chez nous et un peu de raison chez vous.

Tous trois éclatèrent de rire. Élias Sarkis ne répondit jamais directement à cette proposition. Bachir n'exigea jamais de réponse.

5

L'ami israélien

Le jour de la réunion au couvent de Saydet el-Bir, le 27 septembre 1980, Bachir Gémayel avait en poche une lettre que lui avait envoyée le chef du bureau Liban du Mossad[1]. Datée du 18 septembre, la missive, rédigée en anglais, demandait des explications sur un ton amical mais très ferme :

« [...] Comme vous devez le savoir, les USA sont très susceptibles pour tout ce qui concerne l'usage qui est fait des armes de leur fabrication.

« Une enquête américaine a conclu que, dans la tentative avortée de tuer Mr. Gunther Dean, l'ambassadeur des USA au Liban, le 27 août 1980, la roquette LAW[2] qui a été tirée en direction de sa voiture portait un numéro de série identique à un numéro de roquette qu'ils nous avaient livrée dans le passé.

« En 1976, nous avions transféré à vos forces une certaine quantité de ces articles. Y a-t-il une quelconque possibilité pour qu'un ou plusieurs de vos miliciens aient pris part à cette tentative ? Dans le cas contraire, pouvez-vous établir qui est derrière cet attentat ?

« À cause de cette affaire délicate, les autorités américaines nous ont approchés au plus haut niveau et nous sommes amenés à conduire de votre côté une enquête avec une extrême discrétion.

1. Mossad : abréviation de ha-Mossad le-Modiin ule-Tafkidim Meyuhadim (Institut pour le renseignement et les missions spéciales).

2. *Light Anti-tank Weapon*. Roquette antichar de fabrication américaine dont l'emballage, jetable après l'emploi, sert de lanceur.

[...] En espérant vous entendre, et si possible vous voir très prochainement.

Mendy. »

Le 27 août précédent, en début de soirée, au moment où John Gunther Dean sortait de sa résidence pour se rendre à un dîner, une explosion avait eu lieu à quelques mètres de sa Chrysler Impériale noire. Immédiatement après, la voiture ainsi que les deux véhicules de protection, tous les trois blindés, avaient été pris sous le feu nourri d'armes automatiques. Personne n'avait été blessé. L'attentat avait été revendiqué par téléphone auprès de l'agence de presse Reuters par un mystérieux Front de libération du Liban des étrangers, groupe totalement inconnu et qui devait le rester. Les journaux avaient attribué l'explosion à l'utilisation d'un Energa [1], mais les enquêteurs avaient retrouvé sur les lieux l'emballage lanceur d'un LAW.

Bachir se souvenait parfaitement, et pour cause, de la livraison de ces armes. Elles étaient arrivées dans les derniers jours de 1979, au crépuscule, dans un bateau battant pavillon ghanéen au large d'une petite crique près de Tabarja. Présents à l'époque dans l'enclave chrétienne pour veiller au cessez-le-feu entre chrétiens et Palestiniens, une poignée d'observateurs syriens, vers minuit, avaient déboulé en pleine opération de déchargement et avaient voulu saisir la cargaison. Les miliciens chrétiens, plus nombreux, s'y étaient opposés et avaient alerté Bachir. L'incident menaçait de tourner à l'affrontement. Le chef des FL avait ordonné à toutes les églises de sonner le glas. Intriguée et inquiète, la population, comme toujours dans ces cas-là, s'était précipitée sur les transistors pour entendre le jeune leader expliquer depuis les studios de La Voix du Liban [2] : « ... On est en train de nous empêcher de recevoir des armes alors que les Palestiniens en reçoivent tous les jours... » Il termina son intervention en lançant un appel à l'aide. Des centaines de personnes s'étaient ruées vers la crique pour empêcher toute action militaire syrienne. Dans la confusion, les armes avaient été débarquées, évacuées puis réparties pour moitié entre le PNL et les miliciens Kataëb. Certaines des caisses contenaient les fameux LAW.

Cette affaire de roquette tombait on ne peut plus mal dans les relations israélo-américaines. Sept jours avant l'attentat manqué

1. Grenade à fusil.
2. Créée en 1958 par le parti Kataëb.

contre John Gunther Dean, au Conseil de sécurité des Nations unies, lors du vote de la résolution condamnant l'annexion de Jérusalem par l'État hébreu, le représentant américain s'était simplement abstenu. Profitant à l'évidence de la campagne électorale présidentielle qui avait lieu aux États-Unis, Menahem Begin avait violemment critiqué Jimmy Carter. De leur côté, les Américains avaient été « très irrités » par l'ambassadeur israélien à Washington, Ephraïm Evron. Au lendemain d'un raid aérien de Tsahal au Sud Liban, en sortant du Département d'État — où il était venu soumettre la demande d'aide pour l'année 1982 (près de 3 milliards de dollars) —, le diplomate, devant les journalistes, avait reconnu en toute simplicité que « les forces israéliennes avaient évidemment utilisé des armes américaines lors du raid et qu'elles se réservaient le droit de le faire à l'avenir ». Aux termes du traité de défense israélo-américain, Tel-Aviv ne pouvait employer ces armes que pour se défendre. Le Département d'État avait immédiatement réagi en annonçant l'ouverture d'une commission d'enquête. Autant dire que l'utilisation au Liban contre un ambassadeur américain d'une roquette antichar américaine fournie par Washington aux Israéliens n'était pas de nature à améliorer les choses. Les investigations menées par Bachir démontrèrent que l'attentat avait été monté par Élias Hannouche, le chef des Ahrâr, avec un LAW attribué au PNL.

La toute première ébauche de contact entre les Israéliens et les chrétiens du Liban datait de 1951. À l'époque, le parti Kataëb avait sollicité une aide financière pour sa campagne législative en prétendant avoir 20 à 30 000 adhérents. Moshé Sharett, le ministre des Affaires étrangères, avait questionné le Mossad. Les rapports de ce service avaient été clairs : « Ce parti ne compte que 5 000 membres, il n'a aucune chance d'enlever le moindre siège. » Malgré cela, en souvenir de l'aide que certains chrétiens, à titre individuel, avaient prodiguée aux juifs de Syrie qui voulaient « monter » en Israël lors de la création de l'État hébreu, Moshé Sharett leur avait consenti une aide modeste de 3 000 dollars US. Le parti de Pierre Gémayel n'eut aucun siège aux élections du 15 avril 1951. Le geste du ministre, pour romantique qu'il fût, n'était pas moins sans arrière-pensée politique. Le Liban était, à l'époque, le seul pays arabe avec lequel Israël avait une véritable frontière (les autres limites de l'État hébreu étaient des lignes de cessez-le-feu) et les dirigeants israéliens s'y intéressaient de près. Trois ans plus tard, le 27 février 1954, le Premier ministre David Ben Gourion écrivait : « La création d'un État chrétien [au Liban] est quelque chose de naturel. Il aurait des racines historiques et serait soutenu par une force importante dans le monde chrétien, aussi bien catholique que protestante. [...] En temps normal, c'est quelque chose de presque impossible à réaliser, avant tout à cause de l'absence d'initiative et de courage des chrétiens. Mais dans des situations de confusion, de troubles, de révolution ou de guerre civile, les choses changent et le faible peut se prendre pour un héros. [...] Je pense qu'actuellement c'est notre tâche essentielle, ou tout du moins l'une des tâches essentielles de notre politique extérieure [1]. »

L'idée devait faire son chemin. Le 16 mai 1954, trois mois plus tard, presque jour pour jour, lors d'une réunion des responsables de la Défense et des Affaires étrangères, Moshé Dayan, le chef d'état-major israélien, estimait « qu'il serait seulement nécessaire de trouver un officier, fût-ce un simple major. Nous pourrions gagner sa sympathie ou l'acheter pour l'inciter à se proclamer sauveur des maronites. Alors l'armée israélienne entrerait au Liban, occuperait le territoire nécessaire et installerait un régime chrétien qui s'allierait à Israël. Les territoires au sud du Litani seraient totalement annexés par Israël et tout irait pour le mieux [2] ». C'est exactement ce qui se réalisera quinze ans plus tard avec l'Armée du Liban Sud (ALS) que commandera le major Saad Haddad.

En 1956, quelques semaines avant l'opération sur Suez, David Ben Gourion lança à son homologue français : « Nous démembrerons le Liban, nous le réduirons et nous le laisserons chrétien. Ce sera un État avec lequel nous pourrons signer des traités. »

Le premier véritable contact entre l'État hébreu et les chrétiens libanais eut lieu pendant la guerre civile qui embrasa Beyrouth, en 1958. Camille Chamoun, président de la République, demanda et obtint d'un certain général Yitzhak Rabin qui commandait le front nord d'Israël, un chargement de 500 fusils d'assaut. Chamoun, qui cherchait à se maintenir à la présidence de la République, fut écarté et les relations avec Tel-Aviv furent mises en sommeil.

Elles furent réactivées début septembre 1975 après l'attaque de

---

1. Extrait du Journal de Moshé Sharett, dans *Le Monde diplomatique*, décembre 1983.

2. *Ibid.*

deux villages de Galilée, Kyriat Shmona et Ma'alot, par un commando palestinien infiltré. Georges Adwan, le leader du groupe nationaliste chrétien du Tanzim se rendit à l'ambassade d'Israël à Paris, rue Rabelais. Après avoir décliné ses qualités, il demanda à voir « un responsable » et fut mis en présence de David Kimché qui se présenta à lui comme un membre de la chancellerie[1] :

— Nous combattons le même ennemi : les Palestiniens. Fournissez-nous des armes ! lui lança tout de go Adwan.

Quelques jours plus tard, David Kimché et le colonel Benyamin Ben-Eliezer se rendirent au Liban avec pour mission de prendre contact avec les organisations chrétiennes. En civil, armés tous deux d'un pistolet Smith et Wesson, ils arrivèrent de nuit à bord d'une vedette israélienne Dabur[2] au large de Jounieh. Ben-Eliezer[3] était plus connu sous le nom de colonel Fouad. Il commandait l'Unité 300 composée de « minoritaires des pays périphériques », qui relevait des renseignements militaires. Dany Chamoun et Bachir Gémayel les récupérèrent en Chris-Craft et les conduisirent au port de plaisance de Kaslik, près de Jounieh.

Pendant les douze heures que dura leur séjour au Liban, ils rencontrèrent Pierre Gémayel et ses deux fils Amine et Bachir. Bachir essaya de monopoliser les discussions concernant la situation militaire sur le terrain. « Je souhaiterais également en parler à votre frère Amine », avait alors insisté, souriant mais ferme, David Kimché[4]. Le visage du jeune Libanais s'était fermé. L'homme du Mossad avait compris que son interlocuteur n'avait absolument pas apprécié. Les deux Israéliens estimaient qu'il était important de discuter avec tous les dirigeants chrétiens quels qu'ils soient. Pour la même raison, ils rencontrèrent Camille Chamoun et son fils Dany. Ils retournèrent en Israël avec des sentiments mitigés. Bachir (qui avait souffert du mal de mer en allant les chercher et en les ramenant vers la vedette) leur avait paru enfan-

1. David Kimché, un des responsables du Mossad, était ce jour-là de passage dans la capitale française.

2. *Dabur* (« bourdon » en hébreu comme en arabe) : petite vedette rapide de fabrication israélienne équipée à l'avant et à l'arrière de canons antiaériens de 20 mm. Celles de la marine israélienne sont généralement dotées de roquettes mer-mer Gabriel.

3. Fut ministre de l'Habitat entre juin 1992 et mai 1996 dans les cabinets d'Yitzhak Rabin puis de Shimon Peres.

4. David Kimché à Alain Ménargues, octobre 1992.

tin. Amine leur semblait être un personnage sans enthousiasme et peu fiable. Mais, « dans ce pays où le mot politicien est synonyme de vénalité, corruption et système féodal archaïque, Bachir était cependant fraîchement simple, direct et honnête », écrira plus tard David Kimché [1]. Cette première visite au Liban fut pour lui le point de départ d'un soutien sans faille aux chrétiens en général et à Bachir Gémayel en particulier pendant une dizaine d'années.

Fils d'une famille aisée, originaire de l'Europe de l'Est, Kimché avait fait ses études en Suisse où il apprit le français et en Grande-Bretagne où il contracta un accent anglais dont il ne put jamais se défaire. Il « monta » en Palestine en 1946 et entra au Mossad en 1953. Le visage fin et souriant, le cheveu peu fourni, il se distinguait en toute circonstance par une élégance et une amabilité très britanniques. En 1967, immédiatement après l'occupation de la Cisjordanie, il fut chargé d'infiltrer le monde politique palestinien pour en déterminer les élites et les grands courants de pensée. Trois ans plus tard, muni d'un titre de diplomate au nom de David Sharon, il devenait la « clé de voûte du Mossad en Afrique » où il régalait les journalistes de « tuyaux » sur les régimes africains.

La visite au Liban de David Kimché et de Benyamin Ben-Eliezer fut suivie d'un entretien secret entre Camille Chamoun, Pierre Gémayel et Yitzhak Rabin (alors Premier ministre) à bord d'une vedette Dabur au large des côtes libanaises, à la mi-septembre 1975. Ils renouvelèrent l'accord qu'ils avaient passé en 1958. Rabin fut catégorique sur un point : Tel-Aviv fournirait gratuitement des armes et entraînerait militairement les miliciens chrétiens, mais il était hors de question d'intervenir directement dans le conflit libanais. « Nous vous aiderons à vous aider. » Cette phrase devint son leitmotiv politique concernant le Liban. Les premières livraisons d'armes furent essentiellement composées de matériel et de munitions récupérés sur les armées arabes au cours des guerres de 1967 et 1973.

Mais elles n'arrivèrent pas en quantités suffisantes et manquèrent cruellement aux miliciens chrétiens durant les combats dans les souks du centre ville. Le 11 mars 1976, du balcon de l'immeuble Socomex, Bachir regardait avec une certaine appréhension un groupe de *chabeb* assis sur le trottoir devant le bâtiment. Il les montra du doigt à Joseph Aboukhalil :

---

1. David Kimché, *The Last Option*, Macmillan, 1991, p. 133.

— Regarde-les ! Ils refusent de combattre et ils ont raison, il n'y a plus de munitions.

— Et si on essayait de prendre contact avec Israël pour en avoir ?

Bachir le regarda en fronçant les sourcils. Nul mieux que lui ne savait que, bien qu'ayant reçu Kimché et Ben-Eliezer et discuté avec Rabin, Pierre Gémayel était extrêmement réticent sur tout ce qui concernait les Israéliens ; il préférait privilégier le dialogue avec les musulmans libanais. Il lui répondit prudemment :

— Pourquoi pas, si c'est possible !

En d'autres termes, si son père autorisait une telle démarche. Aboukhalil se fit fort de l'obtenir et alla sur-le-champ voir le patriarche du parti Kataëb. La réponse fut celle que Bachir craignait : Non ! Devant l'insistance d'Aboukhalil et les conséquences prévisibles du manque de munitions, Pierre Gémayel finit par plier, mais à la condition expresse que le voyage restât secret, sinon il le condamnerait publiquement.

Le 12 mars 1976, Aboukhalil, Sami Khoueiry (le patron des BG) et Fouad Roukoz (commandant militaire Kataëb de la place de Beyrouth) embarquèrent dans un simple hors-bord et mirent le cap au sud, longeant les côtes libanaises. Roukoz, que les *chabeb* avaient surnommé « Bigeard », était transitaire maritime de profession. Au début des combats de rues dans les souks, le groupe de combattants qu'il dirigeait avait été pris en pleine nuit sous un violent bombardement. Ils avaient forcé les portes d'une librairie pour se mettre à l'abri. En attendant la fin des tirs, il avait fait le tour des rayons et était tombé en arrêt devant un ouvrage racontant la vie du général français. « Il me plaît celui-là, je le prends », avait-il dit. Devant le regard réprobateur de ses compagnons, il avait décroché le téléphone et réveillé le propriétaire de la librairie :

— Monsieur Naufal, ici Fouad Roukoz, le commandant en chef Kataëb de la place de Beyrouth. Je suis dans votre magasin. Je viens de trouver un livre sur Marcel Bigeard qui me plaît. Je le prends, je passerai vous le régler demain matin.

Le propriétaire, affolé d'apprendre la présence de combattants dans sa librairie, ne put que donner son accord. Peu après le départ du groupe, la même nuit, des pillards vidaient la boutique. Pendant des années, le libraire demanda à Roukoz le prix de tous les livres volés. Cela avait été par réaction aux pillages des marchandises du port de Beyrouth que « Bigeard » avait adhéré aux Kataëb et s'était lancé dans les combats.

Les trois Libanais furent interceptés par une vedette rapide lance-missiles, arborant le drapeau bleu et blanc frappé de l'étoile de David, avant même de pénétrer dans les eaux territoriales israéliennes. Après avoir fait l'objet de longues vérifications, ils purent reprendre leur route vers Haïfa, escortés de très près par la vedette. Aboukhalil demanda à voir Shimon Peres, le ministre de la Défense. Ils furent convoyés vers Tel-Aviv et logés dans un luxueux appartement du complexe touristique Country Club, au nord de la ville. Ils ignoraient que de l'autre côté de l'autoroute qui longeait le complexe se trouvait le siège du Mossad, officiellement résidence d'été du Premier ministre. Shimon Peres vint leur rendre visite :

— Nous sommes ici pour écouter vos doléances, leur dit-il.

— Monsieur le ministre, nous sommes venus très simplement demander des armes et des munitions, lui répondit Aboukhalil, avant d'ajouter : Nous n'avons rien à offrir en échange. Appelez cela de la mendicité si vous voulez... Nous sommes en réalité des mendiants [1].

L'entrevue fut cordiale. Les Libanais repartirent par le même chemin le lendemain matin. Ils furent suivis, quelques jours plus tard, de barges remplies d'armes et de munitions.

Au début du siège chrétien du camp palestinien de Tall el-Zaatar, le colonel Benyamin Ben-Eliezer, que tout le monde appelait Fouad, à la tête d'un groupe de quatre officiers du A'man [2], revint, toujours par la mer, pour estimer leurs besoins. Juif d'origine irakienne, Fouad avait un physique très oriental au point de passer pour un Libanais dans les rues de Beyrouth. C'était le type même du soldat, vivant près de ses hommes, fuyant les mondanités ; il avait en Israël la même réputation que Marcel Bigeard en France. Pendant quatre jours, les Israéliens observèrent les *chabeb* au combat, rencontrèrent leurs « officiers » et suivirent avec des jumelles les différentes phases de l'attaque chrétienne contre le camp retranché. Dans leurs rapports écrits, ils soulignèrent la fragmentation des milices et leur manque de formation militaire, mais

1. Joseph Aboukhalil, *Les Maronites dans la guerre du Liban*, EDIFRA, 1992.

2. Abréviation de Agah ha-Modi'in (« Aile de renseignement »). C'est le service de renseignement militaire de l'armée israélienne, le 2e Bureau.

insistèrent sur les profonds sentiments anti-OLP qui les animaient. Benyamin Ben-Eliezer recommanda une augmentation substantielle de leur approvisionnement en armes et une aide technique. À la suite de cette visite, Reuven Merhav, l'adjoint de David Kimché au Mossad, sous le pseudonyme de Robert vint au Liban pour organiser une mission permanente afin d'étudier de près l'évolution des combats et le comportement des miliciens. Il fut rejoint par le colonel Shakhan Mulla qui prodigua des conseils aux unités FL. Après la chute de Tall el-Zaatar, il fit le tour des fronts pour déterminer les positions à renforcer, la manière de le faire et de les protéger par des champs de mines.

Durant le siège du camp palestinien, un véritable pont maritime fut mis en place par les Israéliens pour venir en aide aux miliciens. L'ampleur de cette logistique fut telle que la responsabilité de l'opération fut confiée, non plus au Mossad, mais au ministère de la Défense. Relevant directement du Premier ministre, le Mossad conserva ensuite, sous la houlette de David Kimché et de Reuven Merhav, la direction de toutes les liaisons avec les chrétiens libanais. Il assurait la coordination avec les administrations ou organismes israéliens chargés de la formation militaire, de l'approvisionnement en armes et en matériel.

Le Mossad était dirigé depuis 1974 par le général Yitzhak Hofi, surnommé Haka par ses proches. Né en Israël en 1927, il était le premier sabra[1] à diriger ce service de renseignement et d'action. Ancien du Palmach durant la guerre d'indépendance, il avait commandé la région Nord d'Israël. À ce titre, il avait conduit en 1967 la prise du mont Hermon et du Golan. C'était un fervent partisan des relations dites « périphériques », c'est-à-dire avec les minorités opprimées des pays arabes. Hofi considérait la communauté chrétienne libanaise comme l'une de ces minorités. Sous son impulsion, le Mossad devint le principal avocat d'une alliance totale avec les « phalangots[2] » comme les appelaient les Israéliens.

L'autre service de renseignement israélien était celui de l'armée, le A'man, qui dépendait du ministère de la Défense. Il n'avait pas le même enthousiasme vis-à-vis de la minorité chrétienne libanaise. Son « Desk Liban[3] » intégré au département Production était chargé de recevoir et d'analyser les informations en

1. Juif né en Israël. Signifie littéralement « figue de barbarie » en hébreu.
2. Phalange.
3. Service, département du Liban.

provenance de ce pays. Il envoyait régulièrement aux décideurs politiques des synthèses soulignant les débordements des miliciens chrétiens et mettait en doute les capacités de leurs leaders.

La victoire du Likoud aux élections législatives de mai 1977 donna à Yitzhak Hofi un allié de poids. Le nouveau Premier ministre, Menahem Begin, quelques jours après son investiture, avait évoqué ouvertement l'engagement « historique » israélien à prévenir un génocide des chrétiens du Liban. Bien que le A'man continuât à l'inonder de rapports sur la responsabilité des phalangistes dans la spirale de violence qui s'abattait sur Beyrouth, Menahem Begin autorisa Hofi à raffermir les liens du Mossad avec Bachir Gémayel. David Kimché avait peu à peu noué des liens d'amitié avec le jeune leader chrétien. Mais il fut nommé n° 2 du Mossad et, dès lors, il traita d'autres dossiers qui l'éloignèrent du Liban. Ainsi, grâce à la médiation du souverain chérifien Hassan II, Kimché participa à la première entrevue entre Yitzhak Hofi et le général Kamal Hassan Ali, le patron des services de renseignement égyptiens au palais royal d'Ifrane, dans l'Atlas marocain. Le 17 septembre 1977, il assista également aux discussions entre Moshé Dayan, le nouveau ministre des Affaires étrangères et le Premier ministre adjoint égyptien, Hassan Tohami, qui jetèrent les bases du voyage d'Anouar el-Sadate à Jérusalem, des négociations de Camp David et du traité de paix israélo-égyptien. Il accompagnait les missions israéliennes se rendant au Liban chaque fois qu'il le pouvait. Il rencontrait en Israël les combattants chrétiens qui y suivaient des stages de formation militaire. C'est à cette époque que fut installé à Achrafieh l'un des secrets les mieux gardés de la guerre libanaise : le Bureau 04.

Durant l'été 1977, pour faciliter les communications de Bachir avec Tel-Aviv, le Mossad lui procura un émetteur récepteur SSB, de fabrication japonaise, relié à un télex. L'appareil fut installé dans l'une des trois chambres de l'appartement qu'avait loué Jean Nader, au premier étage du petit immeuble gris situé juste derrière la *markaz*[1] Kataëb d'Achrafieh. Une ligne téléphonique du réseau intérieur de la milice y fut rattachée dont le numéro d'appel fut le 04. C'est par ce chiffre que les rares initiés devaient désormais désigner ce centre radio. Au début du siège syrien d'Achrafieh, à l'été 1978, l'installation fut transférée en catastrophe, par voie de mer, dans une grande villa réquisitionnée de Kfour appartenant

1. Permanence, bureau.

à Lucien Dahdah, frère du gendre de Sleiman Frangié. L'ancien président l'avait utilisée comme résidence à la fin de son mandat, lorsqu'il fut obligé de quitter le palais de Baabda à cause des bombardements. Le Bureau 04 fut ensuite définitivement installé à Sioufi, dans un appartement situé sur le même palier que l'étude d'avocat de Bachir Gémayel, au 6e étage de l'immeuble Electrolux qui avait été le siège des Forces libanaises dans les premiers mois de leur existence. Il deviendra un centre de transmission de secours lorsque, en 1981, le Mossad, avec ses propres moyens de communication, ouvrira une antenne dans l'ambassade désertée du Sénégal à Adonis. Aujourd'hui, l'appartement dans lequel se trouvait le Bureau 04 et celui qui servait d'étude d'avocat à Bachir ont été réunis pour constituer le siège de la Fondation Bachir-Gémayel.

Dix jours exactement après la réunion du couvent de Saydet el-Bir, dans la matinée du 8 octobre 1980, le président syrien Hafez el-Assad arriva à Moscou pour signer un traité d'amitié et de coopération, ce qu'il avait toujours refusé de faire jusque-là malgré les propositions soviétiques. Le nº 1 syrien ignorait que son voyage allait directement provoquer un renforcement considérable des relations entre Israël et les chrétiens du Liban. Cette signature amorça en fait l'exécution du plan de prise du pouvoir mis au point par les 16 hommes au cours de cette fameuse réunion.

Bien que l'accord fût présenté par Leonid Brejnev, président du Soviet suprême, comme un simple traité de paix, les implications militaires contenues dans le texte signé à Moscou marquaient un retour en force des Soviétiques au Moyen-Orient. Il irrita fortement Tel-Aviv et Washington. D'autant que, lors du dîner de gala qui suivit la signature, Brejnev, dans un toast, présenta l'accord comme une « garantie contre Israël [...] qui contribuera à la lutte des Arabes contre le complot de Camp David ». Menahem Begin sauta sur l'occasion pour répondre favorablement aux sollicitations des « phalangots ».

Dans les relations israélo-syriennes, le Liban constituait un sujet composé essentiellement de non-dits. Toute une série d'arrangements tacites entre les deux pays avaient été conclus depuis l'invasion du Liban par la Syrie en 1976. Le principe en était simple : il y a des limites à ne pas dépasser de part et d'autre. Israël avait non seulement réussi à établir des règles du jeu au Liban, mais également à les imposer à la Syrie. Ainsi, par exemple, le ciel libanais n'était parcouru que par la chasse israélienne et les navires de guerre syriens ne descendaient jamais au sud de Tripoli. L'accord signé à Moscou renforçait considérablement la position de Damas. Pour contrer cette avancée, Tel-Aviv estima que le moment était venu de s'ancrer plus profondément au Liban.

Immédiatement après la visite d'Hafez el-Assad en Union soviétique, le Mossad organisa le déplacement d'une délégation de « militaires » des Forces libanaises en Israël. Cette dernière revint à Beyrouth avec le net sentiment que « quelque chose avait changé » dans l'attitude des responsables israéliens à l'égard de la résistance libanaise. Ils avaient clairement exprimé leur volonté de traiter les FL en « pays ami » et avaient même évoqué, à plusieurs reprises, devant les miliciens chrétiens interloqués, leur désir de mettre au point un plan militaire de défense. En écoutant leur rapport, Bachir discerna sans mal l'appel qui lui était adressé. Il demanda au Mossad d'organiser le plus vite possible le voyage d'un groupe de « politiques » de sa milice à Tel-Aviv. Chacun d'eux, dans les communications radios, fut désigné par un nom de code qu'ils gardèrent par la suite. Joseph Aboukhalil fut Albert, Zahi Boustani Marlon, Sélim Jahel conserva son nom de guerre Michel Saint André, Antoine Najm celui de Neptune et Assaad Chaftari, le n° 2 du Jihaz el-Aman [1], celui de Guy. Le 13 octobre 1980 à 14 h 30, ils embarquèrent au port de plaisance de Kaslik sur l'unique vedette de la douane libanaise « récupérée » par les FL pour constituer leur seul bâtiment de guerre. Ils arrivèrent à Haïfa vers 20 heures, non sans avoir dû patienter pendant une demi-heure dans la rade sous le regard menaçant des canons de deux vedettes israéliennes.

À Jérusalem, la journée avait été marquée par un débat houleux à la Knesset sur l'opportunité de l'annexion du Golan arraché à la Syrie en 1967. Les groupes politiques étaient partagés. Les parlementaires religieux avaient exercé des pressions considérables, virevoltant de banc en banc pour obtenir le nombre de voix nécessaires au dépôt d'un projet de loi permettant l'annexion. De nombreux députés, au sein même du Likoud, s'y opposaient, jusqu'au président du groupe parlementaire de la coalition de droite qui s'était écrié à la tribune :

— J'estime que cette annexion serait une grossière erreur politique qui causerait un tort considérable à Israël.

Dès leur arrivée à Tel-Aviv, les cinq Libanais furent conduits

1. Service de renseignement des FL, dirigé par Élie Hobeïka.

dans la banlieue nord, au domicile du responsable du « Desk Liban » au Mossad, Menahem Navot, connu des miliciens chrétiens sous le pseudonyme de Mendy. Ce dernier les avait invités à dîner en compagnie de quelques analystes de son service. Au cours du repas, une discussion à bâtons rompus porta sur les projets des FL depuis l'opération « Altalena ». Joseph Aboukhalil évoqua les grandes lignes du canevas de la prise du pouvoir discutées lors du séminaire de Saydet el-Bir. Menahem Navot et ses collègues buvaient littéralement ses paroles. Cette attitude encouragea la délégation à changer de tactique. Venue en Israël pour simplement se faire confirmer les propos tenus devant les « militaires », elle décida d'exposer dans le détail ses plans politiques, et notamment sa volonté de prendre le pouvoir.

Le lendemain matin, les cinq Libanais rencontrèrent pour la première fois le directeur du Mossad. À l'instar de Menahem Navot, comme d'ailleurs des autres hauts responsables de cet organisme, celui qui signait ses messages Julius se présenta sous son véritable patronyme, Yitzhak Hofi. La réunion prévue initialement avec lui ne fut pas assez longue pour satisfaire sa curiosité. Après un rapide déjeuner, les cinq chrétiens subirent un véritable « interrogatoire ». Joseph Aboukhalil et ses compagnons durent donner des détails, apporter des précisions. Pour la première fois, les Israéliens faisaient face à des Libanais qui leur présentaient une stratégie claire. Yitzhak Hofi approuva leur plan et chercha à savoir comment la délégation envisageait les aides et les appuis que pouvait lui apporter Tel-Aviv pour mener à bien ce projet. À la fin de l'entretien, il leur proposa de rester 24 heures de plus en Israël pour rencontrer « quelqu'un » du ministère des Affaires étrangères.

Ce fut le ministre Yitzhak Shamir qu'ils rencontrèrent. Entouré de David Sultan, le chef du département Moyen-Orient, d'Isaac Levanon, son conseiller, et de David Kimché, il les reçut dans son bureau autour d'une tasse de café. C'est en voyant David Kimché que les Libanais réalisèrent que ce dernier avait quitté le Mossad. Contrarié par Yitzhak Hofi dans son rêve de diriger un jour le service de renseignement, Kimché avait donné sa démission en juillet 1980 pour devenir directeur général des Affaires étrangères.

Joseph Aboukhalil leur présenta le projet des Forces libanaises avec la verve d'un prêcheur baptiste. Il termina son exposé en affirmant avec force :

— Face à la situation dans laquelle se trouvait le Liban, la seule manière de chasser les Palestiniens était de créer un régime fort donnant aux chrétiens, comme aux autres, sécurité et liberté dans leur patrie. La résistance libanaise n'a pas d'autre choix que de se saisir du pouvoir. Si cette mainmise ne pouvait s'opérer par les moyens démocratiques traditionnels, elle devrait prendre la forme d'une action politico-militaire. Au cas où une alliance avec les druzes et les chiites se révélerait impossible, notre mouvement resterait chrétien. Cela pourrait augmenter d'autant le risque d'échec. Et même en cas de succès, il en résultera un État chrétien qui risque fort d'être rejeté par les États-Unis et certains pays dans le monde.

Yitzhak Shamir qui avait écouté en silence, la tête légèrement penchée sur le côté, comme à son habitude, posa des questions sur les possibilités de voir Walid Joumblatt rejoindre la résistance libanaise et sur le rôle que pouvait jouer Israël pour faciliter ce rapprochement. Il conseilla à ses interlocuteurs d'éviter toute action militaire qui entraînerait une riposte syrienne et leur suggéra de profiter de l'accalmie qui semblait s'installer au Liban pour renforcer leur potentiel militaire et leurs positions politiques :

— Israël, leur dit-il, peut vous aider dans ces deux domaines. Il vous faut également convaincre les Américains que vos objectifs sont constructifs.

Le ministre des Affaires étrangères insista longuement sur la nécessité absolue de déployer tous les efforts possibles auprès de l'ambassade américaine au Liban pour transformer l'image très négative que Washington avait de Bachir Gémayel et des Forces libanaises. Les reportages télévisés et les récits des combats du centre ville de Beyrouth, la prise des camps palestiniens de la Quarantaine et de Tall el-Zaatar, l'assassinat de Tony Frangié et, plus récemment, l'opération « Altalena » contre le PNL avaient convaincu les dirigeants américains que Bachir n'était qu'un voyou sans aucun scrupule, un chef de gang et un terroriste.

— Il faut persuader les Américains que vous êtes un élément stabilisateur au Liban et au Moyen-Orient, suggéra Yitzhak Shamir. Je vous promets de faire tout mon possible pour vous aider en ce sens.

Évoquant ensuite la Syrie, le ministre expliqua aux cinq Libanais que Tel-Aviv préférait voir perdurer le régime alaouite d'Hafez el-Assad, isolé dans le monde arabe et faible sur le plan interne donc, selon lui, incapable de toute agression contre Israël. Son successeur aurait de forte chance d'être sunnite, donc solide, radical, allié à l'Irak et fort d'un appui arabe, autant de facteurs représentant un danger réel d'un nouveau conflit.

— Israël n'a pas peur de la guerre, affirma Shamir, mais préfère l'éviter.

— Que nous conseillez-vous de faire dans l'immédiat ? demanda Aboukhalil.

— Continuez votre action. Quand je me réunis avec vous, je sens que je me réunis avec des amis. Faites que le Liban soit fort, indépendant et libéral.

Euphoriques et ravis, les cinq Libanais reprirent la mer le jour même. Les résultats de leur mission avaient dépassé leurs espoirs les plus fous. Israël non seulement approuvait leurs projets, mais de plus avait promit de les aider. Bachir Gémayel se fit raconter plusieurs fois, dans le détail, tous les entretiens puis décida de battre le fer pendant qu'il était chaud. Il proposa au Mossad d'organiser le voyage au Liban d'une délégation israélienne de haut niveau. Tel-Aviv fit rapidement savoir que le général Raphaël Eytan, chef d'état-major de Tsahal, ferait le déplacement le 17 décembre 1980. Seule une petite poignée de fidèles fut mise au courant. La veille, Antoine Najm se rendit au bureau du lieutenant-colonel Michel Aoun, à qui il avait suggéré d'« inviter » au même moment le capitaine Fouad Achkar à prendre un café. L'officier était le responsable du 2e Bureau pour la région de Zouk où devaient arriver les Israéliens. Antoine Najm, d'un ton détaché, leur annonça l'arrivée d'une « personnalité » israélienne sans donner plus de détails.

— Bachir veut que l'on informe également Johny Abdo, leur dit-il.

— Je te le déconseille, contra Michel Aoun, il n'est pas fiable.

Si le patron du 2e Bureau n'aimait pas Michel Aoun, celui-ci le lui rendait bien.

L'appareil du First Helicopter Squadron des forces aériennes israéliennes, chargé des missions gouvernementales, un Sikorsky CH-53, tous feux éteints, volait plein nord au ras des flots, loin des côtes libanaises, lorsque le pilote, équipé d'un casque de vision nocturne à intensification de lumière, aperçut les clignotants rouges balisant les deux hautes cheminées de la centrale électrique de Zouk. Le lourd appareil vira plein est. Quelques minutes plus tard, il se présenta, en soulevant un nuage de poussière, sur l'aire d'atterrissage que les Forces libanaises, conseillées par les agents du Mossad, avaient aménagée entre le bâtiment de la centrale et la mer. Il était 3 heures du matin. Le général Raphaël Eytan débarqua, suivi du général Aharon Ya'ariv, du colonel Shakhan Mulla, qui avait observé les FL pendant le siège de Tall el-Zaatar, et de Reuven

Merhav, l'officier du Mossad que les Forces avaient connu sous le pseudonyme de Robert lorsqu'il venait au Liban avec David Kimché. Tous étaient en civil. Le CH-53 redécolla immédiatement. Un officier de l'armée libanaise, habitant non loin de là, en entendant le bruit du rotor, appela Fouad Achkar au téléphone :

— Un hélicoptère vient de se poser à Zouk.

— Tu dois rêver, c'est sans doute une voiture, lui répondit le capitaine du 2e Bureau.

Le choix de Raphaël Eytan pour entreprendre ce voyage n'était pas dû au hasard. Outre ses fonctions, il était l'un des officiers les plus décorés et les plus populaires de Tsahal et connu pour son aversion des Arabes en général et des Palestiniens en particulier. Il s'était rendu célèbre en commandant le 890e bataillon de parachutistes lors de la bataille de la passe de Mitla en octobre 1956. Durant ces combats, cette unité aurait sommairement abattu 35 prisonniers de guerre égyptiens. Raphaël Eytan aurait expliqué aux enquêteurs militaires, deux semaines plus tard : « Ils disaient que l'armée égyptienne allait nous trouver et nous liquider, c'était déplaisant [1]. » Ce n'était pas la première fois que Raffoul, comme le surnommait tous les militaires israéliens, pénétrait aussi profondément en territoire libanais. Douze ans auparavant presque jour pour jour, le 28 décembre 1968, à la tête d'un commando de l'Unité 269, il avait dirigé l'opération « Gift ». Héliportés, vers 21 heures, sur l'aéroport international de Beyrouth, Eytan et ses hommes avaient fait sauter 13 appareils civils aux couleurs de la Middle East Airlines et d'autres compagnies aériennes arabes. C'était le premier raid israélien de représailles contre les Palestiniens. Il avait eu lieu 48 heures après une opération de commando à l'aéroport d'Athènes perpétrée par des fedayin venus du Liban. Pendant que ses hommes étaient en train de piéger les appareils, Raffoul s'était installé au bar de l'aérogare et avait commandé un thé qu'il avait payé avec un billet de 10 livres israéliennes. Ces représailles suscitèrent de vives condamnations dans l'opinion internationale. Le général de Gaulle décréta le lendemain un embargo complet sur tout matériel militaire français à destination d'Israël.

Sitôt l'hélicoptère décollé, un garde d'honneur des Forces, en tenue impeccable, lui présenta les armes dans la plus pure tradition des cérémonials interétatiques. Il y eut un lever des couleurs liba-

---

1. Révélations de Motti Golani, chercheur à l'université de Haïfa, octobre 1995.

naises et israéliennes dans la lumière crue de projecteurs. C'était la première fois que l'étoile de David flottait ainsi au Liban. Dans la nuit finissante, des haut-parleurs diffusèrent un enregistrement crachotant de *Hatikva*, l'hymne hébreu, et de *Koulouna lil Watan*, celui du pays des Cèdres. Le visage buriné du général israélien se crispa d'émotion. Une amitié était née. En attendant le lever du soleil, les visiteurs furent conduits à la caserne d'Adonis, siège de l'unité d'élite FL commandée par Élie Wazzan où un copieux petit déjeuner les attendait. Une tasse de thé à la main, Raffoul affirma à Bachir que sa visite était officielle et qu'elle marquait la naissance d'« une relation d'État à État ». Il lui certifia que les opérations contre les Palestiniens au Liban allaient se poursuivre « pour les essouffler et briser leur potentiel militaire ». Il expliqua aux Libanais que dans les territoires occupés, il leur était interdit de sortir de leurs maisons après 22 heures et de se déplacer en voiture.

Accompagné des principaux responsables des Forces libanaises, Raffoul, en pantalon noir, pull de ski bleu ciel, coiffé d'un bonnet de laine de la même couleur surmonté d'un pompon rouge, inspecta les positions chrétiennes. Les Israéliens, à l'aide de jumelles et de cartes, firent le tour des postes avancés que le colonel Shakhan Mulla connaissait bien pour les avoir étudiés en 1977. Ils montèrent sur les immeubles qui dominaient la ligne de démarcation, parcoururent les ruelles du centre ville. Ils observèrent les positions syriennes et palestiniennes d'Ouyoun el-Simane sur le mont Sannine et des limites nord de l'enclave chrétienne. Raphaël Eytan fut surpris par l'évolution de l'organisation et des structures militaires de la milice. Il avait gardé en mémoire l'image des combattants chrétiens de 1975-1976 tels qu'il les avait connus lorsqu'il commandait le front nord de l'État hébreu ou durant leur formation dans les camps militaires en Israël. Pendant le dîner, le chef d'état-major de Tsahal félicita Bachir et lui conseilla d'intensifier les entraînements de ses hommes. Il lui promit une aide militaire pour compléter l'équipement des unités des FL et s'engagea à livrer le plus rapidement possible 36 chars T 54 de fabrication soviétique que l'armée israélienne avait récupérés sur les armées arabes durant les différentes guerres contre Israël.

— Une partie devra être payée, et le reste sera gratuit, précisa-t-il, laissant à des discussions ultérieures le soin de préciser l'aspect financier.

En le raccompagnant vers l'héliport improvisé de Zouk, Bachir, toujours obnubilé par son image de marque aux États-Unis, suggéra à Raffoul d'évoquer ce qu'il venait de voir avec le chef d'état-major américain qui devait lui rendre visite à Tel-Aviv. Le CH-53 se posa vers 23 heures pour repartir aussitôt vers la haute mer. Rentré chez lui, Raphaël Eytan téléphona à l'un de ses officiers qui avait prôné l'instauration de relations profondes avec les chrétiens libanais :

— Tu avais raison, lui concéda-t-il, ils commencent à ressembler à une armée.

Le lendemain, le 18 décembre 1980, les dirigeants israéliens affichaient tous des sourires radieux. L'ancien général Alexander Haig était nommé Secrétaire d'État aux Affaires étrangères. Connu pour être un ardent partisan de la fermeté, Alexander Haig avait affirmé en 1979, « l'importance stratégique d'Israël sur le flanc sud de l'OTAN face à l'Union soviétique ». Avec la présence de Richard Allen, un homme de l'aile droite du parti républicain, au poste de conseiller du président américain pour les affaires de sécurité nationale, Alexander Haig au Département d'État et Ronald Reagan à la présidence, la politique américaine ne pouvait être que favorable à l'État hébreu, estimait-on dans les couloirs des ministères de la Défense et des Affaires étrangères israéliens.

6

L'axe mythique chrétien-druze

À la fin du printemps 1980, quelques semaines avant l'opération « Altalena », à la recherche d'une initiative permettant de faire bouger une situation politique totalement figée, Élias Sarkis envisagea de rapprocher chrétiens et druzes. Grâce à de discrets sondages, il s'aperçut que cette idée n'était pas rejetée par des hommes comme Sleiman Frangié ou Walid Joumblatt. Il chargea Johny Abdo de sonder Bachir. L'officier fut surpris de constater que le commandant en chef des Forces libanaises n'y était pas du tout opposé, bien au contraire. Le 5 juillet 1980, Bachir donna son feu vert pour un contact direct. Zahi Boustani, originaire de Deir el-Kamar, ville chrétienne au cœur des montagnes druzes du Chouf, « monta » déjeuner chez Walid Bey[1] à Moukhtara où les émirs druzes de la famille Joumblatt avaient leur palais depuis le XVIIe siècle. Spécimen des plus classiques et des plus parfaits de la demeure noble traditionnelle aux toits de tuiles rouges. Véritable nid d'aigle construit au-dessus du village, sur une épaule de terrain, dans une vallée verdoyante. Tous deux discutèrent pendant plus de quatre heures d'un « axe chrétien-druze ». Le leader de la montagne sembla être réceptif. Mais le 7 juillet, l'opération « Altalena » provoqua l'exil de Dany Chamoun, l'ami du chef du PSP. Walid, trois jours plus tard, condamnait très durement le coup de force interchrétien. L'amorce de dialogue entamé par Zahi Boustani s'arrêta là.

Née au début du XIe siècle, à l'instigation du calife fatimide du

1. Titre de déférence, en principe non transmissible, hérité des Ottomans et accolé au prénom, attribué aux chefs traditionnels ou aux notables.

Caire al-Hakim, d'une scission à l'intérieur du chiisme, la religion druze présente un caractère ésotérique, réservant la connaissance du dogme à un petit nombre d'initiés, les Oquals. Elle s'écarte profondément des principales branches de l'islam traditionnel, tant dans ses croyances (la métempsycose[1]) que dans la pratique de la foi (peu de manifestations extérieures mais des prières et des méditations) et dans les traditions (la polygamie est interdite). Au Liban, depuis le règne de l'émir Mansour Chéhab, 1763-1770, les druzes sont divisés en deux clans, les Joumblatti, partisans de la famille Joumblatt, et les Yazbaki, partisans de la famille Yasbek. À partir du XVIIe siècle, les Joumblatt s'imposèrent dans les montagnes du Chouf et furent anoblis avec le titre de « Cheikh » par la Sublime Porte[2].

Le jour de l'assassinat de Kamal Joumblatt, le 17 mars 1977, le cheikh Akl Abou Chakra[3] recouvrit les épaules de Walid de l'abbaye[4] noire de son père avant que le corps ne soit descendu en terre. Par ce geste traditionnel et féodal remontant au XVIIIe siècle, le religieux en faisait l'héritier des charges de la familles, lui transmettait la responsabilité de la communauté druze et l'investissait de tous les pouvoirs politiques que détenait son père. Il devenait ainsi, aussi paradoxal que cela puisse être, le chef du Parti socialiste progressiste (PSP) et le président du Mouvement national regroupant tous les partis et organisations de la gauche libanaise[5]. Walid n'avait pas 30 ans. Il avait eu l'enfance de ceux qui sont négligés par des pères trop absorbés par leurs activités. Bien que fils unique d'une grande, riche et puissante famille, il avait été élevé à la dure. Dans un pays où la hiérarchie sociale s'affiche ostensiblement, son argent de poche se limitait aux sommes nécessaires pour payer les taxis le conduisant à l'université alors que d'autres, sans avoir « son rang », avaient voitures de sport ou chauffeur. Par réaction, il fit de la provocation cynique et de la dérision mordante une règle de vie. Ses relations avec son père étaient des plus froides. Lorsqu'il hérita des charges familiales, communautaires et politiques, il n'y était aucunement préparé.

1. Transmission après la mort de l'âme d'un corps dans un autre.
2. Portail d'entrée du palais du sultan de Constantinople dont l'empire s'étendait sur tout le Moyen-Orient.
3. La plus haute autorité religieuse druze.
4. Manteau cape très long sans manches.
5. Existant depuis 1964, et structuré depuis le 22 juillet 1976, le Mouvement national est composé de 15 organisations, partis ou groupes politiques.

Dégingandé, grand de taille, tout en bras et en jambes, il affichait en permanence une désinvolture vestimentaire écartant le costume-cravate au profit du jeans-blouson de cuir noir. Le cheveu très dégarni avant l'âge, les mains longues et fines, l'œil globuleux, le regard mobile que certains qualifiaient de fuyant, Walid Joumblatt parlait avec une aisance parfaite l'arabe, le français, l'italien et l'anglais. C'était un passionné de voitures, un collectionneur d'armes, un féru d'histoire. Tout jeune, il fut irrité par la phraséologie politique arabe, lourde et souvent stérile. Il en avait pris le contre-pied en adoptant un langage direct se voulant « vrai ». Mais ses changements de position brusques déroutaient bon nombre de ses amis, même les plus proches.

Homme aux idées de droite par tradition féodale bien que membre de l'Internationale socialiste, Walid Bey, à l'instar de son père, s'était très vite déclaré farouchement opposé à la Formule de 43 qu'il considérait comme responsable de la marginalisation de sa communauté. « Parce que je suis druze et que mes fils le sont, aucun de nous, quelles que soient nos qualités, ne pourra jamais accéder à la présidence de la République libanaise. Par contre un maronite, même le plus stupide, peut y parvenir, simplement parce qu'il est maronite[1] », avait-il constaté amèrement. Du profond sentiment d'injustice qu'il ressentait avait jailli un antagonisme quasi viscéral pour tout ce qui était maronitisme politique.

Aussi, en octobre 1980, Johny Abdo fut-il très étonné de le voir accepter sans sourciller la proposition d'une rencontre avec Bachir Gémayel qu'il lui transmettait. Le chef des Forces libanaises avait remis sur le métier l'idée d'un axe politique druzo-chrétien. Il en avait parlé à Élias Sarkis. Séduit, le président avait décidé de lui faciliter la démarche et avait envoyé le patron du 2e Bureau sonder le leader druze. Désirant entourer ces discussions de la plus grande discrétion possible, Abdo organisa chez lui, à Yarzé, une entrevue entre Joumblatt et Joseph Aboukhalil, le 4 novembre 1980, le soir des élections présidentielles américaines.

Confortablement installés dans les fauteuils de la véranda vitrée qui dominait Beyrouth illuminée, le colonel Johny Abdo présenta Joseph Aboukhalil à Walid Bey en précisant qu'il était mandaté par Bachir Gémayel. Il rappela aux deux hommes qu'Élias Sarkis souhaitait de tous ses vœux et entendait parrainer un éventuel rapprochement entre les deux communautés :

1. Walid Joumblatt à Alain Ménargues, septembre 1982.

— Le président estime que Bachir Gémayel et Walid Joumblatt sont les deux piliers du Liban, leur dit-il. Leur collaboration engendrerait une dynamique nouvelle. Le chef de l'État est d'accord à l'avance sur toute solution que vous pourriez approuver tous les deux [1].

Walid Joumblatt hocha la tête en signe d'approbation mais fronça les sourcils prudemment :

— Quelles garanties me donnez-vous ? demanda-t-il à Joseph Aboukhalil. Sur quelle force comptez-vous : Israël, les États-Unis, l'Occident, la Syrie ?

Il se tut quelques secondes et ajouta circonspect :

— La Syrie est avec vous plus qu'elle n'est avec nous. En 1978, les Syriens ont arrêté Bachir à un barrage, puis l'ont relâché. Mais un an auparavant, ils ont tué mon père.

— Nous n'avons personne avec nous. Nous ne comptons que sur nous-mêmes et nous voudrions nous allier avec vous pour nous renforcer mutuellement. Nous considérons cette alliance comme naturelle.

— Bien sûr ! Mais c'est maintenant que vous vous réveillez ? En 1943, vous nous avez vendus pour vous allier aux sunnites.

Le colonel Abdo s'empressa d'intervenir pour spécifier que ce qui était désormais recherché était une alliance qualitative et non plus quantitative.

— Nous voudrions arriver à des résultats constitutionnels, précisa Aboukhalil.

Puis il suggéra d'organiser rapidement une rencontre entre Bachir et Walid Bey. Ce dernier en accepta le principe mais à la condition expresse qu'elle n'ait lieu ni au Liban ni en France :

— Rien ne peut rester longtemps secret, ni ici ni là-bas.

Le chef du 2e Bureau s'engagea à en garantir la confidentialité et proposa son domicile comme lieu de rendez-vous. Ils décidèrent d'un commun accord que, dans un premier temps, les discussions se poursuivraient entre des émissaires des deux parties. Les trois hommes suivirent ensuite, pendant quelques minutes, sur le petit écran, les premiers résultats des élections aux États-Unis qui annonçaient une nette victoire du républicain Ronald Reagan sur le président démocrate sortant Jimmy Carter.

Joseph Aboukhalil confia à Bachir avoir été déçu par le leader druze, « l'homme tel qu'il m'est apparu, est très ordinaire. Il ne

1. Karim Pakradouni, *La Paix manquée, op. cit.*, p. 221.

donne pas l'impression d'avoir confiance en lui. Il est réservé et craintif. Je le voyais beaucoup plus robuste. Sa logique est différente de la nôtre. Ses alliés et lui sont convaincus que nous voulons "sioniser" le Liban. Ils nous estiment plus forts que nous ne le sommes en réalité. Je pense qu'ils ont peur de nous. Nous sommes en bonne position pour faire aboutir ces discussions ».

Tous les responsables politiques des FL ne partageaient pas cet avis, loin de là. Certains, tel Antoine Najm, étaient persuadés que Walid Joumblatt était plus retors qu'il ne le laissait paraître et que des négociations avec lui auraient peu de chance d'aboutir. Ils se rallièrent cependant à la nécessité de faire preuve de bonne volonté afin de démontrer à Élias Sarkis qu'ils faisaient tout pour se rapprocher des druzes. Les Forces ne pouvaient en aucun cas assumer la responsabilité d'un échec. Ils étaient décidés à aller le plus loin possible, ne serait-ce que pour confirmer ce que beaucoup d'entre eux pensaient : « Walid Joumblatt est dans la main syrienne depuis l'assassinat de son père. »

Près d'un mois plus tard, le 28 novembre 1980 exactement, alors que les unités FL réduisaient le dernier bastion d'Élias Hannouche à Aïn Remmaneh, les délégations druze et chrétienne se retrouvèrent en fin d'après-midi chez Johny Abdo. Beyrouth était noyé dans la brume. De loin en loin, les claquements secs d'armes automatiques déchiraient le silence. Des lueurs d'explosions et des volutes de fumées noires et épaisses montaient de la zone des combats. Les discussions commençaient étrangement. Elles avaient d'abord été interrompues à la suite d'un problème purement interchrétien : l'opération « Altalena ». Ensuite, toutes les personnes réunies chez le chef du 2 B — Joseph Aboukhalil, Zahi Boustani et Antoine Najm pour les Forces libanaises, Johny Abdo pour la « légalité », et Samir Frangié mandaté par Walid Joumblatt — étaient des chrétiens maronites. Aucun druze n'était présent. Samir Frangié qui les représentait était le neveu de l'ancien président de la République Sleiman Frangié. Homme de gauche, journaliste, membre du Mouvement national, il avait été choisi par Walid, d'une part parce qu'il entretenait de bonnes relations avec Johny Abdo et Zahi Boustani et, d'autre part, en cas de « fuite », Joumblatt pouvait affirmer ne pas être concerné, aucun druze n'y participait.

Après avoir brièvement commenté les affrontements qui se déroulaient sous leurs yeux, à 3 ou 4 km à vol d'oiseau, Johny Abdo amorça la discussion :

— Je me suis mis d'accord avec Walid Bey sur la nécessité

impérieuse de la confidentialité de ces négociations. Comme lui, je pense que la conjoncture régionale est propice pour matérialiser la réalisation de cette entente, d'autant que les Arabes sont occupés par la guerre Irak-Iran. L'État approuve d'ores et déjà et *a priori* toute solution sur laquelle vous vous mettrez d'accord.

— Il nous faut élaborer un document préparatoire aux entretiens entre Walid et Bachir, proposa Samir Frangié. Il doit inclure les relations du Liban avec son environnement arabe et israélien et les formes légales que pourrait revêtir un nouveau régime. Je suggère de nous donner un mois pour sa rédaction. Tous les points de litige entre nous doivent être clarifiés. Walid s'oppose à toute participation à ces réunions de Karim Pakradouni, qui ne doit être même pas mis au courant de l'existence de nos discussions.

Walid Joumblatt n'avait non seulement aucune sympathie pour l'avocat arménien, mais de plus il s'en méfiait. Il connaissait ses liens avec Damas de par son rôle de conseiller auprès de Sarkis et le considérait comme l'un des artisans de l'alliance syro-chrétienne qui avait abouti à l'entrée des soldats syriens au Liban en 1976 et par conséquent de l'assassinat de son père[1].

— Walid se pose des questions sur la volonté réelle de Bachir de négocier avec lui, ajouta Johny Abdo. Il m'a demandé pourquoi avoir attendu trois semaines avant de monter cette réunion et si l'affaire Hannouche était plus importante que de se réunir avec lui.

— Nous voulons être clairs avec nous-mêmes, répondit Joseph Aboukhalil. Nous voulons éliminer toutes les difficultés qui pourraient se poser de notre côté.

— Nous avons nous aussi nos propres difficultés, nota Samir Frangié. La situation actuelle est très mouvante. Les pressions sur Walid sont énormes. Si les Syriens ne l'ont pas encore éliminé, c'est parce qu'ils sont occupés ailleurs. Walid prend un grand risque en acceptant ces réunions.

— Notre alliance permettra de nous défendre mutuellement, fit remarquer Aboukhalil.

Le neveu de l'ancien président hocha la tête :

— Si nous pouvons arriver à un accord secret sur les différents points, ils ne pourront être divulgués qu'en temps voulu.

Puis se tournant vers l'officier, il ajouta :

— Ton rôle, Johny, est très important pour ce qui est des garanties.

1. Entretien avec Alain Ménargues, décembre 1992.

Quatre réunions, toujours chez le colonel Abdo, suivirent cette prise de contact, avec cette fois un représentant de la communauté druze, Riad Takieddine, lieutenant-colonel de l'armée libanaise. La première, le 15 décembre, permit aux deux délégations de déterminer les objectifs de chacun. Le premier point agréé à l'unanimité fut le problème palestinien.

— Ce sont nos divisions politiques qui ont permis aux Palestiniens de se renforcer, constata Riad Takieddine. Kamal Joumblatt voulait s'en débarrasser en les aidant. Pierre Gémayel voulait s'en débarrasser en les chassant. L'erreur fut que chacun a travaillé de son côté sans consulter l'autre. Nous devons nous mettre d'accord pour leur faire face avec détermination.

— Ce que tu dis est vrai, Riad, renchérit Johny Abdo. Il ne faut pas écarter *a priori* toute solution militaire quelles que soient ses chances de succès. Il est insensé d'affirmer que la solution du problème palestinien ne peut être que politique. Ils sont maintenant convaincus que nous n'utiliserons pas les armes contre eux. Il faut pouvoir faire pression sur eux. Pourquoi les Palestiniens ne s'infiltrent-ils pas dans le Chouf ? Parce que Walid leur fait face par la force. Pourquoi ne vont-ils pas dans le Kesrouan, parce que Bachir utilise les mêmes moyens. Pour nous, militaires, notre région est tout le Liban. Alors pourquoi nous interdit-on d'utiliser nos moyens ?

— La politique libanaise est traditionnellement une politique de compromis, regretta Samir Frangié. C'est un marchandage de boutiquiers. Seul un fanatisme national pourrait créer une volonté libanaise commune. C'est en se fondant sur un tel fanatisme que le roi Hussein de Jordanie a pu écraser les Palestiniens en 1970. C'est ce qui nous a manqué en 1973. Je n'écarte pas du tout la solution militaire. Elle pourrait entrer dans le contexte de l'accord que nous discutons. Elle sera d'ailleurs vraisemblablement la solution que nous retiendrons.

— Samir, peux-tu m'expliquer pourquoi les Palestiniens entretiennent les divergences entre sunnites et chiites ? demanda le chef du 2e Bureau.

— Avec la révolution iranienne, les chiites se sont sentis moins isolés et plus fort. Au Sud Liban, où ils sont les plus nombreux, ils supportent directement le poids de la présence palestinienne, d'où les affrontements qui les opposent. Pour les contrer, l'OLP a recherché l'appui des sunnites qui ont pris de l'importance avec l'expansion arabe. Les Palestiniens ne se battront pas directement contre nous ou contre vous. Ils pousseront leurs alliés locaux à le faire.

Tous tombèrent d'accord sur la nécessité de développer un sentiment national fort et de mettre en place une puissance militaire susceptible de s'opposer à « toute force étrangère ». Passant aux propositions pratiques, Johny Abdo suggéra la formation d'un gouvernement de 10 membres avec Bachir, Walid ainsi que des représentants chiites et sunnites, pour ensuite institutionnaliser les Forces libanaises et l'armée populaire du PSP.

— Il n'est pas logique de désarmer les Libanais avant les Palestiniens, affirma-t-il.

— Et si les Syriens refusent ? interrogea Samir Frangié. Les Palestiniens refuseront également de se retirer. Puis, se tournant vers Aboukhalil resté silencieux depuis le début de la réunion :

— Joseph, quelle est l'attitude commune que pourraient prendre Walid et Bachir ? J'accepte d'emblée la solution que tu proposeras.

— Parlons-nous au nom de toutes les communautés ou cherchons-nous une alliance entre deux leaders ? esquiva le représentant des FL. Notre projet ne concerne que Bachir et Walid, laissons les autres problèmes pour une étape ultérieure. Nous ne pouvons pas envisager de libérer tout le Liban d'un seul coup. Occupons-nous d'abord de nos deux montagnes. Notre entente, parrainée par le pouvoir, stabilisera la situation autour d'elle et l'équilibre des forces évoluera en notre faveur.

— Sur le plan pratique, cette idée est séduisante, reconnut Takieddine.

— Mais cette alliance entre druzes et chrétiens se fera au détriment des autres communautés, fit remarquer Samir Frangié.

— Non. Le pays ne retrouvera sa stabilité qu'autour d'un équilibre interne et il nous faut inventer cet équilibre. La nouvelle formule doit être élaborée progressivement.

Les représentants de Joumblatt demandèrent à réfléchir. Lors des deux réunions suivantes, Antoine Najm proposa un plan détaillé [1] reprenant l'idée de la formation d'un gouvernement, mais composé seulement de six membres : trois musulmans, un sunnite, un chiite, et Walid Joumblatt pour les druzes [2] ; trois chrétiens, un catholique, un orthodoxe, et Bachir pour les maronites. Il prévoyait en outre la dissolution du Parlement, la suspension de la

1. Voir Annexe 3, p. 510.
2. Signalons que les druzes ne sont pas à strictement parler des musulmans.

Constitution, le gel (par les Américains) de toute intervention étrangère, notamment syrienne, une déclaration ministérielle réaffirmant avec force la souveraineté libanaise, et enfin, l'annonce de la mise en place d'un nouveau régime.

— Je suis favorablement impressionné par ton plan, commenta Samir Frangié qui, cependant, souhaita remanier « quelques détails » du texte de Najm.

Sur le fond comme sur la forme, l'accord entre druzes et chrétiens était donc pratiquement réalisé.

Dans un manuscrit, daté du 30 décembre 1980, écrit à la main et contresigné par l'officier druze [1], le neveu de l'ancien président reprit les propositions de Najm. Dans un souci évident de ne pas heurter les susceptibilités de Damas, il précisa que le nouveau gouvernement s'engageait à « interdire l'utilisation du Liban comme base de départ pour des actes d'agression contre les pays arabes [et à] assurer une relation saine avec la Syrie basée sur la nécessité de protéger les intérêts communs des deux pays ». Dans ce texte, le gouvernement devait également « œuvrer pour mettre un terme au conflit entre Zghorta et les Kataëb », allusion directe au différend entre Sleiman Frangié et Bachir, après l'assassinat de Tony Frangié, son cousin. Les négociateurs décidèrent d'attendre le retour de Walid Joumblatt, en voyage à l'étranger, pour obtenir son approbation.

Malgré les précautions prises, les Syriens apprirent l'existence des discussions alors qu'au même moment ils tentaient d'implanter une dissidence chrétienne à Zahlé avec Élias Hannouche. Sitôt revenu au Liban, Walid Joumblatt fut fermement convoqué à Damas par le président Assad. Après avoir fait antichambre pendant plusieurs heures, il fut introduit dans le grand salon garni de gros fauteuils beiges. Affable, Hafez el-Assad s'enquit d'abord de la santé de son visiteur et de celle de sa famille. Ensuite, en quelques phrases sèches et sur un ton glacial, il rejeta toute idée de rapprochement entre druzes et Forces libanaises. Puis, sans transition, devenant sombre, comme attristé, il regarda Walid pensivement :

— C'est étonnant comme tu ressembles à ton père. Je le revois assis, comme toi, ici, à la place où tu es. C'était quatre jours avant sa mort. Pourquoi ne m'a-t-il pas écouté ? Quel destin tragique !

Walid Joumblatt ne voulut plus jamais entendre parler d'alliance avec les chrétiens.

1. Voir Annexe 4, p. 512.

7
Hésitations américaines

En tant qu'ancien président de l'Assemblée générale des Nations unies, Charles Malek fut invité à Washington, en janvier 1981, pour assister aux cérémonies officielles de la passation de pouvoir entre Jimmy Carter et Ronald Reagan, à Washington. Quelques jours avant son départ, il était passé voir Bachir, cloué au lit par une forte grippe. De sa voix rauque, il expliqua au jeune leader que certains entretiens téléphoniques avec des amis aux États-Unis lui avaient appris que, dans la nouvelle équipe américaine, une réflexion était en gestation sur une solution à la crise libanaise.

— Il y a cinq ans et demi, juste après son élection, Jimmy Carter avait demandé à Zbigniew Brzezinski, qui devait devenir son conseiller pour les affaires de sécurité nationale, de mettre au point un projet de paix pour le Moyen-Orient. Le résultat fut Camp David. Aujourd'hui, il paraît que les Américains travaillent sur un plan réalisable en une année. Le danger pour nous serait d'être écarté des discussions. Pour l'instant, cette étude est secrète. Il semble que l'American Entreprise Institute (AEI) soit également consulté.

L'AEI était dirigé par Bill Baroudi, un Américain grec catholique, d'origine libanaise, bien introduit dans le monde arabe. Il préparait un congrès sur le thème : le Liban est arabe et doit être intégré au monde arabe. Bachir demanda à Malek de prendre tous les contacts possibles. Le premier fut pris avec Alfred Madi, le chef du bureau de représentation des Forces libanaises à Washington.

Ingénieur de formation, libano-américain, fils d'un officier de renseignement de l'armée des États-Unis, il avait durant quelques mois, en 1977, travaillé au SR des Kataëb. Bachir Gémayel l'avait envoyé aux États-Unis pour y faire du lobbying au profit des Forces. Alfred Madi s'était appuyé sur des Américains de souche libanaise et avait regroupé autour de lui des fonctionnaires de la Banque mondiale[1], un professeur d'université[2], et même des conseillers au Pentagone et au ministère de la Défense[3]. Ils avaient fort à faire pour « casser » l'opinion que les différents responsables américains se faisaient des chrétiens libanais. Les FL étaient considérées comme des « séparatistes » qui mettaient en danger la stabilité du régime alors que la position de principe de Washington consistait depuis des années à préserver et protéger l'État libanais sans se mêler des affaires du pays.

Les plus farouches opposants à Bachir Gémayel se trouvaient parmi les responsables du Département d'État. Le secteur Moyen- et Proche-Orient de ce « ministère » d'État était « contrôlé » par des fonctionnaires de carrière qui ne rêvaient que d'y aller — ou y retourner — en poste. Nombre d'entre eux avaient fait une partie de leurs études (en général, linguistiques) à l'Université américaine de Beyrouth. Là, ils avaient vécu à l'ouest de la ville et avaient côtoyé des sunnites, des Grecs orthodoxes et des intellectuels palestiniens. Ils avaient assisté à la pénétration de l'idéologie de gauche et même communiste dans ces milieux et étaient persuadés qu'elle pouvait être contrée par des ouvertures multiples et profondes vers le monde arabe. Une thèse initiée par Henry Kissinger qui avait sur ce point fortement marqué cette administration, non seulement parce qu'il l'avait dirigée, mais également parce qu'il avait été, à Harvard, le professeur réputé de ces fonctionnaires. Surnommés les « arabistes », ils n'avaient jamais soutenu l'État hébreu et n'aimaient pas les maronites.

Le département de la Défense, lui, ne voulait plus entendre parler du Liban depuis 1973. À l'époque, les États-Unis avaient promis une importante aide militaire à Beyrouth dans le conflit qui l'opposait à l'OLP si le but poursuivi était l'éradication de la centrale palestinienne. Mais Sleiman Frangié, après avoir tergiversé, avait fini par refuser de s'engager dans cette voie. Les dirigeants américains, notamment Henry Kissinger, avaient été très déçus.

1. Abdallah Abou Habib, Waddi Haddad.
2. Edward Azar.
3. Robert et Jacques Bassil, Paul Jureidini.

L'année suivante, il y eut « l'affaire des chiens » : en 1974, la police de l'aéroport de New York avait obligé l'avion présidentiel libanais — Frangié allait assister à l'Assemblée générale des Nations unies — à stopper sur un parking désert. Elle avait été alertée par la DEA qui « avait eu des informations » selon lesquelles l'appareil transportait également des sacs de haschisch. Le Liban en était à l'époque un important producteur et de nombreuses personnalités politiques en faisaient commerce. L'avion avait été fouillé de fond en comble et des chiens spécialement dressés avaient « reniflé » tous les bagages sans tenir compte de la qualité des passagers. Aucun produit illicite n'avait été trouvé, mais les relations entre Beyrouth et Washington furent presque gelées. À tel point qu'en 1975, dans les premiers jours de la guerre, le département de la Défense avait voulu à nouveau apporter un soutien à l'armée libanaise contre l'OLP. Bob Murray, le secrétaire adjoint pour les Affaires étrangères, avait envoyé un de ses conseillers, Paul Jureidini, en mission secrète à Beyrouth avec comme double mission d'informer les Libanais de l'aide syrienne et arabe prodiguée aux Palestiniens et de leur proposer une offre de *TO and E*[1], c'est-à-dire une aide en équipement, matériel, armes et munitions. Jureidini avait été accueilli à bras ouverts par le général Escandar Ghanem, l'un des responsables de l'armée libanaise de l'époque. L'entrevue avait eu lieu dans le bureau du colonel Antoine Dahdah, directeur de la Sûreté générale, en présence du jeune commissaire Zahi Boustani, qu'il voyait pour la première fois.

— Vous, Américains, vous n'allez pas laisser tomber la seule démocratie arabe, lui avait lancé Dahdah, qui était le gendre du président Frangié.

— Si vous ne voulez pas agir vous-mêmes, nous n'allons pas faire la guerre pour vous lui avait répondu en souriant l'Américain avant de lui faire part de l'offre de Washington. Ni Ghanem ni Dahdah n'étaient parvenus à convaincre Frangié d'accepter.

Depuis le mois de novembre 1980, Alfred Madi avait « senti » une évolution dans les positions de la CIA. La centrale était plus sensible à ce qui se passait sur le terrain libanais. Il est vrai que durant sa campagne électorale, Ronald Reagan, le nouveau président, avait exprimé sans nuance sa méfiance envers la Syrie, « poste avancé de l'URSS ».

À son arrivée à Washington, un message attendait Charles

1. *Table of Organization and Equipment.*

Malek : Richard Allen, le nouveau conseiller pour la sécurité nationale, homme de l'aile droite du parti républicain, souhaitait le rencontrer. Richard Allen venait d'être nommé à la tête du Conseil national de sécurité. Siégeaient également dans ce conseil, outre le président des États-Unis Ronald Reagan, les principaux responsables de la politique extérieure américaine, c'est-à-dire le vice-président George Bush, ainsi que les responsables des Affaires étrangères et de la Défense, Alexander Haig et Caspar W. Weinberger. Les chefs d'état-major des trois armées et William O. Casey, le directeur de la CIA, ayant, eux, un rôle simplement consultatif dans cet organisme. L'ancien diplomate libanais fut étonné de l'étendue des connaissances qu'avait Richard Allen du problème libanais en général et plus particulièrement des aspirations des chrétiens du Liban. À aucun moment, l'ancien ministre ne se douta de la contribution des Israéliens à la formation de ce savoir.

— Qu'espérez-vous des États-Unis ? demanda l'Américain.

— Qu'ils nous débarrassent des Palestiniens et des Syriens.

— Supposons un instant que nous prenions une telle décision. Comment cela serait-il réalisable ? Pouvez-vous me préparer un plan d'action très pratique et me l'envoyer directement ?

Charles Malek, en diplomate confirmé, comprit immédiatement qu'il lui était demandé d'éviter le Département d'État. La Maison-Blanche, de qui dépendait son interlocuteur, voulait de toute évidence avoir l'initiative. Il promit, bien sûr, le texte demandé, en notant que les rivalités de pouvoirs étaient en place avant même l'intronisation des responsables.

— Faites vite, conseilla Richard Allen, j'ai bientôt une réunion avec le président Reagan à ce sujet. Je vais le tenir au courant de notre discussion.

Dès son retour au Liban, le 25 février, Malek appela Bachir Gémayel. Le soir même, le commandant des FL, accompagné de Zahi Boustani et d'Antoine Najm, venait le voir, chez lui, à Rabieh. L'ancien ministre leur narra par le menu son entretien et, plein d'enthousiasme, leur proposa de développer un plan qui encouragerait Américains et Européens à faire une déclaration commune réaffirmant l'indépendance du Liban et le droit à l'autodétermination des communautés confessionnelles qui y vivaient.

— En contrepartie, le Liban pourrait offrir aux Américains une solution radicale pour mettre fin au terrorisme international à partir de son territoire et une base stratégique quelque part sur la côte ou dans la montagne, suggéra-t-il.

Zahi Boustani avait écouté attentivement. Il conseilla d'une voix monocorde :

— Il vaudrait peut-être mieux patienter un peu avant de présenter à Richard Allen un mémorandum opérationnel. Yitzhak Shamir nous a promis le 15 décembre de faire tout son possible pour nous rapprocher des États-Unis. Nous devrions attendre le résultat de ses démarches pour éviter de le court-circuiter.

Les quatre hommes discutèrent pendant plus de deux heures de la réponse à donner à Richard Allen. Ils préférèrent ne pas dévoiler leurs plans à Washington dans l'immédiat.

Le résultat des démarches entreprises par le ministre israélien leur parvint indirectement. Le 13 mars 1981, Bachir fut invité à rencontrer John Gunther Dean, l'ambassadeur des États-Unis au Liban. Les deux hommes s'étaient tout juste croisés auparavant. Le diplomate fut direct :

— J'ai informé Washington que vous étiez incontournable pour toute action sérieuse dans ce pays. Depuis déjà un mois, nous échangeons des notes pour mettre au point un document officiel qui serait la base d'une discussion entre nous. Ce matin, j'ai reçu ce télégramme et je vous le remets. Il a été spécialement préparé pour vous.

L'ambassadeur retint quelques secondes les deux feuilles de papier que Bachir s'apprêtait à prendre et répéta en le regardant droit dans les yeux :

— Il a été spécialement préparé pour vous.

Le document, rédigé en anglais[1], portait la mention « *secret* » au-dessus du titre, « *Directives sur le Liban* ». Bachir ignorait que cette classification outre-Atlantique, relative à des informations importantes tant dans les domaines militaires, du renseignement que de la politique, signifiait que leur révélation causerait un « préjudice grave » aux positions américaines. Il s'installa confortablement dans son fauteuil et lut le texte attentivement. Après quelques considérations d'ordre général, il y était précisé :

« [...] les États-Unis reconnaissent qu'il y a des partisans d'une réorganisation de la structure gouvernementale et constitutionnelle. [Ils] n'ont pas un point de vue défini quant à des changements particuliers. C'est aux Libanais de décider. Mais tout

1. Voir traduction du texte intégral en Annexe 5, p. 515.

changement devrait avoir lieu, selon nous, par des processus politiques pacifiques. Ainsi, les États-Unis accueilleront chaleureusement le développement d'un vrai consensus politique national sur la forme du nouveau Liban. [...] Nous reconnaissons que l'importante communauté palestinienne [qui y vit] constitue un problème pour les Libanais. Nous croyons pouvoir [le] traiter [...], même dans sa dimension libanaise, par une paix israélo-arabe totale. Nous avançons vers cette paix à travers le processus de Camp David [...] ; toute résolution globale du problème palestinien ne devra pas porter atteinte aux intérêts nationaux libanais. [...] Les États-Unis sont fermement opposés au terrorisme [et aux] attaques menées contre Israël à partir du territoire libanais. [...] Ils appuient un retrait, graduel et total, des forces syriennes du Liban [...]. Néanmoins, l'exécution de ces retraits ne doit pas aboutir à la reprise de la guerre civile ou réactiver les hostilités entre les différentes milices et les fedayin palestiniens. »

John Gunther Dean, qui observait Bachir, précisa :

— Le terme « phalanges » désigne les Forces libanaises. Nous ne pouvons pas pour l'instant nous adresser directement à vous.

Le jeune homme ne leva pas les yeux du texte.

« Nous espérons que les phalanges feront preuve de patience et de retenue, même face à des provocations syriennes et palestiniennes éventuelles. Nous encouragerons les efforts pour créer un dialogue entre le leadership chrétien et les communautés musulmane et druze. Nous croyons que les phalanges et autres organisations chrétiennes pourraient influer sur le cours futur de l'histoire du Liban. Nous espérons que les phalanges utiliseront des procédés politiques pacifiques pour atteindre leurs objectifs et qu'elles coopéreront avec le gouvernement central et l'armée nationale. »

Le document était daté du 9 mars 1981.

— J'ai remis une copie de ce télégramme au président Sarkis, annonça l'ambassadeur. Il m'a d'ailleurs dit qu'il n'y avait aucun inconvénient à ce que nous le discutions avec vous. Par ailleurs, nous n'avons aucune objection à mettre en place une coordination entre nous sur des sujets concernant l'avenir de ce pays.

John Gunther Dean confia au chef des Forces qu'il était convaincu que les Forces libanaises n'avaient pas trempé dans la tentative d'attentat dont il avait été l'objet en sortant de chez lui. Bachir se garda bien de répondre. Il se demanda s'il s'agissait là d'une affirmation « diplomatique » ou si le rapport qu'il avait transmis à Mendy sur l'utilisation par Hannache du missile antichar LAW provenant d'un lot du PNL était bien arrivé à son destinataire.

— Il est fort possible que je doive quitter le Liban après les changements qui ont eu lieu à Washington, annonça l'ambassadeur. Cependant, rassurez-vous, quelle que soit la personne qui me remplacera, notre objectif restera le même. Il faut également que vous sachiez que, lorsque je rencontre Walid Joumblatt ou Rachid Karamé, c'est essentiellement dans le but de vous aider. Je voudrais vous poser une question. Pourquoi le président Chamoun, tout comme vous, évoque une formule fédérale ?

— Nous évoquons surtout et avant tout la libération du pays. Ce sont les Libanais qui, plus tard, choisiront ensemble la formule qu'ils voudront.

Gunther Dean approuva de la tête et demanda à Bachir une réponse écrite au télégramme qu'il venait de lui donner. Bachir sortit de la résidence le sourire aux lèvres. Il n'était plus considéré, au moins pour le Département d'État, comme le « Carlos non clandestin ».

Toute son équipe ou presque [1] l'attendait dans son bureau. Ils exigèrent le récit de l'entretien. Bachir s'exécuta de bon gré et leur lança :

— Au travail maintenant. Que chacun prenne ses responsabilités. Le document que je viens de vous lire a demandé un mois de travail à l'administration américaine. Il faut préparer une réponse qui soit à la hauteur.

Cette journée du 13 mars 1981 fut aux couleurs de la bannière étoilée. Bachir venait tout juste de regagner son domicile lorsque le téléphone sonna. Albert Laham, l'avocat chez qui il avait fait son stage en 1973 à Hamra, lui demandait de rencontrer rapidement un certain Khaled Khodr Agha. Méfiant, Bachir appela Élie Hobeïka pour le charger d'organiser l'entrevue le lendemain.

Grand commerçant de Tripoli, au Nord Liban, Khaled Khodr Agha avait des contacts très étroits avec les dirigeants saoudiens et ne faisait pas mystère de ses relations avec la CIA. Il courait à son sujet une sombre histoire d'héritage. Selon les informations fournies à Bachir par Karim Pakradouni, il aurait servi, en 1973, de médiateur entre la famille royale saoudienne et Saëb Salam, le leader sunnite de Beyrouth, notamment pour des transferts de

1. Karim Pakradouni, Fady Frem, Élie Hobeïka, le ministre Sélim Jahel, Zahi Boustani, Jean Nader, Élie Zayek et Antoine Najm.

fonds. En 1976, toujours selon Pakradouni, il aurait remis, de la part de Riyad, un million et demi de livres libanaises à Kamel el-Assaad, le président de l'Assemblée nationale, pour « faciliter » l'élection d'Élias Sarkis à la présidence de la République. Intelligent et surtout très bien informé, Khaled Khodr Agha était avant tout l'ami du prince saoudien Fahd. Il entretenait également d'étroites relations avec Mohamad Ghanem et le général Hikmat Chéhabi, respectivement chef des services de renseignement syrien et chef d'état-major. Il avait également de bons contacts avec les Palestiniens.

Les deux hommes se rencontrèrent dans un appartement vide réquisitionné par Élie Hobeïka. Khaled Khodr Agha fit semblant d'ignorer les mesures de sécurité entourant Bachir. Il eut pour lui l'avantage d'aller droit au but :

— Nous sommes prêts à vous aider, dans le cadre de nos moyens, à atteindre vos objectifs. Nous voulons pour le Liban un président de la République maronite, fort, incorruptible, capable de prendre les décisions nécessaires.

Ignorant la tirade, redoublant de méfiance, Bachir lui demanda abruptement de s'identifier. Sans se démonter, le commerçant de Tripoli annonça la couleur :

— Je suis à la fois chargé par les services de renseignement américains d'établir un contact avec vous et par les Saoudiens de vous offrir les aides dont vous auriez besoin. J'ai eu dans le temps des rapports avec votre frère Amine et avec Dany Chamoun. Depuis qu'Élias Sarkis a été élu président, nous avons voulu jouer sa carte, mais elle s'est révélée perdante. L'émir Fahd doit aller aux États-Unis pour proposer un projet de solution à la crise du Moyen-Orient. Ce projet préconise la reconnaissance d'Israël par l'OLP, le retrait israélien de la Cisjordanie qui formerait avec la Jordanie une confédération d'États, le départ de 300 000 Palestiniens du Liban ; ceux qui resteraient devraient rendre leurs armes, garder leur nationalité et s'éparpiller sur tout le territoire libanais. Si le plan de l'émir Fahd réussit, le problème palestinien pourrait être résolu. Sinon, les Arabes en subiront les conséquences.

— Mon problème avec les Palestiniens, en tant que Libanais, n'est pas seulement militaire, il est aussi et surtout démographique, lui répondit assez sèchement le chef des FL. Je refuse que des Palestiniens demeurent au Liban. Ne croyez surtout pas que nous serions d'accord pour en garder une partie. Je le refuse.

Puis, provocant, Bachir le défia.

— D'un autre côté, je rencontre prochainement l'ambassadeur soviétique. C'est la politique de Carter qui nous a poussés à le faire.

— Vous avez raison. Mais la politique a changé maintenant. C'est nous qui vous avons contacté. Nous allons vous ouvrir la porte du monde arabe. Il faudra que vous y alliez. Je pars pour les États-Unis et l'Arabie Saoudite. Je vais leur dire que je vous ai vu.

— Je voudrais vous dire que vous ne traitez pas avec Bachir Gémayel en tant qu'individu. À travers moi vous traitez avec les Kataëb. De mon côté, je vais relater les détails de notre entrevue à Cheikh Pierre.

Avant de prendre congé, Khaled Khodr Agha ajouta :

— Nous avons décidé de résoudre votre problème « incurable[1] ». Je veux parler de Sleiman Frangié. Il souhaite installer ses bureaux à Beyrouth Ouest. Nous le lui avons très fortement déconseillé et nous lui avons demandé de rester là où il se trouvait. Nous n'allons pas laisser détruire le pays pour un cercueil[2]. Dieu arrangera les choses.

Les proches de Bachir Gémayel furent intrigués par le comportement de l'homme de la CIA. Ils s'interrogèrent sur la raison pour laquelle les Américains les avaient contactés par deux canaux différents : l'ambassade et le service de renseignement. Ils ignoraient encore que le gouvernement américain groupait en fait plusieurs centres de prospective, que le Département d'État et la centrale de Langley, pour ne citer que ces deux-là, travaillaient séparément et qu'une synthèse se faisait au niveau de la Maison-Blanche, lorsqu'elle se faisait.

Alfred Madi, le représentant des Forces libanaises aux États-Unis, de passage au Liban, informa Bachir que la position de Washington sur le Liban évoluait. Le commandant des FL se demanda s'il ne devait pas accélérer la réponse au télex de l'ambassadeur Gunther Dean. Il avait déjà, à tout hasard, contacté un professeur de l'Université américaine de Beyrouth, Élie Salem, pour traduire en anglais un projet de texte que préparait Georges Freiha. Alfred Madi lui fit un véritable cours de droit constitutionnel américain, expliquant le fonctionnement de l'exécutif améri-

1. Prononcé en français.
2. Allusion à celui de Tony Frangié que Sleiman ne voulait pas mettre en terre avant de le venger.

cain. Il souligna que seules trois personnes avaient un pouvoir de décision concernant le Liban : Alexander Haig, le Secrétaire d'État aux Affaires étrangères, Richard Allen, le chef du NSC (National Security Council), et William O. Casey, le patron de la CIA.

— Tous les trois sont catholiques, précisa Madi.

Pour les Américains trois forces essentielles comptaient au Liban : l'OLP, les Syriens et les Forces libanaises. Dans ces conditions, Bachir estima qu'ils ne pouvaient que lui être favorables. Un haut fonctionnaire du Département d'État avait confié à Alfred Madi,

— Si l'État libanais avait tout de suite bougé, nous n'en serions pas là. L'armée est incapable aujourd'hui de remplir seule ses fonctions, il lui faut soit l'aval des Palestiniens, soit celui des Syriens. Nous sommes opposés à la présence des troupes de Damas au Liban, elles doivent se retirer.

Mais, de toute évidence, il était encore trop tôt pour que les États-Unis puissent afficher publiquement leur choix politique. En attendant que la situation se décante, Bachir était convaincu qu'il lui fallait jouer franc jeu avec Washington.

8

Zahlé, les premiers combats

Frileusement blottie entre les deux lèvres d'une profonde entaille, au pied du mont Sannine, à califourchon sur le torrent Nahr el-Berdaouni, la ville de Zahlé affichait sa chrétienté par une immense colonne surmontée de la statue d'une Vierge protectrice tournée vers l'est. Cette importante bourgade s'ouvrait timidement sur la vallée de la Békaa, à majorité musulmane. Toutes les routes tracées venant de la montagne chrétienne étaient contrôlées par les Syriens. Et les chemins muletiers, plus discrets, qui cascadaient des sommets vers la ville étaient impraticables en hiver à cause de la neige. Ce fut d'ailleurs sur cet isolement qu'avait compté Hannouche en décembre lorsqu'il tenta de s'implanter de force dans la ville. Ces affrontements avaient rappelé aux Forces libanaises l'existence de cette cité unique au Proche-Orient par l'importance et le caractère homogène de sa population grecque-catholique. Hors du « ghetto maronite », la présence des FL dans cette ville, avait jusque-là été plus symbolique que stratégique.

Zahlé avait également pour caractéristique d'être « le point noir » du dispositif défensif de Damas dans la Békaa. Le général Hikmat Chéhabi, patron de l'état-major syrien, considérait que cette vallée, prenant naissance dans la plaine de Métoulla et longeant la quasi-totalité de la frontière libano-syrienne, constituait, pour Israël, un itinéraire stratégique contournant l'obstacle naturel du plateau du Golan. Elle se présentait comme une sorte d'immense couloir plat dans lequel pouvaient facilement évoluer les divisions blindées susceptibles de prendre à revers le territoire syrien. Pour stopper une éventuelle offensive de ce genre, avec un sous-groupement de la 85e brigade motorisée autonome et de la

78e brigade blindée de la 7e division, le général Chéhabi avait installé un « bouchon[1] » sur toute la largeur sud de la Békaa, des contreforts du Mont-Liban, à la hauteur de Jezzine, jusqu'à ceux du mont Hermon. Il avait renforcé ce bouchon en autorisant l'OLP à positionner entre les rivières Litani et Zahrani, les trois brigades palestiniennes existantes : al-Yarmouk, al-Kostol et Aïn Jallout. Les Syriens les avaient équipées d'une importante quantité de matériel, dont 47 chars T 54, des lance-roquettes, des véhicules et de l'artillerie.

Mais Zahlé était le talon d'Achille de ce plan défensif. Située derrière ce dispositif, cette ville pouvait servir de tête de pont de la poche chrétienne, elle-même éventuel réceptacle à des forces israéliennes. Pour le général Chéhabi, cette hypothèse dépassa le stade du simple exercice d'état-major lorsque ses services de renseignement, juste avant l'hiver, l'informèrent d'une reprise importante des contacts entre les FL et Tel-Aviv. En passant par Zahlé, les Israéliens prenaient les défenses syriennes à revers et coupaient la vallée de la Békaa en deux. De surcroît, de cette ville, ils seraient à 6 km du grand quartier général syrien au Liban et du poste de commandement de la 5e division installés à Chtaura ; à 14 km de la frontière syrienne et à 50 km de Damas. Chéhabi ne pouvait en aucun cas permettre une extension des limites de la poche chrétienne vers Zahlé. Ce serait un danger particulièrement sérieux sur Damas au moment où la guerre irako-iranienne, en mobilisant les troupes de Bagdad sur son front est, faisait disparaître la menace potentielle des divisions de Saddam Hussein sur Israël.

Le 22 décembre 1980, cinq soldats syriens furent tués dans une embuscade à l'intérieur même de Zahlé. La ville fut immédiatement bombardée six heures durant pour la convaincre de livrer les coupables. Son refus provoqua 48 heures de pilonnages ininterrompus. Ils ne s'arrêtèrent qu'après que Washington eut jugé « déplorable l'attitude des Syriens à Zahlé ». Comme d'habitude, Damas allait le plus loin possible pour ne s'arrêter que lorsque la pression internationale devenait gênante. Dès que cette pression faiblissait, la Syrie faisait un nouveau bond en avant. C'était une application stricte du slogan marxiste : « Ce qui est à moi est à moi, ce qui est à toi est négociable », étant entendu qu'une fois la négociation terminée le processus reprenait.

---

1. Ensemble de lignes défensives fermant un accès ou un itinéraire.

Bachir Gémayel profita de la trêve pour dépêcher Fouad Abou Nader en inspection à Zahlé. À l'aller comme au retour, malgré la neige, Fouad emprunta à pied la « route » de la montagne. Il utilisa les sentes de muletiers qui serpentaient dans la gorge sauvage et boisée, encaissée entre deux falaises, au fond de laquelle coulait le Nahr el-Berdaouni. Son rapport fut aussi grave que court : « Ils manquent de tout — armes, munitions, réseaux de communication, médicaments, stocks de nourriture. » Lors de son inspection, il avait également noté que les Syriens contrôlaient les accès nord de Zahlé, mais par contre, les entrées sud, notamment la route qui venait de Chtaura, étaient normalement ouvertes à la circulation. Il en profita pour faire parvenir aux combattants de la ville des armes, des canons de 106 sans recul antichars et des munitions, camouflés dans des camions remplis de blé, de farine ou de légumes. Le câble téléphonique souterrain reliant Zahlé à Beyrouth n'avait pas été localisé par les Syriens — il ne le sera pas de toute la guerre —, les Forces détournèrent plusieurs lignes à leur profit unique. Elles aboutissaient dans une salle d'opérations au quartier général de la Quarantaine et dans les caves d'un temple protestant à Achrafieh[1] réquisitionné par les FL pour y installer un centre de calcul d'artillerie et un Centre d'étude et de recherche militaires (CERM).

La mer était grise. Les bourrasques de pluie couraient sur la plage déserte de Tel-Aviv avant de venir gifler les vitres de l'hôtel Laromme. L'hiver était bien installé en ces premiers jours de février 1981. Dans un salon de l'établissement, confortablement installés derrière les baies vitrées, dix hommes — sept Libanais venus secrètement en Israël, et trois membres du Mossad — discutaient, détendus, devant leurs verres. Menahem Navot ne les avait pas invités chez lui cette fois-ci. Leur séjour était trop court, quelques heures.

Navot, que tous ses contacts au Liban appelaient Mendy bien qu'ils connussent son véritable patronyme, avait vécu pendant des mois chez les Kurdes, aux confins de la Turquie, de l'Iran et de l'Irak. Sa mission avait été de les aider à s'affirmer contre les trois gouvernements qui les opprimaient. Elle s'inscrivait dans le cadre de la politique du Mossad qui consistait à « soutenir » les minorités, dites « périphériques », c'est-à-dire dans les pays voisins, sus-

1. Voir Alain Ménargues, *Les Larmes de la colère*, Presses de la Renaissance, 1991.

ceptibles de créer des difficultés, voire de déstabiliser les gouvernements ennemis d'Israël. Durant ce séjour, Mendy avait acquis la sérénité et la patience des hommes de la montagne. À côté de lui avait pris place Reuven Merhav, que les Libanais connaissaient sous le nom de Robert. Grand, brun, le cheveu grisonnant, des lunettes que sans cesse il rajustait inconsciemment sur le nez. Merhav avait séjourné, lui, en Éthiopie. Il avait réapparu au Liban lors de la visite de Raffoul. Le troisième Israélien n'était autre que Shmulik Avyatar, dit Alex. Il était de ceux qui, durant les années 1977-1978, étaient souvent venus en mission au Liban. Alex avait disparu de la circulation pendant près de deux ans. Personne chez des dirigeants des FL n'avait oublié son visage souriant, ses yeux bleus ni ses idées si proches des leurs.

Face à eux, la délégation libanaise était composée des conseillers politiques de Bachir Gémayel et d'un ministre en exercice.

La délégation des Forces libanaises expliqua longuement son objectif d'accéder au pouvoir, de quelque manière que ce soit. Elle développa par le menu l'évolution des rapports des Forces avec le président Sarkis et les vaines négociations avec les druzes. Le Mossad avait appris que les Syriens s'étaient opposés à la conclusion de l'accord négocié avec les représentants de Walid Joumblatt parce qu'il se faisait avec l'assentiment actif du président libanais. Les Libanais exposèrent les accrochages du mois de décembre à Zahlé et la situation actuelle :

— Il faudrait exercer des pressions extérieures sur Damas pour l'obliger à nous prendre en considération, évoqua un des Libanais.

— Il faut surtout affaiblir politiquement et non militairement la Syrie, conclut Mendy. Les Américains la considèrent comme une base soviétique. Patientez.

La patience était justement ce qui leur manquait le plus. Depuis huit mois que les Forces étaient le seul maître à bord du bateau chrétien, ils n'avaient pas réussi à percer l'indifférence, lorsqu'il ne s'agissait pas de l'hostilité du monde occidental à leur égard. Les Français, plongés dans le débat présidentiel Mitterrand-Giscard, les boudaient. Les Américains, embourbés dans leur changement d'administration, n'avaient pas encore de politique définie. Il est vrai que l'image de marque de la milice chrétienne était des plus exécrables. Leurs seuls contacts extérieurs étaient ceux qu'ils avaient avec les Israéliens. Il leur fallait briser ce mur du silence. Le 5 mars 1981, au cours d'une réunion chez Zahi Boustani, à l'immeuble Sarraf à Achrafieh, Joseph Aboukhalil, adepte forcené des commissions d'études, proposa à ce sujet la création d'une équipe de réflexion. Tous affichèrent un sourire railleur.

Certes, Élias Sarkis les soutenait, mais ses moyens étaient très limités. Ils pensèrent un instant forcer le destin en créant une nation chrétienne « comme les juifs, en 1948, avaient imposé leur pays ». Ils eurent rapidement conscience qu'il leur était impossible de prendre des décisions radicales. Ils n'étaient en fait qu'une minorité de blocage, mais sans plus. Ils continuèrent à exister sur la scène internationale par procuration.

Bachir Gémayel multiplia « les relations publiques ». Mais à l'instar de l'ambassadeur soviétique avec qui il déjeuna le 12 mars chez un avocat de ses amis, le chef des FL était écouté et regardé courtoisement, comme un phénomène curieux, sans plus.

Les Israéliens étaient, eux, très actifs. Le général Yitzhak Hofi vint passer une douzaine d'heures dans l'enclave chrétienne le 16 mars. Il fit une tournée en tout point identique à celle qu'avait faite Raphaël Eytan en décembre. Bachir et ses collaborateurs eurent le sentiment que le patron du Mossad était venu compléter le rapport militaire qu'avait dû faire le chef d'état-major de Tsahal. Deux semaines plus tard, le Mossad leur livrait deux vedettes rapides Dvora[1], de fabrication israélienne, dans le port de plaisance de Kaslik. Mendy vint faire un discours en français pour saluer l'événement. Elles avaient été payées rubis sur l'ongle 3 millions de dollars par un milliardaire libanais.

Les rigueurs de l'hiver avaient fait taire les armes à Zahlé pendant près de trois mois. Bachir, qui ne pouvait concevoir une autre autorité chrétienne que la sienne dans cette petite enclave, savait, et pour cause, que le calme allait fondre avec la neige. Chaque camp avait mis à profit cette période pour se renforcer et se préparer. Les FL avaient acheminé des renforts en hommes par les chemins de montagne et les Syriens avaient occupé le terrain de manière à contrôler les entrées nord. Ils avaient procédé à des travaux de terrassement, creusant tranchées et alvéoles pour blindés, s'enterrant de manière à tenir les itinéraires de liaison des chrétiens sous leurs feux. Les affrontements de décembre avaient fait mesurer à Bachir les dangers du manque d'accès direct à la ville. Il décida de construire une route traversant la montagne en évitant les Syriens. Les Forces construisirent, à coups de bulldozers, des fortifications sur les crêtes pour protéger les travaux qui

1. Version améliorée du Dabur.

devaient commencer au printemps. Ce faisant, les FL révélèrent aux Syriens une partie du tracé de la voie qui devait rallier Zahlé. Ce furent les premières lignes d'une des pages noires de la guerre libanaise.

Le 31 mars, alors que le monde entier avait les yeux braqués vers Washington où Ronald Reagan avait été blessé à coups de revolver par John Hinckley, les Syriens tiraient à la roquette sur un bulldozer travaillant sur une position des FL. Les miliciens répliquèrent immédiatement contre un engin syrien. Les soldats de Damas tentèrent alors de prendre d'assaut une position clé des Forces libanaises sans y parvenir. Le lendemain, les armes automatiques se mirent à crépiter autour de la ville et le surlendemain ce fut l'embrasement général. L'artillerie lourde syrienne pilonna Zahlé mais aussi la zone chrétienne au nord de Beyrouth, faisant 50 morts et plus de 200 blessés. Les combattants chrétiens, dont plusieurs dizaines s'étaient infiltrés durant l'hiver, s'emparèrent en quelques heures des barrages que la FAD avait installés sur les grands axes intérieurs de Zahlé. Le point de non-retour était dépassé.

L'aisance avec laquelle les FL avaient enlevé les barrages persuada l'état-major syrien que des Israéliens combattaient aux côtés des chrétiens dans Zahlé. Deux éléments vinrent les conforter dans cette analyse. Tout d'abord, la présence de T 54 manœuvrés par des miliciens des Forces sur le mont Sannine. Promis par Raphaël Eytan, ils avaient été livrés quelques semaines plus tôt. Leur apparition surprit totalement les Syriens. Le second élément fut révélé par le service des écoutes des renseignements militaires de Damas. Ils avaient noté que l'un des intervenants sur le réseau radio des FL s'appelait Shlomo. C'était effectivement le nom de code de l'un des responsables militaires chrétiens, Suleiman Sawaya, surnommé ainsi par ses hommes après un stage en Israël. Il fut d'ailleurs tué au cours du siège et son corps ne fut retrouvé qu'après la fonte des neiges. Les Syriens furent convaincus qu'il s'agissait d'un Israélien.

Après les premiers incidents de Zahlé et les discussions qu'il avait eues avec Raffoul en décembre, Bachir Gémayel était persuadé que cette bataille, qu'il n'avait pas déclenchée, tombait à point nommé. Elle pouvait parfaitement être le prétexte à une éventuelle intervention israélienne, d'autant que la réprobation internationale à l'encontre de Damas se faisait de plus en plus vive. Par le Bureau 04, il envoya message sur message à Tel-Aviv, pour presser les Israéliens de faire « quelque chose », en d'autres termes d'agir militairement. Maintenant que Zahlé était à feu et à sang, cela devenait urgent.

Les combats prirent rapidement l'allure d'une guerre totale et s'étendirent à l'ensemble de la zone chrétienne. Les rues étaient désertes ou presque, les rares voitures qui circulaient, roulaient à tombeau ouvert. Réfugiée dans les abris, la population avait l'oreille collée aux transistors. Les seuls bruits perceptibles étaient les sirènes des ambulances et les déchirements des déflagrations.

L'hélicoptère Bell des forces aériennes israéliennes se posa devant la centrale électrique de Zouk dans un nuage de poussière. Menahem Navot en sortit le visage fermé sous sa tignasse rousse. Nahik comme l'appelaient ses collègues était suivi par un officier de liaison de son service dont le menton très volontaire ainsi que la silhouette le faisaient étrangement ressembler à Popeye. Erez C. [1], alias Tomy, lors de ses déplacements au Liban, portait une sacoche à la main. Ils furent conduits à la caserne d'Adonis où ils furent rejoints par Bachir et ses adjoints. Sans détour, Mendy leur annonça qu'Israël n'interviendrait pas dans la bataille de Zahlé. La discussion fut houleuse. Bachir voyait ses espoirs s'écrouler. Navot fut catégorique :

— Nous vous avions prévenu de ne pas défier militairement les Syriens. Attaquez-les politiquement, nous vous y aiderons, mais jamais militairement. Ce n'est pas vous qui nous imposerez la date et le lieu d'un combat avec la Syrie. Cela relève de notre seule décision.

— Mais c'est le moment ou jamais, tenta en vain de justifier Bachir.

— Nous ne sommes pas de cet avis. Vous avez fait une très lourde erreur.

Puis, sur un ton plus amène, il ajouta :

— Malgré tout, nous allons vous soutenir. Nous vous enverrons toutes les munitions dont vous aurez besoin. Nous vous fournirons également les photos aériennes prises quotidiennement. En voici d'ailleurs un premier lot.

Tomy ouvrit sa sacoche, en retira un paquet d'épreuves qu'il posa sur la table. Les clichés étaient d'une netteté saisissante. On y distinguait jusqu'aux armes que tenaient en main les soldats syriens. Ils avaient été pris par des avions d'observation sans

1. Toujours en activité au Mossad.

pilote RVP Drone[1], fabriqués par Israël Aircraft Industries Scout. Ces appareils, extrêmement maniables, étaient difficilement repérables du fait de leur petite taille qui minimisait, même à basse altitude, leur signature radar. Ils étaient généralement équipés de deux caméras de télévision, montées dans un bulbe de Plexiglas sous le fuselage. Ils avaient également à bord divers matériels de contre-mesures électroniques, de repérage infrarouge (FLIR) et de désignation/marquage au laser. Mendy avait demandé des copies de ces photos au département NCO du A'man qui exploitait le Photint[2]. Il fallait maintenant que Bachir gère seul la situation de Zahlé et le bombardement des régions chrétiennes.

Le soir même il réunissait, dans son QG de la Quarantaine, le Groupe de Kaslik, animé par l'abbé Boulos Naaman. Professeur d'histoire à l'université Saint-Esprit de Kaslik, Boulos Naaman était le supérieur des moines maronites. Il avait un jour montré un magazine publié dans les Émirat du Golfe sur lequel figurait sa photo barrée par la phrase « Naaman : de mes propres mains, j'ai égorgé un Palestinien. » Affirmation totalement fausse, mais qui révélait la réputation de ce religieux originaire du village de Richmaya, dans le Chouf. Depuis les premiers pas de Bachir Gémayel dans l'action militaire et politique, il lui apportait une caution et un soutien indéfectibles. À son initiative, les moines maronites avaient rassemblé autour d'eux des intellectuels radicaux à qui il était demandé de « réfléchir à la cause chrétienne » : le Groupe de Kaslik. Ils furent rejoints par des personnalités comme le député de Jezzine Edmond Rizk, le secrétaire général du parti Kataëb Joseph Saadé, le président de la Cour de cassation, Robert Abdo Ghanem, des officiers tels que le colonel Mounayyar originaire de Zahlé ou Tarek Noujeim, des politiques comme Georges Adwan, le leader du Tanzim. Bien sûr, Zahlé fut l'unique sujet de leur discussion. Camille Chamoun leur avait fait parvenir un document dans lequel il préconisait, entre autres, le recours au Conseil de sécurité de l'ONU et un appel du patriarche maronite Khoreiche aux chrétiens du monde libre pour l'envoi d'une force internationale afin de protéger la ville assiégée.

1. *Ma'z'la't* en hébreu.

2. Les sources de renseignement sont classifiées selon les techniques employées pour les obtenir. Photint : Photographic Intelligence ; Humint : Human Intelligence ; Elint : Electronic Intelligence ; Visint : Visual Intelligence ; Sigint : Signal Intelligence ; Comint : Communication Intelligence.

— Il faut surtout que le président Sarkis dénonce la Force arabe de dissuasion qui attaque Zahlé et qu'il demande son retrait, lança l'abbé Naaman.

Aux termes des décisions du sommet de Riyad, les soldats syriens qui attaquaient Zahlé et qui bombardaient la zone chrétienne composaient toujours la FAD, placée officiellement sous l'autorité su président Sarkis et commandée par le général libanais Sami Khatib.

— Selon le ministre de la Défense, une très forte offensive se développe sur l'hôtel Kadri et en direction du quartier du Hammar, rapporta l'abbé Naaman. Nous avons deux affaires à traiter, l'arrêt des combats à Zahlé et la « délégitimation » de la présence de la FAD au Liban. Il faut l'exiger de Sarkis. C'est lui qui l'a demandée et c'est lui qui en est le chef.

— Demandons au président d'accorder un délai d'une heure à Hafez el-Assad pour arrêter les combats, faute de quoi il retirera la couverture légale à la FAD, proposa Jean Nader, avec sa fougue coutumière.

L'idée fut rejetée. Non seulement le président syrien n'était pas homme à qui l'on faisait du chantage, mais, de plus, Élias Sarkis risquait de se retrouver isolé par la suite. Zahlé, dans l'esprit de tous, était devenue un second Achrafieh 1978. Bachir dramatisa la situation en dépeignant Zahlé comme un second Damour, la ville chrétienne rasée en 1976 et dont les habitants furent massacrés par les Palestiniens.

L'abbé Naaman suggéra d'ouvrir d'autres fronts pour soulager la pression sur Zahlé, suggestion qui fit long feu. Les Forces libanaises n'en avaient pas les moyens. Ils décidèrent de prendre contact avec les Français, les Américains et les Allemands. L'abbé Naaman promit de téléphoner à l'influent cardinal Cook aux États-Unis. Mais sans beaucoup d'illusions :

— L'équation est simple, jeta-t-il, c'est soit nous, soit Hafez el-Assad, et personne ne nous préférera à Hafez el-Assad, pas même Israël.

— J'étais favorable à une politique modérée, étant conscient des dangers que pouvait entraîner une confrontation avec les Syriens, affirma le député Edmond Rizk. Mais aujourd'hui, accepter le principe de négocier avec Assad nous rabaisserait au rang de *zummi*[1].

1. Chrétiens vivant sous l'autorité musulmane considérés comme citoyens de deuxième classe.

— Soyons bien conscients de ce que nous faisons, insista Bachir Gémayel. Cela pourrait avoir des répercussions sur les chrétiens du Liban et d'Orient. La réaction internationale sera conditionnée par l'attitude que nous allons adopter à l'intérieur. Nous voulons une prépondérance chrétienne au pouvoir. Demandons effectivement au président Sarkis de prendre ses responsabilités.

— Si le président ne le fait pas de son plein gré, nous devons l'y forcer. Prenons une décision dans ce sens, exigea le député.

— Je suis d'accord avec Edmond, décréta brusquement Bachir. Nous allons discuter de cela avec Sarkis.

Il avait obtenu ce qu'il désirait : le feu vert de la société civile et religieuse chrétienne. Au même moment, Pierre Gémayel se trouvait dans le bureau présidentiel, à Baabda.

— Assumez l'action sur le terrain, lui demanda Élias Sarkis. Ne comptez pas bénéficier de réactions internationales. De mon côté, je suis prêt à aller aussi loin que possible.

Le chef du parti Kataëb ne fit aucun commentaire. Il savait pertinemment les possibilités du président limitées. Il y avait un point de rupture qu'il ne pouvait franchir : une prise de position trop tranchée, proche de celle des Forces libanaises, ou simplement considérée comme telle, diviserait le pays en deux blocs : les chrétiens d'un côté et les alliés de Damas, en fait tous les musulmans, de l'autre. C'était la raison essentielle pour laquelle il lui était impossible de demander le retrait de la FAD imposée par les chefs d'État arabes. Le lendemain, Élias Sarkis apprit par le service des écoutes du 2e Bureau que l'état-major syrien avait donné l'ordre à l'Armée de libération de la Palestine de bombarder l'armée libanaise. Furieux, le président envisagea un moment de rendre publique cette information. Mais il n'en fit rien.

« Israël ne saurait demeurer les bras croisés face aux événements du Liban », déclara Shamir, le 5 avril, en sortant d'une réunion du gouvernement israélien consacrée pratiquement dans sa totalité à la situation libanaise. Les ministres avaient écouté les longs exposés de Raphaël Eytan et du général Yehoshua Saguy, chef du A'man depuis février 1979. Saguy avait fait toute sa carrière dans les renseignements militaires et les messages qu'il recevait des phalangistes sur la situation à Zahlé lui semblaient douteux, d'autant que les rapports de son service étaient nettement moins alarmistes. Il laissa entendre que cette affaire avait été préméditée par Bachir Gémayel pour entraîner Israël dans un conflit avec la Syrie. Il craignait une opération de désinformation et l'avait dit au cabinet. Mais Begin n'avait pas été convaincu. Il était visiblement outré par ce que vivaient les chrétiens de Zahlé et compara leur situation, « isolés et attendant d'être massacrés », à celle des combattants de la résistance juive espérant en vain une aide des Alliés, lors du soulèvement du ghetto de Varsovie, en 1943. Il demanda un supplément d'informations. Quelques heures plus tard, Alexander Haig débarqua à Jérusalem. C'était sa première visite officielle en tant que Secrétaire d'État. L'entretien du chef de la diplomatie américaine et du Premier ministre israélien porta en grande partie sur le Liban. Haig lui confia que les États-Unis tentaient vainement de convaincre Damas d'arrêter les combats. Ils estimèrent tous deux qu'une solution devait être trouvée d'urgence. L'ancien patron de l'OTAN confia au Premier ministre israélien son intention de faire pression sur l'Arabie Saoudite, prochaine étape de son voyage, pour qu'elle intervienne plus énergiquement.

Afin de répondre rapidement à la demande d'informations exigée par Menahem Begin, le Mossad envoya des analystes en mission au Liban. Le groupe fut conduit par un homme de forte corpulence, le cheveu grisonnant coiffé en brosse : Yigal Carmon[1]. Dès leur arrivée, vers minuit, ce même 5 avril, ils se rendirent immédiatement à l'antenne permanente du Mossad installée non loin de l'héliport de fortune de la centrale électrique de Zouk. C'était une villa appartenant à un certain Matar. Située dans une petite ruelle d'Adonis, elle abritait en temps normal l'ambassade du Sénégal. Le diplomate ayant regagné précipitamment son pays pour des raisons de sécurité, les FL l'avaient réquisitionnée. Le patron de l'antenne était Shmulik Avyatar, dit Alex[2]. D'origine russe, profondément religieux, c'était un homme petit, maigre, au regard bleu clair pétillant de malice et d'intelligence. Bachir leur rendit une visite de courtoisie avant qu'ils n'aient défait leurs valises. Ils se retrouvèrent le lendemain matin vers 9 heures. Yigal Carmon remit au commandant en chef des Forces deux messages d'encouragement en anglais. L'un était signé Mendy, Menahem Navot, et l'autre Fouad, Benyamin Ben-Eliezer.

1. Il deviendra par la suite le conseiller en matière de contre-terrorisme du Premier ministre Shamir et membre du Collège de la défense nationale.

2. Il deviendra par la suite l'assistant chargé des projets de peuplement en Cisjordanie auprès d'Ariel Sharon, ministre de l'Habitat dans le gouvernement Shamir.

Depuis l'aurore, Zahlé était soumise à un bombardement intensif. Selon les informations obtenues par Bachir Gémayel, il y avait une vingtaine de morts. Yigal Carmon lui demanda ce qu'il était concrètement possible de faire pour la ville :

— Ce n'est plus de Zahlé qu'il s'agit maintenant, le problème est beaucoup plus vaste.

Son interlocuteur l'écouta et ne fit aucun commentaire. Il n'était pas habilité à évoquer des sujets politiques. Bachir laissa les Israéliens en compagnie des responsables de son état-major et de ses services de renseignement. Ils passèrent la journée à discuter, à consulter des cartes, à évaluer des situations militaires, les Libanais expliquant, les hommes du Mossad prenant des notes. Dans l'hélicoptère Super-Frelon venu les « exfiltrer » vers 19 heures, se trouvait le général Ben-Gal, *alias* Yanouch, commandant le front nord d'Israël. Il remit aux FL plusieurs dizaines d'unités de sang et transmit à Bachir un message verbal de Raffoul : « Ne vous inquiétez pas, nous ne vous laisserons pas tomber. » Cette petite phrase lui fit l'effet d'un véritable coup de fouet. Elle fut interprétée comme une promesse, ou presque. Alexander Haig, depuis son escale à Riyad, avait, le matin même, sévèrement condamné les bombardements syriens et accusé Moscou de les patronner. Pour bien marquer sa détermination à intervenir diplomatiquement, le Secrétaire d'État avait demandé à John Gunther Dean et aux ambassadeurs américains en poste à Damas et à Amman de venir le rejoindre en Arabie Saoudite. *L'Orient-Le Jour* du lendemain titrait sur cinq colonnes, dans un encadré ombré : « Washington n'exclut pas une intervention d'Israël. » La tension diplomatique était montée de plusieurs crans.

À la mi-journée, Bachir réunit son équipe dans son bureau à la Quarantaine et annonça avec un brin de solennité,

— Il faut prendre une décision. Les dés sont jetés. Il faut forcer Israël à répondre à notre appel. Ce soir, je vais aller à Tel-Aviv pour leur dire que s'ils ne nous aident pas, nous sommes prêts à refaire un Massada[1]. Le dernier remède c'est de brûler.

Les bombardements redoublèrent de violence sur Zahlé. La ville était quasi encerclée. Un seul chemin, de nuit, non loin du village de Kaa el-Rim sur la route du col de Zaarour, permettait d'y accéder à pied. Fouad Boutros, le ministre libanais des Affaires étran-

1. Nom de la ville où une communauté juive a préféré le suicide collectif plutôt que de se rendre aux légions romaines.

gères, effectua une démarche auprès de l'ambassadeur d'Union soviétique, Alexandre Soldatov. En vain. Les projections établies à partir des mouvements syriens effectuées par le CERM des Forces que dirigeait un Français, Georges Haddad [1], prévoyaient un assaut final imminent sur la ville.

Le député de Zahlé, Élias Hraoui, tenta une ultime démarche à Damas pour faire cesser le feu. Il en revint avec des conditions drastiques : l'unité de l'armée libanaise qui devait se déployer dans la ville ne pouvait être que celle de la caserne d'Ablah, une brigade de reconnaissance appelée Armée des Talaeh. Elle était, du commandant au simple soldat, complètement inféodée aux Syriens. De surcroît, une fois déployée, cette brigade devait passer sous le commandement direct de Damas. Il s'agissait d'une demande de capitulation pure et simple que Bachir rejeta, tout en essayant de manœuvrer pour gagner du temps. Peine perdue ; il y eut ce jour-là 30 morts et 150 blessés.

Le 8 avril, après des combats de rues acharnés, le quartier périphérique d'al-Mouallaka à Zahlé tomba aux mains des soldats de Damas. Le même jour, le QG des Forces libanaises fut mis en émoi par l'interception, sur le réseau syrien, d'une communication en russe. Un message urgent fut préparé pour en informer Tel-Aviv. Une dernière vérification révéla que le service des écoutes avait en fait capté... une liaison radio, en hébreu, entre deux unités israéliennes sur le Golan. Cela ne fit même pas sourire Bachir. Les Syriens avaient mobilisé toutes leurs troupes stationnées au Liban. Même les permissionnaires avaient été rappelés. Zahlé était noyée sous un véritable déluge de feu. La seule information rassurante était l'arrivée dans la ville de renforts. Une poignée d'hommes, menés par Élie Zayek et Samir Geagea, avait réussi à passer par le mont Sannine. Ils avaient marché pendant des heures dans une couche de neige qui leur arrivait à la taille. Bien que n'étant pas de nature à bouleverser la situation militaire, cette nouvelle remonta le moral de l'état-major des FL. Yasser Arafat fit passer par Karim Pakradouni un message verbal à Bachir pour l'informer que les Syriens étaient déterminés à aller jusqu'au bout et que la seule solution possible serait de calmer le jeu et d'obtenir une médiation arabe. Le commandant des FL haussa les épaules sans même répondre. Le seul qui ne voyait pas tout en noir était Antoine Najm :

---

1. Alain Ménargues, *Les Larmes de la colère*, *op. cit.*

— Jusqu'à présent nous gagnons ! affirmait-il sur un ton professoral. Nous avons réussi à empêcher les Syriens de rentrer dans Zahlé. Le Liban est passé de la 17e à la 5e place dans les informations de la BBC. Les Américains se préparent à reconsidérer la présence syrienne au Liban. En plus, nous avons pu constituer une dynamique planétaire en notre faveur. Il faut continuer ! Nous devrions contacter les pays hostiles à la Syrie, l'Irak par exemple.

— Si seulement nous pouvions compter sur ceux qui nous ont promis leur aide, répondit Bachir d'une voix sombre. Il avait envoyé message sur message à Raffoul, à Begin, au chef du Mossad. La réponse lui parvint le 9 avril : Menahem Navot, accompagné de quelques analystes du service de renseignement israélien, se posa à Zouk vers minuit. Vingt minutes plus tard, ils étaient en réunion avec Bachir et ses principaux collaborateurs :

— Zahlé ne justifie pas une guerre entre nous et les Syriens, expliqua le chef du département Liban du Mossad. Les résultats seraient aléatoires et donc très dangereux. Nous avons fait pression sur les Américains pour qu'ils interviennent énergiquement auprès des Saoudiens qui, eux, ont les moyens financiers de peser sur Damas. Nous sommes prêts à vous aider diplomatiquement et à vous fournir des armes. Je vous confirme qu'Alexander Haig est prêt à reconsidérer la politique américaine pour ce qui est de la présence syrienne au Liban.

C'était la première fois dans les relations FL-Mossad qu'il était question de stratégie diplomatique. Bachir et les siens en furent conscients.

Ils ne s'étaient pas aperçus que certains des analystes présents ne les quittaient pas des yeux. Il s'agissait en fait de psychologues et de psychiatres chargés de dresser des profils de chacun de leurs vis-à-vis. Ces « observations » devaient se reproduire à plus d'une reprise au cours des mois suivants. Jamais ni Bachir ni son entourage ne s'en rendirent compte. Le Mossad analysait ainsi systématiquement les réactions de tous ses interlocuteurs. Il faisait également parfois appel à des psychologues « civils » pour dresser des portraits des personnalités [1]. Généralement, le déplacement sur le terrain de ce personnel spécialisé n'était réservé qu'aux dossiers importants. Les Israéliens étudièrent surtout les réactions et les capacités d'analyse des dirigeants des FL en période de crise

1. Ce fut notamment le cas plus tard pour Amine Gémayel avec un psychologue juif américain de renom.

aiguë, données qui pouvaient être déterminantes par la suite avaient estimé les responsables du « Desk Liban ».

Ce jour-là, les Israéliens ne furent pas les seuls à visiter le Liban. Le Département d'État avait également dépêché officiellement à Beyrouth un envoyé spécial : Morris Draper. Après avoir rencontré le président Élias Sarkis et le Premier ministre Chafic Wazzan, il reçut Bachir à la résidence de l'ambassadeur des États-Unis. Le commandant des FL s'attendait à recevoir, d'une manière ou d'une autre, confirmation de ce que lui avait dit, quelques heures plus tôt, Menahem Navot concernant le changement de la politique américaine à l'égard de la présence syrienne. Ce fut une douche froide. Le représentant d'Alexander Haig prononça un long monologue sur le soutien de Washington au pouvoir légal et n'évoqua que d'une phrase la bataille de Zahlé :

— Les milices doivent se retirer de la ville.

Bachir Gémayel explosa :

— Vous me faites perdre mon temps. Zahlé est un problème aujourd'hui dépassé. C'est le Liban tout entier qu'il faut sauver. Le Syrien va nous frapper à nouveau et vous voulez « syrianiser » le Liban. Vous êtes des criminels ! Vous ne savez pas ce que vous faites ! Nous avons le droit de vivre en sécurité dans nos régions. Vous voulez que les *chabeb* quittent Zahlé. Mais qui devrait partir ? Les habitants de la ville qui résistent ou les Syriens ?

Ignorant l'invective, Morris Draper demanda à Bachir s'il accepterait le déploiement de l'armée libanaise dans la ville et sur les collines avoisinantes. Prévenant une réponse de Bachir, John Gunther Dean affirma que cette solution posait un « certain nombre de problèmes ». Le premier et non des moindres avait été la fin de non-recevoir opposée par le Premier ministre libanais.

— Vous traitez avec les Syriens, qui sont des primaires, comme s'ils étaient des Suédois ! constata avec force Bachir. Ils connaissent parfaitement vos réactions. Ils ont adopté la méthode des petits pas pour occuper tout le Liban. Zahlé est la ville chrétienne de la Békaa. Les Syriens veulent la détruire.

— Mais il y a Deïr el-Ahmar, et Kaa...

— La survie de ces villages dépend de la survie de Zahlé. Vous voulez que notre sort soit identique à celui des coptes d'Égypte. Il n'en est pas question et il n'en sera jamais question.

À l'aube du 10 avril, pendant qu'une opération de diversion embrasait la ligne de démarcation coupant Beyrouth en deux, les parachutistes des forces spéciales syriennes furent héliportés sur les collines autour de Zahlé. Les hauteurs de Kalaat Aramta et de Deïr Charfé tombaient rapidement. Les défenseurs de Zahlé étaient pratiquement encerclés, les derniers sentiers permettant de ravitailler la ville à dos d'homme étaient déjà sous le feu direct des Syriens. Il ne leur restait plus qu'à prendre le village de Kaa el-Rim sur la route du col de Zaarour pour fermer complètement la nasse. Bachir téléphona au commandant des assiégés, Jo Eddé :

— Vous avez une heure pour prendre une décision historique. Ou vous restez sur place ou bien vous exfiltrez. Si vous partez, vous serez sauvés, mais la chute de la ville est garantie. Si vous restez, je ne pourrai plus vous envoyer ni munitions ni médicaments. Vous devrez tenir avec les moyens que vous avez. Prends la décision que tu juges la plus appropriée. Simplement, si vous voulez rester, sache que la garde meurt mais ne se rend pas. Rappelle-moi lorsque tu seras décidé.

La réponse claqua, immédiate :

— Nous restons.

Le commandant en chef des Forces libanaises étudia avec Fady Frem et Fouad les cartes et les photos aériennes fournies par les Israéliens. Le blocus de la ville était hermétique. Impossible d'y faire entrer un morceau de pain.

— Nous ne pouvons pas nous permettre que Zahlé devienne un second Damour. Tenons tant que nous pouvons sur nos lignes de défenses actuelles. Si la situation nous oblige à nous replier, il faudra le faire sur des positions à l'intérieur de la ville et laisser les évêques, Élias Hraoui, les habitants et le patriarche, travailler pour la sauver. Elle ne doit pas tomber !

Il donna des consignes pour lancer de nouveaux appels à Jérusalem :

— Dramatisez la situation ! Hurlez au génocide ! Criez au massacre ! Amplifiez les faits et les chiffres, faites ce que vous voulez mais faites en sorte qu'ils bougent.

Quelques heures plus tard, les messages arrivèrent sur les bureaux de tous les responsables militaires et politiques israéliens. Le général Yehoshua Saguy, dubitatif, les relut à plusieurs reprises tout en mâchonnant sa pipe. Ils lui semblèrent douteux. Les situations et les notes rédigées par son service ne mentionnaient ni génocide ni massacre. Il savait que ces mots allaient bouleverser Begin. Il se rendit chez le Premier ministre pour le mettre en garde. Begin demanda qu'une mission d'inspection retourne sur le terrain.

Ce que fit Benyamin Ben-Eliezer. Malgré, ou peut-être grâce

aux relations qui le liait à Bachir, Fouad ne fut pas dupe du masque tragique qu'affichait le commandant des Forces libanaises. Il se rendit très vite compte que si la situation n'avait rien de réjouissant, elle était loin d'être aussi dramatique que l'affirmaient les messages des FL. Lors de son séjour, un cessez-le-feu avait fait taire les canons à Beyrouth. Les débris de verre furent balayés et la vie reprit son rythme habituel. Fouad fut surtout choqué par le calme profond qui régnait dans le Kesrouan et dans la région de Jounieh. Comme toujours, au Liban, les zones non directement touchées par les combats vivaient normalement. La vie nocturne y était très animée, les restaurants ouverts, l'activité économique battait son plein, comme si rien ne se passait de l'autre côté de la montagne, à 60 km de là. En Israël, la moindre escarmouche aurait mobilisé toute la population. Son rapport confirma ce que pensait le patron du A'man.

Le 18 avril, Atallah Abdel Wahab, le premier conseiller de l'ambassade d'Algérie, demanda à être reçu par Bachir. Il voulait le sonder sur une éventuelle décision de rompre toute relation avec Israël :

— Nous sommes prêts à le faire, mais après avoir garanti notre sécurité, répondit Bachir. Nous voulons conclure avec les Syriens un accord similaire à celui que vous avez passé avec les Français à Évian.

Ce qui, dans le contexte, était une fin de non-recevoir.

Le lendemain, Johny Abdo, le patron du 2e Bureau libanais, organisa un déjeuner chez lui pour permettre à Bachir Gémayel de rencontrer discrètement l'ambassadeur américain. John Gunther Dean décommanda un engagement pour y assister. Ils se retrouvèrent tous les trois, devant un verre sur le balcon vitré surplombant Beyrouth. Avant de passer à table, Bachir détailla au diplomate les combats de Zahlé et la résistance de ses hommes face aux Syriens.

— Vous êtes en train d'entraîner un million de chrétiens vers la mort, lui reprocha l'ambassadeur.

— Nous allons détruire le temple sur nous et sur nos ennemis, répliqua avec emphase le commandant des FL. Nous sommes attaqués et exterminés alors que tout le monde s'en fiche. Vous trouvez cela normal ? Je peux vous assurer une chose : si nous ne pouvons pas utiliser l'aéroport, personne ne l'utilisera. Si nos enfants ne peuvent aller à l'école à cause des bombardements, nous bombarderons les écoles des autres. L'Université américaine restera fermée.

— Nous sommes du même avis que vous sur le fond, Cheikh Bachir, concéda Gunther Dean, mais nous ne sommes pas d'accord sur le timing.

— Nous refusons catégoriquement la guerre d'usure qui nous est imposée. En décembre, après les premiers incidents, vous aviez obtenu un cessez-le-feu à Zahlé. Depuis, nous avons eu plus de morts qu'avant votre intervention. Nous ne comprenons pas pourquoi vous nous traitez ainsi. Si vous voulez que nous nous jetions dans les bras des communistes, dites-le clairement. Nous pourrions choisir cette option sans que vous ayez à nous y forcer, menaça Bachir.

John Gunther Dean sursauta :

— C'est la première fois que vous affirmez que vous voulez faire partie du monde libre.

— En 1958, le Liban était pro-américain. Mais votre politique l'a jeté dans les bras des Arabes.

— Vous n'avez pas tout à fait tort.

L'ambassadeur observa quelques secondes de silence et ajouta doucement :

— Pourquoi n'accepteriez-vous pas de faire partie de la stratégie américaine ?

Il ouvrit sa sacoche et fit lire à Bachir les télégrammes qu'il avait envoyés à Washington le concernant. Des textes pour le moins favorables à sa personne comme à sa politique.

— Cheikh Bachir, vous être un homme propre et honnête. Il faut que vous alliez rapidement aux États-Unis pour présenter votre point de vue. Il sera bien accueilli. Je peux arranger une entrevue avec Haig. Vous êtes un groupe efficace. Travaillez avec nous. Vous ne serez pas nos agents. Vous participerez à notre politique. Nous coopérerons ensemble pour la défense de nos intérêts communs. Vous savez, il n'y a pas de projet de solution au problème palestinien. Allez aux États-Unis ! Vous pourrez rencontrer Haig, Allen et Casey. Vous vous ferez votre propre idée de la situation. Il vous sera ensuite plus facile de prendre des décisions.

Ébranlé, Bachir éluda la proposition :

— Je ne sais pas si vous êtes conscient de la gravité de notre situation. Non seulement sur le plan de la sécurité, mais également sur le plan politique.

— Allez raconter tout cela aux États-Unis, insista Gunther Dean.

— Les Syriens ont interdit l'internationalisation, l'arabisation et même la libanisation de la question de Zahlé. Lorsque, le 2 avril, ils ont bombardé nos régions, nous n'avons pas répliqué sur les régions musulmanes car, dans ces régions, certaines voix s'étaient élevées contre Damas. Quels seront les résultats de ma visite aux États-Unis ? Quelle va être l'attitude des Israéliens ?

— Ne vous identifiez surtout pas à la position israélienne, conseilla l'ambassadeur, mais ne pissez pas dessus !

— Je ne vous surprendrai pas en vous disant que nous avons un important problème de munitions. Nous avons utilisé 2 000 obus à Zahlé et je suis tributaire d'Israël. Pourriez-vous répondre à nos besoins dans ce domaine ?

— Nous arrangerons cela discrètement avec la CIA. Les Arabes ne réagiront pas si vous recevez vos armes des États-Unis alors qu'ils n'admettraient pas qu'elles proviennent d'Israël, affirma John Gunther Dean en hochant la tête. Avez-vous de l'argent ?

— Pas une piastre !

— Lorsque vous irez aux États-Unis, demandez également que vos hommes puissent s'entraîner là-bas. Je ne vous garantis rien. Mais vous aurez la possibilité de vous faire comprendre. Dites-leur que vous faites partie du monde libre.

— Et si, demain, les Syriens lancent une attaque perçant plusieurs brèches dans nos lignes à Zahlé ?

— Je ne peux rien vous garantir sur ce plan, c'est pour cela que je vous dis d'y aller rapidement.

Par le Bureau 04, Bachir avait reçu un message d'Israël lui conseillant fortement de se rendre aux États-Unis. Cette dépêche précisait que l'opinion publique américaine commençait à évoluer favorablement en ce qui le concernait, notamment à la suite de la diffusion de l'émission 20/20 qui lui avait été consacrée par Barbara Newman et Jeraldo Rivera sur la chaîne ABC. Lorsque la journaliste l'avait contacté pour le tournage, plusieurs membres de son groupe y avaient vu l'influence du Mossad. Sur le moment, il n'y avait prêté aucune attention. Il en avait maintenant la certitude. De fait, David Kimché avait fortement « suggéré » le reportage à la journaliste américaine quelques mois plus tôt[1].

1. David Kimché à Alain Ménargues.

Après avoir longuement consulté son équipe, il décida de n'informer ni les Israéliens ni les Américains des discussions qu'ils avaient avec chacun d'eux afin de se garder les mains libres.

Quatre jours plus tard, le 22 avril, l'abbé Boulos Naaman fut « autorisé » à se rendre à Damas. Il y alla escorté par une Jeep bourrée de commandos de l'armée libanaise et fut reçu par Abdel Halim Khaddam, le ministre syrien des Affaires étrangères, mais surtout ami, confident et fidèle du président Hafez el-Assad. Dans un long monologue, Khaddam lui dressa la liste des griefs de Damas :

— Votre allégeance est religieuse et non étatique, et dans ce cadre, les maronites ont abusé du Liban depuis 1943.

Puis il reprocha au prélat l'attaque « sournoise » contre les soldats syriens à Fayadieh en 1978 [1] et le fait que le président Sarkis traitait la Syrie sur un pied d'égalité avec le Koweït.

— Malgré tout, nous sommes prêts à négocier avec les Kataëb, affirma-t-il.

L'abbé Naaman insista sur le désir des chrétiens ne pas arriver à un point de non-retour tout en précisant de sa voix de stentor :

— En tant que peuple, nous sommes décidés à mourir si cela est nécessaire, c'est ce qui fait notre supériorité. Vous savez, nous sommes une petite fraction de l'Orient, mais nous pouvons faire échouer tout plan auquel nous ne serions pas associés. Vous nous avez forcés à collaborer avec Israël pour défendre notre survie. Nous voulons simplement pouvoir participer aux décisions essentielles du Liban, tout en étant conscients que ces choix ne peuvent aller à l'encontre des intérêts arabes. Dans une telle situation, Bachir est incontournable.

Trois heures durant, les deux hommes échangèrent arguments et raisonnements pour finir par dresser une liste de « problèmes » à régler sur laquelle figuraient pêle-mêle le cessez-le-feu, l'ouverture de négociations avec les Kataëb, un accord national, la fin des relations avec Israël, le règlement du différend entre les FL et le président Frangié, l'approvisionnement en nourriture de Zahlé, la présence palestinienne, le rôle que devrait jouer le Mouvement national. Les responsables syriens appliquaient le schéma classique consistant à créer un point sensible — le blocus alimentaire de Zahlé par exemple —, à en faire un axe de négociation qui finissait par occulter tout le reste. En l'occurrence, le siège de la ville lui-même devenant un fait accompli. La liste établie par

1. Voir le chapitre 2 : « Le voisin syrien ».

Abdel Halim Khaddam était autant de solutions à trouver qui éloignaient un point que les Syriens ne voulaient absolument pas aborder : la fin de la mission de la FAD dont il ne fut d'ailleurs jamais question dans l'entretien entre le ministre et le religieux.

Pendant que les deux hommes discutaient, le cessez-le-feu vola en éclats. Il y eut 140 tués et blessés en quelques heures à Beyrouth. Bachir Gémayel répliqua en ordonnant de pilonner l'aéroport international. Des nouvelles alarmantes arrivaient de Zahlé. Des divergences étaient apparues entre une partie de la population et les défenseurs non zahliotes venus en renfort, les premiers reprochant aux seconds de faire durer les combats. Les rumeurs d'un assaut final, qui se propageaient régulièrement, ne calmaient pas les esprits.

L'artillerie des Forces, postée sur le mont Sannine, menait la vie dure aux soldats de Damas qui encerclaient la ville. L'avantage de cette position était sa situation élevée (près de 2 000 m d'altitude) qui la mettait à l'abri de tirs de contrebatteries ou d'une offensive terrestre surprise. Par contre, son point faible était justement son isolement. Elle était très vulnérable à une opération héliportée identique à celle qui avait permis aux Syriens de s'emparer des collines entourant Zahlé. Le risque de voir le général Hikmat Chéhabi lancer une telle opération grandissait de jour en jour. La prise du mont Sannine permettrait aux Syriens de dominer toute la zone chrétienne jusqu'à la mer.

— Quelles sont les possibilités de défendre « la chambre des Français [1] » ? demanda Bachir à Fouad Abou Nader, le chef du 3e Bureau.

— Cela dépend de la manière dont sera menée l'opération syrienne. L'idéal pour nous serait de trouver une formule de défense englobant des unités de l'armée libanaise.

— Tu as raison, Je vais demander à Johny Abdo d'en envoyer sur les cimes. Il faut retirer nos canons.

1. Poste militaire stratégique de haute montagne, surplombant les versants est et ouest du Mont-Liban, situé à 2 678 m d'altitude, construit par les Français en 1939.

9

« Certains pensent comme vous... »

L'armée libanaise n'eut pas le temps de se mettre en place sur les sommets du mont Sannine. Le 24 avril 1981, à 5 h 30 du matin, une première vague d'hélicoptères syriens arrosa à la roquette les positions des Forces sur les crêtes. Une seconde y déposa des commandos d'élite du 83e bataillon du 41e régiment des Forces spéciales (Wahdet Khassa), venus de Harasta en Syrie et commandés par le général Ali Abbas Haïdar. Sur la quinzaine de *chabeb* encore sur place, seuls quelques-uns purent rejoindre leurs bases arrière. En moins de deux heures, le point stratégique de « la chambre des Français » était tombé.

Dans l'après-midi, l'ambassadeur John Gunther Dean demanda à Bachir de passer le voir à sa résidence :

— À partir de maintenant, les chrétiens du Liban font partie de la stratégie américaine dans la région, lui annonça le diplomate. Je vous demande de ne plus être impulsif. Nous vous offrons une alliance et nous vous fournirons la couverture des pays arabes modérés. Il faudra que vous restiez dans le monde arabe. Nous vous protégerons et vous, vous défendrez la culture, le mode de vie et les valeurs auxquelles nous croyons. Vous devez aller aux États-Unis expliquer votre point de vue. Nous avons des directives personnelles de Ronald Reagan. Nous considérons que vous êtes une force dirigeante qui s'affirme d'autant que vous êtes en accord avec la légalité. Mais de grâce, ne provoquez pas de déflagrations. Comportez-vous calmement ! Pas de coup de gueule. L'opinion publique américaine pense que le chrétien est bon et que le Syrien est mauvais, que l'Israélien est bon et le Palestinien mauvais. Il est important que nous vous soutenions face à la gauche libanaise, mais il y a une chose capitale, il faut qu'au Liban le gouvernement reste légal.

Trois jours plus tard, par l'entremise de Sarkis, Bachir rencontra Mohamad el-Kholi, le chef des SR de l'armée de l'air syrienne au palais présidentiel de Baabda. Homme de confiance d'Hafez el-Assad, le visage toujours souriant, aimant plaisanter, il n'en était pas moins l'homme des missions impossibles du président syrien.

— Nous regrettons ce qui se passe, affirma-t-il avec un visage désolé. Il faut pouvoir tourner la page. En 1976, nous sommes venus pour vous sauver, surtout vous les chrétiens, mais la situation s'est ensuite dégradée entre nous.

— Vous faites tout pour nous briser, rétorqua Bachir. Nous refusons de nous laisser mener par le bout du nez. Vous ne pourrez investir Zahlé que par la force mais vous perdrez beaucoup d'hommes et de matériel. Je refuse d'entendre parler d'un cessez-le-feu. Que les combats continuent ! Un accord, dans la mesure où il est possible, ne peut être que total et global. Je veux un État et non un bordel. J'ai cet État. Je veux un allié dans la région. Soit le Syrien, soit l'Israélien, soit l'Américain, soit le Soviétique. Mais je n'accepterai de traiter que d'égal à égal. C'est uniquement dans ces conditions que nous pouvons négocier. Je veux le Nord, Zahlé et le Chouf. Un cessez-le-feu et de la farine pour Zahlé n'ont aucune importance.

— Pratiquement, comment cela pourrait-il se passer ?

— Nous sommes là et je vous signale que la canonnade que vous entendez, c'est sur Beyrouth que cela tombe.

— Ce sont les Mourabitoun[1] !

— Allons donc ! Moi je contrôle tout dans ma région. Vous pouvez faire taire ces canons si vous le voulez. Si vous n'êtes pas habilité à négocier au nom des musulmans, nous, nous pouvons le faire !

L'entrevue tourna court. Aucun des deux ne voulait ni ne pouvait céder. Les Syriens avaient pensé que la perte des cimes démoraliserait les FL. Mais, pour Bachir, cet entretien était primordial. C'était la première fois que Damas s'adressait directement à lui.

L'agressivité verbale de Bachir Gémayel face à Mohamad el-Kholi cachait mal le choc moral et psychologique qu'avaient subi les Forces libanaises. Les Syriens avaient gagné du terrain. Des

1. Milice sunnite.

positions conquises, ils pouvaient tirer à vue sur la quasi-totalité de la région chrétienne.

Joseph Aboukhalil, Jean Nader et Antoine Najm furent chargés d'une ultime démarche en Israël. Accompagnés d'Alex, le chef de l'antenne du Mossad d'Adonis, ils prirent le bateau à Kaslik. Après cinq heures de mer, ils débarquèrent dans l'après-midi du 26 avril 1981 à Haïfa. Le soir même, ils dînaient à la table de Menahem Navot (Mendy), dans la banlieue nord de Tel-Aviv. Son adjoint, Paul [1], grand, élégamment vêtu, parlant parfaitement le français, se joignit à eux. L'ambiance du repas fut des plus moroses. Les trois Libanais exprimèrent leur découragement :

— Nous ne pouvons plus tenir. Nous croyons avoir perdu la guerre. La Syrie bénéficie d'une grande liberté d'action. Les Syriens emploient les hélicoptères. Notre situation se dégrade d'heure en heure. Nos chefs militaires sont démoralisés, expliqua Jean Nader.

— La situation est effectivement sérieuse, mais on ne peut pas dire que tout est terminé, contesta Mendy.

— Nous ne venons pas pleurnicher, précisa Joseph Aboukhalil. Nous sommes là uniquement pour vous remercier pour tout ce que vous avez fait pour nous. Nous n'avons pas d'autre choix maintenant que de céder. C'est au tour des chrétiens qui veulent composer avec les Syriens et les Palestiniens de prendre la relève.

Menahem Navot et Shmulik Avyatar vinrent les voir le lendemain vers 10 heures, dans la suite du Hyatt Hotel, au bord de la plage de Tel-Aviv, que leur avait louée le Mossad. Les nouvelles en provenance de Beyrouth étaient très mauvaises. Les bombardements s'étaient généralisés sur toutes les régions chrétiennes. De furieux combats se déroulaient sur les cimes. Le fait que les États-Unis aient « estimé » que la présence des Syriens sur le mont Sannine avait profondément bouleversé le statu quo ne changeait strictement rien à la situation.

— Nous sommes étonnés par le déroulement des événements, confia Menahem Navot. Le gouvernement a critiqué notre service. En fait, nous essayons en vain de comprendre et d'expliquer la situation. Il faut que nous sachions ce qui s'est passé...

— Il est étonnant que vous n'ayez pas compris, coupa sèchement Joseph Aboukhalil. Vous savez pertinemment que c'est Élias Hannouche qui est à l'origine des troubles de Zahlé en décembre

1. Seul son nom de code sera utilisé. Toujours en activité.

dernier. Nous avons été ensuite contraints d'y renforcer notre potentiel militaire pour faire face aux Syriens. Ils nous ont quand même battus, ou presque. Demain, ils gagneront la bataille politique. Le Liban sera alors sous leur domination et passera dans l'orbite soviétique. L'Occident ne réagit pas. Notre projet, comme le vôtre d'ailleurs, était de faire du Liban un État allié d'Israël, un État du monde libre. Maintenant, notre situation est désespérée. La seule véritable question qui se pose est la suivante : que peut-on encore faire ?

— Il est clair que des erreurs ont été commises, reconnut Mendy.

— Vous savez, expliqua Jean Nader, cette guerre menée par la Syrie est à la fois une guerre préventive et une guerre punitive. Elle est préventive car l'émergence des Forces libanaises n'est pas contestée par une fraction importante des musulmans, nos relations avec la légalité se sont améliorées et les médias européens parlent de nous plutôt favorablement en ce moment. Ajoutez à cela que certains pays de la Ligue arabe envisageaient sérieusement de ne pas reconduire le mandat de la FAD donc de retirer la couverture politique qu'ils avaient donnée à la présence syrienne au Liban. Cette guerre est également punitive tout simplement parce que nous avons osé établir des relations avec Israël. Nous payons les visites faites par vos généraux. Nous payons la logistique, l'entraînement et les appuis politiques que vous nous offrez. Les Syriens en ont informé les Arabes qui exigent maintenant que nous coupions tous les ponts avec vous.

Jean Nader se redressa contre le dossier de sa chaise et ajouta :

— En bref, cette guerre, nous ne l'avons pas voulue. Les Syriens nous l'ont imposée. Ils ont attaqué simultanément Zahlé et Beyrouth et cette fois-ci leurs tirs étaient beaucoup plus précis que d'habitude, ce qui veut dire qu'ils ont bien préparé leur offensive.

— Est-ce que le président Sarkis peut dénoncer les forces syriennes en les dénonçant comme forces d'occupation ? demanda Mendy.

— Il est prêt à le faire ! À condition d'être soutenu et appuyé par vous et par les Américains, affirma avec force Aboukhalil.

— Sarkis n'a pas le droit de risquer inutilement la carte de la légalité qu'il détient, renchérit Najm. Il faut qu'il soit sûr, absolument sûr que vous allez l'appuyer. S'il fait son appel, et qu'Israël, pour une raison ou une autre, n'est pas en mesure d'y répondre, il aura brûlé tous ses atouts. Ce sera la fin.

Les Libanais, demandèrent à leur interlocuteur de trouver un moyen d'arrêter l'hécatombe dans une première étape, et de se préoccuper de la situation politique ensuite.

Vers 10 h 30, un homme, petit de taille, pénétra dans la suite. Mendy lui présenta les trois membres des Forces libanaises. Le général Aharon Ya'ariv[1] était l'ami et le conseiller d'Ariel Sharon. Il avait dirigé le A'man de 1962 à 1972. L'une de ses premières décisions en prenant ses fonctions avait été d'informatiser le service de renseignement militaire. Il y avait rassemblé toutes les informations disponibles sur les armées arabes. Ce travail colossal avait permis, en 1967, à l'État hébreu de remporter une guerre en six jours. Lorsque Ya'ariv avait pris sa retraite, en novembre 1972, Golda Meir, Premier ministre de l'époque, hantée par le massacre de Munich[2] qui avait eu lieu deux mois plutôt, l'avait appelé auprès d'elle comme « conseiller en contre-terrorisme » et l'avait chargé de châtier les meurtriers des athlètes. Il avait créé l'ultra-secrète Commission X qui ordonna l'assassinat de tous les terroristes de Septembre noir directement ou indirectement impliqués dans l'affaire.

Aharon Ya'ariv accepta une tasse de café.

— Quelle est la situation en général ? demanda-t-il. Nous ne comprenons pas le rapport qui existe entre les intentions réelles des Syriens et leurs actions sur le terrain. Nous n'avons pas remarqué qu'ils s'étaient préparés pour une opération d'aussi grande envergure. Ils ont dû, à plusieurs reprises, faire venir des renforts de Syrie. Ils ont utilisé des hélicoptères. Que font-ils ? Exercent-ils une pression politique par le biais de la pression militaire, car il est fort possible qu'ils recherchent un accord politique. Ou, et

1. Aharon Ya'ariv a dirigé le Centre d'études stratégiques de Jaffa. Décédé en 1995.

2. Le 5 septembre 1972, pendant les jeux Olympiques de Munich, un commando de huit membres de Septembre noir avait attaqué le pavillon israélien dans le village olympique, tué deux athlètes et pris neuf autres en otages. La police allemande donna l'assaut pour les libérer. Tous les otages furent tués dans l'opération. Un rapport allemand révélera, des années plus tard, que seuls trois d'entre eux furent abattus par les terroristes. Tous les autres furent touchés par des projectiles tirés par la police allemande, ce que Bonn refusa de dévoiler pour des considérations politiques.

c'est également probable, qu'ils veuillent poursuivre leur action militaire, même si cela leur coûte très cher.

— C'est en fait l'avenir du Liban qui se joue, affirma Aboukhalil. Restera-t-il un pays pro-occidental, faisant partie du monde libre, et ami d'Israël ? Ou bien tombera-t-il dans le camp adverse ? Aujourd'hui, nous nous battons seuls contre les musulmans, les Palestiniens, les communistes et les Syriens soutenus par les Soviétiques. L'appui de l'Occident est inefficace. Il est vrai que vous nous aidez, mais c'est insuffisant car vous n'êtes pas sur le terrain à nos côtés. D'ailleurs nous ne pouvons même pas faire état publiquement de votre soutien. En occupant les cimes, les Syriens ont inversé dramatiquement le rapport des forces. Des chrétiens pourraient être acculés à signer avec eux un traité de paix qui leur permettrait de mettre la main sur le pouvoir central.

— C'est très important et très intéressant ce que vous dites, nota le général israélien, mais la bataille à Zahlé maintenant est inopportune.

Jean Nader fit un bond sur sa chaise :

— Mais c'est Damas qui a choisi l'heure et l'endroit ! Pas nous ! Comment pouvions-nous nous lancer dans une bataille avec 20 m de neige sur nos routes de ravitaillement !

— Comment expliquer l'escalade qui a eu lieu ? demanda Ya'ariv.

— Il faut connaître les Syriens et leurs méthodes, continua Jean Nader. Ils ont commencé par envoyer Hannouche tout en sachant qu'il y aurait une réaction de notre part. Leurs officiers, sur le terrain, ont certifié à leurs supérieurs qu'ils avaient les capacités de remporter une victoire rapide, avec les seuls moyens dont ils disposaient. Croyant au départ qu'il s'agissait d'un problème interchrétien, nous sommes intervenus. Notre résistance les a surpris. Après, c'était l'honneur de l'armée syrienne qui était en jeu. Actuellement, nous sommes encerclés sur tous les fronts.

— Il faut que vous, Israéliens, compreniez bien une chose, ajouta Joseph Aboukhalil. Les chrétiens du Liban ne sont pas seulement une entité religieuse. C'est surtout une mentalité, une civilisation, une liberté. Quand nous parlons de génocide, vous pensez que nous exagérons. Vous avez tort ! Pour nous, le génocide ne signifie pas la mort physique. C'est la mort de la liberté des chrétiens d'Orient. C'est devenir comme ceux de Syrie ou d'Égypte, des citoyens de seconde zone.

— Je résume ce que j'ai compris, reprit Aharon Ya'ariv. Les

Syriens ont choisi le moment de leur offensive parce qu'ils étaient les plus forts et parce que la situation internationale leur était favorable. Nous n'avions pas compris cela auparavant. Pourtant, ils prennent des risques importants. Leur situation interne n'est pas très stable avec le problème des Frères musulmans. Ils ont hésité à se séparer de certaines unités pour les envoyer en renfort au Liban et ils ont été obligés de recourir aux hélicoptères. Mais je doute fort qu'ils veuillent étendre les combats.

Depuis la tentative d'attentat contre sa personne, le 26 juin 1980 [1], Hafez el-Assad était en butte à une forte opposition confessionnelle menée par les Frères musulmans qui servaient de relais à toute une agitation anti-alaouite. Depuis quelques semaines, Assad était également en butte à une opposition laïque de gauche qui s'était formée à l'étranger.

— Quels soutiens pouvons-nous attendre des États-Unis et d'Israël ? demanda Aboukhalil.

Éludant la question, Menahem Navot affirma que beaucoup de choses avaient été éclaircies et proposa aux Libanais de rester 24 heures de plus pour, éventuellement, rencontrer le Premier ministre. Ils raccompagnèrent le général Ya'ariv à la porte de l'hôtel et allèrent déjeuner dans la grande salle à manger qui donnait sur la mer. Yitzhak Hofi, le patron du Mossad, les rejoignit en début d'après-midi. Il leur annonça que les forces syriennes déployées sur les cimes étaient relativement limitées et en tout état de cause insuffisantes pour lancer une offensive contre la région de Jounieh.

— Nous avons perdu l'essentiel : Zahlé et les cimes, fit remarquer Jean Nader. Cela portera un sérieux coup au moral de la population.

— Les Syriens viennent de renverser le statu quo en leur faveur. Ils veulent nous obliger à négocier avec eux. Notre projet concernant le pouvoir est donc tombé à l'eau, déplora, fataliste, Aboukhalil.

— Grâce à nos pressions, les Américains poussent les Syriens à se retirer des cimes, expliqua le chef du Mossad. Mais vous, vous ne devrez pas vous retirer de Zahlé ! Pour les États-Unis, les Syriens sont une armée de pacification et non d'occupation. Il est vrai que la nouvelle politique américaine n'est pas encore complètement élaborée. Vous devez préserver votre puissance militaire

1. Voir le chapitre 2 : « Le voisin syrien ».

et politique. Si vous perdez espoir, cela aura des conséquences fâcheuses.

De toute évidence, les Israéliens considéraient que la présence des troupes de Damas sur les cimes n'était pas de nature à bouleverser radicalement les données du problèmes libanais. Ils étaient également convaincus que la Syrie n'était pas prête à ouvrir de nouveaux fronts.

— L'essentiel est de maintenir un contact permanent entre nous. Il faut provoquer un changement d'attitude chez les Américains, conseilla Yitzhak Hofi avant de partir.

Ce fut en fait avec Raphaël Eytan que les Libanais avaient rendez-vous le lendemain. Conduits par Shmulik Avyatar et Menahem Navot, ils pénétrèrent par la porte de David dans l'enceinte de la véritable ville militaire qu'était le ministère de la Défense. Ils furent surpris par le nombre de femmes soldats en treillis vert olive qui circulaient entre les immeubles. À la réception de l'immense bâtiment, le soldat de faction derrière le comptoir leur demanda s'ils étaient armés. Ils répondirent par la négative et empruntèrent le grand escalier orné de photos de chasseurs-bombardiers en vol. Au premier étage se trouvait le bureau de Raffoul. Un groupe d'officiers généraux l'entourait. Après les salutations d'usage, le chef d'état-major de Tsahal leur demanda de l'informer de l'évolution de la situation sur le terrain. Les déplacements opérationnels des hélicoptères l'intéressaient particulièrement. Il estimait que l'utilisation de ces appareils avait introduit un élément nouveau qui avait fait basculer le rapport des forces en donnant aux Syriens un avantage stratégique certain. Raphaël Eytan considéra qu'installé au sommet du mont Sannine Damas réduisait militairement la marge de manœuvre israélienne en dominant la région chrétienne. Pour lui, l'opération héliportée était un acte hostile envers Jérusalem. Le Premier ministre venait de l'informer par téléphone que les Américains, pour la première fois depuis 1976, allaient adopter une position très ferme vis-à-vis de la Syrie. Une réunion du cabinet avait d'ailleurs été convoquée à ce sujet le lendemain.

— Pourriez-vous transmettre quelque chose au Premier ministre ? demanda Jean Nader avant de lui répéter son exposé sur la guerre préventive et punitive. Les Syriens ne reculeront pas, ajouta-t-il. Nous n'imaginions pas que vous nous abandonneriez. Si vous ne pouvez pas nous aider, nous considérerons avoir joué une carte et l'avoir perdue. Mais dans tous les cas, nous vous remercions.

— Soyez certains que je vais rapporter tout ce que vous m'avez dit, mot à mot, au Conseil des ministres. Nous allons suivre attentivement ce qui va se passer après l'avertissement américain.

— Qu'attendez-vous de nous exactement ? questionna l'un des généraux présents. Est-ce que vous pensez à une action précise ?

— Nous souhaiterions une intervention de l'aviation israélienne contre les positions syriennes sur le mont Sannine et autour de Zahlé. Personne ne s'y opposera et cela ne peut pas constituer une déclaration de guerre contre la Syrie.

— J'ai compris, lança avec force Raffoul. Certains dans ce bureau pensent comme vous...

Sur un ton de reproche, un des officiers présents lança une phrase en hébreu. Les Libanais avaient compris que derrière le « certains », Raffoul exprimait son propre point de vue. Sans même relever l'intervention, le chef d'état-major israélien poursuivit :

— Nous allons évaluer les données. Je crois que d'ici un jour ou deux, nous saurons ce qu'il faudra faire. Pour Israël, le problème est politique et non pas militaire. L'heure n'est pas à la reddition. Israël restera pour vous ce qu'il a toujours été.

— Nous avons besoin d'une victoire militaire qui restaurerait notre assise populaire et relèverait le moral de nos troupes, crut devoir insister Aboukhalil.

— J'ai compris, coupa Eytan. Je n'ai pas de réponse maintenant. Les Américains ne sont pas des enfants. Gardez en permanence un contact direct avec nous.

Le soir même, la délégation libanaise reprit la mer. Bachir Gémayel et Fady Frem les attendaient sur le quai du port de plaisance de Kaslik. Dès que le bateau apparut dans le halo des projecteurs et qu'il put distinguer les visages, Bachir écarta les mains à hauteur de la poitrine pour formuler la question : « Alors quoi ? »

— Mission réussie, cria Najm radieux.

Sitôt débarqués, les trois émissaires le mirent au courant de la petite phrase de Raffoul et leur certitude qu'elle n'avait pas été prononcée au hasard. Bachir ne fut guère convaincu. Le lendemain 28 avril, en début de matinée, l'antenne du Mossad d'Adonis demandait de toute urgence les coordonnées de cibles syriennes autour de Zahlé. Tel-Aviv n'avait jamais présenté une telle requête. Bachir se mit alors à espérer que la mission en Israël avait vraiment réussi. Il fit immédiatement transmettre le message à Jo Eddé, le « patron » des défenseurs de Zahlé, et veilla à ce que les coordonnées soient envoyées à Tel-Aviv. Raffoul avait exigé ces informations purement militaires, tout en sachant pertinemment que sans un accord politique du cabinet, elles lui seraient inutiles. Le Conseil des ministres commença à 9 heures du matin. Il fut pour le moins houleux. D'entrée, Raphaël Eytan proposa une attaque aérienne contre le mont Sannine. Yehoshua Saguy, le directeur du A'man exprima de « fermes réserves ». Il réitéra ses mises en garde, évoquant la forte probabilité d'un piège délibéré des chrétiens pour impliquer Israël dans le conflit libanais. Saguy souligna le risque de représailles syriennes envisageables, dont un déploiement au Liban de missiles antiaériens, qui diminuerait les capacités israéliennes de reconnaissances aériennes. Plusieurs ministres furent du même avis. Yitzhak Hofi qui, pour une fois, n'était pas loin de partager ces appréhensions, resta cependant silencieux. Ménahem Navot prit la parole en faveur d'une intervention. Begin trancha :

— Nous ne leur permettrons pas de perpétrer un génocide au Liban.

Eytan ordonna immédiatement à l'aviation d'entrer en action. Bachir en fut informé à 11 heures du matin. Vers midi, un hélicoptère syrien M. 18 gros porteur, de fabrication soviétique, chargé du ravitaillement des unités stationnées sur le mont Sannine, fut abattu par des F.15 peu après son envol de la base de Rayak. Dans les minutes suivantes, les chasseurs-bombardiers israéliens effectuèrent un raid sur les positions de la FAD, situées sur les collines de Ferzol, sur les pentes du Sannine et sur les crêtes entourant « la chambre des Français ». En fin d'après-midi, un second hélicoptère syrien, une Alouette de fabrication française, était abattu à son tour. Le ministre adjoint israélien de la Défense, Mordechaï Tzipouri, dans une intervention télévisée, affirmait le soir même que « l'engagement d'Israël envers les chrétiens libanais ne concernait que la "poche" frontalière. Les Syriens ont ajouté [en utilisant les hélicoptères] une autre dimension dans leur guerre contre les chrétiens, de telle sorte que ces derniers ne peuvent plus se défendre [...] et ils ont des pertes énormes [...]. Il n'y aura plus, désormais, d'activité aérienne syrienne dans l'espace aérien libanais [1] ».

---

1. Le 13 octobre 1990, les Syriens, profitant de la tension créée par la guerre du Golfe, utiliseront à nouveau leur aviation contre le général Michel Aoun, sur le palais de Baabda.

C'était la première fois de son histoire qu'Israël intervenait militairement dans un pays où aucune vie juive n'était menacée. À la Quarantaine, l'état-major des FL fêta l'événement.

Comme l'avait craint le directeur du A'man, les Syriens, le lendemain, répliquèrent en installant des missiles sol-air SAM 6 et SAM 2. dans la vallée de la Békaa. Raphaël Eytan l'ignorait encore lorsqu'il reçut, vers 17 h 30, le chef d'état-major et le responsable de l'artillerie des FL, accompagnés des trois membres du Mossad, Menahem Navot, Avner Azoulay (dit Philippe) et Shmulik Avyatar qui avaient organisé leur voyage. Les deux Libanais étaient venus présenter une liste de matériels et de munitions dont ils avaient urgemment besoin. Raffoul demanda à certains généraux de son état-major[1] de venir les rejoindre dans son bureau. Les deux responsables des FL leur firent un compte rendu détaillé de la situation militaire, avant de conclure :

— Après vos raids aériens, le moral de nos troupes est remonté. Les Syriens ont commencé à ouvrir une route, au bulldozer, vers le mont Sannine. Actuellement, nous travaillons sur un projet de mobilisation de 8 000 étudiants.

— Est-ce que vous allez vous rendre ? demanda Raffoul sur un ton faussement innocent.

— Jamais !

— N'essayez pas de combattre militairement les Syriens, conseilla Raphaël Eytan de nouveau sérieux. Vous n'avez pas leur puissance de feu ni les mêmes effectifs. Vous devez essayer de créer une certaine instabilité, voire une insécurité en organisant des raids commandos contre eux. Si vous avez besoin d'hélicoptères, nous en discuterons. Nous allons essayer de déterminer le type d'appareil qui vous conviendrait et nous vous le procurerons. Vous pourrez l'acheter par notre intermédiaire. Il nous est difficile de vous fournir du matériel américain, mais j'ai personnellement donné mon accord pour satisfaire tous vos besoins logistiques. Sachez que notre aide provient des réserves de Tsahal.

Au moment où se déroulait cette entrevue, au ministère de la Défense à Tel-Aviv, à Beyrouth, Johny Abdo informa Bachir que Mohamad el-Kholi, le chef des services de renseignements de l'armée de l'air syrienne, revenait le 30 avril et qu'il souhaitait le rencontrer au palais présidentiel de Baabda.

1. Yekoutel Adam (opérations), Oury Simkhoni (logistique), Yaouri (A'man) et Amos Yaron (Forces spéciales).

L'entretien eut lieu à 19 heures. L'officier syrien salua Bachir avec courtoisie, en souriant, comme si Zahlé et l'attaque aérienne israélienne n'étaient qu'illusions. Ignorant superbement les conditions proposées, quelques jours plus tôt, par Abdel Halim Khaddam à l'abbé Naaman, il voulut savoir si Bachir avait des suggestions concrètes à formuler. Le chef des FL lui fit remarquer qu'avant d'en discuter il fallait d'abord être d'accord sur le principe même d'une négociation. Il répéta en substance ce qu'il lui avait dit quatre jours auparavant, sur la nécessité d'une solution globale :

— Je veux un État fort pour tout le Liban. Je ne veux plus avoir à payer quelque chose chaque fois qu'aux Philippines le président Marcos tape sur des musulmans ou que des musulmans sont lésés dans le monde. Je veux des garanties.

— Concernant le régime politique, nous sommes prêts à discuter, concéda Mohamad el-Kholi. Mais nous voulons que la Syrie soit l'alliée du Liban ! Si nous vous donnons satisfaction, qui peut nous garantir qu'un jour vous ne vous retournerez pas contre nous ?

— Est-ce que vous acceptez une garantie soviéto-américaine ?

— Lorsque la confiance existe, pas besoin de garanties.

— Est-ce que nous pourrions rencontrer le président Assad à la frontière libano-syrienne ?

— Je ne sais pas, je le lui demanderai. Comment s'articulerait le nouveau régime politique ?

— Nous en discuterons plus tard. Je veux d'abord tout le pays.

— J'ai expliqué au président Assad que tu [1] es un jeune homme honnête, et que nous pouvons mettre nos mains dans les tiennes. Je lui ai également dit que vous vous étiez rapprochés d'Israël parce que vous vous sentiez coincés.

Bachir regarda sa montre, prit rendez-vous pour le 3 mai et le quitta brusquement. Il passa rapidement à la Quarantaine pour demander à Joseph Aboukhalil, Antoine Najm, et Zahi Boustani de préparer une note pour la prochaine rencontre avec Mohamad el-Kholi et se précipita à Zouk où un hélicoptère israélien venait le chercher pour le conduire chez Menahem Begin.

Bachir décolla le visage du hublot du CH-53 par lequel il regardait s'éloigner les lumières de la côte libanaise. Pendant quelques minutes, il avait observé les reflets de la lune sur la mer calme

1. Le vouvoiement n'existe pas dans la langue arabe.

qui défilait sous l'appareil. Son regard se posa sur Camille Chamoun, assis en face de lui, engoncé dans un gilet de sauvetage orange vif, un casque antibruit lui enserrant la tête. Il paraissait étonnamment jeune. La lueur blafarde de l'éclairage de sécurité gommait les rides tracées par les ans. Bachir avait beaucoup d'affection pour ce vieux lion à la crinière blanche. C'était la seconde fois qu'ils se rendaient ensemble à Jérusalem. Les images de leur premier voyage, en août 1978, lui revinrent en mémoire. Ils étaient allés voir Menahem Begin qui, deux mois plus tôt, avait remporté les élections législatives, et venait de prendre ses fonctions de Premier ministre. Bachir avait été stupéfait de l'exiguïté et de la modestie du domicile du chef du gouvernement israélien. Contrairement à son prédécesseur, le travailliste Yitzhak Rabin, qui ne voulait pas entendre parler d'une intervention directe ou indirecte au Liban, Begin leur avait assuré qu'avec lui Israël soutiendrait la communauté chrétienne. En souriant, Bachir se souvint que Camille Chamoun, en acteur politique consommé, au moment de prendre congé, s'était arrêté quelques secondes sur le pas de la porte, jouant une grande hésitation ou une profonde réflexion, puis s'étant tourné vers Menahem Begin qui les raccompagnait lui avait dit, en faisant allusion à la Cisjordanie : « Les Français nous ont imposé le Grand Liban. Lorsque nous acquîmes notre indépendance, ils nous ont adjoint des territoires habités par des musulmans. Ce fut la cause de tous nos maux. Ne gardez pas de territoires où vivent des musulmans, évitez cette situation sinon vous aurez les mêmes problèmes. »

Né au début du siècle, Camille Chamoun connaissait bien les musulmans. Sa méfiance atavique à leur égard engendrait chez lui un besoin de les dominer pour mieux les contenir. De formation anglo-saxonne, cet ancien président de la République avait longtemps été considéré comme « l'homme des Anglais » après avoir été ambassadeur du Liban à Londres où il était devenu un partisan convaincu d'une politique pro-occidentale à la britannique. Après la Seconde Guerre mondiale, il fut le défenseur farouche d'une Ligue arabe solide, à la Lawrence d'Arabie, c'est-à-dire alignée sur le Foreign Office et opposée au Quai d'Orsay. Les Palestiniens et les Arabes en général n'avaient jamais oublié qu'il avait été le seul représentant arabe aux Nations unies à voter, en 1947, contre le partage de la Palestine en deux États, l'un juif et l'autre arabe. Depuis, il passait pour le grand ordonnateur des relations entre les Libanais chrétiens et les Israéliens. Durant son mandat présidentiel, adepte d'un libéralisme sauvage, il avait outrageusement favorisé les couches chrétiennes au détriment des citoyens musulmans qui se tournèrent dès lors vers le panarabisme nassérien anti-occidental. Jeune, Bachir s'était délecté du récit décrivant Camille Chamoun, sur le toit de la présidence, en 1958, faisant le coup de feu avec ses gardes contre le mouvement d'insurrection nassérien provoqué par sa décision de briguer un second mandat présidentiel, interdit par la Constitution. Il avait fallu le débarquement de 5 000 GI américains sur les plages de Beyrouth pour ramener le calme et le faire renoncer à son projet.

Cet homme au langage vert, excellent orateur, cultivé, fin politicien, mêlait volontiers le sarcasme, l'audace et la provocation avec un cynisme consommé. C'est pendant le siège d'Achrafieh, en 1978, que Bachir et lui avaient appris à se connaître. Ils se virent alors régulièrement et un respect mutuel naquit entre eux que même l'opération « Altalena » du 7 juillet 1980 ne réussit pas à entamer.

Ils arrivèrent aux alentours de minuit à la résidence officielle du Premier ministre rue Balfour à Jérusalem. Menahem Begin était entouré de Yitzhak Shamir, de Hofi, de Raffoul, du patron de l'armée de l'air, le général Mordechaï Gur, et de Menahem Navot. Le commandant Yoram, l'aide de camp de Menahem Begin, assis dans un coin, prenait des notes. Camille Chamoun et le chef du gouvernement israélien prirent place face à face. Pendant une heure, la discussion se déroula dans une ambiance amicale. Begin expliqua que l'installation des missiles syriens dans la Békaa représentait une atteinte directe à la puissance stratégique israélienne. Estimant que l'Égypte était muselée par la signature du traité de paix et que l'Irak était embourbé dans sa guerre avec l'Iran, la Syrie se trouvait donc, militairement et politiquement, le seul pays arabe à pouvoir intervenir contre Israël.

— S'ils ne retirent pas leurs SAM de la Békaa, nous serons dans l'obligation d'agir, leur confia le Premier ministre. Ils pourraient alors être forcés de quitter les cimes du Sannine.

Les responsables israéliens avaient voulu les rencontrer ensemble pour se rendre compte, par eux-mêmes, de l'état de leurs relations. Les rapports que leur fournissait le Mossad expliquaient que, après l'opération « Altalena », les deux hommes s'étaient réparti les rôles. Bachir Gémayel, dont l'ascendant sur le parti Kataëb était de plus en plus fort, laissait au vieux lion le leadership politique chrétien interne. Les notes du service de renseignement affirmaient que lorsqu'ils étaient ensemble, le jeune homme se gardait bien de se mettre en avant et avait envers le patriarche, comme avec son père, une attitude très respectueuse. Et cela se vérifiait. En dehors du problème ponctuel des missiles, aucun sujet précis ne fut abordé. La discussion resta générale. Bachir écouta sans beaucoup intervenir. Il fit cependant remarquer que si l'infrastructure de l'OLP n'était pas détruite au Liban, aucune solution ne serait possible.

— Tu commences à penser comme moi, sourit Begin en le regardant dans les yeux.

Abandonnant Camille Chamoun qui voulut rester quelques jours en Israël, le commandant des FL retourna au Liban dès la fin de l'entretien. Le secret de ce déplacement exigeait qu'il soit absent le moins longtemps possible.

— Je ne sais toujours pas pourquoi les Israéliens nous ont invités chez eux, Camille Chamoun et moi, avant-hier. Je n'ai pas compris la raison de ce voyage, confia Bachir Gémayel à John Gunther Dean venu lui rendre visite chez lui, à Achrafieh, le 2 mai 1981.

L'ambassadeur américain, confortablement installé dans un profond fauteuil du salon, écouta attentivement le récit que lui fit le chef des Forces. Tout en hochant la tête, le diplomate sortit quelques feuilles de l'attaché-case noir qu'il avait posé sur le sol à côté de lui. Il les parcourut rapidement des yeux en précisant qu'il s'agissait de télégrammes envoyés par son homologue de Tel-Aviv :

— Nous sommes de plus en plus convaincus que vous êtes un homme honnête. Begin vous admire beaucoup. Il a dit, en parlant de vous... (Gunther Dean lut le texte qu'il avait en main)... que vous êtes extrêmement poli et sociable. Puis relevant la tête, il ajouta : Begin a été très frappé par le fait que vous vous soyez levé respectueusement lorsque le président Chamoun est allé pisser [*sic*] alors que tous les autres sont restés assis. À propos, quelle est donc cette route que vous avez mentionnée en disant qu'elle avait été percée par les Syriens sur le Sannine pour ne pas avoir à utiliser leurs hélicoptères ? En avez-vous les coordonnées ?

Bachir haussa les sourcils de surprise. L'ambassadeur des États-Unis à Tel-Aviv était très bien informé, même de ce qui se disait chez le Premier ministre israélien. Il avait complètement oublié cette partie de la discussion avec Begin. Il se tourna vers Fady Frem qui assistait à l'entretien et lui demanda une carte d'état-major. Les trois hommes l'examinèrent en commentant le tracé des travaux syriens sur le flanc oriental du Mont-Liban. Gunther Dean prit quelques notes puis rangea ses papiers.

— Votre visite à Jérusalem est un soutien moral pour Begin avant les élections, ajouta-t-il, ce n'est pas méchant. Mais faites attention ! Si le problème des missiles dégénère en un conflit entre Israël et la Syrie, restez en dehors de la bagarre. Nous sommes opposés à tout conflit avec la Syrie. Si Israël ne frappe pas les SAM 6, Hafez el-Assad sera baisé [*sic*] ! Et si les Israéliens lancent une offensive, ce serait uniquement en fonction de leurs intérêts et non des vôtres.

John Gunther Dean estimait qu'une guerre entre Jérusalem et Damas serait une catastrophe pour le Liban car elle se déroulerait sur son territoire. Bachir ne partageait pas du tout ce point de vue, mais se garda bien de le contredire.

— Camille Chamoun est resté en Israël pour verser de l'huile sur le feu, poursuivit Gunther Dean. Cela lui est facile. Aucun de ses hommes ne se bat à Zahlé. Je comprends que vous soyez plus pondéré, vous avez des *chabeb* qui meurent là-bas.

— Oui nous avons des gens qui meurent là-bas ! Personne ne nous aide, pas même pour l'armement. Vous nous aviez pourtant promis de le faire, rétorqua Bachir.

— Aucun problème pour les munitions et l'entraînement de vos gars. C'est maintenant à vous de jouer et de nous dire ce dont vous avez besoin. Mais encore une fois, s'il y a un affrontement, évitez toute responsabilité dans une éventuelle confrontation entre les Syriens et les Israéliens ! Savez-vous que pour la première fois depuis 1958, le Liban est de nouveau une priorité pour les États-Unis ? Vous bénéficiez personnellement d'un courant de sympathie dont vous ignorez l'ampleur. Sachez manœuvrer et ne vous mouillez pas. Vous donnerez à Haig sa première victoire diplomatique. Il vous en sera reconnaissant ! Rappelez-vous que vous faites partie de notre politique au Moyen-Orient.

— Il ne peut y avoir de désaccord entre nous, nous ne sommes pas représentés au gouvernement, fit remarquer Bachir en « oubliant » consciencieusement la présence de Sélim Jahel. Si nous étions au pouvoir, nous deviendrions pour vous un second Israël avec tous les avantages mais sans les inconvénients.

— Il faut que vous entriez au gouvernement, conseilla Gunther Dean. Je pourrais à ce moment-là traiter avec vous d'égal à égal. Je pourrais vous procurer l'aide de tous les Arabes modérés. Je pourrais vous aider comme nous le faisons actuellement avec Israël.

L'ambassadeur lui proposa de se rendre à Washington le 22 mai pour y rencontrer Alexander Haig. Bachir accepta avec empressement. Il demanda au diplomate si les États-Unis avaient la possibilité de lui ouvrir la porte de l'Arabie Saoudite, dont il avait besoin, afin de trouver une solution à l'affaire de Zahlé.

— En ce moment, ils sont trop peureux pour se mouiller, regretta l'ambassadeur.

Le retrait des troupes de Damas et des Palestiniens du Liban était le grand sujet de discussion à Washington. Mais personne ne savait comment y parvenir. La solution militaire était écartée d'emblée. Ronald Reagan avait même demandé à Menahem Begin de « faire preuve de retenue ». La voie diplomatique était donc la seule envisageable et une opportunité s'offrait avec la fin du mandat de la FAD, en juillet 1981. Il fallait faire en sorte que ni Élias Sarkis ni la Ligue arabe ne soient contraints d'accepter sa reconduction. Les dirigeants américains étaient également conscients qu'à court terme et paradoxalement la politique du président syrien au Liban convenait parfaitement à la campagne électorale du Likoud. Une action militaire israélienne à la veille du scrutin ne pouvant être que bénéfique pour la réélection de Menahem Begin.

Ronald Reagan jeta tout son poids dans la balance pour enrayer une escalade qui ne pouvait que déboucher sur la guerre. Il annonça l'envoi au Moyen-Orient d'un émissaire spécial, Philip Habib, chargé d'une mission « d'exploration des possibilités de réduire les tensions dans cette région ». Begin répondit que « seul un miracle » pouvait lui permettre de réussir. Le ton était donné. À l'annonce de la venue de Philip Habib, les FL se concentrèrent encore plus sur le dossier États-Unis. Elles estimaient que Washington n'avait pas encore totalement défini sa politique concernant le Liban. Il fallait lui donner tous les éléments nécessaires pour non seulement lui faire partager leurs analyses, mais également présenter une bonne image de Bachir Gémayel. Elles entendaient convaincre Washington que si les musulmans avaient un rôle à jouer au Liban, le pays ne pouvait être dirigé que par un leadership chrétien. Ce qui était impossible à réaliser du fait de la double présence syrienne et palestinienne.

Toute la journée du 1er mai 1981, l'état-major israélien vécut sur des charbons ardents. Menahem Begin avait ordonné au général

Mordechaï Gur de détruire les sites de missiles SAM 6 dans la Békaa avec ses chasseurs-bombardiers. L'armée fut mise préventivement en alerte rouge pour parer à toute riposte de Damas. Deux heures avant l'heure H, le service météorologique de Tsahal annonça qu'une épaisse couche de stratus recouvrait la zone, rendant impossible toute attaque à basse altitude : le raid aérien fut donc retardé de 24 heures. Le même soir, Samuel Lewis, l'ambassadeur des États-Unis à Tel-Aviv, contacta Begin d'urgence pour l'informer de l'arrivée dans la capitale syrienne, le lendemain, de l'envoyé spécial de Ronald Reagan, Philip Habib.

— Washington, expliqua l'ambassadeur, a de bonnes raisons de croire que le Département d'État est en mesure de convaincre Damas de retirer ses missiles. Nous vous demandons expressément de ne rien faire qui pourrait compromettre la mission de Habib.

À contrecœur, Begin annula l'opération aérienne. Les Syriens rejetèrent les demandes de Philip Habib.

La perspective d'un voyage de Bachir aux États-Unis provoqua une activité fébrile dans son équipe. Alfred Madi, le représentant des FL dans la capitale fédérale, fut rappelé d'urgence pour préparer la visite. Il s'était évertué depuis quelques mois à expliquer à tous les responsables de la nouvelle administration qu'il rencontrait que le Liban pouvait être un premier pas vers une solution de la crise au Proche-Orient. Il avait présenté le Liban comme une convergence de tous les problèmes de la région.

Dès son arrivée à Beyrouth, Alfred Madi détailla à l'équipe dirigeante des FL le cheminement que devait suivre une prise de décision dans le labyrinthe du pouvoir, le poids de la bureaucratie, le jeu des pôles d'influence, les sensibilités à ménager et l'opinion publique à préparer. Selon les jours, Zahlé était le deuxième ou le troisième sujet des journaux télévisés. Les téléspectateurs américains avaient pris en sympathie les assiégés et les critiques fusaient contre les Syriens, même dans les cercles proches des Palestiniens, leur affirma-t-il. L'administration américaine commençait à admettre que Damas devait se retirer de Beyrouth. Le bureau des FL à Washington avait mobilisé le ban et l'arrière-ban des émigrés libanais pour faire campagne. Télégrammes, appels téléphoniques et lettres arrivaient par milliers à la Maison-Blanche. Mais le point faible de l'organisation des chrétiens libanais aux États-Unis était la pauvreté de leurs liaisons avec le Liban. Les informations sur ce qui s'y déroulait arrivaient avec un trop grand retard pour être « exploitées ». Morris Draper, le sous-secrétaire d'État aux affaires du Proche-Orient avait fortement conseillé à Alfred Madi de pallier ce manque. Les FL avaient surtout besoin d'un porte-parole dans la capitale américaine.

Le représentant des Forces aux États-Unis suggéra d'expliciter dans un document quelles seraient les différentes actions pouvant aboutir au départ des Syriens. Des contacts avec certains responsables de la CIA lui avaient permis de constater que ceux-ci ne seraient pas entièrement mécontents de la tournure des événements. Les responsables américains les plus « ouverts » aux thèses des FL se trouvaient au National Security Concil (NSC) et à la CIA. De fait, deux hommes jouaient un rôle important sur ce point : Howard Teischer, un juif américain, conseiller pour les affaires du Moyen-Orient auprès de Richard Allen au NSC, et William O. Casey, le patron de la CIA, viscéralement antisoviétique et antisyrien. Les analystes de ce dernier avaient très vite considéré que les Forces étaient une source d'informations très importante et qu'elles avaient un potentiel d'action non négligeable. Ils suggérèrent plusieurs fois de les mettre sous contrôle et de ne pas laisser la France et encore moins Israël mettre la main dessus. Mais la CIA n'a jamais pu changer à elle seule et d'un seul coup la politique américaine. De nombreux dirigeants du pays étaient hostiles à toute aide aux maronites.

10

La reconnaissance arabe

Une logique de guerre s'était mise en place avec l'installation des SAM 6 syriens dans la Békaa. En intervenant sur le mont Sannine et en abattant deux hélicoptères, Tel-Aviv avait engagé un bras de fer avec Damas. Les Forces libanaises étaient persuadées qu'Israël ne céderait pas, d'autant que Washington n'avait fait aucun commentaire sur le raid aérien. De plus, la position de l'État hébreu était très nette : « Au Liban, les Syriens sont devenus une force négative. Toute action militaire dépendrait de leur comportement », avait affirmé Menahem Navot à une délégation FL qui s'était rendue à Tel-Aviv le 3 mai 1981. « Nous ne pouvons accepter ni les missiles dans la Békaa, ni leur présence sur les cimes de la montagne. »

Bachir Gémayel en fut informé le lendemain avant de se rendre, avec Zahi Boustani, au domicile de Johny Abdo pour y rencontrer Mohamad el-Kholi.

L'entrevue avec le patron des services de renseignement de l'armée de l'air syrienne avait failli ne pas avoir lieu à cause d'une initiative d'Amine Gémayel. Voulant répondre à un souhait de Damas, ce dernier avait proposé au bureau politique du parti Kataëb la publication d'un communiqué dénonçant « les agissements d'Israël ». Pour Bachir, ce texte, non seulement allait satisfaire une revendication syrienne sans aucune contrepartie, mais de plus — et c'était pour lui le plus important — ce communiqué désavouait son action et risquait de le marginaliser tout en présentant son frère comme un interlocuteur possible face aux Syriens. Furieux, Bachir s'était précipité chez son père. Il avait contenu difficilement sa colère en rappelant à Pierre Gémayel que ses hommes se faisaient tuer à Zahlé pour le parti et qu'il était « inacceptable qu'ils soient trahis par les Kataëb ». Cheikh Pierre lui avait donné raison et avait annulé le communiqué à la dernière minute.

Le commandant en chef des FL avait en poche les grandes lignes de ce qui pouvait devenir la base d'une éventuelle négociation avec Damas. Son équipe lui ayant déconseillé de remettre un texte écrit, Antoine Najm avait personnellement noté les différents points sur l'agenda noir de son leader pour ne pas avoir à laisser de document[1]. Sitôt assis, Bachir l'ouvrit à la date du 4 mai et commença sa lecture.

— Pour arriver à une confiance mutuelle, il est indispensable que l'armée libanaise se substitue à toutes les forces armées présentes à Zahlé, sur les cimes du mont Sannine et sur la ligne de démarcation dans la capitale.

— Est-ce que vous croyez que l'autre partie a confiance dans l'armée ? l'interrompit Mohamad el-Kholi en faisant allusion à la gauche libanaise.

— Que veulent-ils donc ? Vous devriez savoir ce qui se passe à Beyrouth Ouest ! En fait, tout comme les chrétiens, les musulmans et les druzes ne veulent plus de vous et accepteraient le déploiement de l'armée pour vous voir disparaître, ironisa Bachir avant de poursuivre en plaçant très haut la barre de ses exigences.

— Il faut que la Syrie matérialise le nouvel état de fait en acceptant les options politiques des chrétiens du Liban. En attendant que l'armée libanaise soit de nouveau capable d'assurer la sécurité, les Forces libanaises le feront elles-mêmes dans la zone qu'elles contrôlent. La Syrie s'abstiendra de s'y opposer. Le Liban doit être exonéré de toute responsabilité militaire à l'égard de la cause palestinienne. La présence armée palestinienne doit être interdite dans la capitale et ses environs, dans les villes et les lieux peuplés. Il faudra également prendre toutes les mesures nécessaires pour empêcher que le territoire libanais ne devienne une source de danger pour la Syrie. Enfin, conclut-il, je demande la mise en place d'une représentation diplomatique mutuelle en Syrie et au Liban[2].

Mohamad el-Kholi, qui prenait des notes posa son stylo :

1. Texte intégral en Annexe 6, p. 517.
2. Damas s'est toujours opposé à l'établissement de relations diplomatiques avec le Liban. Il n'y a jamais eu d'ambassade du Liban à Damas, ni d'ambassade syrienne à Beyrouth.

— Combien de morts y aura-t-il pour mettre en place ce projet ?

— Savez-vous combien de morts il y aura si vous voulez investir Jounieh ?

— C'est vrai ! admit le représentant de Damas. Votre projet est gigantesque. Que me proposez-vous en échange ?

— Dites-nous ce que vous voulez ? Une terre ? Un accord ? Une statue ? s'énerva Bachir. Dites ce que vous voulez ? Si vous voulez que je vous porte sur mon dos jusqu'à Damas, je le ferai ! Dites-moi que vous voulez un Liban libre, souverain, et indépendant et sortez du Liban. La question d'Israël est secondaire.

— Je vais retourner à Damas pour en discuter avec le président Assad. Votre approche est très dangereuse.

— Je ne négocie pas un cessez-le-feu. Je ne négocie pas des collines ou de la farine pour Zahlé. J'expose ma cause en profondeur. Maintenant, si vous vous voulez discuter d'un cessez-le-feu ou de farine, je me retire. Les Kataëb vous enverront quelqu'un. Nous, nous jouerons le tout pour le tout.

— Nous avons pris la décision de discuter avec vous. Je dois en référer à mon commandement. Le ton était sec.

Il apparut, ultérieurement, que les propositions de Bachir avaient été interprétées par Kholi comme le premier pas vers une partition du Liban, laissant le sud du pays aux Israéliens, le Nord et l'Ouest aux alliés de Damas et le reste aux chrétiens.

Le 5 mai 1981, le ministre syrien des Affaires étrangères, Abdel Halim Khaddam, vint personnellement au palais présidentiel de Baabda rencontrer Élias Sarkis et le Premier ministre Chafic Wazzan. Il leur proposa « un règlement politique de la crise libanaise » et sortit de sa poche cinq feuillets rédigés en arabe intitulés « Document de travail susceptible de convenir à tous ». Ce n'était ni plus ni moins qu'un accord institutionnel, politique, économique et culturel entre le Liban et la Syrie. Tout y était prévu, des programmes d'enseignement, une histoire commune aux deux pays, des stages d'officiers libanais dans les académies militaires syriennes, en passant par des comités mixtes ministériels définissant les options politiques des deux gouvernements [1].

1. À quelques variantes près, le même texte sera proposé à la signature des chefs des trois principales milices : Walid Joumblatt (PSP), Nabih Berri (Amal), et Élie Hobeïka (Forces libanaises) le 28 décembre 1985, sous le nom d'Accord tripartite. Il constituera, en octobre 1989, l'ossature détaillée du volet « interne » de l'accord de Taef adopté par les députés libanais sous le patronage de l'Arabie Saoudite et des États-Unis.

Abdel Halim Khaddam demanda à rencontrer le groupe parlementaire Kataëb pour lui présenter le document. Pierre Gémayel l'écouta religieusement et, d'un air méprisant, repoussa la proposition :

— Vous, Syriens, vous êtes responsables de tout ce qui arrive. Demandez au président de la République et au Premier ministre s'ils sont capables d'assumer leurs responsabilités.

Chrétiens et Syriens avaient échangé leurs bases respectives de négociation. Ils s'étaient parlé, mais n'avaient entamé aucun dialogue. C'était même plutôt l'impasse. Les bombardements sur Zahlé reprirent de plus belle.

La première entrevue entre Philip Habib, Morris Draper — qui l'accompagnait dans sa tournée au Proche-Orient — et Bachir Gémayel eut lieu à la résidence de John Gunther Dean au cours d'un dîner le 8 mai 1981.

— N'oubliez pas de dire à Habib qu'une guerre entre Israël et la Syrie ne vous serait pas profitable, avait conseillé l'ambassadeur américain au chef des FL en l'invitant.

Depuis plusieurs semaines déjà, et « à titre personnel », John Gunther Dean, multipliait les recommandations au jeune homme pour améliorer ses rapports avec l'administration américaine.

Philip Habib, souriant, fut visiblement heureux de rencontrer le cadet des Gémayel qui avait abandonné pour l'occasion son treillis pour un costume foncé. Il lui serra longuement la main.

Corpulent, le visage empâté par les bajoues particulières aux bons vivants, les yeux pétillants de curiosité et d'intelligence derrière des lunettes aux verres épais, Philip Habib était un diplomate de carrière qui aimait afficher, voire appuyer l'apparence orientale qui trahissait ses origines. Fils d'un épicier libanais maronite de Bramiyé, près de Saïda émigré dans le quartier de Brooklyn à New York, il était entré au Département d'État à l'issue de la Seconde Guerre mondiale après des études à l'université de Berkeley, en Californie. Il s'y était forgé une image de « père tranquille de la diplomatie américaine ». Pragmatique de la vieille école, jugeant davantage les gouvernements étrangers en fonction des services stratégiques qu'ils pouvaient rendre aux États-Unis plutôt qu'à leurs mérites moraux, il avait été en poste au Canada, en Nouvelle-Zélande, à la Trinidad, en Corée du Sud, et surtout à Saigon où il avait été le bras droit de l'influent ambassadeur Henry Cabot-Lodge. C'était d'ailleurs ce dernier, en 1969, qui l'avait recommandé à Richard Nixon pour la direction de la délégation américaine aux négociations de paix avec le Nord-Vietnam. Lors de ces discussions, Philip Habib avait inventé la théorie de la progression « à petits pas ». Traitant des détails apparemment anodins et disparates, il tissait patiemment toute une toile d'accords mineurs dont l'ensemble se révélait être une solution du problème global. Travailleur infatigable (quinze à seize heures par jour), il avait la réputation de terrifier les ambassadeurs américains dont il était l'hôte obligatoire.

Impressionné par sa discrétion et son opiniâtreté, Jimmy Carter avait fait appel à lui en 1978 pour préparer la rencontre de Camp David entre Anouar el-Sadate et Menahem Begin. Nommé cette année-là sous-secrétaire d'État pour les affaires politiques, Philip Habib avait été obligé, à la suite d'une crise cardiaque, de prendre sa retraite quelques mois plus tard. Ronald Reagan venait de l'en extirper pour en faire son conseiller spécial.

Dans le bureau de l'ambassadeur où avaient pris place les quatre hommes, l'ambiance était à la réflexion et à la discussion amicale. Les doigts croisés sur le ventre, dans l'attitude qui lui était coutumière, Philip Habib annonça qu'il était venu résoudre les problèmes des SAM 6, du mont Sannine, de Zahlé et de la Békaa. Il demanda à son interlocuteur libanais s'il envisageait une solution :

— En 1976 nous avions accepté l'entrée de la FAD dans notre zone, ce fut un échec, expliqua le Libanais. Ensuite, nous avons accepté le déploiement de la FINUL[1] au Sud : elle s'y est cassé les dents. N'espérez donc pas qu'une quelconque force d'urgence des Nations unies puisse réussir dans d'autres régions du Liban. Les accommodements politiques ne peuvent aboutir à des règlements définitifs et ne résolvent rien. Il ne peut y avoir de solution partielle pour la Békaa.

— Si la Syrie refuse de retirer les SAM, Dieu seul sait quel séisme frappera le Proche-Orient, lâcha le conseiller du président américain.

La veille, à Jérusalem, lors des cérémonies du 33e anniversaire de la création de l'État hébreu, Begin, qui assurait également les fonctions de ministre de la Défense, avait affirmé que « la tournée de Philip Habib est la mission de la dernière chance ». Au même moment, 7 000 soldats syriens, deux brigades avec blindés et artillerie lourde faisaient mouvement vers le sud de la Békaa et s'ins-

1. Force d'interposition des Nations unies pour le Liban. Déployée au Sud, depuis 1977, comme tampon entre les Palestiniens et les Israéliens.

tallaient sur la « ligne rouge » entre les villages de Sohmor et Yohmor, tandis que le vice-ministre des Affaires étrangères soviétique, Georgui Kornienko, arrivait à Damas.

— Ce serait une catastrophe pour nous tous, renchérit Bachir en regardant John Gunther Dean avant de faire un compte rendu détaillé des trois réunions qu'il avait eues avec Mohamad el-Kholi. Puis il ajouta : Ils manipulent les partis de gauche en les faisant surveiller les uns par les autres. Pourquoi ne vous est-il pas possible de voir demain Walid Joumblatt en tête à tête ? Pourquoi Albert Mansour[1] doit-il être présent ? Essayez donc d'obtenir quelque chose de concret des Syriens, demanda Bachir à Philip Habib. Demandez la réouverture de l'aéroport pour tous ou essayez d'instaurer le calme et une vie normale !

Il se leva et entraîna les trois Américains sur la véranda. Le grondement sourd de déflagrations d'obus d'artillerie lourde roulait sur Beyrouth. Des éclairs blancs trouaient la nuit et illuminaient par endroits les façades des immeubles dans la région de Badaro et de la corniche du fleuve. Le bombardement avait duré toute la journée. Philip Habib en savait quelque chose : il avait été littéralement poursuivi par les explosions toute la journée, et Pierre Gémayel, qui était venu le voir en fin de matinée, avait eu sa voiture encadrée par des explosions. Les services de l'ambassade américaine lui avaient rapporté le nombre des victimes pour la journée : 21 morts et 98 blessés.

— Regardez et écoutez ! Que faut-il faire ? demanda Bachir.

— Malgré ces quelques obus, c'est plutôt calme ce soir, souligna Gunther Dean.

— Que veulent donc les Syriens ? questionna Philip Habib sans quitter la ville des yeux.

— Ils veulent tout contrôler et nous imposer leur politique. Mais ce sont des fanfarons, assura Bachir. Depuis leur défaite de 1967, ils cherchent à déstabiliser toute la région pour ensuite crier victoire.

En revenant dans le salon, le commandant des Forces libanaises expliqua qu'il fallait considérer les chrétiens comme un bloc uni et que toute tentative d'évoquer ou de créer des divergences dans leurs rangs était peine perdue :

— Le président Sarkis est au courant de tout ce que nous fai-

1. Député chrétien (politiquement proche de Damas) de Ras-Baalbeck dans la Békaa, trésorier du Mouvement national.

sons et son approbation est totale. Lorsque j'ai discuté avec Mohamad el-Kholi, je l'ai fait en mon nom mais aussi en son nom. Les Syriens se sont plaints auprès de lui de mon intransigeance. Il leur a répondu que mes propositions étaient également les siennes. C'est alors que Damas lui a fait savoir qu'il considérait l'armée libanaise comme une armée ennemie. Pourquoi ? Est-ce parce que les soldats chrétiens et musulmans, toutes régions confondues, font également leur devoir en se battant contre les forces de l'OLP ? Vous allez demain en Syrie, demandez-leur donc de notre part de nous rendre Zahlé, Batroun ainsi que la ligne de démarcation de Beyrouth.

— Acceptez-vous notre médiation ? interrogea Philip Habib.

— Oui.

— Quelle est la situation à l'aéroport ? demanda l'envoyé spécial du président américain qui avait été obligé, la veille au soir, de venir de Damas par la route à cause de la fermeture de l'aéroport international de Beyrouth.

— Il nous est interdit de l'utiliser. Les Syriens y ont arrêté Abou Kamal, le n° 2 des Forces libanaises. Ce n'est pas normal !

— Vous avez raison, admit Habib.

— Trouvez-vous également normal que nos écoles soient bombardées et que nos enfants y meurent ?

— Je le répète, vous avez raison.

— Mais le contexte régional reste plus important que la situation sur le terrain, intervint Gunther Dean.

— C'est vrai ! reconnut Bachir Gémayel, d'autant que la guerre, si elle devait se déclarer, se déroulerait chez nous. Pensez-vous qu'une opération militaire contre la Syrie irriterait les Arabes ? Peut-être, pendant un mois. Après, ils seraient particulièrement ravis d'en finir avec la démagogie syrienne et le terrorisme palestinien. D'ailleurs, la défaite de l'armée syrienne serait consommée en cinq ou six heures et tout serait terminé.

Concentré sur la recherche de solutions, Philip Habib demanda au chef des FL quelle serait sa réaction si un cessez-le-feu était établi à Zahlé et si les gendarmes des Forces de sécurité intérieure contrôlaient la ville.

— Je suis prêt à les accepter à la condition que vous en garantissiez personnellement le succès, assura Bachir. Et vous pouvez compter sur nous pour tout ce qui faciliterait votre mission, sous réserve que rien ne porte atteinte à notre pays et à sa dignité.

— Et concernant les SAM 6, que pouvons-nous faire pour réduire la tension ?

— Le problème ne réside pas dans la présence de missiles dans la Békaa. À l'origine, c'est un chef de bande, Hannouche, qui a mis le feu aux poudres à Zahlé. Depuis, la situation s'est détériorée. Le Liban est comme une éprouvette dans laquelle quelqu'un a mis un mélange de toutes sortes d'explosifs et vous voulez que cela n'explose pas ? C'est impossible ! Vous tenez à un retrait des SAM 6 ? Rassurez-moi sur ma situation et mon avenir. Faites en sorte que les Palestiniens s'en aillent, l'alliance avec Jérusalem deviendra inutile et les Syriens perdront tout prétexte justifiant leur présence et celle de leurs missiles. Je ne suis pas responsable des décisions que pourraient prendre les Israéliens, mais il est certain que ce qu'ils feront dépendra de l'évolution de la situation chez nous.

Les quatre hommes passèrent à table et évoquèrent d'autres sujets. Au moment où Bachir prenait congé, Philip Habib le prit à part et lui glissa :

— Votre visite aux États-Unis est très importante. Beaucoup de choses vont changer dans les semaines qui viennent. Nous souhaitons qu'il n'y ait pas de grandes secousses au Liban pour ne pas retarder le travail que nous avons à réaliser en commun.

Le bombardement sporadique qui « tapait » depuis le milieu de l'après-midi avait vidé les rues que le chef des FL emprunta pour regagner son quartier général. Il relata à son équipe les discussions qu'il venait d'avoir avec les Américains, puis il chargea Jean Nader d'aller à Adonis en faire le résumé à Alex.

Les bruits de bottes martelaient de plus en plus fort les esprits. Walid Joumblatt demanda à rencontrer Zahi Boustani dans la matinée du 9 mai pour lui exprimer ses craintes de voir la montagne du Chouf servir de champ de bataille. Le leader druze expliqua qu'il essayait de déployer des forces sur toutes les routes allant du littoral à la montagne pour enrayer un éventuel reflux palestinien en cas d'attaque israélienne. Il souhaitait que la ville chrétienne de Jezzine, qui verrouillait l'accès sud du Chouf, observe une neutralité totale de manière à éviter une réaction des fedayin. Walid Joumblatt ne voulait pas être pris entre deux feux et affirmait son non-engagement :

— L'important, c'est que les Syriens retournent à Homs. S'ils restent dans la Békaa, alors c'est l'échec ! confia-t-il à son interlocuteur.

Les déclarations musclées qui se succédaient tant chez les responsables israéliens que dans la presse syrienne laissaient présager la possibilité d'une déflagration imminente. Tel-Aviv semblait décidé à résoudre définitivement le problème de l'insécurité de sa frontière nord par le recours à la force. Les contacts interlibanais se multipliaient pour envisager toutes les hypothèses. Le chef de la communauté sunnite, l'ancien Premier ministre Saëb Salam, confia à Johny Abdo :

— Si les Israéliens nous débarrassent des Syriens, qu'ils soient les bienvenus.

Les Forces libanaises, quant à elles, décidèrent de profiter de toutes les opportunités qui se présenteraient. Mais elles ignoraient toujours si l'action militaire qui se dessinait visait un changement stratégique régional complet ou si cela constituait une simple opération contre les SAM 6. Bachir convoqua plusieurs réunions pour travailler sur toutes les hypothèses. Alex les avait informés qu'une coordination entre les Israéliens et les FL avait été étudiée à Tel-Aviv et que des discussions pourraient peut-être avoir lieu à ce sujet. Le chef des FL demanda à son équipe de dresser des plans d'opérations proportionnelles à leur potentiel militaire telles qu'une action vers Zahlé ou dans le Haut Metn.

Persuadés de l'imminence d'une attaque israélienne de grande envergure, certains officiers de l'armée libanaise, proches des FL, pressèrent Bachir de se préparer à agir. Au cours de deux longues réunions avec les lieutenants-colonels Nassib Eid et Amer Chéhab, les 6 et 11 mai 1981 à l'Académie militaire de Fayadieh, Antoine Najm étudia quelles pouvaient être les modalités d'une coordination entre l'armée et les Forces libanaises en cas de conflit, et dans la perspective d'un retrait total des Syriens du Liban et de la destruction de l'appareil militaire palestinien. Après avoir estimé qu'aucune action de leur part n'était envisageable avant la fin de l'opération israélienne, ils mirent au point, dans le détail, l'organisation d'un coup d'État militaire que devaient entreprendre les FL et quelques unités de l'armée avec le soutien du président Élias Sarkis. Celui-ci devait appeler Bachir Gémayel à la tête d'un gouvernement, dissoudre le Parlement, suspendre la Constitution et expliquer à la communauté internationale la légitimité d'un tel renversement.

Pour l'heure, le président Sarkis se démenait pour obtenir un cessez-le-feu durable, ou pour le moins que soient épargnés les quartiers résidentiels. Tout le littoral chrétien était soumis à des tirs incessants. À cela s'ajoutait la présence du porte-hélicoptères Moskova et d'une dizaine d'unités d'accompagnement soviétiques qui sillonnaient la mer entre Chypre et le Liban. La VIe flotte américaine avait immédiatement dépêché le porte-avions *Forrestal* ainsi qu'une quinzaine de navires de guerre. Entre-temps, Menahem Begin lança un ultimatum à Hafez el-Assad concernant les missiles. « Ils resteront là où ils sont », avait répondu la presse syrienne. Les familles des étrangers vivant au Liban plièrent bagages. Discrètement, l'ambassade des États-Unis et les Nations unies assurèrent le départ des femmes et des enfants. La nouvelle s'était répandue comme une traînée de poudre et un mouvement de panique fit chuter la livre libanaise de plus de 6 %.

John Gunther Dean demanda le 11 mai 1981 à Alfred Madi de faciliter la mission de Philip Habib :

— Il faut permettre la réouverture de l'aéroport. Je connais les raisons pour lesquelles vous le bombardez, mais maintenant cela ne sert plus à rien, cela vous dessert. Vous aurez toujours la possibilité de le refermer quand vous vous voudrez en y envoyant quelques obus. De toute manière, si une guerre éclate entre Israël et la Syrie, l'aéroport international de Beyrouth sera fermé de nouveau. Vous devez faire un geste pour réduire la tension. Cela aidera Philip Habib. Il va à Damas pour traiter l'affaire des SAM, du mont Sannine et de Zahlé. Si vous rouvrez l'aéroport, j'enverrai un message au Département d'État pour les prévenir que c'est Bachir qui en a pris la décision, ce qui lui donnerait du crédit auprès de Washington. N'oubliez pas que notre relation en est encore à ses débuts.

— Que dira-t-on à nos gens ?

— Quand les chrétiens apprendront que les Américains appuient Bachir, sa popularité restera intacte. Je suis prêt à aller au Nord pour en parler à Samir Geagea. Je suis même prêt à faire le tour de tous les villages pour informer les habitants que c'est nous, Américains, qui avons demandé la réouverture de l'aéroport. Il est de votre intérêt que Habib réussisse dans sa mission pour que nous puissions ensuite vous assurer une couverture arabe. Si Habib échoue et que la guerre éclate entre Israël et la Syrie, les Arabes appuieront Damas et vous apparaîtrez, à tort ou à raison, comme des alliés des Israéliens. Il nous sera alors très difficile de continuer à vous soutenir.

Le soir même, les FL annonçaient, par un communiqué, qu'ils ne s'opposaient plus à la réouverture de l'aéroport. Deux jours plus tard et alors que le monde abasourdi apprenait qu'un jeune Turc de 23 ans, Mohamed Ali Agça avait tiré sur Jean-Paul II à coups de revolver, l'ambassadeur américain demandait à Bachir de préparer ses valises. Les rendez-vous qui avaient été pris pour lui à Washington étaient avancés du 22 au 18 mai.

Le samedi 16 mai, à 7 h 30 du matin, Bachir Gémayel et Fady Frem, en costume-cravate, arrivèrent à la base navale de Jounieh. La présidence de la République avait mis à leur disposition un hélicoptère de l'armée pour qu'ils puissent rallier l'aéroport de Larnaca à Chypre, distant de 106 milles nautiques, où les attendait un avion privé devant les conduire à Francfort, en Allemagne. De là, ils devaient gagner les États-Unis par le vol régulier de la Pan-Am. Une heure plus tard, ils attendaient toujours devant l'aire de Jounieh : l'appareil n'était pas au rendez-vous. Bachir téléphona à Johny Abdo qui avait organisé la première partie du voyage.

— Il y a un problème, lui confia le patron du 2e Bureau. Nous avons eu des informations faisant état de la mise en alerte de l'aviation syrienne pour intercepter et abattre l'hélicoptère dès qu'il aura décollé de Jounieh.

— Du sérieux ?

— Impossible de le savoir vraiment. Cela peut être une manipulation pour nous faire annuler le voyage, comme cela peut être tout à fait exact.

Deux jours auparavant, un missile SAM 6 avait abattu un Drone au-dessus de la vallée de la Békaa. Dans le doute, le départ fut annulé. John Gunther Dean fut mis au courant et, 48 heures plus tard, les services de renseignement américains confirmaient la mise en alerte de l'aviation syrienne. Les Israéliens firent savoir qu'ils étaient prêts à mettre à la disposition de Bachir un avion à partir de Tel-Aviv, mais la proposition fut repoussée par Washington. Les rapports entre les Forces libanaises et les États-Unis, dans le contexte régional, ne devaient pas passer par Tel-Aviv, pas même pour une question de transport.

Le lendemain, 17 mai, le chef des FL, profondément déçu, se rendit chez l'ambassadeur américain. John Gunther Dean tenta d'effacer sa déconvenue.

— Ne t'en fais pas. J'ai déjà averti mon gouvernement. Tiens, lis le télégramme que je vais envoyer à Washington et dis-moi si tu es d'accord.

Bachir prit la feuille que lui tendait le diplomate. Sans entrer dans les détails des causes de l'annulation du voyage, Gunther

Dean y expliquait qu'il s'agissait « de raisons sérieuses », que le commandant en chef des Forces libanaises, dans son action, « donnait la priorité à la mission Habib » et qu'il « avait prouvé qu'il prenait en compte les intérêts américains en faisant preuve d'une forte maturité politique » en facilitant la réouverture de l'aéroport international de Beyrouth malgré les pressions dont il était l'objet. Bachir lui rendit le texte et lui demanda :

— Bon. Et maintenant ?

— Nul ne sait où l'on va. Tous souhaitent une solution pacifique sauf les Israéliens qui ne pensent qu'à détruire les SAM. Nous ne pouvons pas les abandonner. Seul un miracle peut éviter la guerre.

— Pour nous, cette histoire est secondaire. Nous voulons établir une coexistence avec les musulmans, mais en dehors de la Formule de 43. Nous devons nous débarrasser de la corruption et construire un État et non pas une ferme[1].

— Le Liban est un pays qui agonise. Cherche d'abord à le préserver et ensuite monte l'opération que tu veux.

— Un de tes assistants nous a avoué que votre désir de calmer le jeu n'est qu'un prétexte pour me neutraliser et vous débarrasser de moi et qu'ensuite vous continuerez les négociations avec quelqu'un d'autre. Ne vous trompez pas ! La résistance que je représente est à la fois politique et militaire.

— Pas du tout. Je tiens compte des résultats du 7 juillet[2], protesta Dean. Cheikh Pierre a créé une machine et même si tu dois le ménager, tu es parvenu à la perfectionner. C'est l'appareil politique le plus puissant du Liban. Je te parle comme si je faisais partie de ta famille, comme un grand frère. J'ignore quel est l'assistant qui vous a tenu ces propos, mais je peux t'assurer qu'il n'y comprend rien. Tu avais essayé, dans le passé, de promouvoir l'image des FL aux États-Unis. Nous t'avions combattu. Lorsque le Département d'État m'avait demandé, à l'époque, quel était l'interlocuteur au Liban, j'avais répondu Amine Gémayel. Nous avions essayé de te briser. Nous avions invité ton frère pour te contrer. Tu as su résister en faisant preuve d'une maturité politique que beaucoup ignorent. Aujourd'hui, Reagan exige chaque jour un

1. Expression souvent employée par Bachir Gémayel pour désigner le « Liban de 43 » : corruption, féodalisme, clientélisme, compromission qui, à ses yeux, avaient mené le pays à la guerre civile.

2. 7 juillet 1980 : Opération « Altalena ».

rapport d'une page sur le Liban. Et systématiquement, dans ces rapports, il y a deux lignes sur toi. Pour nous, ton frère et toi êtes complémentaires. Lui a réussi dans le politique et toi dans le militaire. Cela ne veut pas dire que tu ne peux pas réussir dans le domaine de prédilection de ton frère. Aujourd'hui, ni Camille Chamoun ni Cheikh Pierre ne peuvent parler au nom des chrétiens du Liban. Nous ne savons pas encore qui peut le faire. Mais une chose est sûre, si nous parvenons à une solution politique, tu en tireras d'énormes bénéfices, et inversement, en cas de solution militaire, tu as un rôle à jouer.

— Nous n'avons d'avenir qu'au Liban. Tout mon état-major est formé de médecins, d'avocats et d'ingénieurs. C'est l'élite de la jeunesse libanaise avec un même idéal.

— D'autres peuples ont pensé comme toi et agi de même. Ils ont néanmoins perdu.

— Sans doute ! Qui vivra verra, mais nous ne bougerons pas d'ici.

Les Israéliens surveillaient étroitement les mouvements de troupes et de matériels syriens dans la Békaa. Le service Photint[1] du A'man était sur les dents en permanence. Mais l'invulnérabilité de leurs avions de reconnaissance sans pilote fut mise à mal par les tirs au but des SAM 6 : une véritable série noire. Le 14 mai, un RVP Drone fut abattu au-dessus de la Békaa. Cinq jours plus tard, un autre fut touché mais, cette fois-ci, au-dessus de la Syrie, à la verticale de Lattaquié. Le 22, deux Drone explosaient en vol, touchés par des missiles dans le ciel de la Békaa, et le 25, un cinquième, également frappé en vol, s'écrasa encore non loin de Zabadani en Syrie[2]. La tension entre Damas et Tel-Aviv atteignit un niveau proche de l'explosion. « L'affaire des SAM » était devenue un thème de la campagne électorale en Israël. Washington multiplia les appels à la retenue et estima que les risques de dérapage se faisaient de plus en plus importants. Pour les Américains, l'affaire des missiles était directement liée au siège de Zahlé. Faciliter le règlement de ce dossier devait obligatoirement entraîner une réduction de la tension. Ils sollicitèrent fermement

1. Pour Photographic Intelligence. Transmission en temps réel de données de renseignement d'images vidéo prises par des avions sans pilote RVP Drone.

2. Deux autres RVP Drone israéliens furent descendus par des tirs de missiles SAM 6 syriens, le 13 juin 1981 non loin de Damas, et le 7 juillet 1981 au-dessus de la Békaa, au Liban.

Riyad. Le Comité de vigilance, comprenant l'Arabie Saoudite, le Koweït, la Syrie et la Ligue arabe, fut réactivé d'urgence. Le 28 mai 1981, Bachir rencontra l'ambassadeur saoudien, revenu précipitamment à Beyrouth qu'il avait quitté deux mois auparavant pour des impératifs de sécurité. Général de l'armée saoudienne, Ali Chaër était accompagné de Khodr Ali Agha, l'homme de la CIA. En treillis vert olive, tenue qu'il ne quittait plus depuis le début de la bataille de Zahlé, Bachir fut cassant :

— Il y a trois solutions : soit nous nous entendons, soit je me tourne vers Israël, soit je verse dans le terrorisme comme Georges Habache. L'initiative arabe est-elle sérieuse ou êtes-vous venus faire simplement du tourisme ? Si c'est uniquement pour bavarder, nous ne sommes pas concernés, mais ne nous blâmez pas si nous choisissons Israël. Si vous êtes sérieux, je suis prêt à vous suivre jusqu'au bout.

— Nous sommes revenus vous aider, martela Ali Chaër. Nous avions fourni une couverture officielle aux Syriens pour mater les Palestiniens, arrêter les combats et renforcer la « légalité ». Ils n'en ont rien fait ! Aujourd'hui, ils occupent le Liban. Ils veulent même m'assassiner, ajouta-t-il avec un sourire. Il reste que nous avons un problème avec le président Sarkis. Nous lui avons rappelé que nous finançons la FAD à concurrence de 80 millions de dollars. Au départ, 15 000 soldats syriens y participaient. Actuellement, ils sont 30 000. Nous avons proposé au président de partager pour moitié cette somme entre la FAD et lui pour équiper l'armée libanaise. Mais il a refusé.

— Le problème n'est pas là. Si le président Sarkis déclare que la FAD doit être dissoute, que ferez-vous pour empêcher les Syriens de nous écraser ?

— Je n'ai pas de réponse. Quelles sont les positions que vous voulez nous voir défendre ?

— Excellence Abou Talal[1], répondit Bachir, je n'ai pas de réponse immédiate. Dans 48 heures, je vous transmettrai une proposition écrite sur une alliance stratégique entre vous, les Américains et nous qui me permettra de discuter avec les Syriens en votre nom et dans notre intérêt mutuel. Je vous fournirai également des éléments pratiques pour mettre en place cette alliance.

— Est-ce que je pourrai vous demander plutôt d'écrire au

1. Père de Talal. Cette référence au fils est usuelle dans les sociétés orientales. C'est une manière de reconnaître la sagesse de l'interlocuteur.

ministre Saoud al-Fayçal une lettre par laquelle vous définirez votre projet ? Je la lui transmettrai.

Bachir confia la rédaction de la missive [1] à son ami journaliste Séjaan Azzi qu'il sollicitait habituellement pour l'élaboration de ses discours en arabe. Doté d'un étonnant sens de la rhétorique, Azzi avait été à l'origine de nombreux slogans lancés par le leader des FL, dont : « Nous sommes les saints et les démons de l'Orient. Laissez-nous travailler et l'Orient sera prospère mais essayez de nous brûler les doigts et nous brûlerons l'Orient. »

D'origine très modeste, fils d'un pêcheur d'Okaibeh, Azzi affichait sa revanche sur la vie en roulant en voiture américaine, un cigare aux lèvres. Bel homme, attentif à sa tenue vestimentaire, il avait poussé Bachir à créer sa propre radio, Radio Liban libre, dont il prit la direction. Le premier émetteur avait été installé dans le petit village d'Azraa, en mai 1978. Dès les premières émissions, l'antenne fut coupée à trois reprises par la police du parti Kataëb et Séjaan Azzi, emprisonné sur ordre de Pierre Gémayel. Le Raïs, alerté par son fils Amine, s'était opposé à « une multiplicité d'antennes qui ne pouvait se justifier qu'en exprimant un courant divergent » au sein des Kataëb. À chaque fois, Bachir était intervenu pour faire libéré Azzi et avait fini par obtenir gain de cause pendant le siège d'Achrafieh.

Philip Habib multipliait ses déplacements entre Jérusalem, Amman, Riyad, Damas et Beyrouth, essayant, par « ses petits pas » de réduire la tension israélo-syrienne et, accessoirement, d'atténuer celle qui opposait la Syrie et le Liban. Sollicité par Élias Sarkis, le chef des FL proposa à John Gunther Dean que l'émissaire du président Reagan, dans le cadre de ses discussions à Damas, rapporte aux dirigeants syriens l'avoir entendu, lui, Bachir Gémayel, affirmer qu'il n'y avait pas de relations entre les chrétiens libanais et Israël. Gunther Dean, s'il le souhaitait, pouvait faire passer le même message par l'Arabie Saoudite. Le diplomate adopta la suggestion qui était de nature, estimait-il, à donner un poids supplémentaire à la mission Habib.

— Il est évident qu'il y a une complicité entre toi et moi, confia en aparté l'ambassadeur américain à Bachir sans toutefois préciser si elle s'exerçait contre Damas, contre Jérusalem ou contre Philip Habib.

Élias Sarkis appuya les démarches du jeune leader en présentant

1. Voir texte intégral en Annexe 7, p. 519.

lui-même à l'envoyé spécial américain un mémorandum signé Bachir Gémayel et adressé au président syrien, précisant que les FL « ne voulaient pas de partition du Liban et n'étaient pas favorables à la création d'un État chrétien ». Dans la mesure où un accord pouvait se dégager entre Damas et les FL, stipulait le texte, « nous pourrions œuvrer pour que le Liban ne devienne pas une base d'attaque contre la Syrie », mais il était nécessaire de « déterminer des mesures visant à restaurer la souveraineté et la sécurité du Liban ». Philip Habib s'engagea à transmettre et à défendre le texte auprès de son interlocuteur syrien. Il demanda cependant aux FL de ne pas déclencher d'action militaire et de s'évertuer à n'agir que dans un contexte pacifique.

Pour contrer l'initiative arabe, ou du moins pour tenter de la vider de toute substance, Damas autorisa l'ouverture d'une négociation entre Gaby Sayegh, le chef de la section Kataëb de Zahlé, et Ibrahim Houeijy, le colonel syrien responsable du Mont-Liban, dont le nom avait été lié à l'assassinat de Kamal Joumblatt[1]. Ces discussions permirent aux Forces de connaître les exigences de Damas pour mettre fin au siège de la ville. Les Syriens réclamaient le retrait des combattants chrétiens non zahliotes en contrepartie de celui des troupes de Damas des collines et du quartier industriel ; le déploiement sur leurs positions d'une unité militaire ou de gendarmes des Forces de sécurité intérieure. Ils autorisaient tous les partis, y compris les Kataëb, à exercer une activité politique et la libre circulation des habitants.

— Une fois que le président Assad aura donné son accord, je suis prêt à escorter moi-même les *chabeb* qui devront quitter la ville, affirma le colonel syrien.

Bachir demanda à Gaby Sayegh d'obtenir impérativement le retrait de l'armée syrienne du mont Sannine :

— Mais fais-leur bien comprendre que nous dissocions Zahlé de Sannine, lui recommanda-t-il. Il faut diminuer la tension pour permettre aux habitants de respirer.

La proposition de Damas ne mentionnait aucun engagement concernant ce qui se passerait à Zahlé après le départ des combattants chrétiens. Les Syriens pourraient l'investir, y « rechercher des coupables », la soumettre à leur volonté ou à celle d'un parti libanais qui leur soit proche. Seuls les ambassadeurs du Comité de vigilance pouvaient obtenir des garanties à ce sujet.

---

1. Voir le chapitre 2 : « Le voisin syrien ».

Trois jours plus tard, Shmulik Avyatar (Alex), le résident du Mossad au Liban, informa Bachir Gémayel que Menahem Begin avait décidé d'évoquer publiquement l'existence de relations entre l'État hébreu et les chrétiens libanais. Bachir convoqua d'urgence son équipe au quartier général de la Quarantaine. C'était la consternation. D'importantes mesures avaient été prises par les Forces pour les garder secrètes, ou, tout du moins, les entourer d'un flou épais. La décision du Premier ministre israélien tombait, de plus, à un très mauvais moment. Depuis le début de la crise de Zahlé, les FL s'évertuaient à démentir les accusations de Damas à ce sujet. Fin mai, Bachir avait même poussé Philip Habib à mentir en certifiant à Hafez el-Assad qu'il n'existait pas de rapports sérieux entre les FL et Tel-Aviv. Qu'allait révéler exactement le Premier ministre israélien ? La presse de Tel-Aviv avait déjà donné beaucoup trop de détails. Il y avait de surcroît cette fâcheuse habitude qu'avaient les hommes politiques israéliens d'étayer leurs discours ou leurs déclarations d'une multitude d'informations qui étaient reprises dans la presse libanaise. Les dirigeants des FL ne comprenaient pas pourquoi le Mossad ou le gouvernement n'étaient pas intervenus pour les faire taire. C'était maintenant Menahem Begin, lui-même qui, pour gagner des voix aux élections législatives, allait étaler ce que Bachir s'évertuait à cacher.

— Nous ne sommes pas prêts à payer les factures électorales de quiconque, s'écria-t-il furieux.

Ils étudièrent l'éventualité d'envoyer un message au Premier ministre israélien pour le prévenir que ses propos pouvaient leur coûter beaucoup de sang et qu'il devait en tenir compte. La discussion battait son plein lorsque le téléphone sonna. Bachir décrocha, écouta silencieusement et répondit :

— C'est d'accord.

Devant le regard interrogateur de Zahi Boustani, le chef des FL expliqua :

— C'était Toto. Il vient d'apprendre qu'il y a une concentration de combattants palestiniens dans l'école Assad Assaad de Chiyah. Il m'a demandé de les pilonner à l'artillerie.

De sa voix calme, Zahi attira son attention sur les répercussions politiques que pourrait avoir ce bombardement. Il proposa même un changement de tactique à ce sujet :

— Nous pourrions d'ailleurs aller plus loin en déclarant que désormais, nous ne répondrons plus aux bombardements en provenance de l'Ouest. D'une part, cette attitude serait bien perçue internationalement et, d'autre part, le peuple a besoin de se reposer.

Bachir décrocha son téléphone et appela Antoine Bridi (Toto).

— Stop ! Tu arrêtes le tir. Plus de bombardements sans mon consentement exprès.

Puis, se tournant vers Aboukhalil :

— Occupe-toi de rédiger le communiqué. Je suis d'accord. C'est une excellente initiative, surtout en ce moment. Elle se vendra très bien aux Américains.

En ce début du mois de juin 1981, les Forces libanaises avaient le sentiment d'évoluer sur des sables mouvants. Du côté arabe, les membres saoudiens et koweïtiens du Comité de vigilance les écoutaient et semblaient même partager leur théorie sur le rôle de Damas. Mais leurs possibilités d'action et leur efficacité étaient inversement proportionnelles à leur volonté de résoudre les problèmes. La Syrie avait accepté de discuter avec le Comité sans dissimuler sa volonté d'obtenir le renouvellement du mandat de la FAD que la Ligue arabe devait examiner le 27 juillet. Du côté des amis, c'était le flou le plus total. Les États-Unis, par le biais de leur ambassadeur, avaient consenti à faire un pas vers eux et même un grand pas. Cependant, rien ne s'était concrétisé. Malgré les promesses, Bachir n'était toujours pas allé à Washington. Même les contacts secrets avec les Américains trébuchaient. À la fin du mois de mai, un rendez-vous à Rome avec des responsables de la CIA avait été annulé sans explication. L'État hébreu, préoccupé par ses élections législatives avait, quant à lui, pris quelques distances. De plus, si le Likoud[1] de Menahem Begin était battu lors de cette consultation, l'alliance prometteuse qui s'était dessinée entre Tel-Aviv et les FL risquait fort d'en pâtir. Les travaillistes ne « lisaient » pas les événements du Liban de la même manière que la coalition de la droite israélienne.

À tout cela s'ajoutait l'affaire de Zahlé. Le siège de la ville entrait dans son troisième mois sans aucune solution réelle bien qu'Américains et Saoudiens aient persisté à déclarer que les « choses progressaient ». En fait, la situation stagnait. Les ambassadeurs occidentaux en poste au Liban, à l'initiative du Français Louis

1. Likoud (en hébreu, signifie « Union »). Coalition des partis de droite fondée en 1969 par Menahem Begin et comprenant le Parti libéral, le Hérout et le LAAM (Liste d'union pour la souveraineté nationale).

Delamare, se démenaient pour obtenir l'autorisation des Syriens de faire pénétrer de la nourriture dans la ville et d'en évacuer les blessés. Une religieuse ambulancière de la Croix-Rouge, sœur Marie-Sophie, avait été tuée au volant de son véhicule alors qu'elle tentait d'aller chercher des mourants. Véritable légende vivante, elle avait parcouru tous les fronts depuis le début de la guerre. Sa seule présence avait, jusque-là, souvent permis l'arrêt des tirs, le temps de ramasser les blessés. Il avait fallu douze heures de combats acharnés aux miliciens chrétiens pour récupérer son corps. Les chirurgiens d'un hôpital de campagne installé dans les caves d'un immeuble en construction opéraient à la lueur d'une lampe à pétrole. Les habitants ne quittaient pas les abris.

— Il faut continuer à réfléchir. Il faut inventer des solutions, lança Bachir à son équipe.

— La résistance peut-elle plonger dans la clandestinité ? demanda immédiatement Joseph Aboukhalil. Nous travaillerons dans tout le Liban. Nous créerons un véritable réseau et une vraie révolution. Nous aurions recours aux assassinats pour nettoyer le pays. Il faut repenser notre action et y apporter des changements radicaux. Ton âge, Cheikh Bachir, te permet d'agir de la sorte. Fais-le.

Le problème le plus urgent à régler était celui de Zahlé. Un profond découragement se faisait sentir chez les défenseurs. Les incidents avec la population se multipliaient. Zahlé n'était plus un problème militaire, mais une question de volonté psychologique chez ceux qui s'y battaient. Le retrait des combattants non originaires de la ville pourrait être une solution, mais ensuite ? Bachir demanda au ministre des Travaux publics, député de Zahlé, Élias Hraoui[1], qui venait le relancer à ce sujet :

— Et si Zahlé devient un second Damour, serais-tu prêt à en assumer la responsabilité ?

— Non ! Non ! Je n'assume aucune responsabilité.

Aucun dirigeant libanais ne voulait être impliqué dans un règlement quelconque. Les Forces s'étaient lancées dans cette aventure, il leur revenait à elles seules d'en sortir. Bachir envisagea de convoquer les ministres zahliotes, puis les ministres chrétiens pour leur expliquer la situation et, en cas d'accord sur un retrait des combattants des Forces libanaises, la décision serait assumée par

1. Élias Hraoui sera président de la République de 1989 à 1995.

tout le monde, y compris Pierre Gémayel et Camille Chamoun. Il ne put jamais organiser une telle réunion, tous se défilèrent.

Menahem Begin révéla la teneur des engagements « verbaux » qu'il avait conclus avec les chrétiens du Liban, le 4 juin, lors d'un débat à la Knesset. Il reconnut avoir rencontré une « délégation » le 28 août 1978 et avoir, le 2 avril 1981, « chargé un émissaire » de leur renouveler, toujours verbalement, ses promesses d'assistance. À Beyrouth, ce fut le tollé. Les responsables politiques de l'Ouest, les uns après les autres, « condamnèrent ». Damas dénonça « l'alliance avec l'ennemi ». Le Comité de vigilance fut convoqué à la résidence d'été du président de la République à Beit Eddine, dans le Chouf.

Un mois plus tôt, Élias Sarkis avait assuré Bachir que les portes du palais présidentiel lui seraient toujours ouvertes pour lui faciliter des contacts discrets avec les diplomates quels qu'ils soient, certains d'entre eux ne pouvant lui rendre visite à la Quarantaine. Le chef des FL en profita. Il demanda un entretien avec les ambassadeurs saoudien et koweïtien, quelques heures avant la réunion du Comité. Il se présenta à eux en tenue de combat. Les deux diplomates, en keffieh blanc, lui proposèrent de faire le plus rapidement possible une déclaration publique dans laquelle il devait annoncer la rupture de toutes ses relations avec Israël.

— Donnez-moi des garanties et vous aurez la déclaration, leur répondit-il.

Sans l'avoir préparée, Bachir venait de trouver la clé du dossier de Zahlé. En sortant du palais présidentiel, le jeune homme reçut un message de Menahem Begin l'invitant à venir le voir à Jérusalem. Bachir contacta John Gunther Dean au milieu de la nuit pour l'informer de ses discussions avec les ambassadeurs arabes et de l'invitation de Begin. Il expliqua à l'Américain qu'il avait besoin de temps pour rédiger la déclaration qui lui était demandée.

— Vous, les Libanais, vous êtes décidément très forts, s'exclama, admiratif, l'ambassadeur des États-Unis. Et de poursuivre en le tutoyant : Philip Habib arrive à Beyrouth. Je vais arranger une entrevue entre vous deux. Tu auras ainsi une excuse valable pour éviter d'aller en Israël. Nous sommes à l'origine de l'initiative arabe. Si tu avais écouté le bulletin d'information, ce soir, tu aurais appris que le président Reagan a parlé d'un « miracle » au Moyen-Orient. L'Arabie Saoudite est de retour au Liban pour servir de contrepoids à la présence syrienne.

Un contrepoids dont la seule prétention ne pouvait être que la recherche d'un cessez-le-feu.

Les FL commençaient à envisager leurs relations avec les pays arabes et Israël dans un contexte plus général. Il leur semblait évident, même si aucun élément ne permettait pour l'heure d'en prévoir la date, qu'un jour ou l'autre, une paix serait signée entre eux. Elles estimaient, comme l'avait dit Joseph Aboukhalil, que « rien alors ne protégerait les chrétiens, si ce n'est un pays fort dont ils seraient les seigneurs ».

— Pourrions-nous confier notre sort aux Arabes ? Non ! Pouvons-nous déclarer la guerre à Israël ? Non ! avait-il dit lors d'une réunion de commandement. Il nous faut prendre une position intermédiaire susceptible à la fois de satisfaire les uns et les autres.

L'annonce, le 7 juin 1981, en fin d'après-midi, du bombardement israélien de la centrale nucléaire de Tammouz, dans la banlieue sud de Bagdad, pétrifia pendant quelques secondes tous les dirigeants arabes. C'était la première fois que Tel-Aviv exécutait une opération aussi profondément en territoire « ennemi ». Les espaces aériens d'au moins trois pays arabes avaient été violés, en plein jour, sans qu'aucun système d'alerte fonctionne. C'était surtout la première fois que l'impunité d'Israël, dans un tel contexte opérationnel, se révélait de manière aussi flagrante.

Le réacteur nucléaire Osirak avait été fourni à l'Irak par la France, malgré les protestations de l'État hébreu qui affirmait que le but de Bagdad était de se servir de l'uranium enrichi pour fabriquer des armes nucléaires. Les Israéliens, quelques mois plus tôt, étaient déjà intervenus dans le port de Marseille, en détruisant proprement et discrètement le cylindre du réacteur avant son embarquement. Le matin du 7 juin, une réunion secrète du cabinet israélien avait donné le feu vert à l'opération « Babylone » sur Tammouz. Elle avait été préparée pendant des mois par Yehoshua Saguy, le chef du A'man et par l'état-major de l'armée de l'air. La destruction du réacteur avait été ajournée à plusieurs reprises. La dernière fois, c'était trois jours auparavant, pour ne pas porter préjudice au sommet Begin-Sadate qui avait eu lieu à Charm el-Cheikh. En fin de matinée, huit bombardiers F 16, protégés par huit chasseurs F 15, survolèrent l'Arabie Saoudite en se faisant passer pour des appareils jordaniens avant de se diriger plein nord sur leur cible. Ils l'attaquèrent après la fin de la journée de travail. Plusieurs ouvriers d'entretien, dont un technicien français, Damien Chaussepied, restés sur le site, furent tués. Le raid avait duré trois heures et tous les avions étaient revenus à leurs bases. La communauté internationale protesta vigoureusement. Les États-Unis décidèrent l'embargo sur la livraison de quatre F 16 jusqu'au 17 juillet. Mais ce raid aérien, décidé par Menahem Begin, eut un immense retentissement en Israël à quelques jours des élections législatives.

Complètement accaparé par les discussions avec les ambassadeurs Ali Chaër et Abdel Hamid Bouayajane et par la situation à Zahlé, Bachir Gémayel ne revit Philip Habib que le 10 juin. Ils déjeunèrent ensemble à la résidence américaine. Durant le repas, constitué d'une *mloukhiyeh*[1], Philip Habib, qui ne parlait jamais « affaires » en mangeant, raconta comment son père avait, en 1916, fait venir d'Égypte des graines de mloukhiyeh, en avait planté à New York et en avait assuré la distribution sur tout le marché américain. Sur un ton jovial, fidèle à son image de bon vivant et de fin gourmet, il évoqua la bonne chère, les vins fins[2], les femmes et les roses, auxquelles il vouait une véritable passion. Ce n'est qu'après le café qu'ils passèrent aux choses sérieuses.

— Israël patientera tant que je suis là, affirma le représentant de Ronald Reagan. Mais je ne peux pas rester indéfiniment dans la région. Le bombardement de la centrale irakienne complique les choses. Il faudra attendre le résultat des démarches qui vont être entreprises par Saoud al-Fayçal auprès d'Hafez el-Assad.

— Et si Hafez el-Assad n'y répond pas ? questionna Bachir.

— Ce serait illogique. Les Saoudiens ont une grande influence sur lui, répondit l'Américain en faisant allusion au poids financier de l'Arabie Saoudite.

Le chef des Forces évoqua ensuite la déclaration que lui réclamaient les ambassadeurs saoudien et koweïtien sur la rupture de ses relations avec Israël :

— Une telle déclaration de ma part exige des compensations dans la lignée de celles obtenues par l'Égypte. Je vous demanderais de m'en payer le prix en munitions et en possibilités d'entraînement pour mes hommes.

— C'est d'accord, accepta Philip Habib en hochant la tête.

— Nous voulons des armes de tous calibres, des uniformes, des

1. Plat égyptien à base de riz, poulet et mouton, nappé d'une soupe très épaisse faite avec une plante verte appelée Mloukhiyeh (d'où son nom) et relevé avec une sauce au vinaigre et à l'oignon.

2. Philip Habib a été terrassé par une crise cardiaque à 72 ans, le 26 mai 1992, en Bourgogne où il effectuait une tournée des grandes caves.

canons de 175 mm. Vous nous ouvrirez également une ligne de crédit pour l'entraînement et les équipements.

— Quels équipements ? s'enquit Morris Draper qui était resté jusque-là silencieux.

— De tout !

— De combien de soldats disposez-vous ? demanda Philip Habib.

— 15 000 ! exagéra le chef des FL qui, en réalité, n'en possédait qu'un peu plus de 10 000.

— Bon. Allez en Europe et achetez ce dont vous avez besoin, accepta l'émissaire américain.

— Je n'achète rien, je veux tout recevoir ici, précisa Bachir, un rien agressif.

Philip Habib tendit les mains en avant comme pour contenir l'impétuosité du jeune homme et sourit :

— OK ! OK !

Ce repas fut le dîner d'adieu de John Gunther Dean. Robert Dillon lui succéda.

Quelques jours plus tard, Menahem Begin annonçait à la Knesset que ses déclarations intransigeantes concernant la présence des missiles SAM 6 dans la Békaa avaient été uniquement faites pour détourner l'attention des préparatifs, alors en cours, de l'opération « Babylone » contre la centrale irakienne, notamment auprès du personnel des bases aériennes.

— Les SAM 6 ne perturbent pas en fait les opérations de reconnaissance israéliennes sur la Békaa, avait-il précisé aux députés. Ces missiles peuvent être détruits aisément en moins de deux heures par nos appareils sans pertes dans nos rangs.

Cette petite phrase provoqua un soulagement dans les chancelleries. La tension et les risques de guerre entre Israël et la Syrie disparaissaient comme par enchantement. Malgré les menaces voilées qu'ils contenaient, les propos du Premier ministre furent considérés comme la reconnaissance d'un fait accompli. L'éventualité d'une déflagration étant écartée, les autres problèmes, dont Zahlé, pouvaient être résolus.

Les Américains se méfiaient des liens qui s'étaient tissés entre Tel-Aviv et les Forces libanaises. Bien que les axes politiques de Washington et de Jérusalem soient inscrits dans une même stratégie, ils divergeaient profondément sur l'évolution tactique à mettre en œuvre. Les États-Unis voulaient poursuivre la dynamique créée par Camp David et pariaient sur l'adhésion de Damas à long terme. Malgré leurs efforts, les Israéliens n'étaient pas parvenus à leur inoculer leurs doutes sur le bien-fondé de cette approche. Engoncés dans leur campagne électorale, ils se contentaient, pour l'heure, d'opposer un refus d'airain à toute idée de plan de paix envisageant l'ombre de la création d'une entité palestinienne.

Bachir fit part du fond de sa pensée à la CIA lors d'une réunion qu'il eut, à la mi-juin, avec Khodr Ali Agha. Il l'avait surnommé Projecteur (prononcer Berjector) parce qu'au cours de leur première entrevue le commerçant de Tripoli lui avait affirmé que « la situation allait s'améliorer et que Bachir verrait finalement une lumière, aussi forte qu'un berjector ». L'homme de l'agence américaine lui avait conseillé de faire sa déclaration à condition d'obtenir un engagement ferme des Arabes de se substituer aux Israéliens. Il se faisait fort de convaincre le roi d'Arabie Saoudite d'accepter et de garantir l'appui arabe. Bachir resta inflexible :

— Je ne ferai cette déclaration qu'en échange de Zahlé, des collines qui l'entourent, du mont Sannine, du port, de l'aéroport et des lignes de démarcation. Sinon, pas de déclaration !

— Après tout, c'est votre droit. Je transmettrai votre proposition à l'ambassadeur Ali Chaër, avant de contacter Saoud al-Fayçal.

Au moment où Khodr Ali Agha se levait, Bachir lui demanda à brûle-pourpoint :

— Vous voulez une déclaration réelle ou factice ?

Berjector se laissa retomber dans son fauteuil. Il l'observa quelques secondes en silence et murmura :

— Une déclaration factice ?... Seulement pour la photo pour satisfaire les Arabes ?... Il est vrai qu'ils n'exigent qu'une déclaration et non la rupture de vos relations. Gardez le contact avec Israël.

Bachir Gémayel voulait avant tout mettre un terme à ce qu'il appelait « le danger immédiat » : Zahlé. Le processus de prise du pouvoir décidé en septembre 1980 était gelé depuis le début de cette affaire. Les discussions et les contacts divers allaient bon train et tournaient autour de deux points : la fameuse déclaration publique et les conditions de retrait des combattants non zahliotes de la ville assiégée. Les Syriens étaient revenus sur plusieurs points acceptés par le colonel Ibrahim Houeijy dans ses discussions avec le responsable Kataëb de Zahlé, Gaby Sayegh. Ils exigeaient maintenant la remise des armes lourdes aux troupes de la FAD et la fermeture des permanences des partis politiques dans la ville. Les FL rejetaient fermement ce dernier point. De plus, Damas faisait de la déclaration un préalable à tout accord pour mettre fin au blocus de la ville. Cela avait réduit à néant les pourparlers entamés par le Comité de vigilance, portant sur un retrait syrien de certaines régions. Comme toujours dans ces cas-là, les bombardements redoublèrent sur Zahlé. Élias Sarkis se décida à intervenir publiquement dans le débat en affirmant, d'une part, qu'il était certain que Bachir Gémayel ferait sa déclaration au moment voulu et que, d'autre part, la loi libanaise autorisant les partis politiques, il ne saurait donc être question de les interdire sur quelque endroit du territoire. Damas ne pouvant s'opposer officiellement à celui que la Syrie était censée défendre, à quelques jours du renouvellement du mandat de la FAD, le blocus de la ville pouvait être levé.

Le 30 juin 1981, un demi-bataillon des FSI — 600 gendarmes en treillis gris, le béret sur la tête, l'arme en bandoulière — pénétrait dans Zahlé avec pour mission de se déployer immédiatement sur les positions des défenseurs. Trois jours plus tard, ils devaient faire de même sur celles des assaillants. Ce fut une bousculade indescriptible. Tous les habitants étaient dans la rue, agitant des drapeaux, pleurant, étreignant les gendarmes, leur jetant des fleurs, du parfum, des bonbons. Cette allégresse fut quelque peu tempérée lorsque le convoi d'autobus transportant les 95 combattants non zahliotes s'ébranla pour quitter la ville. L'inquiétude se lisait sur leur visage. Pour rejoindre la zone chrétienne, ils devaient emprunter un itinéraire de montagne désertique que le commandement syrien avait jalonné de soldats pour le « protéger ». Devant les cars roulait la Mercedes noire du colonel syrien Mohamad Ghanem. Les combattants chrétiens, la Kalachnikov à la main, armée et prête à tirer, ne quittaient pas des yeux les abords de la route. Tout le long du trajet, Jo Eddé, leur chef, grâce à un émetteur-récepteur portatif, donnait la position des véhicules au centre de calcul de l'artillerie des FL qui la relayait aux serveurs des canons à longue portée des FL qui avaient l'ordre d'ouvrir le feu autour du convoi si celui-ci était attaqué. Sales, amaigris, pâles, en tenue de combat, clignant des yeux sous la luminosité de l'été, les 95 défenseurs de Zahlé furent accueillis en héros à Sin el-Fil par Bachir Gémayel et par une foule en liesse. Camille Chamoun, en veste et chemise à col ouvert, un mouchoir sur la tête pour se protéger des ardeurs du soleil, et Pierre Gémayel en costume noir strict croisé et cravate, les cheveux plaqués, leur rendirent hommage dans la cour du quartier général des Forces à la Quarantaine. Bachir les salua un à un avant de leur affirmer :

— Grâce à vous, la cause de la résistance a pris une autre dimension. Elle est devenue internationale autant que libanaise. Partout dans le monde, des états-majors de crise se sont formés, les émissaires se sont multipliés, les religieux ont organisé des sit-in, le pape a prié, des missiles ont été installés, des flottes se sont mises en branle, et nous avons distingué les alliés des ennemis. Sans vous, la légalité n'aurait pu pénétrer à Zahlé par la grande porte.

Il ne leur précisa pas que lui-même en avait politiquement directement bénéficié tant sur le plan international que national. Le siège de Zahlé l'avait imposé définitivement au parti Kataëb et la popularité qu'il en avait tirée avait irrémédiablement écarté son frère Amine. En trois mois d'affrontements et de bombardements, le siège de Zahlé avait fait au total 200 morts et plus de 2 000 blessés.

Alors que l'entrée les gendarmes à Zahlé était saluée par la population en liesse, les Israéliens étaient, eux, collés à leur télévision ou à leur poste radio. Jamais dans l'histoire politique de l'État hébreu, des résultats électoraux n'avaient été si serrés qu'en ce 30 juin 1981. Le décompte des voix à la proportionnelle donnait 47 sièges aux travaillistes et 47 sièges au Likoud et à leurs alliés respectifs. Dans certains bureaux de vote, il avait même été procédé à un recomptage des bulletins tant l'écart était faible. La moindre erreur pouvait donner des résultats inverses. Aucune des deux formations n'était en mesure de constituer un gouvernement. Mais un député religieux orthodoxe qui avait fait campagne avec les travaillistes changea de camp et assura la majorité au Likoud. Le président israélien, Yitzhak Navon, refit donc appel à Menahem Begin. Le bruit courut qu'Ariel Sharon, le ministre de l'Agriculture sortant, avait été pressenti pour le portefeuille de la Défense. Ce fut une levée de boucliers. Des critiques acerbes s'élevèrent au sein même du Likoud. Le vice-ministre de la Défense sortant, Mordechaï Tzipori, déclarait ouvertement qu'une « telle nomination serait une catastrophe nationale [1] ».

La légende personnelle de Menahem Begin comportait un événement qui avait eu lieu dix ans avant sa naissance et qui, selon certains, avait profondément marqué le Premier ministre désigné. Son

1. *Yedioth Aharonoth*, 8 juillet 1981.

père, Div Zeev Begin, avec l'aide de l'un de ses voisins, Scheinerman, avait forcé les portes de la grande synagogue de Brest-Litovsk en Pologne pour célébrer une cérémonie à la mémoire de Theodor Herzl [1] que le rabbin considérait comme un hérétique. Scheinerman n'était autre que le grand-père d'Ariel Sharon. Né Ariel Scheinerman en 1938 dans une ferme au nord de Tel-Aviv, Arik, comme l'appelaient ses proches, était un personnage truculent à la silhouette fortement charpentée, un bulldozer aux idées extrêmement belliqueuses dès lors qu'il estimait que la sécurité de l'État hébreu, telle qu'il la concevait, était menacée. En 1953, il commandait la célèbre Unité 101, ancêtre des commandos Sayeret, forte de 45 hommes, « capables de répliquer [2] » au terrorisme arabe. Ils s'étaient taillé une réputation de durs sans pitié, complètement fascinés par leur chef. Après la dissolution de cette unité, à la suite d'un raid particulièrement meurtrier [3], Ariel Sharon fut nommé commandant d'une brigade de parachutistes. Son caractère entier ne laissait pas indifférent, il était soit adulé, soit haï. Les inimitiés qu'il s'était créées au sein même de l'armée israélienne avaient été plus fortes que les amitiés qu'il y avait nouées et il n'avait jamais pu, malgré une brillante carrière militaire, satisfaire son ambition avouée d'être le chef d'état-major de Tsahal. De plus, ce poste, depuis la création d'Israël, avait toujours été attribué à des généraux de sensibilité travailliste et Sharon affichait sans détour des opinions de droite. La seule exception était Raphaël Eytan, alors en fonction, qui ne s'était jamais exprimé politiquement avant sa nomination et qui avait été désigné, sachant que sa famille était « bien ancrée » à gauche. Ayant abandonné l'uniforme, Ariel Sharon s'était lancé dans la politique en adhérant tout naturellement au Likoud où il prit la tête des faucons, avec la ferme intention, en cas de succès, de devenir ministre de la Défense. Il avait dû patienter durant le premier gouvernement Begin. Sa revanche était à portée de main et il était bien décidé à la prendre.

La nouvelle de la reconduction de Menahem Begin provoqua un vif soulagement au quartier général des Forces. Israël ne changerait pas de politique. Une satisfaction qui n'eut guère le temps

1. Theodor Herzl, fondateur du sionisme.
2. Ariel Sharon, *Mémoires*, trad. fr., Stock, 1990.
3. L'Unité 101 dynamita 150 maisons du village jordanien de Kibbiya, le 14 octobre 1953, faisant 69 morts, dont des femmes et des enfants, en réponse à l'assassinat d'une Israélienne et de ses deux enfants.

de s'exprimer : tout le monde ou presque « planchait » sur la déclaration de rupture des relations des FL avec les Israéliens. Le Comité de vigilance qui, officiellement, devait poursuivre ses travaux pour aider le président Sarkis à trouver une solution à la crise libanaise annonça qu'il tiendrait réunion le 4 juillet, à Beit Eddine. Les Forces libanaises décidèrent de lancer un mouvement populaire pour exprimer, avant cette réunion, l'unité chrétienne dans le refus de l'occupation syrienne. Conférences de presse, *sit-in* de religieux et grèves générales se succédèrent.

Le ministre libanais des Affaires étrangères, Fouad Boutros, s'était rendu à Damas pour évoquer avec le président syrien les livraisons d'armes aux différentes factions libanaises.

— Si Bachir Gémayel rompt ses contacts avec les Israéliens, il cessera de recevoir des armes, avait-il dit en substance à Hafez el-Assad, mais les Libyens et d'autres continueront à en fournir aux Palestiniens.

— Lorsque nous nous serons assurés que Bachir Gémayel n'en recevra plus, nous imposerons un blocus terrestre et maritime pour les autres, l'avait rassuré, d'un ton placide, le n° 1 syrien.

L'ambassadeur des États-Unis, informé des intentions réelles de Bachir, lui avait certifié qu'Israël devait pouvoir comprendre la manœuvre. Il lui précisa cependant qu'il ne pouvait le conseiller à ce sujet, n'ayant pas eu d'instruction de son gouvernement. L'opinion de cheikh Pierre était plus conforme à la ligne de la politique traditionnelle libanaise :

— Que Sarkis nous dise ce que doit contenir le texte de la déclaration et nous jugerons après.

Le plus mal à l'aise fut Shmulik Avyatar, le permanent du Mossad au Liban. Bachir était allé lui rendre visite à Adonis, au siège de l'antenne, pour lui expliquer qu'il s'agissait uniquement d'une manœuvre politique :

— C'est une déclaration mensongère. Nous ne voulons pas couper les ponts avec vous.

— Je te comprends ! répondit Alex, mais Tel-Aviv pourrait très mal réagir et risque de mettre fin à toute relation avec toi. Il faudrait que Mendy puisse rencontrer Élias Sarkis pour obtenir une confirmation, ou que tu ailles voir Yitzhak Navon, le chef de l'État.

Les proches de Bachir passèrent la journée du 3 juillet à peser le pour et le contre. Vers midi, Michel Aoun posa sur la table une feuille de papier couverte de son écriture heurtée et penchée sur la droite. C'était un tableau comparatif des avantages et des inconvénients que représentait la déclaration [1]. Pour lui, les points positifs de cette démarche consistaient à « tirer au clair les intentions syriennes, arabes, et américaines, à couper court aux tergiversations sur le plan interne, à lever les obstacles qui limitaient les contacts avec les Arabes et les Palestiniens et enfin à bénéficier d'une trêve militaire, ne serait ce que pour un court laps de temps ». Au chapitre des désavantages, il citait « l'éventualité d'une rupture de l'approvisionnement militaire israélien, avec toutes les répercussions négatives que cela comportait, le risque d'être obligé d'accepter de plus grandes concessions par la suite et le fait que les FL allaient assumer la responsabilité de tous les affrontements, ce qui innocenterait les Syriens par la même occasion ». Dans un troisième paragraphe, Michel Aoun évoquait les conséquences d'une « non-déclaration » : « Les acquis seraient préservés, avait-il écrit, mais le risque d'une invasion syrienne doit alors être envisagé très sérieusement. De plus, cela serait perçu de notre part comme des initiatives de paix arabes dont nous devrions assumer la responsabilité. »

Entre-temps, Syriens et Israéliens, chacun à leur manière, exerçaient le maximum de pression. Les soldats de Damas refusaient de céder leurs positions aux gendarmes sur la colline de Tall Chiha et sur la route de Ksara, à la sortie nord de la ville comme le prévoyait l'accord et voulaient fermer les permanences des partis. Dans le même temps, le commandant en chef des FL reçut un message personnel de Menahem Begin lui signifiant qu'Israël ne verrait pas d'un bon œil une déclaration de sa part annonçant une rupture de ses relations avec l'État hébreu.

Le 4 juillet 1981, vers 10 heures du matin, les ambassadeurs d'Arabie Saoudite et du Koweït, le général Ali Chaër et Abdel Hamid Bouayajane, vêtus de *deshdasha* et keffiehs blancs, montèrent les marches du palais de Beit Eddine pour rejoindre le représentant de la Ligue arabe et Abdel Halim Khaddam, le ministre syrien des Affaires étrangères. Les deux hommes avaient une idée précise de la situation libanaise. L'anarchie était à son comble : une grève générale paralysait les régions chrétiennes pour protester contre l'occupation syrienne ; un dépôt de munitions, appartenant à l'Organisation de l'action communiste libanaise [2] venait de sauter dans les caves d'un immeuble du quartier de Tarik el-Jdidé à Beyrouth Ouest, faisant 7 morts et

---

1. Voir texte intégral en Annexe 8, p. 522.
2. Organisation de l'action communiste libanaise. Dissidents trotskistes du Parti communiste libanais.

51 blessés ; la ligne de démarcation coupant la ville en deux s'était « réchauffée » avec l'activité des francs-tireurs.

Dès l'ouverture de la séance, Élias Sarkis confirma au Comité de vigilance que le problème de la déclaration était sur le point d'être réglé, le texte étant en préparation.

— Le plus important, maintenant, serait d'étudier les mesures permettant à l'État de recouvrer son autorité, annonça-t-il.

Les discussions à ce sujet furent aussi longues que stériles. Tous, mis à part Abdel Halim Khaddam, connaissaient parfaitement leurs limites. Lors d'une suspension de séance, Johny Abdo s'adressa au ministre syrien :

— Bachir Gémayel comptait sur un accord concernant Zahlé. Il pensait qu'il pouvait avoir confiance dans les garanties arabes.

— Il nous est difficile de passer un accord avec lui, nous sommes un État !

— Pour lui, la seule alternative à ses relations avec Israël serait un accord avec la Syrie !

— Malheureusement, les tentatives de négociations avec lui n'ont pas été très encourageantes, répondit le Syrien en faisant allusion aux discussions avec Mohamad el-Kholi.

— Vous n'avez pas su profiter de la situation. Aujourd'hui, Bachir ne sait plus comment traiter avec vous.

— Donnez-nous un peu de temps et qu'il en profite également, conseilla doucement Khaddam à l'officier libanais en mettant fin à l'entretien. Le problème de Zahlé étant réglé comme le souhaitait Damas, l'ouverture vers les Forces libanaises pouvait se refermer.

Informé de cet entretien, Bachir Gémayel tenta en vain d'obtenir un délai supplémentaire en faisant valoir aux ambassadeurs arabes que Damas ne voulait pas appliquer toutes les conditions de l'accord concernant Zahlé.

Le lendemain soir, dans la nuit du 5 au 6 juillet 1981, Bachir Gémayel se rendit en Israël. Il expliqua longuement à Menahem Begin ce qui se cachait derrière la fameuse déclaration :

— Si cela peut sauver des vies humaines, je ne peux qu'être d'accord, lui répondit le Premier ministre. Pourtant cela me cause de la peine.

Begin autorisa cependant l'envoi en mission dans la zone chrétienne d'un conseiller militaire, le colonel Shakhan Mulla, afin d'aider les FL à renforcer leurs lignes de défenses. En civil, l'officier parcourut pendant plusieurs semaines tous les fronts pour déterminer dans les plus petits détails les positions à renforcer.

Très austère dans son comportement comme dans ses paroles, Shakhan Mulla, qui avait suivi des études hôtelières avant d'entrer dans l'armée, devenait prolixe dès qu'il abordait ses deux passions — le pilotage, qu'il pratiquait à titre privé, et la pêche.

Joseph Aboukhalil soumit à Bachir un projet de texte qui fut ensuite tapé à la machine par Anis, la secrétaire du chef des FL. Il le signa et alla personnellement le remettre à Johny Abdo. Rédigée en arabe, la lettre datée du 6 juillet 1981 portait en en-tête le sigle des FL (un cèdre vert dans un cercle rouge) et l'appellation, en arabe : « LES FORCES LIBANAISES ». Elle était adressée au président Élias Sarkis :

« S.E. le président de la République.

« Vous connaissez l'étendue de notre volonté de régler cette crise dans laquelle se débat le Liban depuis des années et vous savez combien nous sommes prêts au sacrifice quand il s'agit de la sécurité de cette patrie et du bien-être de son peuple. Dans tous les cas, notre résistance pour sa défense reste des plus nobles. Les 5 000 combattants qui sont tombés en martyrs pour ce pays et les valeurs qu'il représente en sont le témoignage. Sans mentionner les milliers de handicapés, ces amputés de corps et d'esprit qui s'associent chaque jour à la souffrance de leur patrie.

« Nous avions présenté à Votre Excellence notre vision complète de la crise libanaise et des solutions envisageables et acceptables. Nous avions également montré une complète disponibilité à collaborer à toute solution qui aiderait à sauver ce pays et à diminuer les souffrances de son peuple.

« Il est apparu qu'au travers d'une initiative de recherche de solution à laquelle participeraient les pays arabes frères, la question de notre collaboration avec Israël a été soulevée, ainsi que la nécessité de prendre position à ce sujet, afin de pouvoir contribuer à cette solution. Alors que cette collaboration, dans le contexte du moment, ne peut être considérée comme une faute. Nous nous en étonnons, mais nous estimons que le Liban mérite que nous assurions à Votre Excellence notre engagement à ne pas ouvrir de collaboration avec Israël. Si notre engagement peut sauver le Liban ou ouvrir une voie de salut, nous prions Votre Excellence d'en prendre acte. Confiants, nous remettons cet engagement entre vos mains. Il ne peut être rendu public que pour le Liban et rien que pour lui.

« Avec estime et respect.

« Le commandant en chef des Forces libanaises

Bachir Gémayel. »

Élias Sarkis ne publia jamais ce texte. Il informa simplement les membres du Comité de sa réception et confirma que Bachir Gémayel s'engageait à rompre ses relations avec Israël, sans plus. La Syrie déclencha, avec ses alliés libanais, une véritable campagne de presse mettant tout à la fois en doute l'existence de la lettre, les intentions de son signataire et dénonçant la collusion entre la « légalité » et les FL. Les journaux évoquèrent l'existence de la missive sans en donner, et pour cause, le contenu. Ce qui permit à Menahem Begin, interrogé le lendemain à la Knesset sur les intentions de Bachir Gémayel, de rétorquer :

— La situation au Liban est très délicate, permettez-moi de ne pas vous répondre.

Ali Chaër fut vexé de ne pas en avoir été le destinataire. Il s'en ouvrit à Johny Abdo en faisant remarquer que, par son attitude, le chef des Forces ne tenait pas compte du Comité de vigilance. Ce qui n'était pas entièrement faux. Du moins, Bachir en contestait-il fortement l'efficacité. Pour atténuer le courroux de l'ambassadeur, le chef du 2e Bureau l'invita à rencontrer le jeune leader chez lui. Ce dernier, peu désireux de s'aliéner le représentant de l'Arabie Saoudite, consentit à lui lire le texte qu'il avait adressé au président libanais sans toutefois lui en donner copie.

— Ce texte est excellent, approuva l'ambassadeur après l'avoir attentivement écouté. Il est tout à fait acceptable par nous comme par les Koweïtiens. Nous l'adoptons ! Si Khaddam ne marche pas, il en assumera la responsabilité. L'État libanais nous demande de l'accepter et nous appuyons sa requête.

En trois mois, du 1er avril au 1er juillet 1981, les affrontements et les bombardements avaient fait 1 121 tués et 4 499 blessés sur tout le territoire libanais. Le 16 août, à 9 heures du matin, dans une ruelle de Hamra, à Beyrouth Ouest, une Mercedes rouge coinça une Range Rover. Quatre hommes en sortirent et vidèrent chacun deux chargeurs de Kalachnikov sur les occupants du véhicule tout terrain avant de disparaître. À l'intérieur de la Range Rover gisaient les corps criblés de balles d'Élias Hannouche, dit Hannache, de sa fille May, 9 ans, de son fils Alain, 7 ans, et de ses deux gardes du corps.

11

Le jeu américain

L'affaire Zahlé étant réglée, le cadet des Gémayel se lança dans un autre projet : son voyage aux États-Unis. Ce fut le sujet essentiel de la première rencontre qu'il eut avec le nouvel ambassadeur des États-Unis au Liban, Robert Dillon, le 7 juillet 1981.

— Nous nous entendrons bien, lui affirma le diplomate.

Vêtu d'un costume blanc, un large sourire, ressemblant curieusement à Tintin sans doute à cause d'une mèche de cheveux blancs coiffée en arrière qu'il portait juste au-dessus du front, Dillon avait une allure de jeune cadre dynamique. Johny Abdo, qui l'avait rencontré quelques heures auparavant, lui avait déjà demandé d'obtenir pour Bachir un entretien avec le vice-président américain George Bush.

— Ce sera très difficile ! avait répondu le diplomate. Ni lui ni le secrétaire d'État Alexander Haig ne vous recevront. Ce serait une reconnaissance des Forces libanaises.

Bachir Gémayel insista à son tour :

— L'ambassadeur Dean m'avait certifié que je verrais Alexander Haig et William O. Casey.

— Votre entrevue avec Nicolas Véliotes, qui est l'un des adjoints de Haig, servira de couverture pour votre réunion avec la CIA.

C'était là, justement, le problème de Bachir. Ses relations avec Israël passaient par le Mossad, celles qu'il était en train de tisser avec les États-Unis risquaient de se limiter à la CIA. Il ne voulait plus de ces liens plus ou moins clandestins, et recherchait des contacts politiques officiels. Si ces derniers restaient difficiles avec Tel-Aviv, du fait de l'environnement arabe, ce n'était pas le cas pour Washington.

— Après tout ce que j'ai fait pour vous, je dois rencontrer quelqu'un de plus important que Nicolas Véliotes, argumenta Bachir.

— Les États-Unis ne peuvent pas s'engager plus en avant avec vous, répliqua Robert Dillon. Ils doivent tenir compte de leurs alliés naturels. Il vous faut aussi compter sur vous-même pour ouvrir des portes. Notre ambassadeur en Israël m'a envoyé deux messages concernant votre dernière visite à Menahem Begin.

— Voulez-vous que je vous tienne au courant de mes visites en Israël et de mes contacts là-bas ?

— Vous n'êtes pas obligé de tout me dire. Néanmoins, le fait d'être informé me permettrait de mieux vous aider. Mais attention, je suis tenu de transmettre tout ce que j'apprends à mon gouvernement. Ne me dites pas ce que vous ne voulez pas qu'il sache.

Le 9 juillet 1981, le chef des FL refit sa valise pour les États-Unis. Pour éviter les désagréments du premier faux départ, la plus grande discrétion fut observée pour organiser une opération similaire à celle du 16 mai. Le voyage fut cependant à nouveau annulé à la dernière minute, en raison d'informations sur une intervention de la chasse syrienne contre l'hélicoptère qui devait le conduire à Larnaca.

Le lendemain, le Sud Liban s'embrasait. Deux raids aériens israéliens sur des installations du FDLP[1] dans les villages de Habouche près de Nabatiyé et de Ghazieh non loin de Saïda firent 6 morts et 20 blessés. La réaction fut immédiate. Les katioucha palestiniennes s'abattirent, le soir même, sur Kyriat Shmona, blessant 14 personnes. La spirale infernale des raids aériens sur la Galilée commençait. Le 12 juillet, les chasseurs-bombardiers frappèrent Damour et Naameh. L'aéroport de Beyrouth, situé à moins de 5 km de là, fut fermé pendant les deux heures que dura l'attaque. Deux jours plus tard, l'aviation syrienne tenta d'intercepter des chasseurs-bombardiers israéliens au-dessus du Sud Liban, un Mig fut abattu près de Kfarfalouss. Le 16 juillet, des roquettes palestiniennes explosèrent sur Nahariya et Kyriat Shmona, tuant deux habitants et en blessant 18 autres.

— Il n'y aura plus de tirs sur la Galilée, promit, menaçant, Menahem Begin.

Washington condamna et demanda l'arrêt des raids aériens. Les Américains évoquèrent un nouveau report de la livraison des

1. Front démocratique de libération de la Palestine dirigé par Nayef Hawatmeh.

4 chasseurs F 16 bloqués par l'embargo jusqu'au 17 juillet, conséquence du raid sur la centrale nucléaire de Tammouz. Tel-Aviv protesta et exigea leur livraison en faisant valoir que ces appareils avaient déjà été payés, comme d'ailleurs l'avait déjà été, partiellement, une autre commande de 10 avions du même type. La fourniture de ces F 16, en pleins raids israéliens, ne pouvait être qu'une source d'embarras auprès des pays arabes au moment où les Américains s'efforçaient de jouer les médiateurs au Proche-Orient. Washington haussa le ton et évoqua une mise à l'étude de ladite livraison.

Ce fut dans cette ambiance tendue que Bachir Gémayel tenta une troisième fois, le 16 juillet, de rallier les États-Unis. Cette fois-ci, l'hélicoptère de l'armée libanaise décolla à l'heure prévue de Jounieh alors qu'au Sud Liban une série de raids aériens détruisaient les six ponts qui permettaient de franchir les fleuves Awali et Litani. À Larnaca le chef des FL ne put monter dans l'avion privé qui l'attendait. Cédant à des pressions syriennes et surtout palestiniennes, dont les organisations étaient bien implantées dans l'île, les autorités chypriotes lui refusèrent l'autorisation de transfert d'un vol militaire à un vol privé. Toute la journée, l'ambassadeur libanais à Nicosie, le ministre des Affaires étrangères Fouad Boutros, la présidence libanaise par la voix de Johny Abdo intervinrent tour à tour, en vain. Les Chypriotes furent intransigeants. Bachir Gémayel, furieux, fut contraint de rebrousser chemin vers 17 heures. À son arrivée, cinquante minutes plus tard, il apprit que les Palestiniens avaient riposté à la destruction des ponts par un tir de barrage de 2 000 obus et roquettes sur Nahariya et Kyriat Shmona. Le lendemain, le 17 juillet 1981, ce fut l'apocalypse.

En trois vagues, des F 16 et F 15 israéliens prirent pour cibles les bâtiments de l'OLP dans le quartier de Fakhani en plein cœur du Beyrouth Ouest populaire. Toute la journée et une grande partie de la nuit, les ambulances, sirènes hurlantes, sillonnèrent les rues transformées en champs de ruines, encombrées de voitures soufflées par les explosions pendant que les sauveteurs s'affairaient dans les immeubles éventrés. Surpris par la violence et la soudaineté de l'attaque, les habitants des quartiers chrétiens à l'est de la capitale se terrèrent dans les abris par crainte de bombardements de représailles.

C'était la première fois que Tel-Aviv frappait au cœur d'un quartier de Beyrouth qui n'avait plus connu de bombardement aérien depuis la Seconde Guerre mondiale. Il y eut 191 morts et plus de 730 blessés. Nahariya, Kyriat Shmona et cette fois-ci Mettoula furent pilonnés en représailles.

À la demande de Ronald Reagan, Philip Habib qui était à Riyad, annula le déplacement qu'il devait faire à Damas et se précipita à Jérusalem. Malgré le démenti officiel de Washington, l'émissaire spécial du président américain avait reçu comme instruction très nette de mettre la livraison de F 16 à Tel-Aviv en balance à un cessez-le-feu à Beyrouth. Au moment où il arrivait en Israël, le vice-ministre de la Défense, Mordechaï Tzipori annonça au micro de la radio de l'armée : « Si ce que nous avons fait ne calme pas les Palestiniens, nous opterons pour de nouvelles méthodes qui nous permettront de ratisser le terrain et mettront fin aux tirs contre Israël. Nous agirons même si des amis se trouvent dans la région. »

Cette réponse anticipée aux exigences de Philip Habib donna le ton des difficultés que celui-ci allait rencontrer. Sa mission s'annonçait d'autant plus mal que l'État hébreu concentra des troupes et des blindés le long de sa frontière nord. Une opération militaire terrestre paraissait imminente. N'ayant pas le droit de rencontrer les dirigeants palestiniens, Philip Habib dialogua avec eux par l'intermédiaire du sous-secrétaire général des Nations unies Brian Urqhart. Ces discussions, bien qu'indirectes, donnaient de fait à Arafat une reconnaissance de son existence politique. De plus, le chef de l'OLP se permit d'ironiser sur la chaîne de télévision américaine ABC : « Begin devrait reconnaître qu'au travers de cette confrontation il y a un dialogue[1]. » Le Premier ministre israélien en fut excédé. Le 22 juillet, irrité par l'intransigeance de Begin, Ronald Reagan tapa du poing sur la table. Il suspendit pour une durée indéterminée la livraison des F 16 et brandit, arme suprême, l'éventualité d'un retard dans l'examen et le vote par le Congrès de l'aide militaire américaine à Israël. Le même jour, le Conseil de sécurité des Nations unies votait à l'unanimité une résolution appelant les belligérants à un cessez-le-feu immédiat qui fut aussitôt accepté par Yasser Arafat. Le 24 juillet, Philip Habib parvint à arracher les bases d'un accord syro-palestino-israélien inespéré quoique minimaliste : la Syrie pouvait maintenir ses missiles dans la Békaa mais ne s'en servirait pas ; Israël pouvait continuer ses survols du Liban mais sans frapper les Syriens ;

1. Rémi Favret, *Arafat, un destin pour la Palestine*, Renaudot, 1990.

Palestiniens et Israéliens devaient cesser les combats sur la frontière.

Deux jours plus tard, à 3 heures du matin, de Jérusalem, l'envoyé spécial de Reagan appela Brian Urqhart pour l'informer d'une ultime exigence israélienne : le cessez-le-feu ne devait pas être limité au Sud Liban, mais étendu à tout le territoire israélien ! En un mot, l'OLP devait renoncer à combattre Israël. Urqhart explosa et refusa de communiquer cette exigence à l'OLP. Elle allait à l'encontre du droit de résister à l'occupation inscrit dans la charte de l'ONU. Habib parvint à faire reculer Begin lors d'une réunion houleuse. En sortant de chez le Premier ministre israélien, l'Américain annonça lui-même à la presse qu'Israël acceptait le cessez-le-feu, ce que confirma, visiblement de mauvaise grâce, Menahem Begin quelques secondes plus tard.

L'accord obtenu par Philip Habib ouvrit la porte de la diplomatie américaine à l'OLP. En Israël, l'éventualité d'un dialogue entre Palestiniens et Américains fut considérée comme une véritable catastrophe.

En août 1981, dans le plus grand secret, Arafat reçut John Mroz, directeur d'études à l'Académie internationale de la paix, une fondation new-yorkaise, semi-officielle comme il en existait des dizaines d'autres aux États-Unis. Une bonne partie du proche entourage de Reagan avait estimé que, lors des combats de juillet, Yasser Arafat avait prouvé qu'il contrôlait ses hommes et qu'il était apte à la négociation. Certains pensaient même qu'il faudrait tôt ou tard traiter avec la centrale palestinienne. Les rencontres Arafat-Mroz eurent lieu à l'initiative de James Baker, Edwin Meese et Michael Daver, les conseillers privés du président américain, avec l'assentiment de celui-ci [1]. Alexander Haig surnommait ce trio « le monstre à trois têtes ». John Mroz rendit compte de chaque entretien à Nicolas Véliotes, le secrétaire d'État adjoint pour le Moyen-Orient. Au total, près de 400 heures de discussions sur l'ébauche d'un plan de reconnaissance mutuelle entre l'OLP et Israël eurent lieu entre août 1981 et mai 1982. Ce dialogue fut si secret qu'il échappa à la vigilance des services de renseignement israéliens. Il devait déboucher sur le plan Reagan que les Américains présenteront à Begin le 1er septembre 1982.

Réunis à Tunis, les représentants de la Ligue arabe, après ce qui s'était passé au Sud Liban, ne purent que reconduire pour six

1. *New York Times*, février 1984.

mois le mandat de la FAD, bien que certains pays arabes, comme le Koweït ou l'Arabie Saoudite, eussent émis de sérieuses réserves quant à cette reconduction quelques semaines auparavant.

Le cessez-le-feu obtenu par Philip Habib eut pour conséquence indirecte le déménagement de l'antenne du Mossad au Liban. Le calme retrouvé ayant fait revenir les diplomates, les représentants du Sénégal voulurent reprendre possession de leurs locaux à Adonis. L'équipe du Mossad dut quitter la villa où elle avait passé un peu plus de cinq mois. Le résident Shmulik Avyatar (Alex), les deux gardes du corps et le chiffreur israéliens, discrètement protégés par quelques miliciens chrétiens, avaient profité du jardin en espaliers et d'une piscine à fond bleu. Toujours vêtus en civil, ils s'étaient complètement intégrés à la vie du quartier et étaient passés totalement inaperçus, si ce n'était, le soir de l'anniversaire d'Alex, ce dernier, très bon musicien, s'était mis au piano pour jouer des airs populaires israéliens que ses collègues avaient repris en chantant à tue-tête alors que les fenêtres étaient ouvertes à cause de la chaleur. Les voisins, d'abord intrigués par la langue qu'ils ne connaissaient pas, puis méfiants, avaient alerté... les Forces libanaises.

L'antenne du Mossad fut provisoirement logée au premier étage du petit couvent Saint-Jean, à Ajeltoun, dans la montagne, au-dessus de Zouk. Aucun des membres de l'équipe ne se plut dans ce bâtiment de pierre de taille, au toit rouge, isolé au sommet d'une colline au milieu d'une forêt de pins parasols, loin de la ville. Les Forces firent appel à un homme d'affaires, Raymond Arab, dit Moni, pour construire au bord de la mer une villa et une aire d'atterrissage d'hélicoptère à Tabarja, au nord de la baie de Jounieh. C'était là que, depuis des années, les Nataks [1] israéliens débarquaient les armes et les munitions pour les milices chrétiennes.

Grec catholique, originaire du Liban Nord, excellent organisateur, Moni Arab était avant tout un ami personnel de Bachir Gémayel. Ce dernier utilisait ses compétences chaque fois qu'il avait des problèmes logistiques à régler. Pendant le siège d'Achrafieh en 1978 ou celui de Zahlé, Moni s'était occupé de tout l'approvisionnement en nourriture et en médicaments de l'état-major de la milice chrétienne. Il avait entre autres créé et gérait la cantine

1. Bateaux de débarquement à fond plat qu'utilisaient les Israéliens pour livrer des armes et des munitions sur les plages autour de Jounieh.

du quartier général de la Quarantaine. Bachir ayant souligné le besoin urgent de ce bâtiment, Moni paria avec lui une caisse de whisky que la construction de la villa de Tabarja n'excéderait pas vingt jours. Il gagna son pari en faisant travailler en relais deux équipes d'ouvriers jour et nuit.

La quatrième tentative de départ de Bachir Gémayel vers les États-Unis, le 30 juillet 1981, fut la bonne. À l'aube, accompagné de sa femme Solange, le chef des FL monta à bord de la vedette rapide que sa milice avait « confisquée » aux douanes. Commandée par un lieutenant de la marine nationale libanaise envoyé par Johny Abdo et barrée par le responsable de la marine des Forces, la petite embarcation fut au rendez-vous prévu avec un navire de guerre logistique de la VIe flotte américaine, à 10 miles (18 km) à l'ouest de Jounieh, en dehors des eaux territoriales. Sitôt en vue de l'immense navire gris, conformément aux instructions reçues, la vedette réduisit ses moteurs, pointa ostensiblement sa mitrailleuse 12,7 vers le ciel et stoppa à une centaine de mètres du navire US qui mit une chaloupe à l'eau pour transborder Bachir et sa femme.

Les 48 heures de navigation qui suivirent furent un calvaire pour le jeune homme, malade à la seule idée d'avoir à monter en bateau. L'hélicoptère du navire transféra ensuite le couple Gémayel sur une base américaine en Italie où l'attendait un avion privé qui les amena à Francfort. Ils rallièrent Washington par le vol régulier de la Pan-Am.

Alfred Madi et un Américain d'origine libanaise, Robert, dit Bob, Bassil, conseiller pour le Moyen-Orient au département de la Défense et membre du bureau des FL à Washington, les accueillirent à l'aéroport. Bob, membre de l'American Lebanese League, avait la réputation d'exercer une certaine influence sur plusieurs membres du Conseil national de sécurité. Aussitôt arrivés au Madison Hotel, les trois hommes passèrent plusieurs heures à étudier la meilleure manière de présenter leur combat aux responsables américains. Alfred Madi suggéra de proposer une alliance entre les États-Unis et les Forces libanaises pour combattre ce qui était l'obsession de tous les dirigeants de l'administration Reagan : l'infiltration soviétique. L'idée fut adoptée.

Le 3 août, Bachir Gémayel exposa longuement à un analyste de la CIA la situation libanaise et les pressions syriennes, directes ou indirectes, sur leurs alliés libanais. En début d'après-midi, il eut la surprise de voir arriver Morris Draper au Madison Hotel. Le sous-secrétaire d'État aux affaires du Proche-Orient lui annonça qu'il ne pourrait rencontrer Alexander Haig comme cela avait été un temps envisagé. Alfred Madi réagit violemment :

— Pas question pour Bachir Gémayel de se rendre au Département d'État si ce n'est pour y être reçu par le secrétaire d'État, lança-t-il au diplomate.

Il lui rappela d'un ton acerbe que le Liban faisait partie intégrante de la politique de rapprochement que les États-Unis voulaient développer avec des pays arabes pour contrer l'hégémonie soviétique. Draper laissa passer l'orage et expliqua longuement aux Libanais que le caractère nécessairement public de cette visite pouvait avoir des conséquences importantes sur le rôle qu'entendait jouer Washington dans le monde arabe et notamment vis-à-vis de Damas. Bachir, irrité, coupa court à la discussion :

— Je suis venu porteur d'un message pour les Américains, peu importe qui le reçoit.

Le lendemain matin, le commandant des Forces libanaises eut un bref entretien avec l'amiral Bobby Ray Inman, directeur adjoint de la CIA. Malgré sa cinquantaine bien assise, l'Américain avait la curieuse apparence d'un enfant prodige qui avait grandi trop vite sans doute du fait de sa silhouette svelte, de sa tête très développée par rapport à son corps, de son sourire naïf et de son regard étonné sous des lunettes à épaisses montures. Détenteur du grade le plus élevé de l'US Navy, Bobby Ray Inman avait été responsable des services de renseignement de la marine de 1974 à 1976, puis n° 2 de la Defense Intelligence Agency, le service de renseignement du ministère de la Défense, pendant un an avant de se spécialiser dans le renseignement scientifique comme directeur de la NSA sous la présidence de Jimmy Carter. Il considérait Bachir comme un meurtrier sanguinaire et estimait que la CIA n'avait rien à faire avec cette catégorie d'assassin. Il reçut cependant aimablement le leader des FL et lui conta ses voyages au Moyen-Orient :

— J'ai de très bons souvenirs du Liban du temps de sa splendeur, expliqua-t-il. J'y suis allé en 1955 comme officier de renseignement, le pays était superbe. En 1958, j'étais en Irak lorsque le roi Fayçal et Noury Saïd furent traînés dans les rues de Bagdad. Je faisais également partie de la VIe flotte lorsqu'elle est intervenue à la demande du président Chamoun.

— Cela fait sept ans que nous combattons seuls, essaya d'argumenter Bachir. Nos valeurs et nos idéaux sont les mêmes que les vôtres. Nous essayons, seuls, d'endiguer la pénétration soviétique, sans l'aide de nos amis.

— Vous devez comprendre que la guerre du Vietnam a énormément affecté notre politique et notre action.

— Nous voulons être vos alliés, poursuivit Bachir. Nous voulons faire partie de votre système. Nous avons les mêmes intérêts. Quel que soit son président, le peuple libanais est très amical à l'égard des États-Unis. Ce n'est pas le cas en Égypte et en Arabie Saoudite, où la disparition de Sadate ou de la famille Saoud vous ferait perdre tout votre investissement.

— Nous sommes conscients des problèmes des Saoudiens et des Égyptiens et nous espérons voir le Liban retrouver son indépendance.

Au cas où il l'aurait encore ignoré, ce petit quart d'heure d'entretien démontra au chef des FL que certains responsables américains ne l'appréciaient guère. Il mesura brusquement le chemin à parcourir pour redorer son image. La discussion qu'il eut le lendemain, 4 août, avec Nicolas Véliotes fut nettement plus décontractée et plus chaleureuse. Véliotes s'enquit de la santé de son interlocuteur en faisant allusion aux difficultés de son voyage et à son mal de mer :

— C'est le problème de l'aéroport de Beyrouth, répondit Bachir avec un sourire. Mais notre difficulté majeure reste la présence syrienne. Les élections sont proches et ils vont sûrement nous imposer un Babrak Karmal [1].

— Croyez-vous qu'il y ait un espoir ?

— Lorsque nous nous serons découragés, nous viendrons vous demander des *green cards* [2].

Ils discutèrent des possibilités de parvenir à un retrait syrien et du rôle que pourraient jouer les Saoudiens dans ce domaine. Véliotes l'interrogea sur l'éventualité d'une entente nationale libanaise :

— Nous ne voulons pas discuter de cela maintenant, répondit le jeune homme. Les Syriens contrôlent toute une partie de l'échiquier politique. Les cartes sont faussées. Prenez par exemple le cas de Walid Joumblatt : la présence constante à ses côtés d'Albert Mansour, un homme acquis à Damas, lui interdit la possibilité de

1. Chef de l'État afghan arrivé à Kaboul dans les avions soviétiques, le 27 décembre 1979, le premier jour de l'intervention militaire.

2. Cartes de séjour aux États-Unis.

dialoguer librement. Discuter de l'entente nationale, c'est encourager et faciliter le jeu syrien, un jeu de déstabilisation et d'ingérence. Soyons clairs sur les qualificatifs que nous employons. L'idée du président Sarkis est excellente. Il faudrait que les Syriens sortent de Beyrouth et du Mont-Liban, ce qu'ils n'ont pas l'intention de faire. Ils sont très forts pour créer des justifications de leur maintien. Voyez comme ils ont obtenu la reconduction du mandat de la FAD. Vous allez vous-mêmes le constater, ils évoqueront demain l'échéance des élections présidentielles.

En sortant de l'entretien, Bachir apprit la nomination d'Ariel Sharon au poste de ministre de la Défense. Le nouveau cabinet Begin se caractérisait par l'absence de personnalités modérées : Moshé Dayan, Ezer Weizman, Ygael Yadin n'en faisaient plus partie. Le commandant des Forces n'avait jamais rencontré l'ancien général devenu ministre. Il le connaissait de réputation ; il estima que les choses tournaient à son avantage.

La CIA revint à la charge le 5 août. De 9 heures à 17 heures, Bachir tint réunion sur réunion, dans un des salons du Madison Hotel, avec les deux responsables du dossier Liban, Chuck Coughan et Jey Rogers. Aimables, décontractés, sûrs de leur puissance et de leur pouvoir, tour à tour, ils exposèrent leurs points de vues : « Nous voulons être vos alliés [...]. Nous ne pouvons être proches de la Syrie dès lors qu'elle est votre ennemie [...]. Les Russes s'infiltrent de plus en plus [...]. Nous nous entendons bien avec les musulmans, mais Damas nous met des bâtons dans les roues. » Des propos que voulait entendre le chef des Forces libanaises. Jey Rogers se montra le plus prolixe. Il expliqua qu'une nouvelle politique américaine se mettait en place le concernant mais que tout n'était pas encore défini, certains points ayant encore besoin d'approbation comme par exemple l'entraînement militaire des miliciens chrétiens. Il pensait qu'en septembre, tout rentrerait dans l'ordre. La seule facilité immédiate consistait à former des éléments des FL au renseignement.

— Nous pouvons commencer immédiatement en intégrant six personnes dans un stage de renseignement militaire et autant pour former des spécialistes de sécurité rapprochée. De quel genre d'armes avez-vous besoin ?

— Nous avons 15 000 hommes mais nous n'avons pas d'argent pour les armer, répondit Bachir.

— Nous essayerons de vous en trouver.

— Vous pourriez commencer par nous fournir ce que vous

avez en attendant de trouver les fonds nécessaires pour en acheter d'autres, proposa le Libanais.

Jey Rogers hocha la tête :

— Je ne peux rien vous promettre avant septembre.

— Nous avons également besoin de matériel de communication. Mais notre priorité va à l'entraînement de nos hommes, précisa Bachir.

— Notre politique à votre égard est dérivée de notre soutien à votre gouvernement et de l'aide que nous allons apporter à l'armée libanaise. Il ne sera peut-être pas nécessaire dans ces conditions que vous disposiez d'une force militaire indépendante.

— Ce n'est pas comme cela qu'il faut voir les choses. Notre armée deviendra le noyau central de la nouvelle armée libanaise.

Le fonctionnaire de la CIA évoqua les entretiens que Bachir avait eus depuis son arrivée et lui demanda :

— Si nous sommes tous d'accord, que pourrions-nous faire à la fin de votre séjour ?

— Préparer un communiqué de la Maison-Blanche demandant à la Syrie de se retirer du Liban proposa Bachir sans hésiter. Il faudrait également solliciter les Saoudiens pour qu'ils interviennent plus fermement auprès de Damas afin d'obtenir le retrait des Syriens de Beyrouth, de l'aéroport, de la montagne et du Nord.

— Rien d'autre ? s'enquit Jey Rogers avec un sourire.

— Il vous faut, bien sûr, continuer à appuyer le président Sarkis dans ses efforts.

— Nous aimerions rencontrer Élie Hobeïka avant le mois de septembre, suggéra l'Américain avant d'annoncer que la CIA allait mettre en place un système de communication entre les FL et l'ambassade américaine à Beyrouth pour faciliter leurs contacts. Bachir regretta de ne pas avoir rencontré un officiel de haut niveau du Département d'État. Jey Rogers, en confidence, lui annonça qu'il serait reçu par William Clark, l'adjoint d'Alexander Haig.

Un message alarmant d'Élie Hobeïka parvint par le télex de l'hôtel. Un groupe de Palestiniens auraient quitté le Liban pour les États-Unis afin de perpétrer un attentat contre le leader des FL. Les services secrets américains prirent la chose très au sérieux. Ils exigèrent immédiatement que Bachir aille s'installer dans une *safe house* appartenant à la CIA. Tout son programme en fut bouleversé ; 15 gardes du corps ne le quittèrent plus et il ne se déplaçait plus qu'en convoi de trois voitures. Des cérémonies avec la communauté libanaise furent supprimées et les entretiens qu'il devait avoir avec Richard Nixon et Ted Kennedy furent annulés. Bachir ne put jamais déterminer avec certitude si c'était seulement sa sécurité qui justifiait de telles mesures. Il se rabattit sur le téléphone qui lui permit d'avoir plusieurs entretiens. Comme le lui avait annoncé Jey Rogers, William Clark l'invita à venir le voir le 7 août au Département d'État.

Clark avait été le chef d'état-major de Reagan à l'époque où celui-ci était gouverneur de Californie. Il était célèbre pour son anticommunisme acharné. Une fois Bachir Gémayel installé en face de lui, il entra tout de suite dans le vif du sujet et fit subir à son hôte un véritable interrogatoire :

— Quels sont vos besoins ?

— Ce que je voudrais est dans l'intérêt de nos deux peuples. Beaucoup d'erreurs furent commises depuis 1958 et elles nous ont coûté un lourd tribut. Nous ne sommes pas intéressés par une relation de commanditaire à agents. Ce que nous voulons, c'est établir d'étroites relations qui seraient dans notre intérêt commun. Nous avons besoin de renforcer notre puissance militaire, sinon nous serons écrasés. Nous avons 17 000 hommes et nous sommes capables de créer notre propre force pour défendre notre région.

— Sont-ils tous des maronites ?

— Non ! Mais ils sont presque tous chrétiens. Il y a également des melkites, des chrétiens orientaux à Zahlé.

— Combien en mobilisez-vous chaque année ?

— 10 000, affirma Bachir sans sourciller.

— Combien d'entre eux sont entraînés en Israël ?

— Un grand nombre, entre 500 et 700. Mais nous avons arrêté d'en envoyer pour éviter de nuire à Philip Habib, mentit le chef des FL.

— Avez-vous des armes ?

— Vous devez considérer que non, nos chars sont très anciens.

— Sur quoi comptez-vous ?

— Nos têtes, nos muscles, les RPG, les armes légères.

— L'armée libanaise vous fournit-elle de l'armement ?

— Lorsque l'armée s'est désintégrée, nous avons récupéré quelques pièces, mais nous ne savions pas les utiliser.

— Aujourd'hui, pouvons-nous vous procurer une assistance par le biais de l'armée ?

— Si vous le voulez.

— Concernant la couverture politique, préférez-vous utiliser des armes américaines ou soviétiques ?

— Cela n'a aucune importance puisque de toute façon, politiquement, nous sommes liés à vous.

— Si nous vous procurons de l'argent, pouvez-vous vous fournir auprès du Portugal ou de la Corée ?

— Oui. Sans aucun problème.

— Nos hommes peuvent-ils circuler en toute sécurité dans vos régions ?

— Pendant les combats, c'est difficile.

En fait, Bachir ne voulait pas voir traîner des Américains dans les zones qu'il contrôlait.

— Où se trouve votre état-major ?

— À Beyrouth, où je réside également. Mais je me déplace en permanence. Gunther Dean vient m'y rendre visite comme je vais chez lui.

— Je vous propose d'envoyer un de nos hommes au Liban afin qu'il puisse rencontrer les vôtres. De notre côté, nous garderons le contact avec Alfred Madi, ici, aux États-Unis.

— Nous avons également besoin d'entraîner nos hommes.

— Où souhaitez-vous que cela ait lieu ?

— Peu importe ! Au Liban, aux États-Unis ou en Europe.

— Nous avons aussi pensé à votre propre sécurité et donc à organiser un stage pour vos gardes du corps. Pouvez-vous les faire sortir du Liban ?

— Bien sûr, mais je préfère assurer un entraînement à mon infanterie et mon artillerie. Comment percevez-vous l'évolution politique du Liban ?

— Nous voulons que les Syriens en sortent, que cela se passe soit par une action diplomatique soit à la suite de pressions, répondit l'Américain.

— Nous voulons bâtir un État souverain et indépendant. Un État qui appliquera ses propres lois et qui adoptera une politique étrangère conforme à celle de l'Occident, expliqua Bachir Gémayel. Jusqu'à présent, nous nous sommes constamment comportés en marchands et non en citoyens. Nous ne pouvions pas avoir de politique étrangère du fait que nous nous vendions au plus offrant. Aujourd'hui nous espérons voir la VIe flotte revenir faire escale dans nos ports sans pour autant nier notre appartenance au monde arabe. Il y a des liens qui restent indéfectibles, mais dans le respect des valeurs et des idéaux qui sont les nôtres. Nous rejetons tout projet de partition du pays. Nous ne voulons ni un État chrétien ni un État musulman. Ce que nous voulons, c'est une coexistence pacifique dans le cadre d'une nouvelle formule nationale. C'est ce que veulent également les musulmans en général et les chiites en particulier. Même au plus fort du conflit qui m'opposa à Camille Chamoun en juillet 1980, il a toujours été d'accord avec moi sur ce plan-là. En fait, nous n'avons pas de problèmes internes. Notre seul problème réside dans la double présence syrienne et palestinienne. Nous refusons d'être écartés du processus politique régional et nous appuyons toutes les initiatives de Philip Habib. Mais combien de temps devrons-nous encore attendre ? Arrêtez de croire vos amis de Damas. Ils vous font des tas de promesses alors que leur objectif principal est de contrecarrer vos projets et votre action.

— Vous ne pensez pas que les Syriens quitteront la Békaa ?

— Faites en sorte qu'ils quittent le Mont-Liban et Beyrouth pour le moment. Ce sera un grand pas d'accompli.

À l'issue de cet entretien, le porte-parole du Département d'État qualifia Bachir de « personnalité politique importante capable de remplir un rôle de premier plan dans la recherche d'une solution au Liban ». Une nouvelle page s'ouvrait devant le leader des Forces libanaises. Il est vrai qu'il avait tout fait pour soigner son image de marque. Féru de musique classique, il lisait également avec frénésie les biographies de chefs d'État et des ouvrages historiques.

Le rendez-vous suivant eut lieu le 11 août 1981, en fin de matinée, avec le directeur de la CIA. Le visage tout en rondeur, barré de lunettes cerclées de fines montures en fer, le cheveu blanc coiffé en arrière, William O. Casey avait eu une carrière très éclectique : avocat à New York, auteur, ancien espion de l'OSS, historien amateur, ancien fonctionnaire du gouvernement et homme d'affaires à la fortune très bien assise.

C'était un travailleur infatigable et il était probablement le seul haut fonctionnaire de l'administration à être en bons termes avec Alexander Haig. Casey commença par écouter Bachir Gémayel qu'il considérait comme « un seigneur de la guerre au visage poupin, dépourvu de scrupule [1] ».

— La réunion avec le Département d'État s'est bien passée, expliqua le Libanais. Ils souhaitent que les Syriens se retirent du Liban et ils sont même d'accord sur le caractère d'urgence d'un tel retrait. Reste à trouver la solution pour les faire partir. Avec

1. Bob Woodward, *Veil : The Secret Wars of the CIA 1981-1987*, Simon and Schuster, New York, 1987.

Clark nous avons évoqué une alliance. Je lui ai certifié qu'il pouvait compter sur nous pour contrer l'expansion soviétique dans la région. Nous retournons au Liban optimiste et plein d'espoir car nous nous sommes vus et nous nous sommes compris. Le risque est de voir intervenir les Syriens avant que nous ayons eu le temps de concrétiser une relation politique ou militaire. Les chrétiens seront alors noyés dans une rivière de sang. Soyez persuadé que les Soviétiques feront tout ce qu'ils peuvent pour nous contrer.

Consciemment, Bachir touchait là la corde sensible de William O. Casey. Catholique pratiquant, le directeur de la CIA était également un anticommuniste actif. Il avait été outré par l'attentat qui avait blessé Jean-Paul II, le 13 mai, sur la place Saint-Pierre au Vatican, surtout que cet attentat avait suivi de moins de six semaines la fusillade qui avait failli coûter la vie à Ronald Reagan. Casey avait dès lors accordé une importance accrue aux problèmes du terrorisme, cherchant à savoir si ces deux événements étaient liés et si les Soviétiques y étaient mêlés de près ou de loin.

— Nous sommes en train de discuter d'affaires hautement stratégiques, annonça-t-il avant de prononcer les mots que le leader libanais espérait entendre. Ce sont les Soviétiques, la Syrie et l'OLP qui posent problème. Nous voulons que les Syriens se retirent du Liban.

— Notre réunion est très importante, ne put s'empêcher de commenter Bachir.

— Vos armes proviennent-elles toutes d'Israël ?

— 70 à 80 %. Nous achetons le complément, répondit rapidement le chef des Forces libanaises. Damas se prépare à agir dans la montagne. C'est très dangereux et cela peut même devenir critique. Il faut à tout prix aider le président Sarkis à réaliser son plan.

— Si la Syrie se retire de Beyrouth, serait-il alors possible d'assurer des élections libres ? questionna l'Américain.

— Non, parce qu'il n'y a que huit députés à Beyrouth.

— Nous sommes sur la même longueur d'onde et nous avons les mêmes objectifs, constata Casey. Mais je ne peux pas vous dire comment faire pour obtenir leur départ militairement.

— Je voudrais insister sur le caractère d'urgence de cette affaire.

— Comment agir pratiquement ?

— Il faut accélérer l'entraînement militaire et fournir la logistique à l'armée et à nos hommes.

— Message reçu, conclut William O. Casey en se levant. Nous nous occuperons de cette affaire, à notre façon, avec Clark et Haig.

Pour le retour du couple Gémayel, Langley[1] fit appel à la Division des opérations spéciales (SOD) de l'armée américaine qui organisa le projet « Otto ». Trois hélicoptères Seaspray de la base Norton en Californie, peints aux couleurs d'une société commerciale civile — afin de ne pas attirer l'attention sur les aéroports non militaires — furent transportés au Caire dans des avions cargo C 141 de l'US Air Force. Dans le même temps, des officiers du SOD, reliés entre eux grâce au satellite de communication Satcom, furent dépêchés au Caire, à El-Arish et à Tel-Aviv, avec, officiellement, pour mission de coordonner un vol d'entraînement de secours en mer, de nuit, de l'armée américaine. Dans les heures qui suivirent, Bachir Gémayel, son épouse et un garde du corps traversèrent l'Atlantique de Washington au Caire dans un Gulfstream de l'US Air Force. Ils ne restèrent que quelques secondes sur le tarmac de l'aéroport, le temps de passer du Gulfstream dans l'un des hélicoptères Seaspray. Les trois appareils décollèrent aussitôt pour El-Arish, au nord du Sinaï, afin de refaire le plein de kérosène. Pour la troisième étape du voyage, El-Arish/Jounieh, les pilotes des trois appareils, équipés de lunettes de vision nocturne, survolèrent en formation réglementaire la Méditerranée « *right off the deck*[2] », à peine plus de 3 m au-dessus des flots (10 pieds) afin d'échapper aux radars israéliens et syriens.

Deux jours plus tard, Bachir Gémayel se rendit à la résidence de l'ambassadeur des États-Unis pour faire le bilan de son voyage. Robert Dillon lui présenta un « spécialiste » de la politique américaine, Robert Clayton Aymes. Le commandant des FL ignorait qu'il serrait la main à la légende vivante de la CIA. Derrière la cinquantaine sportive, les lunettes de pilote, les bottes de cowboy, une tenue décontractée et un flegme à faire pâlir de jalousie un lord anglais se cachait le meilleur analyste du monde arabe de tout le renseignement américain. Robert Aymes, dit Bob, était en fait le chef du département Moyen-Orient de l'agence, l'un des rares sinon le seul à pouvoir appeler, de jour comme de nuit, William O. Casey, le patron de la CIA.

— Nous avons décidé de t'aider, lança l'Américain à Bachir.

Il avait fallu des mois et le voyage de Bachir Gémayel aux

1. Siège de la CIA en Virginie, non loin de Washington.
2. Steven Emerson, *Secret Warriors*, 1st American Ed., 1988.

États-Unis pour que cette décision puisse être prise. La réputation du chef des FL y avait été pour beaucoup. La mort de Tony Frangié et l'opération « Altalena » du 7 juillet 1980 l'avaient durablement catalogué comme un meurtrier sanguinaire. L'amiral Bobby R. Inman, le directeur adjoint de la CIA, s'était fermement opposé au versement des 10 millions de dollars d'aide clandestine destinés à acheter des armes et des munitions, versement qu'avait sollicité John Gunther Dean, au début du mois de mai 1981. À la suite d'une demande identique formulée par Philip Habib, le supérieur de l'amiral Inman, William O. Casey, avait ordonné aux antennes de la CIA de Tel-Aviv et de Beyrouth de lui envoyer des rapports sur le chef des Forces libanaises. Beyrouth l'avait décrit comme un manipulateur cynique qui jouait les Israéliens contre les Américains. Tel-Aviv, à l'inverse, estimait qu'il était le leader dont avait besoin le Liban pour retrouver sa stabilité et conseillait de s'accommoder d'une certaine réalité. William O. Casey, estimant que le combat que menaient les FL contre l'OLP ne pouvait être que bénéfique à Israël, avait décidé d'appuyer la demande d'aide financière. Ronald Reagan signa une autorisation « TOP SECRET » permettant de débloquer le financement.

Zahi Boustani et Élie Hobeïka se rendirent à leur tour aux États-Unis pour mettre au point la synchronisation des relations entre les FL et Washington. À leur retour à Beyrouth, leur avion avait 25 minutes d'avance et l'unité des Moukafaha envoyée par Johny Abdo pour les accueillir et surtout les protéger n'était pas encore arrivée. Elle avait l'habitude d'être juste à l'heure pour ne pas éveiller la curiosité des soldats syriens présents dans l'aérogare. Les deux hommes, activement recherchés dans la zone Ouest, mais qui étaient physiquement inconnus parce qu'ils refusaient énergiquement d'être pris en photo ou de paraître en public, se rendirent tranquillement au bureau de la sécurité du bâtiment et téléphonèrent à Abdo qui, abasourdi, donna immédiatement des ordres pour les récupérer.

Assaad Saïd, *alias* Happy, sous-chef d'état-major des FL pour les affaires logistiques et administratives, réceptionna le chargement, principalement des munitions, d'une valeur de 10 millions de dollars. Il arriva au 5e bassin, fin mai 1982, en provenance d'Europe dans un bateau battant pavillon norvégien.

12

Contacts tous azimuts

La résistance armée de Zahlé avait attiré l'attention de la communauté arabe sur les Forces libanaises. Certains de ses membres entrevirent alors la possibilité d'entrer dans le jeu politique libanais. Le premier pays à les approcher fut l'Irak. Le 20 juillet 1981, Gébrane Majdalani, un avocat grec orthodoxe, membre du parti Baas libanais pro-irakien, contacta Bachir Gémayel, grâce à une relation familiale[1]. Les deux hommes se rencontrèrent à la Quarantaine. Majdalani proposa à Bachir d'entrer en relation avec Bagdad « dans l'intérêt des deux parties ».

Les régimes irakien et syrien, bien que prônant tous deux l'idéologie politique du Baas[2], étaient en conflit ou plus exactement leurs présidents respectifs, Saddam Hussein et Hafez el-Assad se disputaient le titre de champion du panarabisme. Les ennemis de l'un étaient *ipso facto* les amis de l'autre. Dans le conflit Iran-Irak, Damas soutenait Téhéran. Bagdad, de son côté, favorisait tout ce qui était opposé à la Syrie, et les Forces libanaises entraient dans ce cadre.

— L'Irak est prêt à aider le Liban, assura Gébrane Majdalani. Je vous propose de prendre contact directement avec Tarek Aziz.

— Quels sujets pourraient être discutés ?

— Les Irakiens ont tout intérêt à ce que le Liban retrouve sa liberté pour empêcher qu'il ne devienne un terrain de chasse

1. Gébrane Majdalani est le beau-frère de Guy Arab dont le frère, Moni, homme d'affaires et ami de Bachir, assurait une partie de la logistique des FL. De nombreux contacts furent ainsi noués par le biais de relations familiales.

2. Voir le chapitre 2 : « Le voisin syrien ».

contre les Baassistes irakiens qui y vivent comme moi. Bagdad peut exercer des pressions sur les pays arabes qui, à leur tour, interviendraient auprès de la Syrie.

— Que pense l'Irak de notre position vis-à-vis des Palestiniens ? questionna Élie Hobeïka, le patron des services de renseignements des FL, qui assistait à l'entretien.

— Les Irakiens n'approuvent pas les opérations palestiniennes dont les conséquences rejaillissent lourdement sur le Liban, répondit l'avocat sans trop s'avancer.

Élie Hobeïka, Joseph Aboukhalil et Zahi Boustani se rendirent à Paris vers la mi-août 1981 pour y rencontrer Tarek Aziz. Ce dernier leur confirma ce qu'avait dit Gébrane Majdalani et leur proposa une aide, notamment en matière de renseignements, et les invita à Bagdad.

Les Forces décidèrent d'accepter tout ce que les Irakiens leur proposeraient sauf de l'argent. Ils ne voulaient à aucun prix qu'il puisse être dit qu'ils avaient été achetés. Au Moyen-Orient, recevoir une aide financière s'apparente au paiement d'un service, passé ou à venir, et asservit le bénéficiaire au donateur. Ce n'était pas le cas avec une fourniture d'équipements, d'armes ou de munitions pour la défense d'une cause.

La Libye fut le second pays arabe à prendre contact avec les FL. Son ambassadeur au Liban, Abdel Kader Ghawka, accompagné du poète soudanais vivant à Tripoli Mohamad al-Feitouri, qui servait d'intermédiaire, vint très discrètement prendre le café dans le bureau de Bachir, le 25 août 1981. Il lui proposa de « solliciter » auprès de Tripoli une démarche afin de rapprocher les Forces de Damas. Le chef des FL ouvrit la fenêtre de son bureau et lui dit en lui montrant la côte bordant la zone chrétienne,

— Les Syriens veulent ce littoral. Nous ne leur donnerons pas, même si cela doit nous coûter des milliers de martyrs. Nous voulons qu'ils quittent le pays.

— Qu'adviendra-t-il des Palestiniens si les Syriens s'en vont ? s'inquiéta le diplomate.

— Cette question ne pose aucun problème majeur, mentit avec aplomb le chef des FL. Nous ne voulons pas nous entre-tuer. Ils veulent également se débarrasser de la tutelle syrienne.

L'ambassadeur libyen expliqua longuement que le colonel Kadhafi était prêt à tenter de trouver une solution au contentieux mais qu'il voulait auparavant s'assurer du succès de sa démarche et invita son interlocuteur à se rendre en Libye. Mais les chrétiens étaient extrêmement méfiants. L'imam chiite libanais Moussa Sadr avait été invité en Libye fin août 1978. Il n'en était jamais revenu. Ces contacts demeurèrent sans suite.

Les dirigeants des FL décidèrent d'axer toutes leurs démarches internationales sur les élections présidentielles libanaises de 1982. Les pressions éventuelles que pouvaient exercer les pays arabes sur la Syrie étaient susceptibles de donner des résultats, estimaient-ils. Les Forces avaient déjà de bonnes relations, dans le cadre du Comité de vigilance, avec l'Arabie Saoudite et le Koweït et l'Irak était venu à eux.

— Il nous faut développer l'appui que nous offre le monde arabe, conseilla Joseph Aboukhalil lors d'une réunion. Nous devrions multiplier les ouvertures dans sa direction et simultanément restreindre au maximum notre relation avec Israël. Tel-Aviv ne pourra jamais obtenir un retrait syrien. Il nous faut inventer de nouveaux rapports avec notre environnement musulman.

Ces propos provoquèrent une réaction quasi épidermique chez Antoine Najm :

— Est-ce nous qui refusons d'avoir une relation saine avec notre environnement arabe ? s'exclama-t-il irrité. Ou est-ce lui qui veut nous dominer politiquement et culturellement, voulant même nous faire vivre comme des *Dhimmi* [1]. Béchara el-Khoury, Camille Chamoun, et Fouad Chéhab, pour ne nommer que ces trois présidents de la République, ont tout fait pour établir cette « relation saine ». Ils ont même été trop loin. Et où cela nous a-t-il menés ? Depuis la création du Liban en 1920, tous les conflits interarabes se sont répercutés chez nous ! Je ne sais pas ce qu'il faut attendre des contacts avec les Irakiens, mais je suis contre un abandon ou une réduction de nos relations avec les Israéliens.

Le rapport de force au sein du Parlement libanais, collège électoral du président de la République, était tel que Bachir Gémayel avait très peu de chance d'accéder à la magistrature suprême. Les voix des députés musulmans ne pouvaient se porter que sur un homme de compromis « sans couleur, sans saveur et sans force ». Et ce n'était pas le cas, loin de là, du cadet des Gémayel. Aussi, la réflexion des FL évolua doucement vers la mise en place d'une

1. Statut des gens du Livre (Ancien Testament) dans les pays arabes dans lesquels l'islam est religion d'État. Ce statut impose aux chrétiens et aux juifs un impôt spécial (la *Giziya*) pour bénéficier de la protection de l'islam ainsi que le renoncement à la participation, à part entière, au pouvoir politique.

confédération ou du moins d'une fédération dans laquelle musulmans et chrétiens auraient chacun leur entité. Restait à savoir si cette solution devait être imposée de l'intérieur, auquel cas l'accession à la présidence par la force serait nécessaire, ou si, simplement, une action de l'extérieur suffisait. Une bonne partie de l'équipe dirigeante de la milice, à l'instar du ministre Sélim Jahel, pensait qu'aucun moyen pacifique, comme le processus électoral classique, ne leur permettrait d'accéder au pouvoir et que le coup de force était indispensable. Jahel estimait même que le fait de se soumettre au processus traditionnel pour arriver au pouvoir l'obligerait à composer et donc à se compromettre. « Dans ces conditions, disait-il, il serait préférable de renouveler le mandat du président Élias Sarkis en attendant que les FL puissent s'organiser et se préparer à employer la force. »

Bachir coupa court à toutes les spéculations :

— Je ne suis pas candidat aux élections présidentielles. Aucun d'entre nous n'y arrivera de façon pacifique. La présidence n'est qu'une étape.

Le calme revenu, la vie normale reprit. Mais Beyrouth restait coupé en deux. La ligne de démarcation ne se franchissait que par un point de passage : la galerie Semaan. Une large avenue rectiligne qui avait pris le nom d'un marchand de meubles installé en son milieu. Les embouteillages y étaient permanents et les automobilistes passaient plusieurs heures sous le soleil et dans la poussière pour parcourir les 1 500 m séparant les zones Est et Ouest.

Le Comité de vigilance décida de matérialiser concrètement l'aide qu'il apportait au président Sarkis. Les ministres des Affaires étrangères saoudien, Saoud al-Fayçal, et koweïtien, Sabah Ahmed el-Sabah, se rendirent à Lattaquié en Syrie pour y rencontrer Hafez el-Assad qui leur promit de leur faciliter la tâche. Ils envisagèrent de réduire la ligne de démarcation. Le 3 septembre 1981, les deux ministres rencontrèrent à Beyrouth leur confrère syrien Abdel Halim Khaddam. Ils proposèrent une rencontre Syrie-Forces libanaises avec, à l'ordre du jour, l'ouverture de points de passage entre les différentes zones de la capitale et la mise en place d'un contrôle du littoral pour empêcher les livraisons d'armes. Ces mesures devant avoir pour conséquences directes une réduction des tensions et une consolidation de la tranquillité. Élie Hobeïka et Zahi Boustani pressèrent Bachir d'accepter. Ils estimaient que son accord de principe ne pouvait que créer des dissensions entre Syriens et Palestiniens sur les modalités d'application de cette surveillance.

Bachir rencontra le lendemain les ambassadeurs saoudien et koweïtien ainsi que Mohamad Ghanem, le chef des SR syriens pour le Liban, au palais présidentiel de Baabda. Le Syrien redoubla de gentillesses et d'amabilités envers le chef des FL :

— Cher frère Bachir, cela faisait longtemps que nous ne nous étions plus revus. J'ai toujours dit que la crise ne pouvait être résolue que si nous nous rencontrions.

— En ce qui concerne l'ouverture des points de passage, nous sommes tout à fait d'accord, annonça d'emblée le chef des FL. J'ajouterai que, si vous voulez vraiment réduire la tension, il faudrait demander à vos hommes de se retirer de l'immeuble Achmoun, faisant allusion à une position clé qui verrouillait le centre ville.

— Nous étudierons la question, éluda Ghanem.

— Comme d'habitude ! C'est toujours comme cela que vous répondez lorsque vous refusez.

— Et si, de part et d'autre des éléments indisciplinés interviennent. Il faut...

— Nous n'avons pas d'éléments indisciplinés, coupa sèchement Bachir. Je suis responsable de chaque balle tirée de chez nous. En ce qui vous concerne, vous êtes directement responsables des régions que vous contrôlez. Alors, ne parlez pas d'éléments indisciplinés...

— J'approuve complètement appuya Ali Chaër, l'ambassadeur d'Arabie Saoudite.

— Il faut comprendre ce qui se cache derrière votre demande de contrôler le littoral, reprit le chef des FL en pointant le doigt vers Mohamad Ghanem. 30 000 de vos soldats sont stationnés sur le sol libanais. Vous les appelez « frères ». Moi je persiste à les qualifier d'armée d'occupation. Sans parler des 600 000 Palestiniens qui sont au Liban. J'ai annoncé à Washington que nous avions rompu nos relations avec Israël mais que nous continuerions à recevoir les armes que les Israéliens nous envoient. Je veux être très clair pour qu'il n'y ait aucun malentendu à ce sujet. Tant qu'il y aura un seul soldat d'occupation au Liban, je continuerai à recevoir des armes pour défendre mon pays. Rien n'est plus facile et personne ne s'en apercevra. Je suis très sérieux ! Aucun contrôle, de quelque nature qu'il soit n'en arrivera à bout. En fait, que va-t-il se passer avec les contrôles que vous proposez ? Vous allez commencer par dresser une tente à l'Aquamarina[1], puis vous y mettrez des soldats pour la protéger, ensuite vous voudrez surveiller la route par laquelle passera leur approvisionnement et vous finirez par occuper de nouveau nos régions. Non ! Non et non ! Je suis d'accord sur le principe qui consiste à interdire l'arrivée des armes par voie de mer mais aussi par voie de terre au travers de la frontière libano-syrienne. Vous voudriez bloquer mes fournitures d'armes tandis qu'elles continueront à affluer pour tous les autres.

— Et si Israël attaque les Palestiniens, avec quelles armes se défendront-ils ? demanda Abdel Hamid Bouayajane, l'ambassadeur koweïtien.

— Mais que fait donc ici l'armée syrienne ? rétorqua Bachir. Si les Palestiniens ont besoin d'armes, je les leur livrerai en les portant moi-même, sur le dos. Cela étant, si les Syriens m'attaquent sauvagement, me défendriez-vous ?

— Je vous prie de ne pas noter cela, grommela Mohamad Ghanem.

Les deux ambassadeurs reconnurent la valeur de l'argumentation développée par le jeune homme. Bachir Gémayel prit une feuille de papier et écrivit sous sa propre dictée : « En principe, nous sommes d'accord sur l'interdiction d'entrée de toute pièce d'arme à travers les ports, le littoral, et la frontière terrestre, au profit de n'importe quelle partie au conflit libanais, sauf en ce qui concerne les forces armées relevant de l'État. Il reviendra au président de la République libanaise de déterminer les modalités d'application de cette interdiction. Nous nous engageons à respecter cette décision. » Tous approuvèrent.

Élias Sarkis fit de même. Le président libanais savait pertinemment que les premiers à violer une telle décision — dans la mesure où il pourrait la prendre et la faire appliquer — seraient les FL. Cette complicité entre Sarkis et le chef des Forces s'étendait au Premier ministre, Chafic Wazzan. En sortant de la réunion, Bachir rencontra ce dernier dans le couloir du palais. Il s'approcha de lui et lui glissa à l'oreille :

— Je ne fais pas état publiquement du soutien que je porte à votre politique pour ne pas vous brûler. Mais sachez que nous appuyons toutes vos initiatives.

Avec un sourire, Chafic Wazzan le remercia d'un geste de la

1. Petit port de plaisance près de Jounieh.

tête et s'éloigna rapidement pour ne pas être vu en sa compagnie. Bachir Gémayel informa l'ambassadeur américain, Camille Chamoun et son père de la teneur des entretiens qu'il venait d'avoir et demanda à Jean Nader d'en faire un compte rendu verbal à Alex.

Le communiqué officiel publié le soir même stipulait : « Le Comité de vigilance a décidé d'interdire toute entrée d'armes au Liban à l'exception de celles destinées aux forces légales et de constituer un organisme dans lequel seront représentés les pays membres du Comité pour exercer un contrôle effectif du littoral et des ports afin de s'assurer qu'aucun matériel militaire ne pénètre au Liban. »

Bachir entra dans une colère noire. Le rôle du Comité était exorbitant. Il demanda à Camille Chamoun de rejeter le texte au nom du Front libanais avant de faire de même au nom des Forces.

L'impact politique du communiqué fut balayé le lendemain par l'assassinat, devant un barrage syrien, de Louis Delamare, l'ambassadeur de France, à 100 m de sa résidence. La sécurité dans la ville fut remise en cause. Les ministres arabes quittèrent Beyrouth. Une atmosphère pesante d'inquiétude s'installa et des chutes intermittentes d'obus reprirent sur les quartiers résidentiels.

Le 11 septembre, en milieu de matinée, l'ambassadeur saoudien appela le commandant en chef des Forces libanaises pour lui demander s'il acceptait de se réunir avec le Comité de vigilance. Il lui affirma qu'il souhaitait discuter avec lui des points de passage entre les zones.

— Les journaux de ce matin m'ont appris que nous devions nous rencontrer. Ils ne mentionnent pas uniquement les points de passage mais toute la ligne de démarcation.

— C'est exact, répondit l'ambassadeur, nous allons proposer à chacun de vous de se retirer de 50 m de part et d'autre de la ligne. Les Forces de sécurité intérieure se déploieront au milieu.

— Cela me rappelle nos réunions à la tour Rizk en 1978 sur le même sujet, souligna Bachir.

— Oui, et c'est la même solution qui est reprise, reconnut Ali Chaër.

— Effectivement, mais à l'époque c'étaient les Syriens qui avaient fait cette proposition. Je vous avais alors expliqué, carte en main, ce que signifiaient pour nous 50 m dans les souks du centre ville. Vous m'aviez donné raison car 50 m en zone urbaine c'est un ou deux pâtés de maisons et la perte de positions qui peuvent être stratégiques. Mon frère Ali, toute cette histoire ne tient pas debout. Je ne pense pas que les Syriens veuillent vraiment vous faciliter les choses. Ils savent très bien que nous ne pouvons pas être d'accord. Il serait plus simple de me demander jusqu'où je pourrais aller dans les concessions.

— Si vous ne voulez pas, bon... laissez ce pays brûler. Après tout, nous n'avons rien à faire dans cette histoire. Nous essayons simplement de vous aider, se fâcha Ali Chaër.

— Nous ne refusons pas votre aide, mais nous ne voulons pas qu'elle soit à sens unique.

— Ce sont les demandes du Mouvement national[1]. Nous devons vous les transmettre. Nous verrons ensuite si nous pouvons arriver à un résultat.

En arrivant, deux heures plus tard, au palais présidentiel pour assister à la réunion, Bachir rencontra Johny Abdo qui l'entraîna à l'écart :

— Il est possible qu'un problème se pose au cours des discussions, lui confia le patron du 2e Bureau. Ils tiennent à ce que ce soit les FSI qui se déploient dans les souks. Je n'ai pas le temps de t'expliquer, mais ne refuse pas. Dis-leur que si un déploiement doit se faire, c'est au gouvernement de décider quelles unités, où et comment.

— Écoute-moi, Johny, je commence à en avoir assez. Chaque fois que nous nous mettons d'accord sur quelque chose, je paie le double du prix qui était prévu. Je leur avais dit que je n'accepterais pas de commission de contrôle du littoral. Tu as vu le résultat. Je suis ici malgré moi.

Pour bien marquer sa désapprobation, Bachir avait revêtu un treillis militaire.

— Je te comprends, reprit l'officier, mais nous sommes prêts à en assumer la responsabilité.

Le président Sarkis lui confirma les propos de Johny Abdo quelques secondes avant le début de la séance. Dès qu'il fut installé à la table de réunion, le chef des FL se tourna vers Mohamad Ghanem, et, après avoir examiné attentivement son élégant costume blanc, lui demanda sur un ton ironique et mordant :

— Tu es mannequin ou officier ?

— Au Liban, on doit être...

— Bon ça va ! l'interrompit Bachir avec un geste dédaigneux

1. Rassemblement des partis libanais de gauche, proche de la Syrie.

de la main. La dernière fois, nous nous étions mis d'accord sur trois points. Un cessez-le-feu, le contrôle du littoral et l'ouverture des passages. Le premier point n'a pas été appliqué. Quant au second, je ne suis pas d'accord sur le communiqué qui a été publié. Nous avions posé la question du contrôle aux frontières terrestres. Pourquoi cela n'y figure-t-il pas ?

— Mais nous sommes une armée ! s'écria le chef des services de renseignement syriens au Liban. Pour l'amour de Dieu, ça suffit ! Tu veux traiter avec nous, d'État à État (il ne quittait pas Bachir des yeux), mais tu n'es pas un État.

— Je ne suis pas en conflit avec l'armée du Zimbabwe ! Je suis en conflit avec toi et ton armée d'occupation. Pourquoi voulez-vous me contrôler ? Vous ne pourrez pas m'imposer un contrôle sans vous y soumettre également.

— Mon frère, nous ouvrons une nouvelle page dans nos relations, reprit Mohamad Ghanem sur un ton conciliant. Nous sommes à une étape nécessitant une confiance mutuelle. Mohamad el-Kholi [1] est un fils de pute et Ibrahim Houeijy [2] est nul. Maintenant, c'est moi qui suis responsable de tout ce qui se passe au Liban. Mais toi, de ton côté, fais un geste positif.

— Qu'en est-il de l'immeuble d'Achmoun ? enchaîna Bachir.

— Nous étudions l'affaire.

— Qu'en est-il de nos prisonniers ?

— Nous étudions également l'affaire.

— Quand tu auras fini d'étudier, tu me le diras. Nous nous étions mis d'accord sur l'ouverture des points de passage. Vous venez maintenant me parler de toutes les lignes de démarcation. C'est une question politique. Pouvez-vous la résoudre ?

— Oui. L'armée libanaise se déploiera de votre côté.

Bachir fut complètement abasourdi par la proposition. Depuis des mois, il avait fait de cette revendication un leitmotiv. Il ne s'attendait absolument pas à ce que Ghanem la reprenne à son compte.

— Répète !

— Nous sommes favorables au déploiement de l'armée, de Sodéco jusqu'au port, confirma l'officier syrien.

---

1. Le responsable des services de renseignement syriens au Liban, prédécesseur de Ghanem.

2. Responsable des SR syriens au Mont-Liban.

— Je suis d'accord, répliqua le chef des FL. Passons immédiatement à l'exécution de cette décision.

— Je veux que l'armée prenne en charge les lignes de démarcation, compléta Mohamad Ghanem. De mon côté, je vais interdire le port des vêtements militaires ! Je vais interdire les véhicules militaires ! Je vais fermer les casernes des milices à Beyrouth Ouest ! Je vais interdire aux Palestiniens de bouger ! Je vais...

— Si je comprends bien, tu veux faire ton 7 juillet à l'Ouest, l'interrompit Bachir en souriant, faisant allusion à l'opération « Altalena ».

— Bravo, fils des Gémayel ! s'exclama l'officier syrien en se redressant dans son fauteuil.

Bachir se tourna vers l'ambassadeur saoudien et lui proposa :

— Inscris cela sur tes notes, frère Ali, inscris tout ce que vient de dire Mohamad Ghanem. Cela signifie qu'il n'y aura plus une seule cartouche tirée sur toute la ligne de démarcation.

— C'est Mohamad qui le dit, ton frère Mohamad, jeta Ghanem irrité que sa parole soit mise en doute.

— Mon frère Mohamad ou mon cousin Mohamad, le défia Bachir, tu ne pourras rien faire à l'Ouest avec toutes les « boutiques[1] » qui s'y trouvent. Cela étant, lorsque vous agirez sérieusement, ils rentreront tous dans le rang. Mais pour l'instant, je ne crois pas une seconde que vous puissiez arriver à un tel résultat. Le « 7 juillet » a réussi chez moi parce que je suis libanais. Mais toi, tu restes un étranger. Tu ne pourras pas y arriver et si tu essayes, toi le Syrien, l'étranger, la population de l'Ouest ne te laissera pas museler les groupes libanais.

Ali Chaër se tourna vers l'officier syrien :

— Bachir te défie afin que tu réalises ton projet au plus vite.

— Concernant l'ouverture des points de passage, tu veux y déployer l'armée ? demanda le jeune leader chrétien.

— L'armée ou les FSI.

— Non ! Nous avons pu utiliser les gendarmes à Zahlé. Mais cette fois-ci, il s'agit de Beyrouth, ça ne marchera pas. Les forces présentes sur le terrain sont trop nombreuses. Si tu veux, mettons l'armée sous les ordres des FSI.

Bachir regarda Johny Abdo qui assistait à la réunion et se remémora ses propos. Le chef des FL accepterait le déploiement de

1. Terme utilisé par Bachir Gémayel pour désigner les officines des partis, organisations et groupuscules politiques et militaires.

l'armée libanaise, du moins les unités commandées par le lieutenant-colonel Michel Aoun. Il ne pouvait pas l'exiger autour de cette table, mais il savait que ce choix serait très aisément accepté par le chef du 2e Bureau et par le président de la République. Il ajouta pour le Comité :

— Après tout, je ne suis pas Élias Sarkis. J'approuverai ce que décidera le gouvernement. C'est une affaire d'État.

— Très bien, s'écria Mohamad Ghanem. Notons que nous sommes d'accord sur le retrait des éléments armés et le déploiement des forces gouvernementales.

— Attends. Attends et calme-toi. Premièrement, j'ai précisé qu'il s'agissait de l'armée. Deuxièmement, il n'est pas question de forces gouvernementales mais des forces de l'État libanais. C'est alors que notre présence n'aura plus de raison d'être.

— FSI ou pas ?

— L'autorité libanaise décidera, répéta Bachir, nous nous mettrons d'accord avec elle.

À la fin de la séance, Élias Sarkis reçut tous les participants à la réunion. Bachir lui fit un bref compte rendu de la discussion.

— Ne peut-on pas ouvrir le passage de Sodéco demain et garder le reste pour plus tard ? demanda l'ambassadeur saoudien qui souhaitait marquer concrètement son intervention le plus rapidement possible.

— Sodeco est difficile, tiqua Mohamad Ghanem. Nous pouvons ouvrir le passage du musée. Nous le contrôlons intégralement.

— Même Barbir[1] ? lâcha Bachir en faisant clairement allusion à l'assassinat de Louis Delamare.

— Nous avons été très peinés par la mort de cet homme, assura le Syrien.

— C'est aux Français qu'il faut que tu le dises Mohamad, pas à nous, fit remarquer Bachir. Il n'est pas dans votre intérêt d'affirmer en ce moment que vous contrôlez Barbir.

Le lendemain, le passage du musée, qui longeait l'hippodrome et la résidence de l'ambassadeur de France, fut rouvert à la circulation après cinq mois de fermeture quasi totale. La semaine qui suivit fut marquée par une série d'attentats à la voiture piégée qui

1. Hôpital Barbir situé à l'extrémité ouest du passage du musée. C'est à sa hauteur que se trouvait le barrage syrien devant lequel a été abattu l'ambassadeur français.

firent 40 morts et plus de 140 blessés à Beyrouth Ouest. Une véritable psychose s'installa chez tous les concierges d'immeubles qui passèrent leur temps à traquer la voiture inconnue.

Les Américains mirent à la disposition de Bachir Gémayel un poste émetteur récepteur équipé d'un brouilleur électronique dont la fréquence était réglée sur celle du poste de Jack Ogino, dit Jack, le patron de l'antenne de la CIA à Beyrouth. Élie Hobeïka l'avait surnommé « le Chinois » parce qu'il était d'origine asiatique, coréenne très exactement. Jack avait reçu l'ordre de relayer immédiatement et en priorité tous les appels qui lui parvenaient sur cette fréquence vers sa centrale à Langley. Bachir était tellement heureux de bénéficier de cet instrument qu'il avait, dans les premiers temps, installé l'émetteur dans son bureau et avait interdit à quiconque d'y toucher. Par la suite, pour des raisons de commodité, l'appareil fut transféré dans le bureau d'Hobeïka. Le travail du Jihaz el-Aman que dirigeait ce dernier était devenu plus performant avec le retour de stage aux États-Unis de certains de ses hommes. Pierre Rizk (Akram), Gino Kassab, Simonides et Gaby Boustani y avaient suivi des cours de renseignements généraux et militaires dans un des centres de la CIA.

En plus de l'entraînement technique et professionnel, ils avaient eu de nombreuses discussions avec différents bureaux d'études et d'analyses de la centrale. Ils avaient relevé l'insistance avec laquelle leurs interlocuteurs américains avaient cherché à les convaincre de la nécessité, pour le Liban, de faire partie du monde arabe et que devenir un second Israël équivalait à un suicide. Les Libanais s'étaient évertués à leur dire que les Forces libanaises souhaitaient collaborer avec les musulmans, mais que la Syrie ne le permettait pas.

Les diplomates américains en poste à Beyrouth, et plus particulièrement l'ambassadeur, eurent très vite des relations privilégiées avec les dirigeants des Forces. Chaque fois que la visite de Philip Habib était annoncée, Robert Dillon appelait Bachir Gémayel pour lui suggérer de demander une entrevue. En fait, c'était Habib qui souhaitait le rencontrer, mais le protocole diplomatique exigeait que la démarche soit faite par Bachir. Au fil des rencontres, ils parvinrent à une sorte de complicité inavouée. L'ambassadeur et l'envoyé spécial présidentiel n'hésitaient pas à donner des « avis » sur les discussions que Bachir avait avec les Syriens.

— Vas-y franchement et surtout ne te laisse pas impressionner par leurs propos, lui avait même conseillé Habib. Je ne pense pas qu'ils aient l'intention de se retirer avant les élections présidentielles. Un nouveau chef d'État élu avec leur aide sera totalement acquis à leur cause.

Damas mit officieusement et unilatéralement fin à la fiction du commandement libanais de la FAD en plaçant ses troupes stationnées au Liban sous les ordres directs de l'état-major syrien. Élias Sarkis que le sommet arabe de Riyad de 1976 avait placé à la tête de la Force arabe de dissuasion était ainsi privé de son « commandement ». En cinq ans, le président libanais ne leur avait jamais donné un ordre pour ne pas subir l'affront de ne pas le voir exécuter. Bachir rencontra quatre fois Mohamad Ghanem en moins d'un mois, sans grand résultat. Le chef des SR syriens au Liban lui expliqua qu'avant 1975 tous les coups d'État qui avaient eu lieu à Damas (14 en moins de dix ans) avaient été conçus au Liban et affirma que cela ne devait plus avoir lieu. Il lui présenta toute une série de revendications très proches de celles proposées par Abdel Halim Khaddam au président Sarkis.

— Il faut que le Liban devienne fort, avait un jour affirmé l'officier syrien. Après notre accord, je pourrai contrôler les Palestiniens ainsi que toutes les autres parties libanaises. Pour ce qui est des élections présidentielles, tu dois admettre que la conjoncture est favorable à la Syrie.

Le clin d'œil était très clair : à la bonne volonté du cadet des Gémayel, Damas réagirait favorablement lors des élections. Bachir rejeta l'offre :

— Ton programme pourrait être réalisé dès l'instant où s'établiraient des relations normales entre nos deux pays. Mais tant que vous vous comporterez en force d'occupation, aucune négociation entre nous n'a de chance d'aboutir. Votre pression militaire a échoué. Nous demandons votre retrait du Liban.

— Tu te leurres ! s'énerva le Syrien. Nous t'avons discipliné. Si nous voulions t'éliminer, nous l'aurions fait !

— Vous avez essayé, mais vous avez échoué !

13

« If »

« Les canons de juillet », en bombardant la Galilée, avaient ravivé le spectre de la peur en Israël. Menahem Begin, qui gardait en lui les stigmates moraux et affectifs de l'Holocauste, haïssait tout ce qui portait atteinte à la vie des juifs. Patron de l'Irgoun pendant la guerre d'indépendance de l'État hébreu, il s'était démené pour sauver ses hommes des mains de la justice anglaise et avait vengé ceux qui avaient été condamnés et exécutés. Les morts et les blessés de Nahariya ou de Kyriat Shmona l'avaient profondément affecté. Il s'était ancré en lui la volonté de ne pas laisser ces « crimes » impunis. Au même moment, la presse, outre-Atlantique, citant de hauts fonctionnaires désirant conserver l'anonymat, laissait entendre qu'Américains et Palestiniens « auraient bientôt des choses à se dire ». Ignorant les discussions entre Arafat et Mroz, Begin considérait l'éventualité d'un dialogue entre Palestiniens et Washington comme une véritable catastrophe. Il décida d'éradiquer l'OLP, au moins du sud du Liban. Sa détermination fut d'autant plus ferme que ses services de renseignement, depuis fin juillet 1981, faisaient état d'une restructuration du dispositif militaire palestinien dans cette région ainsi que de l'installation de dizaines de nouvelles pièces d'artillerie.

Il en était de même pour Ariel Sharon. Depuis sa nomination au ministère de la Défense, Arik, comme l'appelait ses proches, rêvait d'en découdre au Liban. Sur ce point, il y avait convergence de vue totale avec Raphaël Eytan, le chef d'état-major de l'armée israélienne. Ce dernier écrira plus tard, dans ses Mémoires : « Nos lignes de pensée étaient identiques. » La « mini »-confrontation du mois de juillet avec les Palestiniens et le cessez-le-feu avaient laissé l'arrière-goût amer du travail inachevé et même de l'échec dans certaines unités de Tsahal. Leurs officiers ne pensaient qu'à prendre leur revanche. De surcroît, le ministre de la Défense estimait qu'il fallait à tout prix réduire dans l'œuf toute tentative américaine risquant de donner à la centrale palestinienne un rôle quelconque dans les négociations sur l'autonomie prévues dans les accords de Camp David. Cependant, Ariel Sharon était conscient qu'une action militaire ne pouvait se concevoir sans la justification d'une couverture politique. Le désir des chrétiens libanais d'imposer un régime fort avec lequel Israël pourrait signer un traité de paix représenta l'objectif politique dont il avait besoin. Les présidentielles libanaises à l'été 1982 lui laissait le temps nécessaire pour préparer son projet. Sharon voulut cependant s'assurer une dernière fois que les options retenues par les chrétiens libanais correspondaient bien à ce qu'il en savait. Le 16 septembre, un peu plus d'un mois après sa prise de fonction, il leur envoya une mission du Mossad dirigée par Paul, l'adjoint de Menahem Navot.

Paul fit le déplacement avec Avner Azoulay (Philippe), un pied-noir d'origine, passionné pour la cause chrétienne. Ils retrouvèrent sur place Shmulik Avyatar (Alex), le chef d'antenne du Mossad au Liban devenu, pour ceux qui le connaissaient, « un chrétien libanais né en Israël ». Alex vouait une telle admiration à Bachir qu'il avait accroché son portrait, en bonne place, dans le salon de son appartement situé dans le quartier juif de Jérusalem. De toute évidence le mieux nanti financièrement de tous les agents du Mossad opérant au Liban, il n'oubliait jamais de marquer un anniversaire par un présent.

Les trois Israéliens furent fraîchement accueillis par Bachir. D'un ton sec, le chef des FL leur fit part de sa déconvenue. L'État hébreu rechignait à s'engager dans un accord politique avec son organisation. Provocateur, il avança comme raison l'existence d'une entente tacite israélo-syrienne :

— Je crois, au contraire, que l'objectif stratégique du gouvernement israélien est de développer au Liban un régime dominé par les Forces, qui passera une alliance avec l'État d'Israël, répondit Paul en français d'une voix calme. Les Palestiniens du Liban représentent pour vous comme pour nous un danger au niveau tactique. Il y a deux ans, vous accordiez la priorité au problème syrien contrairement à nous. Aujourd'hui, nous partageons entièrement vos inquiétudes. Maintenant notre politique est axée sur leur retrait du Liban. Begin a dit : « Celui qui pense qu'Israël traite avec les Syriens est un crétin. » Je pense qu'il vous est possible de rencontrer le Premier ministre à ce sujet.

— Quelle est votre stratégie à très long terme ? demanda Bachir.

— Mettre en place au Liban un gouvernement dominé par les Forces libanaises.

— C'est impossible dans la conjoncture actuelle !

— Tout dépend d'une éventuelle action militaire israélienne. Définissons d'abord un objectif stratégique.

— Très bien. Dans la mesure où les Forces dirigent le pays et établissent une alliance avec Israël, quels seront les moyens d'application de cette action ?

— Je ne suis pas habilité à engager mon gouvernement, souligna Paul. Mais commençons par envisager le problème par étapes. Vous bénéficiez déjà d'une puissance militaire, notamment grâce à l'aide que nous vous fournissons.

Fady Frem, qui assistait à l'entretien, hocha la tête. Bon nombre d'officiers des FL suivaient des stages d'état-major de quatre mois, près de Naplouse, dans le cadre d'un programme appelé POUM.

— Nous vous en sommes reconnaissants. Mais maintenant nos caisses sont vides et nous ne pouvons plus payer vos fournitures d'armes. Un retrait syrien avec un Babrak Karmal au pouvoir par exemple serait pour nous un prix que nous serions prêts à payer pour obtenir une situation militaire calme.

— Si vous n'avez pas d'autre choix, votre devoir est de sauver des vies humaines, répondit Paul. Il faut gagner du temps pour bâtir votre puissance. Le deuxième palier devrait être politique. Votre voyage aux États-Unis représente un élément nouveau dans la consolidation de votre représentativité.

— Pourrais-je entreprendre une tournée arabe sans que vous vous fâchiez ?

— Begin vous a tracé une ligne d'action, rappela Paul. Il vous a déclaré, par exemple, que nous n'étions pas opposés à votre lettre. « Faites-la dans certaines formes... », vous a-t-il dit. Nous avons noté que, malgré toutes les pressions que vous avez subies, vous avez respecté l'engagement que vous aviez pris envers le Premier ministre.

— Il ne sera jamais question de rupture avec Israël. Mais n'oubliez pas les limites que nous impose notre environnement. Elles vont nous imposer des manœuvres politiques. Par avance, nous vous demandons de les comprendre.

— Le jour où le Liban signera un traité de défense avec la Syrie, il perdra sa souveraineté. Mais pour sauver des vies humaines, la réponse de Begin sera la même.

— Prenez en considération les répercussions de vos actions sur l'opinion publique israélienne, conseilla Avner Azoulay en prenant la parole pour la première fois.

— Ce que vient de dire Philippe a une importance capitale, ajouta Paul.

— C'est pour cela que nous vous faisons part de nos problèmes. Nous vous présentons la situation que nous aurons à gérer, expliqua Bachir. Il y a un prix à payer pour chaque solution. Ce que vous nous proposez peut nous coûter le rapatriement des 300 000 Libanais qui vivent actuellement dans le Golfe, perte sèche économiquement. Nous voulons notre sécurité !

— Donc, en ce moment, votre sécurité serait plus importante que la perte de votre souveraineté, résuma Paul.

— Non. Les deux concepts vont de pair. Il nous faudra payer un prix, qu'il soit israélien ou arabe. Nous préférons avoir des dettes envers Israël.

— Je vais rapporter fidèlement notre discussion au Premier ministre, annonça Paul en prenant congé.

Le Moyen-Orient retint son souffle en regardant en direct, le 6 octobre 1981, sur les écrans de télévision, l'assassinat d'Anouar el-Sadate par un commando intégriste de son armée. La disparition de celui qui avait signé la paix avec l'État hébreu n'entraîna pas celle de son régime. L'équilibre régional n'étant pas remis en cause, Ariel Sharon et Raffoul poursuivirent leurs projets. Ils demandèrent au général Amir Drori, nouvellement nommé commandant du front nord, de préparer les plans d'une invasion du Liban avec comme thème central la lutte contre l'OLP et deux objectifs tactiques : d'abord, établir une zone de sécurité de 40 km en détruisant les positions d'artillerie palestiniennes qui prenaient la Galilée pour cible et, ensuite, anéantir le quartier général de l'OLP à Beyrouth.

Amir Drori, grand de taille, le cheveu grisonnant, constamment vêtu d'un treillis américain, un pistolet automatique pendant sur la cuisse dans une gaine en tissu usé, était un homme au naturel calme, s'exprimant peu et toujours en hébreu. C'était le type même de l'officier israélien. Occupé par l'assimilation des données de son nouveau commandement, il fut d'abord irrité par le projet[1]. Il répercuta l'ordre au 3e Bureau de son état-major en lui demandant de reprendre et d'améliorer les plans réalisés en juillet 1981.

Trois schémas furent envisagés et présentés le 30 octobre à Sharon : « Little Pines » (petits pins) pour une conquête du sud du Liban jusqu'à Saïda ; « Medium Pines », qui incluait une confrontation avec les forces syriennes dans la vallée de la Békaa et une percée vers Beyrouth ; enfin, « Big Pines », impliquant un affrontement avec les Syriens sur tout le territoire libanais et une campagne de nettoyage contre les « terroristes » dans Beyrouth.

Selon le vieux principe militaire consistant à préparer l'arrière pour être plus efficace à l'avant, un mois plus tard, le ministre israélien de la Défense, sans pour autant dévoiler ses plans, signa, à Washington, avec son homologue américain Caspar Weinberger, un accord de coopération stratégique. Officiellement, cet accord compensait une réduction de 3 à 5 % du budget de la Défense israélien dans le but de consolider les finances de l'État hébreu. En fait, il s'agissait, tout d'abord, d'une contrepartie pécuniaire anticipée au retrait total du Sinaï prévu pour avril 1982. Cet accord devait ensuite « assouplir » les retombées néfastes de la livraison d'avions radar Awacs à l'Arabie Saoudite que venaient d'effectuer les États-Unis. Dans ce texte, Tel-Aviv s'engageait à accepter le prépositionnement sur son territoire de matériel américain pour la force d'intervention rapide US ; ces équipements restaient la propriété des États-Unis, mais étaient placés sous le contrôle des Israéliens. En outre, l'État hébreu acceptait l'utilisation par l'US Air Force, des bases aériennes secrètes israéliennes Ramon et Ovda, dans le Néguev, et l'utilisation par la VIe flotte de ses ports en Méditerranée.

Alors qu'Élie Hobeïka et Zahi Boustani bouclaient leurs valises pour se rendre à Bagdad à l'invitation de Tarek Aziz, les rues du quartier de Moussaïtbé à Beyrouth Ouest se transformèrent en champ de bataille. Trois heures durant, le 4 décembre, chiites du mouvement Amal et membres du parti Baas irakien s'affrontèrent à l'arme lourde. Le « terrain de chasse » redouté par Gébrane Majdalani lors de son entrevue avec Bachir Gémayel était devenu une

1. Samuel M. Katz, *Soldiers Spies. Israeli Military Intelligence*, Presido Edit, 1992, p. 278.

réalité. Les deux Libanais furent accueillis officiellement au palais des hôtes où leur avaient été préparées des suites luxueuses. Ils eurent de longs entretiens avec Tarek Aziz et Barazan Takriti, demi-frère de Saddam Hussein et chef des services de renseignement.

Les Irakiens suivaient de très près ce qui se passait au Liban et écoutèrent avec attention les explications de Hobeïka et Boustani sur la volonté de Bachir Gémayel de parvenir au pouvoir. Les deux Libanais turent bien sûr les projets israéliens. Leurs interlocuteurs leur conseillèrent de tenir compte de Saëb Salam qu'ils présentèrent comme « un vrai nationaliste » et de Walid Joumblatt, « un ami de l'Irak ». Ils insistèrent sur l'absolue nécessité de favoriser un rapprochement entre les Forces et le « camp pro-irakien » dans le monde arabe à savoir l'Arabie Saoudite, le Koweït, le Qatar et la Jordanie. Ils proposèrent un appui politique, une coopération et des échanges dans le domaine du renseignement, de l'armement que les FL choisiraient et que Bagdad payerait. Les miliciens chrétiens devaient s'apercevoir plus tard que les livraisons d'armes irakiennes avaient un caractère très particulier. Alors que les Israéliens les avaient habitués à faire des demandes très détaillées à l'unité près, les Irakiens ne cherchaient à connaître que la catégorie d'unité à équiper et en fournissaient la dotation complète — de la gamelle au blindé en passant par les ceinturons et les armes individuelles — en se fondant sur l'effectif irakien.

Les deux Libanais venaient tout juste de revenir au Liban lorsque, le 16 décembre, un commando suicide chiite lança une voiture bourrée d'explosifs contre le bâtiment de six étages qui abritait l'ambassade d'Irak à Ramlet el-Beïda. L'immeuble fut soufflé comme un château de cartes. L'attentat fut très vite revendiqué par le « groupe du martyr Hussein », inconnu jusque-là. Il y eut 20 morts et plus de 100 blessés. Il fallut quatre jours aux sauveteurs pour retrouver le corps de l'ambassadeur. Les Irakiens décidèrent de transférer leur chancellerie dans le quartier de Hazmieh, en zone chrétienne.

À leur grande surprise, tous les ministres du gouvernement israélien furent convoqués tôt dans la matinée du 14 décembre 1981 par Menahem Begin. Cela faisait quinze jours qu'il ne voyait plus personne. La presse évoquait déjà sa succession en comparant le style des personnalités de Yitzhak Shamir et d'Ariel Sharon. Begin était tombé dans sa baignoire le 26 novembre et avait été hospitalisé à la clinique Hadassa à Ein Kerem. Le 29, la veille de l'intervention chirurgicale destinée à réduire une fracture de la hanche, il avait tenu un Conseil des ministres au chevet de son lit d'hôpital pour déléguer la totalité de ses pouvoirs au Premier ministre par intérim Simkha Erlich. Depuis, il avait interdit sa porte même à ses plus proches collaborateurs. Jamais, lors de ses précédentes maladies — deux attaques cardiaques et une légère congestion cérébrale —, Menahem Begin n'était resté aussi longtemps coupé de son entourage.

À la surprise de la convocation s'ajouta l'étonnement de voir le convalescent leur proposer un texte de loi très court — trois articles de deux lignes chacun — appliquant « sur le Golan, la législation israélienne ». Rien moins que l'annexion de ce territoire, après quatorze ans et sept mois d'occupation. Adopté à l'unanimité, le texte fut soumis le même jour, à 16 heures, en première lecture, à la Knesset. Begin avait tenu à le présenter lui-même et s'était rendu devant les députés dans un fauteuil roulant. 60 oui et 17 non obtenus pratiquement sans débat. Du jamais vu dans l'histoire parlementaire israélienne. Le soir, Begin revenait devant le Parlement pour la seconde lecture. Tous les députés présents en Israël étaient en séance. 63 voix pour et 21 contre. L'annexion, du moins l'extension de la législation israélienne sur le Golan était réalisée. « On ne peut pas annexer quelque chose qui vous appartient », commentait Yitzhak Shamir.

Le moment était judicieusement choisi. Le monde entier avait les yeux braqués sur l'état de guerre instauré par l'armée en Pologne. Les chars avaient investi, la veille, les rues de Varsovie. Lech Walesa avait été placé sous haute surveillance et les dirigeants du syndicat Solidarité qui n'avaient pas été arrêtés étaient entrés dans la clandestinité. Ils avaient lancé un appel à la grève générale. Moscou, préoccupée par la Pologne, était dans l'incapacité d'intervenir. Le pacte d'amitié et de coopération signé avec Damas en octobre 1980 ne pouvait donc être mis en œuvre. Damas demanda immédiatement la réunion du Conseil de sécurité, Ronald Reagan adressa des « reproches » à Menahem Begin. Le fait accomplit fut imposé sans autres difficultés.

Deux jours plus tard, Menahem Navot vint au Liban expliquer à Bachir que l'annexion allait contraindre la Syrie à la négociation. Bachir, lui, au contraire, estimait que le vote de la Knesset allait renforcer le régime d'Hafez el-Assad et surtout unifier, par solidarité, les pays arabes autour de Damas. Cette annexion ne pouvait que les pousser à abandonner l'idée, qui pointait dans certaines capitales, d'exiger un retrait de la Syrie du Liban.

La semaine suivante, lors de la réunion du cabinet des ministres du 20 décembre 1981, Ariel Sharon, durant vingt minutes, présenta au gouvernement les grandes lignes de la version « Little Pines » sous le nom d'opération « Oranim ». C'était la première fois que les ministres entendaient parler d'une invasion du Liban. Simkha Erlich (vice-Premier ministre), Youssef Burg (Intérieur) s'y opposèrent fermement. Tout à leurs discussions, aucun ministre ne remarqua que les cartes sur lesquelles Ariel Sharon avait appuyé son exposé étaient marquées de flèches indiquant des mouvements d'unités jusqu'à l'autoroute Beyrouth-Damas. Begin retira le projet de l'ordre du jour en proposant de le réétudier plus tard.

L'alliance avec les « phalangots » n'était pas du tout du goût du A'man, le service de renseignement militaire, qui dépendait de l'état-major de Tsahal et donc de Sharon. Son patron, Yehoshua Saguy, considérait que ces plans n'étaient que la traduction des ambitions géopolitiques du ministre de la Défense. Les responsables de ce service affirmaient, chaque fois qu'ils en avaient l'occasion, qu'il était impossible de faire confiance aux chrétiens libanais. Ils soulignaient volontiers les contacts qu'entretenaient les FL avec les Syriens et parfois avec des membres de l'OLP. Pour Saguy, la seule milice libanaise valable était l'armée du Liban Sud (ALS) qu'il équipait et finançait. Le A'man estimait que Bachir Gémayel était prêt à promettre la lune pour obtenir une opération militaire israélienne. Sharon écarta ces objections en affirmant que les buts à atteindre changeraient le cours de l'histoire.

Paradoxalement, Ariel Sharon trouva des alliés solides parmi les membres du Mossad qui, lui, dépendait du Premier ministre. Depuis 1976, bon nombre de ses cadres avaient séjourné ou étaient passés par le Liban avant d'assumer des responsabilités dans le service et certains s'étaient liés d'amitié avec Bachir ou avec des dirigeants des FL. Le Mossad avait pourtant, dans son ensemble, accueilli très froidement la nomination d'Arik au ministère de la Défense. Une vieille et profonde inimitié, datant de la campagne de Suez de 1956, existait entre Sharon et Yitzhak Hofi, le directeur de ce service de renseignement. Haka, comme l'appelaient ses proches, était à l'époque l'adjoint d'Ariel Sharon à la tête d'une brigade de parachutistes. Il s'était publiquement élevé contre son chef direct en l'accusant implicitement de lâcheté parce qu'il était à l'arrière et non à la tête de ses hommes lors des combats comme l'exigeait la tradition militaire israélienne. Sharon n'avait ni oublié ni pardonné [1]. Dès sa prise de fonction, le nouveau ministre avait essayé de convaincre, en vain, Menahem Begin de remplacer Hofi.

Il y avait, de surcroît, une rivalité profonde entre le A'man et le Mossad. Elle avait été provoquée bien involontairement par le président égyptien Gamal Abdel Nasser le 21 juillet 1962. Il avait complètement pris de court les Israéliens, en annonçant, lors du 10e anniversaire de la révolution égyptienne, la naissance du missile sol-sol al-Kahira, qui, tiré d'Égypte, pouvait atteindre n'importe quelle cible au sud de Beyrouth et donc en Israël. Le général Meir Amit, qui commandait à l'époque le A'man, avait violemment reproché à son homologue du Mossad, Isser Harel, de perdre son temps — en recherchant un garçon juif, Yossele Schumacher, enlevé par son grand-père antisioniste — plutôt que de se préoccuper des dangers qui menaçaient l'État hébreu. Concernant le Liban, cette rivalité avait été ravivée par la répartition des tâches entre les deux services. Le Mossad « traitait » les Forces libanaises et le A'man l'ALS.

Avec Sharon à la Défense, la nature de la mission du Mossad changea. De coordinateur des efforts israéliens au Liban, il devint l'exécuteur des consignes du ministre. Il organisa, dans les derniers jours du mois de décembre 1981, avec l'aide des FL, le voyage, la protection et les déplacements de six agents du A'man chargés d'une mission Photint sur les positions stratégiques de la ligne de démarcation et des collines autour de Beyrouth. Après leur retour, Ariel Sharon décida d'aller lui-même au Liban pour se rendre compte non seulement de la configuration géographique de l'endroit, mais également du contexte politique dans lequel évoluaient les chrétiens. Les réponses ramenées par Paul en septembre ne l'avaient pas satisfait. Le Mossad annonça aux FL « la venue d'un haut responsable israélien » le 12-13 janvier 1982. Le A'man s'était opposé fermement à ce que les identités soient dévoilées à l'avance aux « phalangots » pour des raisons de sécurité, prétextant « des infiltrations syriennes » à l'intérieur des Forces.

Le jour dit, sur l'aéroport militaire près de Tel-Aviv, regroupés

---

1. Dan Raviv, Yossi Malman, *Every Spy a Prince*, Houghton Mifflin, Boston, 1990.

près de l'hélicoptère Sikorsky CH-53 Yassour du First Helicopter Squadron de l'armée de l'air israélienne, 10 hommes enfilèrent leur gilet de sauvetage orange vif puis écoutèrent attentivement les consignes à suivre en cas d'atterrissage forcé en zone ennemie. L'appareil décolla et, protégé par un groupe de chasseurs évoluant à très haute altitude, il remonta plein nord en volant au ras des flots, à quelques miles à l'est de la côte libanaise. Aux côtés d'Ariel Sharon avaient pris place le général Moshé Lévi, surnommé Moshé vahetzi (Moshé et demi) à cause de sa haute taille, sous-chef d'état-major de Tsahal ; le général Yehoshua Saguy, directeur du A'man ; le général Avraham Tamir, que tout le monde appelait Abrasha, conseiller du ministre ; le général Ouri Sagui, qui rentrait d'un stage aux États-Unis, chef du 3e Bureau (opérations) de l'état-major de l'armée israélienne ; le général Amos Yaron, chef des Forces spéciales israéliennes dont la carrure, la démarche, légèrement penchée vers l'avant et les longs bras allaient lui valoir le surnom d'Orang-Outang chez les FL. Le seul civil du groupe était le docteur Boreslav Goldman, médecin de l'hôpital Tel-Hashomer et ami personnel de Sharon qui l'accompagnait toujours dans ses missions secrètes. Sharon avait, à son habitude, le col de sa chemise ouvert sur une grosse chaîne en or. Les trois autres passagers appartenaient au Mossad : Menahem Navot (Mendy), Avner Azoulay (Philippe) et Miki Armor (Marion). Ce dernier tentait de réduire son épaisse stature en portant une agrafe d'acupuncture piquée dans le lobe de l'oreille afin de maigrir.

Le Yassour se posa vers 22 heures sur l'héliport de fortune de la centrale électrique de Zouk. Bachir Gémayel et une poignée de ses proches se dirigèrent vers l'appareil. En voyant descendre Ariel Sharon, le chef des FL s'exclama :

— Je me suis douté que c'était vous qui veniez ! C'est bien que vous soyez là !

C'était la première fois depuis la création de l'État hébreu qu'un ministre en exercice foulait le sol libanais. Une fois l'appareil reparti, tout le monde se dirigea en voiture vers la permanence du Mossad à Tabarja où un dîner les attendait. Dans les rues animées de Zouk et de Jounieh qu'emprunta le convoi où scintillaient des enseignes lumineuses multicolores, un nombre considérable de voitures circulaient en klaxonnant. Les Israéliens ouvraient de grands yeux. Ils étaient persuadés jusque-là que les Libanais passaient leur temps à renforcer leurs positions défensives et à remplir des sacs de sable dans une ambiance de guerre totale.

Israéliens et Libanais prirent place de chaque côté de la table, Bachir faisait face à Sharon. Mendy, avec un sourire, s'adressa au commandant des Forces :

— Chaque fois que je suis venu ici, c'était pour vous transmettre de mauvaises nouvelles. Aujourd'hui, je vais vous faire plaisir, nous avons décidé de mettre de l'ordre à notre frontière nord en lançant une opération de grande envergure...

Bachir resta bouche bée, la fourchette en l'air. Les autres Libanais cessèrent de manger :

— Si nous ne faisons rien, il faudrait attendre que d'autres générations le fassent, coupa le ministre de la Défense. Nous ne pouvons plus supporter ce qui se passe. Nous sommes déterminés à agir quel que soit le prix à payer. Vous avez deux possibilités : soit vous vous en lavez les mains, vous vous comportez en Arabes et vous ne participez pas à notre action. Mais attention ! Dans ce cas, vous n'en profiterez pas car vous ne pourrez pas jouer sur plusieurs tableaux à la fois. Nous ne prendrons pas vos intérêts en considération et vous serez à nos yeux comme tous les autres Arabes. Soit vous y participez avec toutes les conséquences que cela entraîne.

— Les Américains sont contre ce projet, lança Yehoshua Saguy. Israël est leur allié mais ils veulent se rapprocher du monde arabe. Ils flirtent avec les Syriens sans prendre quiconque, ni vous ni nous, en considération. Lorsque les juifs brûlaient dans les fours crématoires d'Auschwitz, personne ne se sentait concerné. Les grandes nations sacrifient tout à leurs intérêts.

— Il existe une coopération entre vous et nous, reprit Ariel Sharon. À partir d'aujourd'hui, les renseignements que vous nous donnerez devront servir un seul combat et entrer dans le cadre d'une répartition des rôles entre nous. Les équipements que vous demanderez seront destinés à la bataille. Comment envisagez-vous les combats ? Êtes-vous capables de prendre et d'occuper Beyrouth ? Quelles sont les régions à hauts risques pour vous ? Craignez-vous une percée de blindés ? Désirez-vous un encadrement d'officiers israéliens ? Un appui aérien ? Ou préférez-vous que notre armée rejoigne vos positions ? Nous n'entrerons dans vos régions que si vous le demandez et avec votre accord. Dites-nous ce que vous voulez.

Le ministre reprit son souffle après la rafale de questions qu'il venait de poser. Comme à son habitude, il avait enfourché son sujet et, tel un bulldozer, fonçait, forçant ainsi ses interlocuteurs à le suivre. Bachir n'avait retenu que la dernière proposition :

— Je veux tout le Liban. Nous rejetons la logique qui nous enfermerait dans une petite région.

— Parlons de celles qui sont limitrophes aux vôtres sans nous préoccuper pour le moment de celles qui en sont éloignées. Nous nous chargerons de Damour. Nous voudrions établir un lien terrestre avec vos troupes. Expliquez-nous ce que vous voulez ! Réfléchissez ! Vous devez penser à Jamhour, à Beyrouth Ouest, à la défense de votre zone. Il faut que vous puissiez contrôler l'aéroport. Begin se sent proche de vous car il vient du ghetto polonais. Quel rôle jouera l'armée libanaise ?

— Les soldats chrétiens se joindront à nous mais je ne sais pas ce que feront les musulmans, concéda Bachir. Si nous décidons de participer à ce projet, cette décision sera la nôtre.

Cette soirée fut pour Bachir un « orgasme » politique, affirma plus tard l'un des Libanais qui y assista. C'était le début de ce qu'il avait toujours espéré réaliser. Les Israéliens allaient enfin intervenir. Depuis 1978, il avait tout fait pour provoquer une telle intervention. Il avait crié au secours, dramatisé les situations, exagéré les dangers, maintenu ouverts des fronts comme celui de Zahlé. Ils n'étaient venus que « du bout de l'aile » avec un raid contre les hélicoptères syriens. Le cadet des Gémayel s'en était parfois mordu les doigts comme à la fin de la guerre des cent jours d'Achrafieh en 1978. « Si j'avais su qu'Israël n'interviendrait pas à nos côtés, j'aurais certainement renoncé à ce combat... », avait-il dit, à l'époque à Joseph Aboukhalil[1].

Au moment où il n'y pensait plus, le projet était remis sur le tapis par les Israéliens eux-mêmes.

Le lendemain matin, au volant de sa Range Rover, Ariel Sharon à ses côtés, suivi par un convoi de voitures de protection, Bachir dirigea la visite de la zone chrétienne. La tour Abou Hamad de Beyrouth Est dominant le secteur musulman ; les cimes du Mont-Liban et de Ouyoun el-Simane surmontant la vallée de la Békaa ; Broumanna surplombant une grande partie de la route Beyrouth-Damas. À chaque arrêt, ou presque, Avraham Tamir prenait Bachir Gémayel par le bras et lui glissait à l'oreille avec sa voix cassée et nasillarde :

1. Joseph Aboukhalil, *Les Maronites dans la guerre du Liban*, *op. cit.*, p. 90.

— Nous te ferons président !

Ami personnel de Sharon, très calme d'apparence, Abrasha mettait ses interlocuteurs mal à l'aise sans qu'ils puissent en définir la raison. Sa voix brisée n'arrangeait pas les choses. C'était l'homme des « coups spéciaux » du ministre. Le convoi s'arrêta un long moment près du couvent des pères antonins de Beït Mery. Aux pieds des Israéliens s'étalait Beyrouth, du carrefour de Khaldé, au sud de l'aéroport, jusqu'au port. Ils avaient sous les yeux, dans un rayon de moins de 6 km à vol d'oiseau, tous les bureaux politiques, militaires et financiers de l'OLP. Pendant que le ministre observait, silencieux, Bachir se tourna vers Yehoshua Saguy et lui dit avec un sourire provocateur :

— Je pensais que tous les officiers israéliens haïssaient les Forces libanaises ?

— Tu veux la guerre, lui répliqua d'un ton sec le patron du A'man, quelque peu méprisant. Mais sais-tu vraiment ce qu'est la guerre ? Tu auras Beyrouth ! Tu l'auras en ruine ! Comprends-tu cela ?

— Nous sommes prêts à tout, jeta le chef des FL.

Les Forces libanaises étaient peu aimées du A'man et de son directeur. Le service de renseignement de l'armée israélienne était concerné par les développements et les menaces militaires contre l'État hébreu, il n'avait donc rien à voir dans les grands schémas politiques. Cela était du ressort du Mossad et, avec cet organisme, les relations des Forces libanaises étaient excellentes. Cette « répartition du travail » était inconnue des Forces. Pour elles, le monde israélien se limitait au Mossad et aux quelques conseillers et instructeurs militaires que les uns et les autres avaient eus. Ariel Sharon se tourna vers Bachir :

— Je ne veux pas entrer dans les détails de nos plans car ils ne sont pas terminés. Mais une chose est sûre, quand le moment sera venu, nous ne nous arrêterons ni au Litani, ni au Zaharani, nous continuerons vers le nord et nous approcherons de Beyrouth le long de la côte. Vous aurez à portée de main votre chance historique de prendre la ville. Nous n'entrerons pas à Beyrouth à votre place. Si nous le faisions, nous ne pourrions jamais expliquer à notre peuple ni au monde pourquoi nous sommes entrés à Beyrouth.

Les dix Israéliens se rendirent ensuite au domicile de Bachir Gémayel à Achrafieh. Des murs de sacs de sable avaient été montés au pied de l'immeuble et des hommes en armes bloquaient les rues environnantes. Ils déjeunèrent en compagnie de Pierre Gémayel et de Camille Chamoun. Pendant le repas, Sharon évoqua de nouveau l'opération qu'il envisageait :

— Israël pourrait être obligé d'intervenir militairement au Liban, peut-être même avant l'été 82, à cause de l'activisme palestinien qui viole le cessez-le-feu de juillet. « *If*[1] » Tsahal intervient, il frappera tellement fort que les « terroristes » ne pourront pas reprendre leurs activités comme ce fut le cas après l'opération Litani de 1978 et il ne sera pas question de se limiter à des actions de recherches et de destructions comme nous l'avons fait à l'époque. *If* les « terroristes » sont définitivement battus, vous pourriez profiter de l'occasion pour investir Beyrouth Ouest et préparer le terrain pour des élections libres. Une des conséquences pourrait être un retrait syrien par des pressions politiques, ce qui aurait les faveurs de Washington. Je ne suis pas venu finaliser un plan d'action conjoint avec vous. C'est encore trop tôt. Mais il est très important pour moi de sortir d'ici en sachant ce que vous voulez exactement, ce que vous êtes capables de faire *if and when*[2] Tsahal sera obligé d'intervenir au Liban et d'arriver aux alentours de Beyrouth.

« Arriver aux alentours de Beyrouth », ces cinq mots rassurèrent les chrétiens mais effrayèrent Mendy, Philippe et Marion, les trois membres du Mossad, installés à table. Jamais, même en Israël, Ariel Sharon n'avait aussi nettement dévoilé ses intentions. « Mais le ministre croyait qu'il était très important de leur clarifier totalement les bases de la coopération recherchée afin d'obtenir l'adhésion inconditionnelle des Forces libanaises. Sur le plan militaire, il avait tout à fait raison, mais sur le plan politique, c'était une hérésie, il ne faut jamais le faire, cela nous lie les mains », confiera plus tard un des membres du Mossad[3] qui participait au voyage. Il n'était pas non plus dans la tradition israélienne d'expliquer aux alliés les plus fidèles les projets envisagés, *a fortiori* aux chrétiens libanais qui n'avaient pas encore déterminé ni leur accord ni l'ampleur de leur participation à l'opération. Même le Conseil des ministres israélien ne devait jamais en savoir autant.

Le déjeuner terminé, ils passèrent au salon et, une tasse de café

1. « Si » en anglais.
2. « Si et quand » en anglais. Ces deux mots conditionnèrent la politique israélienne pendant des mois.
3. Avner Azoulay à Alain Ménargues.

à la main, Bachir rappela en détail pour son père et pour Camille Chamoun sa discussion de la veille avec Ariel Sharon. Pierre Gémayel, qui ne parlait pas l'anglais, répondit par une longue diatribe en français, sur l'importance de la Formule de 43 et sur la nécessité pour les Israéliens de se réconcilier avec Yasser Arafat.

— Il suffit qu'Israël perde une seule guerre contre les Arabes pour mourir, dit-il. Les Arabes, quant à eux, peuvent perdre des dizaines de guerres et de vastes étendues de leurs territoires, ils resteront toujours une épée de Damoclès qui menacera Israël et le privera de son bien-être et de sa stabilité. Nous sommes et nous resterons un pays qui maintiendra des relations avec les États arabes. Nous sommes un pont entre eux et vous, et nous voulons le rester. Il faut que vous le compreniez et qu'il y a des limites à respecter.

Bachir, qui traduisait au fur et à mesure en anglais, prenait quelques libertés pour réduire notablement la portée des propos de son père. Celui-ci, voyant que Sharon ne réagissait pas, dévoila le fond de sa pensée :

— Il suffirait d'un retrait israélien des territoires occupés, ou d'une partie de ceux-ci, et de l'instauration d'un État palestinien pour contribuer à ramener le calme dans la région. Et il faut que vous sachiez que les chrétiens refusent d'être de nouveaux Saad Haddad.

Camille Chamoun et les trois membres du Mossad qui comprenaient le français étaient visiblement gênés. Bachir avait très fortement atténué les paroles du Raïs en les traduisant. Sharon répondit en réitérant calmement l'exposé qu'il avait fait la veille. Pendant qu'il parlait, Cheikh Pierre murmura à l'oreille de son fils :

— Nous ne voulons pas devenir un second Israël. Entre ça et la situation actuelle, je préfère la situation actuelle.

Camille Chamoun envoya un clin d'œil appuyé à Bachir et lança à Sharon :

— Nous sommes d'accord avec vous sur l'opération. Créons un état-major commun.

En sortant du domicile du chef des Forces libanaises, le ministre israélien et le patron du A'man échangèrent quelques mots en hébreu, puis Ariel Sharon se retourna vers Bachir pour lui confier :

— Nous nous disions que le président Chamoun et Cheikh Pierre avaient contribué au Pacte de 1943 et qu'ils ne pouvaient plus s'en démarquer, alors que vous, vous êtes maître de vos propres choix. Nous comprenons les vieux, laissons-les manœuvrer à leur guise. La réalité est tout autre sur le terrain. Le cessez-le-feu de juillet 1981 fut une catastrophe pour nous. Depuis, nous massons des troupes à la frontière. Au premier coup de feu tiré contre nous, ce sera la finale, nos plans sont prêts.

— Votre plan ne peut aborder que les aspects militaires du problème. Pour réussir, il doit nécessairement envisager les développements politiques qui devront suivre, répondit Bachir. L'objectif doit être la mise en place d'une nouvelle « légalité » et d'un nouveau gouvernement au Liban. Nous nous mettrons d'accord avec le président Sarkis pour qu'il y ait une passation de pouvoir. Si nous n'arrivons pas à cela, nous n'aurons rien fait.

— Avez-vous besoin d'un appui aérien ? Combien de brigades blindées vous faut-il ? demanda Yehoshua Saguy.

— J'étudierai cela avec l'état-major. Nous allons préparer un plan politico-militaire. Nous distribuerons les rôles ensuite.

— C'est une grosse affaire, insista le chef des renseignements militaires. N'importe quelle fuite de votre côté sera néfaste, et vous pouvez considérer qu'il n'y aura plus rien entre nous. Les Américains refuseront le projet et feront en sorte de le saborder.

Le convoi de voitures se dirigea vers l'héliport de Zouk. Le général Moshé Lévi suggéra de préparer immédiatement l'après-opération afin de rétablir rapidement la sécurité et obtenir ainsi une reconnaissance internationale indispensable. Vers 20 heures, le CH-53 se posa pendant quelques minutes, le temps d'embarquer ses 10 passagers. Durant le vol de retour, les agents du Mossad informèrent le ministre de la traduction déformée qu'avait faite Bachir des propos de son père. Sharon éclata de rire. En arrivant à Tel-Aviv, il affirma à Raphaël Eytan :

— J'ai réglé les derniers points du plan avec les « phalangots ». Nous pouvons l'exécuter. Je leur ai lié les mains en leur proposant la prise du pouvoir[1].

Yehoshua Saguy déconseilla à Menahem Begin de pousser jusqu'à Beyrouth :

— Nous y serons coincés. De plus, expliqua-t-il, investir une capitale arabe créerait indéniablement des problèmes avec les Arabes et les Américains.

Begin objecta que les « phalangots » seuls interviendraient dans le Beyrouth Ouest musulman. Saguy insista. Il était persuadé que

1. Voir Shimon Shiffer, *Snow Ball : The Story Behind the Lebanon War*, Edanim-*Yedioth Aharonoth*, 1984.

la milice chrétienne était incapable d'effectuer une telle mission. Il ne fut pas écouté. Son service avait fortement déconseillé le raid contre la centrale nucléaire irakienne du mois de juin et la réussite de l'opération avait sérieusement érodé son influence. Saguy était virtuellement écarté du dossier libanais. Il demanda à ses arabisants et à ses vétérans du « Desk Liban » une évaluation des développements politiques de ce pays. Le long rapport ultrasecret qu'ils lui remirent personnellement réfutait catégoriquement la possibilité pour le Liban de se transformer un jour en un État chrétien gouverné par les phalangistes. Ce rapport finit oublié au fond d'un coffre.

Sitôt les Israéliens repartis, Bachir Gémayel réunit ses collaborateurs pour évaluer la portée des propos échangés durant la visite.

— Le compte à rebours a commencé, estima Élie Hobeïka. Il faut examiner tout de suite la manière dont nous allons faire face à la fois aux problèmes internes et aux réactions externes que l'opération va engendrer.

— Nos limites sont claires, fit remarquer Zahi Boustani. Soit nous adoptons la limite minimum et donc nous refusons d'assurer toute responsabilité quant au sang musulman et palestinien qui va couler, soit nous optons pour la limite maximum et dans ce cas, notre participation à l'opération est totale. L'objectif étant la création d'un État chrétien.

Ils décidèrent de réfléchir à la question et de n'habiliter que 12 personnes à avoir accès aux données de l'opération. Quatre de moins que les participants à la fameuse réunion du couvent de Saydet el-Bir où fut lancée l'idée de la prise du pouvoir. Boustani, avec son obsession du secret, multiplia les recommandations de discrétion à Bachir. Il craignait que son chef, emporté par sa fougue habituelle, ne commette l'erreur de révéler certaines informations. Il redoutait par-dessus tout les rencontres avec « les autres » au cours desquelles Bachir était tout à fait capable de lancer à la tête d'un Mohamad Ghanem : « Tu vas voir, les Israéliens vont venir te casser la tête. » Il n'eut de cesse, par la suite, de le mettre en garde.

Le 19 janvier 1982, six jours après la visite d'Ariel Sharon, une délégation libanaise fit un saut à Tel-Aviv pour rencontrer le général Moshé Lévi. Les FL voulaient obtenir des informations sur l'opération militaire afin de préparer leurs propres plans et les coordonner avec ceux des Israéliens. Lévi resta muet sur ses intentions mais insista sur la nécessité d'une mobilisation très rapide des unités de la milice après un préavis très court. Il offrit en contrepartie de grandes facilités d'approvisionnement en armes et en munitions.

Fady Frem et Antoine Bridi (Toto) se plongèrent dans la préparation du plan M militaire (M pour Maya, prénom de la fille de Bachir assassinée deux ans plus tôt presque jour pour jour). À partir d'hypothèses de manœuvres de l'armée israélienne, ils mirent au point un cadre d'ordre général pour les actions des Forces. Pour préserver le secret de leur travail, les deux hommes continuèrent à assurer normalement leurs fonctions quotidiennes à la Quarantaine, direction de l'état-major pour Frem et inspection générale pour Bridi. Entre 17 et 18 heures, ils quittaient chacun leur QG respectif et prenaient par des chemins différents la direction de l'appartement de Frem à Broumanna. Là, ils s'enfermaient dans l'une des chambres dont les fenêtres dominaient Beyrouth qu'ils avaient baptisée la « salle des cartes » parce que tous les murs en étaient recouverts. Pendant trois semaines, toutes les nuits, ils planchèrent sur les cartes d'état-major au cinquante millième pour tout le Liban et au vingt millième pour les axes de pénétration[1]. La pièce était fermée à clé durant leur absence, et Léna, la jeune femme de Fady Frem (il avait épousé un mois auparavant la sœur de Fouad Abou Nader), avait interdiction absolue d'y pénétrer. Elle préparait les dîners et frappait à la porte de la « salle des cartes » pour les inviter à passer à table, sans jamais faire de commentaires ni poser de question.

De leur côté, Antoine Najm, Sélim Jahel et Zahi Boustani, enfermés chez ce dernier, élaboraient le plan M politique[2] dont l'exécution, parallèlement à l'action militaire, devait permettre la prise du pouvoir.

Les réunions avec les Israéliens se multiplièrent à un rythme effréné. Les 22 et 23 janvier débutèrent à Tel-Aviv les réunions israélo-FL pour peaufiner les grandes lignes du projet, les unes au quartier général de Tsahal au ministère de la Défense, pour l'aspect militaire, les autres au Resthouse du siège du Mossad, au nord de la ville, sur l'autoroute d'Haïfa, pour les questions politiques. Les Libanais en étaient revenus déçus. Leurs interlocuteurs répondaient invariablement à toutes leurs questions : « Nous ne savons pas exactement... »

1. Voir Annexe 9, p. 524.
2. Voir Annexe 10, p. 531.

Le manque d'information sur l'ampleur de l'opération israélienne fit naître une méfiance chez les dirigeants des Forces. Ils estimaient que si tout le territoire libanais n'était pas concerné par l'opération, il fallait au moins libérer les zones chrétiennes, et notamment celles du Nord, contrôlées par les Syriens et par Sleiman Frangié. Ils ne comprenaient pas ces « cachotteries » alors que la visite de Sharon, le 12 janvier, s'était distinguée par une franchise totale. Ils se demandaient si les Israéliens n'avaient pas revu leurs projets à la baisse. Ils n'avaient pas compris que l'excès de confidence dont avait fait preuve le ministre avait été corrigé pour des raisons de politique interne. Le secret devait être complet sur les objectifs réels sous peine de voir l'opposition israélienne faire capoter le tout.

Le 25 janvier, Avner Azoulay (Philippe) et Miki Armor (Marion) revinrent au Liban. Ils commencèrent par rencontrer HK (Élie Hobeïka) et Asso (Assaad Chaftari) le patron du Jihaz el-Aman et son adjoint pour leur demander des informations précises sur les positions des SAM 6 et SAM 8 installés par Damas dans la Békaa ainsi que des éléments détaillés sur chaque rue de Beyrouth. Ils cherchaient également un contact avec un militaire syrien susceptible de voler un char T 72 [1] et de lui faire franchir la ligne de cessez-le-feu du Golan pour un million de dollars de récompense. Les FL ne purent trouver l'homme idoine.

Les deux Israéliens rencontrèrent ensuite Bachir Gémayel, Fady Frem et Zahi Boustani. Le chef des Forces leur exprima sans ménagement ses préoccupations. L'opération militaire était loin d'être claire et il craignait que, pour une raison quelconque, Tsahal ne puisse arriver jusqu'à Beyrouth. C'était pour lui l'aspect le plus important. D'une part pour ne pas se retrouver seul face aux Syriens et d'autre part pour imposer la solution politique qu'il envisageait. Le *if* qui conditionnait toute l'opération lui posait également un problème considérable. L'État hébreu pouvait mobiliser et démobiliser ses forces sans conséquence, ce qui n'était pas son cas. Tout préparatif militaire dans la zone chrétienne qui ne serait pas suivi immédiatement d'une action israélienne, provoquerait des réactions syriennes, palestiniennes et du monde arabe qui pouvaient être désastreuses.

1. À l'époque, dernier-né de la technologie militaire soviétique, en dotation dans certaines unités d'élite de l'armée syrienne.

— Le Premier ministre ne s'engage que dans le cas d'une attaque généralisée...

Bachir interrompit sèchement Avner Azoulay :

— Et non dans le cas d'une opération limitée ?

— Il est important que vous présentiez un document définissant les points qui ont besoin de clarifications, suggéra, conciliant, l'homme du Mossad. C'est ainsi que nous pourrions avancer. Essayez de préciser également comment vous entendez prendre le pouvoir légalement, avec toutes les alternatives qu'une telle action suppose.

— Quelle serait notre marge de manœuvre ?

— Notre ministre a été clair sur ce point. Nous n'avons aucune intention d'intervenir dans votre politique interne. Toutefois, surtout vis-à-vis des États-Unis, votre situation sera mieux assise si vous formez un gouvernement mixte.

— Comment concilier nos positions de manière à encourager les musulmans à se joindre à nous et à faire en sorte que notre nouvelle entité soit reconnue par la communauté internationale ? s'enquit Bachir.

— Il faudrait mettre au point dès à présent cette partie du plan et ne pas attendre la dernière minute, conseilla l'Israélien. En ce qui concerne la structure de votre futur régime, prenez exemple sur l'Occident. Il vous faudrait, je crois, lancer un appel aux Libanais qui ont émigré pour qu'ils reviennent participer à la reconstruction. Que projetez-vous de faire avec les Palestiniens une fois l'opération terminée ?

— Peut-on envisager de les répartir dans les pays arabes ? demanda Bachir. S'ils restent ici, ils représenteront un élément encore plus dangereux que celui qu'ils représentent maintenant. Le Liban est le maillon faible du monde arabe à ce sujet.

— Pensez-vous qu'il serait possible de créer une nouvelle direction palestinienne qui vous serait favorable ? questionna Avner Azoulay.

— Non ! C'est impossible !

— C'est un problème qui va se poser vis-à-vis de l'opinion publique mondiale, fit remarquer l'Israélien.

— Ce sera l'affaire du futur gouvernement libanais, trancha Bachir. Mais nous interdirons à quiconque d'utiliser la carte palestinienne. Nous allons nettoyer le pays pour les cinquante ans à venir car nous n'avons aucune confiance en eux.

— Est-ce que vous allez attaquer les Syriens ? demanda Fady Frem plus immédiatement concerné par les problèmes militaires.

— Notre ministre vous a déjà répondu par la négative sauf si les Syriens essayent d'intervenir. Je vous informe que ce dernier point n'a pas été abordé par Sharon lors de la réunion du cabinet au mois de décembre. Je lui en ai d'ailleurs fait la remarque. Nos ministres ne sont donc pas informés. Vous êtes les seuls à être au courant.

Le lendemain soir, 26 janvier, le chef d'état-major de Tsahal, Raphaël Eytan, accompagné d'une dizaine d'officiers, se posa à Zouk où l'attendaient Bachir et son équipe. Selon un scénario qui commençait à devenir habituel, les Israéliens passèrent la nuit dans la villa du Mossad à Tabarja et le lendemain ils firent la tournée des points stratégiques chrétiens et des positions qui surplombaient le terrain « adverse ». Tout au long du circuit, Bachir et Raffoul discutèrent de l'opération. Le premier parlait en anglais que le général israélien comprenait sans vouloir l'utiliser, préférant s'exprimer en hébreu qu'Avner Azoulay traduisait en français. Raffoul, comme à son habitude, affichait un visage impassible et posait des questions courtes et précises sur ce qu'il voyait. Il confirma que le but des Israéliens était la destruction de l'appareil politico-militaire palestinien et que, bien que désireux d'éviter autant que possible une confrontation avec les Syriens, ils estimaient que l'idéal serait le retrait total des troupes de Damas du Liban soit par des négociations, soit à la suite d'un coup de force.

— L'opération militaire est inévitable ! affirma-t-il ; elle sera très rapide. Nous pensons pouvoir arriver à Saïda en douze ou quinze heures, puis foncer vers la route Beyrouth-Damas. Mais nous ne pourrons peut-être pas faire taire toutes les bouches à feu syriennes et nous préférons ne pas surprendre les Américains.

Bachir comprit immédiatement que les États-Unis seraient prévenus avant le début de l'opération. Aussi demanda-t-il à Washington, par le canal de Robert Dillon, quelle serait l'attitude américaine à l'égard d'une éventuelle opération israélienne. Il estimait qu'une alliance Liban-Israël-États-Unis permettrait de régler le problème libanais et chercha à tout prix à instaurer de très bonnes relations avec les Américains sans pour autant s'aliéner les Israéliens. Il était conscient que l'intérêt de Washington pour le Liban risquait d'être circonstanciel alors que les liens avec Israël ne pouvaient être que stratégiques, les deux pays ayant une frontière commune.

Sachant qu'aucune opération militaire n'était possible sans l'assentiment tacite des États-Unis, parrains du cessez-le-feu de juillet 1981, le ministre israélien des Affaires étrangères, Yitzhak Shamir, et Menahem Begin décidèrent de les informer qu'Israël réagirait très violemment à sa moindre violation. Ils demandèrent également au ministre de la Défense d'envoyer discrètement Yehoshua Saguy à Washington. Sharon tenta vainement d'obtenir le choix d'un autre émissaire. Il estimait que le chef du A'man, qui était loin de partager ses vues sur le dossier libanais, risquait de déformer le message. Yehoshua Saguy fut reçu par Alexander Haig bien qu'il fût tout à fait exceptionnel qu'un secrétaire d'État américain reçoive lui-même le patron d'un service de renseignement étranger. L'Israélien utilisa un langage de militaire que l'ancien commandant en chef des forces de l'OTAN comprit parfaitement :

— Si les « terroristes » continuent à violer le cessez-le-feu sur n'importe quel front, Israël répondra par une opération armée limitée au Liban en essayant de ne pas provoquer la Syrie.

L'Américain évoqua « les effets dévastateurs » qu'aurait une attaque israélienne contre l'OLP au Liban sur les relations israélo-américaines. Alexander Haig spécifia cependant qu'il serait difficile aux États-Unis d'intervenir si se produisait une violation caractérisée du cessez-le-feu pouvant être considérée comme une provocation reconnue internationalement[1].

— Mais, précisa-t-il, une attaque terroriste en dehors du Proche-Orient ne saurait être considérée comme une provocation.

Ce fut, pour Sharon, un feu vert américain sous condition. Le problème résidait dans le fait que les Palestiniens respectaient scrupuleusement le cessez-le-feu. Les « actions terroristes », comme les qualifiait la presse de Jérusalem, se poursuivaient sur d'autres fronts.

Les réponses aux questions que Bachir avait posées aux Américains lui parvinrent sous forme d'un télégramme que lui remit l'ambassadeur Robert Dillon le 30 janvier 1982.

« 1 — Les États-Unis s'opposent à toute opération israélienne au Liban et Israël en a été informé.

---

1. David Kimché, *The Last Option*, *op. cit.*, p. 145.

« 2 — Les États-Unis s'opposent à tout acte de provocation et à toutes représailles.

« 3 — Dans le cas où l'opération israélienne aurait lieu, il est demandé aux Forces libanaises de faire preuve d'une grande retenue pour donner le temps nécessaire aux États-Unis de traiter l'affaire diplomatiquement selon leurs intérêts au Moyen-Orient.

« 4 — Dans le cas où l'opération aurait lieu, il est demandé aux Forces libanaises de s'aligner sur les positions de la légalité libanaise. Les États-Unis appuieraient toute démarche émanant de la légalité libanaise. »

Deux des quatre points semblaient tenir pour acquise l'intervention israélienne. Bachir en fit la remarque à l'ambassadeur.

— Ne l'interprétez pas de manière erronée. Nous sommes contre cette opération ! Begin le sait.

Le chef des FL insista sur le fait que la logique du Département d'État ne prenait en compte que les intérêts politiques américains dans la région alors qu'il s'agissait d'une question de vie ou de mort pour Begin et l'État hébreu.

— Vous êtes très convaincant. Si je comprends bien, la question de l'État palestinien doit être écartée ?

— Je vous rappelle que votre ancien président, Jimmy Carter, a affirmé qu'aucun des leaders arabes qu'il avait rencontrés n'avait soulevé cette question. La seule solution pour régler définitivement ce problème est de briser les Palestiniens installés au-dehors et de négocier avec ceux des territoires occupés.

La rétention d'informations concernant l'envergure de l'opération que pratiquaient les Israéliens provoqua une inquiétude de plus en plus croissante chez les FL. Ils commençaient à douter sérieusement des intentions affichées par Tel-Aviv. Menahem Navot fit un aller-retour à Tabarja pour « arrondir les angles ». Il expliqua aux Libanais que Tel-Aviv surveillait de très près l'accroissement du potentiel militaire syrien. Le Mossad avait estimé que Damas commençait à être convaincu que l'équilibre des forces avait basculé en faveur de Bachir et de la milice chrétienne. Ce qui pouvait signifier que la Syrie risquerait de devenir plus intransigeante. Il confirma que les Israéliens détruiraient toutes les bases d'artillerie syriennes qui ouvriraient le feu.

Concernant l'opération militaire, Menahem Navot expliqua que son envergure avait été arrêtée et que la décision de détruire les capacités militaires et politiques des Palestiniens avait été prise. Le sud du Liban et le littoral s'étendant jusqu'à Beyrouth étaient donc concernés. Mais les Palestiniens présents dans les camps de Bared et Wayfel près de Tripoli, au nord du pays, ne l'étaient pas car ces camps ne représentaient aucun danger pour l'État d'Israël. Les FL tentèrent de convaincre Navot de l'importance du « Nord chrétien » pour leur projet politique.

— Si vous donnez l'assaut au Nord, cela ne nous concerne pas, leur répondit le chef du « Desk Liban » du Mossad. Mais nous vous défendrons s'ils vous attaquent. Autrement dit, faites-le vous-même et, en cas de problème, nous vous aiderons.

L'Israélien réitéra la position de Tel-Aviv : la décision était irréversible. L'opération aurait lieu. Il demanda si Tsahal pouvait utiliser le port de Jounieh afin, éventuellement, d'y débarquer des hommes et du matériel :

— Ceci révélera notre coopération. Si vous utilisez Jounieh, vous ne pourrez plus compter sur le facteur politique ! lui répondit Bachir.

Loin de les rassurer, la mission de Mendy avait plongé les Forces dans un abîme de perplexité. L'opération n'envisageait que le contexte palestinien et se limitait seulement au sud du pays. Les réponses obtenues pour la Békaa et la montagne étaient restées floues. Ils se demandaient si, finalement l'action qui leur était présentée serait suffisante pour réaliser leur propre projet. Ils commencèrent à envisager sérieusement de ne pas s'en mêler et de demander à Élias Sarkis de se lancer dans une surenchère arabe. C'est dans cet état d'esprit que Bachir Gémayel et trois de ses plus proches collaborateurs répondirent à l'invitation de Menahem Begin. Ils quittèrent Zouk en hélicoptère, le 15 février, vers 22 heures. Yitzhak Hofi, le patron du Mossad, les rejoignit pour un dîner amical à l'hôtel de Nataniya, au bord de la mer, où le service de renseignement les avait logés. Les Libanais ne l'avaient pas vu depuis plusieurs semaines. Hofi supervisait de très près l'exfiltration de milliers de falachas d'Éthiopie, d'abord à travers le Soudan, et, depuis peu, par avion *via* Bruxelles. Hofi, au cours du repas, eut confirmation du rapport de Menahem Navot : Bachir était inquiet. Il fallait le rassurer. Il appela le Premier ministre en arrivant chez lui, malgré l'heure tardive.

Le lendemain, ils se rendirent à Jérusalem en voiture. Ils pénétrèrent dans la résidence de Menahem Begin, rue Balfour, par la porte de service, pour éviter les journalistes qui faisaient en permanence les cent pas devant l'entrée principale. Ils traversèrent la cuisine, montèrent les escaliers et pénétrèrent dans le petit salon du premier étage où les attendaient une douzaine de militaires et de civils. Les salutations terminées, le Premier ministre, toujours dans un fauteuil roulant, regarda Bachir droit dans les yeux et lui dit en détachant bien ses mots :

— Je veux vous voir élu constitutionnellement président de la République avec, à vos côtés, un Premier ministre sunnite et un gouvernement d'union nationale. Shimon Peres et moi sommes d'accord sur la question du Liban. Lorsque nous y rentrerons, personne en Israël ne s'y opposera. Je vais proposer aux Américains de constituer une force commune pour en chasser les Syriens.

— Nous y participerons aussi ? demanda Bachir.

— D'accord. Lors de la visite de François Mitterrand dans les premiers jours de mars, je lui proposerai que la France y participe également. Je vais lui demander de vous rencontrer en Israël.

— Comment défendra-t-on notre nouvelle entité ?

— On en parlera plus tard, éluda Begin. Nous vous défendrons. Ne faites rien avant d'être sûrs que nous ayons atteint un point avancé dans l'opération militaire. Il ne nous est plus nécessaire de débarquer à Jounieh, à moins que vous ne le demandiez vous-mêmes. Demandez à Sharon ce que vous voulez sur le plan opérationnel.

Begin se leva pour marquer la fin de l'entretien.

— Vous voyez, je suis en bonne santé, sourit-il en faisant allusion à sa fracture du col du fémur.

Les quatre Libanais furent conduits dans le grand salon du rez-de-chaussée où discutaient Ariel Sharon et une poignée d'officiers.

— Je n'ai plus aucun doute sur l'exécution de l'opération, affirma le ministre de la Défense. Je veux Zahlé et Beyrouth jusqu'à la route Beyrouth-Damas.

Les appréhensions des dirigeants des Forces s'envolèrent totalement. Beyrouth était comprise dans l'opération.

— Le Nord est vital pour notre projet politique, jeta Bachir.

— Je ne pense pas que nous puissions y aller sans nous heurter aux Syriens. Mais en cas de confrontation avec eux, il est difficile de prévoir où cela nous mènerait. Nous pourrions être obligés d'occuper tout le Liban.

Les Libanais exposèrent les objectifs de l'action militaire telle que les FL l'envisageaient : la prise du versant est du Mont-Liban et une partie de la Békaa jusqu'à Rayak ainsi que la limite nord du fleuve Abou Moussa qui constituaient des lignes de défense solides. Ariel Sharon accepta le principe d'une extension des opérations vers le versant est de la montagne et Rayak. Il confirma l'hypothèse d'une pénétration sur trois axes : le littoral, Jezzine-le Chouf, et la Békaa.

— Les Américains sont d'accord, intervint Yehoshua Saguy, mais à condition qu'une provocation palestinienne mette le feu aux poudres.

— Concernant les Syriens, Washington s'en lave les mains, ajouta son homologue du Mossad.

— Nous ne ferons pas une guerre qui n'ait pas d'objectifs politiques, conclut Raffoul.

Cette dernière phrase rasséréna totalement les quatre dirigeants des Forces libanaises. L'objectif politique évoqué par le chef d'état-major ne pouvait être que celui défini par Begin : Bachir Gémayel président de la République libanaise avec à la clé, même si personne ne l'avait clairement mentionné, un traité de paix avec Israël. Le chef de la milice chrétienne exultait.

Les Israéliens lui avaient réservé une surprise. Il fut conduit sur une base aérienne, enfila une combinaison de vol et fut installé dans le baquet arrière d'un avion de chasse Skyhawk biplace. Le général David Ivry, commandant en chef de l'armée de l'air israélienne prit lui-même les commandes pour un survol du Liban sous la protection d'une patrouille de F 15. Bachir n'en profita guère, il fut malade durant une grande partie du vol.

Fidèle à son projet de parvenir à créer ce qu'il appelait un « tripode » avec l'État hébreu et les États-Unis, Bachir Gémayel rencontra, le 22 février, l'ambassadeur Robert Dillon à la résidence américaine pour discuter des répercussions politiques que pouvait entraîner une éventuelle invasion israélienne. Sans entrer dans les détails, il laissa entendre qu'il profiterait d'une telle opération pour se saisir du pouvoir. L'ambassadeur souligna de nouveau l'opposition des États-Unis en affirmant que si l'opération militaire avait lieu, Washington défendrait ses intérêts arabes malgré ses amitiés envers Israël et les chrétiens du Liban. Puis il se leva, haussa le volume de la chaîne hi-fi qui se trouvait dans le salon et vint s'asseoir à côté de son interlocuteur :

— J'ai l'impression que les Israéliens pensent débarquer à Jounieh, et libérer Damour, confia le diplomate à mi-voix. Nous ne voulons pas qu'ils remettent cette ville à Camille Chamoun mais à l'État libanais.

Le chef de la milice chrétienne demanda à utiliser le téléphone de son hôte et pria Johny Abdo de venir les rejoindre. Le patron du 2e Bureau n'eut besoin que de quelques minutes pour faire le court trajet qui séparait le ministère de la Défense de la résidence américaine. Une fois Abdo installé dans un fauteuil, le chef des FL se tourna vers Dillon :

— Acceptez-vous de soutenir les seuls chrétiens ? Nous avons compris votre position, essayez de comprendre notre dilemme : le pouvoir ou la terre ! Nous ne voulons ni la partition du pays entre les communautés, ni un pouvoir exclusivement chrétien. Nous voulons un gouvernement mixte qui ait à sa tête un sunnite.

— Les Syriens ne le permettront jamais, objecta Abdo.

— Si vous voulez faire quelque chose, conseilla Robert Dillon, assurez-vous du concours du président du Parlement, Kamel el-Assad, du Premier ministre Chafic el-Wazzan ou encore d'un druze représentatif comme Arslane. L'important est que vous adoptiez une solution que nous puissions accepter. Nous voulons voir en vous le chef de l'État, mais pas sans une participation d'un Nabih Berri ou d'autres musulmans dans le nouveau gouvernement.

Nabih Berri était l'un des responsables de la communauté chiite. Né au Sierra Leone, il avait fait des études de droit (il était avocat) aux États-Unis et avait obtenu la nationalité américaine par un premier mariage. Lorsqu'en 1969 l'imam Moussa Sadr avait sorti la communauté chiite d'une léthargie provoquée par des décennies d'obscurantisme féodal, subjugué, Nabih Berri avait suivi. Il participa activement à la création du mouvement des déshérités Amal[1] à ses côtés. Après la disparition du religieux en Libye dans les derniers jours d'août 1978, Nabih Berri écarta de la direction du mouvement un député chiite de la Békaa, Hussein Husseini, et s'engagea dans une confrontation directe avec le Mouvement national et la résistance palestinienne, leur reprochant la détérioration de la situation au sud du pays à majorité chiite. Israël n'était même pas évoqué dans ses discours. Son mouvement était une sorte de marais hétéroclite où coexistaient clans, familles et groupes de pression constamment tiraillés entre une tendance résolue à l'affrontement et une autre — minoritaire —, dont il était issu, préférant le dialogue[2].

— Nous sommes exactement sur la même longueur d'onde, affirma Bachir en regardant Robert Dillon droit dans les yeux.

1. *Amal* signifie « espoir » en arabe.
2. Nabih Berri deviendra le président du Parlement.

— Dans le cas d'une opération israélienne et d'un émiettement de l'influence militaire et politique syrienne, pourriez-vous soutenir les actions de l'armée libanaise ? demanda Johny Abdo à l'ambassadeur américain.

— C'est tout à fait possible. Écoutez, c'est la plus importante discussion que j'aie jamais eue au Liban. Si cette opération israélienne doit avoir lieu, il est impossible que vous ne le sachiez pas 24 heures ou 48 heures à l'avance. Ne me dites rien ! Rappelez vos réservistes et je comprendrai que l'offensive est imminente, j'en informerai alors mon gouvernement.

Bachir éluda la proposition de Robert Dillon et se fit menaçant :

— Une dernière précision. Dans le cas où vous décideriez que les États arabes sont plus importants que le Liban, ne soyez pas surpris si nous sommes amenés, un jour, à adopter une attitude suicidaire qui bouleversera tout. Cela fait quarante ans que nous bâtissons une « ferme ». Il est temps que cela cesse. Nous voulons bâtir un État sur lequel vous pourrez compter plus que vous ne pouvez le faire actuellement avec d'autres.

En sortant de chez l'ambassadeur américain, le chef des FL demanda à Johny Abdo de lui ménager une entrevue avec Mohamad Ghanem. Il voulait garder le contact avec les Syriens afin de pouvoir disposer d'une alternative si l'opération israélienne n'atteignait pas ses objectifs ou ceux souhaités par les Forces. L'entrevue avec le responsable des SR syriens au Liban porta presque exclusivement sur la couverture par les médias chrétiens des combats meurtriers qui opposaient l'armée de Damas et les Frères musulmans, notamment dans la ville de Homs en Syrie, pilonnée par l'artillerie lourde depuis bientôt une semaine. Mohamad Ghanem demanda à Bachir de faire pression sur les journalistes pour que leurs commentaires, entendus en Syrie, soient favorables à Damas et aux thèses officielles. Bachir répondit qu'il était impossible de museler une presse libre dans une région libre. Puis, malgré les avertissements répétés de Zahi Boustani, il ne put s'empêcher de demander à son interlocuteur :

— Si Israël attaque et libère Damour, que ferez-vous ?

— Impossible ! Nous ne pouvons accepter qu'une solution arabe à un problème arabe.

14

« When »

Comme il l'avait promis à Bachir Gémayel, le 4 mars 1982, Menahem Begin évoqua la question libanaise avec François Mitterrand lors de la visite du président français à Jérusalem.

— Nous n'attaquerons pas le Liban, mais je n'y permettrai jamais un génocide des chrétiens, lui affirma-t-il.

Yehoshua Saguy, qui assistait à l'entretien, déroula des cartes du pays des Cèdres et, chiffres à l'appui, détailla le réarmement palestinien au Sud Liban :

— L'OLP dispose de 30 chars de combat, des T 54, 120 véhicules blindés, 150 canons de DCA, 90 canons de 120 à 155 mm, 300 pièces d'artillerie plus légères et deux canonnières offertes par la Libye et basées dans le port de Lataquieh, en Syrie.

Mitterrand fut impressionné. Mais leur dialogue sur le Liban tourna court après que le président français, devant la Knesset, eut évoqué « la création, le moment venu, d'un État palestinien » et appelé « les Israéliens et les Palestiniens à une reconnaissance préalable mutuelle ». De son fauteuil roulant, Menahem Begin répliqua sèchement :

— Il n'en est pas question, Israël ne le permettra jamais !

Le lendemain, au moment même ou le Concorde présidentiel français décollait de l'aéroport de Lod, les Forces libanaises remettaient les plans M, militaire et politique, à l'antenne du Mossad au Liban. Rédigés en un seul exemplaire, en français, ils furent photocopiés et envoyés à Tel-Aviv où ils furent traduits en hébreu et transmis à l'état-major.

Écrit au stylo à bille sur un cahier rouge à spirale le plan M militaire[1] détaillait comment les Forces entendaient profiter d'une opération israélienne de grande envergure atteignant la zone chrétienne pour « libérer » le maximum de territoires. N'ayant aucun élément sur la stratégie et les mouvements tactiques israéliens, Fady Frem et Antoine Bridi (Toto) étaient partis de l'hypothèse que les unités de Tsahal franchiraient la frontière tout d'abord à Roch Hanikra pour progresser sur un axe longeant le littoral, puis à la hauteur de Métoulla pour d'une part monter plein nord vers Nabatiyé et Jezzine et, d'autre part bifurquer à la hauteur de Khiam pour prendre en enfilade la vallée de la Békaa. À partir de ces suppositions, ils avaient déterminé comme objectif final le contrôle d'un territoire allant de la frontière israélienne au Mont-Liban (avec une variante sur tout ou partie de la Békaa) jusqu'au Jabal Terbol au-dessus de la ville de Tripoli.

Le projet prévoyait neuf objectifs à la portée des FL, en coopération avec l'armée libanaise — du moins avec certaines de ses unités — et le support de l'armée israélienne :

La mise en place d'un bouchon à Khaldé pour couper toute possibilité de repli palestinien venant du sud vers Beyrouth.

Le contrôle de Beyrouth, de préférence par l'Armée libanaise.

Le contrôle de la région de Baabda où se trouvaient le ministère de la Défense et le palais présidentiel.

La prise des collines du Metn où était déployée la 62e brigade syrienne qui menaçait la route Beyrouth-Damas.

La reconquête des cimes du mont Sannine, la reprise de la ville de Zahlé et de « la chambre des Français ».

Le contrôle, dans un premier temps, de tout le versant est du Mont-Liban puis, dans une seconde phase, du Nord Liban.

La libération des régions nord occupées par les Syriens depuis l'été 1978 (Bcharré, Zghorta, Koura,...) jusqu'aux limites du Jabal Terbol.

Une offensive vers le Akkar en cas de conflit israélo-syrien ou si des difficultés internes éclataient en Syrie à la suite de revers militaires au Liban.

Le contrôle des régions à dominante chrétienne dans la Békaa, cette opération dépendant directement des résultats de l'offensive israélienne dans la vallée.

Le plan M politique[2], rédigé sous forme de tableaux sur de

1. Voir le document intégral, Annexe 9, p. 524.
2. Voir le document intégral, Annexe 10, p. 531.

grandes feuilles quadrillées, détaillait la prise du pouvoir par les FL et jetait les bases des modalités de négociation d'un traité de paix avec Israël.

Ce texte stipulait que l'offensive militaire ne pouvait se dérouler que sur trois axes pour répondre à des objectifs politiques bien précis. L'axe du littoral concernait les opérations militaires contre les Palestiniens, celui de la Békaa visait le dispositif syrien établi dans cette région, et celui de la montagne s'inscrivait dans la défense d'intérêts majeurs de la politique interne libanaise. Zahi Boustani et Antoine Najm qui l'avaient rédigé considéraient comme « nécessaire » le maintien de la présence militaire israélienne sur ces axes pendant six semaines au moins pour une prise en douceur du pouvoir. Mais la présence militaire israélienne ne devait pas bénéficier d'une couverture politique chrétienne qui aurait ruiné une participation future des communautés musulmanes à la nouvelle direction du pays. Le projet estimait que la découverte prématurée de la coopération militaire entre les Forces et Tsahal limiterait considérablement le rôle de « sauveur de la nation » que voulait jouer le commandement de la milice chrétienne. Dans ce contexte, le commandant de l'ALS, Saad Haddad, devait absolument éviter de faire la moindre déclaration. Enfin, ce plan politique prévoyait l'utilisation d'une terminologie spéciale, des expressions comme « retrait des forces étrangères du territoire libanais » ou « commission d'armistice » pour dissimuler l'entente existant entre les FL et Israël.

La prise du pouvoir proprement dite avait été conçue autour d'un appel dramatique du chef de l'État libanais à tous les responsables politiques du pays, la constitution d'un nouveau gouvernement dans lequel les postes clés (Défense, Affaires étrangères, Finances et Information) reviendraient aux Forces, puis l'élection d'un nouveau président de la République, la déclaration de l'état d'urgence, l'expulsion du territoire des Palestiniens entrés au Liban après 1967, la résiliation de tous les traités conclus avec l'OLP, la légalisation des Forces libanaises sous forme d'une garde nationale lui permettant de se mouvoir librement sur tout le territoire, et des négociations directes avec Tel-Aviv pour normaliser les relations avec l'État hébreu.

Ariel Sharon se rendit aux États-Unis alors que Washington, rendu inquiet par les « bruits de bottes », multipliait les avertissements à Israël. Il déroula devant ses interlocuteurs une carte représentant « un Liban chrétien, une Cisjordanie israélienne et une Jordanie palestinienne[1] ». Il fit part à William O. Casey de ses préoccupations sur le Liban et sur les bastions de l'OLP qui s'y trouvaient. Le directeur de la CIA appréciait le style bulldozer de l'Israélien en qui il voyait un activiste doublé d'un stratège.

— ... Ne venez pas vous plaindre. Si vous n'intervenez pas au Liban, c'est nous qui le ferons, menaça le ministre israélien. Il n'est pas question que nous tolérions pareille situation.

Casey n'était pas dupe. Il savait pertinemment que le Liban était le pays arabe sur lequel Tel-Aviv pouvait le plus facilement étendre son influence et il était persuadé que Sharon voulait tout simplement créer les conditions justifiant une offensive militaire israélienne. Le Département d'État et surtout Philip Habib partageaient la même analyse, sans toutefois partager l'indulgence du directeur de la CIA pour Sharon.

L'émissaire du président Ronald Reagan, toujours accompagné de Morris Draper, avait entamé, le 2 mars, une cinquième tournée au Proche-Orient. Ses quatre navettes précédentes n'avaient pas fait avancer la situation d'un pouce, si ce n'était le cessez-le-feu du 24 juillet 1981 qu'il était parvenu à instaurer lors du son premier périple. Les trois navettes qui avaient suivi n'avaient rien donné. Entre-temps, il y avait eu l'annexion du Golan, le réarmement intensif des Syriens et celui des Palestiniens. Le 10 mars, de passage à Beyrouth, Philip Habib reçut Bachir Gémayel à la résidence de l'ambassadeur américain :

— Si vous pensez qu'il suffit que les Israéliens entreprennent une opération pour que les Palestiniens se volatilisent, vous vous trompez ! Ce sera une catastrophe lui affirma-t-il, très pessimiste.

— Et en cas de maintien du statu quo, que se passera-t-il ? rétorqua le jeune leader.

— Je ne sais pas. Mais, par contre, ce que je sais, c'est que nous refusons que les Israéliens décident arbitrairement d'ouvrir les hostilités contre les Syriens et les Palestiniens. À la rigueur, nous accepterions une telle éventualité si vous vous trouviez vraiment dans une très, très mauvaise posture.

— Nous avons fait tout ce que vous exigiez ! Tout ! s'énerva Bachir. Et ensuite ? Rien n'a changé ! Et en plus vous vous per-

1. Nadine Picaudou, *La Déchirure libanaise*, Éd. Complexe, 1989.

mettez de nous critiquer comme le fait Dillon. Ayez au moins la décence de lui demander de se taire.

Cette réaction véhémente contre le diplomate avait été fortement suggérée au chef des FL par l'ambassadeur américain lui-même. Dillon avait imaginé cette manœuvre contre l'administration américaine pour accélérer les livraisons d'armes promises par les États-Unis qui tardaient à arriver. Dans ses télégrammes à Washington, il insistait sur la confiance de plus en plus grande de Bachir envers Israël au détriment des États-Unis et ne cessait de vitupérer ouvertement Bachir pour lui permettre de réagir.

— Je me suis rendu à Washington, continua Bachir ; nous nous étions mis d'accord sur une aide que vous deviez nous accorder et que nous attendons toujours. Pourquoi voulez-vous que je dise non à Begin alors que vous ne tenez pas vos promesses ?

Philip Habib se tourna vers Morris Draper et le questionna sèchement sur les motifs du retard. Le sous-secrétaire d'État aux affaires du Proche-Orient évoqua des délais administratifs dont il ignorait la raison. En fait, l'amiral Bobby Ray Inman, le directeur adjoint de la CIA, pour bien marquer son opposition à Bachir, avait refusé de signer les documents nécessaires à la livraison clandestine de 10 millions de dollars d'armes promise aux Forces libanaises.

— Je suis le représentant du président. En tant que tel, j'ai fait une promesse qui doit être tenue, lança Habib d'un ton cassant à Draper.

L'émissaire américain se tourna vers Bachir et sur un ton plus affable lui demanda :

— Voulez-vous que l'Arabie Saoudite intervienne de nouveau ?

— Que voulez-vous donc qu'elle fasse ? Le Comité de vigilance a renoncé à sa mission le 1er mars. L'ambassadeur saoudien n'est même plus là. L'ambassade koweïtienne a déguerpi. L'ambassade algérienne et celle de Finlande sont menacées.

Les Palestiniens et les Syriens exerçaient le maximum de pression. Tous ceux qui jouaient le « jeu américain », ou qui étaient simplement soupçonnés de le jouer subissaient des déboires. L'attentat contre l'ambassadeur français Louis Delamare et la destruction à l'explosif de l'ambassade d'Irak avaient démontré que l'immunité diplomatique n'était qu'illusion. L'insécurité grandissante dans Beyrouth avait provoqué le repli des chancelleries. L'ambassadeur allemand, Horst Schmidt-Dornedden, qui venait de recevoir des menaces, s'apprêtait à partir en catimini, celui de Grande-Bretagne, David Robert, avait été rappelé pour des consultations qui s'éternisaient. Même l'épouse de Robert Dillon « était partie en vacances ». Il ne restait plus que trois ambassadeurs arabes, l'Algérien, le Libyen et celui des Émirats arabes unis.

Une délégation de quatre responsables des FL se rendit en hélicoptère à Tel-Aviv, dans la soirée du 15 mars, pour y discuter les plans M. Le lendemain, au ministère de la Défense, Le chef d'état-major de Tsahal, Raphaël Eytan, leur affirma qu'Israël était déterminé à agir s'il était attaqué.

— La décision est irrévocable, leur dit-il.

Il leur détailla de nouveau le danger stratégique que représentaient, selon lui, les présences palestinienne et syrienne au Liban. Mais il resta muet sur ce qui pourrait déclencher l'offensive. Les Libanais ne purent en tirer qu'un leitmotiv :

— Si nous sommes attaqués...

Raffoul commenta le plan M militaire en soulignant qu'il était parfaitement conforme à leurs projets, *if* ils étaient mis en œuvre...

Ils évoquèrent le « problème de Beyrouth Ouest » qui devait être « traité » par l'armée libanaise, Raffoul insista sur ce point. Cédant aux avertissements répétés du A'man, le chef d'état-major de Tsahal, en mettant fin à la réunion, les mit en garde :

— Ne cherchez pas à nous entraîner dans une guerre totale.

Les quatre Libanais sortirent de l'entrevue avec la très nette impression que les Israéliens ignoraient eux-mêmes où s'arrêterait leur offensive. Aucun objectif final n'avait été désigné. De toute évidence, la situation sur le terrain et la situation sur le plan politique seraient intimement imbriquées. Elles constitueraient des facteurs déterminants dans les prises de décision purement militaires, une fois le Sud occupé.

Dans l'après-midi, les dirigeants FL furent héliportés sur le Golan pour rencontrer le général Amir Drori, patron du front nord d'Israël et, à ce titre, futur commandant de l'opération, « si » elle avait lieu. Grand, mince, portant un vieux treillis vert olive américain, sans doute récupéré durant son stage aux États-Unis, il les invita en hébreu — il ne voulait parler aucune autre langue — à assister à la manœuvre de la brigade blindée dotée de Merkava[1]

1. « Chariot » en hébreu. Le prophète Élie monta au ciel sur un chariot de feu, un *merkava*, si l'on en croit la Bible. Nom donné au char lourd de fabrication israélienne, doté d'un canon de 120 mm. Son blindage est constitué de plaques amovibles explosives. C'est le seul blindé lourd doté intérieurement d'un mortier.

et commandée par le colonel Meir Dagan, avant de les laisser repartir directement vers le Liban, toujours en hélicoptère.

Vers la fin du mois de mars 1982, sur le front Iran-Irak, les offensives irakiennes successives baptisées « Aurore » tournaient au camouflet militaire. Face aux vagues humaines iraniennes montant à l'assaut aux cris de « *Allah akbar* », les troupes de Saddam Hussein s'étaient débandées en plusieurs points des 800 km de front. Tous les quotidiens reprenaient les dépêches du correspondant de l'AFP à Dezfoul, l'un des rares journalistes à avoir pu accéder aux zones de combat, décrivant « les centaines de carcasses de chars et de véhicules blindés abandonnées au milieu d'un terrain défoncé par les tranchées qui témoignaient de la violence des combats dans la bataille de Dezfoul et de Suse ». Ces revers provoquèrent un spectaculaire rapprochement des pays arabes autour de l'Irak. Leurs dirigeants, notamment ceux du Golfe, entrèrent en contact avec Saddam Hussein pour lui réaffirmer leur soutien. Le roi Hussein de Jordanie fit un rapide aller et retour à Bagdad. Le Caire n'entretenait plus de relations diplomatiques avec le régime de Saddam Hussein depuis que le n° 1 irakien avait convoqué chez lui un sommet arabe pour exclure l'Égypte de la Ligue arabe à la suite du traité de paix signé avec Israël. Hosni Moubarak reconnut pourtant publiquement :

— L'Égypte vend des armes à l'Irak mais cela ne veut pas dire que nous soutenons le principe de la guerre en lui-même.

Seul Damas pavoisait, sans ménager ses critiques à l'Irak.

Un nouveau conflit armé éclata et focalisa les préoccupations du monde occidental. Le 2 avril 1982, à 22 heures, des commandos argentins débarquaient sur les îles Falkland appartenant à la Grande-Bretagne. En quelques heures, sans pratiquement combattre, ils se rendaient maîtres du petit casernement du régiment des Royal Marines et investissaient la ville de Port-Stanley. Les Falkland devenaient « Las Malouinas ». Le monde condamnait. Londres mobilisait. La situation au Sud Liban se trouva diluée dans les vagues de cette crise aiguë. Les pressions américaines et européennes sur Israël s'en trouvèrent allégées. Les conditions internationales d'une intervention israélienne étaient dès lors réunies et les Palestiniens en étaient conscients. Depuis plusieurs mois, ils avaient compris qu'Ariel Sharon était déterminé à se lancer dans une guerre au Liban. Trois *Liwaa*[1], la Yarmouk, la Kastel et la Karameh, ainsi que quelques unités de support, équipées de vieux chars T 54, ou de katioucha, au total 9 000 combattants, avaient été déployées au Sud Liban. Les Syriens avaient installé une sonnette de préalerte dans le château de Beaufort. Du haut de ses 717 m, cette forteresse croisée dominait tout le Sud Liban et plongeait par endroits sur la Galilée. Les Palestiniens y avaient déjà un poste d'observation d'artillerie qui avait coordonné les tirs de katioucha sur Israël. Les services de renseignement militaire syriens y ajoutèrent du matériel électronique Elint, Sigint et Visint, derniers modèles de fabrication soviétique. L'objectif des responsables militaires palestiniens n'était pas de stopper une offensive massive israélienne. Ils savaient qu'ils n'en avaient pas les moyens. Mais il était impératif pour eux de tenter de résister le plus longtemps possible afin de donner à leurs responsables politiques le temps nécessaire pour alerter la communauté internationale et mobiliser le monde arabe occupés l'un et l'autre par leurs crises respectives.

En fin de matinée, le 3 avril, le deuxième conseiller de l'ambassade israélienne en France, Yacov Barsimantov, était assassiné par une femme alors qu'il sortait de chez lui, dans le XVIe arrondissement de Paris. Deux jours auparavant, les bureaux israéliens d'achat, boulevard Malesherbes, avaient été mitraillés. La tension, déjà aiguë, monta brusquement en flèche. Begin convoqua d'urgence son gouvernement. Le ministre de la Santé, Eliezer Chostak, bloqua la décision de déclencher une opération militaire en faisant remarquer qu'aucune mesure n'avait été prise pour protéger le diplomate israélien à Paris. Begin céda mais il exigea la création d'un comité de six ministres « pour réagir rapidement en cas de récidive ». Il élimina ainsi de la décision tous ceux qui auraient pu la freiner.

Après une série de réunions au plus haut niveau, Abou Jihad, n° 2 de l'OLP et responsable des services de renseignement de la centrale, envoya, le 5 avril, un télégramme à toutes les organisations palestiniennes. Il demanda expressément aux plus importantes comme aux plus petites, y compris la Saïka[2], d'éviter toute attaque contre les Israéliens et tout particulièrement contre leurs

1. Brigades.
2. *Saïka* : « la foudre ». Organisation palestinienne d'obédience ba'athiste syrienne.

diplomates en poste à l'étranger. Le même jour, en début de soirée, Bachir Gémayel, Élie Hobeïka, le patron des services de renseignement des FL, et trois responsables politiques de la milice, accompagnés de Avner Azoulay (Philippe), montaient dans un hélicoptère Bell à Zouk. Une heure et dix minutes plus tard, ils arrivèrent à l'héliport militaire de Tel-Aviv où les attendaient Menahem Navot (Mendy) et Miki Armor (Marion). Ils furent immédiatement conduits au guesthouse du Mossad, au nord de la ville.

Ils eurent d'abord un entretien avec Yitzhak Hofi. Bachir lui fit le compte rendu de la Convention de solidarité avec le Liban que les Forces libanaises avaient organisée trois jours durant à l'hôtel al-Bustan de Beït Mery : 15 pays y avaient été représentés dont la France, les États-Unis et la Grande-Bretagne.

— Les interventions des Français Jean-Édern Hallier et Jean de Lipkowski, le premier contre Israël et le second en faveur des Palestiniens, ont donné l'impression à la presse que nous étions impartiaux. C'était parfait, conclut le chef des FL.

— Avez-vous des nouvelles des armes et munitions que les Américains vous ont promises ? demanda le patron du Mossad.

— Non. Et nous n'en demandons plus.

— Mais je ne comprends pas, ils nous ont dit qu'elles étaient en route.

— Je ne le sais pas, confia Bachir avant de lui raconter la discussion qu'avaient eue Philip Habib et Morris Draper à ce sujet.

Les généraux Yehoshua Saguy et Avraham Tamir se joignirent à eux pour le dîner. Tamir était officiellement l'assistant d'Ariel Sharon. Il avait été nommé à la tête du service de planification et de stratégie du ministère de la Défense. Il l'avait étoffé et en avait fait un véritable état-major bis entièrement dévoué aux projets du ministre. Son patron venait d'ailleurs de lui demander d'étudier la possibilité d'un coup d'État en Iran au profit du fils du shah. À table, les Libanais, en souriant, observèrent Miki Armor (Marion) manger « des deux mains » sans quitter les plats des yeux. Les agrafes d'acupuncture qu'il avait portées aux oreilles non seulement ne l'avaient pas fait maigrir comme elles auraient dû le faire, mais semblaient avoir développé sa boulimie. Sharon arriva au milieu du repas et s'installa sans aucun protocole. Il était remonté comme un ressort : trois Israéliens avaient été tués par des « terroristes ».

— Nous sommes arrivés à un point où nous devons agir, lâchat-il. *When we'll do it*[1], les autres réagiront, ce qui constituera une réelle provocation permettant à la situation de se développer.

C'était la première fois qu'un responsable israélien n'utilisait pas le *if*, mais le *when*. Ce n'était plus « si » nous le faisons... mais « lorsque » nous le ferons...

« Il n'y a plus qu'à fixer une date », estimèrent immédiatement les Libanais. Ariel Sharon évoqua le plan M militaire et émit des réserves sur l'opération prévue à Batroun, au nord de la zone contrôlée par les Forces libanaises. Il ne savait pas jusqu'où pouvait aller l'offensive, mais les plans qui avaient sa préférence limitaient l'offensive au contrôle de la route Beyrouth-Damas. Tsahal étant sur cet axe, il y aurait une jonction avec la zone sud des FL. Beyrouth Ouest serait isolé, ce qui créerait la pression nécessaire au changement de gouvernement. Officiellement, ces détails n'étaient notés nulle part. Les Libanais étaient persuadés que seul Begin devait être au courant puisqu'il avait fait part à Bachir Gémayel de sa volonté de le voir accéder à la magistrature suprême, chose qui n'était réalisable que si Tsahal arrivait au moins jusqu'à Beyrouth.

— Ce qui me préoccupe si vous menez cette offensive sur Batroun, c'est que vous allez vous retrouver loin des événements qui se dérouleront plus au sud, expliqua Sharon. Nous ne pouvons pas vous dicter ce que vous devez ou ne devez pas faire. Mais tout ce qui est au Nord nous semble dangereux parce que vous serez loin et que, de notre point de vue, Beyrouth est très important. Je ne peux que vous suggérer de ne pas vous lancer dans des combats qui ne sont pas absolument nécessaires.

Élie Hobeïka, d'une voix neutre, expliqua que si le Nord, les zones de Baalbeck, du Hermel et du Akkar restaient en dehors du théâtre des opérations de l'armée israélienne, les Syriens pourraient être tentés de s'y maintenir et les Palestiniens d'y établir de nouvelles bases. Ces zones pourraient également servir à la constitution d'un autre État libanais d'obédience syrienne ou palestinienne. Ce qui serait gravement préjudiciable au processus de mise en place d'un nouveau pouvoir. Bachir Gémayel renchérit en soulignant que le Nord était purement chrétien et représentait, numériquement, la moitié de la population de cette communauté, ce qui faisait d'elle un élément vital de son projet.

— Nous ne pouvons pas envisager cette opération sans y

1. « Lorsque nous le ferons. »

inclure le Nord, affirma-t-il. Les régions de Bcharré, Koura et Batroun doivent passer sous notre contrôle. Nous sommes prêts à y aller sans appui aérien.

— Que peut faire l'Armée libanaise au Nord ? questionna Sharon.

— Elle nous appuiera, avança le chef des FL sans sourciller. Mais il n'avait aucune certitude à ce sujet, et ajouta : Si vous franchissez l'axe routier Beyrouth-Damas vers le nord et que vous preniez à votre charge l'itinéraire vers Zahlé, vous nous soulagez de l'offensive contre la 62e brigade syrienne déployée dans le Metn. Cela nous permettra de nous occuper du Nord. Nous n'avons pas les moyens de mener de front deux offensives.

— À quel moment comptez-vous lancer votre opération sur le Nord ? demanda le ministre.

— Lorsque vos forces atteindront Damour sur l'axe côtier et Aïn Dara sur l'axe de la montagne.

— Ah ! Bien. Je croyais que vous vouliez agir dès que nos troupes entreraient au Liban. Dans ce cas, votre plan est bon. Mais vous ne devez pas bouger avant que nous arrivions près de l'axe Beyrouth-Damas. Si nous y arrivons, nous nous occuperons de ce qui se trouve au nord de l'axe et de la 62e brigade. Ce ne sont que quelques kilomètres supplémentaires.

Ils étudièrent ensuite le cas de Beyrouth Ouest. Aucun plan détaillé n'avait été dressé. Les Forces avaient prévu que l'armée libanaise devait jouer un rôle dans cette partie de l'opération. Fady Frem avait eu une réunion avec le lieutenant-colonel Michel Aoun pour en étudier toutes les éventualités. Ils étaient convenus que les quelque 2 500 hommes sous les ordres de Aoun et les 500 éléments de la Moukafaha, l'unité spéciale du 2e Bureau de Johny Abdo, pénétreraient dans Beyrouth Ouest immédiatement après une préparation d'artillerie ou un important raid aérien sur les camps palestiniens et la banlieue sud de la ville, sous couvert de « protéger » la population.

— Est-ce que ce sont des unités efficaces ? s'enquit le ministre.

— Ce sont les unités qui ont combattu l'ALP en avril 1981. Elles se sont parfaitement comportées.

Sharon proposa aux Libanais de placer des officiers de liaison israéliens sur tous les itinéraires de progression des FL pour diriger par radio les éventuels appuis aériens et coordonner l'approche de Tsahal des zones défendues par les Forces afin d'éviter toute méprise, ces éléments devant être prépositionnés avant le début de l'opération, dans l'éventualité d'une attaque préventive ou d'une diversion syrienne. Dans le même temps, des officiers de liaison des FL devaient intégrer les unités israéliennes pour servir d'intermédiaires entre celles-ci et la population au fur et à mesure de leur progression.

— J'ai une question naïve, sourit l'un des Libanais. Vous avez mentionné au début de votre intervention l'expression « réelle provocation ». Qu'entendez-vous par là ?

Le visage d'Ariel Sharon s'éclaira d'un immense sourire :

— Nous vous faisons confiance. Mais si les autres l'apprennent, ils ne l'effectueront plus. C'est un sujet très sensible. Je ne peux vous en dire plus. D'ailleurs, nous vous avons déjà presque tout dit. Je vous demande de ne rien faire pour le moment. Je veux que vous nous donniez la liste des armes et des munitions dont vous avez besoin. Pensez-vous que si l'état-major de l'OLP était sévèrement touché par des raids aériens, les Palestiniens déguerpiraient ?

— Je ne le pense pas. Il faudrait qu'ils se sentent complètement insécurisés pour s'enfuir, estima Bachir.

— Est-ce que les bâtiments de l'ambassade américaine sont gardés par des Marines ? questionna Saguy.

— Ils le sont à l'intérieur. Mais Fath assure la protection extérieure.

En 1972, par des contacts discrets, Washington avait demandé à Yasser Arafat de protéger son ambassade de Beyrouth. Étant dans l'impossibilité de faire assurer cette protection par des Palestiniens pour d'évidentes raisons politiques internes, *el-Khitiar*[1] avait recruté des gardes parmi les chiites libanais qui travaillaient pour l'OLP. Ils furent entraînés militairement aux États-Unis et constituèrent une unité de protection qui prit le nom de Brigade du Jihad islamique. Nombreux furent ceux qui, par la suite, retournèrent outre-Atlantique pour y suivre des stages de perfectionnement organisés par la CIA.

Le lendemain, Yitzhak Shamir, ministre israélien des Affaires étrangères, « dénonçait les assassinats préparés à partir du Liban, centre du terrorisme » et annonçait que son pays « emploierait la force contre les Palestiniens » malgré le cessez-le-feu conclu en juillet 1981 avec la centrale. Cette déclaration venant d'un membre du gouvernement de l'État hébreu fut prise très au sérieux par

1. « Le Vieux ». Surnom donné à Yasser Arafat par ses proches.

l'OLP. Abou Zaïm demanda à rencontrer Bachir Gémayel par le canal de Johny Abdo.

Ancien colonel de l'armée jordanienne, Abou Zaïm, de son vrai nom Atallah Atallah, comme beaucoup d'officiers d'origine palestinienne, avait quitté le royaume hachémite, après les combats qui avaient opposé l'OLP aux légions bédouines du roi, en septembre 1970. Petit de taille, les cheveux frisés, il s'était installé au Liban et avait épousé une chrétienne de Bhamdoum, Fadia Abou Rjaily. Chef du service de renseignement militaire du Fath, puis commandant des unités palestiniennes déployées dans la montagne, il était considéré comme projordanien (donc traître) par le courant de gauche marxiste du Fath qui avait fini par obtenir que tout commandement lui soit retiré [1]. Depuis, il assumait les fonctions de conseiller militaire d'Abou Amar [2] mais était en fait son homme de contacts avec les chrétiens parmi lesquels il avait ses entrées, notamment grâce à la famille de sa femme.

Le chef des Forces l'invita, le 4 avril, avec son épouse, à déjeuner chez lui à Achrafieh. Durant le repas, auquel assistaient Zahi Boustani et Élie Hobeïka, la conversation porta sur un seul sujet, l'éventuelle opération israélienne.

— Ils vont agir, mais les Américains et les Russes interviendront, lança le Palestinien.

— L'opération est beaucoup plus grande que vous ne pouvez l'imaginer répliqua Bachir Gémayel au grand dam de Zahi Boustani, avant de proposer avec une conviction feinte : Il faudrait que nous nous réunissions avec Abou Amar et le frère Élias (Sarkis). Nous réfléchirons ensemble aux moyens de faire face à l'agression israélienne. Mais, en ce qui nous concerne, nous ne ferons que ce qui est dans l'intérêt de notre pays. Dites à Abou Amar que nous sommes déterminés à reprendre possession de tout le territoire libanais. À partir de là, toute discussion devient possible.

Sans croire que ses propos aient réellement porté, Gémayel espérait que les Palestiniens pouvaient envisager une solution politique. De toute manière, estimait-il, l'opération devait avoir lieu très vite. Tel-Aviv avait cessé de tenir compte de la dernière phase du retrait israélien du Sinaï, fixée au 25 avril. La veille, un mes-

1. Il se rapprochera de Hussein de Jordanie et entrera en dissidence avec le Fath après 1983 et créera l'organisation Fatah-Abou Zaïm qui aura quelques permanences dans les camps palestiniens de Jordanie, entre autres à Bakhaa.

2. Nom de guerre de Yasser Arafat.

sage de Raffoul avait annoncé l'arrivée des officiers de liaison, précieuse indication sur l'imminence de l'action. Le 8 avril, un peu après minuit, des hélicoptères Super-Frelon déchargèrent à Zouk une dizaine d'officiers et leurs jeeps équipées de matériel radio. Les premiers éléments de Tsahal pour l'opération militaire israélienne venaient de débarquer au Liban. Ils empruntèrent l'autoroute côtière, déserte à cette heure-ci, contournèrent Kaslik, Jounieh et Maameltein et furent conduits à la villa du Mossad à Tabarja où les véhicules, garés contre le mur du bâtiment, furent bâchés. L'opération pouvait être lancée d'un jour à l'autre.

Mais la situation politique intérieure israélienne se dégrada brutalement : quarante jours de blocus militaire du Golan n'avaient pu venir à bout du mouvement de grève générale des druzes protestant contre l'annexion du plateau. Ils exigeaient l'annulation de la juridiction qui leur était imposée et la libération des leurs, emprisonnés pour avoir revendiqué la citoyenneté syrienne et avoir refusé les cartes d'identité israéliennes. À l'autre extrémité du pays, à Yamit, les manifestations contre le retrait du Sinaï se multipliaient et prenaient une ampleur particulière avec la pâque juive (*Pessah*), qui célébrait la sortie du peuple juif d'Égypte.

À tout cela s'ajoutèrent les révélations en direct du commentateur de la chaîne américaine NBC, John Chancellor, qui donna, avec force détails et cartes à l'appui, le plan d'une action militaire israélienne au Sud Liban dans laquelle « pouvaient être utilisés plus de 1 200 chars ». Ce scoop était une fuite organisée venue de Washington pour faire échouer les projets de Begin contre les Palestiniens du Liban Sud. Dès lors, très vite, l'hypothèse d'une action israélienne contre les concentrations palestiniennes au Liban devint une quasi-certitude pour la presse américaine. Le samedi 10 avril 1982, les médias titrèrent sur les menaces des dirigeants israéliens, leurs préparatifs militaires, les réactions de l'opposition israélienne. Des informations en provenance de sources multiples concouraient à démontrer que le cessez-le-feu du 24 juillet 1981 ne tenait plus qu'à un fil. Le même soir, les grands réseaux de télévision américains affirmèrent que l'attaque était prévue pour le lendemain dimanche ou au plus tard pour le lundi de Pâques. Le porte-parole du Département d'État déclara : « Nous avons connaissance de rapports faisant état de préparatifs militaires israéliens. » Il appela les parties en présence « à la plus grande retenue ». Deux jours plus tard, Israël s'inclina. Menahem Begin déclara qu'« Israël avait décidé de faire preuve de retenue à la demande expresse des États-Unis pour permettre à Washington de parvenir à apaiser la situation dans la région ». Le lendemain, il précisa de nouveau : « Nous n'avons décidé ni d'une invasion ni de la guerre. Le gouvernement n'a pas décidé d'envahir le Liban. »

Le retrait du Sinaï et l'évacuation de Yamit prirent le pas sur la bataille navale autour des Malouines et les combats dans les marais du Chatt el-Arab. Yamit était une petite ville que les colons, aidés par l'Agence juive, après 1967, avaient fait surgir des sables dans le nord du Sinaï. 2 000 opposants à l'« abandon » et extrémistes religieux s'étaient réfugiés sur les toits et avaient menacé de se suicider plutôt que de partir. Le 21 avril eut lieu l'opération « Colombe rouge ». La ville fut évacuée dans un psychodrame filmé par les caméras des télévisions du monde entier. Plus discrètement, elle fut ensuite rasée et des milliers d'arbres furent arrachés par les bulldozers de l'armée. Officiellement, pour « empêcher que ces installations ne servent à des infiltrations terroristes », affirma le porte-parole du département de la colonisation de l'Agence juive. En fait, Tel-Aviv avait exigé 70 millions de dollars pour la vente des immeubles et des équipements de la ville, mais l'Égypte n'était disposée à en payer que 57 millions. Israël avait refusé la contre-proposition et Ariel Sharon avait décidé de son propre chef de détruire Yamit [1], ce qui coûta 12 millions de dollars au Trésor israélien.

Lors de la réunion du Conseil des ministres du 21 avril, les ministres libanais quittèrent précipitamment la table pour aller se bousculer sur le balcon du palais présidentiel de Baabda, qui dominait le sud de Beyrouth. À moins de 4 km d'eux, une noria de chasseurs-bombardiers israéliens piquaient par vagues sur Khaldé. Ils voyaient distinctement les bombes se détacher sous les fuselages et terminer leur course dans des éclairs fulgurants. Tel-Aviv se déchaîna après la mort d'un officier de liaison israélien auprès de l'ALS qui avait sauté sur une mine quelques heures auparavant. Khaldé ne fut pas la seule cible. Les F 15 et F 16 effectuèrent six raids en l'espace de quatre heures sur des positions palestiniennes autour de Damour et Jieh, faisant plus de 80 victimes. Le cessez-le-feu du 24 juillet volait en éclats après neuf mois

1. Enquête publiée en mai 1982 sur plusieurs jours par le journal israélien *Maariv* (droite modérée), appartenant à la famille Nimrodi (160 000 exemplaires en semaine, 260 000 le week-end).

d'existence chaotique. Toutes les unités palestiniennes furent mises en état d'alerte totale mais leur artillerie ne répliqua pas. La tension était à son apogée. En Israël, les opposants aux plans de Sharon veillaient à en divulguer tous les détails pour le neutraliser[1]. Citant des révélations faites par le député travailliste Abba Eban à l'Université Washington de Seattle, la radio israélienne dévoila que le cabinet israélien, deux semaines auparavant, avait demandé l'appui des travaillistes sur un projet de conquête du Liban. Abba Eban, dont le parti était farouchement opposé aux projets Begin-Sharon, était allé volontairement « lâcher » ses informations aux États-Unis, sachant qu'un tel discours en Israël aurait été bloqué par la censure « pour atteinte à la sûreté de l'État », censure qui ne pouvait plus s'exercer dès lors que ces mêmes informations avaient été publiées auparavant dans la presse étrangère.

Les Forces libanaises ignoraient totalement la lutte politique qui se déroulait à Jérusalem. Toutes les nouvelles en provenance d'Israël étaient filtrées par le Mossad. Complètement obnubilée par ce qui se passait au Liban et noyée dans sa propre préparation, la milice chrétienne faisait une confiance aveugle aux membres du Mossad qui assuraient la liaison. Bachir et son entourage ne se rendaient pas compte que les révélations publiées par la presse à un rythme régulier perturbaient les plans de Begin. L'offensive, considérée comme imminente, n'avait pas eu lieu le lundi de Pâques comme ils s'y attendaient. Le Mossad leur avait simplement dit qu'« Israël n'était pas encore mûr, l'opposition étant trop active ». Bachir Gémayel avait froncé les sourcils. Menahem Begin, lors de leur dernière entrevue le 16 février, lui avait affirmé : « Shimon Peres et moi sommes d'accord sur la question du Liban. Lorsque nous y entrerons, personne en Israël ne s'y opposera. » Il demanda en vain des explications. Tel-Aviv refusa de le recevoir lorsqu'il voulut aller sur place voir ce qui se passait. Bachir n'apprécia pas d'être traité de la sorte. Lorsque Raffoul annonça sa venue deux jours plus tard, il fit répondre qu'il n'était pas disponible, ayant un dîner avec Samir Frangié et une réunion avec le Syrien Mohamad Ghanem. Les Israéliens insistèrent. Un rendez-vous fut pris, puis annulé.

Le 25 avril 1982, l'Égypte récupéra le Sinaï. Le président de la commission israélienne des Affaires étrangères et de la Défense,

1. Charles Enderlin, *Shamir*, Olivier Orban, 1991, p. 315.

Eliahou Ben Alisar, qui avait été le premier ambassadeur d'Israël au Caire affirma :

— Ce n'est pas un jour de fête, ce n'est jamais un grand plaisir de voir amener le drapeau israélien. Je crois qu'il n'était pas possible de faire autrement, mais la majorité des Israéliens éprouve malgré tout un certain doute.

Ariel Sharon, laconique, ne prononça qu'une seule phrase :

— Il n'y aura plus de concessions.

Le même soir, Menahem Navot (Mendy) débarqua à Zouk. Le message annonçant son arrivée évoquait « un malentendu » à dissiper. Bachir le reçut le visage fermé et le ton agressif :

— Je ne comprends pas pourquoi vous avez interrompu le contact ! Nous ne vous faisons plus confiance. Vous représentez même un danger ! Les Syriens pourraient maintenant évoquer nos relations pour se venger. Désormais nous ne compterons que sur nous-mêmes.

Le chef du « Desk Liban » au Mossad s'attendait visiblement à de tels reproches. Il écouta Bachir sans se départir de son calme et d'un ton neutre lui répondit :

— Si vous ne voulez pas participer à l'opération, nous ne vous en tiendrons pas rigueur. Nous la ferons uniquement contre les Palestiniens. Si vous ne participez pas et vous voulez vous dissocier, cela ne pose aucun problème. Nous pouvons organiser le rapatriement des armes que nous vous avons déjà fait parvenir.

Bachir se calma instantanément. La discussion se poursuivit de manière plus courtoise. Mendy lui expliqua les difficultés internes rencontrées par son gouvernement ainsi que l'origine des fuites. Il réaffirma la volonté de Sharon d'exécuter les plans prévus.

Vers le début du mois de mai, le ministre israélien de la Défense fit un rapide aller et retour aux États-Unis pour réactiver l'accord stratégique et de coopération, signé en octobre 1981, que les Américains avaient gelé après l'annexion du Golan.

À son retour en Israël, Begin convoqua une réunion du cabinet le 10 mai. Ainsi qu'il l'avait fait le 20 décembre précédent, Sharon présenta la version « Little Pines » aux ministres. À aucun moment il n'évoqua une poussée vers Beyrouth. Il qualifia l'offensive d'« opération de police limitée » et n'utilisa pas le mot guerre [1]. Le général Aviezer Ya'ari, le n° 2 du A'man, qui remplaçait Yehoshua Saguy en déplacement à l'étranger, avertit les ministres

1. Témoignages de ministres présents.

que cette opération risquait d'entraîner un conflit avec la Syrie. Personne ne releva. Les travaillistes, bien qu'ayant lancé des appels aux militaires pour « tempérer leur velléité belliciste », convenaient qu'« à partir d'une certaine limite, la retenue israélienne ne sera plus possible » ; 11 ministres sur les 18 présents votèrent en faveur de « Little Pines ». La date de l'invasion avait été fixée au 17 mai 1982.

Une réunion de l'état-major de Tsahal au grand complet eut lieu quatre jours auparavant. Ariel Sharon dévoila aux généraux la version « Medium Pines » du plan de bataille. Il ordonna une poussée le long de la plaine côtière jusqu'à Beyrouth et la liaison avec les phalangistes. Yehoshua Saguy rétorqua que ses services étaient opposés à ce plan. Il affirma qu'il n'était pas dans l'intérêt d'Israël d'affronter les Syriens et dénonça l'attitude de la milice chrétienne que ses hommes avaient surnommée dédaigneusement « le jardin d'enfants ».

— Les « phalangots » ne tireront pas un coup de feu contre les Palestiniens, dit-il ; aucune action militaire israélienne ne pourra complètement éradiquer l'OLP du Liban.

Face à l'état-major silencieux, le patron du A'man avertit le ministre que l'aventure libanaise risquait fort de faire éclater l'opinion publique israélienne. Ariel fit comme s'il n'avait rien entendu. Une simulation stratégique et tactique effectuée par des officiers généraux à l'École des hautes études militaires de Tel-Aviv venait de démontrer que l'Égypte resterait neutre en cas de conflit. Ils étaient partis de l'hypothèse d'une attaque palestinienne dans le nord d'Israël et en avaient étudié les conséquences : représailles israéliennes de grande envergure, riposte palestinienne par un barrage d'artillerie sur la Galilée suivie de l'invasion du Liban par Tsahal. Les pays arabes exerceraient une très forte pression sur Le Caire pour l'obliger à rompre ses relations avec Tel-Aviv sans aucune chance de l'obtenir. En sortant de la réunion, le chef d'état-major Raphaël Eytan fut interrogé par les journalistes :

— Le cessez-le-feu n'existe plus, leur déclara-t-il. L'action militaire contre les Palestiniens est le seul moyen d'obtenir la paix. Il est parfaitement exact que nous avons massé des troupes à la frontière avec le Liban, il est tout aussi vrai que nous avons mis l'armée en état d'alerte.

Les vols de reconnaissance dans le ciel libanais s'étaient multipliés depuis quelques jours. Washington annonça le départ de Morris Draper pour le Proche-Orient. Le spectre de la guerre avait brusquement surgi. Les appels au calme des Américains semblaient ne rien pouvoir y changer. De plus, ce n'était pas l'émissaire du président Reagan que les États-Unis avaient envoyé, mais « simplement » le sous-secrétaire d'État aux affaires du Moyen-Orient. La Bourse israélienne réagit immédiatement : les 129 meilleures actions chutèrent de 5 à 10 % en une seule séance, anticipant la mise en place d'une situation d'économie de guerre. Le 17 mai au matin, Menahem Begin, Shamir et Ariel Sharon recevaient, à la présidence du Conseil, le leader travailliste Shimon Peres, accompagné des deux anciens chefs d'état-major Yitzhak Rabin et Haïm Bar Lev. L'offensive était imminente. C'est alors qu'éclata une crise parlementaire aiguë à la Knesset.

Une motion de censure travailliste sur la politique économique du gouvernement anima fébrilement les couloirs du Parlement israélien. Depuis les élections de juin 1981, Begin n'avait qu'une voix de majorité et chaque exercice de ce style était pour lui périlleux. Le 23 mars, il avait déjà repoussé d'extrême justesse une motion déposée contre la répression armée des manifestations palestiniennes en Cisjordanie et à Gaza. Cette fois-ci une bombe politique éclata dans son propre camp. Deux députés du Likoud, Amnon Lynn et Yitzhak Peretz, s'étant vu promettre de hautes fonctions ou des postes ministériels par les travaillistes si ceux-ci accédaient au pouvoir, annoncèrent « qu'ils franchiraient la ligne » en votant la motion de censure, « parce que Begin n'a pas su réaliser les objectifs économiques internes ». Virtuellement privé de sa majorité, Begin fut considéré comme démissionnaire et le spectre d'élections législatives anticipées se profila. Contre toute attente, le 19 mai, le texte fut repoussé *in extremis* d'une voix, 58 contre 57, grâce à l'abstention de trois députés[1] ne faisant pas partie du Likoud. Le gouvernement Begin était sauvé mais avait perdu sa majorité arithmétique. Minoritaire, il se retrouvait à la merci du moindre caprice d'un parlementaire. Un parti de centre gauche, le Shiloui, fort de deux sièges, estima que le Parlement n'était plus en état de fonctionner correctement et annonça qu'il allait déposer un projet de loi prévoyant la tenue de nouvelles élections législatives.

La marge de manœuvre de l'équipe gouvernementale israélienne avait été brusquement réduite à sa plus simple expression et, avec elle, les chances d'éradiquer l'OLP du Liban, à moins de

1. Deux députés du petit parti Télem fondé par Moshé Dayan et un député d'extrême droite.

décider d'entreprendre très vite une action au Liban. L'entourage de Menahem Begin était persuadé que cela permettrait d'obtenir le bénéfice d'un traité de paix avec un second pays arabe qui remettrait politiquement en selle le Likoud avant une consultation populaire désormais inévitable. Ce nouvel élément — la nécessité de raffermir politiquement la coalition de la droite israélienne pour la maintenir au pouvoir — joua un rôle déterminant dans les prises de décision de Tel-Aviv, mais ne fut jamais explicité aux Forces libanaises. Il créa *ipso facto* le germe d'une divergence d'intérêts entre les deux alliés, venant s'ajouter aux différences de dividendes qu'escomptaient les deux parties. Les Israéliens avaient totalement oublié que le 13 janvier, Pierre Gémayel avait dit à Ariel Sharon : « Nous sommes le pont et nous voulons être le pont entre les Arabes et vous. Il faut que vous le compreniez, cela veut dire qu'il y aura des limites. » L'apparition de cet impératif de politique intérieure israélien, ignoré puis très mal évalué par les Libanais, devait être par la suite source de nombreux malentendus entre Tel-Aviv et les Forces.

Sharon fit un ultime voyage aux États-Unis en compagnie des généraux Tamir et Saguy. Ils se rendirent, avec l'ambassadeur d'Israël à Washington Moshé Arens, au Département d'État dans la matinée du 25 mai où ils étaient attendus par Alexander Haig, Philip Habib, Nicolas Véliotes et l'ambassadeur américain à Tel-Aviv Samuel Lewis. Fort de l'approbation de son plan par le cabinet israélien, le ministre de la Défense fut très direct :

— Nous sommes dans une situation très difficile, face à un dilemme. Nous ne pouvons tolérer l'activité terroriste. Si le problème était simple, nous aurions agi depuis longtemps. Mais il est presque impossible d'intervenir sans toucher en même temps les Syriens. Or nous n'avons pas l'intention de les attaquer. La question est de savoir s'ils comprendront que c'est une opération limitée qui n'est pas dirigée contre eux mais qui est effectuée pour débarrasser le Liban de l'infrastructure politique et militaire de l'OLP, ce qui nous en délivrera pour de nombreuses années. Notre objectif n'est pas de constituer un Liban libre ni d'en chasser les Syriens, bien qu'il puisse s'agir là d'effets secondaires. Nous ne voyons pas d'autre solution que d'avancer et de faire place nette. Parallèlement, nous ne souhaitons pas vous prendre de court. Nous ignorons quand cela se produira.

— Où le combat aérien a-t-il eu lieu ? demanda Haig en faisant allusion à un accrochage intervenu quelques jours plus tôt.

— Les Syriens ont survolé Beyrouth et Jounieh alors que nous y effectuions un vol de reconnaissance. C'est la vérité, mais pas toute la vérité. Nous avons décidé que nous ne les laisserions pas survoler le Liban parce qu'ils perturbent nos vols photographiques qui nous sont essentiels.

— L'accord de juillet 1981 stipule que vous pouvez poursuivre vos vols de reconnaissance, rappela Philip Habib. Vous affirmez qu'ils perturbent votre reconnaissance, cela c'est nouveau.

Le général Saguy expliqua en détail que les Soviétiques entraînaient activement l'aviation syrienne et les unités de missiles antiaériens. Ils avaient mis au point une tactique de combat aérien qui consistait à utiliser un Mig 23 isolé comme « chèvre » alors que d'autres attendaient dans le soleil à très haute altitude pour intervenir en profitant de leur vitesse de piqué. Saguy affirma que des pilotes soviétiques avaient même pris les commandes d'avions de chasse syriens.

— Nous comprenons vos objectifs, concéda Alexander Haig. Je saisis tout à fait votre point de vue quant à ces provocations. En tant qu'alliés, nous ne pouvons pas vous demander de ne pas défendre vos intérêts. Mais il faut tenir compte de deux facteurs : le contenu même des provocations et leurs proportions. Pour vous, la mort d'un homme suffit à justifier une intervention. Tout ce que je puis vous dire c'est que nous comprenons votre problème. J'espère que vous serez sensibles à son aspect international. Il s'agit ici de répondre à une provocation et non de l'application de la loi du Talion. Il faut trouver un moyen de résoudre cette question en créant de nouvelles conditions. Nous souhaitons voir un gouvernement libanais fort, ami d'Israël. Nous voulons que l'OLP se retire. J'ai bonne mémoire. Je me souviens encore que des élections présidentielles au Liban sous la menace syrienne seraient, me disiez-vous, un *casus belli*.

— Non rétorqua Sharon. Si l'instauration d'un gouvernement libanais devait en être un effet secondaire, nous nous en réjouirions.

Habib annonça qu'il allait se rendre au Moyen-Orient pour tenter de résoudre le problème par la voie diplomatique et demanda des précisions sur le contenu et les proportions de ce que les Israéliens appelaient provocations.

— Combien de juifs doivent-ils être encore tués pour parler de véritable provocation ? lui répondit Sharon. C'est pour nous un cruel dilemme. Nous avons toujours agi avec modération.

— Nous le savons ! Mais pouvez-vous clarifier votre position ? demanda le Secrétaire d'État américain.

— Nous avons été clairs, s'exclama le ministre israélien. Nous sommes un gouvernement démocratique et c'est lui qui décidera. Nous apprécions vos efforts diplomatiques et les résultats obtenus par l'ambassadeur Habib. Mais cela ne saurait nous faire revenir sur notre décision d'intervenir si les terroristes devaient continuer leurs exactions. Nous demandons seulement de ne pas être tués. S'ils continuent, il nous faudra les liquider. Nous ne voulons pas vous prendre de court. Nous n'avons rien prévu. Cela pourrait très bien arriver demain.

— Quelle serait l'ampleur d'une telle opération, redemanda Haig en souriant.

— Nous comprenons votre inquiétude. Je ne pense pas qu'il s'agira d'une opération trop importante. Nous voulons éviter la guerre. Nous essaierons de limiter notre opération, sans nuire à son efficacité.

Les Israéliens repartirent pour Tel-Aviv, estimant qu'ils avaient eu le feu vert des États-Unis pour agir. Les Américains, persuadés que les objectifs israéliens étaient limités, informèrent, discrètement l'ambassadeur syrien à Washington.

La course contre la montre était déclenchée. Pour Begin, comme pour Sharon, la première occasion serait la bonne. Elle se présenta alors que Versailles s'apprêtait à recevoir les chefs d'État et de gouvernement des 7 pays les plus riches du monde.

Le 3 juin, à Londres, comme tous les ans, les anciens de la London School of Economics tenaient leur soirée annuelle dans les salons de l'hôtel Dorchester. Peu après 23 heures, en sortant de cette réunion, Shlomo Argov, ambassadeur d'Israël en Grande-Bretagne depuis 1979, était blessé de plusieurs balles de pistolet-mitrailleur. Le diplomate était un ami personnel de Menahem Begin. Le meurtrier, arrêté sur place, portait sur lui un passeport irakien. Tous les ministres israéliens, à l'exception d'Ariel Sharon en voyage secret en Roumanie, furent convoqués d'urgence. Ils se retrouvèrent, le 4 juin au matin, au domicile du Premier ministre. Avraham Shalom, le chef du Shin Beth [1], responsable de la sécu-

1. Il s'agit des deux premières initiales de « Sherout ha-Bitachon ha-klali » (Services secrets généraux) : DST israélienne (appelée également Shabak). Il est composé de 12 services spécifiques et administratifs.

rité du personnel israélien à l'étranger, leur communiqua les premiers éléments de l'enquête. L'attentat contre Shlomo Argov avait été perpétré par le Fath-Conseil révolutionnaire d'Abou Nidal, condamné à mort par l'OLP pour trahison. Shalom fit état de la lettre envoyée par Abou Jihad le 5 avril aux organisations palestiniennes et conclut que le but recherché par Abou Nidal était de provoquer Tel-Aviv et de déclencher une guerre au Liban dans l'espoir d'embraser le Moyen-Orient avec comme objectif ultime la liquidation de Yasser Arafat. Raphaël Eytan écarta d'un geste de la main les explications qui venaient d'être données.

— Nous devons frapper l'OLP, s'écria-t-il.

Aucun des ministres ne s'y opposa. Eytan ordonna à l'aviation de détruire le quartier général de la centrale palestinienne à Beyrouth. À 15 h 15, sept vagues successives de chasseurs-bombardiers frappés de l'étoile de David plongèrent sur la capitale libanaise. Éjectant des leurres thermiques pour égarer les missiles antiaériens à tête chercheuse infrarouge, ils lâchèrent leurs bombes et leurs roquettes sur les camps de Sabra, Chatila, Bourg el-Brajnieh et sur la cité sportive Camille-Chamoun que l'OLP avait transformée en dépôt de munitions. Il y eut 60 morts et 270 blessés. Deux heures plus tard, les Palestiniens bombardaient une quarantaine de villages de la Galilée, faisant un mort et trois blessés et créant un mouvement de panique dans la population. Ce fut « la provocation internationalement reconnue » qu'avait exigée Alexander Haig en janvier.

Le soir du samedi 5 juin, Begin convoqua d'urgence le cabinet à la fin du shabbat à son domicile à Jérusalem pour approuver le déclenchement d'une « opération de 40 km de profondeur dans le territoire du Sud Liban, identique à celle de l'opération "Litani" mais avec des effets plus importants ». Ariel Sharon, revenu en catastrophe en Israël, affirma que « Beyrouth était en dehors du cadre ». Il rapporta aux ministres les propos que lui avait tenus Alexander Haig lors de leur entrevue quelques jours plus tôt : « Nous comprenons vos *aims* [objectifs], nous ne pouvons pas vous dire de ne pas défendre vos intérêts. Les États-Unis ne seraient probablement pas en mesure d'arrêter une attaque israélienne. »

Le cabinet, à l'unanimité, approuva l'opération mais l'assortit d'une interdiction expresse d'engager Tsahal dans des combats contre les forces syriennes, sauf à titre strictement défensif. L'artillerie, l'aviation et la marine pilonnèrent seize heures durant

38 villes et localités du Sud Liban, faisant 158 morts et 250 blessés. Ce n'est que dans la nuit de dimanche à lundi que Raffoul fit avertir Bachir en lui enjoignant expressément de veiller à ce que ses troupes ne bougent pas et qu'elles « ne tirent aucun coup de feu ». L'insistance du message fut telle que les responsables des Forces réunis d'urgence se demandèrent si Tsahal allait bien monter jusqu'à Beyrouth. Bachir ordonna de ne faire aucune déclaration superflue et de présenter, le cas échéant, l'action militaire en cours comme un règlement de compte israélo-palestinien auquel les chrétiens ne participaient pas.

15

Le candidat unique

Le visage buriné taillé à la serpe, le cheveu presque blanc plaqué en arrière, perpétuellement vêtu de costumes croisés haut à l'ancienne, Pierre Gémayel se caractérisait physiquement par une étrange ressemblance avec le boxeur français Georges Carpentier. Avec en plus, un port de tête très droit à en être raide et un regard froid d'homme autoritaire.

En 1914, à l'âge de 9 ans, ses parents l'avaient entraîné dans leur fuite en Égypte. Opposants farouches au pouvoir de la Sublime Porte, son père Amine et son oncle avaient été condamnés à mort. Pierre était revenu à Beyrouth passé sous mandat français pour faire des études de pharmacie à l'université Saint-Joseph. Son diplôme obtenu, il reprit l'officine paternelle située entre le commissariat central et une banque, place des Martyrs, au coin de la ruelle qui menait au quartier chaud de la ville. Très sportif, il s'était rendu avec la délégation libanaise aux jeux Olympiques de Berlin en 1936. Il y avait été subjugué par l'ordre, la discipline et l'ardeur civique des organisations de jeunesse hitlériennes. De retour au Liban, il créa le parti Al-Kataëb, les Phalanges, doté de signes extérieurs d'appartenance inspirés de ce qu'il avait vu en Allemagne : guêtres, casque colonial, chemise et cravate verte ton sur ton, salut bras tendu, discipline, drapeaux et défilés. Adoptant la devise « Dieu, Famille, Patrie » résolument nationaliste, il s'opposa fermement au maintien du mandat français et au panarabisme. Sa doctrine, un temps, attira quelques intellectuels chrétiens tels Charles Hélou, Georges Naccache ou Chaffic Nassif, mais resta cependant marginale dans la classe dirigeante. Le parti Kataëb, avec son cérémonial, fut longtemps considéré ironiquement par la classe politique traditionnelle comme un rassemblement de boy-scouts sportifs qui voulaient changer la face du monde.

Défenseur acharné du compromis politique entre musulmans et chrétiens libanais, il fut cofondateur, avec Camille Chamoun, Ryad Solh, Ahmed el-Hassaad, Abdel Hamid Karamé et Béchara el-Khoury du Pacte de 1943.

Le parti Kataëb, jusqu'en 1958, ne put avoir qu'un seul député, Joseph Chader, un Arménien, dans une circonscription de Beyrouth à l'électorat populaire sunnite, kurde, chrétien et juif. Pierre Gémayel, jusqu'à cette date, subissait, à chaque consultation, des échecs cuisants dans sa circonscription d'Achrafieh. Il finit par être élu en 1960, mandat qui devait être renouvelé jusqu'à sa mort en 1984.

Les Kataëb prirent leur essor après les émeutes nassériennes de 1957. Le président de la République élu l'année suivante, le général Fouad Chéhab, suscita discrètement « des émeutes chrétiennes » face à celles suscitées par les musulmans, et notamment les sunnites, massivement favorables au panarabisme prôné par le président égyptien Gamal Abdel Nasser, afin d'être « contraint » d'établir un équilibre confessionnel dans la satisfaction des revendications. L'organisation de Pierre Gémayel, très structurée, y joua un rôle déterminant. Il fut même nommé ministre dans un gouvernement de quatre membres appelé par Fouad Chéhab pour régler la crise. Ce fut sa première fonction officielle. Il participa ensuite à tous les cabinets jusqu'en 1982.

Pour asseoir sa présence politique, Pierre Gémayel dut s'allier avec la figure de proue chrétienne qu'était Camille Chamoun. Leader d'un Parti national libéral balbutiant, Chamoun avait, lui, besoin de s'appuyer sur une organisation très structurée. L'élégante prestance culturelle de Chamoun s'associa donc à une armature politique taillée à la mesure de Gémayel et dirigée d'une main de fer. Ce fut le début d'une relation de vieux couple uni par la raison plus que par les sentiments.

Les méthodes dictatoriales, l'obéissance aveugle exigée des adhérents, le refus intransigeant de voir les décisions discutées et l'omniprésence du Raïs furent à l'origine de nombreuses démissions. Lors des réunions du bureau politique, maître absolu de l'ordre du jour, Pierre Gémayel faisait un tour de table en demandant l'avis de chacun sur un point particulier avant de déclarer, sans tenir aucun compte de ce qui avait été dit : « Très bien. Le bureau politique décide que... » Peu à peu, les Kataëb devinrent le porte-drapeau de la petite bourgeoisie chrétienne aisée sans être cossue et se constitua une forte assise populaire.

Pierre Gémayel avait épousé sa cousine, Geneviève, qui lui donna six enfants. Ascète, très dur vis-à-vis de lui-même comme vis-à-vis des siens, il avait imposé une discipline quasi monacale dans sa propre maison. Madis, son aînée, n'a jamais osé fumer en sa présence. À partir de la cinquantaine jusqu'à sa mort, il souffrit d'un diabète congénital[1] que beaucoup de ses proches ignoraient.

Tout comme Raymond Eddé, son grand rival politique, il possédait mal l'arabe et ignorait les journaux rédigés dans cette langue. En plus d'un demi-siècle de carrière politique, Pierre Gémayel n'a presque jamais pris la parole en public. Laissant à Élias Rababi, un de ses disciples, le soin de haranguer les foules, il se contentait d'exprimer ses idées par voie de communiqués quotidiens ou, au Parlement, par de très courtes interventions au débit saccadé, mélangeant des mots d'arabe et de français.

Fidèle à son pragmatisme politique à « la libanaise », en 1976, il sollicita l'aide de la Syrie afin de contrer la montée en puissance des Palestiniens. Et la même année, il accepta d'accompagner Camille Chamoun pour rencontrer Peres et Rabin sur une vedette israélienne au large de Jounieh. Précisant la nature des relations qu'il voulait avoir avec l'État hébreu, il leur déclara :

— Je veux marcher au Liban la tête haute comme chrétien et comme arabe[2].

Monument de dualité que certains qualifiaient d'ambiguïté et de duplicité, il pouvait prôner deux attitudes contraires dès lors qu'il estimait que ses grands principes n'étaient pas remis en cause. Malgré le poids politique qu'il représentait, Pierre Gémayel ne fut jamais candidat officiel à la magistrature suprême.

Selon la Constitution de 1926, tout citoyen libanais inscrit sur les listes électorales, âgé de plus de 25 ans, ayant un casier judiciaire vierge, jouissant de ses droits civiques et sachant lire et écrire, remplit les conditions d'éligibilité à la présidence de la République. À ces critères, la coutume issue de la Formule de 43 ajoutait la qualité de « chrétien de rite maronite ». Cette disposition, non écrite, et la permanence d'un clientélisme important aux

1. Son fils Amine souffre de la même maladie depuis l'âge de 45 ans.
2. Ze'ev Schiff et Ehud Ya'ari, *Israel's Lebanon War*, Simon and Schuster, New York, 1984.

effets endémiques donnèrent dans un premier temps à la fonction présidentielle un rôle moteur important dans la vie politique. Mais le Parlement, collège électoral du chef de l'État, se divisa en groupes dont l'obédience n'était pas seulement libanaise. Sleiman Frangié fut ainsi un président très proche de Damas [1], Élias Sarkis un président de compromis et, de ce fait, très vite dépourvu d'autorité et de pouvoirs réels.

Bachir Gémayel était bien sûr candidat à la succession d'Élias Sarkis. Mais c'était un sujet qui n'avait encore jamais été débattu publiquement. Certes, les Forces s'y préparaient, mais le plus discrètement possible. Le cadet des Gémayel n'en avait pas même parlé à son père. Tout se précipita le 3 mars 1982. Ce jour-là, lors de la réunion du Front libanais [2], consacrée initialement à une visite à Beyrouth de Philip Habib, après une longue intervention sur la nécessité de trouver un candidat de compromis pour les présidentielles, Pierre Gémayel lança d'un ton solennel :

— J'ai l'honneur de vous proposer le nom de Camille Chamoun.

Les représentants des partis chrétiens furent stupéfaits. Ils se tournèrent vers le dirigeant du PNL, persuadés que le vieux lion allait se lancer dans une formule de politesse et à son tour proposer le nom de Pierre Gémayel. Mais d'une seule phrase, l'ancien président remercia et accepta. Un long silence marqua l'incrédulité de l'assistance. Le premier et le seul à réagir fut le père Boulos Naaman. De sa voix de stentor, un peu emphatique, il s'écria :

— Je ne suis pas d'accord ! Sans aucun doute, le président Chamoun est notre père, notre aîné, mais nous sommes entourés d'ennemis et nous n'avons pas besoin d'une lutte intestine. Nous avons aujourd'hui Cheikh Bachir, fils de la souffrance des maronites. C'est le seul à pouvoir résoudre la crise en instaurant un pouvoir chrétien fort. Personne, pas même l'un de vous deux, dit-il en regardant Camille Chamoun et Pierre Gémayel, ne peut accéder à la présidence sans devoir l'affronter et le battre. Si lui-même estime que ses chances sont nulles et que donc la candidature du président Chamoun est préférable, il devra céder la place. Mais c'est à lui de le décider. Aussi, je propose au Front libanais de

1. Voir le chapitre 2 : « Le voisin syrien ».

2. Regroupant des représentants de tous les groupes et partis nationalistes chrétiens.

choisir Bachir Gémayel comme candidat à la présidence de la République.

Pendant que l'ecclésiastique parlait, Camille Chamoun le scrutait par-dessus l'épaisse monture de ses lunettes. Bachir Gémayel, assis juste en face de l'*abati*[1], le fixait les yeux grands ouverts et sans dire mot. Le silence qui suivit l'intervention du moine fut plus lourd que celui qui l'avait précédée. La voix grave de Camille Chamoun murmura :

— Qu'est-ce qui lui prend ? Mais qu'est-ce qui lui prend ?

L'ancien président se redressa sur sa chaise et à voix haute trancha d'un ton sec :

— Je ne comprends pas ce qui arrive au père Naaman aujourd'hui. Laissons tomber ce sujet pour l'instant, nous en reparlerons la fois prochaine.

Le père et le fils Gémayel se retrouvèrent à l'issue de la réunion. La discussion fut serrée, mais Pierre Gémayel finit par approuver le choix de Boulos Naaman à la condition que Bachir ne fasse pas état publiquement de son approbation pour ne pas froisser Chamoun. Le chef des Forces libanaises alla le lendemain plaider sa cause chez Camille Chamoun. Le leader du PNL l'écouta sans un mot avant de lui certifier qu'il n'avait aucune objection à la candidature du jeune homme. Sur le pas de la porte, le vieux lion le retint par le bras :

— Mon fils Dany est revenu depuis quelques jours. Je lui ai dit que sa présence ne pouvait causer que des problèmes et lui ai conseillé de repartir en Angleterre. Je suis avec toi dans ce que tu entreprends.

En écartant son propre fils, l'ancien président avait fait un choix définitif. Fort de la « bénédiction » paternelle et de celle de Chamoun, Bachir demanda à être reçu par Élias Sarkis pour lui annoncer officiellement ses intentions.

— Je serai le plus heureux des hommes si je passe le pouvoir à Cheikh Bachir ou s'il le prend après moi, lui assura, rayonnant le chef de l'État.

Restait à franchir les obstacles que pouvaient créer les « parrains » étrangers, notamment les Américains, qui avaient d'autres objectifs. Bachir Gémayel profita de la présence à Beyrouth de Philip Habib pour le sonder au sujet des élections. L'émissaire américain lui confia qu'il était favorable à une prolongation du

1. Supérieur chez les moines. Titre arabe du père Naaman.

mandat d'Élias Sarkis pendant quelques mois, le temps, pour les États-Unis, de trouver une solution à la crise libanaise.

— Il faudra alors payer le prix fort, répondit sèchement le chef des Forces.

— Et quel serait ce prix ?

— Nous vous le dirons en temps utile, répondit Bachir énigmatique.

Bachir s'opposait publiquement depuis plusieurs semaines à la prorogation du mandat présidentiel en évoquant la non-constitutionnalité d'une telle décision. Cependant, secrètement, il en avait fait étudier les possibilités et le mécanisme et il envisageait d'y avoir recours si le pouvoir devait lui échapper. Il estimait que ce pouvait être la solution d'attente idéale compte tenu des excellents rapports qu'il entretenait avec le président. Il n'avait pas voulu dévoiler cette carte à l'envoyé spécial américain.

Quitte à avoir un Gémayel à Baabda, Damas, de son côté, préférait de loin que ce soit l'aîné de la famille.

— Avec Amine, nous pouvons au moins dialoguer, avait un jour affirmé Rifaat el-Assad, le frère du n° 1 syrien, à Salim el-Khoury, le fils de l'ancien président de la République libanaise.

Le régime syrien se débattait dans une situation interne délicate. L'ancestral antagonisme religieux entre la majorité sunnite et la minorité alaouite s'était brusquement ravivé. Une révolte des Frères musulmans avait contraint le pouvoir à utiliser l'armée. La ville de Hama, qui s'était soulevée, avait été « mise au pas » par un siège militaire de plusieurs semaines et « domptée » : un mois de bombardements quotidiens l'avait pratiquement rasée. Selon certains témoignages, il y aurait eu entre 20 et 25 000 morts. Les deux frères el-Assad avaient des analyses divergentes sur la situation.

— Il y a un problème entre mon frère et moi, avait reconnu Rifaat devant Salim el-Khoury. Il veut étouffer la crise par la force pour sauvegarder le régime et la Syrie. Mais après ce qui s'est passé à Hama, il est clair que le conflit est confessionnel et il est donc nécessaire, dorénavant, de créer une alliance entre les alaouites et les chrétiens pour contrer la poussée sunnite dans la région.

Rifaat el-Assad avait demandé à son interlocuteur d'explorer les possibilités d'une entrevue entre lui et Bachir Gémayel. Comme preuve de sa bonne foi, il proposait de faire libérer les prisonniers Kataëb qui croupissaient dans les prisons syriennes. Méfiant, le chef des Forces libanaises préféra ne pas donner suite et attendre de voir si d'autres contacts viendraient confirmer celui-ci. Il estimait que de toute manière le régime syrien lui était totalement opposé et qu'il allait soutenir des personnalités comme Sleiman Frangié. Une telle entrevue restait donc inutile sur ce plan.

Ce fut le général Mohamad Ghanem, le patron des services de renseignement syriens au Liban, qui revint à la charge sur ordre de Rifaat el-Assad. L'officier, toujours très élégamment vêtu, rencontra le chef des FL chez Johny Abdo dans la matinée du 12 mars. Il proposa de faire libérer les Kataëb détenus en Syrie. L'affaire n'eut jamais de suite [1], Rifaat el-Assad n'ayant pas, à Damas, le poids politique nécessaire pour faire aboutir ni ses promesses ni ses projets de rapprochement entre alaouites et chrétiens.

De son côté, Abdel Halim Khaddam, le ministre syrien des Affaires étrangères, reçut deux fois en quinze jours Karim Pakradouni, Joseph Aboukhalil et Georges Saadé [2] en tant que membres du parti Kataëb. Le 4 mai 1982, lors de leur premier entretien, les trois Libanais expliquèrent au ministre que si un accord intervenait entre la Syrie et les Forces libanaises les autres composantes politiques libanaises ne pourraient que suivre, ce qui mettrait ainsi fin au conflit.

— Voulez-vous que nous préparions ensemble une opération de salut public ? proposa Karim Pakradouni. Nous sommes un mouvement révolutionnaire et nos aspirations comme nos objectifs rejettent les compromis qui sont l'apanage d'une classe politique dépassée.

— Suggérez-vous un coup d'État ? réalisa Khaddam, étonné.

— C'est tout à fait cela ! sourit Joseph Aboukhalil.

— Ce que vous dites est dangereux. Je dois en référer au président Hafez el-Assad, expliqua Abdel Halim Khaddam. Personnellement, cette proposition me plaît. Vous avancez quelque chose de tout à fait inédit qui nécessite une décision politique préalable à toute discussion. Ce serait un renversement total de l'équilibre politique mais qui pourrait entraîner une guerre dans la région.

— Justement, nous voulons ce bouleversement mais par des moyens légaux, précisa Pakradouni. Le 30 août 1980, vous m'aviez demandé de dire à Bachir Gémayel qu'Israël pourrait à

1. Les prisonniers Kataëb détenus en Syrie ne furent libérés qu'en 1986.
2. Secrétaire général du parti Kataëb.

la rigueur faire de lui un chef militaire tandis que la Syrie en ferait un leader politique. Aujourd'hui, Bachir est un leader politique.

— J'en suis très content, lâcha le ministre avec un sourire indéfinissable.

Abdel Halim Khaddam invita Karim Pakradouni et les « frères » (Joseph Aboukhalil et Georges Saadé) à revenir le voir le 20 mai. Hafez el-Assad avait été intéressé par la proposition. Il était même d'accord sur le principe mais exigea une étude plus approfondie. C'était bien là la manière d'agir du président syrien. Obtenir le maximum d'informations et laisser le temps agir.

Les Forces libanaises se lancèrent dans une préparation quasi militaire des présidentielles. Une « chambre d'opération » fut créée. Dirigée par Zahi Boustani, elle avait pour mission d'étudier les différentes hypothèses et de les adapter aux événements. Boustani mit au point trois scénarios pour mener Bachir Gémayel au palais de Baabda. Le premier consistait, bien sûr, à mettre à profit l'opération israélienne pour appliquer son plan M. Le second, le « projet alternatif », consistait à « jouer les prolongations » du mandat d'Élias Sarkis afin d'avoir le temps nécessaire de *« modeler »* le terrain politique et électoral. Quant au troisième scénario, il résidait tout simplement en un coup d'État armé que Bachir avait surnommé « le dernier recours ». Mais, dans ces trois hypothèses, les FL entendaient s'appuyer sur Élias Sarkis. L'antagonisme entre le président et le chef des Forces, de 1976 et 1979, avait été définitivement jeté aux oubliettes. Sarkis avait eu un rôle déterminant dans l'évolution politique du jeune homme. Non seulement il lui avait fait prendre conscience de certaines réalités, mais il lui avait également ouvert « officieusement » de nombreuses portes à l'étranger. Depuis que Bachir l'avait informé de son intention de briguer la présidence, il défendait inlassablement sa candidature auprès des députés qu'il rencontrait.

Tous les plans préparés par Zahi Boustani présentaient une constante : rien ne devait transparaître des relations établies entre Bachir et Tel-Aviv et aucune responsabilité ne devait être engagée dans l'opération israélienne qui se préparait. Zahi avait même prévu que le leader des FL pourrait être amené à faire des déclarations publiques contre Israël.

Joseph Aboukhalil fut chargé de prendre en main l'amélioration de l'image politique de Bachir Gémayel dont la candidature n'était toujours pas officielle. Il se lança dans une opération de charme vis-à-vis de la presse et de l'opinion publique arabe. Il effectua une première tournée qui le conduisit à Paris, Londres, au Caire, et à Koweït City. Il s'évertua à convaincre les journalistes de faire passer le message politique de Bachir. Vers la mi-mai, il fut reçu par le roi Hussein de Jordanie. À la même époque, un des proches de Karim Pakradouni et d'Élie Hobeïka, Michel Samaha[1], désireux de jouer un rôle actif, fut envoyé au Caire pour y rencontrer le ministre des Affaires étrangères Boutros Boutros-Ghali. L'Égyptien reconnut que l'élection de Bachir Gémayel était de l'ordre du possible mais qu'il fallait surtout convaincre les pays arabes modérés, les Américains et l'Islam libanais. Boutros Boutros-Ghali estimait que Begin ne durerait pas longtemps et qu'il serait remplacé par l'un des membres du parti travailliste. Il révéla également à Michel Samaha, sur le ton de la confidence, qu'Israël allait lancer une opération militaire de grande envergure au Sud Liban. En réponse, l'émissaire libanais se contenta de répéter consciencieusement ce qu'il lui avait été demandé de dire : « Les FL ne participeront pas aux opérations militaires israéliennes. Les régions contrôlées par Bachir Gémayel ne serviront pas de lieux de passage pour Tsahal. Si l'offensive était déclenchée, les FL se rallieraient au président libanais. »

— Mais il faut informer immédiatement les pays arabes modérés de tout cela, s'écria le ministre égyptien.

Le 26 mai 1982, lors de sa réunion hebdomadaire, le Front libanais accepta la candidature à la présidence de Bachir Gémayel. Le lendemain, le bureau politique Kataëb entérina ce choix. Pierre Gémayel exigea que cela soit fait à l'unanimité, debout et à main levée. Tous s'exécutèrent, y compris Amine Gémayel qui abandonnait ainsi publiquement et définitivement son intention de se présenter lui-même. Le secrétaire général Kataëb, Georges Saadé, fut chargé d'en informer les Israéliens. Il en profita pour demander leur intervention auprès des pays européens qui boudaient presque tous le chef des Forces libanaises. Au passage, il annonça au Mossad que Bachir, selon les projets de Zahi Boustani, pouvait être amené à critiquer l'État hébreu. La réaction de ses interlocuteurs fut très vive. Les propos du futur candidat pourraient être repris par la presse israélienne et être très mal compris par l'opinion publique. « Les Israéliens sont devenus très susceptibles », commenta Joseph Saadé à son retour, le 4 juin 1982. Le lendemain, Beyrouth était bombardé. L'opération « Paix en Galilée » commençait.

1. Michel Samaha fut deux fois ministre de l'Information après 1990.

16

Opération « Paix en Galilée »

Le dimanche 6 juin 1982 à 1 h 30 du matin, les Léopards volants israéliens du Sayeret Golani[1] furent les premiers à traverser la frontière libanaise. Ils avaient pour mission d'investir le château de Beaufort et d'y détruire le poste d'observation et de renseignement électronique syrien qui « voyait » tout le Sud Liban. Les parachutistes israéliens se heurtèrent à une farouche résistance. La forteresse médiévale ne fut prise qu'après le lever du soleil.

Entre-temps, à l'ouest, l'Ugdat Mordéchaï[2] commandée par le général Yitzhak Menahem Mordéchaï, surnommé Ytsik, avait pris un axe suivant la côte. Sur sa route se trouvaient les camps de l'OLP de Tyr et de Saïda. Au centre, l'Ugdat Kalahani, sous les ordres du général Avigdor Menahem Kalahani, s'était élancée sur un axe central passant à Nabatiyé. La mission confiée à l'Ugdat Einan du général Menahem Einan était d'abord de suivre l'Ugdat Kalahani jusqu'à Nabatiyé puis de monter plein nord et constituer un second axe central, à l'est du premier, vers la ville de Jezzine, verrou des montagnes du Chouf. Enfin, à l'est, l'Ugdat Ben-Gal dirigée par le général Avigdor Menahem Ben-Gal, dit Yanouch, avait pénétré dans la vallée de la Békaa par la ville de Hasbaiya et se dirigeait vers Rashaya al-Fukhar, à la limite des principales concentrations syriennes.

---

1. Unité commando d'élite.

2. Division constituée en fonction d'une mission donnée que les Américains appellent *Task Force.* En Israël, l'usage les désigne par le nom de l'officier qui les commande.

Toutes ces divisions étaient constituées d'unités blindées et d'infanterie mécanisées. Elles avaient été renforcées par de l'artillerie et du génie.

Une opération amphibie était programmée dans l'estuaire de l'Awali, au nord de Saïda. La 5e division de parachutistes, l'Ugdat Yaron, devait débarquer et tenir le pont qui enjambe le fleuve pour couper la retraite des combattants palestiniens vers Beyrouth. Commandée par le général Amos Yaron, un ancien de l'unité 269 encore appelée Sayeret Mat'kal[1], cette 5e division était considérée comme l'élite de la machine de guerre israélienne. Son chef était un concentré de Tsahal à lui tout seul. Il affectionnait les anciens modèles des bottes de saut à grosses semelles de crêpe. La cicatrice qui ornait la lèvre inférieure d'Amos Yaron et la cigarette qu'il tenait en permanence entre les doigts étaient célèbres dans toute l'armée.

L'ordre du jour publié par Raphaël Eytan stipulait : « [...] Le but de cette opération est de repousser les lance-roquettes et l'artillerie des terroristes de nos colonies civiles [...] », sans toutefois préciser sur quelle profondeur elle aurait lieu. « Ce n'est pas une guerre contre la Syrie », avait-il ajouté. L'offensive avait débuté dès les premières lueurs du jour pour éviter toute méprise avec les Casques bleus de la FINUL déployés le long de la frontière et pour bénéficier, dès les premières minutes du combat, d'un appui aérien plus efficace.

Begin convoqua d'urgence le gouvernement pour lui annoncer le début de l'opération. Raphaël Eytan présenta les grandes lignes de l'offensive qui ne portait plus le nom de code de « Little Pines » mais d'opération « Paix en Galilée » à la demande expresse de Begin. Les pins ou les cèdres évoquaient trop le Liban pour ne concerner qu'une action de police limitée. La Galilée suggérait la défense du sol de l'État hébreu et passait mieux politiquement. Le vice-Premier ministre, Simkha Erlich, qui s'était fermement opposé le 20 décembre 1980 au premier projet d'offensive qu'avait présenté Ariel Sharon au cabinet, s'adressa au ministre de la Défense à la fin de l'exposé du chef d'état-major :

— Et que va-t-il se passer pour Beyrouth ?

— Beyrouth est en dehors du cadre, répondit calmement Arik. Il y a des ambassades étrangères. Nous ne devons pas nous en

1. Unité de reconnaissance dépendant de l'état-major des armées. Constitue également le service action des services de renseignement israéliens.

approcher. Le but de l'opération « Paix en Galilée » est de bousculer l'artillerie [de l'OLP] et les roquettes loin des colonies et non de conquérir Beyrouth. Nous sommes aujourd'hui en train de parler d'une profondeur de 25 miles.

Le cabinet, à l'évidence persuadé qu'il ne s'agissait que d'une « opération coup de poing », approuva l'offensive à l'unanimité. Menahem Begin reçut ensuite les leaders de l'opposition. Ils s'inquiétèrent des risques de confrontation avec les Syriens, notamment au château de Beaufort, qui se situait dans la zone des 40 km.

— Nous n'avons plus à nous en préoccuper maintenant, répondit, laconique, le général Eytan sans leur donner plus de détails.

L'opposition, pas plus que les ministres, n'avait remarqué qu'il n'avait jamais été question d'objectif final.

À 11 heures du matin, le gros de l'offensive israélienne avait traversé la frontière. Elle mettait en jeu 76 000 hommes, 1 250 chars, 1 500 transports de troupes blindés, 12 000 camions et plus de 600 chasseurs-bombardiers.

Une heure plus tard, Tel-Aviv publiait son premier communiqué militaire définissant l'opération en cours comme « une action de recherche et de destruction des canons et des lance-roquettes palestiniens au Sud Liban ». Dans le même temps, Israël transmit à la Syrie un même message, de quelques mots, par plusieurs canaux, dont les États-Unis et la Jordanie : « N'intervenez pas. »

Immédiatement derrière les premières lignes israéliennes progressaient trois unités spécifiques agissant au profit les unes des autres : le Sayeret Ha'druzim, les gardes-frontières et le A'man.

Le Sayeret Ha'druzim était une force de reconnaissance aéroportée créée en 1968 sur une suggestion du major druze israélien Mohamed Mulla et intégrée au Sayeret Mat'kal[1]. Composée de soldats parlant l'arabe issus de l'unité 300, principalement des druzes, des Bédouins et des Circassiens, elle avait été conçue pour infiltrer et agir derrière les lignes ennemies en cas de conflit avec Damas. Vêtus en civil, ses soldats étaient chargés de jalonner les zones ou les lieux « sensibles » et de « loger » les personnes suspectes d'intelligence avec les « organisations terroristes »[2]. Leurs informations étaient exploitées par les 20e et 21e compagnies des gardes-frontières qui montaient des « coups de filet » : 4 000 per-

1. Salim Kadur, « Sayeret Ha'druzim : Ha'yachsanim shel ha'yach'sar », *Bamachane* (hebdomadaire de Tsahal), 1986.

2. Ils furent très actifs en Cisjordanie et à Gaza après 2000.

sonnes furent ainsi arrêtées en 48 heures. Entravés, les yeux bandés pour ne pas se reconnaître et communiquer entre eux, les suspects étaient immédiatement regroupés dans des centres de détention. Ils étaient confrontés avec des collaborateurs au visage dissimulé par une longue cagoule. Ceux qui étaient désignés par les hommes masqués étaient interrogés par les agents du A'man. Les révélations obtenues partaient sur-le-champ vers l'ordinateur central du service de renseignement militaire à Tel-Aviv.

Tout le personnel du A'man avait été mobilisé et les réservistes rappelés. Les six sections du service fonctionnaient à plein rendement. La « collecte » était totalement axée sur les interceptions de communications radio et téléphoniques syriennes et palestiniennes. Les quelque 3 000 agents de la « production », répartis en temps normal en « Desks[1] » en fonction de critères géographiques, « planchaient » tous sur un seul dossier : le Liban. Le siège du A'man — un grand bâtiment coiffé d'antennes dans l'enceinte du ministère de la Défense — bourdonnait comme une ruche au printemps. Tout ce qui y parvenait était analysé, exploité puis envoyé aux autres services intéressés. Les commandants d'unités combattantes sur le front et les agents du A'man sur le terrain en recevaient copie pour utilisation immédiate.

L'avance des Israéliens avait été si rapide que les responsables palestiniens n'avaient pas eu le temps de détruire leurs archives, leurs documents et les dossiers de leur personnel administratif ou combattant, tous munis de photos d'identité. Aussitôt trouvés, ils étaient photocopiés et transmis pour traitement au Mossad, au Shin Beth[2] et à la police nationale. En quelques heures, toute l'infrastructure palestinienne au Liban et dans le monde, ainsi que ses connexions avec les pays de l'Est, fut reconstituée dans les plus petits détails. En moins de quatre jours, le terrorisme international et ses ramifications japonaise, allemande, italienne, basque ou irlandaise furent entièrement mis à nu. Les noms, les organigrammes, les montages financiers, les emplacements des caches étaient accessibles sur les terminaux de l'ordinateur ultra-puissant du A'man. Les adresses, les manies, les habitudes et la vie privée de

1. Bureaux, services.
2. Bien que théoriquement non compétent hors des frontières, le Shin Beth fut chargé juste après l'invasion de se déployer au Sud Liban pour déterminer amis et ennemis.

tous les leaders palestiniens, des plus insignifiants aux plus puissants, n'avaient plus de secret pour les Israéliens.

Ce qui sera récolté plus tard dans Beyrouth présentera beaucoup moins d'intérêt. « Cette moisson exceptionnelle, rêve de tous les patrons de services de renseignement dans le monde, à elle seule, pouvait justifier l'opération israélienne. Mais ce n'est pas un argument que l'on peut avancer sur la place publique, ce n'est donc pas une justification politique », devait confier quelque temps plus tard le responsable d'un service de renseignement européen au Liban[1].

Le 8 juin, avant que les unités de pointe aient atteint la limite des 40 km, Menahem Begin se rendit au château de Beaufort entouré d'une nuée de journalistes israéliens, caméras et micros en main. Il visita la forteresse croisée qu'il présenta comme le symbole de l'éradication de la présence palestinienne au Sud Liban. Il en fit solennellement don au major Saad Haddad qui commandait l'Armée du Liban Sud[2].

Le Premier ministre regagna ensuite très rapidement Jérusalem en hélicoptère pour présider un Conseil des ministres durant lequel Ariel Sharon demanda à ses collègues l'autorisation de pousser l'offensive vers le nord pour couper l'axe routier Beyrouth-Damas. Cartes et photos aériennes à l'appui, le ministre de la Défense expliqua que des unités blindées syriennes « se dirigeaient vers Jezzine ». Il était dès lors évident que si les troupes de Damas arrivaient dans cette bourgade chrétienne, Tsahal serait obligé de les affronter à moins de laisser les Syriens maîtres des montagnes du Chouf. Ils seraient alors susceptibles d'intervenir sur l'aile droite de l'Ugdat Kahalani. La progression des hommes de cette division avait été très rapide. Nabatiyé dépassée, l'Ugdat s'apprêtait à poursuivre son avance en infléchissant sa marche vers l'ouest pour suivre la ligne de crêtes de l'Iklim Kharoub, entre mer et Chouf, qui longeait la route de Saïda à Damour. Sharon détailla également la nécessité de protéger le flan est de l'axe de progression central en développant une percée dans la Békaa. Par la même occasion, il proposa de neutraliser les rampes syriennes de missiles SAM 6 qui se trouvaient dans cette vallée. Les minis-

1. Non désigné nommément parce que toujours en activité. Entretien avec Alain Ménargues.

2. En fait l'ALS ne s'y installera pas. Le A'man y implantera une station de renseignement Elint, Visint, Sigint et un relais Photint.

tres acceptèrent toutes les propositions et recommandèrent que l'aviation prenne en charge la destruction des missiles. Dans les premières heures de la matinée du 9 juin, Sharon signa les trois ordres qui allaient transformer l'opération de police sur 40 km de profondeur en une guerre de grande envergure.

La veille au soir, l'avant-garde de l'Ugdat Mordéchaï qui longeait la côte avait fait jonction, au nord de Saïda, avec les parachutistes d'Amos Yaron. Elle reçut l'ordre de poursuivre son offensive sur le littoral et de prendre Damour. La 35e brigade aéroportée, commandée par Yaya, le colonel Yahir Yoram, un des adjoints de Yaron, ouvrait la route. Ressemblant étrangement à Kirk Douglas, les cheveux toujours bien coiffés quelles que soient les circonstances, Yaya marchait à la tête de ses hommes. Ils avançaient lentement sur les crêtes en repoussant devant eux des éléments de l'OLP et le 85e régiment autonome mécanisé des Forces spéciales syriennes, commandé par le colonel Iskander. Ils investirent Damour le 9 juin au soir après de brefs mais très intenses combats.

L'Ugdat Einan, arrivée à Jezzine le 8 juin, reçut l'ordre de se porter immédiatement sur le col du Baïdar verrouillant l'entrée nord du Chouf. Les instructions du général Ben-Gal furent de progresser vers le nord de la vallée de la Békaa, de bousculer la 1re division syrienne pour aller couper l'axe routier Beyrouth-Damas à l'est de Chtaura. Le général d'aviation David Ivry eut pour mission de détruire les 19 rampes de SAM 6 installées par Damas à l'est du Mont-Liban.

Ce 9 juin 1982 au matin, Walid Joumblatt se trouvait en famille à Chemlan lorsqu'il apprit que les Israéliens pénétraient dans le Chouf. Il réalisa que l'offensive avait plus d'envergure que ce qui avait été annoncé par les communiqués diffusés par Tel-Aviv. Il envoya son épouse et ses enfants à Beyrouth et regagna son palais de Moukhtara. Il y arriva vers midi. Les Israéliens étaient déjà à l'entrée du village voisin de Masra. Il convoqua d'urgence ses deux conseillers Anwar el-Fatayri et Charif Fayad. Forte personnalité au sein de la communauté druze, le premier avait débuté sa carrière politique à l'école révolutionnaire du gauchisme universitaire libanais. Charif Fayad était un homme plus réservé. Colonel de l'armée libanaise en retraite, il était de ce fait, le responsable militaire de la milice druze. Walid Joumblatt leur ordonna de ne pas résister, « le rapport de force étant trop inégal [1] ». Il ordonna

1. Walid Joumblatt à Alain Ménargues.

également de déplacer le maximum de pièces d'artillerie vers le Metn Nord.

Quelques heures plus tard, une Jeep israélienne de reconnaissance, suivie de quatre M 113[1], s'arrêta devant la fontaine de la petite place bordée d'arcades sur laquelle s'ouvrait le portail du palais de Moukhtara, demeure de Walid Joumblatt. L'officier dégrafa son ceinturon et déposa son arme sur le siège avant de son véhicule. Les soldats qui l'accompagnaient firent de même, puis, sans armes, tous franchirent le portail en fer forgé et s'engagèrent dans la montée qui longeait les larges vantaux de bois des garages. Ils empruntèrent ensuite l'escalier aux hautes marches conduisant à la voûte de pierre donnant dans la cour intérieure. La tradition druze exigeait que toute personne pénétrant dans le Chouf fasse halte à Moukhtara pour, sans arme, aller saluer le seigneur de la communauté. C'était ce qu'accomplissaient les soldats israéliens qui étaient tous druzes. Des éléments combattants de l'Ugdat Einan passèrent ensuite sous les fenêtres du palais pour aller se heurter aux positions syriennes en haut de la passe d'Aïn Zhalta, une vingtaine de kilomètres plus au nord. L'Ugdat Einan dut utiliser ses blindés pour forcer le bouchon et poursuivre sa progression vers le col du Baïdar.

Dans les heures qui suivirent, le cheikh Mohamad Abou Chakra, le commandant militaire de la milice druze Charif Fayad et le ministre Khaled Joumblatt rencontrèrent des officiers israéliens au domicile du général libanais en retraite Saïd Nasrallah. Les druzes acceptèrent de « supprimer toute manifestation armée dans le Chouf, y compris les tenues militaires », de « regrouper toutes les armes collectives en un seul endroit qui devait être communiqué à Tsahal », de « n'admettre aucun élément étranger au Chouf ». Shimon Peres, le leader de l'opposition travailliste, confia un an plus tard qu'il était intervenu auprès du ministère de la Défense « pour qu'il ne soit pas porté atteinte à Walid Joumblatt et avait obtenu que les druzes libanais ne soient pas désarmés tant qu'ils n'agiraient pas contre l'armée israélienne[2] ».

L'Ugdat Ben-Gal, remontant la vallée de la Békaa, s'était heurtée aux défenses installées, un an plus tôt, aux environs du village de Sultan Yakoub par le chef d'état-major syrien Hikmat Chéhabi.

1. Transport de troupe blindé de fabrication américaine.
2. Shimon Peres à des intellectuels druzes, lors d'une entrevue, le 9 juin 1983.

La 1re division qui tenait les tranchées opposa une forte résistance, bien plus solide que ne l'avaient estimé les stratèges israéliens. De plus Yanouch dut se débattre dans une multitude de problèmes logistiques. Pannes techniques, manque de carburant, embouteillage sur le seul axe routier sud-nord autour duquel il progressait. Malgré son artillerie, sa couverture aérienne et la poussée de ses blindés, il ne put passer Sultan Yakoub. C'était la première fois que l'armée israélienne subissait un échec militaire de ce type.

Les Israéliens profitèrent de l'accord stratégique de coopération signé avec Washington à l'automne 1981 pour utiliser le système C3 I (commandement, communication, coordination et intelligence) américain tout au long de l'opération « Paix en Galilée ». Connecté à un maillage de satellites de reconnaissance photographique, de détection électronique, d'alerte lointaine, de communication et de navigation, ce système donnait à Tsahal une couverture extrêmement dense et de grandes possibilités de liaison entre les premières lignes et les différents centres de décision militaires échelonnés à l'arrière. À ce réseau, Tsahal avait ajouté l'utilisation intensive de ses 4 Bœing 707 spécialement équipés pour la recherche et l'identification des cibles, tant aériennes que terrestres, pour le brouillage des communications radio et des radars [1]. Le ministre syrien de la Défense, le général Moustapha Tlass, devait reconnaître quelques mois plus tard que son état-major avait été très gêné « par l'opération massive de perturbation électronique développée par les Israéliens ».

Le premier souci du général David Ivry fut de détruire les radars d'acquisition et de poursuite couplés aux batteries de SAM 6. Il les aveugla par des parasites émis d'un Bœing quelques minutes avant l'intervention de ses chasseurs-bombardiers. Les pilotes ouvrirent le feu à près de 35 km de distance de leurs cibles. Puis, une armada de Phantom, Skyhawk, Kfir, F 16 et F 15, équipés de missiles américains Sidewinder, décolla le 9 juin à 15 h 30. Des Mig-21 et Mig-23 syriens prirent l'air pour les intercepter. Avant même qu'ils n'aient quitté le sol, un avion radar E-2C Hawkeye alerta l'état-major israélien. Une impressionnante bataille aérienne

1. Le 16 avril 1988, l'un d'eux, portant l'immatriculation civile 4X.007, équipé en poste de commandement volant, servira à Ehoud Barak, alors chef d'état-major adjoint chargé des opérations spéciales, pour diriger le commando qui assassina Abou Jihad (Khalil el-Wazir), le n° 2 de l'OLP, dans sa villa de Sidi Bousseid, à une quarantaine de kilomètres au nord de Tunis.

eut lieu pendant plus d'une heure et demie dans le ciel de la Békaa. 22 Mig furent abattus et 19 batteries de SAM détruites. Tous les appareils israéliens rentrèrent à leurs bases.

Bachir Gémayel et ses plus proches collaborateurs politiques et militaires rencontrèrent, le soir du 9 juin, Menahem Navot et trois officiers de l'état-major de Tsahal, à la villa du Mossad à Tabarja. Le commandant Gyora leur fit le point de la situation militaire avant d'ajouter :

— Il n'y a toujours pas de pressions politiques sérieuses sur Israël, nous pouvons donc continuer. Les unités syriennes sont sans cesse en mouvement. Elles essayent de renforcer leurs défenses. Nous n'avons pas de plan pour Beyrouth. De toute manière, nous n'entrerons pas dans Khaldé. Nous avons eu ce soir un accrochage avec le 87e régiment des forces spéciales syriennes qui défend ce carrefour. Nous n'avons pas non plus de plan de bataille pour combattre la 62e brigade qui tient le Metn Nord. J'ignore ce qui est prévu pour la suite. Raffoul m'a demandé de vous dire qu'il n'a pas besoin de votre aide militaire et qu'il ne faut surtout pas déclencher d'offensive contre les Syriens.

— Il faut prendre pour cibles les camps palestiniens de Beyrouth, réclama Bachir. La population doit croire que vous allez continuer sur la ville. Ce serait d'ailleurs une bonne idée si vous pouviez débarquer à Ramlet el-Baïda.

L'officier israélien secoua négativement la tête :

— Le gouvernement ne nous a pas autorisés à pénétrer dans Beyrouth.

— Nous avons besoin de bombardements massifs sur Beyrouth, répéta Bachir.

— C'est tout aussi difficile que d'y entrer. C'est une question politique.

— Quelle est la situation dans Beyrouth Ouest ? demanda Navot.

— Ils commencent à réaliser ce qui se passe, expliqua le chef des FL. Une pression militaire accrue facilitera leur adhésion au processus politique que nous avons préparé. Les civils musulmans commencent à fuir vers nos régions. Mais il faut continuer le pilonnage.

— Je transmettrai votre requête au général Raffoul, consentit Gyora.

— L'enjeu est très important. Il faut absolument désarmer les Palestiniens. S'ils sentent la moindre hésitation de votre part, ils ne se rendront pas. Notre plan prévoit que l'armée libanaise entre dans Beyrouth Ouest une fois les Palestiniens désarmés. Il faut donc continuer à les bombarder. C'est indispensable !

— Je transmettrai votre requête à Raffoul, répéta Gyora. Mais je ne pense pas que notre gouvernement l'acceptera. Il faudrait que vous montiez une opération avec l'armée, suggéra l'officier israélien. Est-il possible d'exercer des pressions qui ne soient pas militaires, comme couper l'eau ou l'électricité ? À moins, bien sûr, que le gouvernement libanais nous demande officiellement d'intervenir militairement à l'Ouest.

Ce qui était parfaitement irréaliste.

Le lendemain 10 juin, le général Adam Yékoutel (Kuti), le sous-chef du B 3 (opérations) de l'état-major de Tsahal, monta en première ligne à Damour pour se rendre compte par lui-même de la situation. Très brun, moustachu, Kuti avait la tête d'un Bédouin et la silhouette d'un montagnard libanais. Un temps en poste sur une position côtière en Israël, il s'était passionné pour la mer au contact des pêcheurs. Il passait ses temps libres soit une canne à pêche à la main, soit en plongée sous-marine. Il connaissait les poissons par leurs noms scientifiques et avait appris leurs modes de vie ainsi que la meilleure manière de les cuisiner. Adam Yékoutel était « le » candidat à la succession du patron du Mossad, Yitzhak Hofi, qui partait à la retraite en septembre. Il fit arrêter sa Jeep à la limite de Naameh et observa à la jumelle le front de Khaldé. Dissimulé dans une bâtisse en ruine non loin de la route, un groupe de Palestiniens ouvrit le feu sur la Jeep. Touché en plein visage, Kuti fut tué sur le coup.

Une patrouille israélienne s'arrêta le même jour devant le palais de Moukhtara. Le capitaine qui la commandait rassembla *manu militari* tous les habitants. Le maître des lieux comme le personnel durent descendre dans la cour d'honneur. Les soldats s'éparpillèrent dans la demeure de pierre de taille et fouillèrent toutes les pièces. May Joumblatt, la mère de Walid Joumblatt, protesta énergiquement. L'officier israélien répondit avec une morgue et un mépris qui la firent sortir de ses gonds. Son fils intervint pour la calmer. Dans l'une des cours du palais, les soldats découvrirent des caisses de munitions et quelques canons qui n'avaient pas été évacués. L'officier entra dans une fureur noire, mais n'y toucha pas. Il repartit aussi soudainement qu'il était venu. En fin d'après-midi, un autre officier vint, seul, saluer Walid Joumblatt et lui certifier que sa demeure et ceux qui y résidaient étaient en sécurité. Le leader druze comprit qu'il avait été l'objet d'une rivalité de personne ou d'unité entre Israéliens.

Militairement, la journée du 10 juin fut identique à celle de la veille. Au sol, les unités israéliennes progressèrent vers le nord. Dans le ciel de la Békaa, une nouvelle bataille aérienne causa la perte de 26 appareils syriens et les bombardements écrasèrent 11 rampes de SAM 6.

Ce bilan créa de sérieuses difficultés aux États-Unis. Le Département d'État avait, dès le 6 juin, affirmé la main sur le cœur à l'ambassadeur syrien à Washington que les objectifs israéliens étaient limités au Sud Liban et que les troupes syriennes « ne seraient pas concernées ». Lorsque Tsahal dépassa la zone des 40 km, la machine américaine ne mit en branle pour arrêter la guerre avant une défaite complète syrienne qui risquait de provoquer une intervention soviétique. Les conseillers privés de Ronald Reagan, James Baker, Michael Daver, Edwin Meese, le secrétaire à la Défense Caspar Weinberger et le juge James Clark, faisaient le siège du président en lui demandant d'user de tous les moyens à sa disposition pour obtenir un cessez-le-feu. Seul Alexander Haig soutenait l'action de Tel-Aviv.

La pression politique internationale se fit plus pesante sur Jérusalem. Le Conseil de sécurité, réuni d'urgence, demanda un cessez-le-feu. La Syrie, qui avait perdu 345 blindés et 85 avions en quatre jours, fit savoir à Philip Habib qu'elle acceptait. Ariel Sharon tenta de s'y opposer, ses unités n'ayant pas encore atteint la route Beyrouth-Damas. Le ministre de la Défense eut une discussion que les médias qualifièrent pudiquement d'« orageuse » avec l'envoyé spécial du président américain. Le cinquième jour de la guerre, le 11 juin, l'ambassadeur des États-Unis à Tel-Aviv téléphona à Begin à 2 heures du matin pour exiger la suspension des hostilités au nom de Ronald Reagan. Le diplomate confia au Premier ministre que Leonid Brejnev avait appelé le président américain sur le téléphone rouge et lui avait laissé entendre que la poursuite de l'action militaire israélienne au Liban risquait d'entraîner un conflit entre les deux grands dans d'autres régions du monde. Le cabinet israélien fut convoqué d'urgence à 4 heures du matin et repoussa la demande américaine. Ronald Reagan mit alors tout son poids dans la balance. Les appels téléphoniques se succédèrent entre la Maison-Blanche et la rue Balfour[1]. Menahem

1. Résidence du Premier ministre à Jérusalem.

Begin dut céder en fin de matinée et accepta le cessez-le-feu. Ariel Sharon ne décolérait pas. Ses troupes étaient encore loin de l'axe routier et surtout des collines du Metn Nord où se trouvaient la 62e brigade syrienne, le gros de l'artillerie de Damas et une grande partie de la population druze. Le cessez-le-feu allait permettre à Damas de conserver une importante carte politique et militaire au Liban. « Si les Israéliens étaient arrivés dans la Békaa et au Mont-Liban à majorité chrétienne, les contacts directs auraient été coupés avec les Syriens, ce qui aurait indéniablement bouleversé le cours des choses. La guerre de la montagne en 1983 n'aurait pas eu lieu », devait déclarer plus tard Walid Joumblatt[1]. « L'acceptation du cessez-le-feu fut une grande erreur de notre part », devait écrire plus tard de son côté David Kimché[2]. « Un ou deux jours de plus auraient suffi pour chasser les Syriens de leurs positions dans l'Est libanais, Chtaura, la base aérienne de Rayak, et surtout la région de Zahlé. [...] L'intervention diplomatique américaine et sa demande de cessez-le-feu ont eu comme conséquence de permettre aux Syriens de maintenir leurs positions, de les renforcer et de combattre à nouveau Israël. » L'offensive se terminait sur une impasse. « Le gouvernement avait été trompé par Raphaël Eytan et Ariel Sharon », devait expliquer plus tard le colonel Élie Gueva, commandant d'une brigade blindée d'élite qui s'opposa à la prise de Beyrouth Ouest. « Le ministre et le chef d'état-major s'étaient eux-mêmes pris les pieds dans leurs propres mensonges. Ils n'avaient pas dit, dès le départ, au gouvernement, ce qu'ils comptaient faire et se sont retrouvés en contradiction avec eux-mêmes. Sharon a été obligé d'accepter le cessez-le-feu pour ne pas être chassé du gouvernement. Il avait compris qu'il ne jouait plus avec la vie de 10 ou 20 soldats mais avec sa carrière[3]. »

Tel-Aviv tenta immédiatement de relancer sa machine militaire par le biais de la milice chrétienne. À 14 heures, Menahem Navot (Mendy) et Avner Azoulay (Philippe) se précipitèrent au quartier général des Forces libanaises à la Quarantaine pour expliquer à Bachir Gémayel que l'arrêt des combats ne concernait que Damas et les Palestiniens.

— Pourquoi ne prenez-vous pas l'aéroport ? lui demanda Navot. C'est votre pays, vous pouvez faire ce que vous voulez.

---

1. Entretien avec Alain Ménargues, décembre 1992.
2. David Kimché, *The Last Option, op. cit.*, p. 148.
3. Élie Gueva à Alain Ménargues, décembre 1992.

Le cessez-le-feu bloque toute action militaire contre les Syriens. Agissez maintenant avant que les Américains et les Arabes ne se réveillent. Allez-y ! C'est à vous de décider. Nous ne pouvons pas vous interdire d'ouvrir une route vers Damour. Si les Syriens vous tirent dessus, ce sera une violation du cessez-le-feu...

Le sous-entendu était très clair : ceci permettrait à Tsahal de reprendre son action. Les FL, dont l'objectif prioritaire était les présidentielles, ne donnèrent pas suite à la suggestion de Mendy. C'était la première fois que les Israéliens demandaient aux Forces libanaises d'entrer dans la bagarre, ce ne fut pas la dernière...

Le chef d'état-major de Tsahal, Raphaël Eytan, vint inspecter ses troupes le lendemain. Pendant que Raffoul faisait le tour du front, un groupe de ses officiers fit le tour de plusieurs écoles dans la zone chrétienne pour choisir un endroit où installer leur quartier général. Ils optèrent pour le collège du mont La Salle, perché sur une colline dominant Beyrouth et la banlieue sud, fief des Palestiniens. Ariel Sharon les retrouva à la villa du Mossad à Tabarja. Le ministre, Raffoul, Bachir et leurs plus proches collaborateurs, penchés sur des cartes étalées sur une table, mirent au point les détails de la jonction de leurs forces prévue pour le lendemain, non loin du petit village de Bsaba, dans les collines qui surplombaient le sud de l'aéroport. Ariel Sharon signa la carte d'état-major sur laquelle avaient été annotés les différents mouvements des unités. Élie Zayek fut immédiatement envoyé, en hélicoptère, rejoindre l'unité israélienne qui devait venir au contact afin d'assurer la liaison.

À l'aube du dimanche 13 juin, Fady Frem se rendit sur le mouvement de terrain recouvert d'un bois de pins qui marquait l'extrême limite sud de la ligne de front des FL où devait avoir lieu la jonction. Il était accompagné de Massoud Achkar, plus connu sous le nom de Poussy, le responsable militaire d'Achrafieh, qui avait pris le commandement d'une unité chrétienne déployée en couverture, et d'un officier de liaison de Tsahal. En fin de matinée, les Israéliens demandèrent aux chrétiens, par radio, de marquer leurs positions par un fumigène blanc. Massoud Achkar dégoupilla une grenade qui dégagea une fumée verte.

Quelques minutes plus tard, ils virent une colonne d'hommes s'étirer au bout de la route droite qui venait vers eux. Yaya ouvrait la marche, nu-tête. Le treillis maculé, le visage recouvert de traces de poussière et de sueur, mais bien coiffé, comme à son habitude, le sourire aux lèvres, Yahir Yoram s'avança vers Fady Frem et lui serra longuement la main. Il était 13 heures : la jonction entre l'armée israélienne et les Forces libanaises avait eu lieu. Une étape importante du plan politique devant conduire Bachir Gémayel à la présidence venait d'être franchie.

Un couloir de sécurité fut aménagé de part et d'autre de la route. Vers 16 heures, Bachir Gémayel, accompagné d'une grande partie de son état-major, vint y accueillir Raffoul, Amir Drori et une partie de l'état-major israélien. Pour marquer l'événement, le chef des Forces libanaises offrit à Raphaël Eytan un drapeau blanc frappé d'un cèdre vert dans un cercle rouge. L'unité commandée par Yaya pénétra ensuite dans le village de Bsaba. Elle fut acclamée par les quelques habitants restés dans le hameau qui jetèrent des poignées de riz sur les soldats en signe de bienvenue.

Pendant que les officiers de Tsahal se dirigeaient vers le collège du mont La Salle, Raffoul et deux de ses aides de camps montèrent dans la BMW de Bachir pour traverser la zone chrétienne et rallier Tabarja. Les trois Israéliens ôtèrent leurs galons pour ne pas être identifiés en cours de route. Bachir Gémayel leur en sut gré. Il ne tenait pas à être vu en compagnie d'Israéliens, fût-ce le chef d'état-major de Tsahal.

Le lendemain matin, le colonel Yahir Yoram demanda à pouvoir téléphoner. Il fut conduit à la Quarantaine, dans le bureau d'Isis, la secrétaire de Bachir. De là, via le bureau des FL de Washington, il appela son épouse à Tel-Aviv pour l'informer qu'il était à Beyrouth et que tout allait très bien. C'était la première fois qu'une liaison téléphonique était ainsi établie entre le Liban et Israël depuis 1948. Mme Yoram fut, ce lundi 14 juin, une des rares personnes en Israël à avoir la confirmation que Tsahal était bien arrivé dans les faubourgs de la capitale libanaise et que l'OLP était encerclée. Yitzhak Shamir l'avait, lui, appris très tard la veille au soir de la bouche de Philip Habib.

Paradoxalement, la population israélienne fut mieux informée par les médias étrangers que par les siens. Durant les premiers jours de la guerre, les journalistes de Tel-Aviv, soumis à la censure militaire, donnèrent systématiquement moins de détails que leurs confrères qui, après avoir effectué leurs reportages, les transmettaient par satellite de... Damas.

La conséquence directe de ce manque de contrôle de la censure israélienne sur la presse internationale présente à Beyrouth fut de permettre à la population de l'État hébreu d'avoir en permanence et pratiquement en temps réel des informations du front. Par ailleurs, en Israël, l'accès aux sources d'informations, en l'occurrence aux soldats sur le terrain, était libre. D'autant plus libre que les militaires interrogés savaient pertinemment que le Bitachon Sadeh, le département du A'man pour la sécurité militaire, responsable de la censure, veillait à « gommer » ce qui ne devait pas être diffusé. Les soldats israéliens au Liban, l'habitude aidant, se confièrent sans aucune réticence aux micros et caméras qui se présentaient à eux. Ils se posaient ouvertement des questions sur le rôle qu'il leur était demandé de jouer et exprimaient un malaise grandissant au fil des jours. Mais cette fois-ci, le Bitachon Sadeh n'avait aucun pouvoir de contrôle.

L'opération « Paix en Galilée » fut donc couverte en semi-direct (avec un différé de moins de six heures) par les grands networks mondiaux, ce qui n'avait été prévu ni par l'état-major de Tsahal ni par le A'man. La réalité des opérations militaires et les états d'âme d'une armée composée en grande partie de réservistes s'étalèrent sur tous les petits écrans du monde et furent bien sûr repris par les chaînes israéliennes. Tous ceux qui étaient opposés à l'intervention y trouvèrent matière à alimenter leurs critiques tant à l'intérieur qu'à l'extérieur d'Israël. Pour tenter d'enrayer ce phénomène, le Bitachon Sadeh en fut réduit à placarder sur les murs des affiches proclamant en hébreu : « L'honneur du soldat est de savoir garder un secret ». Nombre de ces affiches furent apposées sur les murs des villes conquises déjà ornés de portraits d'Arafat.

17

Étincelle

Dans les heures qui suivirent le cessez-le-feu du 11 juin 1982, Menahem Begin créa un nouveau comité interministériel de sept membres, qu'il présida, afin « de faire des propositions pour un règlement politique au Liban ». Encore une fois, cette petite équipe, dont faisaient bien sûr partie Ariel Sharon et Yitzhak Shamir, sous couvert de la nécessité de prendre des décisions rapides, lui permit d'écarter les membres du cabinet qui n'adhéraient pas totalement à ses vues. Dès le 12 juin, le comité reçut Philip Habib pour l'informer qu'Israël ne quitterait pas le Liban avant le départ définitif des Palestiniens. Tel-Aviv « n'acceptera plus désormais de centres de terrorisme dans ce pays ainsi que la présence de forces militaires autres que l'armée libanaise [mais] pourrait accepter une force internationale pour assurer le contrôle des zones démilitarisées », tout en sachant que Tel-Aviv ne prendrait aucune initiative en la matière. L'émissaire de Ronald Reagan se rendit ensuite à Damas.

Malgré le cessez-le-feu, les unités israéliennes recevaient tous les jours l'ordre d'avancer de quelques kilomètres[1]. Le premier bond de Tsahal consista à engouffrer un premier convoi de 340 chars et véhicules militaires dans le passage ouvert par la jonction avec les FL. Ils traversèrent la région de Baabda tenue par l'armée libanaise sans qu'un coup de feu soit tiré. À l'aube du 14 juin, tournant le dos aux camps palestiniens situés dans la banlieue sud de la capitale, Tsahal pour la première fois de son histoire, traversa

1. Le colonel Élie Gueva, ex-commandant d'une brigade blindée, à Alain Ménargues, décembre 1992.

la route de Beyrouth-Damas. « Les forces palestiniennes de Beyrouth sont désormais complètement isolées », constata peu après Raphaël Eytan.

Dans le « trou à rats », comme la presse israélienne devait désigner Beyrouth Ouest par la suite, l'heure était à la mobilisation générale, militaire et politique. Les Palestiniens et les milices de la gauche libanaise prenaient position sur la ligne de démarcation. En quelques heures, les immeubles se transformèrent en véritables bunkers. Malgré les bombardements ininterrompus, les bétonneuses travaillaient 24 heures sur 24 pour doubler les murs intérieurs des appartements, consolider les abris et dresser des défenses antichars. Le comité exécutif du Mouvement national siégeait en permanence à Mousseitbeh, dans les salons de la maison jaune ocre de son président, Walid Joumblatt, mais en son absence. Celui-ci faisait d'ailleurs l'objet de critiques cinglantes, lui reprochant surtout de ne pas avoir opposé de résistance armée aux Israéliens et de leur avoir laissé le champ libre dans le Chouf. Damas était également violemment mis en cause pour avoir accepté un cessez-le-feu sans tenir compte de la situation de l'OLP dans Beyrouth, ni même avoir consulté ses dirigeants. Yasser Arafat multipliait les démarches et les contacts auprès de tous les Libanais influents ainsi qu'auprès des chancelleries étrangères.

Dans l'après-midi du 14 juin 1982, Élias Sarkis et Chafic Wazzan décidèrent, sur une suggestion du commandant des FL, de former un comité de salut public, présidé par le chef de l'État. Outre le Premier ministre et le ministre des Affaires étrangères Fouad Boutros représentant le pouvoir légal, le député Nasri Maalouf, Bachir Gémayel, Walid Joumblatt et Nabih Berri furent invités à y participer.

— Dans cette situation, nul n'a le droit de se dérober à des responsabilités nationales quels que soient les circonstances ou les prétextes invoqués, avertit Chafic Wazzan.

Cette initiative fut pratiquement ignorée par la presse internationale dont les grands titres étaient consacrés au cessez-le-feu intervenu aux Malouines. Elle fut en revanche unanimement saluée par la presse locale : « Dans la phase cruciale que traverse le pays, le chef de l'État ne pouvait pas assumer seul une telle responsabilité nationale. Par sa simple composition, le comité règle le problème ardu des contradictions politiques internes. » Pourtant, tous ne partageaient pas cette analyse, à commencer par Walid Joumblatt qui refusa d'y siéger. Menahem Navot (Mendy) se rendit à Moukhtara pour tenter de le persuader :

— Je crois que nous avons un ami commun : Johny Abdo, lui confia l'Israélien en guise d'introduction.

— Si vous le connaissez, c'est votre affaire, répondit le leader druze assez sèchement.

Mendy essaya de le convaincre de participer au Comité de salut public. Il se heurta à un mur :

— Je n'ai pas l'intention d'en faire partie lui répondit Walid Joumblatt. Je me considère comme battu. Vous êtes en train de faire le lit de l'extrémisme chrétien libanais.

Puis, montrant d'un geste de la main les photos de son père et de son grand-père qui ornaient le mur du salon, il ajouta :

— Ce n'est pas aujourd'hui que je vais changer les convictions de la famille[1].

Le même jour, vers 17 heures, Philip Habib et son adjoint Morris Draper arrivèrent à la résidence de l'ambassadeur américain à Yarzé. Venant de Damas par la route, escortés depuis le poste frontière de Masnaa par une unité de l'armée libanaise, ils avaient été obligés de traverser les lignes syro-palestiniennes en empruntant la route de la montagne passant par Zahlé, Dhour el-Choueir et Beit Mery. Habib se rendit immédiatement au palais de Baabda en compagnie de Draper et de Dillon. Élias Sarkis les retint à dîner. Contrairement à son habitude, le représentant de Ronald Reagan aborda les questions politiques durant le repas en évoquant son bref séjour à Damas.

Il estimait que la Syrie se trouvait en porte à faux vis-à-vis des Palestiniens. La presse à Damas n'évoquait que des témoignages de soldats et d'officiers syriens blessés lors des premiers jours de l'offensive israélienne. L'évocation des combats autour de Beyrouth était réduite à sa plus simple expression, donnant le sentiment qu'il ne s'y passait presque rien. Signe évident d'une certaine perplexité dans cet État hautement interventionniste. De plus, en acceptant le cessez-le-feu, Hafez el-Assad avait tacitement admis la présence de l'armée israélienne au Liban. Les dirigeants syriens avaient confié à Habib l'embarras diplomatique dans lequel les plaçait la poursuite des opérations de Tsahal, notamment par rapport au monde arabe. Ils accueillirent très mal les déclarations d'Alexander Haig qui venait d'affirmer qu'un

1. Walid Joumblatt à Alain Ménargues.

éventuel retrait israélien devait simultanément s'accompagner d'un retrait syrien et palestinien du territoire libanais. Damas avait rappelé à Habib que les 30 000 Syriens qui y étaient déployés faisaient partie de la FAD pour effectuer une mission confiée par un sommet arabe. Mission dont le terme ne pouvait être décidé que par un autre sommet. L'arrivée à Beyrouth de Philip Habib fut le prétexte invoqué par les États-Unis pour mettre leur veto à la proposition du Conseil de sécurité des Nations unies d'envoyer des observateurs de l'ONUST[1] dans la capitale libanaise.

À Jérusalem, le gouvernement Begin voyait se développer avec appréhension une contestation interne de plus en plus opiniâtre. Le consensus des premières heures de l'opération s'effritait rapidement. Cette opposition prenait parfois la forme d'une véritable campagne dont le coup d'envoi avait été donné par le travailliste Shimon Peres qui avait dénoncé « les grands desseins d'Ariel Sharon ». La presse avait pris le relais en affirmant que Tel-Aviv « ne [devrait] pas accorder son appui à un gouvernement libanais qui serait tributaire de l'armée israélienne ». *Al-Hamishmar*, le journal de la gauche travailliste, dans sa livraison du 15 juin 1982, dénonça avec véhémence le « voile de mensonge qui entoure l'opération depuis ses débuts. Maintenant que les canons se sont tus, l'objectif des forces démocratiques [israéliennes] doit être de faire tomber ce gouvernement [Begin] le plus vite possible ». Cette polémique préoccupait d'autant plus le Premier ministre qu'il se savait extrêmement vulnérable depuis qu'il était en minorité à la Knesset après les péripéties de la dernière motion de censure.

Le même soir, Walid Joumblatt apparut sur le petit écran en Israël. Une équipe de la télévision s'était rendue à Moukhtara pour y interroger « le prisonnier politique », comme il s'était lui-même défini. Il s'était retranché dans son palais, en compagnie de sa mère. Toutes les routes d'accès étaient sévèrement contrôlées par une unité de Tsahal. Joumblatt affirma au cours de l'entretien qu'« il organisait, dans ses montagnes, une sorte de résistance passive à l'occupation israélienne ». Il réitéra son refus de participer au Comité de salut public : « C'est une affaire de principe, déclara-t-il, nous ne pouvons constituer un tel comité avec des canons et des chars sur notre terre et autour du palais présidentiel

1. Observateurs des Nations unies pour la surveillance de la trêve (présents, notamment, au Sinaï et le long des lignes de cessez-le-feu autour d'Israël).

de Baabda. » Le lendemain matin, Shimon Peres se présenta devant les grilles noires du palais de Moukhtara. Il demanda à voir Walid Bey en affirmant être envoyé par Willy Brandt, le président de l'Internationale socialiste, dont le chef druze était l'un des vice-présidents. Le travailliste israélien, fort de leur appartenance commune à ce mouvement, était venu lui proposer de participer à une surenchère politique interne à Israël pour contrer Begin. Joumblatt le rabroua et lui reprocha les violents combats qui se déroulaient autour du camp palestinien d'Aïn el-Héloué, à l'est de Saïda. La veille, un abri touché par une bombe larguée d'avion s'était écroulé, ensevelissant les civils qui s'y étaient réfugiés. La Croix-Rouge avait dénombré plus de 10 000 sans-abri dans la ville qui manquait d'eau, de nourriture et de médicaments. Le député-maire, Nazih Bizri, avait lancé un appel pathétique à la télévision pour que les cadavres qui gisaient encore dans les rues soient ramassés.

— Votre armée a exécuté là un acte de bravoure, monsieur Peres, ironisa cyniquement le leader druze.

— Notre armée n'organise jamais des massacres, répondit, vexé, le chef de l'opposition israélienne.

— Envoyez donc la Croix-Rouge porter secours à ces malheureux, suggéra le « seigneur » druze en se levant pour mettre fin à l'entretien.

Moins d'une demi-heure s'était écoulée depuis l'arrivée de son visiteur. Sur le pas de la porte, Shimon Peres se retourna et lui assura que jamais Tsahal ne pénétrerait dans Beyrouth. Dès qu'il fut parti, Walid Joumblatt téléphona en Allemagne à Willy Brandt pour s'entendre dire qu'aucun mandat n'avait été confié au député israélien[1].

Menahem Begin se rendit aux États-Unis le 15 juin 1982. Alexander Haig lui avait fait savoir qu'il souhaitait le rencontrer avant son arrivée à Washington pour lui présenter une requête sans l'acceptation de laquelle sa position au gouvernement risquait de devenir difficile. L'entrevue discrète entre les deux hommes eut lieu durant le petit déjeuner, le lendemain au Waldorf Astoria où était descendu le Premier ministre israélien. Le Secrétaire d'État demanda expressément à Begin de permettre à Philip Habib d'obtenir un accord garantissant l'évacuation des Palestiniens sains et saufs de Beyrouth et d'accepter le cessez-le-feu total que les États-

1. Entretien avec Alain Ménargues.

Unis allaient demander dans les 48 heures. Begin promit que les combats cesseraient mais exprima des réserves sur l'accord recherché par Habib. Haig reconnaissait qu'Israël « devait finir son travail en éradiquant l'OLP de Beyrouth, mais, suggéra-t-il, il serait plus adroit que les Forces libanaises se chargent elles-mêmes de cette besogne ». Begin lui fit remarquer que les FL pourraient avoir besoin de l'aide israélienne.

— J'en suis conscient. Il faudrait agir le plus rapidement possible. Il ne faut pas que vous en fassiez état. Reagan a décidé de ne pas vous recevoir durant votre visite, avertit le secrétaire d'État.

Begin, avant même de quitter Tel-Aviv, avait eu connaissance de rapports soulignant le courroux de l'administration américaine. Le Département d'État avait laissé entendre que le président pourrait ne pas le recevoir si l'armée israélienne investissait Beyrouth. Des indiscrétions « de hauts fonctionnaires désirant garder l'anonymat » affirmaient que les États-Unis avaient pris la décision de retarder une livraison de 75 avions de chasse F 16 à l'État hébreu.

Dès qu'Alexander Haig eut quitté la pièce, Begin ordonna d'« engager dans les plus brefs délais le processus de liquidation de l'OLP à Beyrouth par les Forces libanaises avec le soutien d'Israël ».

L'entrevue entre le Premier ministre israélien et le président américain eut cependant lieu. Ronald Reagan le reçut très fraîchement, figé, les lèvres pincées. Menahem Begin tenta une plaisanterie qui tomba à plat. Il essaya de convaincre son interlocuteur qu'Israël était en état de légitime défense et que son seul but était d'éliminer du Liban le terrorisme arabe financé par Moscou.

Le président resta de marbre et balaya l'argument d'un geste de la main. Tel-Aviv avait compromis la position de Washington dans le monde arabe et presque provoqué une crise ouverte dans les relations américano-soviétiques. Il fallait que les forces israéliennes se retirent le plus vite possible de la banlieue de Beyrouth. Begin lui répondit directement en promettant que Tsahal n'entrerait pas dans la capitale libanaise. En sortant de la Maison-Blanche, le Premier ministre eut conscience du total isolement de Haig et de son impuissance à continuer à soutenir l'État hébreu.

Le 17 juin, Marwan Hamadé, le ministre libanais du Tourisme et de l'Information, fut reçu par Philip Habib à la résidence de l'ambassadeur américain à Beyrouth. De mère française et de père druze, journaliste de profession, Hamadé avait été correspondant du quotidien beyroutin en langue française *L'Orient-Le Jour* à

Paris. Sa sœur, Nadia, écrivain et poétesse célèbre, était l'épouse de l'ambassadeur du Liban aux Nations unies Ghassan Thuéni, propriétaire, lui, du journal indépendant *Al-Nahar*. Homme de dialogue, cultivé, modéré, Hamadé s'était lié d'amitié avec Walid Joumblatt au point de devenir son conseiller politique. Nommé ministre à l'automne 1981, il assurait les contacts discrets du leader druze avec toute la classe politique libanaise.

Philip Habib lui demanda de mettre tout en œuvre pour convaincre Walid Bey de participer au Comité de salut public. Porteur de lettres de l'émissaire de Ronald Reagan, de Chafic Wazzan, de Yasser Arafat et d'un message verbal d'Élias Sarkis, Marwan Hamadé se rendit le même jour à Moukhtara dans la voiture blindée de l'ambassade américaine en compagnie du premier secrétaire au visage d'adolescent Ryan C. Croker. Au bout d'une heure de discussions acharnées, le « prisonnier politique » enfila son blouson de cuir noir et s'engouffra dans le véhicule diplomatique. Les trois hommes se rendirent tout d'abord à la résidence de Robert Dillon. Joumblatt justifia son refus de participer au Comité en expliquant la nécessité, à ses yeux, d'élargir sa composition à d'autres composantes chrétiennes et musulmanes. Il fit ensuite les mêmes remarques à Élias Sarkis qui rejeta catégoriquement la proposition. Walid Bey traversa alors la ligne de front pour rejoindre son domicile à Mousseitbeh, dans le secteur ouest de la capitale. Tous les leaders des partis libanais de gauche et de l'OLP qui l'avaient accusé « de ne pas avoir combattu malgré toutes ses armes et tous ses canons » l'attendaient. D'entrée, Joumblatt fit une mise au point assez sèche :

— Je n'étais pas en mesure de combattre seul l'appareil militaire israélien. Mon rôle est de défendre ma communauté et non de collectionner des martyrs.

Les reproches furent aussitôt ravalés et tous l'assurèrent de leur soutien total. Yasser Arafat, qui n'était pas intervenu jusque-là, évoqua favorablement l'opportunité que représentait la création du Comité. Il permettrait à l'OLP d'entamer des négociations officielles avec les Libanais sans pour autant s'adresser aux Israéliens et aux Américains. La cause palestinienne pouvait donc ainsi continuer de se prévaloir du principe selon lequel « on ne discute pas avec l'ennemi sioniste, on le combat ». Nul n'était dupe, mais l'honneur était sauf, surtout après le cessez-le-feu accepté par les Syriens. Tous approuvèrent. Walid Joumblatt fut chargé de présenter au Comité les conditions mises par le Mouvement national, c'est-à-dire en fait les Palestiniens, dès la première séance : « Retrait israélien de 5 km et délai d'un mois avant tout dialogue. » Ils cherchaient à « jouer la montre » pour soulager la pression militaire sur l'enclave en tentant d'obtenir, par la même occasion, une « victoire » psychologique vis-à-vis de Damas. Yasser Arafat, en vieux routier de la politique moyen-orientale, était également persuadé que le temps allait jouer en sa faveur. Outre les risques inévitables de pourrissement de la situation politique, il voulait pouvoir peser sur les élections présidentielles libanaises.

— Pourquoi Walid ne veut-il pas faire partie du Comité de salut public ? La voix d'Abdel Halim Khaddam était ironique. Elle devint cinglante lorsqu'il poursuivit : Il ne veut pas rencontrer Bachir Gémayel ? Mais celui qui se réunit avec Shimon Peres peut bien rencontrer Bachir Gémayel.

Pendant ce temps, le ministre des Affaires étrangères syrien recevait une délégation des Forces libanaises conduite par Karim Pakradouni. L'avocat arménien, accompagné de Georges Saadé et de Joseph Aboukhalil, était allé à Damas à la demande de Bachir pour sonder les Syriens sur la présence de l'OLP au Liban.

— Nous sommes opposés à la présence des Israéliens, expliqua Pakradouni. Mais nous lions leur retrait à celui des Palestiniens. Il ne faut plus que le Liban continue à supporter le fardeau de la cause palestinienne. Nous voudrions, avec vous, mettre au point le schéma mettant fin à leur présence militaire.

— Vous pouvez le demander mais nous ne nous prononcerons pas là-dessus, rétorqua le chef de la diplomatie syrienne. J'ai dit il y a plusieurs mois à Abou Amar qu'il était indispensable de changer son implantation géographique. Je lui avais fait remarquer qu'il avait rassemblé tous ses poissons dans une même mare et qu'un seul bâton de dynamite pouvait tout faire sauter.

— Si Abou Amar sort vivant de Sabra, vous serez le premier perdant et moi je serai le second, fit observer Pakradouni.

— Je suis d'accord avec vous. Mais il est impossible de le faire sortir à l'ombre du drapeau israélien. Avez-vous une autre solution ?

— Un gouvernement de salut national organisant des élections présidentielles débouchant sur un pouvoir fort.

— Nous sommes d'accord sur les deux points, affirma Khaddam. Savez-vous ce que veut exactement Israël et ce qu'il demande en contrepartie ?

— Assurer sa sécurité et anéantir le terrorisme. Tel-Aviv bénéficierait alors de la reconnaissance du monde.

— Israël veut également signer un traité de paix avec le Liban, rappela Khaddam d'une voix douce. Iriez-vous tout seul dans une paix séparée avec Israël ?

— Si le Liban est réunifié, nous reviendrons à la situation d'avant 1949, c'est-à-dire avant l'arrivée des Palestiniens, développa Pakradouni. Mais cela reste conditionné à un accord musulman. Et les musulmans ne peuvent adhérer à ce schéma tant que vous laisserez subsister une menace palestinienne.

Abdel Halim Khaddam, après avoir fait patienter les trois Libanais pour consulter Hafez el-Assad, leur affirma que Damas était tout à fait favorable à la formation d'un gouvernement de salut national qui pourrait demander le retrait des troupes syriennes. Mais il ne souhaitait pas que ces discussions aient lieu sous la pression israélienne.

N'étant pas en position de force, les Syriens lâchaient du lest pour mieux jouer la montre, eux aussi.

Les bombardements intensifs sur Beyrouth Ouest s'arrêtèrent brusquement à l'aube du 19 juin conformément aux engagements de Begin à Washington. Cet arrêt des tirs provoqua un double exode sur quelques kilomètres carrés. D'ouest en est, la population se précipita vers la zone chrétienne pour se mettre à l'abri. Le passage du musée, le seul ouvert, fut, en quelques minutes, envahi par une mer humaine tassée entre des véhicules en tout genre surchargés de matelas, valises, cages d'oiseaux et autres caisses en carton. Ce flot avançait très lentement. Il était d'abord filtré par un barrage de soldats israéliens et, quelques dizaines de mètres plus loin, par un contrôle de miliciens des Forces libanaises. Le second mouvement de population fut celui de milliers de réfugiés palestiniens et chiites venus de la banlieue sud se précipitant vers le nord pour fuir les combats et les bombardements. Ils s'installèrent, souvent avec l'aide de combattants en armes membres de leur famille, dans les bâtiments laissés vides. Dans la rue Hamra, le faubourg Saint-Honoré libanais, banques, administrations et écoles furent prises d'assaut. Des familles entières s'entassèrent sur quelques mètres carrés.

En milieu d'après-midi, escortés par des FSI et par leurs gardes du corps, Chafic Wazzan, Nabih Berri et Walid Joumblatt empruntèrent, eux, le passage de la galerie Semaan pour traverser la ligne de front et se rendre au palais présidentiel de Baabda où devait se tenir la première réunion du Comité de salut public.

De part et d'autre d'Élias Sarkis, assis en bout de table, avaient pris place Chafic Wazzan et Fouad Boutros, tous deux en costume sombre. Venaient ensuite face à face Nasri Maalouf et Nabih Berri puis Bachir Gémayel et Walid Joumblatt. Ces derniers ne s'étaient croisés qu'un an plus tôt, lors d'un dîner chez un ami commun, Maroun Abou Charaf. Ils s'étaient à l'époque mutuellement et superbement ignorés. Tous deux étaient en bras de chemise, le druze avait accroché sa veste sur le dossier de la chaise.

— Cette réunion est la plus importante que j'aie eu à présider durant mes six années de mandat, commença Élias Sarkis. C'est la première fois depuis bien longtemps, au travers de vos personnes, que le Liban tout entier est réuni dans cette enceinte. Nous sommes, vous et l'État, sur une même longueur d'onde et nous devons travailler dans la même direction.

— La situation nécessite une action commune, appuya le Premier ministre.

Le député grec catholique Nasri Maalouf, dans ce qui devenait un tour de table d'intentions, fut plus direct :

— Nous devons déterminer ensemble l'avenir du pays et notre appui à la cause palestinienne...

— Il me semble que vous discutez de la situation aux Malouines, coupa sèchement Bachir. Beyrouth brûle ! 60 000 soldats israéliens sont sur notre sol. Les Palestiniens n'ont cessé de jouer à la guerre avec eux. Résultat, ils sont ici ! Je souhaiterais que nous discutions du pétrin dans lequel nous nous trouvons. Les Israéliens veulent faire sortir les Palestiniens. Est-ce que ces derniers sont disposés à partir ? Si la réponse est oui, il faut en étudier les modalités. Si la réponse est non, est-ce que les sunnites de Beyrouth réalisent ce qui va leur arriver ?

Wazzan avait opiné de la tête durant l'intervention du chef des Forces libanaises. Il approuvait. Il se tourna vers Joumblatt et l'invita indirectement à prendre la parole :

— Cher frère Walid, j'ai contacté Abou Amar, il m'a dit de demander un délai, amorça-t-il.

— Les Palestiniens n'ont pas l'intention de se rendre, transmit le leader druze. Ils demandent que l'armée israélienne se retire de 5 km et qu'un délai d'un mois leur soit donné avant de faire quoi que ce soit.

— Est-ce que les sunnites de Beyrouth prennent encore en

compte les mensonges et manœuvres d'Abou Amar ? s'exclama Gémayel. Est-ce que ces sunnites acceptent la proposition d'Arafat ? Je veux une réponse à ces deux questions. Il fixait Wazzan qui ne répondit pas.

Élias Sarkis le fit à leur place :

— J'approuve ce que vient de dire Cheikh Bachir.

Walid Joumblatt se redressa sur sa chaise et lança, ironique, au chef de l'État :

— Est-ce que cela veut dire que vous allez nous transmettre les ordres de Menahem Begin ?

— Si moi, je m'étais réuni avec Shimon Peres ou si j'avais utilisé la télévision israélienne pour faire une déclaration, cela aurait provoqué une levée de boucliers, rétorqua Bachir en regardant le chef druze avec un sourire provocateur.

— Je ne suis pas un agent israélien !

— Calmez-vous, il est inutile de s'énerver, conseilla Bachir avec le même sourire.

— Pourquoi êtes-vous aussi pressé qu'Abou Amar se rende ? reprit, agressif, Walid Joumblatt en s'adressant au commandant des FL.

— Je suis pressé car vous n'êtes pas conscient du jeu que vous êtes en train de jouer. Si Beyrouth est détruite, il n'y aura pas d'élections présidentielles. Les sunnites ne pourront plus participer au pouvoir [1]. Il est fort possible qu'alors tous les membres du futur gouvernement soient chrétiens. Je veux vous sauver ! Profitons ensemble de la situation pour changer les bases de nos relations.

— Je suis opposé à l'occupation israélienne, lança Wazzan.

— Je veux également que les Syriens se retirent du Liban, contra Bachir.

La discussion se poursuivit un long moment sur les exigences palestiniennes sans parvenir à évoluer. Le ramassage des armes palestiniennes par l'armée libanaise fut envisagé. Le seigneur druze demanda à consulter Arafat.

— S'il faut le consulter avant de prendre une décision, il faut l'amener ici, à cette table, cela sera plus simple, lança, ironique, Gémayel.

Wazzan, Berri et Joumblatt furent chargés de sonder Arafat sur

1. En cas de vacance de la présidence de la République, le Premier ministre en assume la charge par intérim, stipule la Constitution. L'usage fait que le chef du gouvernement alors désigné soit un chrétien maronite.

la réalité de ses intentions. Bachir Gémayel ne fut pas mécontent de la manière dont s'était déroulée cette première réunion. Il confia quelques heures plus tard à Jean Nader :

— Nous avons mis un pied dans la légalité et heureusement que nous ne sommes pas parvenus à un accord. Cela n'aurait été qu'un compromis de plus. Maintenant, Beyrouth va être détruite et ils reviendront tous en courant vers les solutions que je proposerai.

En arrivant au collège du mont La Salle, dans la soirée du 19 juin, Zahi Boustani fut stupéfait de la débauche de matériel et du nombre d'hommes qui se trouvaient dans le QG israélien. Il y en avait partout. Il se fraya un passage jusqu'au bureau du général Drori dans lequel s'était installé Ariel Sharon. Boustani expliqua au ministre de la Défense l'urgence qu'il y avait à définir des objectifs très précis à court terme pour empêcher les musulmans de revenir sur le devant de la scène politique. Sharon répondit que le seul objectif possible était une offensive sur Beyrouth Ouest. Il avait déjà demandé aux Forces libanaises d'allumer l'« étincelle » d'une opération sur l'enclave en prenant une initiative militaire qui devait être couverte par les médias israéliens. Les FL avaient ignoré. Cette « étincelle », avait alors expliqué Sharon, permettrait de justifier une offensive généralisée de Tsahal sur la ville auprès de l'opinion en Israël et de la communauté internationale. Une fois la manœuvre faite, Bachir pourrait prendre le pouvoir en instaurant un gouvernement chrétien.

— Le début de l'opération pourrait avoir lieu dans 24 ou 48 heures, précisa Sharon. Ne vous en faites pas, nous défendrons Zahlé et tous les villages menacés par les Syriens. Ensuite, vous vous chargerez du Nord.

Zahi Boustani s'abstint de répondre. Il savait que Bachir était très réticent devant une telle mise en scène. Le patron des Forces était conscient que la moindre action militaire de sa part contre l'Ouest ruinerait définitivement ses chances d'obtenir les voix des musulmans pour être élu constitutionnellement. Il avait demandé à Zahi Boustani d'assurer les contacts avec les Israéliens pour temporiser et ne pas avoir, lui même, à refuser de « jouer à l'étincelle. Pourquoi ne veulent-ils pas me comprendre, avait-il dit à Zahi. S'ils veulent que je sois élu, pourquoi me poussent-ils à brûler la carte musulmane. Nous en avons pourtant discuté plusieurs fois Begin, Sharon et moi ».

Boustani et Sharon se retrouvèrent le lendemain soir au même endroit en compagnie de Fady Frem et d'Avner Azoulay (Philippe). Ils évoquèrent d'abord les tentatives des Forces libanaises de transformer le Comité de salut public en gouvernement. Bachir Gémayel y détiendrait le portefeuille de l'Intérieur, véritable poste de pilotage pour les élections. Cette fonction devait également permettre au chef des FL d'agir dans les territoires « libérés ». Un temps, ils avaient envisagé le ministère de la Défense, mais ils s'étaient rendu compte qu'ils avaient assez de sympathisants dans les rangs de l'armée pour que ce ne soit pas nécessaire.

Sharon était beaucoup plus intéressé par le rôle que pouvait jouer le nouveau gouvernement auprès de la communauté internationale. Il demanda de manière assez ferme aux deux Libanais que Beyrouth n'intervienne pas contre Israël au Conseil de sécurité. « Si une demande de retrait doit être formulée, il faut qu'elle concerne également les Syriens et les Palestiniens », précisa-t-il. Il questionna Fady Frem sur ce qui se passait dans l'enclave assiégée. Le chef d'état-major des FL avait quotidiennement sur son bureau les rapports des services des écoutes téléphoniques et du réseau d'informateurs qu'Élie Hobeïka avait mis en place.

— Ils renforcent leurs positions avec ce qu'ils ont.

— Quel est leur moral ?

— Bas.

— Bon. Concernant Beyrouth, l'opération pourrait commencer la nuit du 22 au 23 juin, proposa le ministre israélien. C'est vous qui devrez faire les premiers pas. Nous connaissons vos capacités, nous ne vous laisserons pas supporter plus d'efforts que vous ne le pouvez. Cela ne peut absolument pas être une opération purement israélienne. La presse doit couvrir l'événement. Vous pouvez commencer par le plus facile... Vous aurez des morts. Nous, nous en avons déjà 250. Nous ne pouvons intervenir officiellement que pour vous aider ou vous sauver. Chiyah pourrait être l'objectif. Vous pouvez en discuter avec Amir Drori, Amos Yaron ou Raffoul. Nous ne ferons rien sans vous. Si vous commencez, nous terminerons. Nous comprenons que vous ayez des contraintes politiques. Nous voulons vous aider à réunifier le pays et nous croyons que le Comité de salut public n'est pas encore assez solide pour le faire. Il faut donc envisager autre chose. Nous sommes prêts, ensuite, à discuter et signer des accords avec vous.

Les deux Libanais prirent des notes mais ne s'engagèrent pas. À l'issue de la réunion, Fady Frem rencontra dans les couloirs du collège un officier du service de renseignement militaire qu'il connaissait :

— Viens ! Viens voir quelque chose, lui proposa l'Israélien en le conduisant dans une salle de classe dont les vitres avaient été obstruées par des couvertures. La pièce était le cœur du dispositif de recherches électroniques du A'man. Sur une table trônaient plusieurs écrans de télévision montrant des vues d'avion en noir et blanc, presque fixes, de bâtiments, et de rues. L'officier l'entraîna vers l'un d'eux et lui expliqua que des Drone sans pilote survolaient en permanence Beyrouth Ouest, ce qui leur permettait d'avoir des renseignements Photin en temps réel. Il désigna un immeuble sur l'écran : — Il y a là-dedans un poste palestinien. Regarde bien ce qui va se passer.

Brusquement dans un coin de l'écran, apparut un petit trait blanc. Un missile. Il se dirigea droit sur l'immeuble. Frem vit, au ralenti, l'engin pénétrer aisément dans la construction. Les étages se déformèrent en gonflant. L'édifice explosa soudainement et se transforma en un nuage de fumée et de poussière. La destruction des postes de commandement que les Palestiniens avaient disséminés dans la ville battait son plein.

Dans les minutes qui avaient suivi l'encerclement de Beyrouth Ouest, le service de renseignement militaire israélien avait fourni au service de sécurité d'Élie Hobeïka un assemblage mural de photographies aériennes de 10 m sur 6, couvrant la totalité de l'enclave. Cet assemblage avait été découpé en carrés de 1 km de côté, numérotés en abscisse et en ordonnée par des lettres et des chiffres comme pour une bataille navale. Tous les immeubles qui se trouvaient dans un carreau étaient marqués d'un nombre. Pour bien « visualiser » les bâtiments et certifier leur identification, le A'man avait installé dans les mêmes bureaux des armoires métalliques contenant plus de 10 000 clichés pris du sol. Bien avant l'invasion, des agents israéliens avaient parcouru en voiture, systématiquement, chaque rue de Beyrouth Ouest. Dans la calandre de leur véhicule avait été placé un appareil photo équipé d'un grand angle qui avait pris un cliché tous les 15 ou 20 m. Ils servaient à authentifier les observations faites par les agents qui se trouvaient dans l'enclave. Un système de référence permettait de retrouver ensuite le bâtiment sur la photo aérienne murale. Tous les soirs, une liste d'objectifs était dressée et transmise dans la salle d'opérations d'une base aérienne en Israël qui possédait un document en tout point identique. Le lendemain à l'aube intervenaient les chasseurs-bombardiers ou les missiles.

Mais l'objectif prioritaire du A'man était la liquidation physique de Yasser Arafat. Un spécialiste en photographie aérienne, petit, la soixantaine, s'était installé dans les locaux du service de sécurité des FL pour coordonner cette chasse. La quasi-totalité des agents d'Élie Hobeïka à l'Ouest et les Israéliens infiltrés dans « le réduit à rats » n'avaient qu'une mission : repérer *el-Khitiar*. L'un des Israéliens, sous le nom de Célestin, jouant parfaitement le clochard cultivé que la vie avait ruiné, hantait assidûment les hôtels et les bars fréquentés par les journalistes étrangers à Beyrouth Ouest. Coiffé à l'afro, très grand, mince, vêtu d'un tee shirt trop court et d'un jeans délavé, parlant couramment plusieurs langues, il expliquait à qui voulait l'entendre que la guerre était due à l'influence des étoiles sur les hommes. Mais il écoutait surtout les gens de presse évoquer leurs entretiens ou leurs rendez-vous avec les responsables palestiniens. Tous les renseignements concernant Arafat étaient immédiatement directement transmis par l'expert du A'man à la salle OPS de la base aérienne où un bombardier attendait en alerte immédiate.

Mais Arafat ne restait jamais plus de soixante minutes au même endroit. Il mangeait, recevait et même dormait dans une de ses Range Rover verte[1] qui roulait lentement dans les rues désertes de la ville.

Dans la nuit du 21 au 22 juin, Menahem Navot (Mendy) et Avner Azoulay (Philippe) rencontrèrent Bachir Gémayel, Zahi Boustani, Jean Nader, Sélim Jahel, Fady Frem et Antoine Bridi au quartier général des Forces à la Quarantaine. Les deux responsables du Mossad étaient venus leur dire l'impatience israélienne de voir se produire l'« étincelle ».

Johny Abdo leur avait déjà expliqué que les FL souhaitaient tout d'abord le désarmement des Palestiniens et ensuite la formation d'un nouveau gouvernement. Les deux Israéliens rappelèrent que leur objectif commun était le départ des terroristes, « sinon nous ne serions pas venus ! » lâcha Navot qui proposa que l'armée libanaise intervienne en lieu et place des FL. Bachir secoua négativement la tête.

— Vous n'avez pas confiance dans l'armée ? s'inquiéta Mendy.

— Si parfois nous vous donnons l'impression de manœuvrer, c'est pour arriver aux objectifs que nous nous sommes fixés, vous et nous, expliqua le commandant des Forces libanaises. C'est en

1. Qui fut récupérée plus tard par Élie Hobeïka pour son usage personnel.

tant que représentant d'un pays arabe que nous voulons signer un traité avec vous et non en tant que groupe ou pays chrétien. Nous agissons actuellement pour demeurer arabe. Vous savez qu'un nouveau régime va naître dans ce pays. Nous pensons que nous avons de grandes chances d'obtenir la collaboration des musulmans. Je veux que vous soyez sûrs d'une chose me concernant : je sais que le moment des échéances est arrivé. Je prendrai toutes mes responsabilités en tenant compte des intérêts des deux parties. Mais pour l'instant, tentons l'option que je préconise. Si elle ne marche pas, nous suivrons immédiatement la vôtre.

— Mais pourquoi ajourner l'opération militaire ? demanda Mendy.

Les plans de l'opération « Spark » (étincelle) étaient prêts. Fady Frem avait eu plusieurs réunions à ce sujet avec les généraux Amir Drori et Amos Yaron. L'offensive devait débuter à la faculté des sciences, prise une semaine plus tôt, et se développer vers le quartier de Bourg el-Brajneh où se trouvait l'un des camps palestiniens les plus importants de la banlieue sud.

— Militairement, elle ne correspond à rien répondit Bachir agacé. Politiquement, je n'en vois pas l'intérêt. Mais nous allons la faire puisque vous le demandez. Je ne comprends pas ce que vous avez à y gagner.

— Vous n'êtes pas conscients de la pression internationale que nous subissons, reprit Mendy. Cette opération nous soulagera politiquement sur les plans intérieur et extérieur. Notre opinion publique conteste notre action et nous demande « Pourquoi êtes-vous allés si loin ? », « Où sont vos amis ? »...

Bachir fit un geste fataliste de la main :

— Mais si demain nous apparaissons brusquement comme des alliés militaires d'Israël, que se passera-t-il à Zahlé ? Dans le Nord ? Il y aura immanquablement une rupture avec les musulmans. Nous avons 300 000 chrétiens travaillant dans les pays arabes. Notre économie en grande partie dépend du monde arabe.

— Vous devez prendre le risque maintenant. Si nous sommes forcés de nous retirer, ce sera une catastrophe pour vous.

L'avertissement de l'Israélien était à peine voilé. Bachir Gémayel le fixa et son ton se durcit :

— Et pour vous aussi.

Le chef du « Desk Liban » du Mossad eut un sourire entendu pour détendre l'atmosphère avant de reconnaître :

— Effectivement, vous avez raison. Mais nous avons besoin de votre bannière. Officiellement, nous venons vous défendre, vous aider.

— Très bien, nous allons la faire cette opération. La décision est prise lança le leader libanais. Elle va nous nuire mais tant pis. Vous avez commencé avec un objectif sur lequel tout le monde était d'accord. Les avis commencent à diverger...

— Non ! Non ! coupa Menahem Navot. Nous n'avons pas encore atteint l'objectif que nous nous étions fixé. C'est pour cette raison que je veux parler avec Johny Abdo.

Les yeux sombres de Bachir se plissèrent. L'Israélien plantait une seconde banderille « avertissement » en quelques secondes.

— Vous ne pouvez pas discuter avec Abdo comme vous l'entendez. Il n'a aucun contact officiel avec vous et vous ne pouvez rien lui demander.

— Mais vous nous aviez dit qu'il était chargé d'être l'intermédiaire entre Sarkis et nous.

— Il s'agissait de relations personnelles. Si vous voulez discuter officiellement en tant que représentant israélien et faire de lui un représentant libanais, Abdo vous répondra qu'il n'a rien à vous dire.

— Johny a commencé des négociations avec nous et nous voulons les continuer, insista Mendy.

— Il vous parlait en tant que chrétien proche de nous et non en tant que représentant officiel. Si vous voulez engager une relation de gouvernement à gouvernement, vous faites une grossière erreur. Il ne vous répondra plus du tout.

Les hommes du Mossad n'avaient soufflé mot de la grogne qui était apparue dans l'armée israélienne. Une poignée d'officiers supérieurs manifestaient leur réprobation en posant question sur question lors des réunions d'état-major. Leur thème était toujours le même : l'opportunité d'une opération sur l'ouest de la capitale libanaise. Certains d'entre eux n'hésitèrent pas à affirmer que cette offensive « n'était pas bonne politiquement et qu'Israël n'avait rien à y gagner ». Élie Gueva, le plus jeune colonel de Tsahal, qui commandait une division blindée d'élite, prit la tête de la contestation : « Ceux qui pensaient qu'il suffisait de prendre d'assaut un camp palestinien ou capturer quelques milliers de terroristes n'avaient pas compris comment l'OLP était bâtie[1] », devait-il déclarer plus tard. Pour lui, comme pour plusieurs de ses collè-

1. Élie Gueva à Alain Ménargues, décembre 1992.

gues, la centrale palestinienne pouvait très bien se réinstaller à Tripoli, au Nord Liban, et recommencer à agir. Il estimait que pour la chasser définitivement du Liban, il fallait soit l'accord et la collaboration de Damas, soit employer la force contre les Palestiniens, mais également contre les Syriens. Comme la première solution était irréalisable, restait la seconde, mais encore fallait-il l'appliquer complètement. Le colonel Gueva avait même déclaré à Raffoul et à Sharon que dans ce contexte « l'opération "Paix en Galilée" avait été très mal conçue et qu'elle coûterait très cher ».

Élie Gueva et quelques officiers avaient repris les cartes. À partir des objectifs qui étaient à présent les leurs, ils avaient repensé toute la stratégie de l'opération. Ils constatèrent que toute la puissance de l'armée israélienne avait été dirigée sur Beyrouth, « une erreur flagrante », estimaient-ils. Pour investir la capitale libanaise avec l'intention d'en éradiquer l'OLP, « il aurait fallu monter l'offensive de manière à arriver très vite à la frontière libano-syrienne. Trois divisions auraient dû remonter la vallée de la Békaa pour fermer la passe de Masnaa qui sépare les montagnes de l'Anti-Liban de la chaîne du mont Hermon à la hauteur de la route Beyrouth-Damas. Les Syriens n'auraient pas pu faire entrer de renforts. Privé de la réserve syrienne, le Liban serait tombé ensuite comme un fruit mûr dans les mains israéliennes, sans combat[1] ». Élie Gueva pensait qu'en évoquant ces questions, « le haut commandement allait réfléchir et surtout craindre que d'autres officiers ne lui emboîtent le pas ». Cela n'eut aucun effet. Les généraux l'écoutèrent poliment et, lorsqu'il eut fini, passèrent à autre chose. Il demanda à être relevé de ses fonctions de commandant de brigade blindée.

— Je ne suis pas prêt à être moralement responsable et susceptible d'être condamné pour avoir fait une action que je considère comme une erreur. Nous allons avoir beaucoup de pertes en entrant dans la ville, avait-il dit à Ariel Sharon.

Le jeune colonel, en mettant ainsi en jeu une carrière qui s'annonçait extrêmement prometteuse, était persuadé que les médias allaient le soutenir et qu'ensuite « il serait difficile de donner l'ordre d'entrer dans Beyrouth Ouest[2] ».

1. *Id.*
2. Il fut démis de ses fonctions le 1er août 1982 et la censure militaire israélienne n'autorisa la presse à ne parler que d'un « incident ».

Il se trompait. Ariel Sharon et l'état-major israélien furent au contraire poussés à agir plus rapidement. Ariel Sharon donna l'ordre d'augmenter la pression militaire sur Beyrouth. L'intensité des bombardements redoubla. Les unités de Tsahal, qui, chaque jour, avaient grignoté quelques centaines de mètres depuis leur arrivée, se trouvaient à la lisère des premières maisons de la banlieue sud, prêtes à bondir. Washington brusquement durcit le ton. Le secrétaire d'État à la Défense, Caspar Weinberger, utilisa des termes sévères, jamais formulés par un membre du gouvernement américain depuis l'invasion du Liban : « On ne peut pas changer le cours d'une situation en utilisant la violence. » Il fit même un parallèle entre la situation autour de Beyrouth et le conflit des Malouines : « C'est parce que les États-Unis condamnaient le recours à la violence qu'ils ont soutenu la Grande-Bretagne », lançait-il en avertissement, révélant également que l'administration américaine cherchait à savoir si Israël avait violé la loi sur l'utilisation des armes américaines dans son opération militaire.

Le roulement continu des bombardements recouvrait toujours la ville lorsque les convois des voitures de Nabih Berri et de Walid Joumblatt parvinrent au palais de Baabda le 22 juin vers 11 heures du matin pour participer à la troisième séance du Comité de salut public. Les deux hommes entrèrent précipitamment dans la palais pendant que leurs gardes de corps se mettaient à l'abri dans le garage du sous-sol. Berri et Joumblatt avaient les traits tirés de ceux qui n'ont pas dormi. Les canons avaient tonné sans interruption toute la nuit. Même les navires israéliens avaient pris l'ouest de la ville pour cible. Chafic Wazzan, arrivé peu avant eux, avait le même visage. Seul Bachir Gémayel semblait avoir bien dormi.

Les bombardements s'intensifièrent au moment où ils pénétrèrent dans la salle de réunion. Berri et Joumblatt exigèrent du chef de l'État une énergique intervention pour faire cesser les tirs ainsi que la présence de Philip Habib à leur réunion. Bachir ne s'y opposa pas. La veille, il avait eu des discussions avec l'Américain et le président libanais. Tous trois étaient tombés d'accord sur l'absolue nécessité d'un retrait total des organisations palestiniennes de Beyrouth avant celui des Israéliens. La séance fut levée en attendant l'envoyé spécial de Ronald Reagan. À son arrivée, Habib rencontra Bachir qui déambulait dans le couloir. L'Américain s'approcha de lui, lui serra la main et lui glissa à mi-voix :

— Ce que tu fais et ce que tu dis est excellent. Tu vas être le prochain président de la République libanaise.

Le début de la discussion fut marqué par de véhémentes protestations de tous ceux qui venaient de l'Ouest. Ils firent une description dramatique des conditions de vie de la population et de l'état de la ville.

— Les Palestiniens n'accepteront pas de discuter tant qu'il y aura des bombardements, ajouta Nabih Berri.

— Si c'est un cessez-le-feu que vous voulez, je vais essayer de l'obtenir. Mais dites-moi ce qui se passera après afin que je puisse convaincre les Israéliens.

Élias Sarkis prit une feuille de papier dans un dossier posé devant lui et la lut ostensiblement, comme pour bien montrer qu'il se démarquait de la teneur du message :

— Il y a une proposition demandant un retrait de 5 km de l'armée israélienne à partir des positions qu'elle occupe actuellement, l'instauration d'une zone tampon entre ses lignes et celles des Palestiniens et un cessez-le-feu d'un mois.

— Si ces points sont appliqués, la résistance (OLP) exécutera rapidement toutes les requêtes que pourrait demander le gouvernement libanais dans le cadre de sa souveraineté, ajouta Chafic Wazzan.

— Ce n'est pas clair, affirma l'Américain.

Berri et Joumblatt expliquèrent que les Palestiniens avaient l'intention de respecter la souveraineté libanaise et l'autorité de l'État.

— C'est la même chanson que nous entendons chaque fois que Yasser Arafat se sent coincé. Cela ne veut rien dire ! coupa Bachir. Philip Habib se tourna vers lui et répliqua d'un ton sec :

— Je peux vous demander de vous taire afin que je puisse travailler.

La remarque, le ton de l'envoyé spécial américain et surtout le silence qu'observa ensuite le commandant des Forces impressionnèrent les leaders venus de l'Ouest. Visiblement satisfait de l'autorité de Philip Habib, Joumblatt réitéra les exigences palestiniennes et y ajouta la présence d'une force d'interposition internationale.

— Je vais essayer de convaincre les Israéliens, mais je ne suis pas sûr d'y arriver.

Cette réserve provoqua l'ire du chef druze qui s'emporta contre le gouvernement américain qu'il qualifia de fourbe et de menteur. Philip Habib réagit très vivement :

— Mon gouvernement a plus d'honneur que votre gouvernement qui est seul responsable de tout ce qui arrive. Je suis là pour réaliser ce que vous êtes incapable de faire. Si j'ai bien compris vous voulez un cessez-le-feu, un retrait israélien de 5 km, une zone tampon, le respect de votre souveraineté, le retrait des Syriens et des Palestiniens.

Attentif à l'échange de propos aigre-doux des deux hommes, le Comité ne prêta pas attention à la dernière phrase. Seul Bachir accepta le tout en bloc. Nasri Maalouf fit diversion en défendant la cause palestinienne que Bachir Gémayel rejeta catégoriquement :

— Je ne me mêlerai plus de rien si vous n'arrivez pas dans les 48 heures à vous mettre d'accord entre vous sur le retrait des Syriens et des Palestiniens, avertit Philip Habib.

Personne ne releva. L'habileté de l'émissaire américain avait fait du retrait syrien et palestinien une décision du Comité de salut public sans même évoquer celui des Israéliens. Il informa immédiatement Alexander Haig de ce qui était devenu la position libanaise.

Sitôt la séance du Comité de salut public terminée, Ariel Sharon, accompagné de Menahem Navot (Mendy) et d'Avner Azoulay (Philippe), rencontra secrètement Bachir et Fady Frem au domicile de ce dernier à Brumanna. Officiellement, il n'y avait aucun contact entre le chef des FL et le ministre israélien. Il n'était surtout pas question, dans le contexte politique, de permettre l'éclosion de la moindre rumeur à ce sujet. Sharon était arrivé en début de matinée au Liban avec un groupe de journalistes. Durant la réunion du Comité de salut public, il les avait guidés dans l'arrière-pays chrétien. Les plages étaient bondées à moins de 10 km de la ligne de front sur laquelle étaient déployés les soldats israéliens. Le ministre de la Défense, étonné plus que choqué, décrira ce voyage, lors du Conseil des ministres suivant, sur un ton ironique : « Je m'attendais à voir devant les bureaux de recrutement de Jounieh de longues files de jeunes venus s'engager. Je pensais que la population était en train de creuser des tranchées ou de remplir des sacs de sable. Les files d'attente se pressaient devant les cinémas et les gens étaient assis à la terrasse des cafés. »

Bachir fit part à Sharon des conditions palestiniennes. Elles le firent bondir.

— C'est inacceptable. Ce ne sont que des points dans un procès-verbal, et cela doit le rester.

Bachir le rassura avec un grand sourire et lui raconta la manœuvre de Philip Habib. Le ministre évoqua ensuite le siège de Beyrouth Ouest :

— Êtes-vous bien sûrs d'avoir fermé toutes les canalisations d'eau de ce secteur ? demanda-t-il.

— Oui. L'électricité a également été coupée. Mais il y a des puits artésiens partout dans cette partie de la ville.

— Si un cessez-le-feu intervient, que se passera-t-il ?

— Nous perdrons du temps.

— C'est justement le problème ! acquiesça Sharon. Le temps presse. Mendy m'a parlé de la réunion que vous avez eue avec lui. Si j'ai bien compris, votre participation à une offensive sur Beyrouth Ouest vous poserait un problème. J'ai décidé de ne pas vous la demander. Je n'exercerai pas de pression. J'estime que vous pourriez avoir raison.

— Nous avons décidé d'y participer et nous ne ferons pas machine arrière, se défendit mollement Bachir. J'ai simplement donné mon point de vue à Mendy.

— Vous devez comprendre qu'entrer dans une capitale arabe nous pose un problème important. Nous sommes l'objet de pressions considérables. Chez vous, les magasins sont ouverts, les gens vont à la plage, la circulation routière est normale. Chez nous, les rues sont vides, tout le monde a été mobilisé. Nos réservistes ont quitté leur emploi pour venir ici. Nous avons déjà payé un lourd tribut en sang à cette affaire. La pression populaire augmente et la presse en rajoute. Nous avons un réel problème que je réglerai avec mon gouvernement. Personne n'en sera blâmé. Je comprends votre situation interne. Mais je suis aussi convaincu que si les Syriens restent au Liban et que la tête du serpent ne quitte pas Beyrouth, votre lune de miel sera de très courte durée. C'est à vous de décider, en ce qui me concerne je ne vous demanderai rien.

Bachir visiblement mal à l'aise, réaffirma sa volonté d'effectuer l'opération « Étincelle » « quelles qu'en soient les conséquences ».

— Nous avons commencé en coupant l'eau et l'électricité. Nous sommes prêts à aller beaucoup plus loin, même militairement s'il le faut. Si la bataille de Beyrouth ne peut se faire qu'avec nous, je combattrai à vos côtés. Mais je pourrai vous fournir une aide plus complète quand le pouvoir sera entre nos mains.

— Quand cela ?

— Au milieu de juillet. Nous nous sommes mis d'accord Habib, Sarkis et moi. Vous pourrez alors compter sur nous. Je viendrai vous aider avec le Liban tout entier. Pour l'instant, vous n'avez que les chrétiens. Il ne reste que trois semaines avant les présidentielles. Nous risquons, pour trois petites semaines, de perdre sept ans d'efforts.

— Nous avons compris votre position, et nous ne vous demandons rien, réaffirma Sharon. Mais comment peut-on être sûr que le gouvernement libanais ne demandera pas notre retrait d'ici là ?

— J'en assume l'entière responsabilité. Et, si vous le souhaitez, Johny Abdo vous donnera la même assurance.

— Votre parole me suffit.

Sharon rencontra cependant discrètement l'envoyé spécial de Ronald Reagan avant de retourner en Israël. L'Américain lui confirma les conditions palestiniennes.

— Ne brûlez pas ce jeune homme, et évitez de le coincer, suggéra Habib au cours de la discussion, en faisant allusion à Bachir.

Il obtint 48 heures de cessez-le-feu.

Menahem Begin ne fut pas, loin s'en faut, aussi compréhensif sur les positions des Forces. « Il n'a pas levé le petit doigt », lança-t-il, acerbe, en parlant de Bachir lorsque Sharon lui rapporta l'entrevue. Le Premier ministre demanda au Mossad de le « convoquer le plus tôt possible ».

Le lendemain, 23 juin 1982, en fin de matinée, le Comité de salut public reprit ses travaux, toujours avec Philip Habib. Ce dernier voulut tout d'abord savoir si le Liban approuvait les conditions mises par les Palestiniens.

— Non ! s'exclama Bachir.

— Si j'ai bien compris, vous, vous êtes pour un cessez-le-feu et tout le reste concerne les Palestiniens. Mais que signifie d'après vous les mots « rapidement » et « souveraineté » qui figurent dans leur demande ?

— « Rapidité » pour Abou Amar veut dire dix ans après le cessez-le-feu et des tractations interminables, intervint Bachir. Les Palestiniens pourront ainsi en profiter pour laminer l'armée israélienne comme ils ont laminé l'armée libanaise et l'armée syrienne. « Souveraineté » chez Abou Amar veut dire permettre à l'OLP de jouer un rôle politique au Liban et d'avoir la possibilité d'y stocker armes et munitions. Puis, il nous dira : « Vous êtes des Arabes et nous sommes des Arabes. » Il demandera un répit pour consulter untel ou untel. Yasser Arafat respire 60 fois par minute, mais il ment 120 fois par minute. Il tente simplement de desserrer l'étau afin d'avoir le temps nécessaire de manœuvrer.

— Je suis complètement d'accord avec ce que Bachir Gémayel

vient de dire. Mais ce n'est pas le moment de le rendre public, murmura Joumblatt.

Philip Habib fut abasourdi par la remarque du chef druze. Il avait déjà noté que Chafic Wazzan avait acquiescé de la tête tout au long de l'intervention de leader chrétien.

— Nous devons donner aux Israéliens les réponses aux questions suivantes. Tout d'abord, les Palestiniens qui resteront au Liban seront-ils sous l'autorité de l'État libanais ? Ensuite, est-ce que l'état-major palestinien demeurera au Liban ? Enfin, est-ce que des unités militaires palestiniennes seront stationnées sur votre sol ? lança Philip Habib. Je vous rappelle qu'ils n'ont accordé que 48 heures de cessez-le-feu !

— Je ne transmettrai pas ces questions aux Palestiniens. Ils ne les accepteront pas. Je vais tout laisser tomber et monter à Moukhtara, répondit Joumblatt.

Nabih Berri lança la proposition d'un « document libanais » qui pourrait être rédigé par Nasri Maalouf et qui fixerait les positions du Comité.

— Je ne fais pas confiance à Nasri ! lâcha avec agressivité Bachir Gémayel. Nous préparerons ce texte ensemble ! Pourquoi Wazzan ne contacte-t-il pas directement Arafat pour avoir les réponses. Qu'il aille le chercher et qu'il l'amène ici pour qu'il nous réponde directement !

— Nous avons eu une réunion ce matin à Dar el-Fatwa [1] avec quelques anciens chefs de gouvernement, intervint Chafic Wazzan. Nous avons décidé de demander au président Sarkis d'adresser un appel au monde. Les Palestiniens ont reçu un coup sévère, mais ils n'ont pas été brisés. Dès lors, il est nécessaire de négocier avec eux.

Bachir Gémayel réalisa que cette proposition pouvait devenir le grain de sable venant perturber l'agencement politique qu'il s'était fixé. La réunion se termina sans qu'aucun nouveau rendez-vous soit fixé. Le commandant des FL fit en sorte de se trouver en tête à tête avec Fouad Boutros, le ministre des Affaires étrangères.

— Il faut ajourner le plus longtemps possible l'appel au monde du président.

— C'est extrêmement difficile. Le président ne peut aller à l'encontre du Premier ministre.

Bachir Gémayel fit la moue :

1. Haut lieu sunnite libanais.

— Il faut donner du temps aux Israéliens. Un tel appel provoquera des réactions chez eux et dans la communauté internationale. Essayez de le retenir ; si vous ne pouvez pas, avertissez-moi quelques heures avant de le rendre public de manière à ce que je puisse préparer le terrain avec les Israéliens.

Cinq jours plus tard, Élias Sarkis se contentait de lancer un « appel d'urgence » aux chefs d'État arabes :

« Il faut que vous nous aidiez à sauver Beyrouth de la catastrophe qui risque de survenir à tout moment. Je souhaite de tout cœur que cet appel rencontre des échos favorables. » Il ne devait en rencontrer aucun.

Sur le parvis du palais présidentiel, Bachir s'approcha de Philip Habib et lui glissa :

— Merci pour hier, en faisant allusion à l'évidente complicité qu'il y avait eu entre eux tant durant la réunion du Comité que lors de l'entrevue avec Sharon.

— Tu as compris ? sourit l'Américain.

— J'ai compris.

En début de nuit, Bachir Gémayel et deux de ses proches collaborateurs montèrent dans un hélicoptère Bell israélien à Zouk. Une heure et demie plus tard, ils pénétraient dans un des salons du Hilton Jérusalem où les attendaient Ariel Sharon et Raffoul, le chef d'état-major, accompagnés d'Ouri Sagui, le chef du B 3, de Yitzhak Hofi, le directeur du Mossad, de David Kimché, le directeur des Affaires étrangères, et du général Avraham Tamir. L'ambiance fut plus sérieuse que studieuse. Tout en prenant une solide collation, les Israéliens, tour à tour, expliquèrent que la situation interne en Israël était très difficile. Les manifestations se multipliaient, les commentaires de presse étaient virulents, des réservistes refusaient de rejoindre leurs unités. David Kimché dressa une liste des réactions hostiles à Israël dans le monde. La conclusion fut limpide : l'opération militaire sur Beyrouth Ouest était primordiale. Tel-Aviv estimait que l'éradication du « nid de terroristes » planté au cœur de la capitale libanaise ne pouvait qu'être applaudie par la communauté internationale. Le Conseil des ministres israélien considérait qu'une participation effective des Forces était indispensable pour justifier l'entrée de Tsahal dans la ville. C'était une question politique et non militaire. Raffoul entra dans les détails en proposant que les FL ouvrent la voie trois heures avant ses troupes qui, elles, se chargeraient d'investir l'ensemble de

Beyrouth Ouest. Le directeur du Mossad affirma que les Palestiniens seraient traqués même dans la dernière maison du réduit.

— Si l'opération nécessite que nous montrions publiquement que nous participons à une action militaire, je suis prêt à le faire, leur répondit Bachir. Si c'est le prix à payer, je le payerai. Mais les conséquences politiques sont importantes. Je ne serai plus, ultérieurement, en mesure de vous fournir une couverture politique puisque je serai considéré comme un des vôtres ou votre allié.

— Je comprends ton point de vue, affirma Ariel Sharon. Je te suggère de l'exposer à Begin. En ce qui me concerne, sois assuré que nos soldats interviendront pour porter secours à n'importe quel village chrétien qui sera menacé.

Les dirigeants des Forces libanaises étaient pris dans un autre dilemme, militaire celui-là. Ils voulaient à tout prix que les Israéliens poursuivent leur avance vers les hauteurs du Metn où était déployé leur cauchemar : la 62e brigade autonome mécanisée syrienne, commandée par le général Charba, stationnée habituellement à Mutbin en Syrie. En 1978, cette unité, alors dirigée par le colonel al-Shawra, avait donné du fil à retordre aux combattants chrétiens durant le siège d'Achrafieh. Aujourd'hui, ses quelque 3 000 hommes tenaient le flanc ouest des montagnes au nord de la route Beyrouth-Damas. Son artillerie lourde et ses mortiers de 160 mm couvraient une bonne partie de l'enclave chrétienne qui s'étalait à leurs pieds. Elle représentait une véritable épine dans le flanc du dispositif des Forces qui se trouvaient, de ce fait, dans l'impossibilité de faire mouvement vers le nord. Si les FL ne répondaient pas favorablement aux sollicitations israéliennes concernant Beyrouth Ouest, l'avancée qu'ils souhaitaient réaliser sur le Metn n'aurait jamais lieu.

Sharon, Bachir et leur suite se rendirent au domicile du Premier ministre rentré la veille au soir de Washington sur un vol commercial d'El Al. Malgré l'heure tardive, ils empruntèrent l'entrée de service pour ne pas être aperçus par d'éventuels journalistes. Menahem Begin avait le visage fatigué, mais sa voix était ferme.

— Votre slogan doit être « La libération de votre territoire », conseilla-t-il à Bachir. Mon cabinet va se prononcer dès demain sur l'opération militaire de Beyrouth. Je peux vous dire qu'une bonne majorité y est acquise. Vous commencerez la libération et un grand bouleversement interviendra, d'autant que les Syriens ne peuvent plus attaquer. Nous avons déjà fait un grand sacrifice, nous avons perdu beaucoup d'officiers. Il faut en finir avec ce monstre. Je ne vous ai rien demandé depuis le début, aujourd'hui je le fais.

— J'ai toujours trouvé ici compréhension et amour, lui répondit Bachir. Il m'est impossible de ne pas tenir compte de mes sentiments envers vous. Nous sommes en train de construire un Liban tel que nous l'avions défini dans les moments difficiles. Je veux revenir ici en temps que président de la République et non en tant que chef d'une communauté. Aussi, concernant l'« Étincelle », je voudrais attirer votre attention sur deux points. Aujourd'hui, moi, Bachir Gémayel, je n'ai pas la capacité politique de couvrir cette opération militaire parce que je ne représente pas encore les musulmans. Par ailleurs, nous sommes en train d'entrer dans la légalité et cela risque de tout ruiner.

— Chacun doit prendre des risques.

La réponse avait claqué sèchement. Bachir réalisa, à ce moment-là, l'importance des changements intervenus dans les positions de son interlocuteur. Il voulait maintenant une action militaire des Forces, au risque de ne mettre en place que le « petit Liban » réduit à l'enclave chrétienne qu'il avait rejeté auparavant. « Les pressions intérieures et extérieures qu'il subit doivent être très fortes », se dit-il.

— Il nous fallait entrer au Liban, et nous l'avons fait sans consulter les Américains, rugit Begin. Nous sommes une démocratie. Dans les premiers temps, j'avais annoncé 40 km, regardez où nous en sommes aujourd'hui. Ronald Reagan m'a envoyé une lettre comminatoire me demandant un cessez-le-feu. J'avais refusé, mais le lendemain nous avons été obligés de l'accepter. Beyrouth est une région dangereuse et nous devons y entrer. Nous avons besoin de votre participation parce que vous représentez le Liban. C'est l'heure des grandes décisions, celles qui compteront dans l'histoire. Les Forces libanaises doivent être les artisans de la libération de leur capitale, et cela doit être fait rapidement.

— Raffoul veut commencer lundi matin, dans cinq jours. Cela prendra 24 heures, précisa Sharon.

— Il faut s'attendre à des représailles à Zahlé et au Nord, tenta Bachir.

— Nous vous défendrons, coupa le ministre de la Défense.

— Notre intervention va rompre notre lien avec les musulmans, avança le chef des FL.

Menahem Begin eut un geste de la main :

— Si vous êtes victorieux, ils crieront « Viva ».

— Nous devrons signer un traité de défense, avança Bachir, pour tenter de mettre en avant l'indispensable nécessité du rôle officiel qu'il devrait avoir pour procéder à cet acte.

Begin balaya l'argument :

— Nous le signerons en 24 heures. Ce sera notre deuxième traité de paix avec un pays arabe.

Bachir, la rage au cœur, donna son accord à l'« Étincelle ». Il ne restait plus qu'à tenir une dernière réunion pour coordonner les actions des Forces et de Tsahal. Elle devait débuter le 25 juin à la tombée de la nuit, au lendemain du Conseil des ministres israélien devant entériner la décision.

Malgré ces préparatifs militaires, le Mossad demanda à Bachir Gémayel, étonné, de prendre contact avec Yasser Arafat afin d'entamer avec lui des conversations directes. Le leader chrétien ne comprit pas la raison de cette requête d'autant que Wazzan, Joumblatt et Berri n'avaient rien pu obtenir de lui. L'entourage du jeune leader chrétien s'opposa à ce que Bachir rencontre *el-Khitiar*. La localisation d'Arafat était un des principaux sujets qu'abordaient tous les agents de renseignement israéliens dans leurs discussions avec les Forces. De toute évidence, cette demande visait à attirer Abou Amar dans un piège afin de le liquider. Bachir refusa, ne voulant pas servir d'appât et ainsi prendre indirectement la responsabilité de l'assassinat d'Arafat face au monde arabe.

Contre toute attente, aucune décision concernant une action militaire sur Beyrouth Ouest ne fut prise lors de la réunion extraordinaire du cabinet le 24 juin. Le porte-parole du gouvernement, Dan Méridor, se contenta de déclarer laconiquement à la presse que « le Conseil des ministres a entendu un rapport de M. Begin après son voyage aux États-Unis. Les ministres ont aussi fait le point de la situation militaire ». Le lendemain, un quatrième cessez-le-feu, « ferme et définitif » fut même entériné par Tel-Aviv. Dans les rangs FL, ce fut la perplexité la plus complète. D'autant que la direction du Mossad vint au Liban le 25 juin, en mission d'information « sur les Syriens » : Yitzhak Hofi, à la tête d'une délégation composée de Menahem Navot (Mendy) et d'Avner Azoulay (Philippe) à laquelle s'était joint Benny Z. [1] qui revenait pour la première fois au Liban depuis 1979.

Originaire d'Europe, grand, mince, grisonnant, le visage barré par des lunettes fines, Benny avait été l'un des adjoints de David

1. Encore en activité. Sera désormais désigné par son nom de code.

Kimché. Lorsque ce dernier avait quitté le Mossad pour les Affaires étrangères, Benny avait été nommé à la tête de la Medrasha[1], et il n'était venu voir les Forces libanaises que pour discuter des stages de formation que les miliciens effectuaient en Israël. Il avait en permanence le visage marqué par les douleurs d'un ulcère à l'estomac qui persistait malgré les soins.

Les Israéliens rencontrèrent Bachir Gémayel et son équipe au QG de la Quarantaine. Karim Pakradouni raconta ses discussions avec le ministre des Affaires étrangères syrien :

— J'ai senti qu'Abdel Halim Khaddam avait peur, affirma l'avocat arménien. Il pense qu'après le premier choc il va y en avoir un second. Il s'attendait à une opération de la part d'Israël, mais limitée dans le temps et dans l'espace. Il a été surpris par son envergure. Actuellement, Hafez el-Assad est surtout occupé à se maintenir au pouvoir et à conserver, autant que possible, une présence syrienne au Liban. Il y a actuellement deux courants à Damas : les militaires qui préféreraient éviter tout affrontement avec l'armée israélienne et qui cherchent à se désengager du Liban pour mieux assurer la défense de la Syrie. D'un autre côté, il y a Hafez el-Assad qui n'hésitera pas à sacrifier 2 ou 3 000 de ses soldats pour mener une bataille politique afin de pouvoir dire aux pays arabes : « J'ai rempli mon devoir à l'égard des Palestiniens. » Personnellement, ajouta Pakradouni, je pense qu'Hafez agira dans trois directions simultanément. Tout d'abord il va s'engager militairement dans la Békaa, ensuite il va pousser les pays arabes à prendre la responsabilité de la décision de son retrait du Liban, enfin, il va prendre des contacts avec les Américains. Il n'a plus confiance en Leonid Brejnev. Il pense que les Russes l'ont laissé tomber. Il est également persuadé qu'Israël ne veut pas entrer en guerre contre la Syrie et que son objectif est seulement le Liban.

— Il faudrait que votre gouvernement agisse également sur les pays arabes et pas uniquement sur les États-Unis, suggéra Yitzhak Hofi. Je crois que nous avons trois ou quatre jours devant nous. Il faut maintenir la pression militaire mais il faut une aide politique américaine et saoudienne. Vous devez faire pression sur les pays arabes sur lesquels vous pouvez agir pour qu'ils prennent une position favorable au retrait syrien au cours de la prochaine réunion de leurs ministres des Affaires étrangères. Nous pourrons ensuite régler les problèmes du Nord Liban et de Zahlé.

1. L'école de renseignement du Mossad.

— Les Jordaniens souhaitent déjà que les Syriens quittent le Liban, avança Menahem Navot.

— Il y a une alternative dangereuse, reprit Hofi. Il pourrait y avoir un accord entre votre pays, le nôtre, les États-Unis et la Syrie. Mais dans ce cas, les unités syriennes resteraient dans la Békaa parce qu'il s'agirait d'un compromis. Si vous pouviez faire en sorte que les Arabes et les Américains prennent ensemble une décision, ce ne serait que meilleur. Qu'en est-il de la force multinationale ?

François Mitterrand avait, la veille, demandé solennellement la neutralisation de Beyrouth Ouest sous le contrôle d'observateurs des Nations unies et le respect des exigences du cessez-le-feu par Israël. La France s'apprêtait à saisir le Conseil de sécurité pour venir en aide au gouvernement libanais.

— Tous les journaux l'évoquent, mais personne ne nous en a parlé sérieusement, grogna Bachir Gémayel. Nous essayerons de l'éviter quelles que soient les nationalités qui la composeront. Si nous ne pouvons pas y arriver seuls, nous pourrions vous demander de rester ici jusqu'à ce que nous soyons prêts à faire face par nous-mêmes à la situation. Si une telle force vient, elle ne repartira pas facilement.

Les membres du Mossad demandèrent ensuite à Élie Hobeïka quelles étaient les forces encore présentes dans le « trou à rats ».

— Il y reste le résidu de la 85e brigade autonome mécanisée syrienne que commandait le colonel Attiyeh , quelques unités de l'ALP, les fedayin des différentes organisations palestiniennes, les miliciens des composantes du Mouvement national libanais et ceux du mouvement chiite Amal. Ces derniers sont surtout implantés au sud de Beyrouth. Les Syriens n'ont plus de contact avec leur commandement et donc ne reçoivent plus d'ordres. Les vivres, l'électricité et l'eau commencent à manquer. Les musulmans sunnites font face à beaucoup de problèmes et commencent à ressentir le fardeau de la guerre. Ils ne parlent plus de la cause palestinienne, mais de sa survie. Le mouvement Amal espère une aide iranienne qui ne vient pas. Leur plus gros souci pour l'instant est d'éviter les destructions dans leur région.

— Amal combattra-t-il s'il y a une attaque de la banlieue sud ? s'enquit l'Israélien.

— Vraisemblablement certains groupes, mais pas le mouvement en tant que tel.

— Est-il possible qu'ils évacuent la région qu'ils contrôlent ?

— S'il peut y avoir un accord incluant des garanties les concernant. Nous sommes assez proches d'eux, affirma Hobeïka. Nous leur avons fait passer des aides humanitaires. Il y a aussi les partis prosyriens et les communistes. Leurs chefs sont généralement des chrétiens qui pensent qu'il ne leur arrivera rien s'ils viennent dans notre zone. Nous faisons tout pour les rassurer. S'ils viennent, ils laisseront leurs organisations sans direction.

— Avec Zahi Boustani, nous avons rencontré Nabih Berri il y a quelques jours, intervint Pakradouni. Il a confié « vouloir combattre contre Israël pour ne pas être catalogué comme traître aux yeux des musulmans, mais je laisse les sunnites prendre les initiatives ». Berri se bat pour des motifs essentiellement politiques et non militaires.

— Ce que Karim vient de dire était vrai il y a quelque jours. Cela ne l'est plus. Aujourd'hui le premier souci de Nabih Berri est devenu sa survie, corrigea Hobeïka.

— Votre point de vue est important, concéda Yitzhak Hofi. Il faudrait que d'autres bougent et puissent convaincre les Palestiniens de cesser le combat. Nous espérons pouvoir éviter l'affrontement armé. Il détruirait la ville. Il faut leur dire que les Syriens sont maintenant loin de Beyrouth et qu'il n'y a plus rien à attendre d'eux.

— Walid Joumblatt a déjà pris position en démissionnant du Comité de salut public, appuya Bachir, je pense que les sunnites le suivront bientôt.

Quelques heures plus tôt, le dirigeant druze avait convoqué une conférence de presse et n'avait pas mâché ses mots : « L'OLP doit quitter Beyrouth. Arafat cherche à gagner du temps en espérant un miracle de la part du monde arabe, mais je n'y crois pas. L'OLP a besoin d'un nouveau commandement pour survivre. Nous avons demandé aux dirigeants de l'OLP de se rendre mais ils ne veulent toujours pas en entendre parler. J'envisage de repartir à Moukhtara et de me retirer de la vie politique. »

— Nous ne tolérerons pas que Damas puisse ne pas comprendre que nous exigeons son retrait du Liban, reprit Navot. Nous devons faire face aux États-Unis sur ce point. Faites tout ce que vous pouvez pour nous aider : multipliez vos contacts, écrivez des lettres, agissez pour clarifier la situation.

— Charles Percy, le président de la commission sénatoriale américaine, a affirmé hier qu'il était dans l'intérêt de toutes les parties que l'État hébreu ne prolonge pas indéfiniment sa présence au Liban, comme il l'a fait en Cisjordanie, dans l'enclave de Gaza et sur les hauteurs du Golan, appuya le directeur du Mossad. Il a même prétendu qu'il n'y avait pas dans l'histoire un massacre pire que celui fait par les Israéliens.

— Il faut que vous travailliez aussi en Europe, reprit Menahem Navot. L'information est très importante chez nous. La diffusion de photos représentant des baigneurs libanais sur les plages de Jounieh a été catastrophique.

— Ce que vous voyez à Jounieh ne veut pas dire que les gens ne sont pas concernés, expliqua Bachir. Nous nous sommes habitués à vivre normalement dans la guerre. C'est notre réponse à la barbarie syrienne et palestinienne.

— Mendy vient de dire quelque chose de très important sur l'information, renchérit Hofi. Concernant Damour, par exemple, il faut filmer le retour de déplacés même s'il n'est pratiquement pas possible pour l'instant.

Les Libanais acquiescèrent. Le Mossad insistait régulièrement pour que des chrétiens, devant les caméras, « remercient » Israël d'être intervenu pour les sauver. Bachir avait chargé Abou Arz (Étienne Sakr), le leader des Gardiens du Cèdre et le groupe de Kaslik de ce type de discours. À la fin de la réunion, le commandant des Forces offrit le drapeau des FL à Yitzhak Hofi.

— J'espère que c'est le dernier cadeau de la milice et que le prochain sera fait par la présidence, remercia le directeur du Mossad visiblement touché.

Une bombe politique éclata avant que la délégation israélienne sorte de la pièce : Alexander Haig venait de démissionner.

Menahem Begin perdait son principal soutien dans l'administration Reagan. « Nos entretiens avaient été marqués par une compréhension mutuelle du rôle qu'Israël joue pour la défense du monde libre », avait dit le Premier ministre. C'était justement cette « compréhension » qui était à l'origine de son éviction. L'ancien commandant en chef des forces de l'OTAN se plaignait de plus en plus ouvertement de « déviations » dans la politique étrangère de Washington. Haig avait, quelques jours auparavant encore, encouragé l'État hébreu « à achever son boulot » au Liban. Mais Caspar Weinberger, son homologue à la Défense, tout comme Ronald Reagan, avait été bouleversé par le nombre important de victimes au Liban. Weinberger saisissait toutes les occasions pour critiquer le siège de Beyrouth tandis qu'Alexander Haig pressait le président américain de laisser les Israéliens « détruire le leadership palestinien et faciliter l'établissement d'un gouvernement fort au Liban qui ferait la paix avec Israël ». La goutte d'eau qui fit déborder le vase fut la déclaration du porte-parole de la Maison-Blanche, Larry Speakes, annonçant aux journalistes la promesse faite par Begin à Ronald Reagan que les troupes israéliennes n'occuperaient pas Beyrouth. Alexander Haig avait estimé non seulement qu'il avait été désavoué, mais, plus grave, qu'une telle révélation était de nature à durcir l'attitude des Palestiniens. Exaspéré, il avait présenté sa lettre de démission qui avait été acceptée « avec regret » par le président américain quelques minutes avant que Georges Shultz soit nommé Secrétaire d'État.

Homme d'affaires californien, ancien ministre du Trésor et ami de Caspar Weinberger, George Shultz avait été chargé de la préparation de la tournée que venait d'effectuer Reagan en Europe. C'était à lui que Reagan avait tout d'abord pensé lors de la formation de son gouvernement en janvier 1981 pour diriger la diplomatie américaine. Mais Shultz avait refusé, préférant rester à la tête de la multinationale du bâtiment californienne, Bechtel Corp, une des premières entreprises de construction du monde. Son meilleur client était l'Arabie Saoudite. 119 000 personnes y travaillaient, son chiffre d'affaires s'élevait à 11,4 milliards de dollars et ses bénéfices pour 1981 à 150 millions. Grand travailleur, Shultz était plus un économiste qu'un diplomate. Assez corpulent, il présentait l'image d'un comptable appliqué. Républicain de toujours, il avait participé dans les coulisses au gouvernement de Dwight Eisenhower durant les années de la guerre froide en tant que conseiller économique du président.

Au moment où, à Washington, Shultz prenait ses fonctions, dans les rues de Tel-Aviv, 10 000 Israéliens défilaient à l'appel du comité contre la guerre en scandant : « À bas l'occupation », « Begin et Sharon provoquent une guerre de cent ans ! » Le général de réserve Matti Peled dénonçait à la télévision l'opération « Paix en Galilée » qu'il qualifiait de « sacrifice de soldats israéliens au profit de Bachir Gémayel ». La presse publiait une pétition signée par une centaine de soldats appartenant à une brigade de chars ayant combattu la veille encore au Liban. Pour la première fois dans l'histoire de l'État hébreu avaient lieu des manifestations antigouvernementales alors que son armée était en opération.

Le départ d'Alexander Haig et la contestation intérieure israélienne poussèrent le gouvernement Begin à mettre de l'eau dans son vin. À l'issue de la réunion du cabinet du 27 juin 1982, un communiqué faisait pour la première fois état d'une proposition de solution négociée au problème de Beyrouth Ouest. Le porte-parole, Dan Méridor, en expliqua les détails à la presse : « Le gouvernement propose que l'armée régulière libanaise pénètre dans Beyrouth Ouest. Les 15 organisations terroristes qui y sont présentes lui remettront leurs armes, après quoi tous les membres de ces organisations quitteront le Liban. [...] Le convoi de terroristes sera constitué sous l'égide de la Croix-Rouge et se dirigera au-delà de la frontière internationale syro-libanaise en empruntant la route nationale Beyrouth-Damas. Dans la portion de route contrôlée par l'armée israélienne, nous assurerons que le convoi passera sans qu'il lui soit fait aucun mal. Si les terroristes préfèrent emprunter une autre route, l'armée israélienne le leur permettra. Après la libération de Beyrouth Ouest, des négociations commenceront entre toutes les parties concernées pour parvenir à un règlement qui assurera l'intégrité territoriale du Liban, le retrait de toutes les forces étrangères, l'indépendance et la paix du Liban. Israël serait heureux que le gouvernement des États-Unis mette à sa disposition ses négociateurs pour parvenir à un tel règlement ». Il n'était donc plus question de l'opération « Étincelle ».

Sans en avoir été informé directement, Bachir Gémayel confirma ces dispositions à Abou Zaïm, le conseiller militaire d'Arafat, venu jusqu'à son bureau à la Quarantaine le même jour, en fin d'après-midi. Dans la matinée, juste après la diffusion du communiqué israélien, le dirigeant politique de la communauté sunnite libanaise Saëb Salam avait appelé le chef des FL au téléphone et lui avait passé Abou Amar. Le chef de la centrale palestinienne voulait obtenir l'autorisation de traverser la zone chrétienne pour aller s'installer dans la ville de Tripoli au Nord Liban.

— Il n'en est pas question, lui avait répondu le leader chrétien. Le temps des manœuvres est terminé. Vous êtes arrivé au bout du rouleau. Il est essentiel que vous quittiez le Liban, tout le Liban et avec tous les membres de l'OLP. Vous avez détruit l'État libanais, l'armée libanaise. Vous avez su profiter des Saoudiens, des Koweïtiens et même de l'Occident. Mais cette fois-ci, vous ne réussirez pas. Vous avez en face de vous les Israéliens.

— Ces questions-là ne peuvent être réglées au téléphone, je vous envoie quelqu'un tout de suite, avait dit Arafat avant de raccrocher.

Abou Zaïm avait tenté d'arriver jusqu'à la Quarantaine en milieu de matinée. Mais une voiture piégée avait explosé sur sa route. L'officier palestinien était sorti indemne de l'attentat grâce au blindage de la voiture d'Arafat qu'il utilisait. Il avait fait une nouvelle tentative, cette fois-ci dans un véhicule envoyé par Johny Abdo, et il était arrivé jusqu'à Bachir pour lui demander ce qu'il comptait faire avec les Palestiniens.

— Ils seront traités exactement comme dans les autres pays arabes, répondit le chef des Forces libanaises.

— Et en ce qui concerne nos forces armées ?

— Refus total de leur présence sur notre sol, et il n'y aura aucune discussion là-dessus. Les leaders palestiniens devront quitter le pays. Ceux qui voudront revenir pourront le faire, mais plus tard et dans le cadre de la souveraineté et de l'indépendance du Liban.

Bachir et Fady Frem rencontrèrent Raphaël Eytan dans la soirée de ce même 27 juin, au quartier général israélien, au mont La Salle. Le chef d'état-major de Tsahal était accompagné de son patron des opérations, Ouri Sagui, et de deux membres du Mossad, Avner Azoulay et Marion. Raffoul expliqua aux Libanais que le cabinet avait décidé de laisser partir les Palestiniens en prenant tout le temps qu'il faudrait pour mener à bien cette affaire.

— Si j'ai bien compris, aucune décision n'a été prise concernant l'opération « Étincelle » qui devait avoir lieu demain ?

— L'opération tient toujours, répondit Raffoul, mais elle est reportée. Il faudra attendre un moment plus propice. Entre-temps, il y a certaines choses à faire et notamment faciliter le départ de Beyrouth Ouest du plus grand nombre de civils possible. S'ils partent, le moral des combattant s'en ressentira.

Depuis plusieurs jours, les avions israéliens larguaient sur le « trou à rats » des tracts, rédigés en arabe, invitant la population à ne plus servir de bouclier aux « terroristes » et à quitter la ville. « Profitez du cessez-le-feu, sauvez vos vies et celles de ceux que vous aimez, suggéraient-ils. L'armée israélienne poursuit l'opération de ratissage de vos quartiers à la recherche des saboteurs qui s'y trouvent. Cette armée n'est pas concernée par ce qui peut arriver à ceux qui ne portent pas d'armes contre elle. Nous proposons aux civils qui veulent sauvegarder leur sécurité de s'éloigner des lieux où se trouvent les saboteurs et de se diriger vers le Nord où règne la sécurité et où ils seront à l'abri jusqu'à ce que se termine l'opération d'expulsion des éléments destructeurs de leur région.

Habitants de Beyrouth Ouest, sauvegardez votre vie et celle de vos parents en vous dirigeant vers le Nord. » L'effet avait été spectaculaire. Des milliers de voitures s'étaient présentées aux points de passage de la ligne de feu.

— La coupure d'eau et d'électricité de Beyrouth est une bonne chose. Cela pousse les civils à partir. Alors tu as parlé avec Arafat. Tu sais d'où il t'appelait ? demanda Raphaël Eytan d'une voix douce à Bachir Gémayel.

— Comment puis-je le savoir ? mentit le chef des FL, prudent. Il se demandait encore qui avait pu attenter à la vie d'Abou Zaïm. Changeant brutalement de sujet, Bachir annonça qu'il avait battu le rappel des réservistes et demanda s'il était possible d'avoir du matériel pour les équiper.

— Sans problème. Vous pouvez avoir tout ce que vous voulez répondit Raffoul. Vous avez pris 12 chars syriens...

— Non 15 à Souk el-Gharb, rectifia fièrement le jeune homme.

— Il faut les peindre à vos couleurs.

— Tout le monde est déjà au travail !

18

Les régions libérées

— Il serait bon que tu rencontres le major Saad Haddad.

Le patron du Mossad s'était penché vers Bachir Gémayel pour appuyer sa suggestion.

— Il peut venir ici pour rencontrer ses supérieurs, répliqua le jeune homme. Il doit leur faire un rapport sur ce qui lui est arrivé. Il sera considéré comme un officier ayant accompli sa mission.

— Serait-il possible de lui donner une promotion ? questionna l'Israélien.

— Je n'ai pas, actuellement, le pouvoir d'en décider.

— Mais, il est très important que tu le voies personnellement, insista Yitzhak Hofi.

— Il ne faut pas laisser traîner ce dossier pour éviter des problèmes, conseilla Philippe (Avner Azoulay), le résident au Liban du Mossad qui accompagnait son directeur.

Le sort du chef de l'Armée du Liban Sud semblait être la préoccupation la plus importante des Israéliens ce 26 juin 1982. Bachir s'était fermé comme une huître. Il en était de même chaque fois que ce sujet était abordé. En 1976, le chef des Forces avait voulu envoyer des hommes au Sud. Haddad s'y était opposé. « Bach », comme il était surnommé à l'époque, n'avait pas oublié.

Petit, le cheveu roux et épais, le visage avenant, Saad Haddad était né en 1937 dans une famille grecque catholique originaire du gros bourg agricole de Marjayoun, aux confins de la Galilée et de la vallée de la Békaa. Après un parcours sans histoire, il avait franchi normalement les échelons d'une carrière militaire effectuée à l'état-major général. Ses opinions politiques (il était chamouniste), suggérées plus qu'affichées, furent en 1975, indirectement, à l'origine de sa mutation au Sud Liban. Pour contrecarrer l'implantation palestinienne dans cette région, les Israéliens avaient demandé à Camille Chamoun de convaincre le président Sleiman Frangié d'affecter des officiers « sûrs » au commandement des places militaires du Sud. Frangié suivit les recommandations de son prédécesseur. Il nomma le major Saad Haddad à Marjayoun et le major Samy Chidiac, connu pour ses sympathies envers les Kataëb, à Tyr. Peu de temps après leur installation, Avigdor Ben-Gal, dit Yanouch, le commandant de la région nord d'Israël prenait secrètement contact avec chacun d'eux.

Alors que Chidiac, partisan de « l'étude des forces en présence avant d'agir [1] », avait opté pour un profil bas face aux Palestiniens, Haddad, plus idéaliste, voulut immédiatement s'imposer à eux. Les incidents armés se multiplièrent sans que Beyrouth réagisse. Durant les deux années qui suivirent la nomination de Haddad, aucune de ses demandes de matériel ou de renfort en personnel ne fut prise en considération par l'état-major général.

En 1976, la pression palestinienne sur les postes militaires libanais du Sud se faisant plus forte, Haddad se tourna vers les Israéliens. Avigdor Ben-Gal et Raphaël Eytan, alors chef d'état-major de Tsahal, l'accueillirent à bras ouverts. Lorsque le major Haddad, lassé de son isolement, fit sécession avec Beyrouth fin 1977, ils financèrent et équipèrent l'Armée du Liban Sud. Le A'man israélien prit en charge les salaires, l'équipement et l'entraînement. L'ALS devint de fait un élément intégré de la défense d'Israël. Haddad fut déclaré déserteur. Les choses, depuis, étaient restées en l'état [2].

Père de sept filles, il vivait très modestement, presque chichement, dans un petit pavillon de Marjayoun, non loin d'une caserne construite durant le mandat français. Il y avait installé son quartier général. Il n'avait jamais accepté de se séparer de sa casquette et de ses étoiles de l'Armée libanaise dont il affirmait faire toujours partie. Une amitié réelle et profonde le liait à Raphaël Eytan. Amitié qui facilita sa totale collaboration, au sens strict du terme, avec l'État hébreu. Le A'man fit en sorte qu'aucun contact ne s'établisse entre lui et les « gens du Nord », c'est-à-dire les Forces

1. Samy Chidiac à Alain Ménargues, 1989.

2. Elles le resteront jusqu'à sa mort, à la suite d'un cancer, le 13 janvier 1984.

libanaises. Ce fut d'autant plus facile que Haddad était proche du PNL, notamment de Dany Chamoun et que, grâce à l'appui financier israélien, il échappait totalement au pouvoir et au contrôle de Bachir Gémayel.

Le Mossad, de son côté, considérait Haddad comme « très flexible ». Il avait fortement déconseillé au trio Begin-Sharon-Raffoul d'avoir la tentation de faire de Bachir un autre Saad Haddad, en soulignant que les deux hommes avaient des caractères diamétralement opposés.

Maintenant qu'un lien terrestre reliait le « Nord » et le « Sud », l'heure était au rapprochement. Les Israéliens le voulaient « fortement ». Leur calcul était simple. Saad Haddad et Bachir Gémayel réconciliés, Haddad — donc eux indirectement — ne pouvait qu'intégrer la direction politique des Forces à un très haut niveau de décision. Mais le commandant en chef des Forces libanaises gardait ses distances. Non qu'il ait deviné le dessein israélien, mais simplement il ne pardonnait pas au chef de l'ALS d'avoir rejeté son autorité. De plus, Haddad était considéré comme un déserteur et un traître par les Libanais musulmans et Bachir avait besoin de leurs voix lors des élections présidentielles.

Le commandant de l'ALS rencontra Bachir le 3 juillet 1982, à la mi-journée, au QG israélien du général Amir Drori installé non loin du collège des jésuites de Jamhour. Le « sudiste » venu directement en hélicoptère israélien, repartit de la même manière moins d'une heure plus tard. Aucune information ne fut diffusée à ce sujet. L'entrevue fut brève et froide. Les deux hommes n'avaient en fait rien à se dire.

Des incidents de plus en plus violents éclataient dans les « territoires libérés » du Chouf. La jonction de Tsahal avec les FL et sa progression le long de l'axe Beyrouth-Damas avaient ouvert les routes de la montagne druze aux chrétiens. Bon nombre d'entre eux s'y étaient précipités avec en bouche un arrière-goût de revanche. Ils l'avaient quittée précipitamment, pour certains depuis 1975, en abandonnant tout derrière eux lors des différentes crises entre druzes et chrétiens, comme celle qui, le 17 mars 1977, avait suivi l'assassinat de Kamal Joumblatt. Ils venaient « récupérer leurs droits ».

Très vite, la situation devint explosive. Les druzes, guerriers de tradition, avaient déjà été amèrement frustrés de laisser passer les Israéliens sous leurs fenêtres sans tirer un coup de feu. Il n'était pas question pour eux de laisser les chrétiens, civils et miliciens, s'installer dans la montagne avec la même passivité. Protégées par les Israéliens, les permanences Kataëb rouvraient, drapeaux au vent. Les militants, le verbe haut, s'installaient, dominateurs. Le mélange était d'autant plus détonant que « cette montée » au Chouf se faisait dans le désordre le plus complet et sans encadrement.

Lors de la réunion du Comité de salut public, le 22 juin 1982, Walid Joumblatt alerta Bachir Gémayel et lui demanda d'intervenir. Le commandant des FL lui proposa « de faire un tour ensemble dans la montagne pour calmer les esprits ». Joumblatt refusa sèchement, ne voulant pas parcourir avec lui les villages de sa région « pour ne pas lui fournir de caution[1] ».

Complètement absorbé par la situation militaire et politique, Bachir avait traité, dans un premier temps, les incidents de la montagne sur un mode mineur. Il n'avait eu aucune conscience de l'ampleur qu'ils prenaient au fil des jours. Il s'était contenté de convoquer tous les responsables Kataëb de la montagne pour les réprimander. Cela n'avait servi à rien : il n'avait aucune autorité sur les membres du parti.

À l'aube du 27 juin, la tension se transforma en bataille rangée aux abords des localités de Krayé et de Kobbeyh en contrebas de Bhamdoun dans le Metn Nord. De leur position située à la limite nord-est du dispositif israélien, un groupe de combattants chrétiens tenta d'investir les deux localités. Il se heurta à une unité du PPS[2] appuyée par des soldats syriens. Les Israéliens interdirent aux renforts chrétiens de se porter au secours du groupe. Il y eut plusieurs morts des deux côtés dont le cousin de Bachir, Manuel Gémayel[3]. Le soir même, lors d'une réunion au quartier général israélien du mont La Salle, le commandant en chef des Forces interpella violemment Raphaël Eytan en lui reprochant l'attitude de ses hommes. Raffoul se retrancha derrière le cessez-le-feu signé avec les Syriens et critiqua le comportement des chrétiens avant l'accrochage :

— Vos gens ont ouvert le feu sur des dignitaires druzes. Ils leur ont volé des objets religieux. À Bhamdoun, ils ont voulu expulser des habitants de leurs domiciles et nous avons dû interve-

1. Walid Joumblatt à Alain Ménargues, août 1992.
2. Parti populaire syrien : parti politique libanais composé essentiellement de chrétiens.
3. Alain Ménargues, *Les Larmes de la colère*, *op. cit.*

nir. Lorsque nous sommes dans une région, vos gens n'ont pas le droit d'entreprendre quoi que ce soit sans coordination avec nous.

Pour Raffoul, tous les chrétiens étaient les « gens » de Bachir. Le chef d'état-major de Tsahal ignorait totalement les subtilités et les divergences qui pouvaient les diviser. Il ne s'y était en fait jamais intéressé.

En contact permanent avec les Forces, le Mossad avait suivi les difficiles rapports entre les Forces libanaises et le parti Kataëb ou le PNL. Mais il avait présenté Bachir Gémayel à Tel-Aviv comme étant l'unificateur des chrétiens libanais. « Nous lui avons peut-être donné sur ce point un crédit plus important qu'il ne l'avait en réalité », devait dire plus tard Shmulik Avyatar (Alex), l'un des résidents permanents du Mossad au Liban[1]. « Il y avait également une différence de mentalité entre nos deux pays. En Israël, l'opposition est une chose et le Premier ministre en est une autre, mais, devant l'adversité, nous sommes tous unis. Il était difficile de saisir les chrétiens sur ce plan, d'autant que le facteur combat dominait dans la perception de la situation. »

Pour les dirigeants israéliens, Bachir était donc le leader, le responsable. Lui, de son côté, ne comprenait pas l'amalgame fait entre ses hommes, les « militaires », et les « civils » du parti. Mais il assumait, conscient de ne pouvoir évoquer lui-même ces divergences sous peine de réduire d'autant une image qu'il avait eu tant de mal à se forger.

— Ce sont de mauvaises habitudes, répondit-il à Raffoul.

— Attendez avant d'assouvir vos mauvaises habitudes, les vengeances et tout le reste, trancha sèchement l'Israélien. Demandez-nous de retirer nos troupes et après faites ce que vous voulez.

— Il est important que votre commandant sur place se présente au nôtre et qu'ils travaillent ensemble, insista Raphaël Eytan.

— Certains de vos soldats ont demandé à des civils de laisser des affaires qu'ils transportaient et de quitter les lieux afin de pouvoir les récupérer ensuite, lança Bachir pas mécontent de lui renvoyer la balle en soulignant le fait que pour le coup il s'agissait de militaires.

— Il faut nous le dire immédiatement, s'énerva Raffoul.

— Je vous prie de m'excuser d'avoir soulevé ce sujet, jubila le commandant des Forces libanaises. Mais si nous ne traitons pas ces problèmes dès le début, ils deviendront incontrôlables. Il faut

1. Entretien avec Alain Ménargues, décembre 1992.

que nous montrions à la population un comportement différent de celui des Syriens et des Palestiniens.

Raffoul plongea dans la lecture des documents qu'il avait devant lui et changea de sujet :

— Nous avons capturé le responsable palestinien de Saïda. Il n'a rien dit jusqu'à présent. Voulez-vous le récupérer ? Il faut d'ailleurs que vous récupériez au plus vite tous les prisonniers de Saïda et Tyr.

La pancarte, sur laquelle le mot « Honte », en rouge, barrait la photographie d'Ariel Sharon, semblait flotter au-dessus d'une mer de visages marqués par la colère. Répondant au mot d'ordre du mouvement La Paix maintenant, des milliers d'Israéliens se massèrent rue Balfour, devant le domicile de Menahem Begin, le dimanche 28 juin 1982, à l'heure où se réunissait le Conseil des ministres. Un homme en uniforme portant des insignes d'officier de l'armée de l'air monta sur l'aile d'une voiture et hurla sous les applaudissements : « Ce n'est pas une guerre défensive, donc ce n'est pas notre guerre. »

La veille, un débat houleux avait agité la réunion de la commission des Affaires étrangères et de la Défense à la Knesset. Ariel Sharon y avait été violemment pris à partie par les dirigeants travaillistes Abba Eban et Yitzhak Rabin. Aucun des trois objectifs de Sharon — la neutralisation de l'OLP, l'expulsion des forces syriennes du Liban et la mise en place d'un pouvoir fort à Beyrouth — n'avait été réalisé. Abba Eban avait vertement dénoncé l'absence de débat parlementaire sur les opérations du Liban et s'était catégoriquement opposé à une éventuelle entrée de Tsahal dans Beyrouth Ouest.

Les travaillistes tentaient de profiter de la contestation créée par la guerre du Liban pour faire tomber le gouvernement Begin qui, mathématiquement, n'avait déjà plus de majorité parlementaire. Le débat qu'ils lancèrent provoqua l'éclatement du Télem, petit parti fondé par Moshé Dayan deux mois avant sa mort. Mordekhaï Ben Porath et Yigal Horowitz, deux des cinq députés qui le composaient, se rallièrent au Likoud et sauvèrent Begin sur le fil en lui donnant une majorité.

Le bilan de la guerre était très lourd pour Israël : 214 morts, 1 114 blessés, 23 disparus et un prisonnier. Tsahal avait capturé 148 soldats syriens dont 16 pilotes de Mig et 5 000 Palestiniens. Des chiffres qui étaient martelés par les opposants.

Philip Habib, ne pouvant dialoguer directement avec l'OLP — que les États-Unis ne reconnaissaient pas —, s'adressait au Premier ministre libanais Chafic Wazzan qui jouait les « go between » avec Yasser Arafat. L'émissaire américain transmit ainsi aux Palestiniens les six conditions posées par les Israéliens pour autoriser leur départ :

« Désarmement de toutes les factions de Beyrouth Ouest.

« Déploiement de l'armée libanaise, l'OLP devant lui remettre en dépôt son armement lourd.

« Acceptation de la mise sur pied d'une force palestinienne régulière symbolique qui serait cantonnée hors de Beyrouth et qui quitterait le Liban en même temps que les autres troupes étrangères quand le moment serait venu.

« L'OLP pourra décider des modalités de son évacuation de Beyrouth, que cela soit par le truchement de la Croix-Rouge ou du Croissant-Rouge avec un sauf-conduit américain.

« Le leadership et les cadres politiques devront tous quitter le Liban en n'emportant que leurs armes individuelles.

« Acceptation d'une permanence politique de l'OLP au Liban mais hors de Beyrouth. »

Yasser Arafat, par le même canal, fit immédiatement connaître ses contre-propositions :

« Maintien d'une représentation politique à Beyrouth et présence d'une force militaire symbolique sous forme de 2 000 combattants groupés en deux brigades placées sous le commandement de Yarzé[1].

« Maintien du Clap[2] armé à l'intérieur des camps.

« Maintien de l'armement lourd aux mains du Mouvement national et apparentés.

« Départ de 4 000 combattants avec leurs armes individuelles.

« Maintien des institutions palestiniennes civiles ou politiques et poursuite des activités culturelles et d'information au travers des infrastructures qui sont déjà à Beyrouth. »

Parallèlement, Wafa, l'agence de presse de la centrale palestinienne, publiait un éditorial affirmant : « La résistance palestinienne n'a aucune intention de quitter le Liban en se réfugiant dans un des États arabes complices de l'alliance israélo-améri-

1. Ministère de la Défense libanais.
2. Police palestinienne (comité de liaison de l'armée palestinienne).

caine, elle signerait son arrêt de mort. L'OLP n'a pas été battue, elle ne compte pas capituler. Il n'y aura pas de combats à Beyrouth si une solution honorable est trouvée ; dans le cas contraire, l'OLP est prête à combattre comme elle l'a fait depuis que Begin a commencé cette guerre sale injustifiée. »

Les positions étaient inconciliables et l'article de l'agence Wafa, qui reflétait les positions du dirigeant de la Centrale, fut pris par les Israéliens comme un véritable défi.

Bachir Gémayel consulta sa montre, étonné. La durée du vol d'hélicoptère qui le menait en Israël était plus longue qu'à l'accoutumée. Cela faisait plus d'une heure et demie que le Bell frappé de l'étoile de David l'avait embarqué à Zouk avec quatre proches collaborateurs. Ils auraient déjà dû se trouver avec Ariel Sharon depuis 20 minutes, ce 28 juin 1982. L'appareil finit par se poser non loin d'une maison blanche, basse, de style ranch américain, plantée au milieu d'arbres et de prés : la ferme du ministre de la Défense en bordure du Néguev. Dans le salon les attendaient, outre le maître de maison, Raphaël Eytan et son adjoint le général Moshé Lévi, le conseiller de Sharon le général Avraham Tamir, Peter, le n° 2 du Mossad qui, comme à son habitude, salua les Libanais d'une gifle amicale sur la joue, David Kimché et Menahem Navot (Mendy).

Peter, Nahum Admouni de son vrai nom, était réputé pour son calme. Né Rotbaum, il était « monté » de Pologne en Israël, en 1929. Ses parents avaient pris le patronyme d'Admouni dès leur arrivée à Jérusalem. Nahum avait commencé sa carrière dans le Shai [1] pendant la guerre d'indépendance. Il avait ensuite étudié les relations internationales à l'université de Berkeley dans l'intention d'être diplomate. Mais, à son retour des États-Unis, les anciens du Shai lui avaient proposé un poste d'instructeur à la Medrasha [2]. Il avait accepté et n'avait plus quitté le Mossad. Il était maintenant le successeur « pressenti » pour remplacer, à la tête du Mossad, Yitzhak Hofi atteint par la limite d'âge en septembre 1982. Sans signe particulier, véritablement « couleur muraille », Admouni avait surtout une réputation de bon gestionnaire et de bureaucrate. Il avait occupé différentes fonctions au Mossad, notamment à

1. Shai : abréviation de Sherut Yediot, Service d'information, le service de renseignement de la Haganah.

2. École du Mossad située sur une colline au nord de Tel-Aviv, sur la route de Haïfa, juste en face du Country Club.

Addis Abeba lorsque l'Éthiopie occupait une place primordiale dans la doctrine « des périphériques » du service, puis à Paris, au milieu des années 60, au summum de l'alliance stratégique d'Israël avec la France, et enfin à Washington où il a été de tous les projets de coopération avec la CIA. Il s'était forgé une spécialité dans la diplomatie alternative. Il était le n° 2 du Mossad depuis 1976.

Installé sur un canapé de velours noir, sous une tapisserie aux dominantes rouges, Bachir Gémayel, en polo beige, expliqua à Ariel Sharon que, selon ses renseignements, les Palestiniens ne comptaient pas partir bien qu'ils en aient officiellement accepté le principe. Les Libanais certifièrent aux Israéliens qu'il était hors de question, pour l'État libanais, de renouveler un quelconque accord du Caire, d'autant que les pays arabes semblaient ne pas vouloir intervenir. Le Conseil des ministres des Affaires étrangères de la Ligue arabe, réuni la veille à Tunis pour étudier l'opportunité d'un sommet des chefs d'État, s'était terminé sans avoir pris de décision. Il n'y avait pas eu de communiqué final ni même la traditionnelle condamnation de l'aide américaine à Israël.

En chemisette blanche à manches courtes, calé dans un fauteuil, le téléphone posé à ses pieds, Ariel Sharon avait écouté très attentivement. Il confia à ses interlocuteurs que le gouvernement israélien avait pris la résolution de faire sortir de gré ou de force les Palestiniens de Beyrouth. Le Conseil des ministres avait cependant consenti un délai pour donner une chance à une solution politique.

— Mais si elle ne réussit pas, nous entreprendrons une opération militaire pour les déloger, révéla Sharon. L'armée préfère les coincer et les frapper. S'ils arrivent à se fondre dans Beyrouth Ouest, elle les poursuivra jusque dans la dernière chambre, dans le dernier immeuble, dans la dernière ruelle. Cela étant dit, le calendrier de l'opération n'est pas encore défini. Notre gouvernement va se réunir demain soir (29 juin) pour arrêter les mesures qui s'imposent.

Sharon savait pertinemment qu'une opération militaire contre la capitale libanaise n'était pas acquise. L'opposition était résolument contre. Les Américains l'avaient écartée au profit exclusif de la négociation menée par Philip Habib. La fin de la « complicité » de Haig se faisait cruellement sentir.

— Voulez-vous que le Liban soit une seconde Égypte, ou préférez-vous, avec le Liban, obtenir plus qu'à Camp David ? lui demanda un de ses visiteurs.

— Nous préférons un traité de paix moins formalisé, mais des liens plus profonds que ceux qui s'établissent entre deux pays après un tel accord. Cela étant, nous allons être très stricts sur le traité de paix. Si nous n'y parvenons pas, le Sud Liban restera sous notre contrôle indirect.

C'était la première fois que sourdait une telle menace dans les propos d'Ariel Sharon. Les cinq Libanais ne relevèrent pas. Pour eux, ce traité de paix faisait tout naturellement partie de l'opération en cours. Le ministre expliqua que son pays ne voulait pas intervenir dans les décisions que prendraient les Forces libanaises et qu'en conséquence il ne s'opposait pas, si cela devait se faire, à la création d'un État chrétien qu'entraînerait inévitablement la création d'un *narrow government*[1] en cas de refus musulman de partager le pouvoir avec Bachir Gémayel.

— Nous sommes prêts à en assumer les répercussions, assura Sharon, et nous vous aiderons au Nord et dans la Békaa. Nous vous aiderons à constituer une armée forte. Cependant, nous préférons la mise en place d'un *wide government*[2]. En fait, nous sommes prêts à toutes les options.

Il invita ses hôtes à passer dans la salle à manger où les attendait un buffet. L'air frais de la nuit entrait par de grandes baies vitrées qui s'ouvraient sur la pelouse du jardin. La conversation continua de manière informelle. Debout, chacun piochait dans l'assiette qu'il tenait à la main.

— Il faut que vous rencontriez Arafat pour le convaincre que nous sommes très sérieux, suggéra Sharon. Il doit le comprendre. Nous ne voulons pas être obligés de détruire Beyrouth. Vous devriez également contacter les dirigeants sunnites et chiites afin de savoir s'ils peuvent interdire la ville aux Palestiniens. Il ne faut pas que l'on nous tire dessus. Nous répondrons très violemment. Pensez-vous que les Palestiniens soient réellement décidés à partir ?

— Je ne crois pas, répondit le patron des FL. Ils ont dit au Premier ministre Wazzan et à Philip Habib qu'ils étaient prêts à partir si un leader musulman le leur demandait. Ils pourront ainsi, ensuite, l'accuser de trahison. Les musulmans le savent. Ils ne font aucune pression sur l'OLP, d'autant que les Palestiniens, au hasard

1. Gouvernement restreint, composé de chrétiens uniquement.
2. Gouvernement élargi aux musulmans suivant les « normes » constitutionnelles traditionnelles.

des conversations, leur rappellent Wasfi el-Tall[1] et Sadate. Chez nous, personne ne veut d'une force palestinienne comme la brigade Aïn Jalout en Égypte. Je pense qu'ils tentent de gagner du temps.

Les cinq Libanais reprirent l'hélicoptère immédiatement après le dîner pour regagner Zouk. Dès le lendemain, Zahi Boustani organisait une rencontre, à la mi-journée, entre Nabih Berri et Bachir Gémayel au palais présidentiel, à laquelle il assista avec son adjoint, le commandant Nabih Farhat. Les deux leaders se mirent rapidement d'accord sur la sécurité au Sud Liban, chacune de leurs milices se chargeant des villages monoconfessionnels et des commissions mixtes étant mises en place dans les villages mixtes. Le chef du mouvement Amal exprima son inquiétude concernant la banlieue sud de Beyrouth. Craignant que cette zone ne devienne le théâtre de combats en cas d'attaque israélienne, il en avait fait évacuer près de 250 000 chiites qui y vivaient pour les entasser dans Beyrouth Ouest. De nombreuses familles palestiniennes avaient suivi le mouvement. Maintenant, Berri redoutait que les Israéliens ne se contentent pas de prendre la banlieue et qu'ils investissent également la ville. Bachir le rassura et lui demanda quelle serait l'attitude de ses hommes en cas d'offensive de Tsahal. Berri affirma qu'ils ne s'y opposeraient pas. Les deux hommes se mirent d'accord pour qu'en cas d'attaque israélienne les chiites lèvent des drapeaux blancs pour signaler leurs positions.

Le contact avec les Palestiniens fut facilité par le fait qu'eux-mêmes cherchaient une ouverture vers les Forces. Hani el-Hassan, le conseiller d'Arafat, avait demandé au prince saoudien Saoud al-Fayçal d'intervenir pour qu'il puisse avoir un rendez-vous avec Bachir. Ce dernier reçut, le 29 juin, un télégramme de l'ambassadeur d'Arabie Saoudite, Ali Chaër lui demandant « de trouver une sortie honorable pour sauver la situation [par] un plan qui préserverait l'amour-propre de la résistance palestinienne et de la souveraineté libanaise[2] ». Bachir chargea Johny Abdo de cette mission.

Dans la soirée, le n° 2 du Mossad, Nahum Admouni (Peter), Menahem Navot, Avner Azoulay et l'analyste en chef du dossier Liban, Patrick, vinrent à Beyrouth « voir » ce qu'avaient donné les démarches des FL puis firent un bilan avec Bachir :

---

1. Premier ministre jordanien assassiné par les Palestiniens au Caire pour avoir présidé le gouvernement qui les chassa d'Amman en 1970.

2. Voir le texte intégral, Annexe 11, p. 541.

— Johny Abdo estime que les Palestiniens pratiquent un double langage et que pour l'instant il n'y a pas de place pour une solution politique, résuma Peter. Il pense même qu'une opération militaire rapide s'avère maintenant nécessaire, faute de quoi il faudra maintenir le blocus de Beyrouth pendant six à sept mois pour obtenir leur reddition. Zahi Boustani m'a fait un compte rendu des discussions que vous avez eues avec Amal. HK (Élie Hobeïka) nous a donné une liste des zones sous le contrôle des gens de Nabih Berri. Nous avons demandé à Johny Abdo pourquoi l'armée libanaise n'entrerait pas dans ces zones. En cas de besoin, nos chars interviendraient pour l'appuyer. Elle pourrait y pénétrer sous le prétexte d'aller au secours des chiites. Ce serait un avantage car cela diminuerait d'autant les zones d'affrontements avec les Palestiniens et cela réduirait le nombre de victimes. Nos responsables militaires y sont favorables. Si vous pensez que l'idée est bonne, nous pourrions venir dès demain pour répartir les secteurs qui seront pris en charge par l'armée libanaise et ceux qui seront de notre ressort. Vous ferez ainsi l'opération « Étincelle » et nous finirons le travail. Johny a accepté mais Zahi est réticent, conclut le n° 2 du Mossad en se tournant vers Boustani.

— Non, je suis contre, rectifia celui-ci.

— Nous étudierons plus tard si cette idée est bonne ou non sur le plan militaire, éluda Bachir. Mais au niveau politique l'armée en récoltera les fruits.

— Dans le schéma discuté avec notre état-major, l'armée libanaise interviendrait dans les régions où les chiites ne combattent pas, précisa Peter.

Le chef de la milice chrétienne redoutant la mise en place d'une alternative à son détriment, réagit sèchement :

— Cela ne marchera pas ! Pourquoi l'armée ne ferait-elle pas également l'« Étincelle » pendant que vous y êtes ! Elle va en tirer le bénéfice politique et vous perdrez les FL sans pour autant gagner l'armée.

— Mais vous acceptiez jusque-là que l'armée pénètre dans Beyrouth Ouest ? rétorqua Menahem Navot.

— Lorsque vos chars avanceront, reprit Bachir, les Palestiniens vont se réfugier dans les zones où sera déployée l'armée libanaise qui sera dans l'obligation de les protéger. N'oubliez pas que les unités qui peuvent pénétrer dans Bourj el-Brajneh sont composées de musulmans. Les Palestiniens auront tout le loisir de se relancer dans des manœuvres politiques interconfesionnelles. Une chose est sûre ! Il n'y aura pas d'opération « Étincelle » avec ce que vous venez de nous proposer.

— Si vous estimez que ce plan est mauvais, oublions-le et n'en parlons plus lança Nahum Admouni.

Malgré l'opposition *a priori* du chef des Forces libanaises, l'idée d'une intervention de l'armée à Beyrouth Ouest fit son chemin. Les dirigeants des FL en étudièrent de près les conséquences. Une opération limitée sur l'église de Mar Mikaël, au débouché de la galerie Semaan par exemple, pouvait présenter des avantages. D'une certaine ampleur, elle pouvait même constituer l'« étincelle » et libérer les FL de cette charge politique. Johny Abdo fit savoir à Boustani que les responsables de la grande muette étaient prêts, mais qu'ils voulaient examiner avec les FL comment la milice comme le parti Kataëb pouvaient « rester totalement en dehors du jeu ». Certains officiers ne voulaient pas que Bachir « se mouille » dans cette affaire, d'autres, par contre, « ne voulaient pas être associés aux Forces libanaises dans une opération quelle qu'elle soit ». Le cadet des Gémayel demanda à Frem et Hobeïka de préparer l'opération. Ils décidèrent de n'en informer les Israéliens qu'au tout dernier moment.

Bachir Gémayel et Sélim Jahel reçurent le 29 juin une délégation du Mossad venue leur présenter Rehaviah Vardy, le nouvel « ambassadeur » israélien au Liban.

La soixantaine, placide, peu bavard, Vardy avait été chef du service des informations du A'man jusqu'en 1963, date à laquelle Meir Amit, le patron du Mossad de l'époque, l'avait recruté pour remplacer, avec d'autres « jeunes », un certain nombre de démissionnaires, dont Yitzhak Shamir, qui protestaient contre une restructuration du service. Le ministre de la Défense venait de tirer Vardy de sa retraite pour le nommer « coordinateur civil » du gouvernement israélien dans les territoires occupés au Liban. Il devait notamment s'occuper des besoins humanitaires des Palestiniens. Bachir réagit vivement à l'énoncé de ces fonctions :

— Pourquoi travailler au profit des Palestiniens ? Ils vont devoir partir. Nous préférons que le camp d'Aïn el-Héloué devienne un parc ou une autoroute plutôt que de les voir rester. Les chiites libanais ont plus besoin d'aide humanitaire qu'eux !

— Nous allons nous occuper en priorité de la distribution d'eau, de l'électricité et du téléphone à Saïda et dans sa banlieue, expliqua Vardy. Notre problème essentiel est celui des réfugiés palestiniens qui reviennent en nombre dans les camps. Que va-t-on faire d'eux ? Les organismes internationaux vont arriver avec beaucoup d'argent pour restaurer les habitations détruites. Nous partageons pleinement votre avis sur le risque de voir ces camps redevenir des bases militaires. Mais que doit-on faire ? C'est en fait à vous de décider.

— Ma décision est simple, rugit Bachir : nous allons vous aider à les transférer près de la frontière syrienne de façon à pouvoir les expulser vers Damas dès l'installation du nouveau gouvernement libanais. Ces camps ne doivent plus continuer à exister ! À l'endroit où nous nous trouvons en ce moment, il y avait le camp de la Quarantaine. Lorsque nous l'avons pris, en 1976, nous l'avons rasé au bulldozer. Le camp de Sabra, à Beyrouth, deviendra notre jardin zoologique national[1].

— Il y a à Saïda un entrepreneur du nom de Rafic Hariri, reprit Rehaviah Vardy. Il construit beaucoup dans la ville et il a fait l'université libanaise. Il a des moyens financiers importants. Pourquoi ne lui dites-vous pas ce qu'il doit faire ?

— Il a peut-être construit quelque chose à Saïda, mais il ne coopérera probablement pas à la destruction des camps, rejeta le chef des FL. Hier, un de ses directeurs m'a appelé pour me demander de faire évacuer l'hôpital que nous occupons à Kfar Falouss, au-dessus de Saïda. Je lui ai répondu que nous allions lui racheter toutes les terres des chrétiens qu'il a acquises avec des fonds saoudiens. Son projet est de tout acheter jusqu'à Jezzine. Il essaye de faire de Saïda un centre financier et économique de premier ordre.

— Je comprends maintenant pourquoi il tenait absolument à travailler rapidement ! s'exclama Vardy.

— Qui est au juste ce Harriri ? demanda le n° 2 du Mossad.

— Il est dangereux, affirma Bachir. Il a beaucoup d'argent saoudien à sa disposition.

Dans la soirée du 29 juin 1982, le chargé d'affaires saoudien, Abou Bakr Rafih, vint discrètement remettre à Bachir un message de son ambassadeur, Ali Chaër, qui se trouvait en Arabie.

« 37/37 Jeddah. Affaires étrangères — 9/9/1402 H — Heure 10 heures p.m. — Jarad Numéro 97/16/17351/1 — Najdyeh — Beyrouth.

« Très Très Urgent

1. Quinze ans plus tard, le gouvernement libanais présidé par Rafic Hariri y construira une partie de la nouvelle cité sportive.

« Au frère Abou Bakr Rafih STOP. En exécution des directives veuillez transmettre immédiatement le message suivant au Cheikh Bachir Gémayel. STOP Début.

« *Hadrat al-Sadat*[1], frère Cheikh Bachir Gémayel, de par la volonté générale de trouver une sortie urgente et honorable à la situation critique actuelle du Liban et de par le désir d'avoir des discussions directes avec vous personnellement, Sa Majesté royale le prince Saoud al-Fayçal aimerait vous convier à Taëf, ce soir si possible, pour discuter de toutes les solutions proposées à la lumière des concertations de la commission des ministres des Affaires étrangères se déroulant actuellement à Taëf, afin d'arriver à la solution correspondant au but recherché. STOP En attendant votre réponse que nous espérons positive. STOP L'ambassadeur Ali Chaër. STOP Fin de message. STOP

« Nous avons essayé de contacter Cheikh Bachir par téléphone mais nous n'y sommes pas arrivés. STOP En attendant votre télégramme STOP L'ambassadeur Ali Chaër — Affaires étrangères. »

Bachir Gémayel réserva sa réponse. Une fois le diplomate saoudien parti, il se précipita à la résidence américaine pour en discuter avec Philip Habib. L'Américain lui suggéra avec insistance d'accepter l'invitation. Elle signifiait que le jeune leader « était devenu incontournable et, de ce fait, sa position aux élections présidentielle s'en trouvait renforcée ». Habib lui tendit un document sans en-tête sur lequel figurait la proposition américaine en neuf points qu'il s'apprêtait à transmettre à Arafat par l'intermédiaire de Saëb Salam :

« 1. Cessez-le-feu.

« 2. Tous les dirigeants palestiniens doivent quitter le Liban, avec une garantie pour leur sécurité.

« 3. Tous les combattants palestiniens de Beyrouth doivent quitter le Liban sans les armes lourdes, mais avec leurs armes individuelles. Avec garantie pour leur sécurité.

« 4. Aucun redéploiement militaire palestinien n'aura lieu à partir de Beyrouth vers toute autre région libanaise.

« 5. La présence politique de l'OLP au Liban est acceptable, mais en dehors de Beyrouth de préférence.

« 6. Modification de la présence israélienne après le début de l'exécution du présent plan.

1. Terme typiquement arabe d'extrême politesse, utilisé au pluriel pour insister sur le respect, pouvant se traduire par « Excellence ».

« 7. L'armée libanaise prendra le contrôle de tout Beyrouth.

« 8. Tous les éléments armés à Beyrouth Ouest livreront leurs armes à l'armée libanaise. Les Forces arabes de dissuasion [Syriens] et l'Armée de libération de la Palestine [Palestiniens d'obédience syrienne] iront en Syrie.

« 9. Conformément au plan susmentionné, et sans qu'il y ait de lien direct, c'est une question politique, à terme, il n'y aura plus aucune force étrangère au Liban [Palestiniens, Syriens, Israéliens]. »

Bachir, après l'avoir lu avec attention, émit plusieurs réserves notamment sur le cinquième point. Il en demanda une copie puis se rendit avec Boustani à la villa du Mossad à Tabarja pour y retrouver Avner Azoulay (Philippe). L'Israélien lui recommanda également d'aller en Arabie Saoudite. La teneur du plan de Philip Habib retint toute son attention :

— Les Américains fondent leur politique sur des objectifs qui nous sont favorables, remarqua-t-il. C'est très important pour nous.

L'intervention saoudienne pouvait être intéressante, mais les dirigeants chrétiens émettaient des doutes sur sa portée réelle. Concernant le Liban, aucune des solutions proposées par les pays arabes — et elles étaient nombreuses — n'avait abouti. Conférence de Tunis, décisions de Taëf, de Fès, Comité de poursuite arabe, protection de la Force arabe de dissuasion, rien n'avait empêché la résistance palestinienne de devenir une armée quasi régulière qui imposait son autorité, au détriment de la souveraineté libanaise. Un État dans l'État qui, en sept ans, était parvenu à contrôler une grande partie du pays. Aux premières heures du 30 juin 1982, le chef des FL contacta Abou Bakr Rafih pour lui dire qu'il acceptait l'invitation et qu'il se rendrait à Taëf en compagnie de Zahi Boustani et d'Élie Hobeïka. Quatre heures plus tard, le chargé d'affaires venait le voir avec deux messages [1] d'Ali Chaër lui souhaitant la bienvenue et l'informant qu'un avion l'attendait à Chypre pour le conduire à Taëf.

À l'aube du 1er juillet, des miliciens druzes tentèrent de prendre d'assaut la municipalité de Beit Eddine dans laquelle s'étaient retranchés des hommes des Forces libanaises. Tsahal intervint

1. Voir le texte intégral, Annexes 12, p. 542.

immédiatement, confisqua les armes aux deux protagonistes et érigea des barrages routiers dans toute la région.

À la mi-journée, à moins de 3 km de là, une violente explosion détruisait une station d'essence, tuant le propriétaire et son fils. Elle avait été réquisitionnée 48 heures plus tôt par les FL, qui avaient interdit toute livraison de carburant sans un bon dûment signé par eux. Les Israéliens imposèrent le couvre-feu. Une délégation de notables druzes libanais obtint de Tsahal l'autorisation d'entrer un Israël pour aller voir le Cheikh Amine Tarif, le chef spirituel des druzes israéliens, dans son village de Kfar Yassif près de Haïfa. Les Libanais se plaignirent auprès de leur hôte des vexations et des exactions perpétrées contre leur communauté par les Kataëb dans le Chouf. Ils lui demandèrent d'intervenir auprès de Menahem Begin. Amine Tarif téléphona aussitôt au Premier ministre israélien qui lui donna l'assurance que cela ne se reproduirait plus. Quelques heures plus tard, Raphaël Eytan annonça au micro de la radio militaire israélienne que Tsahal protégerait les villageois druzes libanais. Le correspondant de cette antenne dans le Chouf, intervenant juste après le chef d'état-major, certifia que les phalangistes se livraient à des exactions contre la population de ces montagnes et que les protestations des druzes libanais étaient parfaitement justifiées.

Ces déclarations et la mort de Manuel Gémayel provoquèrent la consternation chez les dirigeants des Forces libanaises. Un doute déstabilisant sur les intentions réelles des Israéliens s'abattit sur eux comme une chape de plomb au moment des derniers préparatifs du voyage de Bachir en Arabie Saoudite. Il fut même un moment question de le repousser ou de l'annuler. Le chef des FL appela Fady Frem au téléphone et lui ordonna :

— Retirez-vous immédiatement du village druze de Kobbeyh.

Avner Azoulay fut informé de ce retrait par Bachir quelques minutes avant son départ pour Taëf. Refrénant sa mauvaise humeur, Gémayel proposa un marché au résident du Mossad. Il exigea la neutralisation militaire de la 62e brigade autonome syrienne déployée dans le Metn.

— Si vous n'y allez pas maintenant, il y aura de nombreux problèmes plus tard, lui expliqua-t-il. Nous allons être obligés de nous retirer de tous les fronts de la montagne comme nous l'avons fait à Kobbeyh, nous en pâtirons tous.

— Des chrétiens ont à nouveau été tués dans cette région. C'est intolérable ! renchérit Zahi Boustani. Lorsque vous êtes rentrés au

Liban, votre opération était perçue comme favorable aux Forces libanaises, ce n'est désormais plus le cas.

— Nous allons faire passer le message, promit Avner Azoulay, avec un geste d'apaisement

— J'ai également un message personnel pour Menahem Begin lança Bachir : « Si vous contrôlez la situation avec vos troupes, il n'y aura plus de problème avec les druzes. »

— Je vais le transmettre à Sharon, assura Philippe en prenant des notes.

Le 1er juillet 1982, les trois Libanais embarquèrent à Zouk dans deux petits hélicoptères de la division des opérations spéciales de l'armée américaine, des Seaspray, identiques à ceux de l'opération « Otto », lors du vol retour des États-Unis de Bachir Gémayel et son épouse en août 1981. Comme en 1981, ce voyage avait été organisé par la CIA. Les hélicoptères les déposèrent au pied de la passerelle d'un avion saoudien sur l'aéroport de Larnaca. Ils arrivèrent un peu avant 22 heures à Taëf où ils furent accueillis par Ali Chaër et conduits au palais des congrès où se tenait la réunion de la commission des ministres des Affaires étrangères de la Ligue arabe[1].

Le prince Saoud al-Fayçal, le ministre koweïtien Abdel Aziz Hussein, le secrétaire général de la Ligue arabe Chazili el-Klibi et Ali Chaër les attendaient dans un salon du palais. Le ministre saoudien, de manière très formelle, fit une déclaration introductive, soulignant que les pays arabes « avaient été surpris par l'invasion israélienne » et que la mission que s'était donnée la commission était d'y « trouver une solution ».

Pendant que le Saoudien parlait, le ministre koweïtien et le secrétaire général de la Ligue arabe qui l'accompagnaient, médusés, ne quittaient pas des yeux Élie Hobeïka. HK ne s'était pas rendu compte que sa veste bâillait généreusement, découvrant un holster de cuir noir d'où dépassait la crosse d'un imposant revolver. Élie Hobeïka s'en aperçut et, d'un geste rapide, rajusta les pans de son vêtements. Il consentit à adresser un sourire froid en geste d'excuse aux deux diplomates.

Après les remerciements d'usage, Bachir entra dans le vif du sujet :

— Je ne suis pas un homme politique, affirma-t-il sans sourciller. Je ne cherche à être ni député ni ministre ni président. Je ne

1. Liban, OLP, Syrie, Koweït, Algérie et Arabie Saoudite.

recherche pas d'argent. Ma petite fille a été tuée et mon souci aujourd'hui est que les enfants du Liban ne subissent pas son sort. Ma seule ambition est de retourner à mon étude d'avocat. Je peux donc tenir des propos que ne peut pas tenir le représentant officiel libanais à la Ligue arabe, Joseph Aboukhater. Aussi, je serai net et franc avec vous. Je veux poser des questions claires sur le monde arabe, les Palestiniens et les Syriens. La situation au Liban ne permet plus de tergiversations. Je me suis réuni avec plusieurs responsables palestiniens et, comme par enchantement, tout de suite après, on annonçait qu'ils n'étaient plus mandatés. Je ne vais pas parler du passé mais du présent et de l'avenir. Au Liban, il y a 60 000 soldats israéliens, 30 000 soldats syriens, 600 000 réfugiés palestiniens et, en plus, le terrorisme international. Nous vous demandons de manière très nette, et nous le faisons également au nom du président Sarkis, l'évacuation de toutes les forces étrangères, le retour de la souveraineté de l'État sur tout le territoire libanais. Nous sommes prêts à rechercher, avec vous, une formule qui sauve l'honneur des Palestiniens mais nous vous demandons, dès aujourd'hui, de ne plus supporter le fardeau de la cause palestinienne car nous n'en pouvons plus. Si Begin décide d'entrer dans Beyrouth, il n'y aura plus de Liban. Nous ne pouvons plus nous sacrifier. Il y a dix ans, nous étions prêts à le faire pour libérer 10 mètres de Palestine. Mais aujourd'hui, c'est fini ! Yasser Arafat essaie de gagner du temps en posant de nouvelles conditions que tout le monde rejette. Nous savons que les 300 éléments qu'il veut garder au Liban passeront à 3 000 et plus au fil des mois. Concernant la Syrie, nous ne voulons plus du renouvellement du mandat de la FAD. En tant que responsable, je vous affirme que l'armée libanaise est prête à prendre la relève. Nous sommes, nous, prêts à dissoudre les milices. Avant de venir ici, j'ai contacté le président Saëb Salam qui m'a dit que je vous parlais en son nom et c'est ce que je fais.

— Vous êtes chez des frères, Cheikh Bachir et dans un pays qui ne souhaite que la paix, répondit le prince saoudien, avant d'ajouter pour indiquer à son hôte qu'il n'était pas dupe : Comment voulez-vous que nous ne tenions pas compte de votre rôle politique et militaire ? Personne, ici, ne veut que le Liban revienne à la situation antérieure. Mais nous avons une vision des choses un peu différente. Nous espérons que vous la prendrez en considération. Nous sommes ici pour étudier ce qui peut être fait. Nous espérons arriver à une solution radicale en faveur du Liban sans bouleverser la situation. Les propositions libanaises ne sont pas opposées à notre vision des choses. Il nous faut maintenant voir les détails. Le scénario du retrait des Palestiniens doit préserver la résistance sans qu'elle devienne un fardeau pour le monde arabe tout en lui permettant de continuer à faire face à Israël. Par ailleurs, nous ne voulons pas interférer avec les négociations qui ont lieu actuellement au Liban.

— Il n'y a pas de négociations au Liban, il y a des tergiversations palestiniennes, coupa Bachir. Ils tentent de manœuvrer.

— Discutons ! reprit Saoud al-Fayçal en regardant fixement le leader chrétien. Les Palestiniens ont avancé des idées dont l'élément essentiel est le maintien de leur présence politico-militaire. Est-il possible de trouver une formule qui garantisse la sauvegarde du Liban dans ce contexte ? Les Israéliens sont venus sans avoir été invités.

— Il n'y a pas uniquement l'occupation israélienne, il y a celle des Palestiniens, des Syriens et des Israéliens.

— L'occupation israélienne a des motivations qu'il faut éliminer. Ce n'est pas uniquement un problème palestinien, balaya le prince saoudien.

— Nous avons écouté vos propos concernant la souveraineté et la légalité, souligna Chazili el-Klibi. Les Palestiniens n'ont pas choisi d'être au Liban. Il est vrai que les accords qui ont été signés au Caire n'ont pas assuré la sécurité de votre pays. La situation, aujourd'hui, a atteint un point critique. Vous avez votre rôle à jouer. La présence militaire de l'OLP au Liban est menacée et il n'est pas dans leur intérêt de perdre du temps. Ils veulent arriver à une solution préservant leur honneur. Quelle est la meilleure formule ? Négocions, les Palestiniens ont fait des propositions.

— Ils n'ont rien proposé, rejeta Bachir Gémayel sur un ton sec. Est-ce que les Palestiniens ont un pouvoir de décision que la commission est chargée d'exécuter ?

— Le Liban ne va pas sortir de son contexte arabe et par conséquent il ne sera pas exempté de ses responsabilités arabes, contra le Koweïtien Abdel Aziz Hussein.

— Nous faisons face aux Palestiniens, ce qui, jusqu'à présent, n'est le cas de personne d'autre ! Alors, épargnez-nous les surenchères arabes, gronda Bachir passablement irrité.

— Calmez-vous, Cheikh Bachir. Vous n'êtes pas en présence d'ennemis. Le Koweït avait été un de vos conseillers, sourit Saoud al-Fayçal en faisant référence aux discussions qui avaient eu lieu dans l'affaire de Zahlé. Nous voulons traiter ce dossier en partant des intérêts du Liban. Les Israéliens veulent percevoir le prix de leur intervention en transférant le fardeau de la cause palestinienne au monde arabe. Il nous faut transformer la crise actuelle en problème israélien et éviter que les Palestiniens ne deviennent un problème pour le monde arabe. Si nous n'arrivons pas à une solution, les Israéliens envahiront Beyrouth et le détruiront. De plus, l'expulsion des Palestiniens dans le déshonneur relancera le terrorisme.

— Je suis content, affirma Bachir avec un sourire. C'est la première réunion où l'on parle franchement. Nous ne rejetons aucune solution a priori. Tout est négociable. Vous souhaitez arriver à une solution ; il faut qu'ils partent tous. Ensuite, lorsque le gouvernement libanais aura retrouvé et étendu son autorité sur l'ensemble du territoire, nous demanderons alors nous-mêmes à 300 éléments militaires de revenir au Liban. J'ai demandé trois fois à Abou Amar (nom de guerre de Yasser Arafat) de le rencontrer, sans réponse, mentit Bachir. Nous voulons nous réunir avec quelqu'un de responsable du côté palestinien.

— Le monde arabe est conscient de ses responsabilités historiques, affirma Saoud al-Fayçal. Nous ne voulons pas qu'Israël transforme les Palestiniens en noyau terroriste dans le monde arabe.

— Est-il possible de fixer ces Palestiniens ailleurs qu'au Liban ? demanda Bachir.

— Très difficile. Mais il faut que leur statut au Liban soit identique à celui qu'ils ont dans les autres pays arabes. Comme en Égypte, par exemple, proposa Fayçal.

— L'Égypte est forte.

— Un pouvoir libanais fort peut garantir la stabilité, avança le Koweïtien.

— Ces 300 éléments affaibliront le pouvoir libanais, répéta Bachir. Ma proposition de les faire sortir est justifiée. Quand le Liban aura un pouvoir fort, nous pourrons les accepter. Le Liban a besoin de dix ans pour se relever. Laissez-nous le reconstruire.

— Que voulez-vous comme assistance des pays arabes ? questionna doucement le prince saoudien.

L'allusion à une « compensation » financière était on ne peut plus nette. La réponse fut sèche :

— Rien ! Si ce n'est nous donner le temps de reconstruire notre pays sans nous imposer ces 300 fedayin.

— Vous avez demandé qu'ils sortent du Liban ou de Beyrouth ? questionna Chazili el-Klibi en se penchant vers Bachir.

— Le peuple palestinien pacifique est le bienvenu. Un bureau représentatif officiel est le bienvenu, mais en dehors de Beyrouth et sans éléments armés. Il n'y aura pas de forces étrangères sur notre territoire. Ni syrienne ! ni palestinienne ! ni israélienne !

— Quel sera le statut des civils palestiniens au Liban ? demanda le Koweïtien.

— Ils auront le même statut qu'au Koweït !

— Qui garantira leur protection ? objecta Fayçal. Il y a déjà eu plusieurs incidents.

— Les Palestiniens seront sous notre responsabilité, décréta le chef des FL. Dès mon retour, après notre accord, j'irai chez le président Sarkis qui invitera tous les dirigeants du pays à l'approuver. Mais il y a un autre sujet que je voudrais aborder. Que va-t-on faire des Syriens qui sont chez nous ?

— C'est au président Sarkis de décider, et nous soutiendrons sa décision, certifia le Saoudien en se levant pour mettre fin à l'entretien.

— Quelle sera l'attitude des Syriens ? insista Bachir alors que tout le monde était debout.

— Nous croyons qu'ils accepteront, lâcha le prince saoudien en se dirigeant vers la porte.

De toute évidence, pour lui, la présence des soldats de Damas au Liban n'était pas à l'ordre du jour. Il était 2 heures du matin. Les deux ministres et le secrétaire général de la Ligue arabe allèrent rejoindre les autres membres de la commission qui avaient continué à siéger durant l'entretien. Comme il était d'usage en Arabie, tout ce qui était important se déroulait la nuit, chaleur diurne oblige. Vers 4 heures, les gardes, en grande tenue, informèrent les trois Libanais que Saoud al-Fayçal désirait les revoir.

Il les reçut, debout, durant quelques minutes pour leur transmettre les décisions de la commission des ministres des Affaires étrangères :

— Elle propose que le Comité de salut public se réunisse au Liban et mandate quelqu'un pour négocier en son nom, expliqua le prince saoudien. L'OLP devra faire de même. Le roi a une requête spéciale : il faut que le Liban accorde des facilités à une présence palestinienne qui ne contrarierait pas sa souveraineté. Cela permettrait d'aplanir les obstacles psychologiques qui encombrent la situation. Nous allons contacter les Américains ; il ne faut pas qu'ils pensent que nous essayons de les écarter des négociations. Vous avez un rôle très important auprès d'eux. Il faut parvenir à une entente entre vous, les Palestiniens et les Syriens pour neutraliser les Israéliens. Concernant le retrait syrien, une simple demande de Sarkis à la commission sera suffisante pour l'obtenir.

Les Arabes décidaient donc de ne rien décider. Ils ne se proposaient pas même en médiateurs et laissaient des représentants de ce qu'ils appelaient « les deux parties » négocier entre eux. Bachir Gémayel, Zahi Boustani et Élie Hobeïka furent satisfaits. Ils reprirent l'avion à 5 heures pour Larnaca où les hélicoptères américains les attendaient. Ils se posèrent à Zouk à 9 h 30 du matin, le 2 juillet, et allèrent prendre un peu de repos.

19

Le siège

Alors que les hélicoptères américains se posaient à Zouk, à l'opposé de l'enclave chrétienne, un hélicoptère frappé de l'étoile de David touchait le sol à quelques mètres du QG du général Amir Drori avec à son bord Ariel Sharon. Dans des véhicules immatriculés au Liban fournis par le A'man, le ministre de la Défense et ses collaborateurs, tous en civil, firent la tournée des positions israéliennes au sud du « trou à rats ». Ils examinèrent longuement les différentes possibilités de pénétration dans Beyrouth Ouest. Vers midi, Sharon et sa suite allèrent déjeuner à l'hôtel Alexandre à Achrafieh, fief de la presse internationale dans le secteur chrétien, à quelques pas du passage du musée. Leur arrivée ne passa bien sûr pas inaperçue. Le ministre de la Défense s'installa à la plus grande table de la salle à manger, dos au mur, faisant ainsi face à tous les gens de presse qui venaient déjeuner. Ils se précipitèrent vers lui. Tout en mangeant, Sharon, très décontracté, souriant, accorda une conférence de presse « impromptue », lâchant de temps en temps de petites phrases telles que : « Israël n'a pas l'intention de garder un seul pouce du territoire libanais. » « Nous ne sommes intervenus au Liban que pour combattre le terrorisme palestinien ». « Si les Libanais ne veulent plus ramper, ils doivent livrer combat aux Palestiniens. » « Les Libanais doivent combattre pour récupérer leur liberté et leur indépendance. » Elles furent toutes reprises dans les journaux du lendemain.

La bonhomie affichée par Ariel Sharon devant les journalistes dissimulait mal son impatience et son irritation face aux initiatives politiques diverses et variées qui se multipliaient pour trouver une issue à la crise. L'arsenal palestinien qui se trouvait dans le « trou à rats » l'obsédait. Il ne voulait qu'une chose : pouvoir entrer en force dans Beyrouth Ouest et « nettoyer ». Il fulminait sans cesse contre les pressions américaines et contre l'opposition politique israélienne qui l'empêchaient « de faire le ménage » dans les camps.

Il revint à Beyrouth le lendemain matin pour ordonner à ses troupes d'instaurer un blocus complet et total autour du réduit. Vers 13 heures, les forces israéliennes interdirent tout passage de véhicule d'Est en Ouest. Plusieurs camions transportant des vivres aux assiégés durent faire demi-tour. L'eau et l'électricité furent coupées.

— Qu'ils partent à pied ou en voiture, mais qu'ils partent, martela avec force Menahem Begin le même jour à la Knesset. Les Palestiniens sortiront ou seront évacués, peu importe l'expression, ce qui est important c'est qu'ils s'en aillent.

— Il existe des options militaires, rappela Raphaël Eytan.

— Le départ des Palestiniens doit se faire au plus vite, la patience d'Israël s'épuise, ajouta Yitzhak Shamir à la radio israélienne.

— Tous les terroristes palestiniens doivent quitter le Liban et le gouvernement israélien a rejeté catégoriquement toute proposition prévoyant leur présence physique, même symbolique, sous forme politique ou militaire, au Liban, annonça Dan Méridor le porte-parole du cabinet.

Une profonde inquiétude submergea l'ouest de la capitale libanaise. Le resserrement du blocus et ces déclarations furent considérés comme l'annonce d'une action militaire d'envergure. Chafic Wazzan refusa de rencontrer Philip Habib à Baabda tant que des soldats israéliens se trouveraient sur son itinéraire. Les membres du Conseil islamique tinrent réunion sur réunion. L'OLP exigea des garanties et une protection pour les civils palestiniens devant rester au Liban. La centrale réclama à cor et à cri le déploiement d'une force internationale pour assurer sa sécurité avant et après le retrait des fedayin. Cette revendication fut relayée par tous les mouvements musulmans ou de gauche libanais.

Certaines unités de Tsahal, dans le Chouf, affichaient de plus en plus ouvertement une complicité tolérante envers les druzes. De nombreux soldats de Jérusalem étaient eux-mêmes druzes. L'un d'eux, le lieutenant-colonel Ismaïl Kabalan, avait affirmé en arrivant devant la grille noire de l'entrée du palais de Joumblatt à Mokhtara : « Nous sommes des compagnons d'armes, pas des conquérants [1]. »

La multiplication de ces gestes agaça fortement Bachir Gémayel. Le 3 juillet 1982, en début de soirée, il monta voir le général Amir Drori à son QG de Jamhour.

— Je sais que vous avez des relations avec les druzes, mais maintenant cela va trop loin. Vous ne voulez pas tenir compte du fait que Walid Joumblatt est avant tout le chef du Mouvement national. Le 27 juin, nous avons fait une opération militaire contre les Syriens, votre presse l'a présentée comme un problème chrétien druze. Les familles chrétiennes originaires de la montagne qui retournent chez elles restent sans défense. Elles sont l'objet de pressions et vous nous empêchez de les protéger, chose que vous ne voulez pas faire vous-mêmes pour « des raisons internes à Israël », comme vous le dites. Nous n'allons pas pleurnicher plus longtemps sur votre épaule. Nous allons nous retirer du Chouf ! Mais vous devez savoir que si les chrétiens ne sont pas en sécurité dans le Chouf, s'ils ne sont pas protégés après notre départ, nous ne pourrons pas faire l'« Étincelle » à Beyrouth. Il y a chez nous de nombreux combattants originaires de la montagne et il est difficile de leur demander de se battre à Beyrouth si leurs parents sont en danger là-haut.

— Il y a un profond malentendu entre nous, lui répondit Amir Drori. Nous ne sommes pas venus ici pour combattre des Libanais, mais les Syriens et les Palestiniens, ce que nous ne pouvons plus faire à cause du cessez-le-feu. Prenons le Metn, par exemple. Il y a, à présent, dans cette région, plus de forces syriennes qu'il n'y en avait auparavant. Cela ne nous poserait aucun problème si nous devions nous en occuper. Toutefois, il faut que nous en recevions l'ordre. Si vous voulez que nous intervenions, là ou ailleurs, il vous faut le demander à notre gouvernement.

— Hier, nous avons eu trois morts dans le village de Maasser Beit Eddine que vous contrôlez...

— Parlons du présent, coupa Drori.

— Toujours hier, poursuivit Bachir en ignorant l'intervention du général, nous avons eu sept blessés, des hommes de la police militaire à Choueifate. À Aley, il y 150 druzes armés dans la permanence du PSP et nous avons déjà eu plusieurs blessés dans

1. *Le Matin de Paris*, 2 juillet 1982.

ce coin, et pourtant c'est un village que vous contrôlez ! Certains de vos officiers nous affirment qu'ils ne peuvent rien faire.

Antoine Bridi qui avait accompagné Bachir, carte en main, expliqua comment les unités des FL s'étaient retirées la veille du village de Korrayé avant de détailler la manière dont, ensuite, les « communistes et le PPS » avaient investi le bourg voisin de Kobbeyh.

— Pourquoi ne nous avez-vous pas dit tout cela avant votre retrait ? reprocha Drori. Nous aurions pu agir facilement.

— Mais nous l'avons dit au colonel Menahem Menen, votre commandant du secteur, protesta énergiquement Bridi.

Drori ignora l'intervention et continua :

— Intervenir maintenant provoquera de nouveaux combats avec les Syriens. Que suggérez-vous d'autre ?

— Lorsque nous préparions l'opération « Paix en Galilée », nous vous avions demandé de ne pas utiliser vos soldats druzes dans le Chouf parce que cela pouvait avoir des conséquences politiques. Vous n'en avez pas tenu compte et vous en avez envoyé, notamment le lieutenant-colonel Ismaïl Kabalan. Cela a été très mal perçu par les chrétiens. Nous vous avions proposé de placer des officiers de liaison de chez nous dans chacune de vos unités, cela n'a pas eu lieu. Soyons francs. Jusqu'au Awali, l'objectif ne concernait que la sécurité d'Israël. Au-delà, votre intervention visait à installer un nouveau régime au Liban. Mais vous ne nous laissez pas agir dans ce sens. Ce n'est pas un problème chrétiens-druzes qu'il faut régler, mais un axe politique qu'il faut déterminer. Nous voulons avoir l'autorisation de monter au Chouf avec nos armes lourdes. Vous ne savez pas faire la différence entre les bons et les mauvais Libanais. Nous, nous le savons. Avant de discuter des détails sur une carte, il faut que vous nous donniez votre accord sur le principe.

— La guerre n'est pas encore terminée, laissa tomber le commandant de l'opération « Paix en Galilée ». Notre objectif principal est de nous débarrasser des Palestiniens. Maintenant, nous avons à gérer le problème de Beyrouth. Nous assumerons nos responsabilités dans les régions sous notre contrôle.

— Notre armée a une certaine éducation et une certaine morale, ajouta le colonel Halabi, l'un des officiers de renseignement de l'état-major de Drori qui assistait à l'entretien. Nous ne pouvons pas...

— L'organisation de la région n'a rien à voir avec l'éducation de votre armée, coupa sèchement Bachir qui ne voulait pas revenir sur les exactions commises par les chrétiens dans le Chouf.

— Nous considérons que vous êtes l'avenir du pays, enchaîna Drori. Nous pouvons faire certaines choses pour vous aider mais pas d'autres. Je voudrais savoir si vous avez des requêtes très précises.

— Il faut que, lorsque vous repartirez, nous soyons en mesure de contrôler toutes ces régions et pas simplement y assurer la sécurité des routes...

— Nous allons garantir les routes et les régions où nous nous trouvons, assura le général israélien. Nous y protégerons les populations.

— Peut-on installer une présence militaire des Forces libanaises dans le Chouf chrétien ?

— Sur le principe, votre demande est raisonnable, mais quels en seront les détails ? questionna le colonel Halabi.

— Il y a des... « choses » dans votre comportement que notre gouvernement ne peut accepter, ajouta Drori. Vous pourrez faire tout ce qu'il vous plaira mais après notre départ. Ou alors, faites ces... « choses » en secret, sans que nous les voyions et sans que cela cause des problèmes.

— Nous ne sommes pas sur la même longueur d'onde ce soir, nota Bachir avec énervement. Peut-être aurait-il fallu que nous en parlions directement avec Menahem Begin. Si vous avez des limites et des réserves concernant le Chouf, vous en aurez également pour les autres grands projets que nous avons envisagés avec vous comme l'« Étincelle », le traité de défense et tout le reste. Pourquoi devrions-nous prendre en considération vos limites et ne feriez-vous pas de même avec les nôtres ? Pourquoi voulez-vous que je plonge à Beyrouth et pas ailleurs ? C'est du suicide. Si c'est comme ça, travaillez tout seuls, et nous ferons de même.

— Nous ferons Beyrouth nous-mêmes. Vous n'en assumerez aucune responsabilité, répliqua Drori ulcéré.

— Ah bon ! Et alors, pourquoi tant insister pour que nous participions à l'opération à Beyrouth ? contra le chef des FL.

— Je vous répète : Où peut-on vous aider sur le terrain ? demanda sèchement le général israélien sans répondre à la question de Bachir. Vous devez être prêts à prendre graduellement le contrôle de ces régions. Vous pouvez entrer dans les zones où il n'y a pas de problèmes. Nous vous accompagnerons dans celles qui sont plus sensibles.

— Si des druzes libanais bougent, nous aiderez-vous ?

— Oui.

La réponse du général Drori détendit l'atmosphère. Ils définirent les grandes lignes de la montée d'unités FL au Chouf et estimèrent que cela ne pouvait se faire qu'avec une très étroite coordination entre la milice chrétienne et Tsahal. Les dirigeants chrétiens avaient, un temps, envisagé de demander à Sharon de faire ramasser toutes les armes des druzes par Tsahal. Mais ils avaient abandonné cette idée, conscients que d'une part, pour les druzes, leur épouse et leur arme représentent les fondements de leur honneur d'homme et que d'autre part, cela risquait de braquer la communauté druze israélienne qui aurait inévitablement pris fait et cause pour leurs homologues libanais.

Bachir réclama le désarmement de certains villages de la montagne ainsi que le retrait des officiers druzes israéliens des unités de Tsahal stationnées dans le Chouf. Drori éluda la question et ne fixa aucune date pour le reste.

Le 5 juillet 1982, Sharon, Kimché et Azoulay (Philippe) rencontrèrent Bachir, Boustani et Hobeïka au domicile de Johny Abdo sur les hauteurs de Baabda. Le leader des Forces, sur un ton de fausse gentillesse, reprocha au ministre les accusations portées contre les FL par la radio israélienne Kol Israël. Depuis plusieurs jours, les journalistes israéliens avaient lancé une véritable campagne accusant les miliciens chrétiens d'exactions contre les druzes et les musulmans. L'ancien général lui rétorqua que la presse était libre en Israël et qu'il lui était impossible d'intervenir. Bachir Gémayel ignorait que cela était loin d'être exact. Tel-Aviv imposait une censure militaire draconienne à ses médias et aux correspondants étrangers résidant en Israël sur tout ce qui concernait le Liban. Depuis le premier jour de l'opération « Paix en Galilée », les journalistes avaient interdiction formelle de franchir la frontière israélo-libanaise sauf autorisation spéciale. Lorsque cette dernière était accordée, le ou les journalistes étaient « protégés » par des « accompagnateurs » membres du A'man. Ces restrictions avaient été officiellement justifiées par « le caractère dangereux » de la situation et la nécessité de maintenir un « brouillard » sur les mouvements de Tsahal.

« La mort d'un journaliste, surtout étranger, dans une telle opération serait automatiquement reprochée à Israël par l'opinion internationale », avait affirmé le porte-parole militaire. Mais il avait aussitôt ajouté : « Israël n'avait que faire de cette opinion internationale qui, de toute façon, nous sera toujours hostile. » Puis, en privé, un autre discours était apparu : « Le gouvernement veut éviter que la presse, par ses reportages sur les pertes tant civiles que militaires, ne contribue à créer en Israël un climat hostile à cette guerre. N'oubliez pas que c'est à cause de la télévision américaine que les États-Unis ont perdu la guerre du Vietnam », révélera plus tard un officiel israélien[1].

— Les journalistes ne sont pas tendres avec moi non plus, balaya Sharon avec un grand sourire à l'attention de Bachir Gémayel. Je suis venu à Beyrouth vendredi dernier, j'ai essayé de te voir et l'on m'a dit que tu étais en Arabie Saoudite. Je reviens aujourd'hui pour que nous discutions de tout dans un endroit calme loin de mes militaires. Tout d'abord, je voulais te dire que nous avons pris nous-mêmes la décision de couper l'eau et l'électricité à l'Ouest. Non que nous n'ayons pas confiance en vous, mais pour éviter de vous mettre dans l'embarras. J'ai reçu, hier, trois messages de Philip Habib me demandant de lever le blocus, car, dit-il, les gens meurent de faim à l'Ouest et il m'affirme également que Wazzan ne peut pas passer la ligne. J'ai répondu non à tout. Pour l'eau et l'électricité, nous ne voulons pas que cela vous retombe dessus.

— Les coupures d'eau et d'électricité vont provoquer des réactions énormes, non seulement de la part des Palestiniens, mais également chez les musulmans libanais. S'il n'y a pas d'opération dans la foulée, vous ne pourrez pas maintenir cette disposition très longtemps.

— C'est noté, lança Sharon après quelques secondes de réflexion. De toute manière, d'ici une semaine tous ces problèmes seront résolus. Pour nous, rien n'a changé.

Sharon ayant annoncé qu'il voulait aborder tous les sujets, Bachir en profita pour regretter amèrement la présence de soldats israéliens de confession druze dans les montagnes du Chouf. Il leur attribua la responsabilité de certains incidents entre chrétiens et druzes.

— J'ai demandé hier encore à l'état-major pourquoi le lieutenant-colonel druze était toujours en place, lui répondit le ministre de la Défense. Toujours hier, j'ai rappelé, lors de la réunion du cabinet, qu'il ne fallait pas laisser les druzes israéliens intervenir au Liban parce que cela nous posera plus de problèmes qu'à vous.

1. Entretien avec Alain Ménargues, décembre 1992.

Cela étant dit, nous ne pouvons pas ne pas prendre en considération certains incidents qui ont eu lieu dans la montagne. Il faut que vous compreniez quelque chose : la réaction de nos soldats. Ceux qui sont au Liban, avec leurs cheveux longs et leurs barbes, ne sont pas des militaires professionnels. Ce sont des réservistes qui ont abandonné leur village et leur travail pour venir ici, chacun avec sa conception des choses. Tout ce qui se passe sous leurs yeux est immédiatement rapporté chez eux. Ils ne veulent pas sacrifier tout ce qu'ils ont pour rester les bras ballants à regarder vos gens arriver et tuer sans en comprendre les raisons. Chaque instant, chaque heure, chaque jour je suis l'objet de pressions à cause de ces histoires.

Ariel Sharon n'évoqua pas la lettre qu'il avait en poche, signée par 122 réservistes israéliens exigeant le retour des soldats dans leurs foyers. Quatre d'entre eux, parlant au nom des autres, avaient même tenu une conférence de presse pour annoncer la constitution d'un groupe de pression appelé « Ça suffit » et le lancement d'une campagne nationale. Certains avaient refusé publiquement de servir au Liban. La veille, une manifestation monstre, à l'appel du mouvement La Paix maintenant, avait rassemblé plus de 100 000 personnes dans les rues de Tel-Aviv. Du jamais-vu en pleine guerre en Israël. Pendant des heures, ces milliers de personnes avaient hurlé des slogans hostiles à la présence de Tsahal au Liban et avaient demandé la tête de Sharon.

— Nous avons des problèmes avec l'opinion publique et avec la Knesset, ajouta le ministre de la Défense à l'adresse de Bachir. Nous devons être très attentifs à ce qui se passe ici. Nous devons ajourner certaines effusions de sang. Je vous demande instamment de contrôler vos hommes, car la pression de la rue et celle des politiques pourraient nous contraindre à nous retirer du Liban. Vous ne pouvez pas vous rendre compte du changement qui est intervenu après que nos soldats ont vu le comportement de vos gens avec la population. Mais pourquoi vos hommes ont-ils perpétré ces crimes devant eux ?...

— Je vous prie de m'excuser de vous interrompre, coupa très sèchement Bachir avec un geste impératif de la main. De quelles tueries et de quels crimes parlez-vous ? Donnez-moi des exemples ! Où et comment est-ce arrivé ? C'est de la propagande mensongère ! Le commandant en chef de la milice chrétienne haussa le ton : Je ne suis pas au courant de tous ces incidents. Nous sommes maintenant à la merci de la propagande palestinienne et syrienne ; la vérité est tout autre. Je vous demande d'aller discuter avec les prêtres des collèges de Jamhour et du mont La Salle que vous avez réquisitionnés pour installer vos postes de commandement. Allez leur demander ce qu'on fait vos soldats dans leurs écoles.

Les Israéliens se comportaient en pays conquis. Les bâtiments, qui leur servaient de baraquement, n'étaient jamais nettoyés et certains étaient d'une saleté repoussante.

— Qu'ont-ils fait ? demanda Sharon la voix dure.

— Je ne sais pas. Demandez-le-leur. Il n'y a plus de calculatrices, plus de postes de télévision.

— Nous payerons le prix de tout ce qui a disparu !

— Il ne s'agit pas d'une question d'argent. Il y a de petites choses qui peuvent arriver, accorda Bachir, cynique, sur un ton faussement conciliant. Nous nous sommes retirés de Kobbeyh parce que nous ne savons pas comment nous comporter et nous ne voulons pas vous embarrasser.

— Ce qui veut dire ?

— Si nous avons tué qui que ce soit, dites-nous qui l'a fait et où cela s'est passé. Donnez-nous des détails. Nous avons eu 10 morts jusqu'à présent. En 1978, il y a eu 20 morts dans l'église de Brie. Nous n'avons toujours pas pu les enterrer. Et lorsque nous voulons revenir dans ce village, les druzes disent que nous voulons les tuer. Votre radio a repris les expressions de la radio palestinienne. Elle répète sans arrêt que nous sommes des barbares et des tueurs... Même Radio du Liban arabe [1] ne parle pas de nous en ces termes.

— Cheikh Bachir, j'ai une proposition à vous faire, intervint Sharon d'une voix amicale. Nous n'allons pas échanger la liste de nos morts. La seule chose que je vous demande... Je ne veux pas partir avant...

Bachir Gémayel fit un geste de la main pour l'interrompre et poursuivit :

— Est-ce que vous savez qu'il y a deux jours, nous avons eu 4 morts à Choueifate, sur notre route vers Damour et Saïda ? Est-ce que vous savez que les corps sont toujours dans leur voiture, parce que nous n'avons pas pu les récupérer ? Nous avons eu également 4 morts près du village chrétien de Beit-Eddine et vos soldats nous empêchent de nous y rendre.

1. Radio de la gauche libanaise émettant de la vallée de la Békaa.

— Je vais essayer de faire aboutir certaines choses, affirma Ariel Sharon conciliant. Nous ne contrôlons pas Radio Israël. Ils peuvent dire ce qu'il veulent, même contre moi. Vous n'êtes pas habitué à cela, moi oui. Si vous aviez vu la télévision vendredi dernier, ils ont passé l'interview d'un soldat qui avait perdu un pied au Liban et tout de suite après, ils ont passé ma déclaration affirmant que la guerre était une bonne chose pour Israël. Je vais donner des directives dès aujourd'hui pour régler les problèmes que vous évoquez. Mais il faudra en étudier les détails avec Drori sur une carte. Je veux personnellement tout savoir sur les communautés non maronites. Et je veux savoir qui collaborait avec les terroristes.

Pour la première fois depuis le début de l'opération militaire au Liban, le ministre israélien de la Défense semblait prendre conscience de la complexité confessionnelle du pays comme si, jusque-là, il n'avait vu l'opération que sous son aspect global et stratégique.

— Je vous demande de faire preuve de plus de retenue. Essayons, chacun de notre côté, de contrôler nos hommes pour faire retomber cette tension. Ne pourriez-vous pas arriver à un accord avec les druzes ou, du moins, avec une partie d'entre eux afin de satisfaire la sensibilité israélienne ? La population, chez nous, a beaucoup d'estime pour Saad Haddad. Il peut exécuter certaines choses que vous ne pourriez pas faire sans attirer des foudres sur votre tête. Ne pouvez-vous pas le laisser effectuer les sales besognes ?

— Nous allons étudier cela, acquiesça Bachir. Mais sachez une bonne fois pour toutes qu'il n'y a pas de conflit entre la communauté chrétienne et la communauté druze dans la montagne. Ne vous laissez pas influencer par les propagandes communiste et autres. Lorsque vous nettoierez ces régions ou nous laisserez le faire, vous verrez qu'il n'y aura plus de problèmes entre nous et les druzes.

— Donnez-nous une liste des villages à désarmer, demanda Sharon. S'il y en a 60, nous commencerons par cinq, puis nous continuerons progressivement. Fady Frem aura une réunion avec le général Drori demain matin à 8 heures. Drori aura les directives nécessaires. Je vais envoyer secrètement quelques druzes de chez nous pour discuter avec ceux de chez vous.

Ariel Sharon accepta également que les FL s'installent militairement dans l'ancienne caserne de l'armée libanaise à Beit Eddine.

Le Mossad avait, sur ce point, émis de très sérieuses réserves. Avner Azoulay (Philippe) avait envoyé plusieurs évaluations à Tel-Aviv stipulant qu'il était indispensable, au préalable, de parvenir à un accord politique entre druzes et chrétiens. Il était persuadé que les troupes israéliennes allaient devoir jouer les gendarmes dans un conflit armé latent. Il n'était pas le seul à partager cette analyse, à commencer par le général Amir Drori qui ne voulait pas avoir de problèmes militaires derrière ses lignes. 48 heures plus tôt, il avait transmis à Tel-Aviv la demande de Bachir d'envoyer des unités FL à la montagne. Il avait accompagné cette demande d'un avis pour le moins défavorable : « La montée au Chouf des phalangistes serait une erreur. »

Le ministre de la Défense sortit de sa sacoche une carte d'état-major au 50 millième de la région de Bsaba, l'endroit où s'était effectuée la jonction entre Tsahal et les FL, le 12 juin précédent. Elle était annotée de traits bleus marquant les positions de chacun ce jour-là. Ariel Sharon la signa et l'offrit à Bachir ainsi que des photos prises dans la villa du Mossad, à Tabarja, lors de la réunion préparatoire de cette jonction. Le commandant des Forces libanaises en fut ravi. Cette journée avait été pour lui la concrétisation d'un rêve : l'établissement d'un lien terrestre entre les FL et Israël. Johny Abdo se joignit au groupe sur la véranda qui dominait Beyrouth et la discussion reprit.

— L'armée libanaise est-elle prête à intervenir dans Beyrouth Ouest si les Palestiniens en sortent ? questionna Sharon. Il y a des dépôts d'armes énormes. Il faut que quelqu'un les récupère sinon nous aurons un problème plus tard.

— Je vais vous dire une chose, lui répondit Bachir sur un ton solennel. Non seulement en mon nom, mais au nom de tous : Johny, les Saoudiens, les Américains et les musulmans libanais : tout le monde attend votre opération militaire ! avança, péremptoire, Bachir. Arafat ne partira que s'il y est contraint. En attendant, il ment et il essaye de gagner du temps par tous les moyens. Les Palestiniens ont le sentiment que vous ne pouvez pas aller plus loin. Ils vont résister au blocus et faire comme j'ai fait à Zahlé. Vous les bombardez, ils se mettent à l'abri dans les caves et ils attendent que quelqu'un intervienne pour faire cesser les tirs.

— Nous devons minimiser les pertes et les pressions politiques. Habib affirme qu'Arafat va sortir. Bon... alors attendons !

— Vous risquez d'attendre des mois, sourit Johny Abdo.

— Pouvez-vous, aujourd'hui, contrer les États-Unis ? Moi,

non ! jeta Sharon. Peut-être que Philip Habib, lui, arrivera à obtenir quelque chose dans les 48 heures.

— Si vous voulez que nous jouions, je peux entrer dans le jeu et me joindre au comité de Saëb Salam, proposa Johny Abdo.

Les sunnites, regroupés autour de l'ancien Premier ministre, avaient créé un comité qui, officiellement, préparait et coordonnait la sortie des Palestiniens de Beyrouth. Salam avait surtout cherché à contrebalancer le pouvoir du comité directeur du Mouvement national présidé par Walid Joumblatt, sur lequel Arafat avait une grande influence. Ce comité avait été très vite débordé par des problèmes de vie quotidienne et était submergé de demandes de médicaments, de nourriture et d'aides diverses.

— C'est ça, entrez dans ce comité, accepta le ministre. Faites en sorte qu'ils ne subordonnent pas le retrait à la présence de forces américaines ou multinationales. Nous aurions les mains liées et ils ne se retireront plus. Cheikh Bachir, si les Palestiniens décident de se retirer, comment allez-vous entrer à l'Ouest ? Est-ce que vos hommes sont prêts ? Il faudra agir immédiatement après leur retrait.

— Nous avons rappelé les réservistes. Raffoul a promis de les équiper.

— En fait, nous attendons que Philip Habib lève les bras et dise : « C'est fini, je ne peux plus rien faire », intervint pour la première fois David Kimché.

— Philip Habib n'est pas le genre d'homme à dire : « C'est fini », estima Bachir.

— Alors, c'est nous qui le lui dirons, affirma le directeur des Affaires étrangères.

— Pourrez-vous rentrer dans Beyrouth Ouest après leur départ ? insista Ariel Sharon. Ne vous en faites pas, nous serons là. Nous ne nous retirerons qu'après l'évacuation des Syriens de tout le pays. Vous aurez le temps qu'il vous faudra. Pourrez-vous entrer dans le réduit et rechercher tous les dépôts d'armes et toutes les caches ?

Il était persuadé que les Palestiniens laisseraient derrière eux des clandestins — et des caches d'armes en quantité importante.

— Notre action à Beyrouth est liée à la situation dans le Chouf, dans le Nord et dans la Békaa, lui répondit Bachir Gémayel en le regardant droit dans les yeux. Si nous sommes forts dans ces régions, nous pouvons tout faire à Beyrouth. Si nous avons des difficultés dans ces régions, nous ne pourrons rien faire à Beyrouth.

Le marché était clair. Gémayel n'eut pas besoin de répéter les exigences qu'il avait formulées 48 heures plus tôt à Amir Drori concernant le désarmement des miliciens druzes et l'action contre la 62e brigade autonome syrienne dans le Metn. Sharon les connaissait, il y répondit indirectement :

— De quoi avez-vous peur ? Nous sommes avec vous, sourit Sharon.

— Nous n'avons pas peur. Mais ne venez pas nous dire en plus que nous tuons des musulmans dans le Chouf, lança Bachir.

— Tout ce que je vous ai demandé, c'est d'attendre, trancha le ministre, quelque peu irrité. Attendez que nous ne soyons plus là pour faire ces choses. Mais laissons tomber ce sujet, nous avons déjà pris des décisions le concernant. Quelle est actuellement la situation militaire à Beyrouth Ouest ?

— Les civils seraient déjà tous partis s'ils avaient pu le faire. Nous estimons qu'il y a, au total, environ 7 000 combattants palestiniens dans le réduit, expliqua Johny Abdo.

Arafat avait officiellement et publiquement accepté le principe d'un départ de l'OLP. Mais pour aller où ? Aucun pays d'accueil ne s'était manifesté. Bien au contraire. Les pays arabes pour le moins observaient un silence significatif lorsqu'ils n'avaient pas, comme la Jordanie, exprimé un refus catégorique de recevoir les Palestiniens. Il est vrai que concernant Amman, les événements de septembre 1970 étaient encore gravés dans toutes les mémoires. Mais le départ de l'OLP de Beyrouth ne signifiait pas pour autant la fin de la guerre pour Ariel Sharon. Il conservait « un œil », sur la présence syrienne, comme il le rappelait lui-même volontiers. Le ministre de la Défense quitta le domicile de Johny Abdo pour aller déjeuner au QG israélien. Il profitait de toutes les occasions pour faire une tournées des popotes. Avec un art consommé du contact humain, il rencontrait soldats et officiers et expliquait inlassablement, comme s'il était en campagne électorale, le pourquoi de la présence de Tsahal au Liban. C'était sa manière d'allumer des contre-feux pour tenter de circonscrire l'extension du mécontentement chez les réservistes et d'annihiler l'emprise des thèses de l'opposition travailliste. Il eut, ensuite, une entrevue avec Philip Habib à la résidence de l'ambassadeur américain Robert Dillon.

Ariel Sharon retrouva Bachir Gémayel dans son bureau à la

Quarantaine en milieu d'après-midi. Le ministre lui fit part de l'insistance de Philip Habib : le passage de la galerie Semaan, entre l'est et l'ouest de Beyrouth, devait être utilisé par Chafic Wazzan, les ministres, les diplomates, quelques généraux participant aux négociations ainsi que les membres du comité de Saëb Salam sans être contrôlés par des soldats israéliens.

— Non, pas le comité, rejeta Bachir. Selon mes renseignements, il est surtout chargé de faire pénétrer de la nourriture à l'Ouest.

— Très bien, nota Sharon. Ne seront autorisés à passer que le chef du gouvernement, quelques ministres et trois généraux. Habib m'a également confié ses difficultés à trouver un pays d'accueil aux Palestiniens. Je lui ai suggéré de les envoyer en Syrie.

— Avec leurs armes ?

— Les armes légères, précisa Sharon. Je me suis opposé à une présence politique palestinienne au Liban, mais Habib insiste. Il a laissé entendre que des troupes américaines pourraient arriver. Je lui ai dit qu'il y avait de la place pour tout le monde mais que je ne voyais aucune raison valable justifiant le retrait de nos troupes. Il m'a annoncé que la moitié des Palestiniens sortiraient par la route vers Damas, et le reste par la mer. Je ne crois pas et je doute franchement que cela puisse marcher. Mais si cela arrive, il faut que vos forces pénètrent le plus rapidement possible à Beyrouth Ouest pour dénicher les terroristes et les dépôts de munitions enfouis sous terre. Il faut que vous y alliez ! C'est important !

Toujours la même requête. Les Israéliens ne pouvaient entrer dans une capitale arabe. Sharon voulait que ce « travail » de recherche et de renseignement soit effectué par les FL plutôt que par l'armée libanaise. « Question d'efficacité », avait-il dit un jour.

— Habib m'a aussi dit que le gouvernement libanais ne voulait pas ramasser les armes lourdes. Il ne faut pas que votre gouvernement tienne de tels propos, reprocha Ariel Sharon à Bachir.

— Je ne pense pas qu'il ait pu dire cela.

— Selon Habib, le gouvernement libanais aurait affirmé qu'il n'avait pas les moyens nécessaires d'accomplir une telle mission. J'ai répondu à Habib que c'était de sa responsabilité.

— Je vais demander au gouvernement d'accepter que l'armée libanaise s'en charge. Par ailleurs, je ne suis pas favorable au déploiement d'une force multinationale.

Un faisceau de propositions identiques en faveur d'une telle force avait vu le jour en Europe comme aux États-Unis. Washington et Paris étaient très en pointe sur ce sujet.

— Ils doivent venir pour protéger un retrait des Palestiniens qui risque de ne pas avoir lieu, confia Sharon. Nous voulons éviter des destructions et des victimes dans cette ville. Nous avons eu beaucoup de pertes jusqu'à présent. Nous ne pouvons pas nous lancer dans une opération d'envergure simplement parce que vous ne voulez pas de la présence d'une force multinationale. Chaque victime israélienne provoque beaucoup de bruit chez nous. Je crois que nous devons courir le risque et assumer les conséquences de la présence d'une force multinationale. Nous verrons dès le début de l'évacuation si les terroristes partent vraiment ou si une grande partie d'entre eux reste. Nous agirons à ce moment-là. Je ne crois pas qu'il soit intelligent de dire non aux troupes américaines maintenant.

— Peut-on éviter la présence des Français ? Ils sont trop favorables aux Palestiniens. Ne peut-il y avoir que des Américains ? demanda Bachir.

— Essayez, suggéra Sharon, sans trop y croire. Pouvons-nous tenter quelque chose contre les leaders palestiniens avant qu'ils partent ?

— C'est ce que nous essayons de faire, mais ils prennent beaucoup de précautions, affirma Bachir.

— Donnez-nous quatre ou cinq possibilités, proposa le ministre de la Défense. Nous sommes prêts. Nous enverrons les avions.

— Même chez Chafic Wazzan, Saëb Salam ou au ministère du Tourisme ? questionna Zahi Boustani, inquiet.

— Êtes-vous au courant de la tenue des réunions avant qu'elles n'aient lieu ? éluda Sharon.

— Parfois, reconnut Boustani du bout des lèvres. À l'évidence, il n'entendait pas s'engager sur cette voie.

Ronald Reagan fit annoncer, le 6 juillet 1982, que, si Beyrouth en faisait la demande, les États-Unis enverraient des troupes au Liban pour établir la paix et évacuer les fedayin.

Dans les heures qui suivirent, trois navires transports de troupes de la VIe flotte, l'*Ermitage*, le *Manitowoc* et le *Saginaw* quittèrent Naples en Italie avec, à leur bord, 1 800 Marines de la 32e Marines Amphibious Unit, habituellement stationnés à Camp-Lejeune en Caroline du Nord et affectés en Méditerranée depuis un mois.

Ces trois unités de l'US Navy avaient eu l'ordre de rejoindre le porte-avions *Forestal*, le porte-hélicoptères *Guam* et la frégate *Nashville* qui croisaient déjà à moins de 200 km du Liban. La mission spécifique de cette flotte était d'« assister les forces armées libanaises pour superviser le départ sûr et ordonné des personnels palestiniens et aider au rétablissement de l'autorité du gouvernement libanais à Beyrouth ». Le *Nashville* et *l'Ermitage* avaient déjà été utilisés le 24 juin 1982 pour l'évacuation des ressortissants américains de Beyrouth Ouest.

Simon Shiffer, journaliste à la radio israélienne, révéla la nouvelle en détail et spécifia que l'évacuation des Palestiniens se ferait sous la bannière de la Croix-Rouge internationale. Il souligna avec insistance le risque de les voir errer de port en port autour de la Méditerranée « dans un remake arabe d'*Exodus* ».

La réaction de l'OLP ne se fit pas attendre. Elle rejeta immédiatement avec dédain toute protection de la VIe flotte américaine et refusa d'entendre parler d'un départ sur des navires de l'US Navy.

Les révélations de la radio israélienne plongèrent Begin dans une colère noire. Il ouvrit la réunion du Conseil des ministres du 7 juillet en s'écriant :

— Il est inadmissible que cette information ait été donnée par un journaliste de la radio d'État. L'amitié qui lie un ministre à Simon Shiffer est préjudiciable aux intérêts de l'État d'Israël.

Tous les regards convergeaient vers Ariel Sharon dont les liens avec le journaliste étaient connus de tous. Le ministre de la Défense resta de marbre.

— Il est évident que cette information a été donnée à Shiffer pour torpiller les négociations, ajouta Begin.

Sharon resta impassible. N'ayant pas été nommément désigné par le Premier ministre, il estimait ne pas avoir à intervenir. Begin et lui s'opposaient depuis plusieurs jours sur le rôle des États-Unis dans la région. Sharon était résolument contre une implication américaine directe au Liban.

Ronald Reagan, en vacances dans son ranch de Californie, téléphona en personne à Menahem Begin pour lui demander de « mettre fin au blocus inhumain de Beyrouth Ouest ». L'ordre fut alors donné à Tsahal d'ouvrir les vannes de distribution d'eau et de rebrancher l'électricité du « réduit ». Nahum Admouni (Peter) et Raphaël Eytan vinrent expliquer cette décision à un Bachir Gémayel pour le moins agacé :

— J'avais dit au général Sharon que vous ne pourriez pas tenir longtemps le blocus et que vous devriez l'instaurer 48 heures seulement avant l'attaque. Plus nous perdons du temps, plus le prix à payer en sera élevé, alors finissons-en !

— Nous avons promis aux Américains d'attendre encore plusieurs jours, expliqua Peter.

— C'est sur les conseils de l'ambassadeur soviétique Alexandre Soldatov qu'Arafat a refusé la protection du retrait par l'US Navy. Il peut attendre même sans eau ni électricité. Il ne vous livrera pas Beyrouth ! Il ne vous livrera pas Beyrouth ! martela Bachir en tapant du poing sur la table.

— Et les Palestiniens présenteront de nouvelles exigences pour accepter les Américains, assura Zahi Boustani.

— Bravo Arafat ! s'écria Bachir. Il s'est joué de tout le monde. Il a raison dans ce qu'il fait ! Maintenant il a l'électricité, l'eau et la nourriture. Une fois que nous entrerons à Beyrouth Ouest, pourrons-nous nettoyer les camps palestiniens avec des bulldozers ?

— C'est votre pays, affirma Raphaël Eytan, vous êtes libres de faire ce que vous voulez. Après la guerre, ce sera votre problème.

Pour compenser la levée du blocus, Tsahal fit voler en éclats le 5e cessez-le-feu. Un violent barrage d'artillerie enflamma le sud du « réduit » et la zone de l'aéroport tandis que ses blindés investissaient les pistes.

Aux Nations unies, la France annonça à son tour qu'elle était prête à participer à une force d'interposition. « Si le Liban le lui demandait, avec l'agrément des parties en présence, à savoir Israël, l'OLP, la Syrie et avec la caution des Nations unies afin d'avoir un mandat précis. » Claude Cheysson, le ministre français des Affaires étrangères, déclara, de Paris, que « l'OLP avait accepté de passer de l'action militaire à l'action politique ». Il en profita pour demander à la centrale palestinienne et à Israël « de s'accepter mutuellement et de s'engager dans la voie d'un règlement du problème palestinien sur la base du droit à l'existence et à la sécurité de tous les États de la région, y compris un futur État palestinien ».

Ce fut un tollé à Tel-Aviv. La presse israélienne, citant des milieux politiques, évoqua une « réelle déception » et même un « dégoût » à l'égard du gouvernement français. Le lendemain, Cheysson balaya ces critiques d'un revers de la main et annonça que Yasser Arafat « serait reçu officiellement par le Premier ministre s'il venait à Paris ».

Une solution au retrait palestinien sembla brusquement se dessiner le 7 juillet 1982. Officieusement, la Syrie avait fait savoir qu'elle n'était pas opposée à ce que les Palestiniens transitent par son port de Lattaquié pour être ensuite dirigés vers la vallée de la Békaa ou le nord du Liban. Le voyage en bateau vers Lattaquié pouvait alors se faire sous la protection de la marine française tandis que 800 Marines américains et 800 légionnaires français débarqueraient pour protéger les civils palestiniens. L'armée libanaise se déploierait à l'Ouest et l'armée israélienne opérerait un retrait de quelques kilomètres. Se posa alors le problème du déploiement de la force multinationale. Devait-il se faire avant le retrait ? comme l'exigeait Arafat, ou après ? comme le réclamait Ariel Sharon. Le lendemain, l'OLP refusa de partir par la mer et demanda à être transférée directement au Nord Liban et dans la Békaa où elle proposait d'être stationnée sous la protection d'une force multinationale, dont la France. La rivalité entre Yasser Arafat et Hafez el-Assad et la volonté de Damas de contrôler « la carte palestinienne » n'étaient pas étrangères au refus de la centrale. Elle ne voulait pas passer sous les fourches caudines syriennes.

Dans l'après-midi, Ariel Sharon et David Kimché se précipitèrent à Beyrouth pour dire sèchement à Philip Habib qu'Israël n'accepterait aucune présence palestinienne au Liban. Pas question de l'implantation d'un bureau de l'OLP où que ce soit. Pas question non plus de présence d'éléments armés, même de manière symbolique. Les Israéliens se rendirent ensuite au QG des FL :

— La force multinationale protégera les Palestiniens qui pourront ainsi se réorganiser, expliqua Sharon à Bachir. Maintenant, revenons à la composition de cette force multinationale. Les Français sont dangereux parce qu'ils appuient l'OLP. Seul le gouvernement libanais peut faire quelque chose pour les empêcher de venir.

— Les Français ou toutes les forces ? demanda Bachir.

— Les Français !

— Nous sommes contre l'intervention de toutes les forces étrangères, quelles qu'elles soient !

— Nous, nous sommes contre les Français, limita Sharon. Les Américains partiront mais les Français s'incrusteront pendant longtemps. Ils deviendront un obstacle. Actuellement, dans notre situation, nous ne pouvons pas agir contre les Américains. Mais votre gouvernement, lui, pourrait faire quelque chose pour résister aux Français. Selon Chafic Wazzan, les Palestiniens exigent que la force multinationale débarque et se déploie dans les camps et, ensuite seulement, ils négocieraient leur départ. S'il doit en être ainsi, nous ne pourrons plus rien faire car la FM s'interposera. Par ailleurs, supposons que tout marche bien et que 6 000 ou 7 000 éléments armés se retirent. Comment pouvons-nous être sûrs que ce sont tous des terroristes et qu'ils ne font pas sortir des civils à leur place ? L'armée libanaise devra investir rapidement les quartiers sunnites pour s'assurer que les terroristes sont bien partis. Ils pourraient laisser derrière eux une infrastructure sous la protection de la force multinationale. Il faut que vous entriez très vite dans les régions sunnites. S'ils restent dans les camps, nous pourrons nous en occuper mais ce sera différent.

— Si j'ai bien compris, dans le cas où les négociations réussissent et qu'ils se retirent, il y aura une première étape avec l'unification de la ville. Nous devrons laisser les camps pour une seconde étape ? questionna Bachir.

— Si vous pouvez entrer dans les camps, tant mieux. Mais soyez sûrs que lorsque l'armée se rapprochera des camps, ils exigeront des garanties.

— Pourquoi ne leur donne-t-on pas des garanties en Géorgie ? plaisanta Bachir.

— C'est mon avis, sourit le ministre. Tu pourras proposer cela à l'ONU lorsque tu seras à la tête de l'État. Puis, redevenant sérieux, il ajouta : Si les négociations réussissent, prenez la ville petit à petit. La situation va se clarifier d'ici trois ou quatre jours. Il est important que vous vous prépariez. Je crois effectivement qu'il faudra laisser la banlieue sud et les camps pour une seconde étape.

— Voulez-vous que nous fassions échouer les négociations ? demanda le commandant en chef des Forces.

— Non, rejeta Sharon en secouant la tête. Il faut appréhender la situation globalement. Nous ne voulons donner à personne la possibilité de nous rendre responsables d'une part, si petite soit-elle, en cas d'échec des négociations. Il est important pour nous de faire réussir les efforts américains. Quant aux Français, faites ce que vous pouvez.

— Nous parlons de la question de Beyrouth et nous oublions les présences syrienne et palestinienne dans la Békaa, à Tripoli, au Nord et ailleurs, souligna David Kimché.

— Mon avis est connu du gouvernement, lui répondit Sharon, puis il ajouta en riant : Ton ministre [1] devrait commencer à s'occu-

1. Yitzhak Shamir, ministre des Affaires étrangères israélien.

per de cela, sinon je vais devoir trouver une circonscription ici pour me faire élire.

Le 9 juillet 1982, Damas annonça officiellement qu'il n'était pas question d'accueillir les Palestiniens sur son sol et donc à Lattaquié.

Les Israéliens préparèrent avec les Forces le désarmement de certains villages druzes et l'installation d'une unité de la milice chrétienne à Beit Eddine. Les services d'Élie Hobeïka furent chargés de collecter des informations sur chaque agglomération. Les généraux israéliens Kalahani et Dagan planchèrent avec Fady Frem et Antoine Bridi sur les détails de l'opération. Une première étape eut lieu à l'aube du 9 juillet. Tsahal investit la caserne de l'armée libanaise de Beit Eddine et expulsa les 150 soldats qui s'y trouvaient.

Six jours plus tard, Raphaël Eytan vint à Beyrouth prendre connaissance des intentions de manœuvre arrêtées par Dagan et Frem.

— Vos plans sont très bons, leur dit-il après les avoir écoutés. C'est exactement ce que nous voulions. Allez et mettez votre drapeau. Mais je ne veux pas de fusillades près de nos soldats. Mais attention ! Ne tirez pas dans cette région. C'est pour nous une route stratégique. Une de nos unités restera avec vous jusqu'à ce que tout aille bien. Il faut avancer, mais lentement. Laissez-les venir à vous.

— Croyez-moi, rien ne se passera lorsque nous y serons, affirma Boustani. Les directives de Walid Joumblatt ont déjà changé du tout au tout. Il a donné des ordres afin d'éviter les problèmes.

— Nous leur avons lancé un avertissement hier, ajouta Drori. Si quelqu'un vous tire dessus, ce sera comme s'il tirait sur nous, avec toutes les conséquences que cela comporte. J'ai les noms des personnes que nous avons rencontrées. Elles nous ont dit avoir peur et affirment que vous n'étiez pas présents dans cette région auparavant.

— Vous connaissez Joseph Aboukhalil, Woody et vous me connaissez, intervint Zahi Boustani. Nous sommes tous originaires de cette région. Est-ce que les maires ou quiconque d'autre peuvent représenter cette région mieux que nous ?

— Quand pouvons-nous faire mouvement ? demanda Bachir au chef d'état-major de Tsahal

— Quand voulez-vous y aller ?

— Immédiatement. Nous sommes prêts.

Les 150 hommes de la caserne d'Aïn Remmaneh commandés par Naji Boutros firent leurs paquetages dans la nuit du 11 au 12 juillet 1982. À l'aube, Bachir Gémayel leur demanda d'avoir une tenue exemplaire et un comportement digne de la mission qui leur était confiée. Le convoi de camions, commandé par Fady Frem, se dirigea vers Damour. Un rendez-vous avec le colonel israélien Béjea qui commandait la zone avait été fixé sur le pont qui enjambe l'autoroute du Sud. Frem et Béjea étalèrent des cartes sur le capot d'un véhicule et firent un dernier point sur les endroits « dangereux » qui se trouvaient sur leur itinéraire. De petits blindés de reconnaissance israéliens ouvraient et fermaient la marche. Avner Azoulay et l'officier de liaison FL auprès des Israéliens, Walid Farès (Woody), prirent place dans la Jeep du colonel Béjea. Ils durent s'arrêter dans le premier village, Kfarhim, pour laisser passer un important convoi militaire israélien. La population était sur le pas des portes, le visage fermé, et observait en silence les miliciens chrétiens. Un des FL demanda un peu d'eau à un druze :

— Ici, il n'y a pas d'eau, rétorqua presque haineux l'homme en séroual noir.

Georges Adwan, membre du Conseil de commandement et originaire de Deïr el-Kamar, avait rassemblé quelques dizaines de chrétiens de sa bourgade sous des banderoles « Bienvenue ». Sans enthousiasme, le petit comité « populaire », composé essentiellement de femmes, distribua des boissons fraîches et applaudit au passage des camions. La colonne traversa lentement le fief de Camille Chamoun et alla s'arrêter quelques kilomètres plus loin dans la cour de la caserne de Beit Eddine, faite de préfabriqués.

L'unité montée à Beit Eddine, sitôt installée, commença à former les jeunes chrétiens des environs à l'autodéfense. Le but était de créer une milice villageoise qui devait prendre en charge la protection des hameaux chrétiens. Dans la montagne, la tension continuait de croître. Élias Chartouni, un des chefs de groupes qui composaient le service de renseignement des FL, dirigé par Élie Hobeïka, était un voyou notoire membre du parti Kataëb, originaire du village de Chartoun, près de Bahmdoum, qui s'était taillé une petite baronnie avec quelques-uns de ses hommes et faisait régner la terreur dans la population druze. Sous couvert de se défendre, les hommes de cette communauté utilisaient les mêmes méthodes. Chaque fois que les unités régulières des Forces voulaient intervenir, les commandements israéliens locaux s'y opposaient sous des prétextes divers.

La rivalité entre le Mossad et le A'man, le renseignement militaire de Tsahal, s'était affermie depuis qu'avait commencé l'opération « Paix en Galilée ». Le A'man était maintenant en force sur le terrain libanais et entendait faire valoir ses vues, entre autres limiter le rôle des Forces libanaises pour, si possible, pousser en avant l'ALS. Le Mossad, qui devait passer par le A'man pour satisfaire les demandes purement militaires des Forces, butait régulièrement sur des « tracasseries administratives ». Les miliciens chrétiens ne parvenaient pas à se faire entendre des officiers de renseignement des unités israéliennes déployées sur les axes routiers. À l'évidence, dans le Chouf, le A'man faisait en sorte de maintenir un équilibre des forces entre miliciens chrétiens et druzes. Les exactions de part et d'autre se succédèrent à un rythme de plus en plus rapide. Les responsables israéliens s'en inquiétaient de plus en plus.

Le 26 juillet 1982, Bachir reçut à ce sujet une lettre de Avner Azoulay. Malade, le résident du Mossad au Liban avait dû rentrer précipitamment en Israël. Mais il avait tenu, dans un message rédigé en anglais, à attirer l'attention du commandant en chef des Forces libanaises :

« Les récentes tensions dans les régions de Aley et du Sud ont eu des effets négatifs et ont créé une ambiance défavorable dans la poursuite de l'action graduelle que nous avons décidé d'entreprendre ensemble. Je crois que la réunion de demain avec le général Drori est une excellente occasion pour surmonter toutes les divergences d'opinion. Comme tu le sais déjà, l'intérêt principal de Tsahal, de leur propre point de vue, est d'avoir le calme dans les territoires derrière leurs lignes de front et ceci n'est pas en contradiction avec la politique de soutien aux Forces libanaises, sur les deux plans politique et militaire, comme tu en as conscience. Nous aurons encore à passer par un bon nombre de hauts et de bas avant que l'on puisse atteindre notre but final, et lorsque cela apparaîtra, ils doivent être considérés dans leur proportion. J'espère que tu es d'accord. »

Accompagné d'un aréopage d'officiers de son état-major, du A'man et du Mossad, le général Amir Drori arriva au QG des FL à la Quarantaine, le lendemain, vers 13 heures. Dès que ses hôtes furent assis autour de la table de réunion, Bachir Gémayel mit en marche un magnétoscope branché au poste de télévision posé sur une table roulante. Le film vidéo avait été tourné l'année précédante lors d'un festival à Aley par une équipe de télévision britannique. Les images montraient distinctement des Palestiniens en armes défilant au pas cadencé, alternant avec des véhicules équipés de mitrailleuses et tractant des canons. À la tribune, souriants, côte à côte, Walid Joumblatt et Yasser Arafat, entourés de leurs adjoints respectifs, saluaient ou commentaient la parade. Les officiers israéliens ouvrirent de grands yeux, comme s'ils ignoraient que les druzes pouvaient être aussi proches des Palestiniens. La fin du visionnage fut suivie d'un silence que Drori mit quelques minutes à rompre :

— J'admets qu'il y a un profond malentendu, dit-il. Nous ne pouvons pas vous mettre au même niveau que ces gens-là.

— Moi, j'ai des problèmes à cause des civils druzes qui viennent se plaindre de de vos actes. L'ordre doit régner, affirma Amos Yaron le chef des Forces spéciales israéliennes, l'« Orang-Outang » comme l'avaient surnommé les FL, peu sensible à la portée politique des images qu'il venait de voir.

— J'ai une proposition à vous faire, lança Bachir en ignorant l'intervention de Yaron. Pouvons-nous réitérer ailleurs l'expérience de Beit-Eddine où il n'y a plus de problèmes depuis que nous y avons installé des unités régulières. Nous pourrions, dans les mêmes conditions, faire de même à Souk el-Gharb. D'autant que nous avons eu une réunion avec des notables druzes et l'émir Magid Arslane et qu'il est possible de travailler avec eux.

La société druze libanaise, très féodale, était dominée par deux grandes familles rivales : les Joumblatt et les Yazbaki dont descendaient les Arslane. En 1960, à l'initiative de Kamal Joumblatt, le père de Walid, elles avaient passé un accord de répartition territoriale : le Chouf aux Joumblatt et la région d'Aley aux Arslane. Mais ces derniers, contrairement aux Joumblatt, n'avaient pas constitué de milice pour s'imposer. Peu à peu, leur zone d'influence s'était rétrécie au point qu'elle ne constituait plus que quelques centaines d'hectares. Lors de leur réunion avec l'émir Magid, les Forces lui avaient longuement détaillé « la volonté hégémonique communautaire » de Walid Bey et lui avaient proposé d'entraîner ses hommes dans leur casernes. Le prince druze avait semblé très intéressé.

Bachir fit une autre proposition à Drori :

— Si vous ramassez les armes lourdes et légères détenues par les civils dans le Chouf, vous pourrez également prendre celles des chrétiens. Tout le monde sera ainsi traité sur le même pied d'égalité et vous éviterez les problèmes. Ensuite, Raffoul nous renverra nos armes par le Natak. Nous pouvons même monter un scénario pour vous livrer nos armes publiquement.

— Ce n'est pas à nous à faire ce type d'opération, rejeta, hautain, le général israélien. D'ailleurs nos soldats ne comprendraient pas ce genre de manœuvre. C'est au Mossad de monter ce type de chose. Cela étant, votre suggestion d'implanter une caserne FL à Souk el-Gharb est très intéressante. Il faudrait l'examiner avec Amos et répondre aux questions : Où ? Combien d'hommes ? Et comment monter l'opération ?

— Souk el-Gharb est une ville chrétienne, il n'y aura donc pas de problèmes, intervint Fady Frem. Nous installerons la caserne dans l'école qui avait été réquisitionnée par les Palestiniens.

Le film vidéo sur le festival d'Aley avait troublé les Israéliens. Le directeur du Mossad, Yitzhak Hofi, vint en personne, le 4 août 1982, le visionner. Il regarda défiler les images en silence.

— Tous ceux que vous venez de voir dans ce film sont toujours à Aley. Ce sont eux que nous avons en face de nous, affirma Bachir en éteignant le magnétoscope

— Qui a entraîné ces gens dans le passé ? demanda le directeur du Mossad.

— Les Syriens et les Palestiniens.

— Que devons-nous faire pour changer cela ? s'enquit Hofi en s'adressant à Boustani.

— Si vous agissez, tout peut changer. Joumblatt doit rester dans son palais et n'avoir aucun contact avec l'extérieur. Le PSP, le PPS, la Saïka sont toujours à Aley...

— Tous ceux que vous avez vus dans ce film se cachent dans la région avec leurs armes. Chaque semaine, nous avons 4 à 5 tués là-haut, coupa Bachir.

— Mais alors, pourquoi les Américains prennent-ils Walid Joumblatt en considération ? demanda Hofi.

— Ils traitent avec celui qui est présent en face d'eux sur le terrain et Arslane est vieux. Il est possible de saper l'infrastructure de Walid et de renforcer Magid Arslane, cela peut provoquer un renversement de situation et tous les druzes marcheront derrière Magid.

— Est-ce un homme courageux ?

— Il l'est plus que Walid, avança Bachir. Walid n'a rien eu à faire, il a hérité du leadership de son père. Ce n'est pas le cas de Magid.

— Nous devons pousser la majorité silencieuse druze à collaborer avec Arslane, ajouta Zahi Boustani.

— Que pouvons-nous faire aux druzes pro-Joumblatt, à part les tuer ! ? questionna Hofi avec un sourire.

— Il faut autant que possible les désarmer, conseilla Bachir.

Le 5 août, l'unité régulière des FL stationnée à Amchit s'installa à Souk el-Gharb. Elle était commandée par Élie Saadé, surnommé Machkal[1]. Une semaine plus tard, une troisième unité, la caserne de Batroun commandée par Mounir Dik, montait prendre position à Bahmdoum. Les incidents et les accrochages continuèrent comme par le passé. Le commandement FL y envoya inspection sur inspection, mais ne tint aucun compte de leurs conclusions. Samir Geagea fut ensuite nommé responsable du Chouf pour y ramener le calme. Il installa son poste de commandement dans le couvent d'Aïn Trez.

1. *Machkal* : « Problème » en arabe.

20

La campagne électorale

Dix jours après le début de l'invasion israélienne, le 16 juin 1982, une réunion discrète regroupa Philip Habib, son adjoint Morris Draper, l'ambassadeur américain Robert Dillon et Bachir Gémayel dans le grand salon de la résidence américaine à Yarzé. Au milieu de la discussion, à la stupéfaction de tous, l'émissaire de Ronald Reagan demanda brusquement à ses deux collègues de sortir et de le laisser seul avec le commandant des Forces libanaises. Retrouvant la verve orientale de ses origines, Habib prit le dirigeant chrétien à bout de bras et, le regardant droit dans les yeux, lui confia : « Les États-Unis ont décidé d'appuyer ta candidature aux élections présidentielles. Nous allons nous charger de l'Arabie Saoudite et des musulmans d'ici. Nous te demandons de nous aider par ton comportement. Tu es le seul à pouvoir sauver ce pays. Viens que je t'embrasse, et que Dieu soit avec toi. »

Bachir Gémayel se sentit pousser des ailes. Il était maintenant sûr d'être élu. L'accolade qu'échangèrent les deux hommes scella définitivement sa décision d'accéder constitutionnellement à la magistrature suprême, si tant est que ce choix ne fût déjà fermement ancré dans son esprit.

Président de la République ! Cela faisait des années qu'il en rêvait. Il avait tout fait pour y arriver. Il avait écarté son frère aîné Amine, il s'était imposé à son père et au parti Kataëb. Il avait fait le « ménage » chez les chrétiens et il avait contraint, par la force et dans le sang, « l'unification du fusil chrétien », sous-entendu mis en place un commandement unique, le sien. Il avait modifié, avec l'aide du Mossad, son image personnelle, effaçant le voyou et le chef de bande qui faisait peur aux anciens du parti Kataëb pour devenir le meneur d'hommes politique, attentif aux détails et conscient des conséquences de ses actes et de ses paroles. Dans le même temps, il avait développé des relations étroites avec le seul voisin susceptible de l'aider à se débarrasser des Palestiniens et à atteindre son but : Israël. Puis il s'était attaché à trouver des alliés de poids. Et dans ce domaine, difficile de rêver mieux que les États-Unis d'Amérique. C'était maintenant chose faite.

La transformation du personnage de Bachir Gémayel avait véritablement commencé dans les premières semaines de 1982. « La philosophie politique de Bachir Gémayel avait nettement évolué lorsqu'il s'était rendu compte qu'il avait de sérieuses chances d'être élu président de la République[1]. » Il estima qu'il pouvait être le rassembleur de la nation libanaise comme il l'avait été pour les chrétiens. L'axe essentiel de son raisonnement s'appuyait fortement sur la nécessité politique d'un rapprochement avec le monde arabe. Mais pour ce faire, il lui était impératif de gommer définitivement l'image d'homme « diabolique » qui était la sienne auprès des musulmans ; il devait s'imposer à eux et devenir un interlocuteur incontournable. Peu avant son voyage en Arabie Saoudite, fin juin 1982, il avait confié aux Israéliens : « Je dois effectuer ce type de contacts si je veux signer la paix avec Israël. Si je suis élu, vous pourrez conserver votre ambassade à Beyrouth et je devrai disposer d'un délai minimum d'un an pour prouver au monde arabe que je suis libanais et pas seulement chrétien. »

Mais dans son entourage, tout le monde ne partageait pas cette idée. Certains pensaient, qui plus est, que la voie constitutionnelle que voulait suivre Bachir n'était pas adaptée à la situation. Le maître à penser de cette tendance, Sélim Jahel, professeur de droit, président de la cour d'appel et, depuis presque un an, ministre de l'Habitat, prônait le coup d'État. « L'arrivée de Bachir à la présidence signifie la libération du territoire et de l'homme, avait-il expliqué. Cela signifie également l'abandon définitif de la pensée ottomane qui nous opprime. Il est impossible d'unifier un pays dans un monde sous-développé sans utiliser la force. Dans les pays sous-développés, et nous en sommes un, la démocratie provoque le féodalisme, l'anarchie et le despotisme. »

Jahel était fondamentalement opposé à l'élection de Bachir par un Parlement dont il contestait la représentativité. Il militait activement au sein des Forces pour une prise de pouvoir inspirée de

1. David Kimché à Alain Ménargues, décembre 1992.

celle du général de Gaulle en 1958. Prônant la création, avec la complicité d'Élias Sarkis, d'un vide autour de la présidence, l'isolement de ses instruments étatiques, il souhaitait la nomination de Bachir au poste de Premier ministre ou de président d'un comité de salut public, ce qui lui permettrait de ramasser le pouvoir une fois Sarkis démissionnaire [1]. « Rien n'était illégal dans ce schéma puisque le lien de la souveraineté était transmis du président de la République au Premier ministre », faisait remarquer Jahel.

Cette analyse avait immédiatement trouvé des adeptes [2]. Formant la tendance « politiquement dure », ces derniers voulaient profiter de l'opération israélienne pour provoquer un bouleversement politique complet et imposer un nouveau gouvernement. Suivant sa pente naturelle, Bachir avait, dans un premier temps, été enthousiasmé. Puis, il en avait parlé à Philip Habib. L'Américain s'était dressé contre le projet. Il avait été rejoint par Zahi Boustani et Karim Pakradouni. « Il vaut mieux te faire élire par la Chambre des députés et ainsi rester formellement dans le cadre constitutionnel en place », lui avait conseillé Habib.

L'émissaire du président Reagan tenait à ce que les États-Unis soutiennent la candidature du cadet des Gémayel. Mais, Washington ne pouvant être favorable à « un révolutionnaire », il fallait impérativement que l'action de Bachir Gémayel s'inscrive dans « un cadre démocratique ». L'Américain en avait discuté avec Menahem Begin qui avait été du même avis. Pour convaincre Bachir, Habib lui promit que, le temps venu, la Chambre des députés lui serait totalement acquise. Bachir repoussa la proposition de Sélim Jahel, en lui affirmant cependant que son « idée serait reprise si l'élection par le Parlement n'aboutissait pas ».

— Élu, avait-il expliqué aux partisans de la manière forte, j'utiliserai le pouvoir pour raffermir mes bases et mes positions au sein de l'État. Les Forces intégreront l'armée et leurs officiers seront nommés à des postes clés. Une unité autonome sera créée directement sous mon commandement. Mon pouvoir sera assis sur des bases solides pour faire un Liban dominé par les chrétiens.

— Nous ne pourrons pas faire une révolution par des moyens

1. Ce sont les conditions qu'a tenté de poser le général Michel Aoun après sa désignation comme Premier ministre, le 22 septembre 1988. Michel Aoun a d'ailleurs fait appel à cette époque à Sélim Jahel pour récupérer les plans et les études de 1982.

2. Jean Nader, Antoine Najm, Georges Freiha ou Fady Frem

constitutionnels, avait insisté Sélim Jahel. Bachir Gémayel est un phénomène politique qui doit révolutionner le système politique libanais sans tenir compte de la Constitution.

— Vous n'avez pas confiance en moi ? avait souri le candidat. Phrase et sourire qui devaient ponctuer, par la suite, toutes les discussions à ce sujet.

Le choix définitif de cette voie « démocratique » fut à l'origine d'une profonde divergence entre Bachir Gémayel et Ariel Sharon sur l'opportunité de lancer la milice chrétienne dans l'opération « Étincelle » contre Beyrouth Ouest. Le vote des musulmans entrait dans les calculs de Bachir et une intervention militaire de la milice qu'il commandait contre le réduit ne pouvait avoir qu'un effet électoral catastrophique. Ce refus ternit rapidement l'image des miliciens chrétiens — déjà fort peu reluisante — auprès des soldats de Tsahal. Le Mossad réalisa, en discutant avec des officiers israéliens, que l'image des combattants chrétiens s'était considérablement détériorée dans l'opinion publique en Israël, notamment au travers des récits des soldats revenant du Liban. L'un de ces officiers avait dit à Avner Azoulay : « Tes amis se promènent bien rasés, les vêtements bien repassés et regarde dans quel état sont nos hommes. Je pensais que nous étions venus les sauver, mais eux ne font rien pour gagner leur liberté. »

Le résident du Mossad au Liban avait immédiatement envoyé une note à Tel-Aviv et s'en était ouvert à Bachir. Il avait suggéré que la milice effectuât quelques opérations militaires, même secondaires, qui, bien couvertes par les médias, corrigeraient l'image des Forces. « Cela va nous coûter des vies humaines pour trois fois rien », avait rétorqué le commandant en chef des FL.

Mais Bachir était conscient de l'effet dévastateur en Israël que pouvait avoir la propagation de ce qu'il appelait des « rumeurs ». Pour tenter de compenser, il demanda à Élie Hobeïka d'intensifier sa coopération avec les Israéliens. Mais le A'man se rendit vite compte des limites des renseignements que lui fournissaient les services de HK. « Nous avions besoin d'informations sur nos prisonniers. Ils étaient incapables de nous fournir le moindre élément à ce sujet. Nous en obtenions plus par nous-mêmes[1] », devait confier plus tard l'un des responsables du Mossad.

En fait, le courant passait très mal entre le service de renseignement militaire et Élie Hobeïka. Les Israéliens considéraient que

1. Avner Azoulay à Alain Ménargues, décembre 1992.

ses hommes faisaient régner la terreur jusques et y compris dans leurs propres camps pour dissimuler la rivalité qui les opposait dans la corruption. Le seul service de renseignement des Forces libanaises qui trouvait grâce aux yeux des Israéliens était le renseignement militaire de la milice[1] qui dépendait d'Élie Wazzan (Abbas).

Discrètement, Avner Azoulay contacta Fady Frem, le chef d'état-major des Forces, et lui proposa d'effectuer une action militaire contre la faculté des sciences de l'Université libanaise tenue par les combattants palestiniens et située sur la ligne de front au sud de Beyrouth. L'opération fut minutieusement préparée par Fouad Abou Nader, le chef du 3e Bureau (opérations) des FL. Dans la nuit du 15 au 16 juin, un appui blindé et quelques pièces d'artillerie furent amenés secrètement sur place. À l'aube du 16, une unité des Forces libanaises attaqua comme à l'exercice. Un groupe d'officiers et de journalistes israéliens autour de Fady Frem assista à l'opération du haut du promontoire du collège des pères antonins. Après une courte préparation d'artillerie, les combattants chrétiens montèrent à l'assaut. Au bout de quelques minutes de combats intensifs, une colonne de prisonniers palestiniens, les mains sur la tête, quitta l'immeuble. L'action fut filmée et photographiée sous tous les angles. Le lendemain, l'ensemble de la presse israélienne relata largement « la bataille de la faculté des sciences ». À Tel-Aviv, le porte-parole militaire affirma qu'Israël respectait le cessez-le-feu et qu'aucune unité de Tsahal n'avait participé à l'opération. Il laissa même clairement entendre que l'affrontement avait opposé les Forces et les Palestiniens, ce que reprirent naturellement toutes les agences de presse.

Bachir apprit la prise de la faculté des sciences en lisant les journaux. Il entra dans une colère noire. Il convoqua Fady Frem et le visage fermé, les mâchoires crispées, lui demanda,

— Pourquoi avoir fait cela sans m'en parler ?

— C'était une petite opération destinée à corriger le front qui était en notre défaveur à cet endroit, tenta d'expliquer le chef d'état-major mal à l'aise.

— Je ne peux pas tolérer cela, s'écria Bachir. Tu mets en danger le plan politique dans sa globalité. Nous ne devons pas accepter que les Israéliens nous poussent à effectuer des actions que nous n'avons pas à mener.

1. *Id.*

Le porte-parole des FL publia immédiatement un démenti catégorique :

« À 3 h 45, le mercredi 16 juin, un groupe armé palestinien a tenté de s'avancer vers Hadeth. Cette tentative a fait deux tués et quatre blessés dans les rangs des FL. Les Forces libanaises en poste dans la région ont immédiatement riposté aux éléments armés palestiniens pour mettre un terme à leur provocation. Cet accrochage, localisé et limité, n'a aucune signification politique ou militaire. À cette occasion, les FL tiennent à souligner qu'elles n'auront pas recours à l'initiative militaire mais seront obligées de se défendre lorsqu'elles sont attaquées.

« Le but de ce type de provocation est de les mener à participer à des combats qu'elles refusent. »

Aussi, Ariel Sharon n'eut aucune chance d'être entendu lorsqu'il demanda, le 29 juin suivant, à Fady Frem, « d'ouvrir le feu sur toute la ligne de démarcation et choisir un ou deux points pour faire une percée ».

— Notre peuple me demande : Où sont les Libanais ? Pourquoi ne participent-ils pas aux combats ? Et je ne peux rien leur expliquer. Il faut que vous avanciez et que cela se sache. N'ayez crainte, nous vous aiderons militairement, argumenta en vain Sharon.

En apprenant la demande du ministre de la Défense, Bachir ne put cacher son désarroi :

— Pourquoi ne me comprennent-ils pas ? Si je dois être élu, ils savent bien que ce n'est pas possible. Nous en avons discuté avec Begin et lui. Pourquoi me poussent-ils à brûler cette carte ?

Le président du Parlement, Kamel el-Assaad, fixa le début de la session électorale au 23 juillet 1982. Dès lors, et pendant un mois, il pouvait convoquer la Chambre à n'importe quel moment. S'il ne parvenait pas à réunir le quorum durant cette période, les députés, durant les trente jours suivants, avaient la possibilité de se réunir, sans convocation, et de procéder au vote à condition d'être au moins 62, chiffre fatidique du quorum. Et après le 23 septembre, le président de la République serait obligé de désigner un nouveau chef du gouvernement (maronite par tradition), assumant la charge de la présidence[1].

Personne n'aurait parié la moindre piastre sur les chances d'organiser et de réaliser une telle session. En 1976, les députés

1. C'est ce qui arriva, le 23 septembre 1988, lorsque Amine Gémayel désigna Michel Aoun comme Premier ministre.

avaient dû quitter l'hémicycle pour cause de combats au centre ville autour du Parlement. Les parlementaires s'étaient installés « provisoirement » dans une villa réquisitionnée, la villa Mansour, du nom de son propriétaire. C'était une résidence massive de couleur ocre située à l'extrémité est du passage du musée. Cet emplacement, sur la ligne de démarcation, avait été choisi pour permettre aux députés des deux secteurs de pouvoir siéger « sans avoir à passer de l'autre côté » et, pour l'heure, les bombardements quotidiens empêchaient toute circulation dans ce secteur.

Le refus de Damas de faire transiter les Palestiniens à Lattaquié porta un coup à la politique des « petits pas » de Philip Habib. Il tentait avec un succès certain, par touches successives, de dessiner le plan du retrait de l'OLP en passant d'une difficulté à une autre dès qu'un durcissement apparaissait. L'utilisation du port syrien qui semblait acquise se dérobait sans qu'il y ait de solution alternative. Bien que la présence d'une force d'interposition américaine ait été rejetée par les Palestiniens, Philip Habib avait demandé à Élias Sarkis d'effectuer une requête officielle auprès de Paris et de Washington. Les deux capitales avaient donné un accord de principe avec des réserves. Washington ne voulait en aucun cas faire débarquer ses Marines avant le départ des Palestiniens, alors que l'OLP et ses alliés exigeaient l'arrivée d'une force étrangère avant d'entamer tout mouvement. Paris, de son côté, souhaitait une caution des Nations unies. La Grèce était venue prêter main-forte à l'émissaire américain en mettant des bateaux à sa disposition. Tout semblait se mettre en place ; restait le casse-tête du ou des pays de destination ; à l'évidence aucun régime arabe ne voulait en être. Les négociations stagnèrent.

Le 10 juillet 1982, Menahem Begin, en sortant du Conseil des ministres, menaça : « Israël pourrait envisager le recours à d'autres solutions que la voie diplomatique. »

Le lendemain, à l'aube, un véritable déluge de feu écrasa « le trou à rats » pendant onze heures d'affilée. Katioucha et canons palestiniens ripostèrent. 55 obus frappèrent le palais présidentiel de Baabda. Raphaël Eytan, qui effectuait une tournée d'inspection des lignes israéliennes avec plusieurs officiers supérieurs, échappa de justesse à la mort. Il venait de quitter un lieutenant commandant une batterie d'artillerie (qui lui avait confié « en avoir marre »), lorsqu'un obus palestinien frappa de plein fouet la position, tuant le jeune officier et blessant plusieurs servants. Ce bombardement provoqua la mort de 75 personnes et il y eut 180 blessés.

Vertement interpellé par des membres du gouvernement libanais qui exigeaient l'arrêt des tirs, Philip Habib leur confia, parlant des Israéliens :

— Je suis comme le dompteur lâché les mains nues dans la cage aux tigres. Je ne sais plus comment les retenir. Mais j'ai pour mission de trouver une solution politique et non une solution militaire et j'y parviendrai !

Le 6e cessez-le-feu fut le bon. Il intervint à 21 heures. Aharon Ya'ariv et David Kimché rencontrèrent peu après un groupe de journalistes : « Il faut s'attendre à des violations de cessez-le-feu, si l'on veut atteindre un accord politique, c'est la règle du jeu », confia avec un sourire Kimché à l'un d'eux.

Pour la première fois de son histoire, l'armée israélienne était confrontée à une guerre d'usure. En fait, paradoxalement, depuis le bouclage de Beyrouth Ouest, l'initiative appartenait à la coalition de milices et de bandes armées assiégées dans le réduit. Les combattants palestiniens et leurs alliés étaient dotés de batteries de lance-roquettes multiples, de fabrication soviétique, BM 13 et BM 21 [1], extrêmement mobiles. Les Israéliens leur opposaient des batteries d'artillerie certes beaucoup plus puissantes, mais fixes, donc beaucoup plus vulnérables. Car, bien qu'équipé de canons autotractés, le commandement de Tsahal avait choisi de laisser ses pièces au même endroit pour les rendre plus rapides et efficaces.

Les Israéliens avaient environ 35 000 hommes, plus de 300 chars et une centaine de canons à longue portée autour de la capitale libanaise. Spécialiste de la guerre éclair et des opérations audacieuses, Tsahal n'était pas à l'aise dans la guerre de position qu'imposait le siège de la capitale libanaise. Pour compenser ce handicap, les Israéliens utilisaient leur formidable puissance de feu. Mais ils s'étaient très vite rendu compte du peu d'effet de leurs tirs sur les quelque 10 000 combattants palestiniens bien retranchés dans la zone urbaine.

La « solution diplomatique » irritait au plus haut point Tel-Aviv. « Nous tournons en rond tel un avion sur une piste d'envol sans parvenir à décoller. Les Palestiniens font durer à dessein les

1. BM 13 : ensemble tracté de quatre fois 3 tubes pouvant tirer 12 roquettes simultanément. BM 21 : ensemble mobile de quatre fois 10 tubes montés sur la plate-forme d'un camion pouvant tirer 40 roquettes simultanément.

négociations pour gagner du temps. Nous ne sommes pas dupes. Le temps que nous accordons à la diplomatie s'épuise », confia David Kimché à Bachir Gémayel le lendemain des bombardements. Il y avait déjà eu un plan en 11 points proposé par l'OLP, puis deux plans américains l'un en 6 points et l'autre en 9 présentés à Israël par Philip Habib et le dernier en date était roumain. S'ajoutaient des propositions françaises et égyptiennes. Mais aucun n'était parvenu à s'imposer. Par contre, tous se superposaient, s'imbriquaient au gré des humeurs, des déclarations et des intérêts des uns et des autres.

Les Syriens en profitaient pour mettre plusieurs fers au feu : prendre le contrôle de l'OLP, ouvrir un dialogue direct avec Washington et enfin affermir la mainmise de Damas sur certains partis politiques libanais.

Le lendemain des bombardements, David Kimché et Yehoshua Saguy firent un saut à Beyrouth pour demander à Bachir Gémayel d'aider Israël à « éradiquer le terrorisme ».

— Nous souhaitons ardemment que vous nous fournissiez les détails des comptes bancaires détenus par les Palestiniens dans les établissements libanais. C'est pour nous capital, plaida Saguy.

— Capital ou pas, il n'en est absolument pas question, répliqua Bachir sur un ton sec qui cachait mal son énervement. Il y a chez nous un secret bancaire plus hermétique qu'en Suisse et personne ne touchera à la règle d'or du Liban.

— Avec leur présence, il y avait ici un État dans l'État, affirma David Kimché de sa voix douce. Cela doit être complètement anéanti. Si la Jordanie et le Liban rejoignent Camp David, il faudra nettoyer tout cela. Nous pensons que les FL et l'armée libanaise doivent entrer dans Beyrouth Ouest et le nettoyer.

— C'est possible si la bataille de Beyrouth a lieu, estima Bachir. Sinon ce sera très difficile.

— Quelles seraient les réactions à Beyrouth si nous prenions la région des camps palestiniens ?

— Aucune ! Tout serait terminé. Il n'y aura de combats que dans les camps. Nous, nous nous occuperons de la zone musulmane de la ville. Nous y avons beaucoup de collaborateurs qui travaillent et qui sont en train de monter des actes de sabotage.

Comme pour appuyer ces propos, le lendemain 13 juillet, une voiture piégée explosa vers midi devant le Centre de recherches palestinien, non loin du cinéma Versailles, rue Hamra. 50 kilos de TNT et d'hexogène reliés à 20 litres d'essence et à trois obus de 122 mm actionnés par un système d'horlogerie, avaient été dissimulés sous la banquette arrière et dans le coffre d'une Mercedes. Il y eut 43 blessés. C'était le douzième attentat de la sorte à Beyrouth Ouest depuis le 6 juin. Le précédent avait eu lieu non loin de là devant les locaux de l'Agence France Presse, le 27 juin.

L'option militaire revenait en force. L'état-major de Tsahal fignolait ses plans. Raffoul revint à Beyrouth[1] le 13 juillet pour annoncer aux FL qu'ils auraient un rôle à jouer dans une éventuelle opération militaire sur le « réduit ».

— Vous préférez progresser d'Achrafieh vers l'ouest en passant par le musée ou vous souhaitez un autre axe ? demanda-t-il à Bachir.

— Nous préférons l'axe de la galerie Semaan avec comme objectif l'église Mar-Mikaël de Chyiah.

— Très bien. Nous planifions le tout. Il faut que vous nous donniez la largeur de l'axe. Puis j'irai sur le terrain pour me rendre compte de la topographie des lieux. Avez-vous besoin de quelque chose ?

— Non, de rien. Nous sommes prêts.

— Attention, il faut que vous soyez prêts comme nous l'entendons. Si je dois affirmer que Fady Frem est prêt, je dois être sûr qu'il l'est, exigea Eytan. Nous nous chargerons du reste du front. Vous aurez ce dont vous avez besoin en armes, en munitions et en blindés. Nous n'avons pas de problèmes de liaison avec vos troupes. Elles auront les mêmes identifications aériennes[2] que nous pour éviter que notre aviation ne commette une erreur. Fady doit étudier les détails de l'opération avec Amir Drori. Maintenant, j'ai deux requêtes à vous présenter. En 1973, il y avait un certain docteur Francis à l'Hôpital militaire. Il a soigné et s'est occupé de l'un de nos pilotes qui avait été abattu au-dessus du Liban. Nous voudrions qu'ils se revoient. Ensuite le 15 mai 1948, lors de la bataille de Malkiyé, au Liban Sud, sept de nos soldats ont été tués et nous n'avons jamais pu récupérer leurs corps. L'armée libanaise les avait enterrés. Pouvez-vous nous aider à obtenir des renseignements sur l'endroit où ils reposent ?

— Vous venez de nous donner cinq camions, maintenant vous nous en demandez le prix, constata Fady Frem en souriant.

---

1. Avec Moshé Lévi (adjoint au chef d'état-major), Ouri Sagui (chef du B3 opérations), et les résidents du Mossad.
2. Une toile orange vif tendue sur tous les véhicules.

— Non, conservez-les, nous vous présenterons une facture globale après la guerre, répondit Raffoul sur le même ton.

Le 14 juillet 1982, une délégation[1] des Forces se rendit à Damas. Bachir Gémayel avait chargé Pakradouni de « sonder » les Syriens sur sa candidature. Abdel Halim Khaddam, le ministre des Affaires étrangères, maître du dossier libanais en Syrie, reçut, à son habitude, très aimablement la délégation. Après les salutations d'usage, Pakradouni lui demanda « si la Syrie soutenait Bachir Gémayel ».

— Vous savez que chez nous la décision est prise à plusieurs niveaux, leur dit-il. Il faut que nous étudions cela et que nous en parlions avec les pays arabes frères. Vous connaissez notre sentiment à son égard : *a priori*, nous ne pouvons pas l'appuyer. Mais il nous faut connaître ses intentions concernant, entre autres, sa vision du Liban et la conception des rapports qu'il compte avoir avec le monde arabe et notamment avec la Syrie. Avec qui va-t-il travailler sur un plan intérieur ? Saëb Salam ? Karamé ? Quelqu'un d'autre ? Bachir a une logique révolutionnaire et je ne pense pas qu'il puisse s'allier avec des traditionalistes comme Salam. Donnez-nous des informations sur ces points que nous puissions les étudier. Nous refusons toute présence palestinienne militaire ou politique au Liban, poursuivit l'avocat arménien. Les civils palestiniens qui resteront ne doivent pas être armés. Le prince Saoud al-Fayçal m'a raconté que Cheikh Bachir accepterait une présence militaire symbolique après que l'État aura étendu son autorité et après la mise en place d'un pouvoir fort.

— C'est exact, confirma Pakradouni.

— En d'autres termes, cela veut dire que vous traiterez les civils palestiniens comme vous traitez les Syriens ou les Algériens ?

— Exactement, et les lois libanaises s'appliqueront à tous.

— Nous avons proposé à Morris Draper de désarmer les Palestiniens. Il pense que les Palestiniens doivent venir en Syrie et que, de plus, c'est à nous de les transporter, raconta Abdel Halim Khaddam en souriant. Nous ne sommes prêts ni à les convoyer ni à les accueillir. Il y a 20 000 combattants palestiniens armés. Leur présence déstabilisera la Syrie, et si nous voulons les contrôler, les Arabes pousseront de hauts cris. Si nous ne les contrôlons pas, ils constitueront un élément d'instabilité ici. Le maximum que

1. Karim Pakradouni, Georges Saadé et Joseph Aboukhalil.

nous puissions faire est d'accueillir Arafat et les dirigeants politiques, mais uniquement eux. J'ai interrogé Morris Draper sur les intentions des Israéliens après le départ des Palestiniens. Il m'a affirmé qu'ils se retireraient du Liban, au besoin sous la pression de l'opinion publique mondiale. Je lui ai demandé de me fournir l'assurance que les États-Unis s'emploieraient à les faire sortir, mais il a refusé de me la donner. J'ai l'impression que non seulement les Israéliens ne partiront pas mais, de surcroît, que les Américains ne feront aucune pression sur eux dans ce sens. En fait, s'il doit y avoir un retrait israélien, il aura lieu, mais après la signature d'un traité de paix avec le Liban.

— Nous voulons également un retrait syrien, rappela Pakradouni sans commenter l'analyse de son hôte.

— N'ayez aucune inquiétude à ce sujet, nous ne sommes pas un problème, assura le ministre syrien.

Le devenir de l'institution des FL était l'objet de nombreuses discussions entre les membres de l'équipe dirigeante. Que faire avec l'outil qui allait permettre à Bachir d'arriver au sommet de l'État ? Il fallait pour le moins transformer sa raison d'être à défaut de le dissoudre. Une constante émergeait dans tous les esprits : les Forces devaient continuer à soutenir voire défendre le futur président. Restait à déterminer de quelle manière et sous quelles conditions. Il était difficile, sinon impossible, d'intégrer purement et simplement les unités de la milice dans l'armée libanaise. Il y aurait une levée de boucliers chez les musulmans et une forte opposition au sein même de la grande muette. Le chef d'état-major des FL, Fady Frem, prônait leur légalisation en tant que corps constitués parallèles à l'armée. Il avait fait étudier différents schémas pour en faire une force spéciale, sorte de garde nationale ou de gardes-frontières. Aucune décision n'avait été prise.

Bachir, dans sa volonté de « ratisser large » sur le plan électoral, souhaitait « calmer le jeu dans le Chouf » et évaluer les possibilités d'un rapprochement avec les druzes. Zahi Boustani, originaire de Deïr el-Kamar, fut chargé du dossier. Il eut deux réunions avec Marwan Hamadé, conseiller de Walid Joumblatt, et Albert Mansour, député chrétien de la Békaa et trésorier du Mouvement national. Boustani insista pour que Bachir Gémayel et Walid Joumblatt se rencontrent afin de « lancer une nouvelle dynamique politique ». L'entretien entre les deux hommes eut lieu le 17 juillet 1982 au palais présidentiel de Baabda. Le druze arriva le premier en costume et cravate ; cinq minutes plus tard, dans sa saharienne bleu ciel à manches courtes, le chrétien descendit de voiture. Ils eurent 45 minutes de tête-à-tête, puis Élias Sarkis vint se joindre à eux pendant une vingtaine de minutes. À la grappe de journalistes qui les attendaient à la sortie, Walid puis Bachir adressèrent de belles phrases pleines d'espoir en l'avenir et de volonté de poursuivre le « dialogue ». Leurs sourires cachaient mal le manque d'accord. Ils ne devaient plus jamais se revoir.

Deux jours plus tard, Damas proposa publiquement d'accueillir uniquement les chefs palestiniens. Une offre qui n'eut aucun écho. Yasser Arafat ne voulait pas aller en Syrie. Hafez el-Assad lui avait dit un jour : « La Palestine est le sud de la Syrie. » Le chef de l'OLP avait difficilement avalé sa salive et n'avait jamais oublié. Par la suite, ses divergences de vues avec le président syrien sur la conduite du dossier palestinien, son séjour dans une prison damascène et les différentes tentatives d'assassinat contre sa personne qu'il attribuait aux moukhabarat[1] de Damas l'avaient dissuadé à jamais de faire confiance à Damas. « Je ne veux pas être à la tête d'un bataillon de plus dans l'armée syrienne », avait commenté *el-Khitiar*.

« M. Yasser Arafat a invité Ariel Sharon à Beyrouth ; qu'il prenne garde, Sharon serait capable de le prendre au mot », lança le même jour Menahem Begin à 250 000 manifestants en délire venus à Jérusalem à l'invitation du Likoud soutenir sa politique. Tel-Aviv estimait que les négociations étaient dans une impasse totale et certains responsables israéliens réclamaient haut et fort le départ de « l'émissaire américain de Beyrouth ».

Toutes les portes se fermaient devant Philip Habib. Tous les pays arabes lui avaient clairement fait savoir qu'ils ne voulaient pas de combattants palestiniens sur leur sol. Au cours d'un voyage à Riyad, Habib proposa aux responsables saoudiens de prendre 2 000 combattants de l'OLP. « Ils m'ont regardé comme s'ils n'arrivaient pas à en croire leurs oreilles, comme si je venais de leur offrir un sandwich au porc », devait-il raconter par la suite.

« Pourquoi ne pas les cantonner provisoirement dans le Nord et dans la vallée de la Békaa ? » proposèrent Abdel Halim Khaddam et Saoud al-Fayçal à George Shultz lors de sa première tournée dans la région. Le nouveau responsable de la diplomatie de Washington trouva l'idée intéressante. Mais avec un ensemble

1. Services secrets.

parfait, Élias Sarkis et Chafic Wazzan la rejetèrent catégoriquement sans même consulter Bachir.

Philip Habib, le 19 juillet, tenta une percée en lançant l'idée d'un déploiement d'observateurs onusiens autour de la capitale libanaise afin de réduire la pression militaire. Sharon, furieux, se précipita à Beyrouth. L'Américain le reçut fraîchement et lui assura sur un ton de confidence :

— Des forces d'interposition débarqueront dès le début de l'évacuation si c'est nécessaire. N'oubliez pas que les États-Unis ont aussi leur mot à dire, il n'y a pas que vous !

— Vous intervenez dans nos affaires intérieures en mettant en péril notre sécurité, lui répondit sèchement Sharon.

— Votre sécurité n'est pas en cause lorsque vous empêchez un convoi de farine de pénétrer à Beyrouth Ouest.

— Ce sont les miliciens chrétiens qui vérifient tous les chargements entrant à l'Ouest, récusa le ministre de la Défense.

— Mais ce sont des soldats israéliens qui ont empêché le convoi de passer !

— La quantité qu'ils transportaient aurait suffi à nourrir tous les terroristes jusqu'à la fin du mois de juillet de l'année prochaine. Cessez donc de vous plaindre tout le temps. J'en ai assez de vos récriminations !

— Farine, fuel et essence doivent passer, exigea Habib.

— Le fuel n'entrera pas !

Sharon était rouge de colère.

— Comment cuiront-ils leur pain ?

— Je ne sais pas, je ne suis pas boulanger. Le moment est venu d'en finir !

— Nous terminerons cette guerre sans opération militaire !

— Ce travail doit être achevé très bientôt.

— Je vous enverrai la Croix-Rouge, s'écria l'Américain.

— Nous rejetons cette menace.

Sur cette phrase, Sharon tourna le dos et se précipita chez Johny Abdo où l'attendaient Bachir Gémayel et Fady Frem pour déjeuner. Abdo, quelques minutes auparavant, avait rencontré Yasser Arafat à Beyrouth Ouest, qui lui avait confié que la seule solution pour régler le problème des pays d'accueil était d'envoyer les combattants dans les pays-refuges d'où ils venaient. Ainsi les Palestiniens venus d'Irak devaient y retourner, ceux venus de Syrie se rendraient à Damas et ceux du Yémen repartiraient pour Aden.

Une fois à table, Ariel Sharon demanda à Abdo comment il avait trouvé son interlocuteur :

— Son moral est meilleur que la dernière fois que je l'ai vu.

— Quelle est la situation dans Beyrouth Ouest ?

— Normale. Ils mangent des fruits israéliens !

Les barrages de Tsahal contrôlant les entrées du réduit avaient reçu comme consigne de « fermer les yeux » et de laisser entrer dans Beyrouth Ouest les légumes et les fruits israéliens reconnaissables aux cageots estampillés en hébreu. Le demi-million de personnes coincées dans « le trou à rats » représentaient un marché non négligeable. Très vite, les commerçants libanais récupérèrent les cageots vides et les expédièrent dans la vallée de la Békaa pour les remplir de fruits et de légumes bien meilleur marché que ceux d'Israël. Ainsi conditionnés, ils entrèrent sans difficulté dans le réduit.

— Arafat compte-t-il vraiment partir ou croit-il toujours que le temps joue en sa faveur ? demanda Sharon à Abdo.

— De toute évidence, il est persuadé que le temps joue en sa faveur.

— Nous lui avons proposé l'asile chez nous, sourit le ministre.

À la fin du repas, Sharon entraîna par le bras le chef des FL à l'écart du groupe.

— Israël n'envisage de solution au Liban qu'au travers de ton élection, lui confia-t-il. Nous sommes prêts à tout faire pour t'aider à la gagner. Si tu prends le pouvoir, tout ira bien ; dans le cas contraire l'opération « Paix en Galilée » se réduira au contrôle des 40 km grâce à Saad Haddad. Notre gouvernement a pris la décision et il a donné le feu vert à l'armée pour effectuer l'opération sur Beyrouth. Elle est imminente, mais je voudrais savoir si elle peut nuire à ton élection ?

— Non. Si nous sommes associés à la décision, cela nous est égal.

— Veux-tu une nation chrétienne ou une nation mixte ?

— Chrétienne ! Mais sur tout le territoire du Liban. Nous serons donc obligés de composer avec les musulmans. Tous les villages du pays seront désarmés.

— Nous vous y aiderons, promit Sharon. Nous allons donc vers le *wide government*.

— Tout à fait. Il signera immédiatement avec vous un traité de sécurité. Pour l'élection, nous ne savons pas pour l'instant quand le Parlement pourra siéger. Notre seul souci est de pouvoir atteindre le quorum de 62 députés.

Le bureau de coordination pour l'élection, dirigé par Zahi Boustani, avait redoublé d'efforts. Des cartes de la région avaient été punaisées sur les murs. Les emplacements des domiciles des parlementaires et les routes leur permettant d'aller à la villa Mansour y étaient scrupuleusement annotés. Des commandos de miliciens dûment chapitrés avaient été créés et envoyés chez chaque député pour assurer leur sécurité, mais aussi garantir leur participation. Le plan mis au point par Boustani était simple : Bachir Gémayel, seul candidat, devait absolument réunir les 62 députés nécessaires au quorum. Le reste n'était qu'une question de « détail » puisque pour le second tour — à la majorité relative — Bachir était absolument sûr des 33 membres ou proches des Kataëb. Il fallait donc « travailler au corps », un à un, un minimum de 30 des 58 parlementaires résidant en zone chrétienne et dont les votes n'étaient pas certains. Bachir commença par raffermir ses « troupes » en allant voir Camille Chamoun. Ce dernier fit montre de quelques réserves :

— Tu ne peux pas gouverner le Liban avec Dib Anastase et Élie Hobeïka, lui avait-il dit.

Le premier, Dib Anastase, patron aux pleins pouvoirs de la police Kataëb, lui faisait très peur, comme à beaucoup d'autres chrétiens, et l'ancien président de la République n'aimait pas le second. Bachir le rassura d'un sourire en lui promettant de gouverner dans le cadre des lois du pays. Il lui avoua, de plus, qu'une fois au pouvoir il ferait appel à son fils Dany, toujours en exil à l'étranger.

Le 20 juillet, le président Kamel el-Assaad effectua les traditionnelles consultations avec les divers blocs parlementaires pour préparer les élections. Il leur expliqua qu'il avait des difficultés à trouver une date compte tenu des mesures à prendre pour assurer une atmosphère de démocratie et de liberté au scrutin. Le premier tour fut fixé le 3 août. Zahi Boustani, qui avait été consulté pour ce choix, était intimement convaincu que le quorum ne serait pas atteint ce jour-là. Mais l'important de cette première convocation était de faire constater l'impossibilité d'utiliser la villa Mansour pour réunir le Parlement pour des questions de sécurité. Il serait alors facile de le faire constater et ensuite de convoquer une autre session dans un autre endroit « plus sûr ». Bachir Gémayel, de son côté, multipliait les contacts « utiles ». Le 23 juillet, il se rendit chez le chef du clan druze yazbaki, l'émir Magid Arslane. En sortant du domicile du prince druze, le candidat, un immense sourire aux lèvres, salua de la tête le cheikh Akl druze israélien, Yassin Tarif, protégé par une nuée de soldats de Tsahal. Il venait inviter publiquement l'émir et les druzes du Liban à « coopérer avec leurs frères chrétiens ». Le Mossad assurait sa part de travail.

Bachir Gémayel fit officiellement acte de candidature au cours d'une émission en public diffusée par la radio du parti Kataëb La Voix du Liban, le 24 juillet. Il avait exigé d'être présenté par son frère Amine afin de couper court à toutes les supputations et les manœuvres de dernière minute.

— Ma candidature n'est ni une manœuvre ni un chantage et en aucun cas je ne reviendrai sur ma décision, affirma le commandant en chef des Forces.

Dans les minutes qui suivirent, Walid Joumblatt réagit violemment : « La candidature de Bachir Gémayel est une candidature de défi, déclara-t-il. C'est celle des canons et des blindés israéliens. Il serait plus net pour Israël de désigner un gouverneur militaire à Baabda ou qu'il aide le candidat du défi à faire un coup d'État militaire pour chasser tous les Palestiniens du Liban, arrêter tous les patriotes et les liquider. » Rachid Karamé, l'ancien Premier ministre, ajouta que « cette candidature était une épée brandie face à la démocratie. Je me demande si aujourd'hui la violence est devenue une condition nécessaire pour parvenir à la présidence de la République ». Les uns après les autres, les chefs de milices de l'Ouest et les dirigeants des partis et des organisations de gauche dénoncèrent le « candidat des Israéliens ». La Syrie affirma que Bachir Gémayel avait « trahi ».

Ce concert de protestations fut proprement balayé par la furie des bombardements qui embrasèrent Beyrouth le 26 juillet. À 17 h 50, des soldats israéliens pénétrèrent dans la salle de contrôle du centre de distribution d'eau et fermèrent les vannes qui alimentaient Beyrouth Ouest. Ils firent ensuite de même avec l'électricité. Ghassan Thuéni, l'ambassadeur du Liban aux Nations unies, envoya une lettre à Javier Pérez de Cuéllar dans laquelle il accusait Israël de « violer le droit international sous toutes ses formes dans son occupation du Liban Sud et de Beyrouth. [...] Non content de ses actes de violence et de brutalités qui ont causé des dégâts immenses et des pertes humaines innombrables, Israël procède actuellement à l'établissement d'une administration parallèle, ignorant les autorités locales libanaises légitimes, qui ont été mises plusieurs fois dans l'impossibilité physique d'accomplir leur mission ».

Le lendemain, les bombardements redoublèrent. Pendant douze heures, la population se terra dans les abris. Le commandant d'un régiment de blindés israélien dont les canons tiraient sur la ville demanda à être relevé de ses fonctions pour protester contre les ordres qu'il recevait. Colonel âgé de 32 ans, plus jeune officier de ce grade de toute l'armée israélienne, fils d'un général de réserve qui militait dans l'opposition travailliste, Élie Gueva savait que sa demande mettait fin à une carrière militaire jusque-là exceptionnelle. À la fin de la journée, on dénombra 112 morts et 232 blessés.

Les notables sunnites du Rassemblement islamique profitèrent d'une accalmie pour se réunir au domicile de Saëb Salam à Mousseitbé. Ils se prononcèrent à l'unanimité pour la tenue d'élections dans un cadre constitutionnel et demandèrent « que soient sauvegardées les valeurs sur lesquelles s'était érigé le Liban, à savoir l'entente entre les deux familles spirituelles libanaises ». L'islam traditionnel se gardait de prendre une position en flèche contre la candidature de Bachir Gémayel. Ce fut une véritable bouffée d'oxygène dans la déferlante politique qui s'opposait au chef des Forces.

Dans la soirée, Philip Habib regagna précipitamment Beyrouth :

— J'ai la clé du problème, affirma-t-il aux journalistes en arrivant dans la capitale libanaise. Une force internationale composée de contingents américain, canadien, italien, français et grec débarquera à Beyrouth Ouest pour superviser le départ des Palestiniens.

En s'adressant également aux journalistes, Yasser Arafat lui répondit immédiatement qu'il s'engageait à retirer ses troupes de Beyrouth. Habib exigea que Chafic Wazzan obtienne le plus rapidement possible une lettre d'Arafat confirmant ses propos.

Pratiquement au même instant, à New York, le Conseil de sécurité des Nations unies, à la demande de l'Espagne, se prononçait à l'unanimité de ses membres — les États-Unis ne prirent pas part au vote — pour la levée immédiate du blocus autour de Beyrouth. Avant que la teneur de cette septième résolution concernant le Liban depuis le début de l'opération « Paix en Galillée » ne parvienne à Beyrouth, les bombardements reprenaient avec une intensité encore jamais égalée jusque-là. Le domicile de Saëb Salam fut touché. Les unités israéliennes profitèrent de ce barrage d'artillerie pour tenter d'enfoncer les défenses palestiniennes. Elles y parvinrent sur près de 5 km au sud du réduit et ainsi resserrèrent leur dispositif à l'aéroport.

Dans une septième résolution, le Conseil de sécurité exigea un cessez-le-feu immédiat et ordonna l'envoi d'observateurs dans et autour de Beyrouth. Une cinquantaine de Casques bleus de la FINUL de Nakoura prirent la direction de la capitale libanaise. Ils furent arrêtés par les Israéliens à Damour et durent faire demi-tour.

« Ils [les sunnites] ne m'ont pas appuyé, mais ils se sont prononcés pour la tenue du scrutin et ils représentent une grande assise politique et populaire », déclara le soir même Bachir au général Amir Drori venu lui rendre visite à la Quarantaine[1]. Dehors, le bruit sourd des explosions était par instants si fort qu'ils durent élever la voix pour s'entendre.

— Nous sommes venus voir si les élections vont avoir lieu, expliqua Drori.

— Elles auront lieu entre le 10 et le 12 août.

— Arafat a lancé une campagne auprès des dirigeants arabes, notamment auprès de Moubarak sur le thème « l'élection de Bachir serait une catastrophe », ajouta Zahi Boustani qui assistait à l'entretien. Hafez el-Assad a dit à Walid Joumblatt que six ans de mandat de Bachir Gémayel signifiaient six années de coupure avec la Syrie.

— Nous sommes prêts à vous aider de la façon qui vous conviendra, proposa Drori en reprenant presque les même termes que son ministre quelques jours plus tôt. Demandez-nous ce que vous voulez, nous vous le donnerons.

— Que va-t-il arriver avec les Syriens ? questionna Ya'ariv.

— Quel jour sommes-nous ? Le 27 juillet ! Aujourd'hui même, le mandat que leur a confié la Ligue arabe est terminé et il ne sera pas renouvelé. La mission de Sami el-Khatib est finie. Sarkis a eu le courage de résister aux pressions et de ne pas accepter de le renouveler. Cependant, il ne leur demandera pas de partir. Ce sera fait par le nouveau président.

Le 29 juillet 1982, un peu après 13 heures, Menahem Begin fêtait son 69e anniversaire en famille. Il s'apprêtait à découper le gâteau représentant un char Merkava fait de biscuits et de sucre glace lorsque le téléphone sonna. Ronald Reagan en personne exigea, dans un véritable « coup de gueule », l'arrêt « sur-le-champ » des combats à Beyrouth.

Un cessez-le-feu, le 9e, intervint à 17 heures. Les bombardements

1. Accompagné des généraux Amos Yaron, Aharon Ya'ariv et des analystes du Mossad Marion et Tomy.

de cette seule journée avaient fait 165 morts et 400 blessés. Jérusalem rejeta officiellement la résolution de l'ONU concernant le déploiement d'observateurs. « Protégés par l'écran formé par ces observateurs, les Palestiniens n'auront plus aucune raison de quitter la ville », affirmèrent les milieux israéliens qui « s'étonnèrent [que] le gouvernement des États-Unis n'ait pas réalisé, en laissant passer cette résolution, qu'il sabotait les efforts entrepris par son ambassadeur Philip Habib ». Même Shimon Peres s'opposa au texte onusien.

Irrités par « les tergiversations des terroristes », les Israéliens lancèrent le 2 août une grande offensive contre le réduit qui débuta par 48 heures d'un feu roulant d'artillerie. De l'aveu même d'Israël, 280 000 obus et bombes de tous calibres furent tirés ou lâchés sur Beyrouth Ouest. Deux fois la puissance explosive de la bombe atomique larguée par les Américains sur Hiroshima, mais au lieu d'être concentré en une fraction de seconde, cela avait été étalé sur deux jours. Les dégâts étaient considérables. Rares étaient les immeubles intacts. Comme un fait exprès, tous les organes de presse, jusque-là soigneusement épargnés, avaient été touchés. Les soldats de Tel-Aviv tentèrent ensuite de progresser sur trois axes. Ils furent très vite arrêtés par la résistance des fedayin. Dans le secteur du musée, au bout de quelques mètres, Tsahal perdit 15 hommes et une dizaine de blindés. Au port, les Palestiniens et leurs alliés ne bougèrent pas d'un pouce malgré les coups de boutoir. Au sud du « réduit », dans la région de l'aéroport, les Israéliens ne purent franchir le glacis de terre rouge du quartier de Bir Hassan. L'ouest de la capitale fumait de tous côtés, mais avait tenu. Il n'était plus question de convoquer le Parlement.

L'ONUST, commandé par le général Emmanuel Erskine, réussit le 3 août, par la ruse, à pénétrer dans Beyrouth Ouest. Un officier de nationalité américaine fut dépêché, seul, dans le « réduit », avec pour mission de contacter la direction de l'OLP. Persuadés que jamais un Américain ne s'aventurerait sans escorte dans « le trou à rats » privé d'eau, d'électricité et de carburant, les soldats israéliens le laissèrent passer. Il put constater officiellement que la situation y était « dramatique ».

Ariel Sharon réagit en confirmant dans un entretien avec des journalistes sa détermination de « tenir le siège aussi longtemps que nécessaire malgré les cris de l'ONU ». À Chafic Wazzan qui exigeait quotidiennement de Habib quelques heures d'eau et d'électricité par jour, il répondit : « Il vaut mieux être sale que mort. »

Les difficultés d'organiser les présidentielles inquiétaient les responsables israéliens du dossier Liban. Le directeur du Mossad, Yitzhak Hofi, se rendit à Beyrouth le 4 août pour évaluer par lui-même la situation. Le roulement des déflagrations était permanent, les rues étaient vides. Les canonniers israéliens tiraient sans interruption depuis plusieurs heures. Les seuls véhicules qui circulaient à toute vitesse étaient chargés de miliciens et hérissés d'armes, recouverts de placards « presse » ou, klaxon hurlant, transportaient des blessés. Hofi rencontra Bachir Gémayel à la Quarantaine.

— Il y a de fortes pressions syriennes et palestiniennes pour empêcher le scrutin, expliqua le commandant des Forces à son interlocuteur. Ils ont compris que je vais être élu et ils font peur aux musulmans de Beyrouth en suggérant de lancer un mot d'ordre de boycott, mais Saëb Salam attend un feu vert des Saoudiens pour s'y associer. S'il ne joue pas le jeu du boycott, nous aurons le quorum. Philip Habib m'a promis d'intervenir auprès de Riyad à ce sujet. Dès que nous serons sûrs de la participation de Saëb Salam, nous déciderons très vite de la date du scrutin. Nous sommes assurés d'avoir 55 voix au second tour et il ne m'en faut que 47.

— Le vote est secret ou public ? demanda Hofi.

— Il se fait à bulletins secrets et il n'y a pas d'autre candidat.

— Et Sleiman Frangié ?

— Ce serait excellent s'il se présentait. Cela ferait venir ses députés et nous serions sûrs d'obtenir le quorum. Mais il n'a aucune chance de passer.

— Vous êtes donc assuré du succès mais pas d'atteindre le quorum ? résuma Hofi.

— Tout à fait. Hier, le président Chamoun m'a affirmé qu'il m'appuierait.

— On m'avait pourtant certifié qu'il voulait se présenter lui-même.

Bachir éclata de rire :

— Il y a un million de maronites et donc un million de candidats potentiels. Il n'y a pas de problème avec les chrétiens, simplifia Bachir.

— Quand pensez-vous que la séance aura lieu ?

— Demain le président du Parlement, Kamel el-Assaad, doit rencontrer Philip Habib pour exiger des observateurs internationaux. Il doit également vous demander par son intermédiaire d'évacuer la région du musée. Il est possible que le Parlement soit convoqué au plus tôt le 10 août et au plus tard le 18.

21

Le départ des Palestiniens

Le 6 août 1982, Philip Habib annonça à Ariel Sharon qu'un « *package deal* pouvait être bouclé dans les 48 heures ». Puisque l'OLP était intransigeante sur une arrivée de la Force multinationale (FM) avant le début du retrait et qu'Italiens et Américains ne voulaient débarquer à Beyrouth qu'une fois le retrait commencé, Philip Habib avait imaginé d'échelonner la mise en place de la FM. Les Français, qui n'avaient posé aucune condition, débarqueraient leurs légionnaires au port le matin même du premier départ des Palestiniens. Les autres contingents arriveraient les jours suivants.

Le ministre israélien eut un léger sourire. Il rappela à l'Américain qu'il ne laisserait personne sortir de Beyrouth tant que les Palestiniens ne libéreraient pas Aharon Ahiaz (le pilote abattu au Sud Liban) et ne rendraient pas les corps des neuf soldats israéliens tués en 1978. Le tout sans condition. Devant la même demande, quelques semaines plus tôt, l'OLP avait exigé la libération d'une liste impressionnante de Palestiniens et d'étrangers condamnés pour terrorisme en Israël et emprisonnés depuis de longues années. Parmi eux, figurait notamment le Japonais Kouzo Okamoto condamné à la prison à vie pour sa participation à l'attentat qui avait fait 24 morts et 72 blessés à l'aéroport de Lod en mai 1972.

Dès la fin du mois de juin 1982, les analystes israéliens du A'man présents au Liban avaient commencé à envoyer à Tel-Aviv des évaluations et des notes mettant en cause la sincérité de la milice chrétienne. Au fil des jours, ces rapports étaient devenus franchement hostiles aux FL, au point d'accuser Bachir Gémayel de vouloir « leurrer » Jérusalem. Ils préconisaient maintenant quasi quotidiennement une méfiance accrue face aux Forces « non seulement incapables militairement d'accomplir quoi que ce soit, mais de surcroît refusant de s'engager dans quelque action que ce soit ». Ces notes, théoriquement secrètes, étonnamment, se retrouvaient étalées dans une bonne partie de la presse israélienne. Ces « fuites » — d'autant plus étonnantes que la censure de la presse dépendait du A'man — firent penser immédiatement à une manipulation des opposants à Sharon (nombreux dans le renseignement militaire). Aussi, dans un premier temps, ces évaluations furent-elles dédaigneusement écartées par les proches du Premier ministre qui estimaient que « les renseignements militaires avaient des positions tendancieuses et négatives envers Bachir ».

Mais certaines interviews accordées par les dirigeants chrétiens firent bondir les Israéliens. Pierre Gémayel reçut, en pyjama, un journaliste de Tel-Aviv pour lui déclarer froidement : « J'espère que cette campagne [militaire israélienne] profitera au Liban. En effet, après Dieu, il y a le Liban et je suis libanais avant tout. Nous sommes contre toute occupation. Je pense que le peuple juif pourra nous comprendre. C'est un des peuples les plus intelligents, avec 14 à 15 millions de juifs répartis dans le monde il contrôle les médias, les journaux, la science et la médecine. Il peut nous comprendre. »

Camille Chamoun, lui en tenue de chasse, pantalon de cheval et bottes, reçut le même journaliste pour lui dire : « Ce que l'armée israélienne aurait dû faire, c'était de continuer et de ne pas s'arrêter en plein milieu du chemin [...]. Si elle avait continué, nous ne serions pas en train de parler des petites escarmouches qui ont lieu actuellement sur le terrain. »

— Pourquoi les Forces libanaises ne s'engagent-elles pas dans les combats ? lui demanda le journaliste.

— Et pourquoi donc devraient-elles le faire ? Est-ce que l'armée israélienne est incapable de continuer seule son opération militaire qu'elle a d'ailleurs commencée par ses propres moyens ?

Lors de la réunion du cabinet, le 8 août, Begin, furieux, tapa du poing sur la table en s'écriant : « Et qu'ont fait les chrétiens pour chasser les terroristes de Beyrouth ? Ils n'ont pas mis un seul doigt dans l'eau froide. »

Le A'man jubilait. Enfin, ses analyses allaient être prises en considération. Il était persuadé que Bachir avait volontairement caché beaucoup de choses à Israël. Les officiers de renseignement militaire s'aperçurent brusquement que le commandement des FL ne les avait jamais laissé inspecter de près l'état de ses unités. De ce fait, aucune évaluation de la capacité opérationnelle réelle de la milice n'était disponible. Le général Yehoshua Saguy, le patron du A'man, exigea d'avoir un officier de liaison auprès des Libanais. Le Mossad refusa. L'arbitrage de Begin fut nécessaire : « Il ne faut pas espionner un ami et un collègue », avait-il tranché en donnant raison au Mossad. Le A'man ne saurait jamais le nombre exact des combattants chrétiens.

En sortant de la réunion du cabinet du 8 août, Ariel Sharon se rendit directement à Beyrouth. Il demanda à Bachir Gémayel de le rejoindre chez Johny Abdo, lieu de leurs entretiens discrets.

— Avez-vous des nouvelles d'Abou Jihad ? demanda le ministre de la Défense à Bachir Gémayel avant même de le saluer.

Suivi de Menahem Navot, Marion et quelques officiers généraux, il était entré en trombe dans la véranda qui surplombait Beyrouth Ouest. Sans attendre de réponse, il ajouta :

— Nous venons de frapper deux immeubles et je me demande ce qu'il est devenu.

Il prit Bachir par le bras et l'entraîna devant la baie vitrée. À leurs pieds la ville s'étalait dans le soleil déclinant. À contre-jour au-dessus du « trou à rats » stagnait une nappe de brouillard jaunâtre. Deux colonnes de fumée noire et blanche en sortaient verticalement sans que le moindre souffle de vent les disperse. Bachir, Fady Frem, Zahi Boustani avaient vu quelques instants auparavant deux chasseurs-bombardiers surgir de nulle part et plonger vers le « réduit » avant de reprendre de l'altitude en lâchant derrière eux des leurres thermiques au magnésium pour détourner les roquettes antiaériennes à guidage infrarouge. À la verticale du point de ressource, quelques secondes après le passage de chaque appareil, un éclair avait donné naissance à un champignon de poussière qui s'était développé en grosses volutes.

— Je l'ignore pour l'instant. Je sais seulement que les gens de Chaftari[1] travaillent avec les vôtres là-dessus, répondit Bachir.

— Tout renseignement sur les dirigeants terroristes est important. Il faut qu'ils soient tués pendant que nous sommes là, à moins, bien sûr, que vous ne puissiez les convaincre de partir.

Après le repas, durant lequel Marion, fidèle à ses habitudes

1. Assaad Chaftari, adjoint d'Élie Hobeïka, commandant en second du Jihaz el-Aman.

boulimiques, mangea « des deux mains », tous s'installèrent sous la véranda.

— Je viens d'assister à une réunion de notre gouvernement, expliqua calmement Sharon. De violentes discussions ont eu lieu entre Menahem Begin et les ministres. Begin a demandé à Nahum Admouni (Peter)[1] de prendre note de ce qu'il disait et de vous le transmettre.

— Je n'ai encore rien reçu. Est-ce qu'il y a un problème ?

— Le problème est que certains ministres sont furieux qu'aucun dirigeant chrétien ne se soit encore prononcé en faveur de notre opération. Ce serait même le contraire ; le président Chamoun a même affirmé que le Liban ne pourra pas signer un accord de paix avec Israël. Lorsque Peter a lu au cabinet le procès-verbal d'une réunion que vous avez eue avec lui, durant laquelle vous insistiez pour que nous fassions l'opération militaire contre Beyrouth, Begin s'est emporté. Il a dit : « Pourquoi ne rentrent-ils pas dans Beyrouth eux-mêmes ? »

— Je le comprends parfaitement, admit Bachir. Maintenant, nous y sommes prêts. Si jusqu'à présent nous étions passifs, c'était à cause de notre situation politique. Maintenant, je sais que nous pouvons nous engager.

Sharon se cala dans son fauteuil et changea de sujet :

— Nous ne voulons pas de la Force multinationale. Nous avons pris toutes les mesures nécessaires pour empêcher le débarquement des Français. Nous leur avons donné un avertissement ainsi d'ailleurs qu'aux Américains. Nous interdirons à quiconque de débarquer. La nature du terrain nous facilite le travail. Nous avons déployé des soldats dans les endroits utilisables pour un débarquement jusqu'à Jounieh. Il reste la caserne de Sarba située un peu plus au nord. Nous n'irons pas là-bas ; il faut que vous vous assuriez que personne n'y débarquera. Il faut faire comprendre à tout le monde que nous serons liés par aucune décision prise sans notre accord. Il y a actuellement des réunions entre Libanais, Américains et Français.

L'arrivée de Johny Abdo, de Joseph Aboukhalil et des généraux Amir Drori et Amos Yaron fit un instant diversion. Puis Sharon reprit :

1. Il venait d'être désigné comme futur directeur du Mossad, en remplacement de Yitzak Hofi (Julius) qui devait partir à la retraite le 12 septembre 1982.

— Philip Habib nous a dit que les Français venaient à la demande du gouvernement libanais.

— Mais aucune demande de ce genre n'a été faite, s'étonna Bachir.

— Je le sais. Les Américains ne débarqueront pas de force, mais les Français en sont capables. Il y aurait déjà des préparatifs en mer. Menahem Begin, Yitzhak Shamir, Habib et moi sommes tombés d'accord pour que rien ne se fasse sans avoir été préalablement discuté avec nous. Malgré cela, ils discutent sans nous. Nous ne sommes donc pas concernés par ce qui se dit ou ce qui se décide. Nous n'accepterons pas que les Français débarquent avant le retrait de tous les terroristes. Tous les contingents de la FM devront arriver par l'aéroport et pas ailleurs.

— De plus, si la Force multinationale doit venir, elle devra y être invitée et la durée de son séjour doit être bien définie et limitée au minimum, ajouta David Kimché.

— Habib évoque également un « réajustement des positions israéliennes » ; c'est pour lui une autre façon de nous demander de nous retirer, reprit Sharon. Il n'en est pas question ! Nous refusons catégoriquement de nous retirer ! Même de 100 m ! D'autre part, après le départ des terroristes, s'il a lieu un jour, l'armée libanaise et les Forces libanaises doivent entrer à Beyrouth pour s'assurer qu'il n'y a plus de terroristes et y rechercher les dépôts d'armes et de munitions. Pouvez-vous nous dire ce qui s'est passé au cours de la réunion entre Libanais, Français et Américains ? demanda Sharon au chef du 2e Bureau libanais.

— L'agenda des départs a été établi, révéla Johny Abdo. Il va vous surprendre : 7 500 éléments devraient sortir...

— Dont 1 000 en Jordanie, 1 500 en Syrie, 2 000 en Irak, énuméra Yehoshua Saguy.

— Quand les Français vont-ils arriver ? questionna le ministre israélien.

— Si tout le monde est d'accord, le samedi 15 août au matin.

— Sarkis doit avoir une position très claire concernant les observateurs de l'ONU et la FM, martela Sharon. Il faut absolument qu'il dise non à leur venue, c'est très important !

— Une fois l'opération militaire sur Beyrouth terminée, cela n'aura plus d'importance, avança Bachir. Mais si cette opération n'a pas lieu, Sarkis pense qu'il sera très difficile de s'opposer à leur venue.

— Même après le départ des terroristes, ils nous poseront des problèmes, corrigea l'ancien général.

— Très bien. Nous ne laisserons pas passer les observateurs de l'ONU.

— En ce qui nous concerne, nous avons rejeté la résolution du Conseil de sécurité à leur sujet. Nous allons donc les empêcher de passer. Sarkis doit déclarer publiquement qu'il y est opposé. S'il y a un refus officiel de votre part, ce sera plus facile. Il y a autre chose : la position du Liban aux Nations unies. Toutes les critiques ou les déclarations de votre représentant à New York rendent notre position très délicate. Est-ce que Sarkis peut demander à Ghassan Thuéni de se taire ?

— Il peut le lui demander, mais Thuéni ne l'écoutera pas, répondit Bachir en haussant les épaules. Mais nous lui avons fait parvenir un message très clair à ce sujet. Il l'a bien reçu et ses prises de position vont changer.

Trois jours plus tôt, après avoir pris connaissance de la lettre envoyée par le diplomate à Javier Pérez de Cuéllar, le chef des FL avait téléphoné à Sélim Jahel qui effectuait un voyage officiel aux États-Unis. Il lui avait ordonné de se rendre à New York, toutes affaires cessantes. Le ministre libanais avait sauté dans un avion, puis pris un taxi et était arrivé au domicile de Ghassan Thuéni au moment où celui-ci, l'attaché-case à la main, se rendait à son bureau. Les deux hommes se connaissaient de longue date et s'appréciaient mutuellement :

— Consacre-moi quelques minutes, j'ai quelque chose de très important à te dire, lui annonça Sélim Jahel.

— Je suis très en retard, j'ai une communication à faire au Conseil de sécurité. Reviens me voir ce soir, répondit Thuéni.

— Non, insista Sélim Jahel, je veux te voir tout de suite.

L'ambassadeur le fit entrer au salon et sans même s'asseoir, Jahel se tourna vers lui :

— J'ai un message à te transmettre de la part de Bachir. Il est le suivant : « À la prochaine déclaration nuisible à mes intérêts, ta maison de Beit Méry saute et tu ne pourras plus jamais remettre les pieds au Liban à moins que tu ne veuilles mourir [1]. »

Par la suite, Ghassan Thuéni respecta les consignes venues de Beyrouth. Le matin même, il s'était fermement opposé à une réu-

1. Sélim Jahel à Alain Ménargues.

nion du Conseil de sécurité demandée par les Soviétiques sans grand résultat.

— Nous avons beaucoup de problèmes en ce moment, reprit Ariel Sharon. Hier, deux de nos officiers ont pris un avion de l'aéroclub de l'aéroport international de Beyrouth. Nous vous dédommagerons s'ils y ont causé des dégâts. Raffoul a demandé de resserrer la discipline.

Le commandant Yichay Zuckerman et le commandant Offer Yozem, tous deux âgés de 27 ans, avaient volé la veille un Cessna, parce « qu'ils voulaient rentrer chez eux très vite, la permission qui leur avait été accordée étant de courte durée ». Ils avaient été interceptés par la chasse avant même de pénétrer dans l'espace aérien israélien et s'étaient posés sur la base de Haïfa.

— Ce n'est pas grave, écarta Bachir avec un geste de la main. Il ne put s'empêcher d'ajouter avec un sourire, en faisant allusion à ce qui se passait dans le Chouf[1] : nos soldats ne sont pas meilleurs.

— Il y a 50 chevaux à l'hippodrome[2], il faut leur donner à manger, lança le ministre israélien en se levant pour prendre congé. Si les terroristes n'ont pas de nourriture, ce n'est pas grave, mais il faut que les chevaux puissent manger. J'insiste également pour que quelqu'un de chez vous, ici ou en Israël, se félicite publiquement de ce que nous faisons ici.

— Les ligues chrétiennes ou Charles Malek, l'ancien ministre des Affaires étrangères, feront cela très bien, assura Bachir en se tournant vers Zahi Boustani qui fit signe qu'il avait compris.

Leurs interventions évitaient au candidat officiel à la présidence de la République de monter en première ligne. Les dirigeants des Forces donnèrent des instructions aux ministres chrétiens comme Michel el-Murr, Sélim Jahel et Élias Hraoui de multiplier les déclarations contre la venue d'observateurs de l'ONU ou de soldats de la FM. Fady Frem fut chargé de renforcer les contrôles militaires tout le long de la côte avec comme mission de refouler les observateurs qui tenteraient d'accoster. Bachir téléphona à Paul-Marc Henry, l'ambassadeur de France, pour lui demander des éclaircissements sur une « information » affirmant que des péniches de débarquement françaises s'apprêtaient à déposer des

1. Voir le chapitre : « Les régions libérées. »
2. Situé dans le *no man's land* entre les lignes israéliennes et palestiniennes à l'ouest du musée.

troupes à Beyrouth. L'ambassadeur démentit catégoriquement. Le chef des FL en profita pour certifier au diplomate que ses hommes intercepteraient, par la force au besoin, tout bateau qui s'approcherait des côtes s'il n'était pas informé de son arrivée.

Le lendemain matin, Menahem Navot remit au commandant en chef des Forces libanaises un texte rédigé en anglais :

« Message de Peter (Nahum Admouni) à Jean (Bachir Gémayel). »

« Durant la réunion du cabinet, le Premier ministre s'est référé aux déclarations de Camille Chamoun et d'autres chrétiens concernant un traité de paix avec Israël après la formation d'un nouveau gouvernement au Liban qu'ils dirigeront et également aux remarques de Bachir Gémayel et Johny Abdo, notamment les conseils répétés et les sermons qu'ils nous adressent pour que nous choisissions l'option militaire tout en insistant sur le fait que l'option politique ne donnera pas de résultats garantis.

« Le Premier ministre a demandé que ses propos soient transmis à ceux qui sont concernés comme un message venant de sa part : "Je souhaiterais vous dire — et je demande qu'à la première opportunité, cela soit transmis à Bachir Gémayel et à ses collègues — qu'il y a une limite qu'il ne faut pas qu'ils dépassent dans leurs déclarations. M. Camille Chamoun — qui est supposé être un de nos amis — a annoncé que le Liban ne pourra pas signer de traité de paix avec nous parce que les autres pays arabes vont boycotter le Liban et que le Liban doit rester en relation avec eux. J'étais celui qui avait promis à Camille Chamoun, dans ma propre maison, que s'il y avait un danger de destruction pour les chrétiens, nous utiliserions notre force aérienne pour leur sauver la vie. Maintenant il me récompense — et nous récompense — par une déclaration cynique. [...] Par ailleurs, à lui et aux chrétiens qui nous ont dit que si nous options pour des négociations politiques [...] les terroristes resteraient à Beyrouth, je leur réponds : Qu'ont fait les chrétiens pour que les terroristes quittent la ville ? Ils n'ont pas levé le petit doigt. [...] Ils n'ont pas versé une goutte de sang. Nous avons combattu l'OLP et les Syriens et eux n'ont rien fait mais ils nous font des sermons : "Si vous voulez des négociations politiques, les terroristes vont rester à Beyrouth." »

« Nous voulons des négociations politiques, nous ne voulons pas mettre en danger la population civile, qu'elle soit chrétienne ou musulmane. [...] Nous n'avons pas fait d'erreur [en n'entrant pas dans Beyrouth la première semaine], nous avons voulu épargner la population civile. Nous ne voulions pas non plus mettre nos soldats en danger. 322 d'entre eux sont morts dans cette opération et nous avons 1 400 blessés. »

Navot, qui avait laissé Bachir lire le message sans l'interrompre, ajouta :

— Begin craint que vous ne soyez pas à la hauteur de l'alliance qui nous lie. Ils sont tous très inquiets.

Sur le coup, Bachir Gémayel ne comprit pas. Certes, Chamoun avait dit à Menahem Navot que « le Liban ne [peut] pas signer un traité de paix avec Israël s'il veut conserver ses relations avec les pays arabes ». Il était également exact que Pierre Gémayel avait affirmé à Mendy « avoir été déçu que les Israéliens ne soient pas encore entrés dans Beyrouth ». Bachir était convaincu que le gouvernement israélien et surtout le Mossad connaissaient parfaitement les divergences politiques qui existaient entre les deux patriarches et lui. Il convoqua d'urgence son équipe :

— De par sa forme, je ne peux pas accepter un tel message, affirma-t-il. Nous avons fait tout ce que nous pouvions faire. Sur le fond, beaucoup de choses ont changé après l'entrée des Israéliens. Il nous faut rajuster le tir.

— Ils ne peuvent pas nous reprocher de ne pas avoir participé aux combats, ce sont eux qui nous ont dit dès le début ne pas les encombrer, rappela Zahi Boustani. Ce serait à nous de les critiquer. Ils ne nous ont jamais consultés.

— Proportionnellement, nous avons plus de morts qu'eux, fit remarquer Élie Hobeïka. Ils ne nous ont pas aidés dans les combats de Kobbeyh. Qu'ils se mettent d'accord entre eux avant tout. Je voudrais bien savoir qui a poussé Begin à prendre une telle attitude ? Il y a une compétition entre le A'man et le Mossad et nous en faisons les frais.

Ils étaient conscients que si leurs relations avec Tel-Aviv empiraient, les Israéliens pouvaient aisément exercer des pressions « négatives » sur les élections. Bachir reconnut cependant que les Israéliens, compte tenu de leurs impératifs, n'avaient pas nécessairement tort. Il décida « d'aider ses alliés. Nous ne pouvons pas tout gagner sans rien avoir à payer, il va falloir y mettre un prix », lança-t-il à son équipe.

— Nous devrions leur proposer de faire conjointement les opérations de Beyrouth et du Nord, suggéra Karim Pakradouni. Peu importe après tout si nous sommes bannis par les pays arabes.

— Ce message indique surtout que Begin est énervé, souligna

Bachir. Au fond, le problème réside dans la dichotomie qui existe dans nos évaluations respectives. Ils veulent que nous nous découvrions complètement et nous, nous disons que le moment n'est pas encore venu. Soit ce message n'est qu'une réaction émotionnelle, soit, et c'est plus probable, en exigeant ainsi que nous nous découvrions complètement, les Israéliens cherchent à nous brouiller avec les pays arabes pour que nous soyons complètement à leur merci. En tout état de cause, il faut que nous traitions ce problème de manière à ce qu'il ne s'envenime pas. Nous devons mettre Cheikh Pierre et le président Chamoun au courant. Pour éviter tout dérapage, nous devons les « briefer » avant chaque réunion avec des Israéliens. Il y aura désormais un seul coordinateur au bureau des relations avec Tel-Aviv. Ce sera Joseph Aboukhalil. Il sera en contact permanent avec Philippe (Avner Azoulay). Préparez-moi un long message pour Begin en réponse au sien sur le thème « les principes de nos relations avec Israël » et demandez à nos bureaux à l'étranger de pousser les Libanais à prendre des positions pro-israéliennes.

Bachir Gémayel put exprimer son mécontentement lors de la visite à Beyrouth de Moshé Arens, l'ambassadeur israélien aux États-Unis. Venu à la demande de Begin « pour se faire une idée des hommes et de la situation », le diplomate fut reçu par un Bachir Gémayel ostensiblement boudeur.

Froid, protocolaire, sans émotion apparente contrairement à Ariel Sharon, Arens était né entre les deux guerres mondiales à Kovno[1] en Lituanie. Sa famille avait émigré aux États-Unis en 1939 où le jeune Moshé milita au sein du Bétar[2]. Il s'engagea dans l'armée américaine en 1944 et la quitta en 1946 pour reprendre ses études. Il devint le chef du Bétar outre-Atlantique l'année suivante et, lorsque éclata la guerre d'indépendance de l'État hébreu, en 1948, Moshé Arens « monta » en Israël pour y participer. Il revint aux États-Unis en 1951 pour passer son diplôme d'ingénieur aéronautique. Intransigeant sur les questions de sécurité, élu député du Likoud en 1974, il vota contre les accords de Camp David à la Knesset, le 28 septembre 1977, en expliquant que « ces accords mèneront à faire des concessions territoriales trop importantes ». Il était ambassadeur d'Israël à Washington depuis le début de l'année 1982[3].

1. Kovno : nom russe de Kaunas, aujourd'hui deuxième ville de Lituanie.
2. Mouvement sioniste ultra-nationaliste de jeunes.
3. Le 25 juin 1992, Moshé Arens, considéré comme un des faucons du Likoud, annonçait son retrait de la vie politique après l'échec de son parti aux législatives deux jours auparavant.

Pour le recevoir, Bachir s'était entouré de son nouveau coordinateur avec les Israéliens, Joseph Aboukhalil, et de son chef d'état-major, Fady Frem. Arens était, lui, accompagné d'un officier de Tsahal, de Mendy (Menahem Navot) et de Philippe (Avner Azoulay).

— Quelle est la situation aujourd'hui ? questionna Arens.

— J'espère que ça ira, répondit Bachir d'une voix sèche avec un haussement d'épaule. Je crois qu'il y a eu un accord sur la sortie des Palestiniens.

— Et après ?

— Nous n'avons pas une idée claire pour l'avenir.

— Allez-vous entrer à Beyrouth ?

— Nous ? Non ! Peut-être l'armée libanaise, si elle est appuyée par les Français et les Américains.

Le ton était glacé et distant. Mendy et Philippe le regardèrent, surpris.

— Et vos hommes ? relança Arens.

— Nous serons là et nous marcherons à ses côtés. On dit maintenant que la Force multinationale va rester ici quarante jours ; en fait, elle va rester des années. L'armée libanaise ne pourra pas agir facilement, même avec notre appui. Le ton de Bachir était désabusé.

— Pourquoi ?

— Pas assez motivée ! Nous espérons que le nouveau président prendra les mesures nécessaires.

— À quand les élections ?

— Je ne sais pas si elles auront lieu. Nous sommes le 11 août et nous avons dix à quinze jours pour élire un président. Je ne sais même pas si cela sera possible. Je ne sais même pas si les députés se réuniront. La Békaa et le Nord sont occupés. Bachir répondait par phrases arides, comme s'il n'était pas concerné.

— Mais ils peuvent venir !

— Et que font-ils avec leurs familles et leurs maisons ? répondit Bachir en haussant les épaules. Les Palestiniens font pression sur eux.

— Vous avez le soutien des États-Unis pour faire évacuer les forces étrangères, fit remarquer Arens.

— Mais d'autres forces étrangères remplaceront celles qui partent, répondit Bachir sur un ton fataliste.

— Les États-Unis veulent un Liban fort et le retrait de toutes les forces étrangères. J'avais suggéré à Alexander Haig, au début du problème, que le président libanais ordonne aux Palestiniens de se retirer d'eux-mêmes sous peine de leur envoyer l'armée libanaise pour les y forcer. Haig avait alors approuvé.

— Mais avec le président actuel et l'armée que nous avons, c'est impossible. Nous en cherchons toujours un !

— Mais je parle de vous ! N'êtes-vous pas candidat à la présidence ? s'étonna Moshé Arens.

— Moi ? Je n'ai pas beaucoup de chances.

Le ton de Bachir était indifférent. Il semblait s'irriter des questions d'Arens. Il paraissait ne porter aucun intérêt à la discussion. Navot et Azoulay ne reconnaissaient pas Bachir.

— Lorsque je me suis absenté, il y a deux semaines, vous étiez dans un tout autre état d'esprit, lui fit remarquer Philippe.

— Je voudrais vous poser une question directe, lui demanda Mendy, Est-ce que vous allez bien ?

— Tout va très bien.

Azoulay raconta par le détail à l'ambassadeur les combats que les FL avaient menés pour prendre la faculté des sciences. Les deux hommes du Mossad expliquèrent à Arens que le message de Menahem Begin avait profondément révolté Bachir. Ce dernier ignora leurs propos et poursuivit :

— Tous les Libanais finissent par être persuadés qu'il faut attendre que tout le monde vienne ici pour leur « monter sur le dos ». Demain les Américains et les Français s'enfonceront à leur tour dans le bourbier et l'armée libanaise courbera l'échine. Cela fait des années que notre armée ne recrute plus d'éléments motivés ou cultivés. Comment voulez-vous que notre peuple, après cela, pense que son armée puisse être un bouclier ?

— Et si tout tourne bien ?

— Les Forces libanaises deviendront l'armée légale, simplifia Bachir.

— Il faut que vous deveniez président.

— Nous allons essayer.

Bachir proposa à son interlocuteur de déjeuner au Vieux Quartier, le meilleur restaurant d'Achrafieh. Une fois la commande passée, Bachir se détendit :

— Nous sommes libres de dire ou de taire ce que nous voulons, lança-t-il à son hôte. Personne n'a le droit de nous dicter ce que nous devons faire. Vous auriez dû arrêter le message de Begin. Nous avions déjà résolu les problèmes avec Ariel Sharon lorsque je l'ai reçu. Toute notre guerre a été un combat motivé, entre autres, par notre fierté et notre amour-propre et ce message nous a blessés.

— M. Begin a son amour-propre également, fit remarquer Arens.

— Le président Chamoun n'a rien dit de mal, affirma Bachir sans sourciller. Il a simplement déclaré que nous allions étudier le projet de paix et que nous prendrions notre situation en considération.

— Alors, il y a eu un malentendu.

— Nous n'acceptons des leçons de nationalisme et de patriotisme de personne, martela le chef des FL sur un ton très dur ; puis il ajouta, provocant : Nous pourrions même l'enseigner à Begin. Personne ne peut nous accuser de n'avoir rien fait, de ne pas avoir versé notre sang ou de ne pas avoir fait des sacrifices.

— Le Premier ministre a dû mal comprendre lorsque quelqu'un lui a dit que Chamoun ne voulait pas de traité de paix. Mais tout cela ne doit pas se répercuter sur nos rapports.

— Begin doit absolument comprendre que nous sommes des amis d'Israël et non ses collaborateurs. Sharon m'a expliqué que Begin était énervé. Je lui ai dit que j'acceptais les remarques qui m'étaient faites et que nous ferions le nécessaire. Mais le câble qui a suivi n'était correct ni dans la forme ni dans le fond.

— Ça ne fait rien ; ce n'était qu'un malentendu, plaida Moshé Arens.

Deux jours plus tard, une dizaine de membres des ligues chrétiennes quittèrent le Liban pour Jérusalem aux frais du Mossad. Ils tinrent réunion sur conférence de presse pendant plus d'une semaine. À longueur de colonne et d'émission radio et télévisées, ils vantèrent la « normalisation » des relations entre Liban et Israël et expliquèrent que leur présence dans l'État hébreu était une avant-première. Cette « campagne » battait son plein lorsque le cabinet israélien accepta à contrecœur le plan Habib.

Le 12 août, Philip Habib exigea un cessez-le-feu immédiat et total. Maintenant que leur décision de partir avait été annoncée officiellement, les Palestiniens voulaient que les choses aillent très vite. Les combattants avaient « mentalement décroché » et préparaient leur voyage. Nombreux étaient ceux qui passaient plus de temps entre achats de valises et paquets que sur les fronts. Arafat craignait que les Israéliens n'en profitent pour se lancer à l'assaut du « réduit ». Il était sûr que Sharon était à même de tenter ce genre d'opération même au risque d'un conflit aigu avec les États-Unis. Le premier départ de fedayin fut fixé au 20 août.

Le 14 août, le canon tonnait toujours. Ariel Sharon, David Kimché et Yehoshua Saguy vinrent à Beyrouth pour y rencontrer Philip Habib et Morris Draper. Les pièces d'artillerie de Tsahal positionnées non loin de la chancellerie américaine entrèrent en action au moment où les cinq hommes se saluaient. Rouge de colère, Habib reprocha violemment au ministre la violation du cessez-le-feu. Sharon ne prit pas la peine de répondre et questionna d'entrée l'émissaire de Ronald Reagan sur la réalité d'une « solution » qui s'étalait dans tous les journaux. Habib lui donna une copie de son « plan détaillé » et demanda qu'elle soit transmise au cabinet israélien pour approbation dûment signée.

— Les pays qui accueilleront les combattants palestiniens n'y figurent pas, signala l'Américain pendant que le ministre parcourait le document. Peu importe, l'essentiel est qu'ils s'en aillent.

— Pas du tout ! le lieu d'accueil des terroristes nous concerne au plus haut point et nous tenons à le connaître. Je vais vous redonner notre position. Elle est très nette : Nous refusons l'arrivée de la Force multinationale avant le retrait total — ou presque total — des Palestiniens. Nous refusons la venue des troupes françaises, tout comme nous émettons les plus grandes réserves quant à la participation — et à la nature de cette participation — de ces troupes française à une Force multinationale. Nous refusons la venue d'observateurs de l'ONU. À ce sujet, je tiens à vous dire que nous avons placé des soldats israéliens tout le long de la côte entre Beyrouth et Jbeil pour empêcher le débarquement de troupes françaises, d'observateurs ou de toute autre force étrangère, avant notre accord à une solution globale, mentit Sharon.

— Vous n'avez pas à y être, vous devez les retirer, s'étrangla Habib.

Après une longue, difficile et âpre discussion sur fond de canonnades, Habib obtint une promesse d'évacuation de blindés israéliens fantômes au nord de Beyrouth. Sharon accepta du bout des lèvres de transmettre pour étude le « plan Habib » à son gouvernement. Après le départ du ministre et de sa suite, Habib se précipita sur le « téléphone noir », directement relié à la Maison Blanche, pour informer Ronald Reagan.

À l'autre bout de la ville, au même moment, Yasser Arafat recevait « le plan Habib » des mains de Chafic Wazzan. Constatant que selon ce texte l'armement lourd palestinien devait être remis à l'armée libanaise, le chef de l'OLP s'empressa de donner des ordres pour que celui-ci soit distribué aux différentes organisations libanaises qui le soutenaient depuis le début du siège.

Le 16 août, un Conseil des ministres israélien extraordinaire approuva les 14 points du texte de Philip Habib. Le lendemain matin, Sharon et son équipe se rendirent discrètement à Beyrouth pour en discuter avec les dirigeants des Forces libanaises. Yehoshua Saguy, le patron des renseignements militaires qui accompagnait le ministre, confia à Bachir que ses services d'écoutes avaient intercepté des ordres radio venant de Damas demandant à la Saïka de se préparer à quitter Beyrouth Ouest.

— Mais les brigades al-Hittine et al-Kadsiyé [1], qui sont également dans Beyrouth Ouest, n'ont rien reçu de semblable, ajouta-t-il. Je pense qu'ils ne partiront pas tous. Il a dû y avoir une distribution de faux papiers d'identité libanais. Par ailleurs, nous avons appris que la Force multinationale rembarquera trente jours après le retrait de la majorité des terroristes.

— Personne ne sortira avant que le pilote et les corps de nos neuf soldats nous soient rendus, assura Ariel Sharon. Cela fait partie de l'accord. Les terroristes demandent toujours en contrepartie la libération des prisonniers d'Ansar [2]. Notre réponse est négative et elle le restera. Drori étudie actuellement le plan de déploiement des contingents de la FM. Les Américains nous ont fait savoir qu'ils préféreraient la zone du port et les Français celle de l'hippodrome. Les Italiens s'installeront à la galerie Semaan et dans la banlieue sud. Globalement, la Force multinationale va contrôler trois axes : le port, le musée et la galerie Semaan. Il y a aussi la question des listes et des moyens de s'assurer des identités. Je voudrais que nous abordions l'après-retrait. Si les Palestiniens ne partent pas, nous savons ce que nous devrons faire. Mais que va-t-il se passer après leur départ ? Nous estimons approximativement à 2 000 ceux qui vont rester.

— Ceux qui ont une famille vont se mettre en civil et se cacher, prévoit Yehoshua Saguy. Il y a également ceux qui se sont fait faire des papiers d'identité libanais ou qui ont des cartes de réfugiés. Sans parler de ceux qui ont des passeports étrangers avec des visas libanais. Il y a aussi des organisations civiles comme Samed, Wafa et autres.

---

1. Brigades palestiniennes sous commandement syrien.
2. Armée populaire composée de volontaires et de partisans chrétiens.

— Que pourraient faire l'armée libanaise et les Forces libanaises dans ces conditions ? demanda Sharon. Vous aurez de toute évidence à faire face à certaines situations. Nous avons urgemment besoin de renseignements concernant les endroits où se cachent les chefs, les dépôts de munitions...

— Si le retrait se matérialise, expliqua Bachir, dans un premier temps nous demanderons officiellement à vos forces de rester là où elles sont. Ensuite l'armée libanaise, appuyée par les Ansars, nous en fait, imposera un blocus et opérera en « salami process [1] », grâce à un travail de renseignement très sérieux. Tout se fera avec une couverture légale. Il faut complètement nettoyer cette région. Dès que je serai au pouvoir, nous recommencerons à bâtir. J'ai eu un entretien avec l'ambassadeur américain Robert Dillon. Nous sommes tombés d'accord pour demander à Sarkis de démissionner le 20 août, c'est-à-dire dans trois jours si les élections ont lieu demain comme le veut le président de la Chambre. Nous commencerons alors officieusement notre travail avec nos amis au sein de l'armée, les Ansars et nos services de renseignement, entre les élections et l'investiture qui doit avoir lieu le 23 septembre. Durant toute cette période, votre armée doit être là pour nous aider en cas de besoin. S'il y a des problèmes, je lancerai un appel à l'aide au monde entier pour venir libérer ma capitale.

— J'ai prévenu Philip Habib que nos troupes resteront sur place autour de la Force multinationale durant les trente jours de leur présence. Nous resterons là tant que tu auras besoin de nous. Tout dépendra de toi et de la présence des terroristes. Nous vous aiderons à les éliminer. Maintenant, ce serait parfait si nous pouvions tenter quelque chose contre Arafat et ses amis avant leur départ.

— Pouvez-vous utiliser l'aviation contre eux en cas de besoin ? demanda Bachir.

— Hier, nous avions reçu des renseignements précis. Nos avions ont immédiatement pris l'air, mais Saguy s'est rendu compte que les informations n'étaient pas sûres à 100 %. Nous avons donné l'ordre à nos appareils de rebrousser chemin. Il faut mettre en commun tout ce que nous avons pour agir avant leur retrait. Cela devrait être plus facile maintenant qu'ils se sentent en sécurité !

1. Littéralement en tranche de salami, nettoyage par étape, par quartier ou par zone.

La milice ne donna aucune suite à cette demande. La mort de Yasser Arafat ou de l'un de ses proches aurait pu déclencher une situation incontrôlable néfaste à l'élection présidentielle.

Kamel el-Assaad convoqua le Parlement « en session électorale » le 19 août à la villa Mansour. Les musulmans demandèrent immédiatement le report du scrutin et la recherche d'un candidat de compromis acceptable par tous. Le rejet de Bachir Gémayel était catégorique. Il était pour eux le « candidat des Israéliens ». Amine Gémayel s'engagea presque ouvertement contre son frère. Il trouva aisément des relais à l'« Ouest » qui firent de lui « le candidat de compromis ». Amine, très actif au sein du parti Kataëb, tenta de mobiliser tous ceux qui avaient peur de son frère. Il tenta de dresser Camille Chamoun contre Bachir et multiplia les contacts avec les dirigeants musulmans. Ces derniers décidèrent d'appeler au boycott. Dès lors, plus que jamais, l'inconnue du scrutin était le quorum. Les députés musulmans et druzes résidant depuis longtemps en zone chrétienne furent très vite mis sous la « protection » d'unités des Forces libanaises. À l'évidence, la sollicitation de ces gardes devait aller jusqu'à les « accompagner » vers le lieu du scrutin le moment venu.

La veille de la session, une volée d'obus de mortier — que les observateurs affirmèrent venir de l'Est chrétien — explosa aux alentours du siège provisoire de l'Assemblée. Kamel el-Assaad publia un communiqué expliquant que « le Parlement a essayé de faire appliquer les mesures de sécurité nécessaires au bon déroulement du scrutin. Il y avait toujours la présence « de forces armées à l'ouest du tribunal militaire qui jouxte la villa Mansour ». En conséquence, la séance fixée au 19 août est reportée au lundi 23 août, 11 heures, à l'académie militaire de Fayadieh ». Ce fut le tollé à l'Ouest. Walid Joumblatt compara cette décision aux firmans [1] intempestifs que prenaient les sultans ottomans et ajouta : « Et pourquoi pas, tenir le scrutin au conseil de guerre Kataëb de la Quarantaine pendant qu'on y est ! »

Le stratagème mis en place par Bachir et Kamel el-Assaad avait fonctionné. L'annonce du premier tour et la « réaction » armée qui avait suivi permettaient de fixer une nouvelle date et surtout un nouveau lieu, l'académie militaire, entièrement contrôlée par les FL.

Quelques heures plus tard, Ariel Sharon, Oded Zaraï, un journa-

1. Décrets.

liste du quotidien israélien *Maariv*, Mendy et Philippe entraient discrètement dans le bureau du commandant en chef des Forces. Pour « mettre un terme au malentendu », Bachir avait demandé à son père, dûment « chapitré », d'être présent à l'entretien. Le ministre reprocha aux chrétiens de ne pas avoir publiquement remercié Israël.

— Il y a eu des feux d'artifice sur vos églises pour la fête de la Vierge le 15 août. Il faut également montrer que vous êtes concernés par cette guerre...

— Ce qui s'est passé est un don de Dieu ! l'interrompit le patriarche. Durant huit ans, tout le monde nous a laissés tomber. Personne n'a voulu venir se brûler les doigts ici. Les Arabes ont maintenu les Palestiniens chez nous pour s'en débarrasser. C'est d'ailleurs ce qui a motivé votre venue. Vous nous avez sauvés. Vous vous attendiez à ce que nous soyons plus émotifs et que nous exprimions ouvertement nos sentiments à ce sujet. Vous devez vous rendre compte qu'il est de notre intérêt comme du vôtre que nous préservions nos liens avec le monde arabe. Ils vous serviront car la guerre ne va pas durer indéfiniment. Vous savez, nous avons une longue expérience des Arabes. Vous, vous êtes nouveaux dans la région. Durant quatre cents ans, nous avons combattu les Turcs et l'Islam pour maintenir ce pays libre, sans en partir. Nous avons combattu pour y rester et je crois que nous y avons réussi. Vous, vous avez combattu deux mille ans pour pouvoir revenir chez vous et vous avez réussi. Je vous redis encore une fois : merci pour ce que vous avez fait pour nous. Notre gratitude est d'autant plus grande que notre pays allait disparaître.

— Je vous remercie d'être venu jusqu'au bureau de Bachir pour me rencontrer, répondit Sharon. Lorsque j'étais petit, vous étiez pour moi le symbole d'un homme qui défend son pays. C'était à nous de nous déplacer...

— J'ai vu Israël naître et grandir, coupa le fondateur du parti Kataëb. J'ai fait deux matchs de football avec la Hagana. Une équipe israélienne est même venue jouer ici, j'étais l'arbitre. Vous êtres un pays très développé. Vous êtes 20 millions de juifs et vous gouvernez le monde. Les États-Unis sont en fait un des États d'Israël.

— La force n'est pas dans son apparence, mais dans l'utilisation qu'on en fait, reprit Ariel Sharon. Nous avons été 18 millions avant Hitler. Nous sommes tombés à 12 millions après lui. Aujourd'hui nous sommes en réalité 15 millions. Nous ne sommes pas les gouverneurs du monde, mais nous avons appris comment utiliser la force et la montrer pour préserver notre existence. Je crois aux bonnes relations entre Israël et le Liban. Mais pour que nous puissions continuer à vous aider, nous avons besoin de prises de position claires et franches de votre part. Les manœuvres ne mèneront nulle part. Depuis deux mois, vous aviez l'occasion de participer à la libération de Beyrouth.

— Je ne crois pas. Nous vous aurions gênés. Que devons-nous faire maintenant ?

— Vous savez qu'Israël est un pays démocratique. L'armée est formée de réservistes qui ont quitté la vie civile pour venir ici. Ils ont la conviction, de plus en plus forte, que nous avons atteint nos buts et que nous devrions rentrer chez nous. Cette conviction va s'accentuer après le retrait des Palestiniens. Nous pouvons expliquer notre présence au Liban dans les limites de 45 km pour des raisons de sécurité, ce qui n'est pas le cas pour notre présence à Beyrouth. Mon gouvernement et moi, personnellement, subissons de fortes pressions. Nous devons absolument faire quelque chose pour changer cela. Si les Forces libanaises déclaraient publiquement et franchement que vous voulez la paix avec Israël et que vous souhaitez notre présence ici, cela nous aiderait à résoudre ce problème. Que va-t-il se passer dans les camps palestiniens après leur retrait ? Allez-vous prendre la situation en main et les nettoyer ? Vous pourriez également effectuer certains gestes pour renforcer le moral des soldats israéliens qui sont ici, comme, par exemple, sonner les cloches des églises quand les Palestiniens partiront.

— Nous comprenons votre problème, lui assura Pierre Gémayel. Je crois que vous avez raison. Vos hommes doivent sentir que les Libanais sont avec eux. Il est malheureux que cette opération ait traîné en longueur. Nous pensions qu'elle serait terminée en quelques jours. Notre situation politique et militaire est maintenant délicate. Après les élections présidentielles, tout changera. Bachir est candidat. Il est kamikaze de s'être porté candidat. S'il est élu, les Arabes devront comprendre que nous voulons être libanais et seulement libanais. Toute notre politique va changer. Avec le futur chef de l'État, nous dirons que nous sommes vos amis. Mais en pleine campagne présidentielle, nous ne pouvons pas en discuter sereinement. Nous serons avec vous comme nous étions avec la France durant de nombreuses années.

Alors que Sharon prenait congé du patriarche chrétien, de la fenêtre on apercevait sur la mer, à l'horizon, de nombreuses silhouettes de bâtiments de guerre américains, italiens, anglais et français. Les 800 légionnaires français du 2e régiment étranger de parachutistes, commandé par le lieutenant-colonel Bernard Janvier[1] (les premiers à devoir débarquer), faisaient des ronds dans l'eau à bord de *La Douve* au large du port de Beyrouth. Toute la journée du 19 ne fut que tractations de dernière minute pour régler les derniers détails. Afin de calmer les appréhensions de Sharon, l'ambassadeur français Paul-Marc Henry précisa publiquement que le séjour de la force française serait immédiatement abrégé si le calendrier du retrait palestinien n'était pas respecté. L'OLP tenta encore d'obtenir une contrepartie à l'élargissement de ses deux prisonniers israéliens, car, depuis le 17 août, il y en avait un second, Ronnic Aoush, un simple soldat capturé dans la région de Bourg el-Brajneh, dans la banlieue sud de Beyrouth. Sharon fut intransigeant : la présence d'un Israélien de plus aux mains des « terroristes » ne changeait rien à son exigence : libération sans condition et récupération des corps des disparus. Il consentit cependant à promettre l'élargissement, « plus tard », d'un certain nombre de prisonniers palestiniens, pour « aider » Philip Habib dans ses tractations.

Le 20 août dans la matinée, des camions et deux ambulances du CICR transportant neuf cercueils, et Aharon Ahiaz et Ronnic Aoush, franchirent la ligne de feu sur l'axe du port. Les deux hommes furent immédiatement rapatriés par hélicoptère sur l'aéroport militaire, au nord de Tel-Aviv, où les attendaient Raphaël Eytan et leurs familles. Cette libération constitua le premier maillon du processus complexe d'évacuation des Palestiniens de Beyrouth.

Le lendemain, à l'aube, commença l'opération « Épaulard ». Les légionnaires du 2e REP débarquèrent dans le port après que des plongeurs du commando Hubert eurent vérifié qu'aucune mine ou aucun piège n'avait été placé dans la zone d'accostage. Ils furent à deux doigts de bousculer un colonel israélien « venu saluer ses frères d'armes » alors que Tsahal était censé avoir évacué complètement le port. Quelques heures plus tard, 397 Palestiniens montèrent à bord du bateau grec *Sol Georgios* qui déhala

1. Général, Bernard Janvier commandera l'opération « Daguet » (1991) pour libérer le Koweït, puis dirigera l'Institut des hautes études de défense nationale (IHEDN).

immédiatement et mit le cap sur Larnaca (Chypre). Les jours suivants, les départs se succédèrent à un rythme régulier.

Les chrétiens libanais peuplaient balcons et terrasses pour, un verre à la main, assister aux embarquements. Là, comme d'ailleurs à l'Ouest, le sujet de toutes les conversations était cependant l'élection présidentielle. Chaque camp se concentrait sur les derniers préparatifs. Tous les parlementaires de la zone chrétienne étaient sous la « protection » des FL. Le téléphone était coupé entre les deux secteurs de la ville et les points de passage avaient été hermétiquement fermés après qu'Albert Mansour, le député chrétien de la Békaa, trésorier du Mouvement national, fut « passé à l'Ouest » malgré ses promesses de soutenir Bachir. Quatre parlementaires[1] avaient exigé d'« être le 62e » à pénétrer dans l'hémicycle pour des raisons de sécurité. Ils pourraient ensuite affirmer qu'ils avaient été contraints et forcés pour atteindre le quorum. Ils avaient été regroupés dans un appartement avec Jean Ghanem et attendaient que leurs 58 confrères soient entrés en séance. Enfin, Michel Samaha s'était installé chez un député sunnite[2] au cas ou il y aurait eu une défection. Michel el-Murr, un richissime député grec orthodoxe, proche de Bachir, avait financé le voyage des parlementaires se trouvant hors du Liban. Johny Abdo avait envoyé un hélicoptère de l'armée à Chypre pour récupérer l'un d'eux, Joseph Skaff, élu de Zahlé, qui, malade, était venu de France. Zahi Boustani, qui dirigeait le tout par radio d'un petit bureau à la Quarantaine, avait fait ses comptes. Le quorum devait être atteint. Il exigea cependant que Bachir affiche publiquement, jusqu'au vote, un pessimisme inquiet...

À 11 heures précises, le 23 septembre 1982, le président Kamel el-Assaad déclara ouverte la séance parlementaire. Les supporters de Bachir Gémayel qui avaient réussi à s'infiltrer dans l'amphithéâtre de l'académie acclamaient l'arrivée de chaque député. Un suspense s'installa au fil des minutes. Il fut largement développé par les directs de la télévision et des radios. Les rues de Beyrouth, Est comme Ouest, étaient quasi désertes. Les fenêtres grandes ouvertes déversaient jusque sur la chaussée les commentaires des présentateurs. Dans l'hémicycle, sur le banc du gouvernement,

---

1. Salem Abdelnour (grec catholique), Fouad Téhini (maronite), Émile Rabana Salah (Bloc de Raymond Eddé), Fouad Lahoud (antikataëb).
2. Mohamed Youssef Beydoun.

Sélim Jahel, que le hasard avait placé derrière le député Amine Gémayel, se pencha en avant et lui glissa :

— Il y a deux personnes dans cette salle qui souhaitent que le quorum ne soit pas atteint et cela pour des raisons diamétralement opposées : vous et moi.

Amine ne répondit rien. Il n'avait pas réussi à s'imposer. Certes, l'« Ouest » lui avait été favorable mais il n'avait pas convaincu à l'« Est » et son père était un obstacle infranchissable à une candidature « sauvage ». Le ministre, lui, préférait toujours le coup de force à l'élection. À 12 h 15, entra le 59e député : Maurice Fadel. Il avait ébouriffé sa coiffure pour donner l'impression d'avoir été contraint et de s'être défendu. Jean Ghanem eut le feu vert pour faire venir ses quatre protégés. Michel el-Murr pénétra dans l'hémicycle et annonça à la cantonade :

— Quatre députés sont en chemin !

Ce fut une ovation. 59 et 4 : 63 ; le quorum était atteint. Il était même dépassé. En sortant de voiture devant une nuée de photographes, l'un des députés supplia à mi-voix un de ses « accompagnateurs » de bien montrer son arme et même de la braquer sur lui. Il voulait que caméras et photographes puissent témoigner que la force avait été utilisée pour le traîner dans l'hémicycle. 18 députés musulmans (12 chiites, 4 sunnites, 2 druzes) étaient présents.

Au premier tour, le compte des bulletins déposés dans l'urne transparente confirma le quorum. Un second tour, par 57 voix et 5 bulletins blancs, porta Bachir Gémayel à la présidence de la République libanaise. Le mot d'ordre de boycott n'avait pas été suivi. Des parlementaires de la communauté musulmane et non des moindres avaient bravé l'interdit et accordé leurs suffrages au chef des Forces libanaises. Côté chrétien, la présence à Fayadieh de députés de Zghorta comme René Moawad[1] avait également été déterminante.

Bachir et son équipe, agglutinés devant le petit écran dans son bureau, avaient suivi attentivement l'arrivée des parlementaires. Avner Azoulay, le résident du Mossad au Liban, assis à ses côtés, sauta de joie à l'annonce du résultat. Bachir se précipita sur son téléphone et appela Zahi Boustani :

1. Il fut élu président de la République le 15 novembre 1991 et assassiné dix-sept jours plus tard.

— *Tokborni*[1], Zahi !

Son interlocuteur ne put lui répondre. Il pleurait.

Une immense clameur s'éleva de Beyrouth Est. Toute la zone chrétienne ne fut qu'explosions d'allégresse. Des dizaines de milliers d'habitants se déversèrent dans les rues pour se congratuler, s'embrasser, danser, les yeux noyés de larmes. Des voitures surchargées de jeunes, brandissant les couleurs libanaises ou celles des Forces, hurlant « On a gagné ! On a gagné ! », se croisaient en klaxonnant. L'air fut saturé de rafales de Kalachnikov tirées vers le ciel en signe de joie. Michel Samaha, qui s'était mis au balcon du domicile du député qu'il « protégeait », fut blessé au bras par une balle perdue. La rue qui menait à l'immeuble de Bachir était littéralement jonchée de riz et de douilles. Au pied du bâtiment, protégé par des murs de sacs de sable et des chicanes en blocs de béton, les gardes étaient hilares. La fête dura toute la nuit.

À l'inverse, la partie ouest de la ville était totalement silencieuse, les voitures étaient rares. Une peur sourde y était presque palpable. Une fois le soleil couché, dans l'obscurité totale due aux coupures d'électricité, des roquettes de RPG7[2] détruisirent et incendièrent les appartements de cinq parlementaires qui s'étaient rendus à Fayadieh. Celui de Kamel el-Assaad était du nombre[3].

Le 26 août au matin, 1 350 hommes de la brigade Hittine quittèrent le « réduit » en direction de Damas dans un convoi de camions hauts en couleur, hérissés de portraits de Yasser Arafat et d'Hafez el-Assad sur une route poussiéreuse et sous la protection de soldats israéliens. Au port, débarquaient les *bersaglieri* italiens du régiment San Marco, immédiatement surnommés « oiseaux » par les Beyrouthins à cause des plumes sur leurs coiffes, et un deuxième détachement de légionnaires français. Le lendemain, trois compagnies de 225 hommes du 32e Marines Amphibious Unit faisaient de même. 14 938 Palestiniens étaient partis le 30 août.

1. « Que tu m'enterres. » Expression libanaise traduisant une affection profonde.

2. RPG7-B : arme antichar portative de fabrication soviétique.

3. 17 résidences de parlementaires furent ainsi détruites en 48 heures à Beyrouth Ouest, Tripoli, Amioun et Kousba. 51 personnes furent appréhendées et poursuivies en justice sans jamais être jugées. Les dossiers furent classés le 10 février 1992 en application de la loi d'amnistie générale votée le 26 août 1991.

Yasser Arafat quitta ce qui fut pendant onze ans son quartier général avec les honneurs dus à un chef d'État. Accompagné du Premier ministre Chafic Wazzan, il effectua une tournée d'adieu aux domiciles de tous les leaders libanais qui l'avaient soutenu. Abou Amar saluait la foule compacte qui se pressait sur son chemin en faisant avec les doigts le V de la victoire. Tout le long du parcours, les combattants vidaient en longues rafales les chargeurs vers le ciel. Une vingtaine de personnes aux fenêtres ou sur des balcons furent touchées par des balles perdues. La limousine noire officielle de Wazzan était encadrée d'une escorte de soldats chiites de l'armée libanaise. Avant d'entrer dans le port, le chef de l'OLP descendit de voiture pour saluer le drapeau vert, rouge, blanc et noir présenté par une section de l'Armée de libération de la Palestine.

Il ignorait qu'à cet instant, il entrait dans la ligne de mire de trois tireurs d'élite israéliens de la brigade Golani dissimulés dans les ruines et les immeubles qui bordaient la zone portuaire. Aux côtés de chacun d'eux un radio, casque sur la tête, était en liaison permanente avec le quartier général du mont La Salle, dans l'attente de l'ordre d'ouvrir le feu. Le QG était, lui, en communication téléphonique ouverte avec le bureau du Premier ministre à Jérusalem, dans lequel Ariel Sharon et plusieurs officiers tentaient d'arracher à Begin l'autorisation de profiter de l'occasion pour abattre le président de l'OLP.

Begin, lorsqu'il avait pris ses fonctions de Premier ministre, avait mis un veto catégorique à l'ordre permanent qu'avaient eu jusqu'à présent les services secrets d'exécuter tout dirigeant palestinien responsable d'attentats terroristes, quel que soit son statut. Malgré sa répulsion pour des hommes comme Yasser Arafat, qu'il traitait d'« animal bipède », Begin refusait de cautionner la moindre opération pouvant être assimilée à un assassinat politique. Cependant, à la demande de Sharon, il avait suspendu son veto durant le siège de Beyrouth. Mais dès qu'il eut donné son accord sur le retrait palestinien de Beyrouth, Begin revint sur son autorisation et refusa de céder aux pressions de Sharon.

Yasser Arafat, dont la tête se dessina pendant près d'un quart d'heure dans le réticule de trois lunettes de tir, embarqua à bord du paquebot blanc *Atlantis* battant pavillon grec. Le navire déhala à 11 h 45 et fit route vers Le Pirée, accompagné des escorteurs français *Dupleix* et *Georges Leygues*. La page de la présence de la centrale palestinienne au Liban se tournait définitivement.

Du toit de l'immeuble de l'Électricité du Liban qui domine le port, Morris Draper, l'adjoint de Philip Habib, jumelles aux yeux, avait suivi l'embarquement du chef de l'OLP. Un crissement de pneus sur l'autoroute qui passait au pied du bâtiment lui fit baisser la tête. Un officier israélien qui se trouvait à ses côtés lui désigna une BMW grise qui filait bon train,

— C'est Bachir Gémayel ; il conduit lui-même sa voiture. Il est très prévisible et facile à filer.

Stupéfait par ce qu'il considérait comme une inconscience totale, Draper donna sur-le-champ à ses responsables de sécurité l'ordre de prendre des mesures de protection autour du 13e président élu de l'histoire libanaise.

Deux nuits plus tard, Bachir fit une dernière visite à ce qui allait devenir son ancien quartier général à la Quarantaine. Tous ses proches l'attendaient, une coupe de champagne à la main. Ils le félicitèrent à tour de rôle. Après lui avoir donné une longue accolade, Sélim Jahel lui reprocha d'avoir été élu par un parlement « obsolète ».

— Tu es rentré dans un engrenage que nous avons combattu. Il te sera maintenant difficile d'en sortir.

— Homme de peu de foi, lui sourit Bachir, est-ce que j'ai tant changé depuis six mois ?

Sélim Jahel ne répondit rien.

Quelques jours auparavant, Bachir avait convoqué les membres de son équipe :

— Nous n'allons pas prendre le pouvoir pour le pouvoir, mais pour répondre à nos dizaines de martyrs, leur avait-il dit. Parmi vous, certains vont être amenés à exercer des responsabilités. Il ne sera pas question de téléphones dans les voitures ou d'une multitude de *body guards*. Nous allons vivre le plus simplement possible. Tout sera transparent.

22

Le traité de paix

Dans les minutes qui suivirent la publication des résultats de l'élection présidentielle, Bachir Gémayel, au volant de sa Honda grise, se précipita à l'académie militaire où l'attendaient impatiemment les députés. Rayonnant de joie, il fit une entrée triomphale dans l'hémicycle. Tout le monde voulait l'embrasser, le toucher, lui parler. Il parvint difficilement à la tribune. Après avoir donné l'accolade à son père et à Camille Chamoun assis au premier rang, il prit place aux côtés de Kamel el-Assaad. Les applaudissements et les cris stoppèrent lorsqu'il porta un micro devant ses lèvres. Il remercia l'Assemblée « pour la confiance qu'elle lui avait accordée » et rappela ses intentions :

— Nous avions fait un pari, nous l'avons gagné ! Maintenant, nous devons nous atteler rapidement à la tâche. Le pays a un besoin urgent d'une opération de redressement. Toutes les promesses que j'ai faites seront tenues ! Je m'engage à les honorer et surtout à assurer la liberté et la sécurité à tous les Libanais sur les 10 452 km². Il y aura des difficultés, nous les surmonterons !

Le courant électrique fut rétabli le lendemain à l'Ouest. Les fruits, les légumes, la viande réapparurent brutalement en telles quantités dans le « réduit » qu'en quelques heures les prix chutèrent de façon vertigineuse. Le téléphone retrouva sa tonalité. Des embouteillages monstres bloquèrent le passage du musée rouvert à la circulation sous l'œil attentif des légionnaires français. Ce n'était déjà plus la guerre, même si ce n'était pas encore la paix, mais la ville revivait complètement.

Les jours qui suivirent, le président élu en costume bleu ciel, Amine habillé en clair et Cheikh Pierre sanglé dans un strict complet bleu marine recevaient les traditionnelles félicitations à Bikfaya. Dans la petite cour de la vieille maison de pierre jaune, à l'ombre des cèdres, sous les plantes grasses qui tombaient des fenêtres à fines colonnades, tous trois, côte à côte, debout devant des chaises disposées en demi-cercle, accueillaient miliciens, hommes d'affaires, commerçants, religieux venus les encourager, les remercier ou les bénir. Puis, les visiteurs allaient prendre place autour du patio en parlant à mi-voix comme dans un lieu saint. Parents, amis très proches, gardes du corps, bras croisés sur la poitrine, scrutaient l'assistance.

À la tombée de la nuit, Bachir s'éclipsait et filait dans la villa de pierre de taille qu'il se faisait construire, non loin de la maison paternelle. Dans le sous-sol, seul endroit habitable, son équipe tenait réunion sur réunion pour mettre au point les détails du programme du futur gouvernement, débattre des priorités d'action ou jeter les bases du discours d'investiture. Les relations du président avec le parti Kataëb étaient très souvent au centre des discussions. Une unanimité dans l'équipe s'était rapidement dégagée sur la nécessité de dissocier totalement le parti et l'État afin de garantir la liberté d'action de Bachir. Lors de l'une de ces conversations, Joseph Aboukhalil confia au président élu que Cheikh Pierre, juste avant le scrutin, avait émis l'idée de démissionner du parti au profit d'Amine si Bachir était élu. Ce dernier fit un bond :

— Dans ce cas, je démissionne de la présidence et je prends la direction du parti Kataëb, s'écria-t-il furieux.

La haine entre les deux frères avait atteint un niveau jamais égalé. Bachir n'avait pas accepté qu'Amine, pendant le siège, se soit rendu à l'Ouest pour y rencontrer des Palestiniens. Il n'avait aucune confiance dans son aîné et le soupçonnait de vouloir le contrer politiquement. Dans les derniers jours d'août, Fady Frem, aidé de Zahi Boustani, avait organisé un dîner chez lui à Brummana, avec les deux frères et leurs épouses, pour tenter de dégeler leurs rapports, en vain. Le lendemain du scrutin, Aboukhalil, voulant profiter de l'allégresse de la victoire, avait déjà tenté de les rapprocher en proposant à Bachir de charger Amine d'une mission auprès des pays arabes. La voix du président élu s'était faite glaciale :

— Il n'optiendra rien de moi. Et surtout pas dans les relations avec les Arabes. Il n'aura même pas un poste d'ambassadeur.

La formation du gouvernement préoccupait l'entourage de Bachir. Le radicalisme dans lequel s'était engagée l'opposition, prise en main par Walid Joumblatt, Saëb Salam et Nabih Berri, compliquait passablement les contacts. Les musulmans avaient rationalisé leurs actions. Ils tentaient de regrouper Beyrouth Ouest et le Nord Liban, tant chrétien, dirigé par Sleiman Frangié, que sunnite avec pour leader Rachid Karamé. Ces derniers avaient annoncé leur refus de reconnaître le nouveau régime et appelé au boycott de l'État et de l'exécutif.

Même Radio Damas dénonça « le président imposé par les baïonnettes ennemies, à l'ombre de l'occupation et sous sa protection ».

Des contacts discrets furent entrepris par certains ministres chrétiens comme Michel el-Murr et Michel Eddé. Ils s'efforcèrent, dans un premier temps, d'apaiser les esprits. Les États-Unis pesèrent de tout leur poids en faveur de Bachir. Élu « démocratiquement », il était plus facile au Département d'État de le soutenir officiellement. Washington autorisa Philip Habib à jouer les conciliateurs. Ce dernier téléphona personnellement à Saëb Salam pour l'inviter à engager le dialogue avec Bachir Gémayel :

— Il représente maintenant la « légalité », argumenta l'Américain. Il est président élu et il est disposé à discuter de tout : autant de raisons pour vous entretenir avec lui.

Washington annonça dans la foulée une aide civile et militaire au Liban, précisant même que le seconde pourrait être constituée de conseillers militaires envoyés au Liban pour y entraîner l'armée. Les États-Unis demandèrent discrètement à l'Arabie Saoudite d'intervenir également. Le 26 août, Ali Chaër vint à Beyrouth pour, officiellement, « réconcilier, au nom du roi Fahd » l'opposition sunnite et Bachir Gémayel.

L'ambassadeur Chaër arriva à Beyrouth en passant par Damas pour éviter d'utiliser l'aéroport international de Beyrouth, rouvert par les Israéliens la veille. Ils avaient balayé les pistes, déminé les abords immédiats des taxiways et monté leurs propres installations de contrôle et d'aide à la navigation aérienne.

Les résultats de l'élection avaient été accueillis avec satisfaction en Israël. Menahem Begin avait immédiatement envoyé un message de félicitations en anglais au nouveau président :

« Nous nous réjouissons au plus profond de notre cœur de votre élection. Puisse l'Éternel vous guider, cher ami, dans votre grande mission historique pour la conquête de la liberté et de l'indépendance du Liban. Menahem Begin, votre ami. »

Cette satisfaction s'accompagnait toutefois d'une grande prudence des commentateurs. L'entourage du Premier ministre se disait « guidé par le souci de ne rien faire ou ne rien dire qui puisse embarrasser Bachir Gémayel dans sa tâche ardue de réconciliation nationale ».

Mais l'accession à la magistrature suprême du cadet des Gémayel avait laissé un goût amer dans la bouche des officiers du A'man chargés, auprès du commandement Nord, des liaisons quotidiennes avec les unités des Forces libanaises. Les « phalangots » n'avaient pas tiré un coup de feu et l'avaient emporté. Pour la première fois, des dissensions éclataient au grand jour dans le camp israélien. Plusieurs officiers reprochèrent ouvertement à leur gouvernement, et plus particulièrement au ministre de la Défense, de n'avoir misé que sur un seul cheval : les FL. Certains prônaient l'urgente nécessité de renouer des contacts militaires avec d'autres chrétiens comme Dany Chamoun. Le A'man renforça ses contacts avec les chiites du Sud Liban et avec les druzes.

Durant les mois de juillet et d'août, la presse israélienne avait fréquemment évoqué les vexations perpétrées par les « phalangots » contre les druzes. Certains articles avaient détaillé par le menu l'intervention d'officiers israéliens empêchant les chrétiens d'agir contre les druzes. Après l'élection, les éditoriaux des mêmes quotidiens avaient été dubitatifs sur les capacités du nouveau président à réconcilier les diverses communautés coexistant au Liban. Le *Yedioth Aharonot* révéla que les FL avaient reçu, depuis 1976, une importante aide militaire d'Israël et qu'« il fallait espérer que le nouveau président ne l'oublierait pas ».

L'opposition travailliste israélienne s'attaqua à Menahem Begin. Lors d'une émission de télévision, Shimon Peres demanda la création d'une commission d'enquête pour examiner la manière dont le cabinet avait pris ses décisions pendant la guerre du Liban. « Nous devons savoir pourquoi l'action entamée le 6 juin dernier, présentée comme une simple opération ponctuelle d'autodéfense, s'est transformée en guerre », avait-il dit avant d'ajouter : « Le départ de Beyrouth des forces de l'OLP est un plein succès qu'Israël partage avec les États-Unis grâce aux médiations menées par Philip Habib. La question maintenant est de savoir si, pour atteindre cet objectif, il était nécessaire de déclencher une guerre et de bombarder Beyrouth devant les caméras du monde entier [...]. Personnellement je me serais gardé d'adresser un télégramme de félicitations à Bachir Gémayel. »

Cette déclaration provoqua un émoi considérable dans l'entourage du Premier ministre comme au Likoud. Elle mettait en cause les objectifs de la guerre, le couple Sharon-Begin et surtout elle atténuait considérablement le rôle de Tel-Aviv dans le départ des Palestiniens en soulignant celui des Américains. Menahem Begin, en vieux routier de la politique, eut immédiatement conscience que cette attaque travailliste allait très vite être soutenue par les courants populaires qui militaient contre la guerre. Il lui fallait obtenir le plus rapidement possible une victoire incontestable qui marquerait les esprits. À ses yeux, ce ne pouvait être que le traité de paix avec le Liban promis par Bachir. Il était au pouvoir maintenant et pouvait agir. Le Premier ministre demanda au Mossad d'organiser dès que possible une entrevue entre lui et Bachir.

Sharon et l'état-major de Tsahal étaient surtout préoccupés par le « nettoyage » de Beyrouth Ouest. Les généraux Raphaël Eytan, Moshé Lévi et Drori, accompagnés de Nahum Admouni (Peter), Menahem Navot et Avner Azoulay rencontrèrent discrètement Bachir, comme d'habitude au domicile de Johny Abdo, le 27 août, en début d'après-midi. Après avoir succinctement félicité le président élu, Raffoul entra directement dans le vif du sujet :

— Nous devons commencer le nettoyage de l'Ouest dès la semaine prochaine. Tout de suite après le départ des derniers Palestiniens et Syriens, il faudra s'assurer qu'il ne reste personne.

— L'armée libanaise s'en chargera. Elle n'est déjà plus la même qu'avant l'élection, affirma Bachir. Je peux lui donner l'ordre d'entrer et de fouiller. Je vais profiter au maximum de la nouvelle situation. Nous pourrions avoir des problèmes avec les Mourabitoun ou les autres. J'espère seulement qu'à ce moment-là vous ne nous direz pas que ce sont des problèmes entre Libanais. Nous devons nettoyer la région. Il faut le faire bien et pas comme cela s'est passé avec les druzes, c'est-à-dire investir une zone et ne pas la désarmer.

Depuis le début de la matinée, un timide déploiement d'un bataillon de la 8e brigade du colonel Michel Aoun avait lieu dans le centre ville sans heurt. Chaque fois que les soldats libanais devaient prendre position dans un immeuble, les officiers allaient parlementer avec les miliciens pour éviter tout affrontement. Ces derniers se retiraient en conservant leurs armes.

— Selon nos renseignements, les Mourabitoun vont s'en aller car ils ont peur, confia le chef d'état-major de Tsahal. J'ai d'ailleurs dit à Philip Habib que nous ne les empêcherons pas de partir.

— Nous allons avancer avec le drapeau libanais. Si quelqu'un veut aider notre armée, je ne peux pas l'en empêcher, sourit le président élu.

— En ce qui nous concerne, après l'élection, nous ne faisons plus de différence entre l'armée libanaise et les Forces libanaises. Fady Frem devrait pouvoir se réunir avec Drori et des officiers de l'armée pour mettre au point cette opération. Nous préparons dès maintenant notre déploiement dans la Békaa pour l'hiver. Les conditions de vie y sont difficiles et nous pourrions avoir besoin des bâtiments publics. Nous vous en fournirons la liste. Et si vous dites non, nous rentrons chez nous, déclara Eytan en éclatant de rire.

— L'affaire de Beyrouth est un problème tactique et technique, ce n'est plus du tout un problème politique. Ce n'est pas le cas de la Békaa. Pouvons-nous réfléchir à une action par étape pour obtenir des retraits simultanés ? proposa Bachir.

— Nous pouvons rester face aux Syriens durant tout cet hiver, affirma Raffoul avec un large geste de la main. Les négociations avec eux vont être ardues. C'est d'ailleurs pour cela que nous nous préparons à y passer l'hiver. Si nous sommes agressés par les Syriens ou les terroristes, nous prendrons les mesures nécessaires malgré le froid.

— Si nous prenons en considération la défaite des Palestiniens et la démoralisation des Syriens, nous pouvons envisager de commencer par un blocus autour de la Békaa et monter une action militaire dans un second temps. Philip Habib va partir en vacances. Il reviendra pour assister à mon investiture. Je lui ai demandé de prendre contact avec les Syriens afin de les sonder sur leurs projets dans la Békaa et au Nord, maintenant que le problème de Beyrouth est terminé. Je lui ai également suggéré de leurs demander quelles étaient leurs conditions pour qu'ils en sortent.

— Nous sommes d'accord sur le principe, acquiesça Eytan. Mais un blocus de la Békaa risque de nuire plus aux civils qu'aux militaires.

— Les civils feront pression sur les militaires pour qu'ils partent.

— Très bien, nous pourrions monter cela ensemble, accepta Raffoul.

— Parfait. Parlons maintenant du Sud. Je suis le président de la République libanaise et je voudrais visiter les régions dans lesquelles je peux me déplacer en toute sécurité. Je voudrais écouter la population. Nous pourrions commencer par Saïda, Tyr et Nabatiyé avec à mes côtés tous les responsables musulmans pour faire comprendre que je ne suis l'agent de personne. Concernant Haddad, j'étudie la manière de le réintégrer au sein de l'armée. J'en ai discuté avec le procureur général militaire Assad Germanos. Nous pourrions lui demander d'aller passer une demi-heure chez Germanos qui déclarera ensuite que Saad Haddad est un héros et qu'il n'a rien fait de répréhensible. Je veux assumer tous les engagements que j'ai pris.

— Je vous demande expressément que personne ne lui fasse de mal, insista Raphaël Eytan.

— Il n'en est pas question. Cet homme sera traité en héros au Liban. Si nous ne l'avons pas fait plus tôt, c'était pour obtenir le quorum aux élections.

Raffoul acquiesçait de la tête pendant que son interlocuteur parlait. Il aborda ensuite la question druze :

— Je pense qu'après votre élection, ils vont se rallier à votre bannière. J'ai reçu la visite de deux de leurs leaders, ils m'ont affirmé qu'ils étaient prêts à coopérer.

— Il n'y aura pas de problème avec les druzes, assura Bachir. Les seules difficultés qui se posent proviennent des quelques éléments de chaque communauté qui se cachent derrière eux. Aujourd'hui, l'émir Magid Arslane joue le rôle de guide druze et nous l'aidons. Les druzes commencent à se rallier à lui. Walid Joumblatt tente de s'accrocher à son leadership. Nous lui ferons savoir qu'il devra passer par les Arslane s'il veut obtenir quoi que ce soit.

— Est-ce que les druzes d'Israël peuvent vous aider ?

— Oui, bien sûr ! Qu'ils prennent contact avec l'émir Magid !

— Vous aller punir vos ennemis ? s'enquit Raffoul.

— Nous voulons que toute la nation vienne vers nous, affirma le président élu. J'ai invité Dany Chamoun à revenir. Nous trouverons un moyen pour rassembler tout le monde : druzes, sunnites, chiites. Si l'un de ceux qui m'ont combattu veut revenir maintenant, il devra passer par ceux qui m'ont appuyé.

Le déploiement de l'armée libanaise dans Beyrouth Ouest se déroula dans le calme. Bachir avait demandé et obtenu que le colonel Michel Aoun soit chargé de l'opération. Avant de franchir la ligne de démarcation, le commandant de la 8e brigade avait envoyé des émissaires auprès des responsables des Mourabitoun pour leur expliquer sa détermination et son « souhait » de pouvoir agir sans incident. La milice sunnite nacérienne avait accepté de se retirer et de laisser le champ libre à l'armée. Pour la première fois depuis douze ans, des soldats libanais, accueillis chaleureusement par les habitants, tenaient le centre ville jusqu'à l'aéroport. Cette prise de contrôle, sans un coup de feu, des ruines et des rues obstruées de buttes de terre rouge recouvertes de végétation rassura la population. Des centaines de familles regagnèrent le secteur Ouest qu'elles avaient quitté au début de l'été. Les points de passage du musée et du port furent vite saturés. Les boutiques commencèrent à rouvrir leurs rideaux et la vie reprenait un cours presque normal. Le 30 août, le déminage des zones de combats commença.

Dans les tout derniers jours d'août, Menahem Begin prit une semaine de vacances à Nahariya, station balnéaire située au nord d'Israël, à une dizaine de kilomètres de la frontière libanaise. L'année précédente, cette petite bourgade avait été bombardée par les Palestiniens à coups de roquettes de katioucha. Pour exprimer sa solidarité aux habitants, le Premier ministre y avait passé une semaine à l'hôtel Carlton. Il s'y était plu et avait décidé d'y revenir.

Begin, que sa hanche faisait toujours souffrir, passa ses journées à lire et à écouter de la musique classique dans la suite présidentielle donnant sur la mer, au dernier étage de l'établissement. Le Mossad organisa le rendez-vous Begin-Bachir dans une usine de matériel paramilitaire non loin de Nahariya, le 1er septembre à 22 heures.

Ce jour-là, en milieu de matinée, Samuel Lewis, l'ambassadeur des États-Unis à Tel-Aviv, appela Menahem Begin au téléphone et lui annonça la venue en Israël, dans l'après-midi, du secrétaire d'État à la Défense, Caspar Weinberger. Ce dernier était porteur d'un message du président Reagan. Begin lui proposa de venir le rejoindre avec Weinberger à Nahariya.

Très secrètement, dès son arrivée au Département d'État, George Shultz avait fait étudier un plan de paix pour le Moyen-Orient. Il y proposait dans l'ordre le gel des implantations de colonies juives dans les territoires occupés, l'ouverture de négociations entre Israël et les Palestiniens résidant en Cisjordanie et à Gaza. Ces négociations devaient avoir pour objectif l'instauration, dans les Territoires, d'une autonomie palestinienne associée à la Jordanie sous forme de Fédération après une période transitoire de cinq ans. Le texte laissait également entrevoir une restitution du Golan aux Syriens.

Cette proposition permettait aux États-Unis de redorer, auprès des pays arabes, leur blason quelque peu terni par le soutien que Washington avait apporté à Tel-Aviv. De plus, Israël étant au faîte de sa puissance, personne ne pouvait accuser les États-Unis de mettre en danger la survie de l'État hébreu. Shultz, contrairement aux méthodes d'Alexander Haig, avait accepté de laisser la paternité du plan au président américain et avait suggéré de profiter de l'absence à Washington du très actif Moshé Arens pour le communiquer directement aux Israéliens, la veille de sa publication, afin de prendre tout le monde de court. C'était ce qu'était venu faire Caspar Weinberger.

Le secrétaire d'État à la Défense était parfaitement conscient que ce projet accumulait des demandes inacceptables pour Israël. Certes, les Américains refusaient implicitement la création d'un État palestinien, mais la mise en place d'un autogouvernement en association avec la Jordanie revenait, dans le principe, à la même chose. La cerise posée sur le gâteau dans ce texte fut pour les Américains de remettre en question le statut de Jérusalem « qui devra être décidé après des négociations ».

« Ce fut comme si Begin avait reçu un coup de marteau-pilon au plexus solaire », devait raconter plus tard [1] un de ses proches en relatant l'entretien entre le Premier ministre israélien et le secrétaire d'État à la Défense américain, avant d'ajouter :

— Begin, rouge de colère, rejeta le tout en bloc. Pas tant pour le contenu du plan, qu'il avait à peine parcouru, que parce qu'il s'était senti profondément offensé et trahi qu'un projet concernant l'avenir d'Israël ait été finalisé à Washington sans aucune consultation avec Tel-Aviv.

Au moment où Menahem Begin prenait très froidement congé de ses hôtes, Bachir Gémayel l'attendait depuis déjà plus de trois quarts d'heure dans l'une des salles de réunion aux murs nus de l'usine d'armement de Nahariya. C'était la première fois dans l'histoire des relations entre les FL et les Israéliens qu'une réunion avait lieu dans un endroit pareil. Mais Bachir avait fortement insisté auprès du Mossad sur le secret total qui devait entourer l'entrevue. La présence du futur président du Liban, moins d'une semaine après son élection, sur le territoire israélien était de nature à le brouiller définitivement avec le monde arabe. L'exemple de Anouar el-Sadate était revenu plusieurs fois à l'esprit de Bachir.

1. À Alain Ménargues, 1992.

Quelques heures plus tôt, à la tombée de la nuit, un hélicoptère israélien CH-53 Yassour, appartenant au IAF's First Helicopter Squadron, était venu discrètement chercher Bachir Gémayel et de six de ses proches sur le terre-plein de la centrale électrique de Zouk. Après une demi-heure de vol, il les avait déposés sur l'héliport militaire de Nahariya. Un convoi de voitures banalisées conduites par des hommes du Mossad les transporta à l'usine où les attendaient Ariel Sharon, Yitzhak Shamir, David Kimché, Avraham Tamir, Saguy, Yitzhak Hofi, Nahum Admouni et Menahem Navot.

Le milieu de la salle de conférence était occupé par une grande table ovale, évidée en son centre, sur laquelle avaient été disposées des flûtes à champagne et des assiettes de biscuits. Les Israéliens félicitèrent Bachir pour son élection. Dans une ambiance très cordiale, par petits groupes, debout, tous attendaient le Premier ministre en discutant amicalement. Begin arriva vers 23 heures, le visage fermé, boitant fortement en s'appuyant sur sa canne. En bras de chemise comme à son habitude, le président élu libanais et le Premier ministre israélien échangèrent une longue accolade en se remerciant mutuellement. Les deux délégations s'installèrent face à face autour de la table. L'atmosphère devint brusquement plus formelle et plus officielle, ce qui n'était jamais arrivé lors des précédentes visites des Libanais en Israël.

— Quelle est la situation à Beyrouth ? demanda Begin à Bachir pendant que les responsables du Mossad remplissaient les flûtes de champagne.

— Elle s'améliore. Dans quelques jours, nous prendrons le contrôle de la ville. Cela nous permettra de passer immédiatement à la phase II. Nous devons d'ailleurs en parler.

Les verres remplis, le Premier ministre se mit difficilement debout, leva sa coupe en direction de Bachir et s'adressa à lui en anglais, sur un ton très solennel :

— Je voudrais vous souhaiter la bienvenue, monsieur le président. Auparavant, lorsque vous veniez chez moi, je vous appelais « mon fils ». Maintenant, vous êtes devenu le président de votre pays. Je dois rendre hommage à Yitzhak Rabin, mon prédécesseur, et à son gouvernement. La coopération entre Israël et la résistance libanaise fut une véritable cantilène et une complicité clandestine. L'OLP avait introduit au Liban désastres, restrictions de pouvoir et perte d'indépendance. Cela menaçait d'annihiler les chrétiens, au Sud et ailleurs. La population civile a été atrocement bombardée. Ce soir, je suis venu devant vous pour vous dire que, dorénavant, personne ne vous menacera plus. L'armée israélienne a écrasé l'OLP, l'a désarmée et l'a boutée hors du Liban. L'armée syrienne est battue. Nous leur avons détruit 405 chars et 102 avions, pour la première fois, un Mig 25 a même été abattu. 21 batteries de SAM 6 et 8 ainsi que de grandes unités syriennes ont été anéanties. La Syrie ne fera plus la guerre à Israël. Hafez el-Assad sait que si cela devait arriver, son armée serait écrasée. La Syrie ne reconnaît pas le Liban et n'y a pas de représentation diplomatique. Aussi, tous les Syriens devront quitter le Liban. Les phases II et III vont suivre. La phase II consistera à chasser tous les terroristes du Nord et de la Békaa. Nous la commencerons dès demain. La phase III verra le départ de toutes les forces étrangères. Et, en tant que Premier ministre d'Israël, je vous dis que les forces israéliennes sont des forces étrangères. L'opération « Paix en Galilée » est un immense succès. Nous sommes actuellement à Nahariya sans craindre la moindre menace. Dans la phase III, l'armée syrienne devra quitter le Liban. Nous le quitterons simultanément et, pour ce faire, nous avons le choix entre deux solutions. Soit nous ne partons pas du Liban avant que les Syriens ne l'aient fait, soit nous nous retirons en même temps qu'eux. Nous avons choisi la seconde solution qui nous paraît plus positive. L'évacuation prendra deux semaines. Chaque jour, une unité israélienne et une unité syrienne quitteront votre sol. Nous voulons vivre en paix avec vous et lorsque la phase III sera terminée, il y aura un nouveau Liban ou un Liban renouvelé. Il y aura un nouvel espoir pour l'avenir après ces longues souffrances.

Les Libanais étaient très impressionnés par la solennité du discours et l'attitude de personnage biblique très imposant qu'avait Menahem Begin en leur parlant.

— Il y aura un Liban souverain, libre, démocratique et indépendant, poursuivit Begin. Il doit avoir une armée forte, équipée avec les armes les plus sophistiquées et les plus modernes. En ami, je vous conseille de faire en sorte qu'elle ne se désintègre plus. Les officiers doivent être loyaux au président qui est leur commandant en chef. Le principe d'une armée sous le contrôle de civils est le B A Ba de la démocratie. Le Liban doit également avoir des services de sécurité interne appropriés afin que personne ne puisse le surprendre. Nous sommes prêts à vous aider pour créer tout cela. Monsieur le président, de 1948 jusqu'à ce soir, nos deux pays sont en état de guerre. Nous sommes amis ; néanmoins, nos États et nos gouvernements sont toujours en état de guerre. Nous devons mettre fin à ce paradoxe. Monsieur le président, Israël mérite plus que l'Amérique, la France et le reste du monde qui ne vous ont pas aidé. Nous vous avons aidé. Nous n'attendons rien d'autre que de la gratitude. Nous avons fait notre devoir. Nous n'avons pas hésité à vous promettre de vous aider ou de vous sauver et nous vous avons rendu votre liberté. Cette promesse fut donnée de tout cœur. Le président Chamoun a déclaré que le Liban ne signerait pas de traité de paix avec Israël. J'ai été très surpris par ces propos. Ce fut, pour moi, une pilule amère à avaler lorsqu'il a déclaré que le Liban est pauvre et qu'il a besoin de l'appui arabe. L'Égypte est pauvre et a besoin de l'appui arabe plus que le Liban. Pourtant, l'Égypte a signé un traité de paix. L'argent doit-il décider du type de relation que nous devons avoir ? Nos relations doivent être basées sur la dignité et l'honneur. La guerre doit être liquidée, annulée et abolie pour toujours. Pour cela, il nous faut signer un traité de paix. Nous sommes des hommes et des nations libres. Plus de guerres ! Plus d'effusion de sang ! La paix pour tous ! Je veux vous dire qu'avec un choix libre et volontaire de votre part nous devons signer un traité de paix en 2 langues : hébreu et arabe. Nous signerons l'hébreu à Jérusalem et l'arabe à Beyrouth. Nous sommes devenus amis durant cette guerre. J'ai déjà dit que je vous considérais comme mon fils. Maintenant, vous êtes président et je ne peux plus vous appeler ainsi. Laissez notre amitié se refléter sur nos deux nations. Nous avons construit cette relation. Créons des rapports dans les domaines économiques, industriels... Nous pouvons avoir une unité économique entre nos deux pays. Nous pouvons également travailler ensemble dans le domaine international. Il peut y avoir une amitié dans les affaires internationales, indépendamment du traité de paix. C'est ce que je prévois ce soir. Nous espérons avoir la paix au Moyen-Orient. La Syrie n'osera pas attaquer Israël ou le Liban. La Jordanie ne nous attaquera pas. Je prévois une nouvelle période de paix au Moyen-Orient, pour vingt ans, quarante ans ou plus. Personne ne peut savoir. Vous avez des problèmes. Je suis conscient de la vendetta qui pourrait suivre. Mais de grandes choses ont été faites. Nos ennemis ont été écrasés. Remercions Dieu tout-puissant pour ce qui a été fait. Nous avons perdu 340 de nos meilleurs hommes, de nos commandos dont le mot d'ordre est « Suivez-moi » et pas « En avant marche ». Plusieurs centaines de nos soldats ont été blessés et handicapés. Nous avons perdu tellement de sang dans une seule génération d'Israéliens ! C'est une hécatombe ! Mais c'est une mission que l'homme doit effectuer malgré la douleur. Nous sommes heureux que vous, Bachir Gémayel, ayez été élu démocratiquement président du Liban. Nous pouvons dire que vous avez un ami à Jérusalem et j'ai un ami à Beyrouth. Nos deux pays, anciens et civilisés, ont toujours souffert pour la liberté et l'indépendance. Faisons-nous une promesse de paix et de liberté.

Menahem Begin se rassit dans un silence impressionnant de gravité. Le président élu libanais se leva à son tour :

— Vous nous avez aidés étape après étape à atteindre le niveau où nous sommes arrivés. Vous nous aviez dit que vous ne nous laisseriez pas tomber, et nous avons eu votre aide. Nous avons eu la chance d'avoir votre appui inconditionnel. Aujourd'hui, votre ami est devenu le président de la République libanaise. Nous allons, pas à pas, faire sortir les 500 000 Palestiniens qui sont au Liban. Nous n'aurons plus jamais de terroristes sur notre sol. Dans la phase II, les Syriens quitteront le Liban, mais nous ne voulons pas que les retraits syrien et israélien soient placés au même niveau. Les troisième et quatrième étapes seront consacrées à la normalisation entre nos deux pays. Nous n'avons pas besoin de normalisation entre nos deux peuples. En tant que chef d'État, je ferai de mon mieux pour que nos rêves se concrétisent et pour appliquer un processus politique qui aboutira à une alliance pour le bien-être de nos deux peuples. J'ai été élu sans me compromettre avec quiconque. J'essaie de tenir les promesses faites à mon peuple. J'ai perdu ma fille, 5 000 hommes et 100 000 civils. Nous devons assumer le processus de paix. Nous devons le faire nous-mêmes. Nous le négocierons et nous surmonterons toutes les difficultés qui se présenteront pour arriver où nous voulons aller. Nous avons gagné la guerre avec votre aide et votre appui. La combinaison de tout cela a donné de bons résultats. Vous avez été « un grand seigneur [1] ». Avant de vous connaître, nous nous contentions de prier dans nos églises. Maintenant, nous avons la possibilité de faire la paix. Je vous remercie tous, messieurs Begin, Sharon, Shamir, Raffoul, le Mossad. Je vous remercie vous tous ! J'espère que notre Liban sera libre et négociera une profonde alliance avec vous. « Vous avez toujours été un grand seigneur », conclut en français Bachir en regardant le Premier ministre.

Begin, qui avait fixement observé Bachir pendant qu'il parlait,

1. Prononcé en français.

n'avait eu aucune réaction. Le visage toujours aussi fermé, il demanda un aparté au président élu. Ce dernier fit signe à Georges Freiha, qui prenait des notes, et à Joseph Saadé de l'accompagner. Menahem Begin, suivi par Ariel Sharon, Yitzhak Shamir, Yitzhak Hofi et Yehoshua Saguy, entra dans une autre salle de réunion plus petite et tout aussi impersonnelle que la première. Israéliens et Libanais prirent place face à face autour de la table.

— J'aimerais beaucoup signer un traité de paix avec vous, attaqua Begin en regardant Bachir. La question doit être étudiée. Notre population se moque de nous. Elle demande : « Où est Bachir ? Pourquoi n'a-t-il pas dit un seul mot ? » La paix doit venir naturellement. Nous travaillons secrètement ensemble depuis sept ans. J'ai pris mes fonctions et promis de vous aider. Vous êtes apparu à la télévision après votre élection. Vous n'avez pas dit un seul mot en faveur d'Israël. De temps en temps, dites quelque chose. Dites à vos amis de dire quelque chose. Dites qu'il ne devrait plus y avoir de guerre entre les Israéliens et les Libanais.

— Nous commençons déjà à préparer le terrain, commença Bachir, visiblement complètement désarçonné. Nous allons organiser une manifestation...

— Dans cette manifestation, nous exprimons indirectement nos sentiments, intervint Georges Freiha pour venir en aide à Bachir.

— Je ne crois pas que les Syriens soient en position de vous combattre, continua le Premier ministre en ignorant ostensiblement les deux interventions. Nous sommes au Liban pour vous défendre. Nous allons faire sortir les Syriens. Leur présence est un « cauchemar[1] ». Nous devons entrer dans une ère d'amitié entre nous. Si cela doit entraver votre liberté de mouvement, dites-le. Mais il faudra alors beaucoup de temps pour améliorer nos relations. Savez-vous que Damas a déjà déclaré que les Syriens se retireront du Liban ? Les Soviétiques nous ont menacés à deux reprises par l'entremise de l'ambassade finlandaise en Israël. Je ne leur ai pas répondu car leurs télégrammes étaient sans adresse et sans signature.

— J'ai à faire face à une difficulté, tenta d'expliquer Bachir Gémayel. Nous avons un million et demi de chrétiens qui sont toujours sous contrôle syrien et palestinien et une déclaration

1. Prononcé en français.

publique de ma part leur causerait des problèmes, expliqua posément Gémayel.

— Les Syriens ne peuvent pas lancer une attaque importante, rétorqua Begin. Notre population, comme nos soldats, nous demande tout le temps « Pourquoi sommes-nous là-bas ? » À la télévision, vous avez rendu hommage aux Marines, aux Italiens et aux Français. Pourquoi n'avez-vous pas prononcé un mot à notre intention ? Les Syriens quitteront le Liban sous la pression. Nous nous retirerons de notre propre volonté et nous n'avons pas entendu un seul mot de remerciement ou affirmant que nous vous avons sauvés. Votre silence pourrait affecter notre future relation. Je ne vous ai rien demandé avant les élections. Maintenant, vous êtes le président, c'est différent. Chamoun a dit qu'il ne peut pas y avoir un traité de paix entre le Liban et Israël. Votre père a dit que vous faites partie intégrante du monde arabe. Si vous ne voulez pas de traité de paix, dites-le ! Nous sommes restés trois mille sept cents ans sans paix, nous pouvons continuer.

— Est-il exact que les musulmans libanais mettent comme condition qu'il n'y ait pas de traité de paix pour coopérer avec vous ? demanda Sharon en pensant aider Bachir.

— C'est exact !

— Et vous vous soumettrez au chantage en délaissant l'amitié ! s'exclama Begin.

— Le pays se désintégrerait si je faisais une telle déclaration.

— Je ne veux pas que votre pays se désintègre, répliqua Begin sur un ton d'ironie mordante. Que Dieu vous bénisse ! Finissons-en avec cette réunion !

Le Premier ministre commença à se lever de sa chaise. Ariel Sharon prit immédiatement la parole pour relancer la discussion et éviter la rupture irrémédiable :

— Nous avons accepté de ne pas intervenir avant les élections. Maintenant, vous êtes élu. Si nous n'avons pas de traité de paix, l'unité du Liban sera remise en question au Sud.

La référence au rôle confié à Saad Haddad par l'État hébreu était un point important pour Begin. Il se laissa retomber sur sa chaise :

— Je veux ce que vous voulez, plaida Bachir conciliant. Il était pâle. Il y a un malentendu entre nous sur le style et la méthode, car, au fond, nous avons le même objectif. Je vous propose de créer un comité, deux personnes de chez vous et deux de chez nous, qui sera chargé de formuler les termes de la paix et de décider du calendrier à respecter.

— Mais pourquoi n'exprimez-vous pas votre opinion sur la nécessité d'un traité de paix entre Israël et le Liban ? reprit Begin d'une voix plus calme. Vous avez déclaré que c'est au gouvernement libanais d'en décider. Très bien ! Mais donnez votre opinion personnelle et ensuite, rappelez que, le Liban étant un pays démocratique, c'est au gouvernement de prendre la décision finale. C'est une grande déception, pour moi, de ne pas vous l'entendre dire publiquement. Nous avons fait tout ce qu'une nation peut faire pour une autre. Pourquoi ne dites-vous pas simplement qu'il doit y avoir la paix ? Pourquoi fuyez-vous ce sujet ? Je vous ai envoyé un message que je n'ai pas publié pour ne pas vous bloquer.

— Le calendrier est aussi important que le problème lui-même, affirma le président élu.

— Voulez-vous un traité de paix ou pas ? demanda brutalement Begin à Bachir.

— Oui ! mais fixons-en les modalités.

— Je vais résumer comment je vois les choses, expliqua le chef du gouvernement israélien. Tout d'abord, une déclaration de votre part affirmant la nécessité d'un traité de paix. Ensuite, des discussions pour y arriver. Je mets ces deux propositions sur la table.

— Nous allons les étudier, accepta Gémayel sans se prononcer plus avant.

— Je nomme Yitzhak Shamir et Ariel Sharon pour la partie israélienne. Nommez-en deux de votre côté.

— Très bien, nous étudierons une alliance totale.

— Ce n'est pas le problème ! s'écria Begin avec un geste d'énervement. N'éludez pas la question ! Je veux un traité de paix ! Fixons, dès maintenant, la date de la première réunion du comité : le 15 septembre, à Beyrouth. Je demande maintenant : Quand ferez-vous la déclaration ? Quand finaliserons-nous le traité ?

— Je voudrais vous dire que nous avons fait tout ce que nous avions promis, affirma le président élu, pâle de fureur contenue. Les rapports qui vous ont été faits étaient erronés...

— Il est vrai que tout ce que nous avons demandé à Bachir a été fait : Souk el-Gharb, Aley, faculté des sciences..., intercéda Ariel Sharon. Je lui ai demandé s'il acceptait d'entrer dans Beyrouth, il a accepté. Bien que, personnellement, j'aie pensé que c'était à nous d'y entrer, tout seuls. Tout ce que nous avons exigé de Bachir a été fait.

— Je suis heureux d'apprendre cela, reconnut Begin.

— Le rapport qui vous a été fait sur les déclarations du président Chamoun n'était pas précis, ajouta Gémayel.

— Je l'ai moi-même entendu ! rejeta le Premier ministre. J'ai été affligé d'entendre cela de la part d'un homme à qui nous avions promis d'aider le Liban. Et nous avons tenu notre promesse ! J'avais pris cet engagement avec tous les risques que cela comportait, notamment d'entrer en guerre contre la Syrie. La déclaration de Chamoun est très préjudiciable. Discutons maintenant du problème de Saad Haddad. Philip Habib m'a dit qu'il devait être mis à la retraite et amnistié car ce n'est pas un criminel. Haddad est un Libanais loyal !

— Je partage complètement votre estime concernant le commandant Haddad, certifia Bachir, soulagé de pouvoir changer de sujet. Il a fait au Sud ce que nous faisions à Jounieh. J'ai toujours apprécié et respecté ce qu'il faisait au Sud. Politiquement, il y a un mandat d'arrêt contre Haddad, Ahmad Khatib et d'autres. Je souhaiterais qu'il comparaisse devant le procureur militaire pour répondre à quelques questions et il sera libre. Il pourra décider ce qu'il veut faire ensuite au sein de l'armée ou en dehors. Il pourrait être nommé attaché militaire dans une grande capitale s'il le désire. J'appuierai son choix. Mais il doit passer devant le procureur selon la voie légale car il y a une demande en ce sens du gouvernement précédent et je dois respecter la continuité du système.

— Haddad a combattu pour le Liban et au lieu d'être promu il devra se présenter devant un procureur ! laissa tomber le Premier ministre sur un ton irrité. Je ne laisserai pas faire cela ! C'est une honte ! Ce n'est pas un traître ! C'est mon ami et un bon patriote libanais. Il a beaucoup souffert face à l'ennemi. Pourquoi doit-il se présenter devant un procureur ? En tant que président, vous devriez le promouvoir et le faire participer au processus de réconciliation. Il doit même faire partie du gouvernement. Pensez également à ses forces ! Il doit, avec ses troupes, faire partie de la nouvelle armée. Il a risqué sa vie ! Vous ne l'avez pas rencontré depuis des années. Il a vaillamment défendu le Liban Sud. Il était de votre côté ! Nous n'avons jamais laissé tomber nos amis. Nous ne vous avons pas laissé tomber.

— Nous savons exactement ce qu'est l'armée libanaise. Haddad est un bon officier, meilleur que bien d'autres officiers libanais, plaida Sharon. Il contrôlait une région de 150 000 habitants. Il a risqué sa vie et perdu des hommes. Il est maintenant à la tête d'une brigade de 2 000 hommes.

— Je vais bientôt recevoir le commandant Haddad, annonça Begin. Je vous demande de noter que nous ne le laisserons pas tomber. Il ne sera présenté à aucun procureur ! Je ne permettrai pas qu'une accusation soit portée contre lui. Vous pensez le nommer attaché militaire ! Je vais y penser, mais je ne crois pas que ce soit convenable pour un ami. Je crois qu'il préférera vivre en Israël. Si vous le poursuivez, il va nous demander l'asile politique et je le lui donnerai. Je propose que le comité des quatre discute son cas. De toute manière, s'il n'y a pas de traité de paix, le statut du Liban Sud sera différent. Nous garderons une ceinture de 40 à 50 km au Liban et aucune pression américaine ne nous fera bouger d'un mètre. Le traité de paix n'est pas seulement important pour nous, il l'est également pour vous. Il nous évitera d'occuper 40 km de votre territoire. Nous n'en avons pas besoin sauf pour notre sécurité. Je vous le dis en ami, notre relation est à un tournant décisif. Nous vivons depuis trois mille sept cents ans ici. Nous n'en serons pas chassés. Nous ne mendions pas la paix, mais nous subissons une très forte pression interne.

Georges Freiha sortit le premier de la petite salle de réunion. Les Libanais qui étaient restés dans la grande pièce remarquèrent immédiatement son visage tendu et pâle. Bachir et Joseph Saadé étaient dans le même état. Sans saluer personne, silencieux, Bachir sortit du bâtiment. Sa délégation lui emboîta le pas. Les véhicules les ramenèrent à l'hélicoptère. Il était 3 heures du matin.

Après le départ des Libanais, Begin critiqua Menahem Navot « pour son échec dans la livraison de la marchandise phalangiste[1] ».

Conforté dans son analyse, le A'man redoubla d'efforts pour que l'exécutif israélien s'ouvre aux autres composantes chrétiennes. Le général Amir Drori, tout comme d'autres officiers supérieurs du commandement Nord, préconisa également une attitude similaire. Mais Ariel Sharon, Raphaël Eytan et le Mossad continuèrent à privilégier les « phalangots ».

Beyrouth avait retrouvé son animation d'« avant ». Avec acharnement, la ville s'efforçait d'oublier les heures noires des trois

1. Ian Black et Benny Morris, *Israel's Secret Wars*, *op. cit.*, p. 382.

derniers mois. Les vitriers faisaient fortune. Les marchés regorgeaient de fruits et de légumes, le plus souvent venus d'Israël. Les plages grouillaient de baigneurs. Selon les rapports de police, depuis le 4 juin 1982, la guerre avait fait 30 103 blessés et 17 825 morts. Ce dernier chiffre ne prenait pas en compte les victimes dont les corps n'avaient pas été retrouvés ou avaient été inhumés dans des fosses communes. L'armée libanaise finissait de dérouler dans le calme sa progression dans Beyrouth Ouest en s'installant dans les ruelles de la banlieue sud et dans le camp palestinien de Bourj el-Brajneh. Un seul incident avait eu lieu avec des éléments du Front de libération arabe, d'obédience syrienne. Il y eut un blessé. Les soldats avaient réagi fermement et le bref affrontement n'avait eu aucune suite.

Bourj el-Brajneh était le plus grand camp palestinien de Beyrouth, avec une population de plus de 30 000 habitants. C'était la première fois depuis 1969 que l'autorité libanaise y pénétrait, de surcroît sans combattre.

Après avoir passé la journée du 2 septembre à recevoir des félicitations dans la maison paternelle de Bikfaya, Bachir Gémayel convoqua son équipe au grand complet en début de soirée dans sa villa en construction. Lorsqu'il arriva, se pressaient dans le salon qui sentait encore la peinture les « politiques » : Joseph Saadé, Jean Nader (Gino), Georges Saadé, Joseph Aboukhalil, Sélim Jahel, Georges Freiha, Karim Pakradouni, Antoine Najm, Alfred Madi, Zahi Boustani et Johny Abdo ; les « militaires » en treillis : Fady Frem, Antoine Bridi (Toto), Assaad Saïd (Happy), Fouad, Boutros Khawand, Élie Wazzan (Abbas), Élie Zayek ; les « renseignements » : Samy Chidiac, Élie Hobeïka (HK) et Assaad Chaftari (Asso), ainsi que les « logistiques » : Raymond Arab, Walid Farès (Woody).

Najm avait coordonné une étude réalisée par d'éminents spécialistes — beaucoup étaient professeurs d'université — portant sur les priorités du programme d'action des premiers cent jours du futur gouvernement. Le groupe estima que le projet présenté n'était pas assez radical. Tous furent unanimes : « La population attendait un bouleversement en profondeur des méthodes politiques, une rupture complète avec le passé. »

— Nous n'avons aucune confiance dans les institutions de l'État, expliqua Johny Abdo. C'est le travail et ses résultats qui provoqueront la confiance et l'adhésion de la population et pas l'inverse. De toute manière, le Bachir Gémayel d'après le 23 août n'est pas le même que le Bachir d'avant le 23 août et c'est normal ! La nation chrétienne ne peut s'instaurer qu'au travers d'une révolution militaire et non pas par le Parlement et la loi.

— Ce que je veux accomplir ne se limite pas aux six années du mandat, annonça le président élu. Notre mission est de mettre en place les fondations des instruments de sécurité nécessaires à la société chrétienne, même après mon départ. La question est de savoir comment ?

— Il y a parmi vous des gens qui comparent l'investiture du 23 septembre prochain à l'opération « Altalena » du 7 juillet 1981. C'est une erreur ! affirma Joseph Aboukhalil. Après le 7 juillet, Cheikh Bachir avait en face de lui un peuple homogène. Tous étaient chrétiens. Après le 23 septembre, Cheikh Bachir va devoir faire face à deux peuples : les chrétiens et les musulmans. La Constitution ne présente aucune garantie. Cheikh Bachir pourrait être tué. Les chrétiens doivent avoir une existence économique, sociale en toute sécurité.

— J'ai assuré aux chrétiens sécurité et développement dans la région libre que nous contrôlions avant l'opération israélienne, rappela Bachir. Nous devons être capables de faire la même chose au pays tout entier en nous appuyant sur les chiites et les druzes. Nous allons continuer à travailler ensemble puisque nous avons prouvé que nous savons gagner ! Nous avons remporté la bataille, maintenant que faisons-nous ? C'est là-dessus qu'il faut d'abord réfléchir.

Il sortit de sa poche une feuille de papier et lut à haute voix le télégramme adressé par le roi Hassan II du Maroc l'invitant à Fès au sommet des chefs d'État arabes. Au menu de cette réunion, il y avait la demande libanaise faite par Élias Sarkis de « mettre fin au mandat de la FAD », qui avait servi de prétexte à l'armée syrienne pour entrer au Liban[1]. Ce mandat arrivait à expiration le 27 juillet 1982. Les ministres des Affaires étrangères arabes réunis

1. L'intervention de l'armée syrienne au Liban avait été demandée par Pierre Gémayel lors d'une visite à Damas à la tête d'une délégation du parti Kataëb, le 6 décembre 1975, et non, comme l'affirment certains textes, par un gouvernement ou un président de la République libanaise. La présence syrienne a été « légalisée » quelques mois plus tard par les décisions des sommets arabes de Riyad et du Caire (octobre 1976) sous forme d'une « Force arabe de dissuasion » (FAD) englobant des forces soudanaises, saoudiennes, et émiratis. Cette FAD avait été mise à la « disposition » du chef de l'État libanais, Élias Sarkis, sous le commandement du général libanais Sami Khatib.

à Djeddah quelques semaines auparavant pour préparer le sommet n'avaient pas voulu se prononcer sur ce sujet.

Depuis son élection, Bachir Gémayel cherchait à engager le dialogue avec les dirigeants arabes. Il avait envoyé Paul Jureidini, un Libano-Américain, conseiller au Pentagone, en Jordanie, prendre contact avec le roi Hussein. D'autres proches étaient partis vers Riyad, Le Caire ou Koweït City. Mais c'était surtout avec Hafez el-Assad que Bachir voulait ouvrir le dialogue. Il avait demandé à Zahi Boustani et Johny Abdo : « Que ferait-il si moi, président de la République libanaise, je me pose en hélicoptère à Damas et je demande à le rencontrer ? »

La Syrie avait fait savoir à la Ligue arabe qu'elle proposerait, à Fès, un amendement à la demande libanaise conditionnant « l'ouverture de négociations avec Beyrouth sur son retrait » au retrait préalable israélien du Liban. Ce que le sommet ne pouvait qu'accepter sous peine de privilégier « l'occupation israélienne » au détriment de « la présence syrienne ».

— Il est inacceptable que Bachir Gémayel aille à une conférence pour discuter d'un document palestinien et d'un document syrien, sans pouvoir discuter de la question libanaise, contesta Zahi Boustani.

— Votre présence à Fès a une importance politique, en dehors de l'ordre du jour, argumenta Aboukhalil, très onctueux, qui s'était mis à vouvoyer respectueusement Bachir depuis l'élection. C'est la première occasion qu'a le Liban de faire acte de présence au travers de Votre Excellence. Je pense qu'il ne faut pas écarter trop vite le principe du voyage de Votre Excellence à la conférence de Fès.

— J'ai eu des informations affirmant que vous allez vous heurter aux Syriens et Palestiniens, confia Karim Pakradouni qui, comme Aboukhalil, s'adressait maintenant au président élu en le vouvoyant. Les Saoudiens et les Marocains devraient intervenir pour vous réconcilier. Je pense qu'il faut que les Arabes comprennent que vous êtes déterminé à clore le dossier libanais. Vous en reviendrez avec une reconnaissance arabe. Demandez aux Américains de vous aider en intervenant auprès de Riyad et de Rabat. Par ailleurs, votre participation à ce sommet aura une très grande répercussion sur le plan intérieur. Vos opposants ne pourront que se rallier. Les Syriens m'ont demandé par un intermédiaire quels étaient les sujets que notre délégation allait exposer pour qu'ils puissent en tenir compte. Je me suis permis de leur répondre que la délégation libanaise allait aborder des questions sans exiger de réponses immédiates et qu'il n'était donc pas nécessaire qu'ils en soient informés à l'avance. Je pense que les Syriens veulent vous rencontrer, mais qu'ils ne veulent pas en prendre l'initiative. Le cadre de la conférence pourrait être un prétexte ; aussi, je vous suggère d'aller à Fès.

— Mais il y a un problème de sécurité, affirma Élie Hobeïka. Un responsable important dans ce domaine m'a confié qu'il n'était pas possible d'assurer la vôtre à plus de 40 %. Les dangers que représentent les voyages aller et retour sont plus grands que les avantages politiques. Le Chinois[1] est de cet avis.

— Nous étudierons le problème de ma sécurité plus tard, écarta Bachir Gémayel. Philip Habib m'a assuré que les Américains me protégeront.

— Si votre sécurité est assurée, je crois qu'il faudrait que vous alliez à la conférence, insista Aboukhalil.

— Ils vont vous embarrasser avec des questions sur votre position à l'égard d'une paix avec Israël, contra Boustani.

— Nous sommes de bons avocats et notre cause est bonne, plaida Pakradouni. Nous avons une très bonne position face aux Arabes. Nous sommes à l'apogée de notre puissance. Nous ne devons pas rater une telle occasion.

— Cette conférence a lieu pour renforcer Arafat, avança Saadé. Vous avez une raison de ne pas y assister : aucun chef d'État arabe ne vous a félicité.

— Voulons-nous rester dans le cercle arabe ? demanda Sélim Jahel. Sentimentalement, moi, en tant que libanais, j'aspire à sortir de cet engrenage.

— Les Arabes doivent s'habituer à entendre le point de vue du Liban. Ma proposition est saine et complète. J'irai à la conférence pour leur parler et mettre un terme aux difficultés du pays, trancha Bachir.

Le téléphone interrompit la discussion. Bachir prit la communication dans son bureau. Il revint dix minutes plus tard et confia au groupe :

— C'était Mme Alia el-Solh[2]. Elle voulait m'informer que l'ambassadeur Ali Chaër et le roi Hassan II l'avaient contactée.

1. Jack Ogino, résident de la CIA au Liban, d'origine asiatique (coréenne), d'où son surnom.

2. La fille de l'ancien Premier ministre.

Ali Chaër n'est pas sûr que la conférence ait lieu. Il lui a dit que l'Arabie Saoudite n'avait pas osé me féliciter tout de suite après les élections et que maintenant il était trop tard. Ils le feront le jour de l'investiture. L'ambassadeur lui a également certifié que les Arabes sont convaincus que je suis l'homme de la situation, mais que certains d'entre eux ont été gênés par une déclaration en faveur d'Israël faite par Robert Abdo Ghanem. Le roi Hassan II a dit à Alia el-Solh qu'il prenait ma sécurité sous sa responsabilité personnelle. Élie Hobeïka et Alfred Madi, contactez l'ambassadeur Dillon pour le mettre au courant. Cette conférence est une occasion pour que je dise aux Arabes ce qu'ils doivent entendre.

« Le président libanais Bachir Gémayel a rencontré Menahem Begin, le Premier ministre israélien, à Nahariya dans la nuit du mercredi 1er septembre. » Le 3 septembre 1982, la dépêche de l'agence britannique Reuters, citant un haut fonctionnaire désirant garder l'anonymat, tonna comme un coup de canon dans tout le Moyen-Orient. La radio israélienne relaya l'information en précisant que Begin était entouré de Sharon et Shamir. Citant des « sources israéliennes », elle affirma : « Les deux hommes avaient discuté de l'avenir des relations libano-israéliennes et de la possibilité de conclure un accord de paix avec l'État hébreu semblable à l'accord conclu entre l'Égypte et Israël. » Le *Yedioth Aharot* révéla que « le président du Liban n'avait pas l'intention de renier Israël qui avait libéré le Liban de la présence palestinienne ».

Bachir, dans une colère noire, fit immédiatement publier un démenti catégorique :

— Je ne veux plus voir aucun Israélien ! s'écria-t-il en donnant l'ordre de ne plus lui transmettre de messages d'Israël. Dans la soirée, le chef de la diplomatie israélienne Yitzhak Shamir démentait formellement l'information donnée par Reuters. Mais il était trop tard, le mal était fait et allait empoisonner durablement les relations entre les Libanais et les Israéliens.

Les « politiques » de l'équipe se relayèrent pour calmer sa fureur. Parmi eux, se trouvait Robert Bassil, dit Bob, un homme d'affaires libano-américain, très proche du Département d'État, membre actif de l'American Libanese League qui avait organisé le voyage de Bachir à Washington en août 1981. Le président élu, à moitié convaincu, l'autorisa à se rendre à Jérusalem pour avoir une entrevue avec Yitzhak Shamir. Bob eut une consigne impérative : expliquer au ministre des Affaires étrangères israélien que « le Liban voulait devenir un pays complètement indépendant ».

Après une longue conversation, Shamir accepta d'envisager que Bachir « n'avait peut-être pas tout à fait tort ». Les deux hommes discutèrent d'un calendrier « pouvant mener à la paix » et posèrent le principe d'un voyage d'Ariel Sharon à Beyrouth. Bachir refusa tout net de voir le ministre de la Défense.

Insensibles aux tensions politiques, les unités de Tsahal firent un bond en avant de l'aéroport à Bir Hassan et Jnah, le long de la mer, au sud de Beyrouth. Une section de soldats israéliens prit position le long du mur d'enceinte de l'ambassade du Koweït sous prétexte de déminage. Cette infraction de l'accord Habib provoqua une véritable panique dans Sabra et Chatila dont l'entrée se trouvait à moins de 200 m de l'ambassade du Koweït. Le général Amos Yaron, le commandant en chef de l'opération « Paix en Galilée », installa son PC au sommet d'un immeuble de six étages grêlé d'impacts. Le toit terrasse de cette ancienne résidence des sous-officiers de l'armée libanaise surplombait les camps de Sabra et Chatila dont il n'était séparé que par la largeur d'une avenue et d'un terrain vague. L'opposition libanaise protesta énergiquement et les parachutistes de Amos Yaron firent semblant de reculer devant les caméras de télévision sans pour autant se replier sur leurs positions de départ.

Malgré les ordres formels qu'il avait donnés, Bachir accepta avec empressement de recevoir Julius, Yitzhak Hofi, le directeur du Mossad qui avait demandé à venir amicalement le saluer avant son départ en retraite. Bachir se leva, le visage éclairé d'un large sourire, lorsque, le 7 septembre, accompagné de son épouse, le premier sabra[1] à avoir dirigé les renseignements israéliens entra dans son bureau. Gémayel avait une grande estime pour cet homme. Il lui avait toujours fait confiance, même si, sur certains dossiers, il y avait eu des divergences entre eux. Haka, comme l'appelaient ses proches, l'informa qu'à partir du 12 septembre, il serait remplacé à la tête du service par son adjoint Nahum Admouni (Peter) et que Menahem Navot (Mendy) en devenait le nº 2. Ils évoquèrent la réunion de Nahariya et sa divulgation dans la presse. Le chef des Forces libanaises lui dit la méfiance qu'il avait désormais pour tout ce qui était la conservation du secret en Israël. Sans s'engager sur l'origine des fuites, Hofi expliqua le

1. Juif né en Israël.

contexte, la visite de Weinberger. Il insista fortement pour que Bachir accepte de rencontrer Ariel Sharon qui avait déjà demandé par deux fois à le voir. Gémayel céda « par amitié » pour Hofi et pour le service qu'il avait dirigé. Avant de quitter le président élu, le directeur du Mossad lui fit part d'« une dernière suggestion » : la nécessité absolue de renforcer sa sécurité personnelle. Bachir, en riant, lui répondit qu'il avait assez de gardes du corps.

Cela faisait des années que l'entourage du jeune leader vivait avec la hantise de l'attentat. Chaque fois que ce dossier avait été évoqué, Bachir l'avait écarté d'un geste de la main. Avec un certain fatalisme, il pensait avoir la « baraka ». Il avait été la cible de plusieurs attentats et il en avait toujours réchappé. Le dernier en date, en 1980, avait coûté la vie à sa fille Maya. Ce sujet ne pouvait jamais être évoqué en sa présence. Zahi Boustani, le 9 septembre, prit sur lui d'aborder « la sécurité du président », au domicile de Fady Frem, lors d'une réunion de l'équipe consacrée à l'avenir des Forces libanaises. À la suite du voyage de Hofi à Beyrouth, Tel-Aviv offrait ses services et proposait d'envoyer une équipe spécialisée. Boustani accepta. En l'apprenant, quelques heures plus tard, Bachir refusa catégoriquement : « Il est inconvenant qu'un chef d'État arabe soit protégé par des Israéliens, même secrètement », lança-t-il. Zahi Boustani, dont la fonction officielle était de diriger la Sûreté générale, insista fortement et même se fâcha. Le président élu finit par consentir à ce que, dans un premier temps, une partie de ses gardes du corps fût envoyée en Israël pour y suivre un stage accéléré et qu'une autre partie aille faire de même aux États-Unis. Abbas (Élie Wazzan) fut chargé de la sécurité présidentielle.

Au cours de la réunion du 9 septembre, Fady Frem distribua un document de travail sur l'avenir des FL. Dans le cadre d'une prédominance chrétienne, l'objectif était de déterminer l'ennemi et de définir des institutions militaires permettant aux chrétiens de conserver le pouvoir de décision politique quoi qu'il arrive.

— Nous sommes une minorité dans une région religieusement, politiquement et culturellement hostile, commenta Karim Pakradouni. Le but principal de notre action est d'y maintenir et d'y développer la présence chrétienne dans toutes ses dimensions. Pour la garantir sur une très longue période, il nous faut imposer une nouvelle mentalité et une nouvelle infrastructure. Les Forces doivent constituer une réserve stratégique. Leur premier rôle est la protection du régime sous forme d'une force d'intervention et d'une force de protection du président.

— Elles doivent perdurer en corps homogènes, affirma Fady Frem. Plusieurs formules sont possibles : Sécurité intérieure, Sécurité de l'État ou Forces d'intervention comme les CRS en France. De toute manière, la future loi sur la sécurité nationale devra inclure ces trois organismes et elle devra les mettre directement sous les ordres de la présidence. Cela étant dit, les Forces libanaises doivent rester telles qu'elles existent actuellement jusqu'à la fin de l'année 1982. Leur financement est d'ailleurs assuré.

Le sommet des chefs d'État arabes s'ouvrit le 9 septembre sans Bachir Gémayel. Il avait, au dernier moment, décliné l'invitation, Élias Sarkis avait demandé, le 30 août, l'ajournement du sommet en arguant que si son mandat lui permettait de garder tous les pouvoirs de sa charge, seul le président élu pouvait prendre des engagements à long terme. La demande ayant été rejetée, il refusa de se rendre à Fès. Bachir Gémayel calqua son attitude sur la sienne, ne pouvant siéger en application d'un mandat dont il n'était pas encore investi.

Il y avait trois autres absents au sommet. Le Syrien Hafez el-Assad retenu officiellement à Damas par la situation au Liban, mais également mécontent qu'Hassan II ait réussi à faire venir son ennemi juré, le président irakien Saddam Hussein. Absent également, sans provoquer de regrets, le bouillant colonel libyen Mohammar Kadhafi. Avec sa modestie coutumière, il avait justifié sa défection par le fait qu'il ne voulait pas se rendre au « sommet de la défaite et détruire ce qu'il restait de moral dans les masses arabes ». L'Égyptien Hosni Moubarak, le successeur de Sadate, lui, n'avait pas été invité pour cause de traité de paix avec Israël. Le premier jour de la conférence fut marqué par le jumelage de Fès avec el-Quods[1] par solidarité avec le peuple palestinien. Elle se termina par l'adoption de deux textes. Le premier était un plan arabe de paix, ayant l'agrément de l'OLP, exigeant « la création d'un État palestinien indépendant ayant el-Quods pour capitale ». Le second texte n'était ni plus ni moins que l'amendement syrien subordonnant le retrait du Liban des troupes de Damas à celles de Tel-Aviv.

Beyrouth avait suivi de très loin ces débats. Depuis le départ du dernier contingent palestinien, les Libanais, affairés et pressés,

1. Appellation arabe de Jérusalem.

se consacraient entièrement à la reconstruction de leur capitale. Le quartier de Hamra résonnait d'appels de camelots et de klaxons de grosses américaines portant souvent des stigmates d'impacts ou de mitraille. Tout était fait pour oublier les trois mois de bombardements et la guerre. Les merlons de terre rouge de la ligne de démarcation étaient démontés les uns après les autres sous les applaudissements des passants. Les montagnes d'ordures étaient balayées. Les dépôts d'armes de l'OLP — du moins certains — étaient vidés sans difficulté par l'armée libanaise. Très médiatisés, des convois de barges prenaient régulièrement la mer pour y jeter les tonnes d'armes et de munitions ainsi récupérées. Les banques avaient relevé leurs rideaux de fer. Les fonctionnaires avaient repris le chemin de leurs bureaux. Le plus surprenant fut la rapidité avec laquelle l'opposition, réunie en conclave dans la grande bâtisse de Saëb Salam, se rallia, sans trop d'état d'âme, au régime qui se mettait en place. Seul, Walid Joumblatt avait quitté le pays avec l'aide de Philip Habib et s'était installé à Damas.

Le 10 septembre 1982, soit une semaine avant la fin du mandat de la Force multinationale, Ronald Reagan rappela ses *boys*. Le 32e Marines Amphibious Unit rembarqua immédiatement. Dès 6 heures du matin, des hélicoptères se posèrent toutes les deux minutes dans l'enceinte du port pour charger hommes et matériel et les transporter sur le porte-avions *Guam* mouillant en rade. Le retrait américain était suivi de près par des vols de reconnaissance israéliens à haute altitude. La compagnie Golf, forte de 220 hommes, fut la dernière à embarquer à bord de la péniche *Manitowoc* hérissée de drapeaux américains et libanais. Sur la passerelle avait été tendue une banderole proclamant : « Mission accomplie. Adieu. » Le lendemain, les Italiens firent de même. Les Français ne purent faire autrement que suivre. Toute la journée du 12 septembre, *La Dive* et *L'Orage* engloutirent les parachutistes français et leurs paquetages tandis qu'une noria de Super-Frelon transportait des officiers vers le porte-avions *Foch* qui croisait au large. La dernière compagnie du 3e RPIMA à quitter le sol libanais essuya des tirs des miliciens d'Ansar el-Saoura (les partisans de la révolution) et du Parti populaire syrien (PPS) sans qu'il y eût de victime. Mais une Jeep et un camion de munitions touchés de plein fouet par des roquettes de RPG7 explosèrent.

Le 11 septembre, Bachir et Saëb Salam se rencontrèrent au palais de Baabda. Cette entrevue provoqua le début de l'effritement de l'opposition.

Le 12 septembre, à la tombée de la nuit, sans garde du corps, accompagné seulement de Tomy, l'officier de liaison du Mossad qui ressemblait tant à Popeye, Ariel Sharon débarqua d'un hélicoptère sur le terre-plein de la centrale électrique de Zouk. Une voiture banalisée des Forces les conduisit au nouveau domicile de Bachir Gémayel à Bikfaya où les attendaient le maître des lieux, son épouse et Georges Freiha. Après le dîner, les quatre hommes s'enfermèrent dans un petit salon meublé à la libanaise. Une fois confortablement installés dans un des fauteuils, le ministre israélien de la Défense confia à Bachir avec un sourire :

— Personne ne sait où je suis, il n'y aura donc pas de fuite. Comment allez-vous ?

— Mieux. Tout est calme.

— Merci de me recevoir. Je suis le plus jeune ministre du cabinet et à Nahariya je ne pouvais pas faire plus que ce que j'ai fait. Je regrette profondément la tension qu'il y avait.

— Je le regrette également ! Vous devez vous imaginer dans quelle humeur je suis revenu. Je n'étais pas du tout préparé à ce qui s'est passé. Nous avons déjà eu des malentendus mais nous les résolvions. Lorsque nous avons été dans le pétrin, vous nous avez aidés par altruisme plus que pour des raisons politiques. Nous discutions librement de l'exécution de certaines choses mais jamais de la volonté de les effectuer. Ce jour-là, nous ne parlions plus le même langage. Quand je vous ai fait savoir que je ne voulais plus recevoir personne, c'était pour ne pas me retrouver dans une situation identique. M. Begin m'a parlé comme si j'étais syrien ou palestinien et non comme à un ami. Pouvez-vous maintenant me donner une explication ? Nous ne pouvons pas gâcher tout ce que nous avons réalisé militairement et politiquement simplement parce que M. Begin était contrarié par sa réunion avec Weinberger. Nous sommes tous deux des amis et vous êtes le bienvenu chez moi.

— Je vous en remercie, répondit Sharon avec un geste de la tête. Ce soir-là, je suis rentré très mortifié. Je voudrais m'excuser. D'abord le lieu de la réunion n'était pas digne de recevoir le président de Liban, mais c'était proche de Nahariya.

— Ce n'est pas ça mon problème.

— Le Premier ministre a été froissé de ne pas entendre un mot en faveur d'Israël. Il y a beaucoup de gens chez nous qui ne comprennent pas la situation libanaise et vice versa d'ailleurs. Nous avons gagné cette guerre mais nous avons à faire face à une situation politique intérieure très difficile. Nous sommes durement critiqués. En trois mois, j'ai eu 54 réunions avec vous, Johny Abdo, Philip Habib et d'autres. Nous avons de lourdes pertes : 360 tués et 2 200 blessés, dont plusieurs gravement. Je pense que je connais bien la situation car j'étais avec vous et avec mes troupes. Nous nous attendions à ce que vous fassiez des déclarations en notre faveur. Très franchement, il est très important de dire quelque chose dans ce sens. Nous vous avons aidés parce que vous êtes une petite nation et nous sommes une petite nation. Quand l'Irak a attaqué les Kurdes, nous les avons aidés. Nous leur avons envoyé des médecins, des officiers et des soldats. Ils y sont restés des années dans ces montagnes pour combattre avec eux. Nous ne nous attendions à rien en retour. Mais nous les avons aidés car ils combattaient pour leur liberté. Ils ont été sur le point de l'obtenir. Kissinger a tout gâché. Dès que j'ai pris mes fonctions de ministre de la Défense, j'ai commencé à expliquer à mes collègues que nous devions pulvériser l'OLP et ses infrastructures. Quand je parlais de vous aux Américains et aux Israéliens, ils se moquaient de moi.

— Je parle du rôle d'Israël dans une interview que je viens de donner à *Magazine*, qui doit être reprise dans le *Time Magazine*. Nous allons en faire d'autres et si vous en voulez plus, dites-le-nous.

— Begin vous aime beaucoup, reprit le ministre. Il était profondément mortifié. Il a été très, très offensé par votre manque de réaction publique. Nous avons attaqué les SAM 6 et nous allons recommencer demain. Nous avons accepté de verser notre sang, la déclaration du président Chamoun et votre silence l'ont profondément blessé.

— Si ce n'est que ça, ce sera vite réparé.

— Je suis sûr que cette tension peut disparaître avec une seule phrase, quelques mots prononcés en évoquant nos sacrifices ou nos futures relations. Vous nous avez quittés déçu et fâché ; lorsque je suis rentré chez moi, j'ai eu du mal à m'endormir. Le Premier ministre avait l'air d'un garçon que sa petite amie avait laissé tomber pour un autre. Cela ne vaut plus la peine d'en parler. Il y a quelques problèmes immédiats que nous devons examiner. Nous ne prendrons aucune décision avant de vous en parler. À Beyrouth, 15 000 Palestiniens et Syriens sont partis. Mais il y a toujours des postes de commandement opérationnels. Chafic el-Hout y reçoit des ordres d'Arafat. Ahmed Jibril a laissé environ 2 000 combattants dans la ville.

— Nos renseignements affirment qu'il en reste 1 500, rectifia Bachir.

— C'est la même chose. Notre intention est de nous en occuper. Beyrouth doit devenir une ville sûre. Draper m'a demandé ce que je voulais dire là. Je lui ai répondu que si j'allais à Beyrouth, je devais pouvoir descendre à l'hôtel Commodore [1] ! Voilà ce que je veux dire par « ville sûre ! » Je voudrais pouvoir entrer dans Beyrouth et capturer ou tuer tous les terroristes qui sont restés. Dites-moi aujourd'hui si c'est possible. Nos soldats sont déjà à Bir Hassan et à l'ambassade koweïtienne. Je souhaiterais avoir votre autorisation pour investir la ville. Nous n'y sommes pas entrés jusqu'à présent à cause de la Force multinationale ; si nous l'avions fait, elle ne serait pas partie. Il nous a fallu faire un effort énorme pour convaincre l'armée libanaise d'avancer. Aujourd'hui, les contingents américain et italien sont déjà partis, les tout derniers Français vont appareiller demain.

— Vous ne pourrez y pénétrer que si le gouvernement libanais en déclenche le mécanisme, ce qui n'est pas le cas pour l'instant.

— Comment envisagez-vous le nettoyage de Beyrouth ?

— Après mon intronisation, le 23 septembre, je pourrai donner des ordres, certifia le président élu. Jusque-là, je ne peux le faire. J'ai rencontré les commandos de l'armée. Je les ai motivés. L'armée commence à changer. Les unités qui ont pénétré à Bourj el-Brajneh ont bien travaillé. Nous allons commencer à contrôler graduellement Beyrouth Ouest. Nous avons demandé à Amir Drori ce qu'il ferait si notre armée rencontrait des difficultés avec les terroristes. Il a répondu qu'il en profiterait pour faire du nettoyage.

— Et qu'en pensez-vous personnellement ?

— Nous utiliserons notre armée, affirma Bachir. Elle avancera lentement. Si vous envisagez d'entrer dans les camps, l'armée pourra faire le travail avec vous, mais pas officiellement. Nous devons nettoyer les camps qui nous résistent.

— Si et quand nos forces pourront manœuvrer librement, je souhaiterais qu'elles opèrent de manière légale avec les vôtres pour capturer ou tuer les terroristes. Voulez-vous que nous y parti-

1. Hôtel rendu célèbre en servant de PC à la presse internationale, surtout anglo-saxonne tout au long du conflit libanais. Situé au cœur de Beyrouth Ouest, dans le quartier d'Hamra.

cipions ? Nous ne voulons pas vous embarrasser, ou préférez-vous que nos troupes restent là où elles sont ?

— N'entrez pas maintenant, recommanda le président élu. Surtout pas maintenant ! Mais restez là où vous êtes ! La pression constituée par votre présence permet à l'armée libanaise d'agir plus facilement.

— Si votre armée entre à Sabra ou Chatila, voulez-vous que nos troupes avancent lentement derrière elle ? questionna Sharon.

— Je vous donnerai la réponse demain.

— Est-ce que nos troupes peuvent pénétrer derrière les vôtres pour nettoyer la cité sportive, Chatila et Sabra ? insista le ministre de la Défense.

— Oui ! Vous pourrez dire que l'armée libanaise y est entrée. Vous pourrez affirmer que vous avez avancé derrière elle pour vous assurer que tout est en ordre. Mais votre manœuvre ne doit pas apparaître comme étant faite en liaison avec l'armée libanaise. Tout doit être coordonné entre Horse (Fady Frem), Michel Aoun et Amir Drori.

— Donc il n'est pas nécessaire de le faire demain. Cela peut être fait progressivement, résuma Ariel Sharon. À propos du port, nous en contrôlons une petite partie. Si vous le souhaitez, nous pouvons nous en retirer.

— Effectivement, nous pouvons le prendre en charge.

— Comment vont évoluer vos services de renseignement ? Pourront-ils agir légalement à Beyrouth Ouest ? demanda le ministre.

— Élie Hobeïka coordonnera cela avec vous à haut niveau.

— Les Palestiniens continuent à vouloir poser des problèmes. Dans l'intérêt de tous, nous devons arranger cela ensemble et agir au plus tôt.

— Nous y sommes prêts. Élie Hobeïka s'en chargera, certifia Bachir.

— Combien de temps faudra-t-il pour que l'armée libanaise puisse prendre le contrôle de la ville ?

— Pas avant la mi-octobre. Elle manque de personnel, d'équipements et de motivation. Néanmoins, le processus est engagé. Elle peut travailler en liaison avec vous dès maintenant. La coordination entre Fady Frem et Amir Drori est aussi importante que celle qui doit se mettre en place entre Élie Hobeïka et vos services.

— Si nous recevons des informations concernant des postes de commandement terroristes et que nous faisions une opération de commando, quelle serait votre attitude ?

— Si vous avez les moyens de la faire, faites-la, conseilla Gémayel.

— Nous agirons en liaison avec vous. Quand les Français seront-ils définitivement partis ?

— Probablement demain. Ils ont annoncé qu'ils pourraient rester si le gouvernement libanais le leur demandait. Mais il ne le fera pas, assura le président élu.

— Lorsque nos troupes ont fait mouvement vers Bir Hassan, Weinberger a téléphoné à Washington, qui, à son tour, a appelé Tel-Aviv pour nous demander de nous retirer. Nous préférerions ne pas agir avant le 23 septembre. Après, vous ne nous demanderez pas de partir, avança le ministre israélien. Plus tard, après le nettoyage, nous partirons lorsque vous nous le demanderez.

— Exactement !

— Je suis content que les Américains aient décidé de vous aider, confia Sharon. Mais prenez garde ! Les Américains nous confient souvent que le gouvernement libanais voudrait ceci ou cela. Je leur réponds qu'il doit s'adresser directement à nous. Nous ne souhaitons pas que nos discussions transitent par les Américains. Qu'en pensez-vous ?

— Nous avons beaucoup souffert quand les Américains ne nous comprenaient pas, rappela Gémayel. Vous avez fait beaucoup d'efforts pour qu'ils nous acceptent, et maintenant, ils nous considèrent comme un élément important. Ce sujet a besoin d'une longue discussion. Nous devons nous réunir tous les trois pour clarifier les choses.

— Nous les avions avertis que nous détruirions le réacteur nucléaire irakien, ils ne nous ont pas crus. Quand nous leur avons dit que nous allions entrer au Liban, ils ne nous ont pas crus. Nous n'allons pas négocier avec eux nos rapports avec le président Bachir Gémayel et son gouvernement. Nous n'allons plus discuter en secret avec vous comme nous l'avions fait jusqu'à présent. Les Américains nous ont transmis une demande de Chafic Wazzan portant sur le retrait de nos troupes de Beyrouth. Je leur ai répondu que si Wazzan voulait que nous nous retirions, il fallait qu'il nous le demande lui-même. Nous ne voulons pas que les États-Unis servent d'intermédiaire.

— Sur ce point, je suis d'accord avec vous, admit Bachir.

— Si nous agissons contre les Syriens, est-ce que cela représente un inconvénient pour vous ? questionna Sharon.

— Bien au contraire ! Nous en serions ravis. Dans la mesure de ses possibilités l'armée libanaise vous apportera son aide, promit le président élu.

— Notre aviation attaquera les positions syriennes sur le mont Sannine. Vos troupes devront avancer et les investir. Il faudrait que nous coordonnions ensemble cette opération, proposa le ministre israélien.

— Très bien ! Vous attaquerez par air et nous au sol. Je voudrais revenir sur un point concernant l'aéroport de Beyrouth. Vos services veulent contrôler les passagers. Les responsables de la sécurité à l'aérogare seront des hommes de Zahi et d'Élie (Hobeïka). Ils en sont tout à fait capables et de surcroît ils sont motivés.

— Il ne s'agit pas de cela ! Nous voulons seulement quelqu'un parlant l'hébreu dans la tour de contrôle. Nous avons beaucoup d'hélicoptères et d'avions dans le secteur, il faut réglementer leurs vols pour assurer leur sécurité. Nous ne voulons pas administrer l'aéroport ! Mais nous avons besoin de deux choses : pouvoir atterrir tant que nous sommes à Beyrouth et avoir un expert pour le trafic aérien.

— Très bien ! Ce peut-il être une requête libanaise et non israélienne ? demanda Bachir.

— Oui ! Tout à fait. Faites-nous-en la demande.

— Alors c'est fait. Nous verrons comment officialiser cela.

— Je voudrais revenir sur le problème de la paix, proposa Sharon. Pour nous, ce sujet est très important. Quelles sont les difficultés que vous rencontrez ? Pourquoi pensez-vous qu'il est impossible que le Liban signe un traité de paix avec Israël ?

— Mais nous n'avons jamais dit qu'il serait impossible de signer un traité de paix ! objecta le président élu. Il est d'ailleurs temps d'entamer le processus pour y arriver. Cependant, avant, il faudra résoudre deux problèmes : d'abord, les Syriens sont toujours là. Il est erroné de penser qu'ils ne nous attaqueront pas. Nous avons 1,5 million de chrétiens dans les régions sous leur contrôle ! Si nous accélérons la signature du traité de paix et que nous finalisons avant le 23 septembre, il y aura des représailles. Les Syriens peuvent entrer au Liban par plusieurs endroits. Il y a entre eux et nous 160 km de frontière complètement à découvert. Depuis 1943, l'État libanais n'a jamais érigé de protection le long de ces frontières. Ka'a, Zahlé et d'autres localités chrétiennes sont menacées si le traité est signé avant leur départ.

— Vous vous attendez à ce qu'ils se retirent ? l'interrompit Sharon.

— Je ne crois pas. Au sommet de Fès, ils ont affirmé qu'ils ne se retireraient qu'après votre départ. Deuxième problème, et je vous conjure d'essayer de me comprendre. Je ne dis pas que je veux rester dans le monde arabe pour recevoir leur argent. Je me fous des intérêts arabes au Liban ! Je dois seulement tenir compte des 60 % du revenu libanais produits par 300 000 Libanais, en majorité chrétiens, qui vivent dans le monde arabe. Couper nos relations avec lui ne nous poserait aucun problème politique ! Mais c'est un problème économique interne, nous serions en déficit !

— Il y avait 2 millions d'Égyptiens dans le monde arabe, et rien ne leur est arrivé après le traité de paix signé avec Sadate, argumenta Sharon.

— Les Américains y ont beaucoup contribué ! Se pose alors la question : est-ce que les Américains doivent participer au processus ? Par ailleurs, les Égyptiens sont des musulmans et non des chrétiens !

— Les Syriens ne cesseront jamais de revendiquer le Liban, affirma le ministre israélien. Vous devez défendre vos frontières. Nous, nous en avons 100 km avec eux et nous avons mis en place un système efficace pour les protéger. Nous pouvons vous aider sur ce plan. Si Zahlé est menacée, nous interviendrons. Si les Syriens attaquent, nous agirons immédiatement. Nous étions à 120 km de Zahlé en 1981 et nous sommes intervenus. Maintenant que nous en sommes à 15 km, ce ne sera pas un problème. Économiquement ? Regardez ce qui se passe entre la Jordanie et nous : 1,5 million de personnes traversent le Jourdain chaque année dans les deux sens. Des produits israéliens sont acheminés vers le Koweït par là. Pour nous, cette question est cruciale. Nous avons toujours eu les meilleures relations, les meilleures amitiés et la meilleure coopération sous la table durant des années. Mais nous sommes des êtres humains. Nous avons de bonnes relations avec le Liban grâce à vous et à moi. Durant la guerre, l'hélicoptère dans lequel je me trouvais a dû faire un atterrissage forcé. Je m'en suis sorti sain et sauf. Je suis très heureux que vous soyez également sain et sauf. Mais qui sait ce qui peut arriver demain ? L'accord que nous signerons perpétuera les relations entre nos deux pays même si vous et moi n'existons plus ou si nous quittons nos fonctions. Les relations entre deux pays ne doivent pas dépendre d'individus.

— Quels seront les termes de l'accord ? demanda Bachir.

— Commençons à discuter de cela rapidement.

— Le problème avec vous, c'est que vous ne pouvez pas faire les choses discrètement, rétorqua le président élu en faisant allusion à Nahariya.

— Je le regrette, fit Sharon avec un geste des épaules, mais ce n'est pas sorti de mon bureau ! Aujourd'hui, personne ne sait que je suis là. Ce sera un secret. Nous devons commencer le processus de négociations qui nous mènera au traité de paix. Nous devons nous donner des garanties mutuelles. Peut-être qu'à l'avenir vous deviendrez puissant. Nous vous aiderons à le devenir. Une partie de l'accord pourrait être publique et une autre partie secrète. Faisons préparer un *draft*[1] par nos représentants respectifs.

— Vos produits se vendent chez nous moins cher, car il n'y a pas de taxes douanières...

— Mettez des taxes ! répondit le ministre de la Défense. L'accord couvrira tous les domaines — économique, politique, militaire. Il ne faut pas critiquer le Premier ministre pour l'autre soir. Il vous a parlé comme un père blessé parle à son fils.

— Que se serait-il passé si nous avions parlé calmement comme aujourd'hui ? demanda Gémayel.

— L'homme avait mal à cause de sa jambe et à cause de vous. Son rêve était de vous voir élu. Franchement, nous n'y croyions pas. Maintenant, c'est une réalité et nous avons vu de quelle manière les gens vous admirent. Il est également vrai que nous subissons des pressions terribles de la part de notre opposition. Elle continue à nous demander de faire venir des forces multinationales et de nous retirer de Beyrouth sur la ligne des 40 km. Un accord installerait nos deux pays dans une paix véritable. La sécurité est un intérêt mutuel. Publiquement, l'opposition nous demande sans cesse : « Mais qu'est-il arrivé à Bachir ? Il n'a pas dit un seul mot ? » Vous devez comprendre que cela nous pose un grave problème dans la perspective des élections, parce que, nous aussi, nous allons avoir des élections. Elle exige que nous limitions notre guerre au Liban, que nous ne touchions pas à la Syrie. Elle veut savoir comment nous allons préserver les acquis de la

1. Avant-projet.

guerre. Je lui ai répondu qu'il y aura un gouvernement fort au Liban qui demandera le retrait de toutes les forces étrangères. Vous savez, Begin est très affecté, il se sent trahi. Il ne demande qu'un mot... Ou plus de guerre ! Ce sera très difficile de continuer s'il se met en colère. Je pense qu'il est important de mettre sur pied ce comité des quatre pour les discussions.

— Qui proposez-vous ?

— Le Premier ministre a nommé Shamir et moi de notre côté sous ma direction, rappela Sharon. Tout passera par moi. Le général Tamir préparera le travail avec vos représentants.

— De notre côté, Zahi Boustani et Joseph Aboukhalil travailleront avec le général Tamir, révéla le président élu.

— Vous, Shamir et moi travaillerons à un niveau plus élevé. J'ajoute Dave(Kimché) au niveau de Tamir, compléta Sharon.

— Pouvons-nous garder tout cela secret ? Je dois former un nouveau gouvernement et le convaincre d'adopter ce projet.

— Oui ! Pouvons-nous avoir une petite réunion secrète d'ouverture des négociations à trois : vous, Shamir et moi, disons le mercredi soir, le 15 septembre ?

— O.K., accepta Bachir.

— Que ce soit simple.

— L'après-midi, à l'heure que vous voudrez.

— Cela ouvrira les discussions et réduira la tension.

— Voulez-vous résoudre le problème de Saad Haddad maintenant ou plus tard ? questionna Gémayel.

— Nous le résoudrons ensemble plus tard, entre amis, suggéra le ministre israélien. Le Liban Sud est essentiel pour notre sécurité. Si nous n'avons pas de traité de paix, nous y resterons. Pour garder le secret sur tout cela, je vous conseille de n'en discuter qu'avec vos plus proches collaborateurs. Il sera peut-être nécessaire d'organiser une rencontre au sommet avec notre Premier ministre en cas de difficulté, ou sur les points importants. Les Américains nous ont demandé de vendre 12 chars à l'armée libanaise. Nous leur avons répondu que cela pouvait être fait si l'armée libanaise nous les commandait directement. Encore une fois, nous ne voulons pas passer par les États-Unis. Vous voyez, je n'ai pas de secret avec vous, confia Sharon avec un grand sourire. Autre chose ! Nous avons des milliers de tonnes de munitions prises aux terroristes. Elles sont compatibles avec vos armes de fabrication soviétique. Nous pouvons vous les donner en échange de quelques armes que vous possédiez et dont vous n'aurez plus besoin à l'avenir.

— Sûrement. Abbas (Élie Wazzan) va s'en occuper, décida Bachir. Nous vous devons beaucoup de choses sur ce chapitre. Puis-je informer Fady (Frem) à propos de l'aéroport et du mont Sannine ?

— Oui ! nous devons frapper les Syriens dans les 48 heures.

Bachir Gémayel tint absolument à raccompagner lui-même, dans sa voiture, Ariel Sharon jusqu'à l'hélicoptère qui l'attendait à Zouk. Le président élu prit le volant de sa BMW 730 et le ministre israélien s'installa à ses côtés. Il était 3 heures du matin, les toutes premières lueurs du 13 septembre 1982 commençaient à dissiper la nuit.

Quelques heures plus tard, l'aviation israélienne intervint contre les troupes de Damas. En huit heures d'horloge, elle effectua 15 raids contre les positions syriennes et palestiniennes dans le Haut Metn et dans la Békaa. En fin de matinée, conformément aux directives de Sharon et de Gémayel, Fady Frem et le général Drori se réunirent au quartier général de l'Israélien dans la villa réquisitionnée d'un prince saoudien juchée sur un piton, non loin du collège de Jamhour. Les deux hommes tracèrent les grands traits de l'opération contre les Syriens. La brigade blindée du colonel Meir Dagan devait débarquer à Jbeil (Byblos) et se porter rapidement, par le village de Laklouk, sur les sommets du Mont-Liban pour descendre sur la Békaa à hauteur de Baalbeck et prendre le dispositif syrien de trois quarts arrière, pendant que les Forces attaqueraient par le mont Sannine et descendraient vers Zahlé par Dour Choueir. Ils prirent rendez-vous pour le lendemain en fin d'après-midi afin de régler les derniers détails.

Toujours le 13 septembre, vers 17 heures, le conseil de commandement des Forces libanaises[1] se réunissait à la Quarantaine pour élire le successeur de Bachir Gémayel au poste de commandant en chef. Le sortant était absent, mais depuis près d'une semaine, lors de rencontres avec les membres du conseil, il suggérait avec insistance le choix de Fady Frem. L'autre candidat en lice était Jean Nader. Il n'y eut ni discours ni profession de foi. Le conseil passa très vite au scrutin à bulletins secrets. Fady Frem

1. Composé des leaders (ou leurs représentants) des Kataëb, du Parti national libéral, du Tanzim et des Gardiens du Cèdre.

fut élu à l'unanimité. Les « recommandations » de Bachir avaient été suivies. Ce dernier arriva à la fin de la réunion. Il se dirigea droit vers Fady Frem et l'apostropha, un grand sourire aux lèvres, en lui tendant la main :

— Félicitations, Raïs [1] ! dit-il, en reprenant l'expression que Fady utilisait pour s'adresser à lui.

Gémayel donna une mission très précise à son successeur : préparer l'intégration et la légalisation des Forces libanaises dans les institutions étatiques. Cet objectif atteint, Frem devait devenir conseiller militaire du président de la République. Bachir avait insisté pour que le commandant en chef des FL soit également le patron du conseil de sécurité du parti Kataëb, comme il l'avait lui-même été, afin de maintenir une unité de commandement entre les Forces libanaises et la structure paramilitaire du parti [2]. Fady Frem, qui n'avait pas d'attirance particulière pour le parti, avait refusé et avait suggéré que Boutros Khawand prenne en charge le conseil de sécurité des Kataëb. Ce qui fut fait. Frem s'apercevra par la suite que cette décision fut une formidable erreur politique.

Comme il l'avait fait tous les mardis, durant les sept ans de guerre, sauf depuis son élection par manque de temps, le président élu se rendit le lendemain 14 septembre 1982 à 16 heures au Markaz d'Achrafieh pour s'adresser à la population du quartier. Il tenait à les saluer une dernière fois et voulait rendre hommage à Jean Nader qui en était le « patron ». Le matin même, Bachir avait vertement rabroué Zahi Boustani qui s'obstinait à le faire changer d'horaires par simple mesure de sécurité,

— Je n'en peux plus ! s'était-il écrié. Tu me traques tout le temps ! Est-ce que l'on va également entrer avec moi à Baabda [3] et m'accompagner partout où je vais ?

Au même instant à Amman, en Jordanie, Paul Jureidini entrait sous les voûtes fraîches du palais royal. Bachir lui avait demandé de convaincre le souverain de ses « bonnes intentions ». Jureidini obtint facilement un rendez-vous du monarque qu'il connaissait bien. En entrant dans le salon, le Libanais eut l'agréable surprise de voir que le prince héritier, le frère du roi, était présent et qu'il assisterait à l'entrevue. C'était le signe évident de l'intérêt que

---

1. Chef.
2. Elle avait la charge de la police interne du parti, la protection des permanences et des personnalités des Kataëb.
3. Palais présidentiel.

portait Hussein de Jordanie à la situation libanaise. D'entrée et avec une franchise de ton qui lui était coutumière, le roi annonça qu'il était prêt à aider Bachir Gémayel à la condition que Dany Chamoun soit nommé ministre de la Défense[1]. Dany et Hussein se connaissaient bien. Ils partageaient la même passion pour les sports mécaniques et avaient tous deux participé à des rallyes dans la Békaa avant la guerre. Mais l'exigence du monarque n'était pas due uniquement à l'amitié, loin de là.

En fait, Hussein craignait avant tout que le nouveau gouvernement libanais ne refoule les Palestiniens en Jordanie. Une opération de cette ampleur ne pouvait se faire sans l'armée et Dany à la Défense l'interdirait.

En tout début d'après-midi, à leur descente d'avion sur l'aéroport de Beyrouth, des instructeurs israéliens furent bloqués par les hommes du Jihaz el-A'men que dirigeait Élie Hobeïka. Ils avaient voyagé avec Menahem Navot (Mendy). Durant le vol, ils lui avaient expliqué qu'ayant formé les *body guards* de Bachir Gémayel, ils se rendaient à Beyrouth, comme l'exigeait le programme d'entraînement, pour contrôler si ce qu'ils avaient enseigné était appliqué. Mendy intervint en leur faveur en expliquant qu'il devait s'agir d'une erreur. L'officier de sécurité fut intraitable. Il brandissait un message impératif qui leur était adressé : « Ne restez pas au Liban. Repartez avec le même avion. » « C'était complètement stupide mais ils ne pouvaient pas passer en force pour ne pas froisser des susceptibilités déjà exacerbées par l'affaire de Nahariya », déclara plus tard Navot[2]. Mendy, que Woody (Walid Farès) était venu chercher, demanda à être immédiatement conduit chez Élie Hobeïka au Mabna el-Amen[3] à la Quarantaine.

Le nouveau n° 2 du Mossad était en train de protester auprès du chef de la sécurité des Forces, lorsqu'à 16 h 10 une très forte déflagration secoua la ville. Quelques secondes plus tard, le téléphone d'Élie sonna. Un correspondant lui annonça qu'une explosion venait de se produire au Markaz d'Achrafieh. Sans se consulter, Woody, Navot et Hobeïka regardèrent leur montre. Connaissant l'emploi du temps de Bachir, ils savaient qu'il devait y être. La secrétaire passa la tête par la porte et lança :

1. Paul Jureidini à Alain Ménargues, mai 1995, Washington.
2. À Alain Ménargues, août 1992.
3. Bâtiment de la sécurité.

— Bachir est sain et sauf.

Au même moment, le téléphone sonna :

— Bachir a parlé avec les sauveteurs, annonça une voix, il est sous les décombres mais vivant.

HK bondit hors de son bureau, sauta dans sa voiture et démarra en trombe. Woody et Navot le suivirent dans un autre véhicule.

Du Markaz, il ne restait qu'un tas de décombres encadré par des pans de murs verticaux. Des cris, des appels et des ordres se croisaient entre des hurlements de sirènes dans une confusion indicible. Ici et là, des coups de feu tirés en l'air étaient censés faire reculer les civils et les miliciens choqués et hystériques qui s'agglutinaient autour de l'amas de ruines. Lorsque Menahem Navot arriva, une grue mobile était déjà au travail. Des dizaines de sauveteurs s'affairaient dans la poussière. Un homme l'interpella et lui demanda avec un regard fou d'espoir :

— C'est vrai que Bachir a été évacué dans un hélicoptère israélien ?

Navot ne prit même pas la peine de répondre. Woody et lui étaient assommés par le spectacle et l'anxiété. Le cœur serré par l'angoisse, machinalement, ils se mirent comme les autres à fouiller les ruines. Navot fit un faux mouvement et tomba lourdement dans un trou et s'ouvrit profondément la main. Woody l'évacua immédiatement vers l'hôpital des Forces libanaises à la Quarantaine.

Alfred Madi, Zahi Boustani et Fady Frem arrivèrent sur les lieux alors que l'on installait des projecteurs pour lutter contre l'ombre de la nuit qui commençait à s'étendre. Frem y était déjà venu une première fois avec Antoine Bridi immédiatement après l'explosion. En voyant l'amas de ruines, il avait été immédiatement convaincu que Bachir avait péri écrasé sous les décombres. Mais des personnalités présentes lui avaient alors affirmé avoir vu Bachir vivant. Lucien Georges, le correspondant du *Monde* était de ceux-là. Il décrivait même le président élu, couvert de poussière, porté dans une ambulance par des sauveteurs. Connaissant leur sérieux et leur lucidité, Fady Frem avait été submergé d'un espoir fou que sa raison tentait d'écarter. Depuis, malgré le doute angoissant qui le rongeait, il s'accrochait désespérément à tous les détails, les propos qui étayaient son espoir. Il était retourné à la Quarantaine. Puis, ne pouvant rester loin des recherches, il y était revenu avec Alfred Madi et Zahi Boustani. Ils s'approchèrent de l'emplacement où, logiquement, Bachir devait se tenir en présidant une réunion. Des sauveteurs enlevaient des blocs de béton et de la ferraille. L'un d'eux cria qu'il avait trouvé un autre corps. Frem eut l'impression que son cœur s'arrêtait de battre en reconnaissant malgré la poussière le bleu ciel du vêtement. Les deux jambes portaient une plaie ouverte sur les cuisses. Le visage écrasé était méconnaissable. Frem remarqua l'alliance octogonale que portait le cadavre. C'était celle de Bachir. Les sauveteurs le dégagèrent complètement et le déposèrent sur un brancard sans l'identifier. Les trois hommes regagnèrent la rue en silence. Sans se consulter, ils turent leur découverte pour éviter de transformer l'énervement ambiant en hystérie collective. Fady Frem, voyant les regards hagards de Madi et Boustani, s'approcha d'eux et leur glissa d'une voix sourde :

— Nous l'avons retrouvé, en leur montrant du menton la civière que l'on plaçait dans une ambulance.

— Je veux le voir ! cria presque Zahi.

Ils montèrent en voiture et suivirent le véhicule de la Croix-Rouge. La nuit était complètement tombée. Ils demandèrent aux médecins de l'hôpital de l'Hôtel-Dieu de France de mettre Bachir dans une salle à part. Ils restèrent à ses côtés, pétrifié, incapables de prononcer un mot, de faire un geste pendant plusieurs minutes. En sortant de la pièce, Frem exigea des médecins le silence le plus absolu et demanda que le corps soit nettoyé. Ils retournèrent à la Quarantaine et entrèrent dans le bureau de Bachir où ils savaient réunie toute la famille Gémayel. Solange, figée, était assise derrière la table de travail, dans le fauteuil de son mari. Le visage défait, Zahi s'approcha d'elle et l'embrassa. Tout le monde comprit. Sur le bureau se trouvait un message de Menahem Begin, adressé à Bachir, entérinant l'accord passé avec Ariel Sharon à Bikfaya deux jours plus tôt.

Fady Frem descendit dans la grande salle de réunion du rez-de-chaussée dans laquelle s'étaient spontanément regroupés les membres du conseil de commandement des Forces libanaises. Il leur confirma la mort de Bachir et leur annonça qu'il avait consigné toutes les unités dans leurs casernes pour prévenir tout dérapage. Il se rendit ensuite dans la salle de réunion du nouveau bâtiment, un blockhaus de béton construit sur le côté ouest de la cour d'honneur du Majliss. Il annonça la nouvelle à ceux qui s'y trouvaient, Élie Hobeïka, Toto (Antoine Bridi), Fouad Abou Nader, Élie Zayek, Poussy (Massoud Achkar), Asso (Assaad Chaftari) et Nazo

(Nazar Najarian). Il y eut un long silence qu'Élie Hobeïka interrompit en lâchant :

— Qui va prendre la relève ?

— Amine ! répondirent en chœur Fouad et Zayek.

— Il n'y a qu'Amine pour prendre la relève, ajouta le second.

— Amine ! Jamais ! rejeta fermement Nazo. Il faut d'abord qu'il vienne vivre avec nous.

En apprenant la mort de Bachir, Navot, Woody et Élie Machahalani, un des gardes du corps du président élu, se précipitèrent à l'Hôtel-Dieu de France. Ils traversèrent les couloirs vides. Ils finirent par rencontrer un infirmier qui, sans répondre à leur question, leur indiqua une porte. Woody frappa doucement. Un médecin entrouvrit et leur déclara :

— Il n'y a personne ici !

Le garde du corps, d'un coup d'épaule, força l'entrée. Le corps de Bachir, allongé sur une table, était recouvert d'un drap. Machahalani découvrit le visage et éclata en sanglots. Le visage maintenu par des bandes qui enserraient la tête était à peine reconnaissable. Navot se précipita à Tabarja pour communiquer la nouvelle à Tel-Aviv. Les radios libanaises diffusaient de la musique classique entrecoupée de nouvelles contradictoires. Les unes annonçaient que Bachir avaient été retrouvé sain et sauf, d'autres le disaient vivant mais blessé. Entre deux flashs, toutes répétèrent le même communiqué : « Par ordre du commandant en chef, les combattants des Forces libanaises ont interdiction absolue de circuler en armes, sans ordre de mission. Il sera également interdit de circuler en voiture dans Achrafieh demain à partir de 6 heures du matin. » À minuit, Chafic Wazzan annonça officiellement la mort de Bachir Gémayel. Il aurait eu 35 ans le 10 novembre 1982.

Deux jours plus tard, le 16 septembre, vers 17 h 30, Habib Tanios Chartouni, 26 ans, était interpellé chez lui par un de ses cousins, Élias Chartouni, l'un des chefs de groupe du Jihaz el-Aman d'Élie Hobeïka. Tanios avait été dénoncé involontairement par sa sœur qui, hystérique, hurlait qu'elle devait la vie à son frère, attirant ainsi l'attention des enquêteurs.

Dans la soirée du dimanche 12 septembre, Tanios avait déposé 35 kilos de TNT, répartis dans deux sacoches, au second étage du bâtiment, dans l'appartement de ses grands-parents, où justement vivait sa sœur. Bachir tenait ses réunions au premier. Le 14 septembre, Chartouni avait attendu dans la rue comme il l'avait fait les jours précédents. Cette fois-ci, le président était venu. Chartouni avait alors téléphoné à sa sœur, qui se trouvait chez elle, en lui demandant de venir le rejoindre à l'hôpital, prétextant qu'il avait eu un accident. Dissimulé derrière des voitures en stationnement, il avait attendu qu'elle s'éloigne d'un pas pressé pour appuyer sur le klaxon d'une radio commande de voiture de fabrication japonaise.

Sans même être interrogé, Chartouni fut remis par les Forces libanaises à Amine Gémayel. Ce dernier le confia à l'un de ses chefs de milice, « Tansa », responsable de la région de Douar dans le Haut Metn. Tanios, menotté, fut enfermé dans le sous-sol d'une villa vide. Quelques heures plus tard, ayant défait son lien de fer mal fermé, il s'échappa par un soupirail ouvert et disparut dans la nuit. Il fut repris à l'aube par des hommes de HK en faction au dernier barrage des Forces libanaises, au moment où il passait dans la zone contrôlée par les Syriens. Chartouni fut ramené sur-le-champ au Mabna el-Aman. Il fut placé devant une caméra vidéo pour être interrogé.

Il expliqua posément et calmement qu'il était membre du parti prosyrien PSNS :

— J'ai été contacté il y a trois ans, en 1979, au pavillon du Liban à la Cité universitaire de Paris, par Nabil Alam, le patron du service de renseignement du PSNS. Il m'a demandé de rentrer dans son service parce que je suis chrétien d'Achrafieh.

La famille Chartouni n'était pas totalement inconnue du parti prosyrien. Le frère d'Habib Tanios Chartouni, Georges, dirigeait déjà une cellule du PSNS en Italie. Leur père [1] était propriétaire d'un laboratoire d'analyse médicale à Beyrouth Ouest, rue Clemenceau, non loin de la chancellerie française.

— J'ai été très vite détaché auprès de Hawari, affirma Tanios Chartouni.

Hawari [2], le Sphinx palestinien, était membre du service de renseignement du Fatah. Il était surtout le chef de la cellule Organisation Aman el-Mandoubine [3] et avait pour adjoint un certain « capitaine Sadi ». La structure et le rôle de cette cellule avaient

1. Assassiné en 1983.

2. Hawari serait reparu plus tard sur la scène du terrorisme international sous le nom de colonel Hawari ; il fut soupçonné d'être impliqué dans différents « attentats à la valise de Simtex » contre des avions.

3. Les envoyés de la sécurité.

été mis au point par un étudiant en droit, Fouad Chémali[1]. Son principe était simple : la sous-traitance de l'action terroriste. En fonction de ses possibilités, chaque parti palestinien, islamique ou progressiste devait fournir à l'Organisation Aman el-Mandoubine des renseignements, des moyens techniques, du matériel ou des hommes. Ces derniers, venus de différents horizons, devaient pouvoir « travailler » dans leur environnement d'origine. Ainsi les maronites « traitaient » des objectifs dans les zones chrétiennes, les sunnites faisaient de même dans la leur et ainsi de suite. Cette méthode permettait des infiltrations plus sûres en « brouillant les pistes ». L'enquête effectuée sur l'Organisation permit d'arrêter deux chrétiens, Joseph Kazazian et Nazih Chaya qui, en février 1980, avaient placé une voiture piégée près du palais Bustros[2] pour assassiner Bachir Gémayel. L'explosion pulvérisa sa Mercedes 280 verte dans laquelle se trouvaient sa fille Maya et deux gardes du corps. Ces deux hommes avaient, un temps, fait parti du groupe d'Élias Chartouni[3], le chef de groupe appartenant au service de renseignement des FL dirigé par Élie Hobeïka. L'Organisation Aman el-Mandoubine agissait au profit de chacun de ses « fournisseurs », mais également à la demande de tous ceux qui payaient (très cher) ses services. Habib Tanios Chartouni avait été « donné », dans ce contexte, à l'« Organisation » par le PSNS qui fut tout surpris d'être directement impliqué dans l'assassinat de Bachir Gémayel. Son leader, Inaam Raad, affirma dans un communiqué que le poseur de bombes ne faisait pas partie de son organisation.

Le 28 avril 1983, Habib Tanios Chartouni, qui était resté dans les geôles des Forces libanaises, fut remis à l'armée libanaise sur ordre de Fady Frem afin de le faire juger pour le meurtre de Bachir. Le colonel Salah Mansour le transféra dans l'une des cellules du 2e Bureau situées dans le bâtiment nº 2 du ministère de la Défense à Yarzeh. Il fut présenté le jour même au procureur général militaire Assad Germanos qui ouvrit une procédure judiciaire à son encontre. Chartouni reconnu les faits, répéta presque mot pour mot ce qu'il avait dit devant les caméras des FL. Il fut

1. Ne pas confondre avec Fouad Chémali, l'ancien président de l'ordre des médecins et fondateur du Tanzim. Le Fouad Chémali dont il est question, gauchiste, portait les mêmes nom et prénom que le médecin, son cousin germain.

2. Ministère des Affaires étrangères libanais.

3. Qui s'était notamment distingué par des « excès » contre les druzes. Voir le chapitre 17 : « Les régions libérées. » Il sera assassiné en 1984.

inculpé du meurtre du chef de l'État. Amine Gémayel, élu entre-temps président de la République, fit, en Conseil des ministres, dessaisir la justice militaire du dossier Chartouni pour le confier à la Haute Cour, juridiction prévue dans la Constitution libanaise, mais qui n'existait pas [1].

L'assassin de Bachir Gémayel quitta les cellules du ministère de la Défense en 1983 pour être transféré dans celles de la prison jouxtant la caserne des commandos de l'armée à Roummié. Habib Tanios Chartouni sera libéré avec les honneurs, le 13 octobre 1990, lors de l'entrée des troupes syriennes dans le Metn que défendait le général Michel Aoun. Présenté comme un héros, il donnera des conférences de presse et participera à de nombreuses émissions de télévision.

1. La Haute Cour ne fut pas créée sous le mandat d'Amine Gémayel. Elle ne l'était toujours pas en mai 1994.

23

Opération « Cerveau de fer »

La veille du Nouvel An juif, le 14 septembre 1982, en début d'après-midi, Ariel Sharon quitta son bureau climatisé du ministère de la Défense pour gagner, par la route, sa ferme dans le Néguev. Comme tous les ans, il allait passer cette fête en famille avec son épouse Lily. Vers 16 h 30, le radiotéléphone de sa voiture sonna. Un officier de permanence lui demanda d'utiliser une ligne protégée pour contacter d'urgence Nahum Admouni, le directeur du Mossad. Arik ordonna à son chauffeur de s'arrêter dans le premier poste militaire d'où il appela Tel-Aviv.

— Bachir Gémayel vient d'être victime d'un attentat, lui annonça Admouni d'une voix glacée.

Sharon fit demi-tour. De sa voiture roulant à toute vitesse vers Tel-Aviv, il convoqua Raffoul, Yehoshua Saguy, Nahum Admouni et Avraham Shalom, le chef du Shin Beth. Ils étaient tous là à son arrivée. Débuta alors un véritable conseil de guerre.

De taille moyenne, visage rond, lunettes cerclées de fer, Avraham Shalom, Avrum comme l'appelaient ses proches, était un homme froid. Il donnait en permanence l'impression d'être en colère. Bendor, de son vrai nom, né en 1929, passionné de voile, propriétaire d'un petit yacht, il avait été nommé à la tête du Shin Beth un an plus tôt à la grande satisfaction d'Ariel Sharon. Tous deux partageaient la même approche de la lutte contre les « terroristes » palestiniens : éradication par des actions secrètes [1]. Ancien

1. Il fut contraint de démissionner en 1986 à la suite du rapport de la commission Landau qui mit en évidence l'ordre donné par le directeur du Shin Beth d'assassiner deux Palestiniens arrêtés vivants qui avaient pris en otages les passagers de l'autobus de la ligne 300, entre Tel-Aviv et Ashkelon, le 13 avril 1984.

patron du service Action (unité des opérations) du Shin Beth, il avait participé, le 11 mai 1960, à Buenos Aires, à l'enlèvement de Klement, nom de code donné à Adolf Eichmann.

Le second étage du ministère, où se trouvait le bureau de Sharon, se mit à bourdonner comme une ruche. Tous les personnels avaient été rappelés. Les informations en provenance du Liban étaient contradictoires. Les unes affirmaient que Bachir était vivant, les autres le contraire, et aucune des deux n'aboutissait à une certitude absolue. Très vite, Ariel Sharon fut convaincu qu'en tout état de cause, si Bachir était mort, il fallait profiter du choc pour « nettoyer » Beyrouth Ouest, comme d'ailleurs, cela avait été défini deux nuits plus tôt avec le président élu à Bikfaya. Il n'était plus nécessaire d'attendre une « couverture » libanaise pour lancer l'opération, l'attentat servant parfaitement d'« étincelle » crédible. Mais il fallait jouer avec un effet de surprise et donc agir très vite, avant toute réaction américaine. Le ministre de la Défense appela Menahem Begin pour lui faire part de son projet.

De la villa du Mossad de Tabarja, Menahem Navot confirma, vers 22 h 30, que Bachir figurait bien parmi les 22 victimes de l'attentat. L'intervention militaire fut aussitôt décidée. Sharon contacta à nouveau Begin pour l'en avertir. Le Premier ministre donna son accord en lui demandant de mettre Yitzhak Shamir dans la confidence. Begin lui rappela également la résolution prise par le cabinet : « Pas question que nos hommes entrent dans les camps de Sabra, Chatila ou Fakhani. »

Ariel Sharon ordonna alors au chef d'état-major d'entrer dans Beyrouth et de prendre le contrôle des points clés de la ville. Il demanda qu'un avion soit prêt à décoller pour l'amener à Beyrouth dès le lever du jour et alla se coucher.

À minuit vingt, Raphaël Eytan signa l'ordre nº 1 lançant l'opération et se rendit à l'aéroport où l'attendait un appareil qui devait l'amener sur le théâtre des opérations.

À 3 h 30 du matin, au QG des Forces à la Quarantaine, personne n'attendait Raffoul et ceux qui l'accompagnaient[1]. Il y eut un instant de flottement parmi la garde à leur arrivée. Encore sous le choc de la disparition de Bachir, le visage ravagé, les yeux rouges de fatigue et de larmes, Fady Frem, Zahi Boustani, Antoine Bridi et Joseph Saadé vinrent rejoindre les Israéliens dans la grande salle

1. Les généraux Amir Drori, Moshé Lévi et Ouri Sagui, le chef des opérations de Tsahal, ainsi que Mendy (Menahem Navot), le nº 3 du Mossad.

de réunion. Le chef d'état-major de Tsahal les salua rapidement et étala sur la table un plan de Beyrouth. L'emplacement des camps palestiniens y était indiqué au feutre rouge. Ne s'embarrassant pas de civilités, Eytan alla droit au but :

— Nous allons pénétrer dans Beyrouth Ouest sur trois axes de progression : du port vers le secteur de l'hôtel Normandie, de l'ambassade koweïtienne vers le centre en longeant la cité sportive et le long de la route côtière vers Ramlet el-Baïda. Nous vous demandons de ne pas bouger et de contrôler vos régions. Nous demandons à l'armée libanaise de ne pas s'opposer à notre avance. Plus tard, nous pourrons avoir besoin de vous pour le nettoyage des camps. Je vais vous envoyer un officier de liaison qui s'installera dans votre poste de commandement. Il y restera le temps nécessaire. En attendant, préparez de petites unités qui se joindront à nos troupes en cas de besoin. Nous commencerons à faire mouvement à 5 heures. L'opération a pour nom de code « Cerveau de fer ».

L'objectif était « la recherche de terroristes, de documents et de caches d'armes ». Frem n'en fut pas surpris. C'était ce qui était prévu et étudié depuis des semaines dans le cadre de l'opération « Étincelle ». Il accepta sans hésiter, d'abord parce que Bachir lui en avait parlé la veille encore et ensuite parce qu'il avait toujours été partisan d'un engagement militaire plus net des FL au côté des Israéliens. Depuis le début de l'opération « Paix en Galilée », il avait dû quotidiennement supporter la déception et les critiques parfois acerbes des officiers israéliens devant le non-engagement des Forces sur le terrain. Frem était persuadé qu'en prenant une part, même modeste, à cette opération, il parviendrait à replâtrer les fissures apparues dans les relations FL-Israël à un moment où il pouvait avoir besoin d'eux.

En fait, pour effectuer leur opération, les Israéliens n'avaient nul besoin — ni techniquement, ni militairement — des Forces libanaises. La présence de la milice dans cette intervention ne pouvait être, tout au plus, qu'une nécessité médiatique ou politique.

Fady Frem demanda un délai de 48 heures avant de mettre ses hommes à la disposition de Raphaël Eytan, compte tenu des funérailles de Bachir Gémayel et des autres victimes de l'attentat. Amir Drori, le commandant en chef de l'opération, estima qu'il « pouvait avoir besoin » des miliciens plus tôt et suggéra de les remplacer par l'armée libanaise. Frem lui proposa de revenir plus tard afin d'en discuter directement avec le lieutenant-colonel

Michel Aoun, commandant la 8e brigade déployée sur la ligne de démarcation. Après le départ des Israéliens, Frem, par téléphone, pria Aoun de venir le rejoindre. Lorsque l'officier arriva, Frem faisait, seul, les cent pas dans la nuit finissante. Machinalement, les deux hommes se dirigèrent vers l'enceinte du QG dominant la mer et le port de Beyrouth. Frem lui fit part de l'imminence de l'opération israélienne et des souhait de Drori.

— Bachir est-il vraiment mort ? questionna l'officier.

— Oui, j'ai vu son corps moi-même.

Ils discutèrent durant quelques minutes des conséquences de la disparition du président élu et revinrent vers la salle de réunion. Amir Drori les attendait. Il sonda l'officier libanais sur les possibilités d'intervention de sa brigade dans les camps palestiniens. « Ce ne sera pas possible sans ordre de mon gouvernement ! » lui répondit Aoun.

À 5 heures du matin, le 15 septembre 1982, coiffé d'un panneau d'identification de toile orange, le premier transport de troupe blindé M 113 israélien s'avança dans un nuage de poussière vers Beyrouth Ouest. Au même instant, des chasseurs-bombardiers frappés de l'étoile de David survolèrent la ville au ras des toits dans une assourdissante démonstration de force. La surprise fut totale. En état de choc, se demandant toujours si Bachir Gémayel était bien mort [1], la population de Beyrouth Ouest ne s'attendait absolument pas à l'arrivée des Israéliens. Non seulement elle pensait être « protégée » par le « plan Habib » mais, de surcroît, traditionnellement, au Liban, on enterre d'abord les morts avant de réagir.

Les unités israéliennes s'enfoncèrent dans le secteur à majorité musulmane de la capitale « comme dans du beurre tiède [2] ». Il fallut attendre 7 h 30, soit deux heures et demie après le franchissement de la ligne de cessez-le-feu, pour entendre les premiers coups de feu et une explosion sourde dans le secteur de la cité sportive. Il est vrai que l'élection de Bachir Gémayel avait été suivie d'une « normalisation » effective. Les combattants de certains groupes politiques avaient déposé leurs armes. Même s'ils les avaient enterrées ou dissimulées, ils n'étaient plus armés. Les buttes de terre rouge, recouvertes d'herbes et parfois d'arbustes pour les plus anciennes, qui délimitaient les zones de combat,

1. Des rumeurs à ce sujet circuleront pendant des mois.
2. Un officier israélien à Alain Ménargues.

avaient été démantelées. Les rues et les ruelles avaient été déminées et l'armée libanaise avait « pacifié » la ligne de démarcation.

L'annonce de l'entrée des Israéliens à l'Ouest se répandit comme une traînée de poudre et provoqua une véritable panique chez les Palestiniens. Un premier exode important vers les quartiers résidentiels de Beyrouth Ouest avait déjà eu lieu le 3 septembre précédent lorsqu'une unité de Tsahal avait progressé de l'aéroport à l'ambassade du Koweït[1]. Cette fois-ci, ce fut une véritable vague humaine qui quitta précipitamment les camps de Sabra et Chatila pour se réfugier dans le cœur de la ville sunnite. Les responsables politiques libanais proches de l'OLP plongèrent dans la clandestinité. Ibrahim Koleilate, le « patron » des Mourabitoun, demanda asile à la chancellerie française. Chafic el-Hout, le représentant politique de l'OLP resté à Beyrouth, s'engouffra dans celle d'Union soviétique. Seuls une quinzaine de jeunes Palestiniens armés de Kalachnikov et de fusils de chasse à canon scié se retranchèrent à grand renfort de cris et de gesticulations dans le camp de Sabra, au lieu-dit Doukki, « pour résister ».

À Tel-Aviv, un porte-parole militaire confirma officiellement l'opération « Cerveau de fer » en précisant qu'Israël « prenait des mesures militaires pour prévenir une effusion de sang entre les communautés libanaises à la suite de l'assassinat de Bachir Gémayel ».

Quelques secondes après 7 h 30, un quadrimoteur Hercule frappé de l'étoile de David se posa court sur la piste 36 de l'aéroport de Beyrouth. De la porte arrière descendirent Ariel Sharon, en bras de chemise, son conseiller Avi Duda'ï, le chef du A'man, Yehoshua Saguy, le sous-chef d'état-major de Tsahal, Moshé Lévi, et deux spécialistes des coups durs, Avraham Shalom, le chef du Shin Beth dont les compétences ne s'étendaient nullement à Beyrouth, et le général Amnon Lepkins.

Ce dernier était déjà venu à Beyrouth dans la nuit du 9 au 10 avril 1973 effectuer l'opération « Aviv Ne'Urim[2] ». Membre du commando du Sayeret Mat'Kal[3], commandé par le lieutenant Ehoud Barak, débarqué non loin des rochers de la grotte aux

1. Voir le chapitre précédent : « Le traité de paix ».
2. « Source de jeunesse ».
3. Unité de « reconnaissance » dépendant directement de l'état-major des armées. C'est en fait une unité commando destinée à faire face à tous les imprévus militaires et antiterroristes et le service Action d'Israël.

Pigeons, il avait participé à l'exécution, en plein cœur de Beyrouth Ouest, de deux commandants du Fatah, Mohammad Najjar (Abou Youssef) et Kamal Adwan, ainsi que du porte-parole de l'OLP de l'époque, Kamal Nasser. Cultivé, grand, les yeux clairs, Amnon Lepkins était né en 1944 à Haïfa. Il était entré à 14 ans à l'académie militaire de cette ville et avait, depuis, toujours fait partie des unités spéciales de l'armée israélienne [1]. Il effectuait, pour l'heure, un temps de commandement dans une brigade blindée déployée dans le Chouf.

Une activité fébrile régnait sur l'aéroport international de Beyrouth transformé en tête de pont aérien où des appareils de transport, identiques à celui qui avait amené Ariel Sharon, crachaient hommes et matériels. Les parachutistes, sitôt à terre, étaient dirigés vers Beyrouth. Le ministre de la Défense fut accueilli par Menahem Navot, la main bandée après sa chute, la veille, dans les ruines du Markaz, le colonel Arnof Elkana, l'officier de renseignement du général Amir Drori, et Walid Farès (Woody), qui assurait la liaison entre les Forces libanaises et les Israéliens. Arik demanda à être conduit au PC avancé d'Amos Yaron où l'attendait Raffoul. Le convoi — deux voitures civiles encadrées de deux Jeeps israéliennes — emprunta la route côtière et traversa Ouzaï, fief chiite. Sans s'arrêter, il passa les check-points installés dès le lever du jour dans cette agglomération par les miliciens chiites de l'ALS, appartenant à une demi-compagnie « montée » à Beyrouth avec l'avancée israélienne en juin.

Autour d'une tasse de café, sur le toit de l'immeuble surplombant presque à la verticale les camps de Sabra et Chatila, cartes et photos aériennes à l'appui, le chef d'état-major israélien rendit compte au ministre de la progression des unités et de l'absence de résistance. Il lui résuma les discussions qu'il avait eues avec Fady Frem. À deux reprises, grâce à un téléphone militaire, Sharon appela Menahem Begin pour lui communiquer le point de la situation. Informations dont le Premier ministre pouvait avoir besoin pour l'entretien qu'il devait avoir, en début de matinée, avec Mor-

1. Il prit le nom d'Amnon Shahak après avoir été nommé commandant de l'unité commando ultra-secrète Sayeret Mat'Kal (1983), puis il prit la tête du A'man (1986). Adjoint du chef d'état-major de l'armée israélienne Ehoud Barak, entre 1991 et 1995, plus particulièrement chargé des opérations spéciales, il devint à son tour chef d'état-major de l'armée en avril 1995. Il fut l'un des négociateurs israéliens dans les discussions avec les Palestiniens à Taba.

ris Draper et Samuel Lewis, l'ambassadeur des États-Unis en Israël.

À l'autre bout de Beyrouth Ouest, du haut de l'imposant silo blanc qui dominait le port, Fady Frem et le général Avigdor Ben-Gal suivaient au binoculaire la progression de Tsahal de l'autre côté des installations portuaires.

Au même moment, le ministre israélien et sa suite remontèrent en voiture. Le convoi, guidé par le colonel Arnof Elkana, prit la route de la Quarantaine en contournant l'aéroport par le sud. Après Baabda, malgré les avertissements des Libanais[1] qui l'accompagnaient, Elkana emprunta la galerie Semann qui menait directement aux quartiers chiites de Chyiah et Bir el-Abed à l'Ouest. Un gendarme libanais, voyant que des Jeep israéliennes allaient entrer dans le « réduit », se précipita devant le convoi en faisant de grands gestes des bras pour l'arrêter. Les véhicules stoppèrent entre des buttes de terre rouge, à la hauteur de l'église Mar Mikaël. Il ne leur restait que quelques mètres à parcourir pour pénétrer dans une zone encore aux mains des milices libanaises de gauche. Sans le gendarme, le ministère de la Défense israélien, Tsahal et tous les services de renseignement de l'État hébreu auraient pu être décapités parce qu'un officier des renseignements militaires s'était trompé de route.

Menahem Begin se leva de son fauteuil à l'entrée de Draper et de Lewis venus entamer les discussions sur le retrait des forces étrangères du Liban, second volet des accords « Habib ». Avant même de les saluer, le Premier ministre leur annonça : « J'ai l'honneur de vous faire savoir que depuis 5 heures ce matin, nos forces avancent et prennent position à l'intérieur de Beyrouth Ouest. Notre objectif est de maintenir l'ordre dans la ville. Avec la situation créée par l'assassinat de Bachir Gémayel, il pourrait s'y produire des pogroms[2]. »

Les deux Américains, pris de court, restèrent silencieux. Le Premier ministre, après les avoir invités à s'asseoir, leur expliqua que cette opération était destinée « à éviter un bain de sang » et qu'elle n'était pas liée à l'évolution de la politique intérieure libanaise. Pressé de questions, Begin confirma à ses interlocuteurs que cette action était limitée dans le temps et dans l'espace. Rassurés, les

1. Walid Farès à Alain Ménargues.
2. *Maariv*, 16 septembre 1982.

deux Américains l'écoutèrent ensuite présenter le plan de retrait des forces étrangères du Liban tel qu'il avait été discuté avec Bachir à Nahariya. Begin leur expliqua l'échéancier prévoyant d'abord le départ des combattants de l'OLP du nord du Liban et de la Békaa, puis un retrait simultané, et par étapes, des forces syriennes et israéliennes, cette dernière phase devant être terminée « en quelques semaines, six ou sept tout au plus ». C'était la première fois depuis le 6 juin que Begin était aussi précis dans son dialogue avec les Américains. Cette attitude et la « retenue » israélienne contenue dans la « simultanéité » des retraits portèrent leurs fruits. Les deux Américains ne critiquèrent que très modérément l'entrée de Tsahal dans Beyrouth Ouest, tant devant Begin que devant les micros et les caméras en sortant de son bureau.

Sharon arriva à la Quarantaine vers 10 heures du matin. Élie Hobeïka, son adjoint Assaad Chaftari, et Hanna Safatly s'étaient joints à ceux qui avaient rencontré Raffoul dans la nuit.

— Nous sommes dans une situation dramatique, leur affirma le ministre de la Défense. Je ne connais pas les termes de votre Constitution dans ce type de circonstance. Mais vous êtes les seuls à pouvoir prendre les choses en main. Il faut que l'un d'entre vous, Cheikh Pierre ou quelqu'un d'autre, soit choisi si un Premier ministre est nommé. Il faut opérer vite parce que les Américains vont réagir. Je n'évoque pas Cheikh Bachir non pas parce que nous n'éprouvons pas de peine, mais parce que les heures que nous vivons sont critiques. Vous devez prendre des décisions dès maintenant ! Sachez, et je vous le répète, que nous sommes avec vous ! Nous vous procurerons toute l'assistance dont vous pourriez avoir besoin. Nous poursuivrons ensemble ce que nous avons commencé il y a sept ans. Il n'y avait pas de secrets entre Bachir et nous. Il est très important de continuer à opérer de la même manière. Nous ne savons pas comment vont réagir les Américains. Ils doivent se demander quelle est la meilleure solution. Moi, c'est à vous que je la demande ! Que faut-il faire ? Nous ne vous influencerons pas. En ce qui me concerne, je ne vois qu'une seule option : il faut que vous contrôliez le pays. Reste à savoir comment vous pourrez prendre le pouvoir ?

Zahi Boustanı le rassura. Les Forces libanaises poursuivraient les objectifs fixés par Bachir. Il expliqua au ministre qu'il ne s'agissait pas tant d'une question politique mais d'une règle de vie. « Mais il nous faut un peu de temps pour en discuter pour la forme avec Cheikh Pierre, conclut-il ; ne nous coincez pas en voulant aller trop vite. »

Politiquement, il n'y avait que trois possibilités. La formation d'un gouvernement présidé par un maronite chargé de gérer la transition. La convocation du Parlement pour procéder à une nouvelle élection présidentielle ou la prolongation du mandat d'Élias Sarkis si, le 23 septembre, un nouveau président n'était pas élu. L'option des Forces consistait toujours à chercher, autant que possible, à prendre le pouvoir constitutionnellement. Boustani ajouta à l'adresse de Sharon :

— Si ça ne réussit pas, nous agirons en tant que Forces libanaises et Kataëb. Est-ce que cela vous suffit comme couverture ?

— Ça, ce sera une autre histoire ! intervint sèchement Yehoshua Saguy. Il y aura d'un côté le gouvernement légal et vous de l'autre. Nous serons soumis à des pressions et nous pourrons même être amenés à quitter Beyrouth. C'est mon avis personnel.

Sharon balaya d'un geste la remarque du patron du A'man. Durant le vol qui les avait amenés à Beyrouth, Saguy avait prôné auprès du ministre l'arrêt de tout contact avec les phalanges. Il avait suggéré avec insistance la coupure des liens avec les lieutenants de Bachir Gémayel puisque celui-ci avait disparu. Sharon l'avait rabroué.

— Je vais être franc avec vous, lança Arik à Frem : faites votre possible pour prendre le pouvoir constitutionnellement. Si ça ne réussit pas, nous vous aiderons et vous appuierons. Attention, le temps court ! Les Américains hésitent, eux, entre : la prolongation des mandats de Sarkis et Wazzan et la candidature de Camille Chamoun à la présidence. Pour le moment, ils sont un peu perdus, mais cela ne va pas durer. Méfiez-vous d'eux et ne soyez pas naïfs. Nous avons mis des mois et des mois pour les convaincre que Bachir était un bon choix et que les maronites étaient un facteur de stabilité au Liban. Tout le monde, pour l'instant, réfléchit et planifie, c'est pour cela que c'est urgent. Agissez par les moyens légaux.

Puis, sans transition, Ariel Sharon évoqua la situation militaire :

— Vos forces doivent entrer à l'Ouest derrière les nôtres. Nous allons arriver à Mazraa dans peu de temps. Cette nuit, nous allons progresser du port vers Ras Beyrouth, mais nous laisserons des troupes au port pour parer à tout retour d'une force multinationale.

Le cercueil de Bachir Gémayel avait été déposé dans la petite église de Mar Abda de Bikfaya transformée en chapelle ardente. Des centaines de Libanais venus lui rendre hommage faisaient la queue à l'extérieur. Sous les voûtes de pierre, le murmure des prières était haché par les sanglots et les cris de rage des gardes du corps du président, hystériques, littéralement couchés sur le catafalque. Amine Gémayel, irrité par leur attitude s'écria :

— Taisez-vous ! Je suis là, je continuerai ce qu'a fait Bachir.

La mort de son frère partageait la première page des journaux du monde entier avec celle de la princesse Grace de Monaco tuée, la veille au soir, dans un accident de circulation. Le troisième titre était, sans conteste, la rencontre de Yasser Arafat et du pape Jean-Paul II dans le cadre des audiences publiques du mercredi au Vatican. Elle avait provoqué le courroux de Menahem Begin : « L'audience accordée [à Arafat] par le souverain pontife est choquante [...] alors que le Vatican est resté impassible devant l'Holocauste des juifs durant la Seconde Guerre mondiale », avait commenté, la veille, le Premier ministre israélien. Rome avait répliqué — événement extrêmement rare — par un communiqué cinglant en qualifiant les propos de Menahem Begin d'« incroyables » et d'« outrage à la vérité ».

Toujours en bras de chemise, Ariel Sharon et sa suite descendirent de voiture devant la demeure de Pierre Gémayel à Bikfaya. Ils furent introduits dans un salon voûté et sombre du rez-de-chaussée, à l'écart de la pièce dans laquelle les hommes de la famille Gémayel recevaient les condoléances. Prévenus, le Raïs et Amine descendirent immédiatement et saluèrent la dizaine de personnes présentes autour de Sharon. En anglais, le ministre israélien, très ému, exprima sa douleur. Menahem Navot traduisit en français à l'intention de Cheikh Pierre. Celui-ci répondit en évoquant la fatalité et la dureté du combat politique. Une tasse de café fut offerte à chacun. Woody présenta Amine aux Israéliens. Le frère du disparu affirma à Sharon :

— Bachir m'avait tenu au courant de tout ce qu'il faisait et de ses rapports étroits avec vous. Je reprendrai le flambeau...

— Je suis là pour les condoléances d'un ami, je ne veux pas parler d'autre chose, interrompit le ministre sur un ton sec [1].

Arik discuta encore quelques minutes avec Pierre Gémayel, toujours par l'intermédiaire de Navot, puis se retira. Sur l'aéroport

1. Walid Farès à Alain Ménargues.

de Beyrouth, le ministre eut un dernier entretien avec Raphaël Eytan et Moshé Lévi. À 14 heures, Sharon décolla pour Tel-Aviv. Peu après, les Merkava firent leur entrée dans le quartier de Fakhani où ils furent accueillis avec résignation par la population. Dans le quartier de Ghoberieh, à l'est de l'autoroute menant à l'aéroport, des miliciens chiites de Amal et des éléments palestiniens s'opposèrent durant quelques minutes à leur avance, un blindé israélien fut détruit. Les camps de Sabra et Chatila étaient encerclés.

À Tel-Aviv, les différents porte-parole se relayaient pour assurer qu'il ne s'agissait que d'une « opération limitée tant par ses objectifs que par sa durée ». Mais au fil des heures, les médias internationaux présents à Beyrouth commencèrent à dévoiler l'ampleur de l'intervention. À Washington, George Shultz convoqua l'ambassadeur israélien Moshé Arens pour lui demander quels étaient les véritables objectifs de Tsahal.

Dans le milieu de la matinée du mercredi 15 septembre 1982, alors que Sabra et Chatila n'étaient pas encore totalement coupés du reste de la ville, « des forces israéliennes pénétrèrent dans les camps palestiniens[1] », malgré les assurances données par Ariel Sharon à Begin et à son gouvernement. Après que les Merkava en position au sud de Chatila eurent tiré au canon sur les camps « pour faire baisser les têtes », plusieurs groupes d'une dizaine d'hommes chacun, en tenue de combat, ne portant aucun insigne distinctif apparent, et appartenant à l'unité d'élite dite de « reconnaissance » Sayeret Mat'Kal, commencèrent à se glisser discrètement dans le labyrinthe des ruelles désertes. Ils se déplaçaient rapidement, en silence, suivant des itinéraires qu'ils semblaient parfaitement connaître pour se diriger vers des habitations précises. Sans hésitation, ils en forcèrent les portes et, par l'intermédiaire d'un traducteur parlant un arabe avec un accent non libanais, donnaient un nom aux habitants terrifiés. Dès que la personne appelée se faisait connaître, elle était priée de sortir et était froidement abattue d'une balle dans la nuque[2]. Toute la journée, des coups de feu intermittents[3] résonnèrent à l'intérieur des deux camps. Deux familles de Chatila ayant réussi à fuir affirmèrent

1. Témoignages cités dans *L'Orient-Le Jour* des 16 et 17 septembre 1982.
2. Témoignages des familles devant la commission Germanos.
3. Témoignage d'une infirmière norvégienne et de médecins étrangers de l'hôpital Acca.

qu'il s'agissait de soldats israéliens reconnaissables à la kippa que certains portaient sur la tête[1].

Ce même 15 septembre, dès son arrivée sur l'aéroport de Beyrouth à 15 h 30, le sergent Benny Haïm fit mouvement avec son unité du Sayeret Mat'Kal vers le nord, d'abord en camion, puis à pied « non loin du camp de Chatila ». Vers 17 h 30, Benny Haïm fut blessé à la jambe et au bras gauche. L'infirmier de son groupe se précipita et sectionna les bretelles de son porte-chargeurs, « craignant que les grenades qui se trouvaient dans les poches n'explosent, et le jeta au loin[2] ». Dans l'une d'elles se trouvaient les papiers d'identité du sous-officier. Le brêlage fut découvert plus tard dans une rue de Chatila. Ces soldats, dont plusieurs étaient blonds et avaient les yeux bleus, exécutèrent ainsi 63 intellectuels palestiniens[3], hommes et femmes, de toute évidence fichés. Tous, avocats, médecins, enseignants et même infirmières, à l'annonce de l'offensive, avaient fait part à leur entourage de leur décision de rester sur place, persuadés que leur statut de non-combattants les plaçait au-dessus de la mêlée. La première série de liquidations de civils palestiniens dans Sabra et Chatila se termina en fin d'après-midi, lorsque les groupes du Sayeret Mat'kal israélien quittèrent les camps aussi discrètement qu'ils y étaient entrés[4]. Le massacre avait commencé, deux autres équipes de tueurs devaient prendre le relais.

« Il était inconcevable, dans la logique du renseignement israélien et de sa lutte contre ce qu'il appelait le terrorisme, que les services militaires spécialisés n'aient pas profité de la situation pour éradiquer ceux qu'il considérait comme leurs plus dangereux ennemis », estima plus tard un responsable de l'antenne régionale d'un service de renseignement occidental en poste au Moyen-Orient[5], avant de poursuivre : « Au nom de quoi ces services ne seraient-ils pas entrés dans le “cœur du terrorisme” qu'étaient les camps de Sabra et Chatila, pour éradiquer le “mal”[6] avec les ren-

1. Témoignages recueillis par Avletta Ramberg, correspondante à Beyrouth de la radiotélévision suédoise.

2. Déposition de Benny Haïm devant la commission Kahane, 23 novembre 1982.

3. Enquête de la commission Germanos.

4. Assad Germanos à Alain Ménargues.

5. Entretien avec Alain Ménargues.

6. Cette technique de lutte antiterroriste fut reprise systématiquement et à plus grande échelle par la même unité pendant la seconde Intifada, Ariel Sharon étant Premier ministre (à partir de 2000).

seignements précis qu'ils avaient recueillis depuis le 6 juin ? A'man et Shin Beth avaient été mobilisés pour traiter sur ordinateur toutes les informations obtenues dans les différentes places fortes palestiniennes lors de la "montée" vers Beyrouth. Ils connaissaient parfaitement les deux camps. »

À Bikfaya, vers 16 heures, le Liban enterrait un président élu 21 jours auparavant. Dans un lourd silence de détresse et de deuil, 250 cadets de l'armée présentèrent les armes lorsque le cercueil de Bachir Gémayel, recouvert d'un drapeau libanais, porté par huit membres de la garde présidentielle, sortit de la petite église de Mar Abda pour être déposé sur un affût de canon. Tout autour se pressaient au coude à coude, les yeux rouges, sa famille, ses compagnons d'armes, des centaines de miliciens, tous les députés — y compris ceux qui avaient boycotté son élection —, le gouvernement au grand complet, le corps diplomatique et des milliers d'anonymes. Beyrouth Est s'était vidé pour rejoindre la population du Metn. De nombreux ennemis d'hier, notamment sunnites, étaient venus de l'Ouest. Walid Joumblatt, en voyage en Jordanie, avait fait déposer une immense gerbe de fleurs, le Parti communiste libanais tout comme l'Organisation de l'action communiste libanaise de Mohsen Ibrahim avaient envoyé des télégrammes de condoléances. Hormis le clan Frangié et ses alliés du Nord, tout le Liban était présent. Le catafalque s'ébranla au son d'un roulement de tambour et avança au pas vers la grande place de Bikfaya, suivi d'un interminable flot humain en tête duquel marchaient la famille Gémayel, les dirigeants des Forces libanaises, Saëb Salam, Chafic Wazzan et Élias Sarkis. Le défilé, secoué de sanglots, frôla des panneaux indicateurs bleus qui avaient été fixés 48 heures plus tôt, indiquant la direction de la « Résidence du président ». Dans le cortège des militants phalangistes, garçons et filles, en uniforme vert olive, chantaient et tournoyaient sur eux-mêmes en brandissant au-dessus de leur tête fleurs et couronnes, couvrant de leurs cris la musique militaire qui rythmait la procession. Au moment où le cercueil arriva sur la grand-place de Bikfaya, deux F 16 israéliens entamèrent un bref et bruyant carrousel d'adieu à la verticale du village. Aux commandes de l'un d'eux, le général David Ivry qui avait piloté Bachir au-dessus du Liban un an plus tôt. La messe fut célébrée par Mgr Nasrallah Sfeir, le vicaire patriarcal maronite, accompagné des autorités ecclésiastiques des

13 confessions chrétiennes du Liban. La foule, avec eux, psalmodia les prières des morts. Le président Sarkis, d'une voix cassée par l'émotion, ne put prononcer que quelques mots avant de déposer sur le cercueil le grand cordon du Mérite libanais. Amine prit la parole au nom des Gémayel pour exprimer l'espoir que le Liban « redeviendra le pays de tous les Libanais, rien que des Libanais », avant de prêter serment de « relever le flambeau ».

Cette dernière phrase sonna comme un acte de candidature quelque peu déplacé. Indifférente aux avances politiques, la foule, jusque-là contenue, enlevée par l'émotion, se transforma en une marée humaine qui roula et submergea le petit cimetière.

Élie Hobeïka n'avait pas assisté aux funérailles. Après la cérémonie, Fady Frem passa à son bureau pour lui demander de mettre ses hommes en alerte. Il lui expliqua brièvement que les Israéliens voulait passer au crible les camps de Sabra et de Chatila. La conversation dévia très vite sur la succession de Bachir et la petite phrase lancée par son frère. Frem lui confia son opposition à Amine et ses craintes de voir l'institution des Forces libanaises se désintégrer si les bachiriens se dressaient contre le parti Kataëb. Hobeïka, qui partageait l'inimitié des dirigeants des FL pour le frère de Bachir, lui répondit qu'il n'y avait pas d'autre solution que de soutenir Amine. Jusque-là, les rapports — souvent difficiles — entre les Forces et le parti étaient du seul ressort de Bachir, et son élection à la présidence avait quelque peu marginalisé les Kataëb. Les vieilles rivalités ne pouvaient que resurgir après la disparition de celui qui avait fait, ou imposé, l'unité entre les deux. Si les dissensions s'aggravaient, le parti allait sans aucun doute vouloir reprendre en main les Forces. Épuisé par 48 heures de veille et le choc émotionnel, Fady Frem alla se coucher.

Dans la soirée du 15 septembre, les parachutistes de Yamos Aron arrivèrent à la pâtisserie La Gondole sur le boulevard Mazraa. Leur méthode de progression était la même sur tous les axes : un Merkava pointait son canon dans l'axe d'une artère et tirait pour couvrir l'avance des fantassins longeant les façades. Ils évitaient de pénétrer dans les ruelles latérales. La seule partie de la ville qui échappait encore à leur contrôle constituait un triangle ayant pour base la corniche Mazraa, de La Gondole à l'hôpital Barbir et pour pointe le nord de Basta. Beyrouth Ouest fut plongé dans le noir par une coupure d'électricité. Vers 23 heures, le ciel au-dessus de Sabra et Chatila fut illuminé de jaune par une pluie incessante de fusées éclairantes. Le silence qui régnait dans les camps fut dès lors interrompu par des tirs sporadiques jusqu'au matin. La seconde vague de tueurs était à l'œuvre dans les camps : les miliciens de l'armée du Sud Liban (ALS).

En fin d'après-midi, au carrefour de Khaldé, en présence d'officiers supérieurs israéliens, Raphaël Eytan avait personnellement donné des instructions au capitaine Camille Sabah qui les commandait : « Le résultat que vous devez obtenir est la fuite de la population des camps », avait précisé le chef d'état-major général de Tsahal sans toutefois spécifier comment y parvenir[1]. La quasi-totalité de ces miliciens était chiite. Beaucoup étaient entrés dans l'ALS en réaction aux exactions des Palestiniens sur la population du Sud, comme l'un des sous-officiers, interrogé par la suite par la commission Germanos, qui avait vu sa femme et ses filles violées sous ses yeux[2].

Les unités de l'ALS étaient « montées » à Beyrouth dans les premières heures de l'opération « Paix en Galilée » en suivant les divisions israéliennes « pour la photo ». Toutes étaient très vite retournées au Sud sauf l'unité, forte d'environ 150 hommes, commandée par Camille Salah, stationnée, à la demande des Israéliens, entre Choueifatt et le carrefour de Khaldé, au sud de l'aéroport. Son poste de commandement se trouvait dans une usine désaffectée située à l'embranchement de l'ancienne route de Saïda et de celle menant à Aramoun, à environ 500 m de Khaldé. Insérée dans le dispositif de Tsahal, cette petite unité de l'ALS dépendait uniquement (ordres, munitions, logistique) du A'man. Dotée de moyens de communication radio israéliens, cette « compagnie » était équipée de Jeeps et de trois transports de troupe « Zahlad[3] » datant de la Seconde Guerre mondiale, peints en vert, fournis par Israël. Les hommes étaient armés de Kalachnikov.

La moitié d'entre eux environ participa à la prise de Beyrouth Ouest au côtés des soldats israéliens, servant de traducteurs ou même d'éléments d'intervention. Ils investirent les locaux du quotidien du FPLP de Georges Habache *al-Hadaf*, le siège des Mourabitoun et celui du PSP, avant de les remettre aux Israéliens.

L'autre moitié de la compagnie, commandée par Camille Salah,

---

1. Témoignage d'un officier israélien désirant garder l'anonymat, présent lors de la discussion.

2. Assad Germanos à Alain Ménargues.

3. « Gros cul » en hébreu : surnom donné à ce transport par les soldats israéliens.

divisée en petits groupes, s'était glissée entre les positions « au contact [1] ». Elles étaient tenues par des éléments de la brigade blindée qu'avait commandée jusqu'au 6 août le colonel Gueva. Les miliciens étaient entrés dans Chatila au niveau du tertre situé en face de l'ambassade koweïtienne et dans Sabra par la cité sportive [2], deux points situés au pied de l'immeuble dans lequel se trouvait le PC d'Amos Yaron.

Chargés de « perquisitionner » et de « vider les bureaux de l'OLP de leurs documents [3] », les hommes de Saad Haddad, en application des consignes de Raphaël Eytan, employèrent une « méthode » on ne peut plus simple : ouvrir le feu sur tout ce qui se présentait à eux alors que des tireurs d'élite de la brigade Golani, postés autour des camps, en couverture, balayaient de leurs réticules les ruelles désertes qui s'entrecroisaient à leurs pieds. Des familles entières, surprises à l'extérieur alors qu'elles fuyaient, furent ainsi décimées. Il y eut « des tirs, une partie de la journée, plus ou moins proches de l'hôpital de Gaza [4] » où avaient afflué un si grand nombre de blessés que certains avaient dû être dirigés sur l'hôpital el-Makassed distant de 500 m. Les miliciens du Sud se retirèrent le 16 septembre en début d'après-midi et rejoignirent le reste de leur unité qui progressait avec les unités de Tsahal dans Beyrouth Ouest. Trois d'entre eux, quittant le camp par un endroit non prévu après s'être perdus dans les dédales de ruelles, tombèrent sous les balles des parachutistes israéliens qui les avaient pris pour des Palestiniens cherchant à fuir. L'un d'eux fut tué sur le coup et les deux autres sérieusement blessés. Ils « avaient apparemment participé aux massacres », devait reconnaître Ariel Sharon plus tard [5].

À l'aube de ce 16 septembre 1982, jour de Rosh Hashana (Easseana) 5743 selon le calendrier hébraïque, le hurlement de réacteurs passant au ras des toits avait réveillé Raphaël Eytan, qui

1. Terme militaire signifiant « au contact de l'ennemi ». Ici, la première ligne devant les camps.

2. Témoignages d'officiers de la brigade blindée désirant conserver l'anonymat.

3. *L'Orient-Le Jour*, 17 septembre 1982.

4. Déposition du Dr Suee Chäi-Ang, chirurgien orthopédiste britannique, d'origine chinoise, diplômée de l'hôpital Royal St Thomas de Londres devant la commission Kahane, le 1er novembre 1982.

5. Déposition d'Ariel Sharon devant la commission Kahane, le 25 octobre 1982.

avait passé la nuit au PC avancé d'Amos Yaron. Le chef d'état-major de Tsahal quitta peu après Beyrouth par avion pour Tel-Aviv.

En Israël, la fête battait son plein. La population se bousculait sur les marchés. La circulation était si dense que la police de la route avait dû lancer des appels à la prudence. « Bonne et heureuse année », souhaitait en première page le quotidien travailliste *Davar* à ses lecteurs au-dessus d'une photo de fantassins et de tanks israéliens combattant dans Beyrouth Ouest. En page intérieure, l'opposition réclamait le retrait de Tsahal de la capitale libanaise mais s'abstenait d'exiger la convocation de la Knesset. Les travaillistes avaient été pris de court. Les proches de Menahem Begin se relayaient dans les bulletins radios du matin pour expliquer qu'Israël « avait été trompé par les Palestiniens qui ont maintenu des forces dans Beyrouth en dépit des accords ». Ils précisèrent que les unités israéliennes resteraient sur place jusqu'à « ce que l'armée libanaise soit à même de prendre le contrôle de la ville ». Indirectement, le Premier ministre répondait ainsi par une fin de non-recevoir à Washington qui, après 24 heures d'hésitation, avait fini par demander à Tel-Aviv de se retirer de Beyrouth Ouest.

À 10 heures du matin, au ministère de la Défense, Ariel Sharon, Raphaël Eytan, Yehoshua Saguy et Avi Duda'ï firent le point de la situation à Beyrouth. Les deux colonnes israéliennes parties d'Ouzaï et du port venaient juste de faire leur jonction en face de l'ambassade des États-Unis, sur la corniche nord de la ville. La ville avait été prise en trente heures. Pour la première fois de son histoire, l'État hébreu avait investi une capitale arabe. « La totalité de la cité est maintenant entre nos mains, constata avec satisfaction Arik. Les camps palestiniens sont encerclés. Les phalangistes peuvent y entrer. »

Raphaël Eytan rédigea sur-le-champ l'ordre n° 6, stipulant notamment : « Il est interdit [à Tsahal] d'entrer dans les camps ; la recherche et le nettoyage des derniers résistants seront faits par les phalangistes et/ou l'armée libanaise. L'armée libanaise a le droit d'entrer dans n'importe quel endroit de Beyrouth à sa demande. » Ni le ministre ni son chef d'état-major ne firent bien sûr allusion aux deux premières équipes de tueurs qui étaient déjà intervenues dans les camps. Ariel Sharon appela Menahem Begin :

— Les combats sont terminés, lui dit-il. On a cessé de tirer. Nous n'avons pas d'autres victimes [1]. Tout est calme et tranquille

1. Le communiqué de l'armée faisait état de huit morts et d'une cinquantaine de blessés dans la prise de contrôle de Beyrouth Ouest.

et les camps sont cernés. Raffoul est assis en face de moi, il en revient et m'a confirmé que tout est donc fini. Je viendrai avec lui ce soir à la réunion du cabinet.

Au moment où Ariel Sharon prononçait ces mots, les miliciens de l'ALS étaient toujours dans Sabra et Chatila.

Amir Drori reçut l'ordre n° 6 aux alentours de 11 h 30 le jeudi 16 septembre. Comme lors de la montée des Forces libanaises au Chouf, deux mois plus tôt, le commandant du front Nord était « sceptique sur la capacité des phalangistes de mener à bien une telle opération [1] ». Il demanda cependant immédiatement à Fady Frem de le rejoindre à son quartier général à Jamhour.

Lorsqu'ils furent installés, quelques minutes plus tard, devant une table couverte de cartes d'état-major et de photographies aériennes, le général israélien proposa au commandant en chef des FL de déployer ses unités dans les différents quartiers de Beyrouth Ouest pour en contrôler les rues et procéder au ramassage des armes. Fady Frem acquiesça. Les deux hommes décidèrent que la coordination des mouvements des miliciens chrétiens serait faite par Amos Yaron, un officier de liaison FL devant s'installer en permanence à son PC avancé et un officier israélien s'installant dans la salle d'opérations à la Quarantaine. Drori lui expliqua également que Tsahal ayant eu la consigne impérative de ne pas entrer dans les camps palestiniens et l'armée libanaise ayant refusé de le faire, c'était aux FL de les « nettoyer », c'est-à-dire de contrôler les identités pour rechercher les « terroristes » encore présents, les caches d'armes et de munitions et perquisitionner des anciens bureaux de l'OLP. Ils estimèrent que 120 hommes progressant simultanément sur deux axes seraient amplement suffisants.

De retour à la Quarantaine, Fady Frem demanda à Fouad Abou Nader de prépositionner sur l'aéroport ses meilleures unités et d'y attendre que Drori leur donne l'ordre d'entrer dans les quartiers de Beyrouth Ouest. Il lui précisa que cette action était à ses yeux aussi importante que la montée dans le Chouf en juillet. Leur participation à l'opération « Cerveau de fer » devait être exemplaire. Frem rappela les consignes de respect de la population civile qu'avait données Bachir avant de monter à Beit Eddine.

Le commandant en chef des FL demanda ensuite à Élie Hobeïka de se charger du nettoyage des camps puisqu'il s'agissait d'une

1. Déposition d'Amir Drori devant la commission Kahane le 31 octobre 1982.

mission de renseignement et non d'une opération militaire au sens propre du terme. Ce second volet de l'intervention lui apparaissait tout à fait secondaire face à la mission à effectuer dans Beyrouth Ouest. Des éléments armés Mourabitoun, druzes ou communistes, pouvaient se cacher dans la ville alors que les combattants palestiniens étaient partis en août.

Fady Frem retrouva ensuite les membres de l'équipe de Bachir [1] qu'il avait convoqués dans la grande salle de réunion du conseil militaire. Pour tous, l'opération israélienne était totalement secondaire. Leur seule préoccupation était en fait la succession du président élu. La petite phrase lancée par Amine par-dessus le cercueil de son frère avait été très mal reçue par bon nombre d'entre eux. La majorité des anciens compagnons de route de « Bach » avait épousé son antagonisme pour l'aîné des Gémayel. Tous avaient assisté à la lutte menée par Bachir tout d'abord pour s'affranchir du carcan du parti Kataëb, puis contre Amine. Ils étaient divisés. Il y avait les « pro-Amine », principalement ceux qui étaient très proches du parti Kataëb et les « anti- », généralement ceux qui étaient entrés directement aux Forces libanaises et qui avaient adhéré au parti à la demande expresse de Bachir. Certains proposèrent la candidature de Frem à la présidence, provoquant une grimace de l'intéressé. Il avait été élu commandant en chef des FL trois jours plus tôt et n'était préparé ni politiquement ni psychologiquement à assumer ce type de responsabilité. Il savait, de plus, qu'il lui était impossible de faire face à Pierre Gémayel dans la lutte politique qui ne manquerait pas de s'engager s'il acceptait. À terme, cela ne pouvait conduire qu'à l'implosion des Forces. Au bout de deux heures de discussion, un laborieux consensus se dégagea pour un soutien à Amine Gémayel s'il s'engageait à suivre la ligne politique de son frère. « Mais s'il s'en éloigne, nous pourrons être amenés à créer une entité séparée, ou bien nous proclamerons notre indépendance vis-à-vis du parti. L'important, au stade où nous sommes, est de rester unis », conclut Fady Frem. Fouad Abou Nader, Élie Zayek, Élie Hobeïka et lui étaient invités

1. Étaient présents : F. Frem, J. Aboukhalil, S. Chidiac (non Kataëb), J. Bismargi, R. Arab (non Kataëb), K. Pakradouni, A. Najm (démissionnaire des Kataëb), H. Safatly (non Kataëb), A. Madi, Nazar Najarian (non Kataëb), A. Bridi, A. Saïd, F. Abou Nader, S. Geagea, E. Wazzan, Fouad Roukoz, É. Hobeïka, Massoud Achkar (Poussy).

à dîner par Amine le soir même. Ils s'engagèrent à lui mettre le marché dans les mains.

Au milieu de l'après-midi du 16 septembre, la cérémonie funèbre de 17 victimes, originaires d'Achrafieh, décédées dans l'attentat contre Bachir, eut lieu sur le terrain de football de Karm el-Zeitoun. Les rues y conduisant étaient pavoisées de rubans blancs tendus en guise d'arc de triomphe. Dans un silence lourd, les habitants de la colline [1], agglutinés sur les balcons et les terrasses, partageaient la douleur des familles. Devant les cercueils alignés, recouverts du drapeau Kataëb, de fleurs et de couronnes, le vicaire patriarcal Nasrallah Sfeir [2] célébra la messe à laquelle assistaient plusieurs milliers de personnes, dont une grande partie des miliciens et des dirigeants des Forces, Amine Gémayel et les membres du bureau politique du parti.

L'ouest de la capitale baignait dans la désolation. Façades éventrées, trottoirs défoncés, voitures calcinées ou aplaties par les chars Merkava, lampadaires abattus, branches d'arbres, douilles et vitres brisées jonchant le sol, traces d'obus ou d'impacts sur les murs. En pleine rue, les hommes de Tsahal procédaient aux interrogatoires de jeunes soupçonnés d'appartenir à des milices. Ils disposaient souvent de listes de noms et d'adresses ou étaient guidés vers des caches par des officiers des services de renseignement israéliens. Ces derniers, parlant parfaitement l'arabe, s'étaient complètement intégrés à la population et avaient vécu, parfois plusieurs années pour certains, à Beyrouth Ouest sous des couvertures aussi diverses que marchands de glaces, mendiants ou commerçants [3].

Vers 18 heures, Amnon, le résident du Mossad qui assurait, depuis la salle d'opérations des FL à la Quarantaine, la liaison avec le PC d'Amos Yaron, décida de plier bagage. Il y était resté une journée. Il récupéra son poste émetteur militaire PRC et annonça :

— Si vous avez besoin de moi, vous pouvez me contacter à la villa de Tabarja.

Au même moment, les hommes du Jihaz el-Aman d'Élie Hobeïka entraient dans Chatila par le sud du camp et Jessy, Georges

1. Le quartier d'Achrafieh est construit sur une colline.
2. Nasrallah Sfeir sera élu patriarche maronite par ses pairs en 1986.
3. Selon une source militaire israélienne, ils étaient onze dans Beyrouth Ouest.

Succar de son vrai nom, le responsable des renseignements militaires du Jihaz, arrivait au PC d'Amos Yaron à la demande d'HK pour assurer la liaison.

Surnommés les « Indiens » ou les « Apaches » par les miliciens des unités régulières des Forces libanaises, ces *chabeb* (jeunes gens) n'avaient aucune structure militaire définie. Ils étaient grossièrement constitués en trois groupes et ne reconnaissaient que l'autorité de leurs chefs directs : Georges Melko dont le PC se trouvait dans le quartier syriaque situé non loin de l'hôpital de l'Hôtel-Dieu de France, Michel Zouen qui avait élu domicile sur un tertre dominant l'ancienne gare ferroviaire, et enfin Maroun Machahalani, installé dans une ancienne école à la Quarantaine, à 100 m du QG des FL. Ce dernier était le plus « militaire » des chefs de groupe. Il considérait son équipe comme un commando susceptible d'effectuer toutes les « opérations spéciales » demandées par HK.

Constitués essentiellement de marginaux de la guerre, les « Indiens » étaient entrés très jeunes dans les combats de 1975 et 1976. La plupart étaient issus de couches sociales défavorisées. Ils n'avaient pu se plier au carcan de la discipline militaire imposée par Bachir à partir de 1980. Hobeïka avait pris leur défense. Ces combattants, pour beaucoup valeureux et courageux, ne pouvaient pas être rejetés simplement parce qu'ils ne supportaient pas les règlements de la vie en caserne, avait dit en substance HK. Ils s'étaient battus et bien battus au centre ville. Et même si, à cette époque, ils étaient très souvent à l'origine de vols, de pillages et d'autres incidents, ils devaient avoir leur chance. Hobeïka les avaient pris sous sa coupe et en avait fait son unité d'intervention. Depuis, ces hommes se considéraient comme à part et avaient conservé l'état d'esprit des miliciens du début de la guerre à qui tout était permis au nom de la cause. Ils étaient désignés comme des « gens de Michel Zouen [1] », les « gens de Maroun Machahalani » ou ceux de Melko.

Sans savoir qu'ils étaient le troisième groupe à pénétrer dans les camps palestiniens, ils débarquèrent des camions devant les entrées sud et ouest de Sabra et Chatila un peu avant 18 heures, le jeudi 16 septembre. « Les officiers israéliens pouvaient [les] observer depuis le toit [où était installé le PC d'Amos Yaron]. Ils

1. Tué le 26 septembre 1986, à la fin de l'opération montée par Élie Hobeïka sur Achrafieh contre Samir Geagea.

étaient munis de télescopes et de jumelles à intensificateur de lumière permettant leur utilisation la nuit. En réalité, ils n'en n'avaient pas vraiment besoin[1]. »

Moins d'une heure plus tard, Élie Hobeïka arriva à ce PC pour suivre la progression de ses hommes. Le patron du Jihaz el-Aman posa quelques questions à Jessy puis contacta ses chefs de groupes par radio. L'un d'eux, en arabe, lui demanda ce qu'il devait faire de la cinquantaine de femmes et d'enfants qu'il avait interpellés.

— C'est la dernière fois que tu me poses une telle question, lui répondit sèchement HK. Tu sais exactement ce que tu as à faire[2].

Il discuta ensuite pendant quelques minutes en anglais avec Amos Yaron et quitta le PC aux environs de 19 heures pour aller dîner chez Amine Gémayel. Au même moment, 82 blessés par balles ou, pour certains, par éclats d'obus, profitèrent de la tombée de la nuit pour rejoindre l'hôpital Gaza situé à l'opposé des camps. L'obscurité favorisa également une embuscade tendue aux hommes du Jihaz par de jeunes Palestiniens. Deux d'entre eux furent touchés, un à la jambe, l'autre à la main. Jessy organisa leur évacuation et sollicita un appui d'éclairage auprès des Israéliens. L'ordre fut donné à une batterie de mortiers de 81 mm, déployées dans la région de Bir Hassan, de tirer deux obus éclairants à la minute au-dessus des camps. Le général Yaron demanda également l'intervention de l'aviation. Plusieurs appareils, les uns après les autres, vinrent lâcher des bombes-torches au magnésium au-dessus de Sabra et Chatila. Leurs évolutions, pratiquement à la verticale du seuil de la piste 18, perturbèrent les décollages des avions sanitaires évacuant les blessés israéliens vers Tel-Aviv. Le soutien aérien fut supprimé, les mortiers continuèrent, seuls, toute la nuit.

Le jour commençait à décliner en peignant de rose les murailles de la vieille ville de Jérusalem autour de la porte de Jaffa lorsque débuta vers 19 h 30 la réunion exceptionnelle du cabinet. Un seul point était inscrit à l'ordre du jour : l'opération « Cerveau de fer ». Cinq ministres étaient absents pour cause de voyage à l'étranger. Tous les présents avaient appris l'intervention militaire sur Beyrouth par la radio et la fronde grondait. Ariel Sharon était accom-

1. Amnon Kapeliouk, *Enquête sur un massacre*, Paris, Seuil, 1982.
2. Rapport de la commission Kahane.

pagné de Raphaël Eytan, Saguy, le patron du A'men, et Nahum Admouni, le directeur du Mossad.

Raffoul justifia devant le gouvernement l'urgence de la décision après la mort de Bachir Gémayel en expliquant que l'OLP, en quittant Beyrouth, avait laissé derrière elle un effectif évalué à 2 000 hommes avec un « armement considérable, destiné sans aucun doute à créer des désordres à la première occasion ». Puis, cartes et plans à l'appui, il détailla les positions prises et tenues par Tsahal. Il montra, à l'aide d'une baguette, l'emplacement de Chatila et Sabra et annonça, « de façon laconique[1] », que des forces phalangistes y étaient entrées « pour nettoyer avec leurs propres méthodes les nids de terroristes[2] ». Raffoul ajouta simplement que « le contact avec les phalanges était permanent et que leurs actions étaient entièrement coordonnées avec celles de Tsahal ».

Après l'exposé du chef d'état-major, les ministres montèrent au créneau. Les uns reprochèrent âprement à Ariel Sharon d'avoir profité de l'occasion pour faire ce que lui refusait le cabinet. Les autres rappelèrent violemment à Menahem Begin qu'il s'était engagé à faire ratifier par le gouvernement toute décision d'entrer dans Beyrouth Ouest. Tous critiquèrent vivement la façon dont la troïka Begin-Sharon-Shamir avait, une fois de plus, pris des décisions graves sans les consulter. Le cabinet fut cependant unanime pour affirmer, dans son communiqué, qu'« Israël ne se retirera de Beyrouth Ouest que lorsque l'armée libanaise pourra prendre le contrôle de la capitale ». Ce fut la réponse officielle à la demande américaine, devenue pressante, de retrait immédiat de Tsahal. L'administration Reagan accusait Tel-Aviv de violation des accords Habib. L'entourage de Menahem Begin, après le Conseil des ministres, s'évertua à expliquer aux journalistes que ni l'assassinat de Bachir Gémayel ni la présence de 2 000 terroristes à Beyrouth Ouest n'étaient prévus dans ces accords.

Un peu plus tard, Raphaël Eytan et son adjoint Moshé Lévi, devant la commission interministérielle aux affaires de Défense, réitérèrent leurs explications et reprirent les mêmes arguments, oubliant que le chef d'état-major de Tsahal, devant la même commission, 48 heures auparavant, le 14 septembre en début d'après-midi, affirmait : « Il ne reste plus à Beyrouth Ouest que

1. Amnon Kapeliouk, *Enquête sur un massacre*, *op. cit.*
2. Déposition de Raphaël Eytan devant la commission Kahane.

quelques terroristes et un petit bureau de l'OLP [1]. » Répondant au vice-Premier ministre David Lévy qui lui demandait s'il estimait qu'il y avait des risques de massacres, Raphaël Eytan répondit que l'entrée des phalanges était un acte positif qui amorçait ainsi, finalement, la coopération entre ces forces et Tsahal [2] réclamée par tous depuis le 6 juin.

Vers 19 h 30, Fady Frem passa prendre Élie Hobeïka à son bureau pour aller dîner chez Amine Gémayel à Bikfaya. En cours de route, Hobeïka lui raconta les circonstances de la capture, deux heures plus tôt, vers 17 h 30, d'Habib Tanios Chartouni, l'assassin présumé de Bachir. Il avait été arrêté par son cousin Élias, l'un des chefs de groupe du Jihaz el-Aman, qui n'avait pourtant pas la réputation d'être un fin limier, loin de là. Frem fit une moue dubitative. Il demanda à HK de s'assurer des résultats de l'enquête. Les deux hommes décidèrent de ne pas rendre publique l'arrestation et de profiter du dîner pour en informer Amine et lui proposer de lui remettre Chartouni.

Rejoints par Élie Zayek et Fouad Abou Nader au domicile du candidat à la présidence, ils durent attendre leur hôte pendant près d'une heure en discutant avec Joyce, son épouse. Elle s'évertua à les assurer que son mari entendait « marcher sur les traces de son frère ». Amine arriva vers 21 heures, souriant, affable, visiblement heureux. Il venait d'avoir un entretien avec Saëb Salam qui lui avait promis son soutien personnel et lui avait certifié qu'il parviendrait à convaincre ses alliés islamiques.

Durant le repas, Amine Gémayel réaffirma à ses invités sa volonté « de poursuivre l'œuvre » de son frère et sa décision de « travailler avec eux ». Le commandant en chef des Forces libanaises lui suggéra d'avoir le plus tôt possible un entretien avec Sharon et Shamir. Amine louvoya. Il exprima des doutes sur les capacités de discrétion des Israéliens et promit de le faire après son élection. Devant l'insistance de Fady Frem, il consentit à recevoir Menahem Navot. Une grande partie de la discussion porta ensuite sur l'arrestation de Chartouni. Il fut convenu qu'il serait interrogé par le Jihaz puis qu'il serait remis aux hommes d'Amine.

Les spécialistes du Sigint du A'man installés au poste de commandement du front nord, à Aley, suivaient les échanges radios entre les miliciens libanais progressant dans les camps et Jessy. Au milieu de la nuit, ils remirent à leurs responsables directs des rapports d'écoutes signalant la possibilité d'exactions dans les camps en se fondant sur un élément de conversation entre un des chefs de groupe entré dans Chatila et Jessy vers 23 heures : « Jusqu'à présent, 300 civils et terroristes ont été tués [1]. » Ce rapport fut immédiatement communiqué à l'état-major. Plus de 20 officiers supérieurs l'eurent entre les mains avant qu'il n'arrive, vers 5 h 30 du matin, le 17 septembre, à Moshé Hebroni, l'un des officiers de permanence au siège du A'man au ministère de la Défense à Tel-Aviv. Hebroni décida de ne pas réveiller Yehoshua Saguy pour lui en faire part [2].

L'information ne lui parvint pas de la journée, du moins il n'en fit pas état. Par contre, à 8 heures du matin, le correspondant militaire du quotidien *Haaretz*, Ze'ev Schiff, le journaliste le mieux informé d'Israël sur les affaires de Défense, reçut un coup de téléphone de l'une de ses sources de l'état-major affirmant qu'il y avait des massacres dans les camps de Sabra et Chatila. Son interlocuteur utilisa même l'expression arabe « *Dab'h* [3] ». Il tenta de vérifier auprès du Mossad, sans succès. Un contact au A'man ne put le lui confirmer, mais néanmoins lui confia qu'« il y avait quelque chose ». Ze'ev Schiff, vers 11 heures, rendit visite au ministre des Télécommunications, Mordechaï Tzipori. Le journaliste assura à son interlocuteur qu'il avait des informations sérieuses sur une tuerie perpétrée dans les camps palestiniens de Beyrouth. Un quart d'heure plus tard, Mordechaï Tzipori téléphonait à Yitzhak Shamir pour lui demander s'il savait quelque chose Tzipori connaissait bien Shamir. Ils avaient été prisonniers ensemble des Anglais, dans le camp de Simbal en Érythrée. Ils s'en étaient d'ailleurs évadés en même temps. Si Shamir était au courant de quelque chose, il ne pouvait que le lui dire. Le ministre des Affaires étrangères était pressé. Il devait rencontrer Morris Draper à 12 h 15 au sujet de Beyrouth. Shamir téléphona cependant auprès de deux sources de l'armée qui nièrent catégoriquement et affirmèrent qu'il s'agissait de « rumeurs non fondées [4] ». Shamir fit part de ces réponses à Tzipori, se rendit à la réunion

1. Amnon Kapeliouk, *Enquête sur un massacre*, *op. cit.*
2. Ian Black et Benny Morris, *Israel's Secret Wars*, *op. cit.*, p. 386.
3. Égorger.
4. Shalom Cohen dans *Le Matin*, 20 septembre 1982.

avec les Américains à l'issue de laquelle il rentra chez lui vers 15 heures.

Ce vendredi 17 septembre, à Beyrouth Ouest, le soleil se leva sur des rues quasi désertes pour cause de couvre-feu instauré par les Israéliens. Les seules voitures qui circulaient étaient les ambulances, les pompiers, les taxis des journalistes et les véhicules militaires. Bravant l'interdit, vers 8 h 30, un petit groupe de Palestiniennes échevelées, en pleurs, apparurent dans les ruelles près de Mazraa en hurlant :

— Les Kataëb sont dans les camps et ils sont en train d'abattre nos hommes.

Des journalistes étrangers tentèrent de s'y rendre mais furent bloqués par des barrages israéliens. Plusieurs secteurs de la ville étaient ainsi interdits à la presse : la corniche, où avaient été regroupées un millier de personnes interpellées par les parachutistes d'Amos Yaron en attendant d'être interrogées, Basta, où les Israéliens craignaient que ne soient cachés des francs-tireurs, et les environs de la mosquée Nasser, siège des Mourabitoun. Les journalistes n'insistèrent pas. L'actualité était partout. Les militaires israéliens lançaient par haut-parleurs des appels demandant aux hommes de sortir de chez eux et de se rassembler dans les rues pour être soumis à des contrôles d'identité. Les suspects étaient embarqués sur des camions et conduits sur la corniche et sur la plage de Ramlet el-Baïda. Dans la matinée, le lieutenant Avi Grabosky, qui commandait un peloton de blindés à l'entrée du camp de Chatila, rendit compte par radio à ses supérieurs directs d'exactions sur des civils dans le camp qu'il avait personnellement vues de l'endroit où il se trouvait.

— Nous sommes au courant, nous nous en occupons, s'entendit-il répondre[1].

Peu après 11 heures, à la suite de plusieurs témoignages de ce genre, Amir Drori téléphona à Raffoul pour lui dire que les FL avaient, peut-être, « été trop loin ». Le chef d'état-major ne posa aucune question et annonça sa venue à Beyrouth en début d'après-midi.

En fin de matinée, toujours le 17 septembre, conformément aux ordres donnés par Fady Frem à Fouad Abou Nader, les différentes

1. Déposition d'Avi Grabosky devant la commission Kahane, le 31 octobre 1982.

casernes des FL, avec en tête le groupe mécanisé d'élite de la caserne d'Adonis commandé par Anouar, après être passées par Choueifatt, arrivèrent les unes après les autres sur l'aéroport. Elles s'installèrent de chaque côté de la piste nord où elles préparèrent leur bivouac. C'était le plus grand rassemblement opérationnel des Forces libanaises jamais réalisé depuis leur création. Environ un millier d'hommes, les mieux formés et encadrés, venus de toutes les casernes d'Achrafieh et du Kesrouan étaient là. Même la police militaire, que dirigeait Gilbert Ghostine, était présente. Elle avait été scindée en groupes d'une quinzaine d'hommes intégrés dans les différentes unités et devait prendre en charge les civils et les éventuels prisonniers. En dehors de l'encadrement, le gros de cet effectif était essentiellement composé de *chabeb* trop jeunes pour avoir participé aux combats de 1975 et 1976. Ils ne connaissaient cette période qu'au travers des récits de leurs aînés qui avaient abondamment et complaisamment raconté leurs combats contre les Palestiniens. La grande majorité d'entre eux n'avait même jamais vu de Palestiniens, l'Ouest leur étant interdit et les FL ne les ayant plus combattus directement depuis 1976.

Alors qu'au côté de son père il recevait des personnalités venues présenter leurs condoléances, Amine Gémayel fut très vite informé par l'ambassade américaine de l'arrivée des FL sur l'aéroport. Il appela immédiatement Fady Frem :

— Que ce passe-t-il sur l'aéroport ?

— Nos unités s'y sont prépositionnées pour se déployer à l'Ouest.

Amine Gémayel eut un grognement de rage :

— Arrête cette opération militaire, exigea-t-il d'un ton sec. Votre présence à l'Ouest risque de tout compromettre ! Il faut les retirer immédiatement ! Les Américains le veulent et j'ai besoin d'eux.

— Je vais voir ce qu'il est possible de faire, répondit le commandant en chef des FL sans s'avancer.

L'exigence américaine n'était pas étonnante. La présence de Libanais « aux côtés » des parachutistes israéliens justifiait l'action de ces derniers et permettait à Tel-Aviv de résister plus aisément aux exigences répétées de retrait faites par Washington. Ne souhaitant pas commencer à envenimer des rapports déjà difficiles avec le parti, Fady Frem décida d'arrêter l'opération et de retirer ses hommes de l'Ouest. Mais avant d'en donner l'ordre, il devait en discuter avec les Israéliens.

L'avion qui amena Raphaël Eytan, Moshé Lévi, Ouri Sagui, le chef des opérations de Tsahal, et Amnon Lepkins, se posa sur la piste 2 de l'aéroport international de Beyrouth vers 15 h 30. De son hublot, Raffoul aperçut les miliciens chrétiens qui attendaient sur le tarmac. Il nota avec satisfaction l'alignement de leurs chars Sherman M 48 et T 55, du matériel ainsi que la tenue des hommes. Amir Drori et Mendy les saluèrent à la descente de l'appareil. Au cours du trajet en voiture vers la Quarantaine, Drori fit part à Eytan des informations éparses qui lui étaient parvenues sur des exactions perpétrées contre des civils dans les camps palestiniens par l'unité phalangiste qui y était entrée. Le chef d'état-major de Tsahal ne fit aucun commentaire.

Fady Frem, Toto (Antoine Bridi), Fouad Abou Nader et Woody (Walid Farès) accueillirent les Israéliens dans la salle de réunion du nouveau bâtiment. Après un rapide point de la situation sur le terrain, Raffoul ne fit aucune allusion aux rumeurs et conseilla :

— Vous devez ramasser tout ce que vous trouvez comme armes et munitions dans les camps. Il faut que vous y soyez en force. Je vous félicite pour le travail propre et efficace qui a été fait jusqu'à présent. Il faut continuer. Il faut que les Palestiniens comprennent qu'ils doivent rendre leurs armes et que nous discuterons de leurs cas après les élections. S'ils refusent et s'ils décident de combattre, nous nous en occuperons.

— Mais les camps sont vides. Il n'y a des éléments armés que dans le quartier de Fakahani, fit remarquer Abou Nader.

— Nous nous en occuperons dans deux ou trois jours, assura Eytan.

— Les Américains exercent de très fortes pressions sur nous au travers d'Amine Gémayel, annonça Fady Frem. Ils exigent que nous nous retirions. Nous allons le faire dès ce soir pour ne pas perturber les élections.

— Mais vous n'avez pas à combattre dans les camps, vous devez simplement les nettoyer, fit remarquer Raffoul. S'il y a de telles pressions sur vous, nous vous laisserons décider ce que vous devez faire. Ne vous inquiétez pas, nous trouverons ensemble plus tard le moyen de nettoyer cette région. Nous avons vu vos troupes stationnées à l'aéroport. Cela nous a fait très plaisir de les voir ainsi. Nous en sommes fiers !

— Il est surprenant de voir à quel point vous vous êtes ressaisis après la mort de Bachir, ajouta Mendy en faisant allusion au choc et au désespoir des combattants chrétiens qu'il avait constatés le

14 septembre au soir. Vous êtes littéralement revenus à la vie d'après ce que nous avons pu voir à l'aéroport.

— Si vous parvenez à arrêter les leaders palestiniens, nous n'avons plus rien à y faire, argumenta Fady Frem.

— Vous coordonnerez le tout avec Drori, trancha Raffoul. Si nous avons besoin de vous quelque part, vous enverrez une de vos unités et vous vous en chargerez.

— Ce ne sera possible que dans quelques jours, mais pas dans l'immédiat, regretta Frem. Il y a les élections !

— Nous ne sommes pas pressés, fit Eytan conciliant. Nous agirons lentement. Nous avons le temps ! Mais ne vous en faites pas, nous allons tout nettoyer ! C'est une décision définitive. Demandez à Amos Yaron tout l'appui logistique dont vous avez besoin : munitions, batteries, nourriture...

— Cheikh Bachir a toujours dit qu'il voulait raser les camps de Sabra et Chatila et les transformer en jardin zoologique. Est-ce que nous pourrions utiliser vos bulldozers pour réaliser son souhait ? demanda Fouad Abou Nader.

La volonté de détruire les habitations au bulldozer ne surprit pas outre mesure les Israéliens. Ils avaient eux-mêmes pratiqué cette méthode à plusieurs reprises depuis le début de l'opération « Paix en Galilée » pour faire fuir les occupants. Les camps du Sud Liban avaient été bombardés puis détruits à la dynamite et au bulldozer[1]. En Israël, cela portait un nom : « destruction de l'infrastructure des terroristes », le but étant d'interdire aux Palestiniens de s'organiser en tant que communauté. Pour cela, il était nécessaire de raser non seulement les maisons, mais aussi les diverses institutions palestiniennes (écoles, hôpitaux, locaux sociaux...) et de « vider » les populations de leurs mâles. Dans les premiers jours de la guerre, les officiers de Tsahal qui devaient apporter un soutien humanitaire aux populations du Liban avaient reçu comme directive confidentielle du ministre Yaakov Méridor chargé de la question des réfugiés au Liban : « Poussez-les à l'est vers la Syrie. Laissez-les partir, mais ne leur permettez pas de revenir. » Le lieutenant-colonel Dov Yirmiyah, pour en avoir fait publiquement état, fut rayé des cadres de réserve[2].

---

1. Technique systématiquement appliquée par Tsahal en Cisjordanie et à Gaza depuis 2000.

2. Amnon Kapeliouk, *Enquête sur un massacre*, *op. cit.*

— Nous vous donnerons tout ce que vous voudrez, répondit Eytan en regardant Drori qui acquiesça de la tête.

— C'est à vous et vous êtes libres d'en faire ce que vous voulez, ajouta Raffoul. Toutefois, il faut que vous restiez dans les camps pour empêcher les terroristes d'y revenir.

— Il y a ces pressions américaines qui exigent que nous nous retirions, rappela Fady Frem.

— Vous n'aurez pas à y rester très longtemps, argumenta Raffoul.

— Nous avons besoin des Américains pour les élections, insista Frem. Nous allons rester dans les camps jusqu'à 5 heures demain matin. Ensuite, nous enverrons notre police militaire remplacer l'unité qui s'y trouve. Et avant notre départ, nous utiliserons vos tracteurs pour raser la région afin que les Palestiniens n'y reviennent pas.

— Où en sont ces élections ? demanda Raffoul.

— Kamel el-Assaad, le président du Parlement, en a commencé les préparatifs.

— Je vous prie de présenter mes condoléances à Mme Solange Gémayel, conclut Eytan en se levant.

Un avion militaire le déposa une heure et demie plus tard sur l'aéroport de Ramat-David près de Tel-Aviv d'où il gagna sa résidence dans le village de Tel-Adachim.

La rumeur sur les « bavures » dans les camps parvint à Fady Frem peu de temps après le départ des Israéliens. Vers 17 heures, il ordonna à Élie Hobeïka de retirer ses hommes des camps et à Gilbert Ghostine, le chef de la police militaire, d'y envoyer les siens pour en interdire l'accès. Lorsque la police militaire des Forces libanaises entra dans Sabra et Chatila, vers 18 heures, le spectacle et la puanteur étaient difficilement soutenables. Des cadavres, déjà boursouflés et noirs, jonchaient les rues et l'intérieur de certaines maisons. Les responsables de l'unité descendante, en s'appuyant sur un plan, transmirent les consignes à Ghostine aussi froidement que s'il s'agissait d'une passation de commandement sur un théâtre d'opération militaire,

— Nous sommes arrivés là, dans cette ruelle, puis nous avons été par ici, jusqu'à une maison sous laquelle il y a une épicerie...

Il y avait dans leur voix une neutralité, une absence d'expression de sentiments humains qui contrastaient totalement avec ce que Ghostine avait sous les yeux. Plusieurs de ses hommes se trouvèrent mal. Il dut sélectionner les plus endurcis pour poursuivre sa mission. La tombée de la nuit arrêta les bulldozers qui avaient commencé leur action.

Dans tous les campements militaires israéliens, un menu spécial avait été cuisiné pour fêter le Nouvel An juif. Ron Ben Yichaï, le correspondant militaire de la télévision israélienne fut invité à dîner par des officiers supérieurs au QG de Baabda. Dès le début, la conversation porta sur ce qu'avaient vu les commandants des unités « au contact » de leurs positions dans les camps de Sabra et Chatila. L'un d'eux, témoin visuel d'exécutions sommaires, en fit un récit détaillé. Vers 23 h 30, le journaliste les interpella :

— Si vous êtes certains de ce que vous racontez, j'appelle le ministre de la Défense chez lui.

Ce qu'il fit.

— Il faut immédiatement faire quelque chose pour arrêter ce qui se passe dans les camps, suggéra Ron Ben Yichaï à Ariel Sharon. Nos officiers savent ce qui arrive. Dans quelques heures, la presse du monde entier sera au courant et nous serons dans de beaux draps.

Sharon lui demanda des précisions supplémentaires. Ron Ben Yichaï répéta ce qu'il venait d'entendre. Le ministre le remercia, lui souhaita « bonne année » et raccrocha. « Mon impression est plutôt qu'il était au courant de ce qui se passait[1] », confia plus tard un autre journaliste.

Un silence lourd de terreur régna sur les camps toute la nuit du vendredi 17 au samedi 18 septembre. Les quelques membres de la police militaire des FL qui y étaient déployés avaient pris position, par petits groupes, aux différentes entrées ainsi qu'aux carrefours les plus importants des deux axes principaux qui traversent Sabra et Chatila. Au petit matin, dès que l'ombre de la nuit commença à pâlir, un bourdonnement de moteurs s'éleva au sud de Chatila. Trois engins de terrassement vert olive portant sur le flanc une lettre hébraïque blanche avec de gros projecteurs sur le toit de la cabine, manœuvrés par des miliciens chrétiens, s'affairaient dans un nuage de poussière contre les maisons de chaque côté de l'avenue qui sortait du camp. Le calme de la nuit et le vrombissement « civil » firent sortir d'une ruelle une femme hagarde, puis un vieil homme apeuré, les mains en l'air. Très vite, plusieurs dizaines de personnes se présentèrent de la même façon devant les membres de la police militaire qui les canalisèrent vers

1. Amnon Kapeliouk, *Enquête sur un massacre*, *op. cit*

l'extérieur des camps. À 6 heures du matin, Amos Yaron déboula à l'entrée de Chatila avec quelques officiers israéliens. Il entra dans une fureur noire en apercevant la colonne de civils encadrée par des hommes armés. Il s'en prit violemment à Gilbert Ghostine et Fouad Abou Nader qui venait d'arriver.

Il leur ordonna de diriger tous les Palestiniens vers la cité sportive et, par radio, exigea que les unités FL qui se trouvaient sur l'aéroport réintègrent leurs casernes sur-le-champ. Le millier de combattants chrétiens qui avaient passé la nuit, harcelés par des nuées de moustiques, à attendre en jouant aux cartes ou en visitant les avions de l'aéroclub, se retirèrent sans comprendre les raisons de cet ordre impératif. Ils ignoraient ce qui s'était passé dans les camps à 4 km de leur bivouac.

Les colonnes de civils palestiniens apeurés, encadrées par la police militaire, se dirigèrent à pied vers le stade lorsque, brusquement, l'un d'entre eux sauta sur une mine. Le général Amos Yaron les arrêta. Il vitupéra en évoquant les files de juifs qui se déplaçaient dans les camps de la mort durant la Seconde Guerre mondiale et fit venir des camions pour les évacuer.

Gilbert Ghostine ne put s'opposer, comme il en avait reçu la consigne expresse, à la visite de deux journalistes israéliens dûment encadrés et accompagnés par des officiers de Tsahal. Il ordonna à ses hommes de décrocher. Lorsque le médecin-colonel de l'armée libanaise Marcel Prince arriva à l'entrée sud de Chatila, vers 8 h 30, plus aucun milicien chrétien n'était là.

Chirurgien-chef de l'hôpital militaire central de Beyrouth, spécialiste internationalement reconnu de chirurgie de guerre [1] et de médecine légale, expert en la matière devant les tribunaux civils et militaires, Marcel Prince avait exercé en Jordanie, aux États-Unis, en Arabie Saoudite et était entré dans l'armée libanaise en 1964. Le samedi 18 septembre 1982, alors qu'il avait prévu d'aller passer le week-end avec ses deux fils et son épouse à la montagne, il reçut, vers 6 heures du matin, un appel téléphonique du commandant en chef de l'armée libanaise, le général Victor Khoury.

— Marcel, vous allez vous rendre immédiatement, en uniforme, sans arme et avec un brassard de la Croix-Rouge, dans les

1. Auteur d'un ouvrage de référence sur les principes de la chirurgie de guerre (1975).

camps de Sabra et Chatila. Quelque chose s'y est passé. Vous prendrez les mesures que vous jugerez utiles.

Ignorant totalement ce qu'il allait découvrir, Prince passa à l'hôpital prendre une trousse de première urgence et récupérer une ambulance et un chauffeur. Il fit un détour par la caserne du génie, non loin de l'établissement hospitalier, pour récupérer un spécialiste en explosifs et prit la direction des camps. Leur véhicule passa sans encombre les barrages israéliens qui en interdisaient l'approche et s'arrêta devant les premières maisons de Chatila au moment où arrivait une voiture du CICR accompagnée du premier conseiller de l'ambassade des États-Unis Ryan C. Croker. Marcel Prince remonta à pied la rue qui menait vers l'hôpital Gaza. Une fois passés les quelques bâtiments détruits au bulldozer, des groupes de corps gisaient, surpris par la mort en sortant des maisons. Ils étaient nombreux à Chatila ; Sabra, plus au nord, semblait avoir été épargné. Ici et là, des civils apeurés émergeaient prudemment de leurs abris et les regardaient avec méfiance. Le chirurgien tenta de les rassurer en répétant sans cesse : « N'ayez pas peur, nous sommes l'armée libanaise. » Le chauffeur de l'ambulance ne quittait pas le médecin d'une semelle. Dans la poche de sa veste, son poing serrait un revolver. Non loin de l'hôpital de Gaza, que Marcel Prince connaissait bien pour y avoir donné des cours au centre de recherche, ils découvrirent une quantité importante d'armes individuelles jetées à terre ou sous les voitures en stationnement comme si leurs propriétaires avaient voulu s'en débarrasser. L'officier convoqua les responsables de la défense civile et de la Croix-Rouge libanaise arrivés entre-temps sur les lieux. Il leur demanda de relever précisément l'emplacement des corps puis de les regrouper dans une « zone de tri » installée dans un terrain vague à l'entrée sud du camp de Chatila afin de procéder à leur identification, soit par des membres de leur famille, soit par des voisins. Il leur ordonna également de récupérer les papiers d'identité des victimes.

Suivi de son chauffeur qui prenait des notes sous sa dictée, Marcel Prince, après avoir enfilé des gants de chirurgie, se pencha sur un premier corps, celui d'un homme. Il avait été tué par balle et gisait sur le ventre. Prince trouva dans l'une de ses poches une carte d'identité au nom de Mahmoud Harb, né en 1944, habitant à Chatila, de nationalité libanaise.

Vers 11 h 30, François Luizet, grand reporter à *France-Soir*, Sorg Chalandon de *Libération*, Sami Ketz de l'AFP et le correspondant de France Inter au Moyen-Orient parvinrent à s'infiltrer dans Sabra en passant par l'hôpital Gaza. À l'insoutenable s'ajoutaient des témoignages hachés d'horreur et de peur. À l'odeur de mort s'additionnaient cris et hurlements. Le « comment » et surtout le « qui » étaient de toutes leurs questions. « Ils avaient des casques et des sacs sur le dos », « Ils étaient en uniforme vert foncé », « Certains ne portaient pas de signes distinctifs », « Ils avaient l'insigne des Forces libanaises sur la poitrine », « Ils avaient les lettres MP sur la manche », « Ils portaient l'insigne de l'armée du Sud Liban ». Un peu plus tard, Avletta Ramberg, correspondante à Beyrouth de la télévision suédoise, enregistrait un autre témoignage :

— C'étaient des soldats israéliens armés.

— Comment pouvez-vous le savoir ?

— Ils avaient la calotte tricotée sur la tête.

La confusion des témoignages effaçait la notion de durée et de temps. Forces libanaises, Israéliens, miliciens de Saad Haddad, les auteurs de la tuerie étaient le plus souvent désignés par un anonyme « ils » par des rescapés plus désireux de détailler les atrocités qu'ils avaient vécues que d'en décrire les auteurs qu'ils n'avaient fait le plus souvent qu'entrevoir. La seule certitude était les dizaines, les centaines de corps gisant un peu partout. Même leur nombre variait du simple au triple. À la mi-journée, la nouvelle du massacre de Sabra et Chatila faisait le tour du monde. Les premières radios à en parler furent israéliennes. Vers 16 heures, l'Agence France Presse affirma : « Les massacres, selon des témoins, ont été commis par les milices du commandant Haddad. » Peu après, un officier israélien demandait aux journalistes qu'il rencontrait d'écrire que les responsables étaient des phalangistes. Inconscientes de l'ampleur que prenait cette affaire, les Forces n'eurent aucune réaction. Des tueries avaient jalonné les huit années de guerre comme à Damour, à la Quarantaine, Tall el-Zaatar, Kaa et en bien d'autres endroits sans provoquer de tels remous. Les FL ne comprenaient pas les raisons de l'excitation des journalistes ni tout le bruit qui était fait autour de cette question.

Les témoignages partiels sur l'événements continuaient d'affluer, se chevauchant, se contredisant ou se complétant. Tous ignoraient la durée de l'événement dans le temps. Ils confirmaient la responsabilité de tel ou tel groupe ou faction sans jamais envisager qu'ils aient pu, successivement, se relayer dans les camps. Ainsi quatre officiers de l'armée libanaise et un officier de la gendarmerie affirmèrent-ils à la presse avoir vu des membres de l'Armée du Liban Sud arriver par avion israélien sur l'aéroport de Beyrouth. Un observateur des Nations unies confia avoir vu des hommes portant les insignes de l'ALS au volant de Jeep au même endroit. Ces informations, diffusées par les radios locales, furent immédiatement utilisées par Fady Frem. Préoccupé jusque-là par les problèmes politiques, il sentait confusément que « cette histoire de massacres » se développait de manière incontrôlable. Il était persuadé que les hommes du Jihaz el-Aman d'Élie Hobeïka avaient été les seuls et qu'excités par les combats et rendus furieux par la mort de Bachir, ils avaient commis des « excès ». Les témoignages concernant la présence de miliciens de Saad Haddad à l'aéroport, autour et même à l'intérieur des camps tombaient pour lui à point nommé pour détourner l'attention. Sans sourciller, il les utilisa pour disculper les FL.

Cette présence de l'ALS fut également exploitée par les leaders islamiques libanais. Fortement inquiets des conséquences politiques d'une mise en accusation catégorique des Forces libanaises — et donc des Kataëb — sur les élections présidentielles, les responsables musulmans prirent très vite le parti de les innocenter : « Les habitants de Beyrouth Ouest ne tiennent pas les phalangistes pour responsables », devait titrer, le dimanche 19 septembre, le quotidien en langue arabe *al-Safir*. Mieux, formel, Saëb Salam affirma : « Les phalangistes n'y sont pour rien. » Et à un rescapé qui lui soutenait :

— C'étaient eux ! j'ai vu leur nom, Forces libanaises, sur leurs uniformes !

— Depuis quand sais-tu lire ? lui répliqua sèchement le leader sunnite [1].

Fort de cet appui indirect et inespéré, Fady Frem fit « gonfler » la présence, donc la responsabilité des miliciens de Haddad. Les Israéliens réagirent très vite et démentirent énergiquement non seulement leur participation à la tuerie mais également la présence d'unités de l'ALS autour de Beyrouth. « Nous n'avons jamais transporté de troupes de l'ALS, d'autant qu'elles ne sont pas autorisées à dépasser le fleuve Awali, affirma le porte-parole de l'armée israélienne à Tel-Aviv. Toutes les informations sur la présence des hommes de Haddad dans les camps sont dénuées de tout fondement. »

1. André Pautard dans *L'Express*, 1er octobre 1982.

Les premières images du massacre firent l'ouverture de tous les journaux télévisés le soir du 18 septembre. Quelques minutes plus tard, à Paris, François Mitterrand se disait « horrifié » ; à New York, le Conseil de sécurité se réunissait d'urgence ; à Washington, Ronald Reagan faisait publier un communiqué d'une dureté sans précédent dans l'histoire des relations entre les États-Unis et l'État hébreu. Il convoqua l'ambassadeur israélien Moshé Arens pour « sommer » Israël de « retirer immédiatement ses troupes de Beyrouth Ouest ». La réaction du président américain fut d'autant plus dure qu'il était très mal à l'aise. Il était conscient qu'en ordonnant le départ prématuré de ses Marines de Beyrouth, une semaine avant le terme de leur mission, il avait provoqué le désengagement des autres contingents de la Force multinationale dont l'une des missions était de protéger la population civile palestinienne. De plus, au vu des assurances données par Jérusalem, Reagan, durant toute la journée du mercredi 15, n'avait pas hésité à déclarer, lors d'une tournée dans le New Jersey, que les Israéliens avaient franchi la ligne verte « pour répondre à des tirs de miliciens isolés », prétexte que les Israéliens eux-mêmes n'avaient pas osé avancer.

Épilogue

L'assassinat de Bachir Gémayel constitua un véritable cataclysme pour les Forces libanaises. La milice avait brusquement perdu le chef incontesté de tous, l'ami indéfectible de chacun, le ciment des différentes tendances, le rempart contre le parti, l'initiateur de la politique, le décideur incontournable et, depuis son élection, le président qui allait les projeter collectivement et individuellement dans l'avenir. Sa disparition laissait les membres de son équipe non seulement perdus et émotionnellement sonnés, mais véritablement nus. Par réaction, ce qui avait été réalisé, dit ou décidé de son vivant devint référence et en premier lieu les institutions des Forces libanaises. Tous s'y accrochèrent comme à une bouée de sauvetage.

Le poids du parti Kataëb dans les décisions des FL s'était réduit à un simple assentiment de Pierre Gémayel géré uniquement par Bachir. Le Raïs s'était même mis en retrait pour laisser une plus grande liberté de manœuvre à son fils cadet. La mort du président élu eut pour première conséquence de propulser le parti Kataëb sur le devant de la scène. Pierre Gémayel redevint incontournable. Mais il n'était plus capable de jouer le rôle de leader. D'une part, il était âgé et avait des difficultés à dialoguer avec les jeunes générations aux valeurs différentes. D'autre part, inconsciemment ou non, l'image de Bachir se superposait sur chaque prétendant à la direction du monde chrétien.

Amine Gémayel s'était immédiatement engouffré dans le vide laissé par la mort de son frère. Mais les FL lui étaient hostiles. Avec un budget de fonctionnement mensuel de 40 millions de livres libanaises[1], plus de 20 000 hommes et l'appui de l'État

1. 12 millions de dollars en 1982.

hébreu, elles représentaient un poids politique et militaire. Amine connaissait la nature humaine et savait que « lorsqu'un homme devient mandarin, même les canards de sa basse-cour en profitent », comme dit le proverbe chinois. L'équivalent n'existe pas en arabe, c'est un principe universel. Amine s'engagea à poursuivre « la ligne de son frère ».

Les Américains, totalement pris de court par l'assassinat de Bachir, n'avaient aucune politique de substitution. Les Israéliens, méfiants, demandaient des garanties.

En début de soirée, le 16 septembre, le bureau politique du parti Kataëb annonça officiellement la candidature d'Amine Gémayel à la présidence de la République.

Menahem Begin lui envoya une délégation composée des deux ministres les plus importants de son cabinet : à la tombée de la nuit, le 20 septembre, un hélicoptère CH53 israélien se posa derrière la centrale électrique de Zouk. Yitzhak Shamir foula pour la première et la dernière fois de sa vie le sol libanais. Ariel Sharon, David Kimché, Peter Nahum Admouni et Mendy, du Mossad, descendirent de l'appareil derrière lui. Dans quatre voitures banalisées appartenant au FL, ils furent conduits à la « Maison du Futur », à Dbayé. Les Israéliens, dans une grande salle du rez-de-chaussée, furent reçus par Amine Gémayel en costume sombre, les joues légèrement rouges.

— Vous êtes les bienvenus, leur lança-t-il. Je suis heureux de vous recevoir dans cette Maison du Futur. Je regrette seulement que vous y soyez venus de nuit car nous ne pourrons pas la visiter. Nous ne pouvons pas vous décrire l'étendue de la catastrophe qui a touché ma famille, le parti et la patrie ; Bachir était avant tout mon frère. Il a fait un travail grandiose pour le pays et le peuple libanais. Nous devons reprendre ce qu'il nous a laissé et essayer de continuer dans la même direction. J'ai lu rapidement quelques documents et procès-verbaux des réunions que Bachir avait eues avec vous. Nous sommes en relation avec vous depuis 1958. Il est possible de les développer pour instaurer une paix véritable entre nous. Le Liban peut être la première étape d'une paix qui englobera toute la région. Mais nous devons prendre en considération la situation du Liban, sa géographie, sa démographie et de nombreux autres facteurs. Je ne suis pas encore prêt pour une négociation complète, tous les dossiers ne me sont pas familiers. Je ne sais pas où vous en êtes exactement dans ce domaine. Vous vous doutez que ce qui est arrivé et la campagne électorale m'ont complètement absorbé. Demain nous gagnerons les élections. J'ai la profonde conviction qu'il est nécessaire d'arriver à de bons résultats et à une bonne entente entre nous et nous travaillerons pour y arriver. Je voudrais également vous dire que nous n'oublierons jamais ce que vous avez fait pour nous durant la guerre. Je ne sais pas si nous aurions survécu sans vous. [...] Je voudrais que cela continue avec moi, certifia Gémayel.

Les Israéliens obtinrent du candidat toutes les garanties orales qu'ils souhaitaient, « à condition de prendre en compte le facteur temps. Tout ne peut se faire en un jour ».

— Je n'ai pas compris pourquoi le gouvernement libanais était si pressé de rappeler la Force multinationale, lui demanda Ariel Sharon.

— Parce que nous voulions des touristes à Beyrouth, ironisa Gémayel.

— Des milliers de terroristes vont se cacher derrière ces touristes, rétorqua sèchement Ariel Sharon. Où voulez-vous que nos forces stationnent ? De quelles positions voulez-vous qu'elles se retirent ? Nous avons l'intention de quitter la ville après avoir terminé notre travail de nettoyage. Mais nous resterons au Liban tant qu'il y a des forces étrangères. Nous occuperons la route Beyrouth-Damas, car si nous nous en retirons, les Syriens reviendront. Qu'en pensez-vous ?

— Je suis d'accord, affirma Amine laconique.

Vers 23 heures, avant même que la délégation israélienne ne décolle de Zouk, François Mitterrand annonçait à la télévision : « J'ai décidé, à la demande du gouvernement libanais, et pour répondre aux appels venus de toutes parts et notamment du monde arabe, que la France participerait à la formation d'une nouvelle Force multinationale qui aura pour charge de contribuer au retour de la sécurité et au respect du droit des gens. »

Le lendemain, 21 septembre 1982, Amine Gémayel fut élu quatorzième président de la République libanaise. Il y avait ce jour-là sur le sol libanais onze armées étrangères régulières — y compris celles participant à la FINUL —, sans compter les milices privées ou publiques, les factieux ou les combattants de tous bords qui « tenaient » des parcelles du Liban.

Une guerre d'influence sourde et sans pitié commença immédiatement entre les Forces libanaises et le président. Il ne tint aucune des promesses faites lors de la réunion à la Maison du

Futur. Amine Gémayel entama le 1er novembre 1982 des négociations secrètes avec les Israéliens qui aboutirent le 17 mai 1983 à un accord de paix. Accord qui fut adopté par le gouvernement de Menahem Begin et voté par la totalité des députés libanais à quelques exceptions près. Mais Amine Gémayel refusa de le ratifier et il ne fut jamais appliqué. Tel-Aviv retira brusquement ses troupes des montagnes du Chouf laissant volontairement miliciens druzes et chrétiens face à face. Ce fut un massacre. Les Forces libanaises, minées par les combats, rongées de l'intérieur par les ralliements à Amine Gémayel, perdirent peu à peu de l'influence. Le 24 février 1984, Amine Gémayel écarta définitivement l'option israélienne en rendant spectaculairement visite à Hafez el-Assad à Damas. Après la mort de Cheikh Pierre, en octobre 1984, Amine Gémayel écartera définitivement par un coup de force Fady Frem du commandement de la milice.

Annexes

ANNEXE 1

Document original préparé par Michel Aoun et Antoine Najm pour la réunion de l'équipe de Bachir Gémayel, le 27 septembre 1980.

ÉTUDE DE LA PRISE DU POUVOIR PAR BACHIR

Sujet : Étude stratégique de la prochaine étape

1. Objectif :
Prise du pouvoir.

2. Conjoncture politico-militaro-économique :
— Existence d'une légalité représentée par le gouvernement actuel.
— Persistance de l'occupation syro-palestinienne.
— Appui musulman (surtout sunnite) aux Palestiniens.
— Les druzes et les chiites sont considérés antagonistes plutôt que neutres.
— Contrôle de l'ennemi de la Banque centrale.

3. Détermination de l'heure H :
Exécution de l'objectif et cela à la vacance de la première présidence (fin de mandat, démissionné, décédé ou toute autre conjoncture subite).

4. Pourquoi le choix de cette circonstance ?
L'élection du prochain président va se produire sous les pressions syro-palestino-internationales. Cette circonstance permet de motiver les esprits et de mobiliser contre toutes ces pressions et contre la falsification de la volonté populaire. L'heure H sera 1 à 2 mois avant la fin du mandat du président, ou au cours des dix jours précédant l'élection d'un nouveau président. Dans le cas d'une vacance subite du pouvoir. Les centres de décisions politiques et militaires seraient quasi paralysés et incapables d'agir contre les Forces libanaises.

5. Est-ce que la prise du pouvoir complique la crise ou aide à la résoudre :
51. En cas de prise du pouvoir légale :
511. Extérieurement : La reconnaissance de la légalité aide beaucoup à justifier toute action militaire pour la libération des territoires occupés.
512. Intérieurement : Probabilité, d'un refus islamo-palestino-syrien engendrant une révolte et un conflit militaire.
513. Évaluation : Les avantages dépassent les inconvénients du fait de la couverture internationale dont bénéficierait la légalité dans toutes les initiatives qu'elle prendrait.
52. En cas de prise de pouvoir non constitutionnelle : Ce serait un bond dans l'inconnu, à moins d'obtenir au préalable l'assurance d'une reconnaissance internationale immédiatement après la prise du pouvoir. Au moins de la part d'une grande nation ayant droit de veto au Conseil de sécurité ou alors d'Israël (voir para 66).
53. Au cas où la conjoncture à l'heure H ne permet pas la prise du pouvoir constitutionnellement ou non.

Proposition :
Il faudrait faire arriver « un ami » à la présidence à condition qu'il nous garantisse l'exécution de nos objectifs par un engagement écrit signé et programmé.

6. Attitude à suivre jusqu'à l'heure H, dans les conditions actuelles :
61. À l'égard de la légalité :
— Ne pas travailler à la chute de la légalité existante (sauf en cas de trahison nette) car cela serait perçu par l'opinion publique chrétienne uniquement comme une volonté de saisir le pouvoir.
— Néanmoins, les Forces libanaises resteront vigilantes pour faire face à toutes tentatives, tactiques d'entraver ses objectifs FL.
— Marquer des « points » à l'égard de l'État en exerçant des pressions sur les responsables pour les dissuader de nous causer des problèmes.
62. À l'égard du peuple :
— Services sociaux.
— Améliorer la situation dans les régions libres par tous les moyens. Importance particulière de « gagner » le peuple dans les zones sous contrôle de l'armée.
63. À l'égard de l'armée :
— « Gagner » individuellement les soldats à la cause libanaise.
— Gagner des positions clés dans tous les départements.
— Empêcher les responsables militaires de poser des problèmes au besoin en les menaçant directement.
— Paralyser l'armée par l'intermédiaire des éléments qui nous sont acquis, afin de donner aux FL une liberté d'action dans la période précédant les élections.
64. Ligne générale à l'égard du peuple et des soldats :
Promouvoir l'esprit de révolution contre le colonialisme arabo-palestinien

et contre tous ceux qui essayent de marchander le sort des chrétiens pour des intérêts personnels.

65. Contraindre l'État à adopter un « plan de sécurité » n'entravant pas notre stratégie mais nous laissant la possibilité de déstabiliser la situation au moment opportun (voir l'annexe).

66. Ligne d'action face aux forces d'occupation syro-palestiniennes : Se limiter à la défensive et au renforcement des fronts avant, durant et après l'exécution de notre projet. Les forces ennemies étant plus puissantes que les nôtres. Dans le cas où il apparaît nécessaire de prendre le pouvoir inconstitutionnellement, il faudrait au préalable arriver à un accord avec Israël sur une reconnaissance commune et la signature d'un pacte de défense commun.

661. Ce pacte entraînerait sûrement la création d'un État chrétien cerné islamiquement, à moins que les entités politiques du Moyen-Orient se désintègrent et se réorganisent sur des bases ethniques et confessionnelles.

7. Ligne d'action à suivre jusqu'à l'heure H, en cas de changements de la situation prévalante :

71. Chute du régime syrien ou désintégration de l'État syrien :

— Cette chute serait relativement lente, ce qui nous donnerait suffisamment de temps pour nous préparer et prendre les mesures nécessaires.

— La préparation la plus importante serait d'attiser le conflit entre les Palestiniens d'un côté et les druzes et les chiites de l'autre. Il faudra convaincre ces deux dernières communautés des avantages de la fédération, ce qui pourrait contribuer à les motiver contre les Palestiniens. Il ne faut pas oublier que notre conflit est avec les Palestiniens (et leur couverture sunnite) et qu'il est dans tous les cas inévitable.

— Ce qui nécessite de faire les plans militaires pour une libération.

72. Vide sécuritaire dû à un retrait syrien subit (volontaire ou dû à un coup militaire israélien)

721. Combler tout vide sécuritaire où qu'il soit. Il n'est cependant pas conseillé d'entrer dans le Caza de Zghorta afin de permettre aux Zghortiotes anti-Frangié de nous aider militairement. L'occupation de villages dans ce caza blesserait l'amour-propre des Zghortiotes et renforcerait la position du Pdt. Frangié. Tandis que le respect de cet amour-propre nous donnera un crédit intérieur et international, notamment auprès du Vatican et des émigrés.

722. Immédiatement après négocier avec les druzes et les chiites pour qu'ils prennent en charge la sécurité de leurs régions, coupant ainsi la route à une expansion palestinienne. L'appui des druzes et des chiites, (ou au moins leur neutralité) nous donnerait la couverture nationale nécessaire pour arracher une reconnaissance internationale.

723. Neutraliser la légalité libanaise : Il est impératif dans les deux cas de neutraliser les activités du président de la République s'il refuse de coopérer avec nous et pour qu'il ne puisse contrecarrer notre plan.

Comment ? À travers des pressions chrétiennes très fortes et en empêchant les militaires musulmans d'arriver au ministère de la Défense. Ceci créerait des vides dans les centres de commandement et forcerait le Cdt. en chef de l'armée à les combler avec des officiers chrétiens.

Remarque importante :

Il n'est pas possible de demander aux militaires de se s'affronter les armes à la main. Il faut mettre en place des pressions désarmant toutes les oppositions.

724. Créer un conflit militaire entre l'armée libanaise et les Palestiniens qui neutraliserait les druzes et les chiites et les forcerait à appuyer l'armée. Ensuite acculer l'armée en lui donnant notre appui total et en nous joignant à elle dans les combats pour la contrôler et la faire exploser de l'intérieur.

8. La Banque centrale :

Dans tous les cas il est vital de mettre la main sur la Banque centrale. Ceci n'est possible que par une opération militaire très probablement nocturne.

9. Prise du pouvoir en coopération et en alliance avec le Pdt. Élias Sarkis :

91. Points de convergence avec le Pdt. Sarkis :

911. Résistance à l'implantation des Palestiniens.

912. Sa conviction de l'inefficacité des Arabes et de leur manque de sérieux dans la solution du problème libanais.

913. Il compte sur l'appui international.

914. Il est désespéré des musulmans sunnites.

92. Points de divergence avec le Pdt. Sarkis :

Ils sont multiples : désaccord total entre le Pdt Sarkis et les FL sur le Pacte national et la Formule libanaise.

93. Possibilité de trouver de nouveaux points de convergence :

931. Se mettre d'accord sur le plan de sécurité (voir Annexe).

932. Placer des officiers loyaux à la cause dans les postes clés de l'armée.

933. Organisation les FL, en accord avec le Pdt Sarkis par des officiers de l'armée.

934. Encourager l'exécution de projets dans nos régions.

935. Se mettre d'accord sur des lignes informationnelles complètes et secrètes.

936. Se mettre d'accord secrètement sur toutes les positions politiques.

937. Évaluation : Personne ne nie les avantages énormes qu'obtiendraient la cause et la Résistance libanaises de la coopération avec la légalité et l'accès au pouvoir avec son appui. Sa dernière lettre reflète une prise de conscience accrue de la nécessité de compter sur soi. Et il faut que le Pdt. comprenne que ce « soi » ne peut être que la « société chrétienne » parfaitement représentée par le Front libanais et la Résis-

tance libanaise. Si ces efforts aboutissent, il est alors possible de mettre au point une « stratégie commune ». La confiance restant la base de cette coopération.

10. Dans tout effort de la Résistance libanaise d'accéder au pouvoir, le Syrien reste l'obstacle majeur. C'est la force qui menace de paralyser les FL et d'empêcher toute libération. Ceci ne veut pas dire que les Palestiniens ne sont pas un obstacle, ils sont seulement moins dangereux. La difficulté réside dans la confrontation de tous ces obstacles simultanément. Il est donc nécessaire de les neutraliser les uns après les autres.

Annexe

Plan de sécurité acceptable et pour lequel il faut travailler :

1. L'armée libanaise prend en charge le port de Beyrouth, les Souks, l'aéroport et les routes y menant.

2. Refus de donner ces régions aux Forces de sécurité intérieures. La présence des FSI veut dire le refus du pouvoir chrétien.

3. Déploiement de l'armée à Beyrouth Ouest dans la même profondeur qu'à Beyrouth Est. Le port équivalant l'aéroport.

4. Prise en charge du ministère de la Défense par un proche de Bachir Gémayel. Le ministre devant pouvoir procéder à des nominations en accord avec nos plans.

5. Raisons :

51. Notre accord à un tel plan de sécurité améliorerait notre image auprès du pouvoir, du peuple et coince nos ennemis. Ces derniers pourraient alors faire exploser la situation ce qui nous épargnerait le poids de le faire nous-mêmes et les conséquences matérielles et morales.

52. Amélioration de l'image des FL dans les zones englobées par le plan de sécurité.

53. Reprise de nos contacts avec les chrétiens vivant dans ces zones, ce qui permettrait de les embrigader.

54. Reprise de l'activité économique.

55. Éloignement des Syriens et des Palestiniens des frontières de nos régions.

56. Facilité de faire exploser la situation entre l'armée et les Palestiniens.

ANNEXE 2

Document original préparé par Karim Pakradouni et Joseph Aboukhalil en décembre 1980.

PROJET DE COOPÉRATION SALUTAIRE ENTRE LA LÉGALITÉ ET LA RÉSISTANCE CHRÉTIENNE

I. L'accord autour d'une même conception de la crise libanaise est une condition essentielle pour créer une relation complémentaire entre la légalité libanaise et la Résistance chrétienne. La crise libanaise a ses racines profondes dans le désaccord entre les différentes parties libanaises quant à leur vision du Liban : constitution, existence, rôle, et avenir.

Néanmoins la présence palestinienne au Liban qui a brisé l'équilibre libanais constitue la cause directe apparente de cette crise et son détonateur. La crise libanaise est pratiquement liée à la crise du Moyen-Orient à cause de l'action militaire, politique, informationnelle palestinienne. À tel point que bon nombre d'observateurs pensent qu'il ne peut avoir de solution à la crise libanaise avant la solution de la crise du Moyen-Orient. D'autre part il est clair dans l'esprit des Palestiniens et des défenseurs de leur cause qu'il ne saurait y avoir de solution à leur problème sans la création d'un État palestinien.

Cet État palestinien paraît à nombre d'observateurs impossible et à tous lointain du moins à court terme. Il est quasiment impossible qu'Israël accepte de plein gré la création d'un État palestinien comme résultat des Accords de Camp David, ou de négociations sur le gouvernement propre des Palestiniens, ou dans le contexte de toutes autres négociations possibles : Genève...

Aussi, il est fortement improbable que les nations influentes surtout les États-Unis imposent un État Palestinien à Israël même sous les menaces du pétrole et de la guerre. Ainsi il est clair que les Palestiniens : peuple et organisations armées vont rester au Liban. Et ils viennent de mettre au point toute l'infrastructure d'un État palestinien non encore déclaré.

II. La présence palestinienne représente et représentera un pôle d'attraction à toutes les ingérences étrangères régionales et internationales. La présence palestinienne est ainsi un prétexte aux opérations militaires israéliennes et la cause de l'entrée syrienne au Liban dans tout ce qu'elle représente.

Israël intervient pour se protéger de l'action militaire palestinienne. La Syrie maintient sa présence pour tenir la carte palestinienne qui est essentielle dans la crise régionale et pour tenir la carte libanaise qui est devenue très importante aussi en plus des visées traditionnelles syriennes au Liban Israël n'arrêtera ses opérations qu'après avoir complètement paralysé le potentiel militaire palestinien. La Syrie ne se retirera du Liban que contrainte militairement ou politiquement.

III. La présence palestinienne qui a facilité la présence syrienne et causé l'intervention israélienne a paralysé la légalité libanaise : rôle et institutions et fait du Liban une nation disloquée et un pays occupé.

Les troupes palestiniennes ont réussi à occuper militairement une grande partie du Liban. Et à cause de leur échec à occuper la partie restante ils œuvrent à l'occuper politiquement en faisant accéder leurs alliés locaux dans le Mouvement national et le Rassemblement islamique au gouvernement et au pouvoir. Et bien que les Palestiniens refusent toute présence légale effective dans les régions qu'ils occupent, ils essayent par le truchement de cette même légalité d'entrer dans les régions libres en attendant de les occuper ultérieurement.

Sans la résistance héroïque de la Résistance chrétienne, tout le Liban serait occupé et aurait été la solution du problème du Moyen-Orient.

IV. La Résistance chrétienne malgré ses erreurs a réussi à créer une génération prête à porter le fusil pour une cause. Comme elle a réussi à préserver la liberté, même si ce n'est que dans une petite partie du Liban. La cause libanaise est ainsi devenue organiquement liée à la Résistance chrétienne. Néanmoins la Résistance chrétienne ne veut pas dans le contexte interne régional et international actuel entreprendre la libération du Liban à elle seule ; et cela pour éviter que les ennemis n'utilisent cette guerre de libération pour finaliser la partition et l'implantation. Tandis que si on enlève à cette résistance son cachet « chrétien » en y faisant adhérer des éléments non chrétiens ou par une alliance profonde avec eux, il est alors possible de libérer tout le pays et de lui rendre sa souveraineté, et son unité.

Et c'est là que rentre en évidence le rôle historique de la légalité libanaise. Elle est capable d'adopter la Résistance chrétienne et de la transformer en Résistance libanaise.

V. La mission de transformer la Résistance chrétienne en Résistance libanaise est la décision la plus dangereuse et la plus difficile que pourrait prendre la légalité. Elle prend pour hypothèse de base la volonté de la légalité d'opérer un changement propre pour qu'elle puisse changer la

Résistance. Il est essentiel d'introduire un esprit « révolutionnaire » à la légalité pour qu'elle puisse coopérer avec la résistance avec toute sa fougue révolutionnaire et pour qu'elle puisse faire face aux Palestiniens avec toutes leurs méthodes terroristes. La légalité doit faire un auto-chambardement dans sa mentalité ses méthodes et les personnes.

La légalité avec son aspect révolutionnaire appuyée par une légitimité populaire représentée par la Résistance d'un côté et la Résistance avec son cachet libanais appuyée par la légalité d'un autre, représentent la force nécessaire pour sortir le Liban de sa crise.

C'est ainsi que la légalité et la Résistance sont complémentaires.

VI. Ceci nous mène à proposer une même stratégie pour la légalité et la Résistance visant à changer l'équilibre actuel et à modifier certaines équations. L'objectif serait :

1. Trouver une nouvelle formule pour le Liban qui serait la fédération et qui remplacerait la Constitution de 1926.

2. Libérer le Liban de l'occupation syrienne.

3. Museler les organisations palestiniennes dans une première étape, les liquider dans une deuxième étape, et déraciner la présence palestinienne dans une troisième étape.

Cette stratégie serait appliquée à l'initiative de la légalité avec l'appui de la Résistance, ou l'inverse.

VII. Une initiative de la légalité appuyée par la Résistance aurait plus de poids politique. Dans ce contexte, on suggère :

1. Libaniser la Résistance chrétienne en y intégrant des parties non chrétiennes ou en instaurant une alliance avec elles sur la base de la nouvelle formule libanaise. Le choix de l'alliance suivrait une échelle prioritaire commençant par les druzes (W. Joumblatt) passant par les chiites (Amal) et se terminant par les forces sunnites (Mourabitoun). La préférence est à l'alliance avec les druzes pour pouvoir libérer en priorité le Mont-Liban.

2. Œuvrer à disloquer le Mouvement national et à sauver les musulmans de l'emprise palestinienne. Ce serait une erreur que de former un gouvernement de coalition groupant des membres du Mouvement national alliées aux organisations palestiniennes. De même, ce serait une erreur d'attendre un sursaut islamique spontané car le temps mène à une soumission totale musulmane aux Palestiniens. La rébellion islamique contre les Palestiniens aura lieu si la légalité prend l'initiative et la Résistance libanaise vaincra.

3. Corriger l'image publique de la Résistance à l'étranger et l'innocenter des accusations que le régime actuel avait contribué à créer surtout en Europe et aux États-Unis. De même la diplomatie libanaise devrait mettre en évidence les liens entre la légalité et la Résistance chrétienne devenue libanaise.

4. Mettre au point un agenda commun d'exécution pour faire accepter la formule fédérative même secrètement par les pays arabes et surtout par la Syrie.

VIII. Le second volet de la stratégie, soit l'initiative par la Résistance appuyée par la légalité, serait une alternative au premier volet et aurait un résultat militaire. Cette alternative aurait pour objectif de procéder à un coup d'État militaire avec la participation de l'armée libanaise pour déclarer la formule fédérale et l'exécution des points traités dans la section.

IX. Pour que le coup d'État réussisse il faudrait que la légalité ait assuré les points suivants :

1. Préparer un groupe d'officiers musulmans prêts à coopérer avec la résistance.
2. Nommer un nouveau Cdt. en chef de l'armée favorable à un tel plan et procéder à la nomination d'officiers acquis à la cause dans les postes clés.
3. Coordination accrue pour mettre au point un plan détaillé du coup d'État.
4. Donner les directives nécessaires à certaines administrations pour financer des projets urgents.
5. Assurer une couverture américaine et arabe au coup d'État.

IX. Il est impératif de terminer l'exécution de cette stratégie le plus tôt possible avant les élections présidentielles dans tous les cas.

X. Dans le cas où la légalité s'abstient pour n'importe quelle raison de coopérer dans le contexte de cette stratégie pour sortir le Liban de sa crise, la Résistance serait contrainte de poursuivre le chemin toute seule avec une stratégie appropriée quelles que soient les conséquences. La légalité devant assumer la responsabilité de ce qui en résulterait.

La Résistance chrétienne ne laissera pas le temps passer sans action. Elle n'acceptera pas que les chrétiens soit chassés de leurs terres, ou qu'un étranger les partage avec eux ou qu'ils y vivent en citoyens de deuxième classe.

La Résistance assurera la liberté, la fierté et la sécurité et elle sera sans doute victorieuse.

ANNEXE 3

Document original préparé par Antoine Najm et Joseph Aboukhalil le vendredi 26 décembre 1980.

PLAN PRÉLIMINAIRE VISANT À RECOUVRER LA SOUVERAINETÉ

I. Objectif :

Libérer la nation des étrangers. Recouvrir la souveraineté. Et changer la mentalité politique dans le pays.

II. Moyens :

Par une initiative de la légalité avec la coopération et l'appui totaux de Bachir Gémayel et Walid Joumblatt.

III. La phase préparatoire :

1. Discussions entre les présidents Sarkis et Assad pour se mettre d'accord sur des retraits syriens de certaines régions que les militaires définiraient, et pour que les forces syriennes au Liban soient effectivement sous les ordres du Pdt. Sarkis.
2. Rétablir les « ponts » entre Bachir et les Syriens d'une part, Walid et les Syriens d'autre part.
3. Convaincre les Syriens d'arrêter leur appui au Parti populaire syrien (PPS) et au Parti communiste.
4. Faire des contacts diplomatiques avec les États-Unis.
5. Préparer l'armée pour qu'elle soit prête à appuyer le pouvoir.
6. Œuvrer à mettre la personnalité chiite adéquate à la tête du mouvement Amal.
7. Informationnellement mettre en évidence les nouvelles couvrant les partenaires de l'alliance.

8. Plus d'ouverture envers les chiites et les sunnites.

IV. L'opération :

1. Accepter la démission du gouvernement ou même le démettre.
2. Former un nouveau gouvernement dans lequel Bachir et Walid seraient les piliers essentiels.
3. Dissoudre le parlement, instaurer l'état d'urgence et suspendre la constitution.
4. Siéger le gouvernement au palais présidentiel.
5. Opérer des mutations et des nominations dans les positions administratives du premier degré pour faciliter le travail du nouveau gouvernement. Et donner à ces directeurs généraux de vastes pouvoirs.
6. Le Pdt de la République lance un appel le même jour aux Libanais et à l'opinion publique mondiale pour expliquer son plan. Ce plan serait une action salvatrice.
7. Le Pdt convoque les chefs des missions diplomatiques et les met au courant de ce qui se passe.
8. Les milices sont légalisées, et leur mission définie.
9. Assurer la protection de la Banque centrale, des administrations publiques et des centres de service public.
10. Contrôler la radio et la télévision.
11. Former des délégations pour visiter les capitales arabes, européennes et américaine pour expliquer les objectifs de cette action.

V. Précautions à prendre :

1. Limiter les réactions négatives de la part des Syriens, Palestiniens et Libanais lésés par cette opération.
2. Demander aux Syriens officiellement et publiquement de rester complètement neutres et de ne pas s'ingérer dans n'importe quelle affaire libanaise.
3. Gagner le plus possible de leaders sunnites.

ANNEXE 4

Document original préparé par Samir Frangié et Riad Takieddine.

PLAN D'ACCORD NATIONAL

I. Objectif :

1. Étendre l'autorité de l'État sur l'ensemble du territoire libanais pour lui permettre d'assumer ses responsabilités nationales.

2. Mettre de nouvelles bases pour la formule libanaise politiquement et socialement, ceci en prenant en considération les facteurs suivants :

— Le sentiment de peur chez les chrétiens.

— Le sentiment d'injustice chez les musulmans.

— Assurer la justice sociale, et éliminer les différences entre les régions.

— Renouveler le rôle culturel du Liban (culture, information, éducation).

— Assurer une meilleure participation démocratique dans la direction du parti : politiquement, socialement, administrativement (corriger la représentativité populaire, appliquer la décentralisation administrative).

— Œuvrer dans le contexte d'un plan progressif pour éliminer le confessionalisme.

— Ancrer les libertés essentielles, les promouvoir et les défendre.

— Assurer un champ de développement naturel pour la Formule sur laquelle on se mettra d'accord.

3. Développer de nouvelles bases pour la relation du Liban avec son entourage arabe et le monde externe. Ceci dans le contexte de l'indépendance du Liban et le respect de sa souveraineté, et à partir des fondements suivants :

— Interdire l'utilisation du Liban comme base de départ pour des actes d'agression contre les pays arabes. Et ne pas permettre qu'il devienne la scène de conflits arabes ou internationaux.

— Ne pas rentrer dans les conflits inter-arabes et œuvrer pour l'unité des rangs afin d'atteindre les objectifs arabes. Ceci consacrera le rôle actif du Liban dans son entourage arabe.

— Assurer une relation saine avec la Syrie basée sur la nécessité de protéger les intérêts communs des deux pays. Ceci sera une base solide pour le rôle du Liban dans son entourage.

— Participer activement aux efforts pour trouver une solution équitable au problème palestinien afin de réduire le fardeau que porte le Liban et d'empêcher tout projet d'implantation.

— Éviter de rentrer dans les conflits et axes internationaux, tout en préservant l'ouverture historique du Liban au service de son rôle spécial au Moyen-Orient.

II. Les moyens :

Une initiative de la légalité en étroite collaboration avec Walid Joumblatt et Bachir Gémayel. La légalité doit être l'élément essentiel et non seulement une figure.

III. La phase préparatoire :

1. Assurer la tenue d'une réunion entre les présidents Sarkis et Assad pour développer de nouvelles bases pour les relations libano-syriennes. Ceci pour faciliter l'exécution du plan de salut national.

2. Relier le contact entre Bachir et les Syriens et développer la relation entre Walid et les Syriens (faire de Walid progressivement le lien entre les Pdts Sarkis et Assad). Le but est de créer la confiance entre Syriens et Libanais et de convaincre les Syriens dans leur relation avec le Liban de se concentrer sur l'alliance tripartite.

3. Demander à Walid Joumblatt d'ouvrir le dossier des relations libano-palestiniennes avec les leaders de la Résistance palestinienne en préparation de l'élaboration d'une position libanaise pratique à l'égard de la présence palestinienne.

4. Préparer l'armée pour qu'elle soit prête d'exécuter sa mission de consolider le pouvoir légal (déploiement sur le terrain, loi de défense).

5. Préparer le climat interne au sein du mouvement Amal (élections) pour mettre en évidence la personnalité chiite adéquate.

6. Œuvrer en commun pour identifier un interlocuteur sunnite valable ; en développant les contacts positifs et les relations constructives (contacts entre le Rassemblement islamique et le Front libanais).

7. Œuvrer en commun à mettre un terme au conflit entre Zghorta et les Kataeb ; ceci simultanément avec la reprise des contacts entre Bachir et les Syriens afin d'éviter la création d'un front obstructionniste au plan de salut autour du Pdt Frangié.

8. Mettre au point un plan informationnel servant le plan de salut national :

— Mettre en évidence les déclarations des membres de l'alliance.

— Mettre au point un programme de discussions télévisées.

— Travailler à éclairer l'opinion publique internationale (visites de journalistes étrangers).

9. Contacts diplomatiques des membres de l'alliance tripartite avec :

— Les États-Unis

— La France

— L'Union Soviétique (de par son intérêt à préserver la Syrie).

10. Distribuer les missions et les rôles pour exécuter la phase préparatoire et créer un comité permanent pour suivre les développements.

IV. L'opération :

1. Accepter la démission du gouvernement ou même le démettre.
2. Former un nouveau gouvernement dans lequel Bachir et Walid seraient les piliers essentiels.
3. Dissoudre le parlement, décréter l'état d'urgence et suspendre la Constitution.
4. Opérer des mutations et de nouvelles nominations dans les postes administratifs du premier degré pour faciliter la tâche du nouveau gouvernement et en signe des nouvelles tendances réformatrices. Avec l'octroi de pouvoirs étendus pour accélérer l'opération des administrations.
5. Le Président fait une déclaration expliquant le plan de salut national.
6. Informer les missions diplomatiques.
7. Légaliser le statut des milices, les mettre sous les ordres de l'État et définir leur mission dans le cadre d'un plan de sécurité.
8. Protéger la Banque centrale, les institutions officielles et de service public.
9. Contrôler la télévision et la radio.
10. Déléguer des missions aux capitales arabes et mondiales pour expliquer les objectifs de l'action.

V. Neutraliser les réactions internes et arabes

Mardi 30/12/1980

Samir Frangié, Riad Takieddine

ANNEXE 5

Document remis le 13 mars 1981 par l'ambassadeur américain John Gunther Dean à Bachir Gémayel.

SECRET
DIRECTIVES SUR LE LIBAN

Les États-Unis appuient l'indépendance, la souveraineté, l'intégrité territoriale et l'unité nationale du Liban. Les États-Unis restent opposés à la partition.

Les États-Unis appuient le gouvernement central légitime et constitutionnel du Liban et ses institutions nationales. Il est important que la légitimité soit préservée. Les États-Unis reconnaissent qu'il y a des partisans d'une réorganisation de la structure gouvernementale et constitutionnelle. Les États-Unis n'ont pas un point de vue défini quant à des changements particuliers. C'est aux Libanais de décider. Mais tout changement devrait avoir lieu, selon nous, par des processus politiques pacifiques.

Ainsi les États-Unis accueilleront chaleureusement le développement d'un vrai consensus politique national sur la forme du nouveau Liban. Ce consensus devrait refléter les points de vue de toutes les communautés libanaises. Les États-Unis sont profondément inquiets pour la sécurité et le bien-être des communautés libanaises, la communauté chrétienne incluse. Nous reconnaissons que ces communautés sont légitimement inquiètes. Nous voulons que la situation au Liban s'améliore et que ces communautés puissent à la fois vraiment connaître un sentiment de sécurité et bénéficier d'opportunités politiques, économiques et sociales.

Les États-Unis continueront à appuyer le renforcement de l'armée nationale par tous les moyens appropriés y compris les programmes de crédit et d'entraînement (FMS). Nous prônons une armée nationale soutenue par toutes les communautés libanaises en tant qu'élément essentiel capable d'assurer la sécurité de ces communautés et d'établir une base de stabilité dans le pays.

Nous soutenons la FINUL opérant au Liban-Sud dans des conditions dangereuses comme étant le seul élément susceptible de freiner la violence et de contribuer à la stabilisation de la région. Nous reconnaissons que l'importante communauté palestinienne au Liban constitue un problème pour les Libanais. Nous croyons traiter le problème palestinien, même dans sa dimension libanaise, par une paix israélo-arabe totale. Nous avançons vers cette paix à travers le processus de Camp David. Les États-Unis pensent que toute résolution globale du problème palestinien ne devra pas porter atteinte aux intérêts nationaux libanais.

Les États-Unis déplorent la violence au Liban où qu'elle ait lieu. Les États-Unis sont fermement opposés au terrorisme. Les États-Unis sont fermement opposés aux attaques contre Israël à partir du territoire libanais. Ceci crée un cycle de violence sans fin qui ajoute aux souffrances d'innocents en Israël comme au Liban.

Les États-Unis appuient un retrait par étapes des forces syriennes du Liban qui aboutisse à la fin de toute présence syrienne au Liban, qui se fera grâce à l'extension continue du contrôle de l'armée et de la police du gouvernement libanais sur les régions contrôlées pour le moment par les Syriens. Ce processus ne pourra être retardé que par des troubles ou par l'absence d'un large consensus politique.

Néanmoins, l'exécution de ce retrait ne doit pas aboutir à la reprise de la guerre civile ou réactiver les hostilités entre les différentes milices et les fedayin palestiniens.

Nous espérons que les phalanges feront preuve de patience et de retenue, même face à des provocations syriennes et palestiniennes. Nous encouragerons les efforts pour créer un dialogue entre le leadership chrétien et les communautés musulmane et druze. Nous croyons que les phalanges et autres organisations chrétiennes pourraient influer sur le cours futur de l'histoire du Liban. Nous espérons que les phalanges utiliseront des procédés politiques pacifiques pour atteindre leurs objectifs et qu'elles coopéreront avec le gouvernement central et l'armée nationale.

9 mars 1981

ANNEXE 6

Écrit par Antoine Najm sur l'agenda de Bachir Gémayel et lu par Bachir à Mohamad Kholi, le lundi 4 mai 1981.

PROGRAMME DE COOPÉRATION ENTRE LA SYRIE ET LES CHRÉTIENS LIBANAIS POUR LE RENOUVEAU ET LA SOUVERAINETÉ TOTALE DU LIBAN

PRINCIPES DE BASE POUR LES NÉGOCIATIONS ENTRE LES FL ET LES SYRIENS

I. Toute solution au problème libanais et aux relations entre les deux pays doit être précédée par l'élimination des sentiments de peur et d'appréhension résultants de la guerre. Sans une telle préparation, tout accord est voué à l'échec. Car aucun texte ne peut remplacer une confiance mutuelle. Pour y parvenir, les deux parties s'engagent à prendre toutes les mesures nécessaires pour éviter les affrontements, et dans ce cadre, il est indispensable de :

1. Procéder immédiatement au remplacement de l'armée libanaise de toutes les forces armées déployées sur le terrain et surtout dans les régions suivantes :

— Zahlé et ses collines, les accès et routes y menant (levé du blocus).

— Les cimes du Mont Sannine, les Jurds (haute montagne) du Kesrouan et de Jbeil.

— Les hauteurs du Metn-Nord, incluant Aıntoura, Metein, Tarchich, et la route menant à Zahlé.

— Les cazas de Batroun, Koura, Bcharré et Zghorta.

— La ligne de démarcation dans la capitale de la mer jusqu'à Hadeth.

— Les routes menant à l'aéroport international de Beyrouth.

2. D'arrêter les campagnes d'information et de donner des directives aux organes de presse des deux côtés afin de promouvoir le calme, l'entente et la concorde.

3. La Syrie matérialisera le nouvel état de fait en acceptant la représentativité du Front libanais et de ses forces armées, les options politiques des chrétiens, et les aspirations (non déclarées pour des raisons évidentes) de la majorité des Libanais en général.

4. La Syrie s'opposera à l'influence de toute partie non libanaise dans le pays.

II. En attendant que l'armée libanaise redevienne un instrument de sécurité inspirant confiance à tous les Libanais, un comité spécial doit être chargé de définir les structures, les formules, et les arrangements assurant la sécurité et la paix aux chrétiens. Dans ce contexte, les Forces libanaises seront utilisées comme instrument de sécurité. La Syrie s'abstiendra de s'y opposer.

III. Afin de réinstaurer l'unité et la souveraineté sur tout le territoire libanais, la Syrie s'engage à :

1. Prendre les mesures politiques et de sécurité nécessaires pour étendre la souveraineté et la légalité graduellement sur tout le territoire libanais ainsi que l'équilibre politique qui est à la base du Liban [...].

2. Faciliter la création d'une entente entre les principaux pôles politiques du pays et confier à un commandement militaire libanais légal la mission d'instaurer la légalité à l'ensemble du pays.

IV. La présence armée palestinienne est un obstacle majeur face à la réhabilitation de l'État et de ses institutions ainsi qu'à la restauration de sa souveraineté et de son autorité. Par ailleurs, force est de constater d'une part l'incapacité du Liban et des pays arabes à combattre Israël, et d'autre part que la guerre ouverte que mènent les Palestiniens contre Israël à partir du Liban fait porter au seul Liban tout le fardeau du conflit israélo-arabe. Il est nécessaire de dissocier les deux crises en appliquant rapidement les mesures suivantes (à titre d'exemples non restrictifs) :

1. Dispenser le Liban de toutes responsabilités militaires à l'égard de la cause palestinienne.

2. Empêcher toute présence armée palestinienne dans la capitale et ses environs, des villes et des lieux peuplés. Limiter cette présence militaire dans un cadre géographique bien déterminé, ne portant pas atteinte aux droits et à la souveraineté du Liban. Ultérieurement ce sujet devra être discuté en détail.

V. Il est indispensable de prendre toutes les mesures nécessaires afin d'empêcher que le territoire libanais ne devienne une source de danger pour la Syrie. Dans ce cadre, une représentation diplomatique mutuelle sera source de sérénité et un moyen efficace pour matérialiser les relations spécifiques entre les deux pays.

ANNEXE 7

Transmise à Riyad par l'ambassadeur d'Arabie Saoudite au Liban, M. Ali al-Chaër le 30 mai 1981.

LETTRE DE BACHIR GÉMAYEL AU MINISTRE DES AFFAIRES ÉTRANGÈRES SAOUDIEN, LE PRINCE SAOUD AL-FAYÇAL

S.E. le Prince Saoud al-Fayçal, ministre des Affaires étrangères.

Je vous transmets mes salutations et suis honoré de demander de vos nouvelles.

Je résume à Votre Excellence mes pourparlers avec notre frère l'ambassadeur Ali al-Chaër.

Il nous est apparu à travers ces pourparlers que nos préoccupations et nos aspirations sont proches et complémentaires, malgré le manque de communications entre nous depuis une période qui n'a pas été courte. Cela n'est pas un fait nouveau. En effet, Cheikh Pierre a eu la même impression après sa dernière rencontre avec vous au Palais de Baabda, en octobre 1978. Ceci démontre qu'un nombre de constantes et de liens nous unissent spontanément et automatiquement.

Comme il nous est apparu aussi que le déroulement de la crise qui a évolué d'un incident limité en 1975 à une guerre totale au Liban en 1976 a dépassé le cadre libanais et ses frontières à travers le conflit syro-israélien qui se déroule actuellement. Ce qui certifie que la crise libanaise influence la crise du Moyen-Orient et constitue un danger menaçant non seulement le Liban mais le monde arabe en entier.

Le danger de perpétuation de la crise libanaise réside dans son interaction qualitative, géographique et dans l'introduction de vecteurs régionaux et internationaux sur la scène libanaise. Aussi une grande partie du territoire libanais où se trouvent les Palestiniens et les Syriens est devenue un foyer de départ pour le terrorisme international et une extension de l'influence soviétique. Le triangle stratégique constitué de l'Union Soviétique, la Syrie et l'OLP œuvre à changer radicalement la nature et la structure du Liban et à le transformer en base politico-militaire à l'instar d'Aden.

Nous avons résisté et nous résistons parfois seuls à la propagation du terrorisme et à l'expansion soviétique. Ainsi nous sommes devenus la cible d'une guerre militaire et politique menée contre nous par tous les moyens.

Nous croyons en toute conscience et responsabilité dans la nécessité de prendre une décision centralisée pour former un triangle stratégique composé de vous, les États-Unis et nous pour faire face à l'autre triangle stratégique qui menace le Liban et la région : existence, régimes et valeurs.

Nous voyons du fond de notre expérience et tragédie qu'il est nécessaire d'établir un cadre permanent d'élaboration de coordination et de coopération et de distribuer les missions, les rôles et les responsabilités entre les partenaires de ce triangle. Et cela en participation avec la légalité libanaise et des éléments libanais nationalistes pour éviter tout manquement, implication ou mauvaise évaluation.

C'est ce qu'on a essentiellement discuté au cours de notre rencontre. J'ai aussi insisté sur la nécessité de renouveler le rôle du Royaume d'Arabie Saoudite au Liban comme un élément de rapprochement, d'équilibre et d'entente. L'absence momentanée du Royaume a créé un vide et un sentiment d'abandon dans les rangs musulmans qui ont été mis à profit par les mouvements anarchistes, gauchistes et extrémistes représentés par les organisations palestiniennes, communistes, baassistes, libyennes et iraniennes...

Je suis certain que le retour du Royaume d'Arabie Saoudite à jouer son rôle naturel et historique au Liban sert, en grande partie, les causes arabes, résout la crise libanaise et aide à encourager les initiatives d'entente et de paix.

Je peux vous assurer que je suis prêt à déployer tous les efforts et sacrifices pour faire réussir ce triangle stratégique et surtout le rôle saoudien au Liban. À l'ombre de ce triangle et de ce rôle, nous Libanais nous nous sentons plus confiants sur notre destinée et notre liberté et nous considérons la promesse saoudienne une garantie sûre.

Ce triangle stratégique est une force capable de renverser toutes les données et de créer une dynamique capable de faire aboutir l'entente libanaise et la coopération arabe. Cette coopération étant basée sur la charte de la Ligue arabe et affirmant la souveraineté totale du Liban, son indépendance, l'unité de ses territoires et la liberté de ses citoyens : individus et groupes ; et d'assurer la justice pour tous et l'égalité entre eux.

Ces préoccupations et aspirations communes ont besoin de plus d'élaboration et surtout de beaucoup de patience et d'efforts permanents.

Je saisis cette occasion pour proposer à Votre Excellence ces démarches qui contribueraient tant soit peu à mettre la crise sur le chemin de la solution :

1. Résoudre complètement la crise de Zahlé et des cimes et ouvrir les passages entre les deux parties de Beyrouth.

2. Retrait graduel des forces syriennes du Liban et leur remplacement par

les forces armées libanaises. Cela pour assurer le climat nécessaire pour tenir les élections du président de la République librement.

3. Créer le cadre de négociations entre nous et les Syriens sous l'égide et par l'entremise de l'Arabie Saoudite.

4. Résoudre le problème de la présence palestinienne au Liban dans le cadre d'une initiative saoudienne et avec la coopération de toutes les parties libanaises.

5. Relancer l'entente nationale à travers des rencontres en Arabie Saoudite entre nous et les leaderships musulmans et druzes.

6. Baser les fondements d'une solution radicale à la crise libanaise sur une vision de structure de gouvernement adéquate assurant la liberté et la sécurité à tous les groupes libanais ; une mentalité politique valable et renforçant les liens arabes du Liban.

J'espère que la vision est claire et que vous ferez ce que vous trouvez adéquat.

Je transmets à Votre Excellence et aux autres leaders du Royaume mes vœux sincères.

Votre frère.
Bachir Gémayel

ANNEXE 8

Écrit à la main par le colonel Michel Aoun en juin 1981.

TABLEAU COMPARATIF DES AVANTAGES ET DÉSAVANTAGES À DÉCLARER PUBLIQUEMENT QUE LES FL CESSENT TOUTES RELATIONS AVEC ISRAËL

EN CAS DE DÉCLARATION PUBLIQUE

Avantages :

1. Tirer au clair les intentions syriennes, arabes et américaines.
2. Couper court aux tergiversations sur le plan interne.
3. Lever les obstacles devant les contacts arabes et palestiniens.
4. Lever les obstacles devant les négociations avec les musulmans.
5. Trêve militaire ne serait-ce que pour une courte durée.

Désavantages :

1. Possibilité de coupure de l'approvisionnement israélien avec toutes les répercussions néfastes sur les forces armées.
2. Possibilité de mener à de plus grandes concessions.
3. Rentrer dans un processus politique qui pourrait nous ramener au régime d'avant 1975.
4. Assumer la responsabilité et innocenter le Syrien de tout ce qu'il a fait. Reconnaissance de fautes.

EN CAS DE NON-DÉCLARATION

Avantages :

1. Conséquents avec nous-mêmes en refusant ce qui est imposé.
2. Préserver l'approvisionnement israélien.

Désavantages :

1. Possibilité d'invasion syrienne.
2. Fermer la porte aux initiatives arabes et au contraire obtenir l'aval des Arabes pour en finir du Liban.
3. Faire porter aux Forces libanaises la responsabilité de l'action syrienne

ANNEXE 9

Plan militaire des FL prévu pour être appliqué dans l'éventualité d'une opération militaire israélienne. Préparé par Fady Frem et Antoine Bridi au crayon de papier sur un cahier à spirale rouge en un seul exemplaire. Présenté le 5 mars 1982 aux Israéliens. Le code M appliqué à ce travail a été choisi en hommage à la fille de Bachir, Maya, tuée dans un attentat le 21 février 1980.

PLAN M MILITAIRE

A. Intentions du commandement général et de l'état-major

— Prendre profit d'une opération israélienne de grande envergure qui atteindrait nos régions à partir du Sud.
— Libérer le maximum de territoires.
— Coopérer militairement avec l'Armée libanaise, ou une faction de celle-ci ; ceci dépendant de la conjoncture politique qui va résulter de l'opération israélienne.
— Contrôler solidement les régions libérées.

B. Constantes et hypothèses de base

B1. Constantes :

Opération israélienne de grande envergure dont les objectifs sont :
1. Détruire les potentiels militaire et politique des Palestiniens (OLP).
2. Évacuation de l'armée syrienne.
3. Mise sur place au Liban d'un pouvoir fort, ami d'Israël, avec Bachir Gémayel comme président.

L'opération militaire consiste :
1. Axe du littoral → Khaldé.
2. Axe central → Jezzine, Chouf, Mdeirej.
3. Axe de la Békaa → Lac de Karaoun.

Nota bene : La possibilité d'une progression vers le Nord de l'axe (3) n'est pas à écarter.

La possibilité d'un conflit Israël-Syrie dépendrait de la réaction syrienne à l'offensive israélienne.

B2. Objectifs

Nous basant sur ces constantes, l'objectif qu'on devrait envisager serait de contrôler un territoire délimité par :

Au Sud : Une frontière avec Israël tout au long de la frontière internationale.

À l'Est 1 : Le versant oriental (Est) de la chaîne du Mont-Liban (voir variante).

Au Nord 2 : La coupure naturelle de Nahr Abou-Moussa, et Jabal Terbol (N-E de Tripoli) (voir variante).

Variante 1 : L'étendue du contrôle sur la Békaa dépend directement de l'étendue de la poussée israélienne dans la Békaa.

Variante 2 : Une offensive vers le Akkar dépend de la situation des forces syriennes :
— Conflit avec Israël → Déroute
— Situation interne en Syrie → Retrait.

C. Objectifs militaires des FL (FL + AL + RI)

C1. Phase I :

1. Khaldé :
— Au cas où cette opération n'est pas faite par l'ADI.
— But : Couper la route du Sud → Éviter un repli des Palestiniens sur Beyrouth.
2. Beyrouth : Opération à exécuter de préférence par l'Armée libanaise.
3. Région de Baabda : Jamhour et Kahalé. Par l'AL.
4. Colline Ras el-Metn, Deir el-Harf, Hammana, Mdeirej.
5. Route Tarchich-Zahlé :
— Mont Sannine → Zahlé (route du Jurd)
— Zaarour → Zahlé (par Tarchich).
— Dhour Choueir → Zahlé (par Tarchich).
6. Jurd Kesrouan : Route Kesrouan-Bekaa-Hadeth Baalbeck.

7. Jurd Jbeil :
— Amhaz → Versant Est du Mont-Liban.
— Afka → Versant Est du Mont-Liban.
— Laklouk → Versant Est du Mont-Liban.

C2. Phase II :

8. Nord : Pourrait être envisagée en seconde phase de l'opération générale, en 2 étapes :

— Libération des régions occupées après octobre 76 (Bcharré, Zghorta, Koura,...).

— Arriver aux limites : Nahr Abou Moussa, Jabal Terbol.

Variante : Une poussée vers le Akkar serait possible au cas où le conflit s'étende aux Syriens ou au cas où les forces syriennes soient dans en mauvaise posture due à la situation intérieure en Syrie. Sinon elle serait difficile à effectuer en vue des effectifs syriens (forces spéciales) actuellement en position, et de la rapidité d'appui à partir de la Syrie.

9. Variante Békaa : L'opération à envisager dépend directement de l'opération israélienne dans cette région. Elle consisterait à étendre notre contrôle à partir des régions à dominante chrétienne : Ouest de la Békaa-Sud, Zahl, Aïnata, Deir el-Ahmar.

D. Phase I

1. Khaldé :

Timing : Minimum après que l'ADI ait dépassé Saïda.

Opération :

— Progression d'Est vers l'Ouest à partir de Kfarchima, pour aboutir à la pointe Sud de la piste de l'AIB.

— Il est important de contrôler le croisement routier : X = 12 700 ; Y = 20 700.

— Un dispositif de défense dirigé vers le Nord et le Sud serait mis en place, jusqu'à l'arrivée de l'ADI à Khaldé.

Forces : Armée libanaise, Forces libanaises.

Variantes : Au cas où l'ADI débarque dans nos régions, cette opération incomberait à eux. Dans tous les cas, la route du littoral devrait être battue par le feu constamment pour rendre très difficile un repli vers Beyrouth.

2. Beyrouth :

Timing : Après l'arrivée de l'ADI à Khaldé.

Opération :

— Déploiement des forces parallèlement à l'ADI au Sud de Beyrouth, puis mouvement vers Beyrouth à partir du Sud.

— Des percées tout au long des fronts traditionnels ont lieu, surtout sur les grands axes.

Forces :

— Armée libanaise et Résistance intérieure pour la première.

— Forces libanaises et Armée libanaise pour la deuxième.

3. Metn Sud (Jamhour, Kahalé) :

Timing : Simultanément avec l'opération Beyrouth. Cette opération pourrait être faite dès le début de l'opération générale par l'Armée libanaise, dans un cadre de défense du ministère de la Défense.

Opération :

— Prise en premier lieu de la colline Notre-Dame.

— Prise de Kahalé.

Cette opération est très importante car elle assure le « centre de décision politique » contre toute menace syrienne.

Forces : Armée libanaise, Forces libanaises, Résistance intérieure.

Variantes : Au cas où l'ADI ne progresse pas vers Aley, nos forces devraient mouvoir en direction de Aley pour garder une pression sur l'arrière des forces ennemies en aide à l'axe Metn Nord.

4. Metn Nord I (Salima, colline Ras el-Metn, Deir el-Harf, Hammana, Mdeirej) :

Timing : Quand l'axe « Marjeyoun-Chouf » de l'ADI a atteint Aïn Dara.

Opération :

— Mansourieh-Ras el-Metn-Deïr el-Harf-Falougha-Mdeirej.

— Baabdat-Salima-Qornayel-Falougha-Mdeirej.

But : Rencontre avec l'ADI à Mdeirej.

Forces : Armée libanaise, Forces libanaises, Résistance intérieure (apport considérable).

Variantes : Au cas où l'ennemi montre des signes de retrait, l'opération pourrait être retardée afin de garder une chance de pouvoir arriver au but sans combat (retrait ennemi).

5. Metn — Nord II → 4 axes

51. Dhour Choueir-Tarchich-Zahlé.
52. Baskinta-Zaarour-Zahlé.
53. Mzar-Refuge des Français-Ouamih-Chir Ahamar-Mtaiyouhane.
54. Baskinta-Bteghrine-Bologne.

Timing : Minimum après que l'ADI ait atteint Damour sur l'axe du littoral.

Opération :

— L'axe (53) devrait être fait en premier. Les axes (51), (52) et (54) seraient faits simultanément.

— Après que ces trois axes eurent atteint leurs objectifs, les forces sur les axes (51) et (52) s'intègrent assurant la défense de leurs positions.

— À partir de Tarchich une force progresse vers Zahlé. Simultanément une force de (53) descend vers Zahlé du Nord (Jurd Zahlé-Aranta-Jabal el-Chaara).

Nota bene : Une défense accrue de Zahlé doit être assurée dès le début de l'opération. On pourrait concevoir une participation des FL à l'intérieur de Zahlé pour prendre les collines adjacentes au nord de Zahlé (Dahr Quassissiy-Harqat-la statue de la Vierge-Dahr el-Saidé).

Forces :
(51) → FL + AL + RI.
(52) → FL + AL.
(53) → FL + AL.
(54) → FL + AL + RI.

Variantes :

— La libération de la Békaa ne pourrait être envisagée qu'à partir d'un axe (sud-nord) ADI dans la Békaa et l'Anti-Liban.

— Les effectifs de l'Armée libanaise qui pourraient être dans l'opération sont ceux qui sont déjà sur place sur les axes 51, 52, 53 et 54. On pourrait demander leur renforcement dès à présent.

— En cas d'enneigement des crêtes, la nature des forces engagées changerait.

6. Jurd Kesrouan (route Ouyoun el-Simane-Békaa)

Timing : Simultanément avec l'axe (53) du Metn Nord II.
Opération : Progression sur la route à partir de Nhaïl, en direction de l'est jusqu'au point dominant la Békaa (Aïn In Dibane X = 17 000 ; Y = 22 650).
Forces : AL + FL.

Variantes :

— Au cas où il y aurait un axe de progression de l'ADI dans la Békaa ayant atteint Rayak et Ablah ; la progression de l'axe sus-mentionné déboucherait dans la Békaa à Hadeth Baalbeck.

— Au cas d'enneigement des crêtes, la nature des forces changerait ; et des moyens logistiques adéquats sont à prévoir.

7. Jurd Jbeil

Timing : Simultanément avec Jurd Kesrouan.
Opération :
71. Amhaz-Tallet Aïn Chakar-Arid el-Kreimat (X = 17 340 ; Y = 23 490 ; 1874 m)

72. Afka-Caracol-Tall el-Ram (X = 17 300 ; Y + 23 800 ; 1 940 m)

73. Aakoura-Kornet el-Moghr (1987 m)-Dahr el-Kadib (X = 17 400 ; Y = 24 100 ; 1 940 m).

74. Laklouk-Chir el-Debb (X = 17 700 ; Y = 24 500, 2 040 m).

Il y aurait progression sur les 4 axes simultanément avec déploiement latéral. Positions défensives en surplomb de la Békaa.

Forces : FL + AL.

Variantes :

— Au cas où il y aurait une opération ADI dans la Békaa, l'axe (73) sus-mentionné déboucherait sur Yammouné.

— Au cas d'enneigement des crêtes, la nature des forces changerait.

E. Phase II

Nord I : Libération des territoires occupés après octobre 76 :

Nord I (A) : Jurd.
Nord I (B) : Centre.
Nord I (C) : Littoral.

Nord II : Arriver jusqu'à Nahr Abou Moussa et Jabal Terbol.

Nord III : Libération du Akkar.

8. Nord I (A) :

Timing : Cette opération fait partie de l'opération globale du Nord. Elle se fait en même temps que les deux autres axes du Nord.

Opération :

81. Tannourine el-Fawka-Hadeth el-Jebbé.

82. Tannourine el-Fawka-Jurd Tannourine-Jwar El Turkmane (X = 18 000 ; Y = 25 300 ; 2 400 m) ; et ceci pour couper la route Aïnata-Arz.

83. Continuer le processus de (82) pour aboutir à Arz.

9. Nord I (B) Centre (Bcharré-Ehden-Zghorta-Koura) :

Timing : Après Nord I (A) ou avec.

Opérations :

91. Hadeth el-Jebbé-Bcharré-Ehden-Zghorta-Majdlaya.

92. Deïr Billa-Knate-Kousba-Koura.

Les axes devraient progresser tout en assurant une progression sur les branchements des axes principaux, assurant ainsi une propagation dans le Koura pour le contrôler.

Forces : FL + RI.

10. Nord I (C) Littoral :

Timing : Avec Nord I (B).

Opérations :

101. Côtier : Madfoun-Batroun-Chekka-Kalamoun.
102. Abdelli-Batroun (villages)
103. Helta-Batroun (villages)

Progression sur les axes jusqu'à joindre Barsa pour l'axe (101) et Koura pour les axes (102) et (103).

Forces : FL + AL + RI.

11. Nord II (Nahr Abou Moussa, Jabal Terbol) :

Timing : Après Nord I (B et C).

Opérations :

111. Mejdelaya-Jabal Terbol.
112. Mejdelaya-Sir el-Dennié.

Assurer l'encerclement de Tripoli et la défense des territoires libérés.

Forces : AL + FL.

12. Nord III (Libération du Akkar).

ANNEXE 10

Conçu par Zahi Boustani, Antoine Najm, et Sélim Jahel. Écrit en français sur de grandes feuilles quadrillées sous forme de tableaux en dehors des deux premières pages d'introduction. Présent, le 5 mars 1982 au Mossad.

PLAN M POLITIQUE

Exposé des faits

1. En date du 12-1-82, le ministre israélien de la Défense est venu dans la zone libre du Liban, à la tête d'une délégation comprenant des responsables militaires et politiques de haut niveau. Il a informé le commandant en chef des Forces libanaises, le président Camille Chamoun et cheikh Pierre Gémayel de la détermination d'Israël d'entreprendre en territoire libanais une opération de grande envergure afin de détruire l'appareil militaire et politique palestinien, et a proposé la participation des Forces libanaises à cette opération. La proposition a reçu une approbation de principe, et il fut convenu de fixer le cadre et les modalités de son exécution au cours de rencontres ultérieures.

2. Suite à cette démarche une délégation politico-militaire présidée par Monsieur Joseph Aboukhalil représentant le commandant en chef des Forces libanaises, s'est rendue le 23-1-82 en Israël où elle s'est entretenue avec le ministre israélien de la Défense, le chef d'état-major de l'armée, et d'autres responsables israéliens pour obtenir des précisions concernant le but de l'opération, les lieux de son déroulement, sa portée et les possibilités de coopération des deux parties.

3. Le 16-1-1982, le chef d'état-major de l'armée israélienne est venu de nouveau en zone libre, à la tête d'une délégation comprenant des responsables militaires et politiques de haut niveau. Il a procédé à des observations sur le terrain, et entrepris de nouvelles conversations avec la partie libanaise, conversations au cours desquelles, l'une et l'autre partie ont énoncé des propositions préliminaires relatives aux possibilités de coopération.

Prolégomènes

1. Objectifs du plan :

La libération du territoire libanais sous occupation syrienne et palestinienne

Le remplacement du système actuel de gouvernement par un État à même

— d'exercer sa souveraineté,

— d'assurer l'ordre et la sécurité dans l'ensemble du pays et la défense de ses frontières,

— de conduire librement sa politique extérieure,

— de conclure un traité de paix avec Israël.

Pour réaliser ce programme il est nécessaire que les Forces libanaises prennent le pouvoir et qu'elles l'exercent dans le cadre d'un nouveau système de gouvernement différent du précédent dont le fonctionnement s'est avéré incompatible avec une politique de souveraineté.

2. Les idées directrices du plan :

A. Libérer la portion la plus large possible du territoire libanais sous occupation syrienne et palestinienne.

B. Assurer les meilleures chances de succès du plan tant d'un point de vue militaire que politique.

C. Tirer le meilleur profit de certains éléments chrétiens actuellement au pouvoir pour des considérations de politique intérieure et internationale, et se servir de leur couverture pour utiliser les instruments militaires de la légalité.

D. Accéder au pouvoir par des procédés légaux et acceptables (respect des règles constitutionnelles et de la représentation confessionnelle), et en ce qui concerne le déploiement sur le terrain, agir sous le couvert des instruments militaires de la légalité.

E. Procéder de manière progressive à l'établissement d'un nouveau pouvoir en évitant que l'opération ne prenne l'aspect d'un renversement du régime précédent.

F. Se ménager les meilleures chances de faire apparaître le commandement des Forces libanaises sous un aspect qui le présente comme le sauveur de la Nation.

3. La division du plan

Première partie : Les facteurs militaires et politiques de succès du plan

Deuxième partie : Les phases d'exécution.

Troisième partie : Notes complémentaires.

Partie I :
Les facteurs militaires et politiques du succès

Mesures d'exécution sous la responsabilité israélienne :

1. Répartir l'opération israélienne, percées, avances et déploiements sur les trois axes suivants :
— Par le littoral partant de la Zone de la FINUL jusqu'à Khaldé,
— Par la montagne de Marjayoun jusqu'à Mdeirj,
— Par la Békaa de Khyam jusqu'à Rayak.

Le déroulement des opérations suivant la manière indiquée permettra de libérer une large portion de territoire d'une configuration telle qu'il sera plus aisé d'en assurer la défense à l'avenir, sans compter l'intérêt qui s'attache d'un point de vue agricole au contrôle de la Békaa et plus particulièrement à celui des sources des deux fleuves qui la traversent.

Chacun des axes indiqués répond à une orientation bien précise : Celui du littoral intéresse les opérations militaires contre les Palestiniens, celui de la Békaa vise le dispositif syrien établi dans cette région, enfin celui de la montagne auquel s'attachent des intérêts majeurs au plan de la politique intérieure libanaise.

Le déroulement de l'opération sur trois axes facilitera davantage la liaison entre les différents points d'arrivée de l'armée syrienne sur la route Beyrouth-Damas.

Variante : Étendre le cas échéant l'axe de pénétration par le littoral jusqu'à Halba (Akkar) et Hermel (Békaa).

Si les trois zones de Balbeck, Hermel, Akkar restaient en dehors du théâtre des opérations de l'armée israélienne, les Syriens pourraient être tentés de s'y maintenir et les Palestiniens à utiliser ces mêmes territoires pour y établir de nouvelles bases.

Il est pratiquement impossible aux Forces libanaises et à des éléments de l'armée légale de procéder eux-mêmes à la libération de ces territoires, dès lors que leurs préoccupations majeures veut porter, au cours de la première phase de l'opération, sur la capitale, les hauteurs des deux Metn et les régions du Nord et de la Békaa. Laissées en dehors du contrôle libanais et israélien, ces zones pourraient servirent à la constitution d'un autre État libanais d'obédience syrienne ou palestinienne, ce qui pourrait être gravement préjudiciable au processus de la mise en place d'un nouveau pouvoir libanais.

2. Les opérations, percées et déploiements devraient se dérouler de manière rapide, dans un délai ne dépassant pas 72 heures.

L'exécution rapide de l'opération a une importance vitale pour l'accession des Forces libanaises au pouvoir, tant d'un point de vue de politique interne que de politique internationale. Elle permet de circonvenir, dans une large mesure les réactions négatives susceptibles de se développer sur ce plan.

De même une exécution rapide de l'opération a-t-elle une importance majeure du point de vue militaire, en ôtant à l'adversaire la possibilité d'organiser une résistance dans certaines région d'accès difficile (comme Saïda par exemple).

3. Attaquer dès les premières heures de l'opération les sources de feu de l'ennemi syrien et palestinien qui se trouvent en territoire libanais (artillerie lourde, batterie de missiles, orgues de Staline) en utilisant des moyens de destruction terrifiants.

Pour éviter que les tirs d'artillerie ne gênent l'avance des forces israéliennes et la liberté de mouvement militaire en zone libre. Pour ménager le moral des populations civiles en zone libérée.

4. Maintenir la présence militaire israélienne sur les axes de pénétration et de déploiement ci-dessus mentionnés six semaines durant, en évitant de donner à cette présence une couverture politique déclarée du côté libanais.

La présence demandée constitue un délai minimal au succès du plan politique prévu dont l'exécution est répartie sur plusieurs étapes. Il convient de ne pas donner à la présence israélienne une couverture politique déclarée pour faciliter la participation de toutes les communautés au nouveau pouvoir, et partant (de là), son acceptation par les États occidentaux.

La découverte prématurée de la coopération militaire entre les Forces libanaises et l'armée israélienne limite aussi considérablement le rôle que le commandement des Forces libanaises entend jouer sur le plan politique, notamment au cœur des premières phases de l'opération, d'apparaître sous un aspect qui le présente comme le sauveur de la nation.

Le passage de l'armée israélienne à travers des zones de présence de l'armée libanaise (à Hadeth et à Kfarchima en particulier) réduit les possibilités d'utiliser l'armée par la suite en tant qu'instrument de la légalité pour prendre le contrôle de la ville de Beyrouth notamment. Cette charge devra incomber dès lors aux forces israéliennes, de même qu'il va limiter la possibilité pour les Forces libanaises d'utiliser la couverture de l'armée légale au cours des opérations qu'elles comptent entreprendre.

Dans cette hypothèse, l'intérêt qu'il peut y avoir à bénéficier pour des considérations de politique interne et internationale de l'ombrelle que pourraient offrir les éléments chrétiens actuellement au pouvoir serait gravement compromis. La situation qui en résulte, risque de conduire à la scission de l'autorité légale en deux partie, chacune se réclamant à elle seule de la légalité, à l'instar de ce qui s'est produit en 1976.

Ceci a une influence directe sur la possibilité de constituer, comme il est souhaité, un gouvernement où serait préservée la représentation confessionnelle, et dans lequel les Forces libanaises auraient la prépondérance dans la décision.

Variante : En cas de nécessité majeure, les régions libres serviraient de points de départ aux opérations israéliennes sans que cela influence l'utilisation de ces régions comme centre d'approvisionnement et de concentration de population civile, si besoin est (de Yaunich à Khaldé par exemple.)

Les étapes du processus politique seront sensiblement réduites et l'on passera outre à celles prévues comme phases préparatoires, l'accession des Forces libanaises au pouvoir pourrait avoir lieu immédiatement.

Le mouvement des Forces libanaises en direction des hauteurs des deux Metn et des régions chrétiennes du Nord et de la Békaa se fera plus rapidement et se déroulera très probablement en dehors de toute couverture par l'armée légale. Mesures d'exécution sous responsabilités israélienne et libanaise

5. Au cours des opérations de percées sur les axes envisagés, le rôle des Forces libanaises sera cantonné à la défense des régions libres et elles agiraient sous le label de la légalité au cours de leur déploiement durant la phase suivante

Il y a lieu de craindre que l'ennemi n'entreprenne des opérations militaires dans les régions libres, que ce soit en haute montagne ou du côté Nord, au cours de la première phase des opérations. C'est pour assurer les meilleures conditions de succès à l'avance des Forces libanaises sur les hauteurs des deux Metn et dans les régions chrétiennes du Nord et de la Békaa.

6. L'opération doit apparaître comme une entreprise israélienne conduite en vue d'objectifs purement israéliens, et il convient autant que possible de ne pas laisser percevoir la coopération qui existe entre les parties israélienne et libanaise au double plan militaire et politique.

Assurer somme toute la conformité des mesures envisagées aux idées directrices (C) (D) (F) prévues aux Prolégomènes ?

Éviter des réactions négatives susceptibles de porter atteinte au déroulement du processus politique.

7. Il devra être interdit au commandant Saad Haddad et à son équipe de faire la moindre déclaration et de jouer le moindre rôle politique possible. Les contacts militaires et politiques avec n'importe quelle partie libanaise, régionale ou autre, avant, en cours ou après l'opération seront du ressort exclusif du commandant des Forces libanaises.

Préserver l'unité de décision sur le plan libanais. Fermer la voie à toutes sortes de manœuvres politiques de la part d'autres parties libanaises qu'elles pourraient entreprendre en s'adressant directement aux autorités israéliennes.

8. Le déroulement de l'opération sera précédé de l'acceptation par le président de la République de la démission du gouvernement dont le rôle sera limité à l'expédition des affaires courantes et l'envoi à la chambre des députés d'un projet d'amendement de la Constitution pour rapprocher de quatre mois la date de l'élection du président de la république.

Éviter toutes difficultés d'ordre politique pouvant entraver la démission du gouvernement et la constitution d'une nouvelle équipe ministérielle.

Faciliter l'élection d'un nouveau président de la République dont les vues correspondent aux nouvelles orientations politiques envisagées.

Faciliter l'entente entre Libanais relativement à l'action politique envisagée.

9. Une terminologie particulière du type « retrait des forces étrangères du territoire libanais », « commission d'armistice », etc., pourra si elle était utilisée par l'autorité libanaise nouvelle servir son dessein de ne pas laisser paraître, dans les premiers temps l'entente qui existe entre elle et Israël, et c'est dans ce sens qu'une telle terminologie devra être comprise en Israël.

Assurer à cette politique les échos les plus favorables dans les milieux occidentaux.

PARTIE II : LES PHASES D'EXÉCUTION

1. Première période : Phase préparatoire :

De 0 à 48 heures : Période couvrant les premières réactions au choc et l'amorce rapide de son exploitation.

Forces israéliennes :

Poursuite de l'avance jusqu'au Nord de Saïda (sur le littoral), jusqu'à Bater (en montagne) et Aïn el-Foukhar (dans la Békaa).

Politique :

Tout contact avec l'extérieur et toute possibilité d'action tant au plan politique qu'au plan de l'information est interdit :

— À toutes les parties adverses.

— Aux responsables officiels douteux.

Période de délibération avec le président de la République en vue de la constitution d'un nouveau gouvernement.

Militaire :

Toutes les voies de communication avec Beyrouth sont coupées, le mouvement aérien par l'A.I.B. paralysé, les accès maritimes fermés.

Les émetteurs de la radio diffusion libanaise, de la télévision du Liban, de la voix du Liban Arabe et de la voix de la Palestine sont détruits par bombardements de même que les bâtiments abritant el-Safir, el-Chark, el-Liwa, el-Nida.

Des mesures défensives sont prises dans les régions libres et la coordination avec certaines unités de l'armée est déjà amorcée en vue d'opérations militaires éventuelles.

Information :

Une campagne intensive d'information est entreprise en vue de porter atteinte à toute velléité de résistance chez l'ennemi à qui l'on agite la menace d'une entrée prochaine des forces israéliennes dans la capitale.

2. Deuxième période : La prise en charge du pouvoir exécutif :

De 0 à 72 heures. Prise en charge du pouvoir exécutif en coopération avec le président de la République par la constitution d'une nouvelle équipe ministérielle qui assure la continuité de l'apparence légale, préserve la représentation confessionnelle et accorde aux Forces libanaises la responsabilité des principaux départements ministériels et la prépondérance dans la décision.

Forces israéliennes :

Avance des unités israéliennes jusqu'à Damour (sur le littoral), Maaser Beït-Eddine (en montagne) et Bar-Élias (dans la Békaa).

Politique :

Appel dramatique du chef de l'État à tous les leaders libanais pour une rencontre au palais de Baabda.

Constitution d'une nouvelle équipe ministérielle selon une des formules suivantes :

— Équipe civile de douze membres avec leurs suppléants constituée sous la présidence d'un sunnite.

— Équipe civile de douze membres avec leurs suppléants panachée de militaires, constituée sous la présidence d'un civil ou d'un militaire sunnite.

— Équipe constituée sous la présidence d'un maronite tout en préservant la représentation confessionnelle, soit qu'il y ait une défection sunnite à assumer la présidence du gouvernement, soit qu'il y ait une crainte que la chambre des députés n'adopte une attitude hostile à l'égard de la nouvelle orientation du pouvoir.

Les départements de la Défense, des Affaires étrangères, des Finances et de l'Information sont réservés à des éléments relevant des Forces libanaises.

Le gouvernement établit son siège au palais présidentiel.

Militaire :

Début des opérations envisagées par les Forces libanaises en direction des hauteurs des deux Metn entreprises en collaboration avec certaines unités de l'armée et agissant autant que possible sous son label.

En ce qui concerne les régions chrétiennes du Nord, il en sera décidé à la lumière de l'évaluation de la situation sur le terrain.

Information :

L'action des organes d'information revêt un caractère où prédomineront des considérations humanitaires à l'adresse des Libanais.

3. Troisième période : La mise en train du pouvoir exécutif :

Période faisant suite à la constitution d'un nouveau gouvernement et s'étendant sur quatre semaines au moins. Le pouvoir est exercé conformément aux directives politiques et militaires du plan et par des procédés qui permettent d'en réaliser la quatrième phase.

Forces israéliennes :

Les forces israéliennes arrêtent leur avance et commencent à se déployer à l'entour des axes de percée.

Politique :

Le gouvernement évitera de dissoudre la Chambre des députés au cas où celle-ci manifeste de bonnes dispositions à coopérer avec le gouvernement et lui octroie, notamment de larges pouvoirs pour légiférer.

Les différents postes clés de l'État sont pourvus : nomination d'un nouveau commandant en chef de l'armée, d'un nouveau directeur général des forces de sécurité, d'un nouveau gouverneur de la Banque centrale, de cinq mohafez.

L'état d'urgence est étendu à toutes les régions du pays.

Des décisions militaires sont prises qui portent sur les points suivants :

— Déploiement de l'armée dans toutes les régions où l'armée israélienne n'a pas pénétré.

— Création de tribunaux de campagne chargés de statuer dans les affaires de sécurité.

— Ramassage des armes se trouvant dans les mains de nationaux ou d'éléments étrangers.

— Octroi aux Forces libanaises d'une immunité spéciale.

Une décision d'ordre politique sera prise qui porte sur :

— Le retrait de toutes les forces étrangères du territoire national

— Engagement de négociations directes avec ces forces pour obtenir leurs retraits.

— Appel aux USA pour demander une aide directe à l'État pour recouvrer sa souveraineté.

Un nouveau règlement sera appliqué aux Palestiniens qui comporte :

— Le recensement des Palestiniens entrés au Liban en 1948 pour les distinguer des Palestiniens entrés ultérieurement.

— Ramassage des armes pouvant encore se trouver entre les mains des organisations palestiniennes et interdiction à ces dernières de toute manifestation de caractère militaire ou paramilitaire.

— Fixation d'un délai au terme duquel tous les Palestiniens entrés au Liban après 1948 doivent avoir quitté le pays.

— Mesures restrictives portant sur les moyens qui permettent aux Palestiniens d'assurer leur subsistance en terre libanaise.

— Résiliation de tous les traités conclus avec ses derniers.

Militaire :

Des opérations seront aussi engagées par l'armée et les Forces libanaises en vue de récupérer les zones dégarnies, en particulier Beyrouth Ouest, les régions chrétiennes du Nord et progressivement tout le restant du pays.

D'autres opérations seront entreprises en vue d'insécuriser les Palestiniens demeurés dans le pays.

Des officiers de liaison seront nommés pour assurer le contact avec les Forces israéliennes dans les régions où elles se trouvent.

4. Quatrième période : L'accession au pouvoir :

Période couvrant les cinquième et sixième semaines suivant la formation du gouvernement. Accession au pouvoir d'un nouveau président de la République. Les meilleures chances pour la réalisation d'objectifs communs aux deux parties au plan militaire et au plan politique.

Forces israéliennes :

Amorce d'un retrait partiel et limité des forces israéliennes (qui reste à déterminer).

Politique :

Les négociations se poursuivent avec les autorités israéliennes en vue de normaliser définitivement les rapports entre les deux pays.

La Chambre des députés est appelée à se réunir pour élire un nouveau président de la République.

Élection d'un nouveau président de la République qui concrétise en sa personne les aspirations et les réalisations de la résistance libanaise.

Constitution d'une nouvelle équipe ministérielle.

Octroi au nouveau gouvernement d'un large pouvoir de législation.

Dissolution de la Chambre des députés si elle n'est déjà dissoute.

Début de nouvelles relations avec l'État d'Israël suivant le retrait total de ses troupes.

Militaire :

Déploiement militaire libanais dans les régions évacuées par les forces israéliennes pour étendre le contrôle de la légalité sur la totalité du territoire.

Application d'un régime de sécurité renforcé.

NOTES COMPLÉMENTAIRES

1. Hypothèse de constitution d'un gouvernement présidé par un maronite :

A. Cette hypothèse pourrait se présenter au cours de la première étape en cas de défection sunnite à la présidence du gouvernement, ou si le président de la République refuse de demeurer au pouvoir, et au cours des étapes suivantes, si l'on décide de dissoudre la Chambre des députés dès lors que celle-ci manifeste des attitudes hostiles à la nouvelle orientation du pouvoir.

B. La constitution d'un tel gouvernement sera suivie du président de la République et c'est le gouvernement en son absence qui prend en charge le pouvoir conformément aux règles constitutionnelles et sur la base de précédents.

2. Maintien provisoire ou dissolution de la chambre des députés :

A. La Chambre des députés serait utile si elle est maintenue pour, principalement, homologuer les mesures prises par le nouveau gouvernement et pour procéder à l'élection d'un nouveau président de la République.

B. En cas de dissolution de la Chambre, le gouvernement sera conduit à faire appel à la notion « des circonstances exceptionnelles » dès lors qu'une nouvelle Chambre n'aura pas été élue dans le délai de trois mois prévu par la constitution.

3. Statut légal aux Forces libanaises :

A. Un statut légal donnera aux Forces libanaises la possibilité de se mouvoir sur un plan plus large et de manière plus complète.

B. La formation de ce statut peut émaner d'une décision du gouvernement instituant une garde nationale ou des unités spéciales, corps d'élite rattachés à l'armée libanaise.

4. Les négociations directes :

A. La décision d'entreprendre des négociations directes constitue le procédé idéal pour parvenir dans l'étape finale à établir des relations normales avec l'État d'Israël.

B. À cette fin il convient de faire revivre la commission d'armistice, ou de constituer une commission politico-militaire ad hoc.

5. Action de caractère économique et au plan de l'information :

Un plan traitant de ces sujets sera établi ultérieurement.

ANNEXE 11

Remise par le chargé d'affaires Abou Bakr Rafih.

LETTRE DE L'AMBASSADEUR D'ARABIE SAOUDITE ALI CHAËR À BACHIR 29 juin 1982

Au frère Abou Bakr Rafih.

J'espère que vous transmettrez immédiatement au Cheikh Bachir Gémayel la lettre suivante STOP Début STOP.

Nous venons d'apprendre de nos frères palestiniens qu'ils essayent, avec les autorités libanaises et les leaders musulmans libanais, de trouver une sortie honorable pour sauver la situation au travers d'un plan qui garantirait la préservation de l'amour-propre de la Résistance palestinienne et la souveraineté libanaise sur chaque pouce du territoire libanais ; empêchant ainsi l'occupation par les forces israéliennes du reste de Beyrouth Ouest STOP Nous avons noté leur complète aptitude à coopérer au maximum dans cette direction et ce dans le contexte de la nouvelle proposition présentée aux autorités et à Philip Habib, toujours à l'étude avec la probabilité qu'elle soit acceptée STOP Et en vertu de ce que nous connaissons en vous de volonté profonde et réelle à empêcher que le sang soit répandu et à éviter au peuple libanais et aux frères palestiniens plus de victimes et de destructions, j'ai grand espoir que vous n'épargnerez pas vos efforts personnels pour appuyer cette direction et atteindre ce but qu'espère la Nation arabe en entier, car la poursuite des positions rigides se reflétera sans doute sur tous par des conséquences terribles dont on ne pourra pas contrôler l'étendue STOP Et il serait utile qu'il y ait entre vous et le frère Hani el-Hassan une coordination urgente et commune pour arriver à une formule acceptable par tous STOP En attendant votre coopération espérée, que Dieu renforce vos pas dans l'intérêt du Liban frère, avec mes meilleures salutations STOP Ali al-Chaër STOP Fin de lettre STOP

ANNEXE 12

MESSAGE DE L'AMBASSADEUR SAOUDIEN ALI CHAËR À BACHIR POUR LUI SOUHAITER LA BIENVENUE EN ARABIE SAOUDITE

30 juin 1982

40/40 Affaires étrangères
10/9/1402 H Heure 12 :15 midi Achour
Numéro 97/16/17391/1
Najdyeh Beyrouth
Son Excellence le frère Abou Bakr Rafih

En référence à votre télégramme 1/12/4012 du 9/9 1402 H dans lequel vous nous informez de l'accord de Cheikh Bachir de venir dans le Royaume STOP Veuillez lui transmettre le message suivant immédiatement.

Cher frère Bachir

En référence à ce qui nous a été transmis sur votre accord de venir à Taëf pour discuter des propositions et recommandations ainsi que pour discuter avec vous des meilleures solutions permettant de régler la situation actuelle, son Altesse Royale le Prince Saoud al-Fayçal, ministre des Affaires étrangères, vous souhaite la bienvenue au nom de la Commission ministérielle qui se tient actuellement à Taëf. STOP. Nous vous envoyons un avion privé pour vous conduire de Chypre à Taëf à midi aujourd'hui, en espérant que vous arriverez avant 6 heures du soir. Nous allons établir une coordination pour l'horaire avec S.E. l'ambassadeur américain à Jeddah. STOP. Fin de message. STOP. Veuillez nous avertir dès que vous lui aurez délivré le message...

— L'ambassadeur Ali al-Chaër —

Index

Pour des raisons évidentes, le nom de Bachir Gémayel n'a pas été indexé.

Table

Composition Nord Compo
Impression CPI Firmin-Didot en octobre 2020
Éditions Albin Michel
22, rue Huyghens, 75014 Paris
www.albin-michel.fr
ISBN : 978-2-226-12127-1
N° d'édition : 13134/08 – N° d'impression : 160657
Dépôt légal : mai 2004
Imprimé en France